至。何。如。○。前。兩經子夏既答文侯論古樂新樂之異事畢此經答文侯所好古樂今樂之不同也文侯之意古樂今樂並皆為樂子夏之意以古樂德正聲和乃為樂今樂但淫聲音曲而已不得為樂也故云今君之所問者樂也謂古今皆名樂所好者音也子夏之意君之所愛者謂音聲也○夫樂者與音相近而不同者古樂有音聲律呂今樂亦有音聲律呂是樂與音相近也樂則德正聲和音則心邪聲亂是不同也○文侯曰敢問何如者文侯既見子夏論樂音不同不曉不同之狀故云敢問何如

子夏對曰夫古者天地順而四時當民有德而五穀昌疾疢不作而無妖祥此之謂大當然後聖人作為父子君臣以為紀綱紀綱既正天下大定天下大定然後正六律和五聲弦歌詩頌此之謂德音德音之謂樂當謂樂不失其所○當丁浪反下及注同疢勑覲反詩云莫其德音其德克明克明克類克長克君王此大邦克順克俾俾于文王其德靡悔既受帝祉施于孫子此之謂也此有德之音所謂樂也德正應和曰莫照臨四方曰明勤施無私曰類教誨不倦曰長慶賞刑威曰君慈和徧服曰順俾當為比聲之誤也擇善從之曰比施延也言文王之德皆能如此故受天福延於後世也○莫亡伯反長丁丈反注同王此于放反俾依注音比必履反注同徐扶志反祉勑紀反施以豉反注施延同和如字又胡臥反炤上音照本亦作照臨如字施始豉反徧音遍

【疏】子。夏。至。謂。也。○此一節明子夏與文侯明古樂之正引詩以結之此之謂大當者當謂不失其所如上所謂是大得其所當也作為父子君臣以為紀綱者按禮緯含文嘉云三綱謂君為臣綱父為子綱夫為妻綱矣六紀謂諸父有善諸舅有義族人有敘昆弟有親師長有尊朋友有舊是六紀也○弦歌詩頌者謂以琴瑟之弦歌此詩頌也○詩云莫其德音此大雅皇矣之篇美王季之德云維此王季帝度其心莫然

附釋音禮記注疏卷第三十九

禮記　鄭氏注　孔穎達疏

樂記

今夫新樂進俯退俯姦聲以濫溺而不止及優侏儒獶雜子女不知父子樂終不可以語不可以道古此新樂之發也（俯猶曲也言不齊一也濫濫竊也溺而不止聲淫亂無以治之獶獮猴也言舞者如獮猴戲也亂男女之尊卑獶或為優○俯本又作府濫力暫反溺乃狄反優音憂侏音朱儒音儒獶乃力反獮猴也依字亦作猱獮音彌武移反本亦作彌猴音侯本亦作侯）

疏「今夫至發也」○此經明子夏對文侯新樂之禮新樂者謂今世所作淫樂也進俯退俯者謂俯僂曲折不能進退齊一俱曲屈進退而已行伍雜亂也○姦聲以濫者謂濫竊不正言姦邪之聲濫竊不正不能和正以廣也○溺而不止者聲既淫妙人所貪溺不可禁止也不能始奏以文復亂以武也○及優侏儒獶雜子女者言作樂之時及有俳優雜戲侏儒短小之人獶雜謂獮猴也言舞戲之時狀如獮猴間雜男子婦人言似獮猴男女無別也○不知父子者言樂之混雜不復知有父子尊卑之禮也○樂終不可以語者言作樂雖復終畢盡皆邪辟不可以語既與古樂乖違故不可語道於古也此皆新樂之為故云此新樂之發也○注獶獮猴也○正義曰按詩小雅云毋教猱升木毛傳云猱猨屬也是獶獮猴也漢書擅長卿為獮猴舞是狀如獮猴

今君之所問者樂也所好者音也夫樂者與音相近而不同（言文侯好音而不知樂也鏗鏘之類皆為音應律乃為樂○好呼報反注同近附近之近徐如字鏗苦耕反鏘七羊反又士衡反）

文侯曰敢問何如（欲知音樂異意）

疏「今君

中華書局校刊

聚珍仿宋版

十三經注疏

十二

禮記注疏

中華書局

而靖定其道德之音以道德既正天下應和所以莫然而靖也其德克明者以其莫然而靖故其德能照臨天下之明也○和克明克類者類謂勤施無私施惠勤勞不私於己外及等類以明能然故云克明克類也○克長克君者克長謂教誨不倦能爲人師長克君謂慶賞刑威能與人作君教化故云克長克君也王此大邦克順克俾者俾當爲比謂比方善事擇善而從之既能慈和偏服又能擇善從之故云克順克俾○俾于文王其德靡悔者詩美王季之德比擬文王其王季之德無可恥悔言堪比文王也左傳引此詩唯此文王所以爲文王之德言比於文王其德靡悔者謂此校文王之德事事皆美無可悔恨也是左傳與詩文互意別也既受帝祉施於孫子者詩云王季既受天福祉以遺子孫子孫有天下也左傳云文王既受帝祉以遺後世子孫○此之謂也者言詩云德音則此經之所謂也○注德正應和曰莫○正義曰以下皆昭二十八年左傳文也

今君之所好者其溺音乎言無文王之德

則所好非樂也

文侯曰敢問溺音何從出也玩習之久不知所由出也○玩又作翫音五換反

【疏】○今君至出也○上既云君之所好音有善惡故上云治世之音亂世之音今君之所好者非正音是淫溺之音乎不敢指斥故言乎而疑之也○文侯曰敢問溺音何從出也者文侯既聞子夏之言善遂問溺音所出之由

子夏對曰鄭音好濫淫志宋音燕女溺志衞音趨數煩志齊音敖辟喬志此四者皆淫於色而害於德是以祭祀弗用也言四國皆出此溺音濫濫竊姦聲也燕安也春秋傳曰懷與安實敗名趨數讀爲促速聲之誤也煩勞也祭祀者不用淫樂○燕於見反趨音促數音速傲字又作敖同五報反辟匹亦反徐芳益反喬徐音驕本或作驕敗必邁反

【疏】○子夏至用也○此一節子夏爲文侯明溺音所出也○鄭音好濫淫志者濫竊也謂男女相偷竊言鄭國樂音好濫相偷竊是淫邪之志也○宋音燕女溺志者燕安也溺没也言宋音所安唯女子所以使人意志没矣即前溺而不止是也○衞音趨數煩志者言衞音既促

且速所以使人意志煩勞也齊音趨辟喬志者言齊音既趨很辟越所以使人意志驕逸也此四者皆淫於色而害於德是以祭祀弗用也者既淫色害德故不用祭祀也○注言四至敗名○正義曰經云鄭音好濫宋音燕女其事是一而爲別音者濫竊非己儔匹別相淫竊燕女謂己之妻妾燕安而已所以別好濫也上云鄭衛之音則鄭衛亦淫聲也又此云四者皆淫於色是衛與齊皆有淫聲也而經唯云衛音趨數煩志齊音趨辟喬志都不云女色者按詩有桑中淇上是淫佚可知則淫佚之外更有促速趨辟推此而言齊詩有哀公荒淫怠慢襄公淫於妹亦女色之外加以趨辟驕志也故總謂之溺音也○注春秋傳曰懷與安實敗名者僖二十三年左氏之文齊女姜氏勸重耳出奔也

詩云肅雝和鳴先祖是聽夫肅肅敬也雝雝和也夫敬以和何事不行言古樂敬且和故無事而不用溺音無所施

疏 詩云至不行○此一節子夏重爲文侯明正樂敬和之事所以勸勵文侯用古樂也此詩周頌有瞽之篇肅敬也雝和也言爲樂音敬和而鳴先祖之神聽而從之若能敬和施設於政教何事不行也

人君者謹其所好惡而已矣君好之則臣爲之上行之則民從之詩云誘民孔易此之謂也誘進也孔甚也言民從君所好惡進之於善無難○易以豉反

疏 爲人至謂也○此經明子夏既勸文侯所好古樂又謹慎行之以此化民無不從也引詩云誘民孔易者此厲王大雅板之篇也誘進也孔甚也言在上教道於民甚易也但己行於上則民化之於下詩之所云則此之謂也○注誘進也孔甚也○正義曰誘進也釋詁文孔甚也釋言文也

然後聖人作爲鞉鼓椌楬壎篪此六者德音之音也六者爲本以其聲質也椌楬謂柷敔也壎篪或爲簨虡○鞉音桃椌苦江反柷也楬苦瞎反敔也壎許袁反篪直支反柷昌六反圉本又作敔魚呂反簨恤尹反虡音巨然後鍾磬竽瑟以和之干戚旄狄以舞之此所以祭先王之廟也

所以獻酬酳酢也所以官序貴賤各得其宜也所以示後世有尊卑長幼之序也官序貴賤謂尊卑樂器列數有差次○竽音于和如字徐胡臥反酬市由反酳音胤又仕覲反酢音昨長丁丈反

疏○然後至序也○正義曰上經言人君謹慎所好惡以誘人故此一節論聖人作爲樂器道德之音以示後世也○此六者德音之音也者言此鞉鼓椌楬壎箎其聲質素是道德之音以尚質故也○然後鍾磬竽瑟以和之干戚旄狄以舞之者既用質素爲本然後用此鍾磬竽瑟華美之音以贊和之使文質相雜干楯也戚斧也狄羽也聲既文質備足又用干戚旄羽以舞動之此所以祭先王之廟也者以前云鄭宋齊衞四者爲祭祀之所不用故此云六器爲道德之音四器之和文武之舞並可在於宗廟之中奏之若樂九變而鬼神格也○所以獻酬酳酢也者又用於宗廟中接納賓客也賓入而奏肆夏及卒爵而樂闋孔子屢歎之是也所以官序貴賤各得其宜也者又用樂體別尊卑於朝廷使各得其宜也天子八佾諸侯六佾是也○所以示後世有尊卑長幼之序也者聞樂知德及施于子孫是示後世又宗族長幼同聽之莫不和順閨門之內父子兄弟同聽之莫不和親是長幼之序也○注椌楬至篪籥○正義曰按鄭注詩有瞽篇云柷形如漆筩中有椎敔狀如伏虎背上有二十四鉏鋙又鄭司農注笙師云篪七空塤六孔鄭云塤燒土爲之大如鴈卵鼗如鼓而小持其柄搖之旁耳自擊鼓革也椌楬木也其聲質素故周語單穆云革木一聲注云一聲無宮商清濁是也

鍾聲鏗鏗以立號號以立橫橫以立武君子聽鍾聲則思武臣號號令所以警衆也橫充也謂氣作充滿也○鏗古耕反徐苦庚反號胡到反橫古曠反充也下及注同

疏○鍾聲至武臣○正義曰此一節論樂器之聲各別君子之聽思其所用之臣各隨文解之○鍾聲鏗者言金鍾之聲鏗鏗然矣[illegible]鏗以立號者言鏗是堅剛故可以興立號令也○號以立橫者謂橫氣充滿也若號令威嚴則軍士勇敢而壯氣充滿崔氏云若嚴正立號則其號必充滿於萬物矣○橫以立武者言壯氣充滿所以武

事可立也崔氏云若教令充偏則武矣○君子聽。鍾聲則思武臣者君子謂識樂之情者所以聞聲遠事。鍾既含號令立武故聽之而思武臣也　石聲
磬磬以立辨辨以致死君子聽磬聲則思死封疆之臣　石聲磬磬當爲罄字之誤也辨辨謂分明於節義
○磬依注音罄口挺反一音口定反聽磬口定反疆居良反下是疆同　疏。石。聲。至。之。臣。○。此一經明石聲磬者石磬也磬是樂器故讀。磬音。罄然矣其聲
能和故次鍾也言磬輕清響矣叩其磬則其聲之罄罄然也○磬以立辨者辨別也崔云能清別於衆物則分明辨別也○辨以致死者既各有部分不相侵
濫故能使守節者致死矣若諸侯死社稷大夫死衆士死制之屬也崔云若能明別於節義則不愛其死也○君子聽磬聲則思死封疆之臣者言守分不移
卽固封疆之義矣磬含守分故聽其聲而思其事也○注石聲至誤也○正義曰讀磬爲罄者其字下著石樂器之磬其下著缶是罄然之罄今經云石聲磬
恐是樂器故讀爲磬取聲音罄罄然　絲聲哀哀以立廉廉以立志君子聽琴瑟之聲則思志義之
臣　廉廉隅　疏　絲聲至之臣○。此一經明絲聲哀者哀謂哀怨也謂聲音之體婉妙故哀怨矣○哀以立廉者廉謂廉隅以哀怨之故能立廉隅不越其
分也○廉以立志者既不越分故能自立其志○君子聽琴瑟之聲則思志義之臣者言絲聲含志不可犯故聞絲聲而思其事也　竹聲濫濫以
立會會以聚聚君子聽竽。笙簫管之聲則思畜聚之臣　濫之意猶擥聚也會猶聚也聚或爲最○濫力
敢反下及注皆同會戸外反又古外反下同畜勑六反擥力敢反　疏。竹。聲。至。之。臣。○。此一經明竹聲濫者濫猶擥也言竹聲擥然有積聚之意也○濫以
立會者以竹聲既擥聚故能立會矣○會以聚衆者以合會而能聚其衆也○君子聽竽笙簫管之聲則思畜聚之臣者亦聞其音而思其事也笙以匏爲之
而在竹聲之中者但笙以匏爲體竹於匏匏竹兼有故笙文在竹也　插
鼓鼙之聲讙讙以立動動以進衆君子聽

鼓鼙之聲則思將帥之臣聞讙囂則人意動作讙或爲歡動或爲勳○鼙步西反讙呼端反又音喧將子亮反下注大將下將帥同帥本又作率用類反下將帥同囂許驕反又五羔反【疏】。鼓。鼙。至。之。臣。○此一經明鼓鼙之聲讙者讙謂讙囂也其聲讙雜矣○讙以立動者以其聲讙故使人。意。動。作。也○動以進衆者以動作故能進發其衆也○君子聽鼓鼙之聲則思將帥之臣者將帥衆聚也言鼓能進衆故聞其聲而思其事也不云鼙而云鼙者廣其類也○注聞讙囂則人意動作○正義曰是聲能感動於人也如鄭此言則五者之器皆據其聲聲各不同立事有異事隨聲起是聲能立事也皇氏用崔氏之說云鐘聲爲兌石聲爲乾絲聲爲離竹聲爲震鼓鼙爲坎妄取五方之義棄其五器之聲背經違注曲爲雜說言及於數非關義理又無明文今並略而不用也

君子之聽音非聽其鏗鎗而已也。彼亦有所合之也以聲合成己之志○鎗七羊反又叱衡反徐勑庚反【疏】。君。子。至。合。之。也。○此一經總結上文五者言君子之聽音聲非徒聽其音聲鏗。鎗而已彼謂樂聲亦有合成己之志意也崔氏云但釋五音八卦屬四方四維之音所感皆應與四方同所以應同者四維處四方之間四方皆五行相生水生木匏同竹音木生火木音同絲火生土土不當於方土生金土處金火之間土音屬金金生水石不可屬於水故不同於革而不同者以乾爲君父君父之音不可屬於人故不同於革而磬別有所感乾爲天坤爲地天既不屬人人坤所以不別出者爲坤卑故也今按崔氏此說浮虛體例不等上下混雜記人之意不應如此鄭注無文不可附會今略存崔氏之義賢者擇焉今謂八音唯論五者以鍾與武臣相會石與死封疆相將絲與志義是同竹與畜聚相類鼓鼙與將帥同等故五器而有五事其匏與土木不同無此五器之象故記者不言

○賓牟。賈侍坐於孔子孔子與之言及樂曰夫武之備戒之已久何也對曰病不得其衆也武謂周舞也備戒擊鼓警衆病猶憂也以不得衆心爲憂憂其難也○。牟亡侯反坐才臥反又如字【疏】。賓。牟

至。衆。也。○正義曰此一經別錄是賓。牟賈問章自此以下至不亦宜乎總是賓。牟賈與夫子相問答之事今各依文解之○賓。牟賈侍坐於孔子者姓賓。牟名賈侍坐於孔子○孔子與之言及樂者孔子與賓。牟賈言說初論他事次及於樂○曰夫武之備戒之已久何也者此是孔子之問凡有五說夫是發語之端武謂周之武樂欲作舞樂之前先擊鼓備戒其衆備戒之後久始作舞故孔子問之云武樂先擊鼓備戒已久乃始作舞何○對曰病不得其衆也者此賓。牟賈所答亦有五但三答是二答非今此答是也病謂憂也言武王伐紂之時憂病不得士衆之心故先鳴鼓以戒士衆久乃出戰今武樂故令舞者久而不即出是象武王憂不得衆心故也○注武謂至難也○正義曰此以下。王事故知周舞也憂其難者憂其不得士衆之難故擊鼓久而不舞

咏歎。之淫液之何也對曰恐不逮事也咏歎淫液歌遲之也逮及也事戎事也○咏歎上音詠下音嘆液音亦逮音代又代計反遲直冀反

發揚蹈厲之已蚤何也對曰及時事也時至武事當施也○蹈音悼蚤音早

武坐致右憲左何也對曰非武坐也言武之事無坐也致謂膝至地也憲讀爲軒聲之誤也○依注音軒

聲淫及商何也對曰非武音也言武歌在正其軍不貪商也時人或說其義爲貪商也

子曰若非武音則何音也對曰有司失其傳也若非有司失其傳則武王之志荒矣有司典樂者也傳猶說也荒老耄也言典樂者失其說也而時人妄說也書曰王耄荒○傳直專反下及注同傳猶說也旄莫報反下同

子曰唯丘之聞諸萇弘亦若吾子之言是也萇弘周大夫○萇直良反

【疏】咏。歎。至。是。也。○咏歎之淫液之何也者此孔子之問欲舞之前其歌聲吟咏之長嘆之其聲淫液是貪羨之貌言欲舞之前其歌聲何意吟咏長嘆歆羨也○對曰恐不逮事也此是賓。牟賈答孔子之。詞所以舞前有此咏歎淫液之歌者象武王。伐紂恐諸侯不至不逮及戰事故歌聲吟咏而歆羨此答

是也○注咏歎淫液歌遲之也○正義曰咏歎者謂長聲而歎○矣淫液謂音連延而流液不絕之意歌遲之謂作此歌吟思之欲待衆之至也○發揚蹈厲之已蚤何也者此又明是孔子之問初舞之時手足發揚蹈地而猛厲言舞初則然故云已蚤何也意謂舞時發揚蹈厲即大蚤○對曰及時事也者此亦賓牟賈對詞所以舞時蚤爲發揚蹈厲象武王及時伐紂戰事也故發揚象戰此答非也知非者下云發揚蹈厲是大公之志故知此答非也武坐致右憲左何也者此亦孔子問詞坐跪也致至也軒起也問武人何忽有時而跪以右膝至地而左足仰起何故也對曰非武坐也此是賓牟賈答云致右軒左非是武人之坐言以舞法無坐也此答亦非知者下云武亂皆坐周召之治也是武法有坐故知此答非也○聲淫及商何也者此亦孔子問詞淫貪也問奏樂之聲何意有貪商之聲也王氏云聲韻歆羨淫液貪商也○對曰非武音也者此賓牟賈之答非武音謂非是武樂之音賓牟賈言武王應天從人不得已而伐之何容有貪商之聲故言非武音此答是○注言武至商也○正義曰言武歌在正其軍不貪商者解經非武音言武歌象武王正其軍事不得有貪商之歌故知貪商者非武樂之音也云時人或說其義爲貪商也者解經中聲淫及商之義言當時人不曉武音謂此歌聲爲貪商故云或說其義爲貪商孔子以時人之意而問賓牟賈然時人之說非也孔子大聖應知其非而問之者孔子雖知其非而問賓牟賈是知非而故問矣○子曰若非武音則何音也者賓牟賈既答貪商非是武音孔子因而問之云貪商之歌若非武樂之音則何音也○對曰有司失其傳也者此賓牟賈答云有司謂典樂者失傳說也言武樂之歌有貪商之意者是典樂有司失其傳說謂爲貪商故時人惑之○若非有司失其傳則武王之志荒矣者賓牟賈又云若非是有司失其傳說將言武王實爲貪商則是武王之志荒耄矣言武王荒耄遂有貪商也然武王大聖伐暴除殘何有貪商之意故知有司妄說爲貪商使時人致惑○注荒老至耄荒○正義曰按大戴禮云文王年十五而生武王發又文王世子篇云文王九十七而崩則武王九十三而終矣文王受命七年而崩十三年伐紂是文王崩後六年伐紂時武

王八十九矣年雖老而大聖不荒耄也書曰王耄荒呂刑文也言穆王享國百年而耄荒證荒爲老耄也○子曰唯丘之聞諸萇弘者孔子既得賓牟賈之答故云聞諸萇弘諸於也聞於萇弘之說○亦若吾子之言是也者謂賓牟賈爲吾子者儀禮注云子男。子之美稱言吾子相親之詞賓牟賈起免席而請曰夫武之備戒之已久則既聞命矣敢問遲之遲而又久何也。遲之遲謂久立於綴○遲之遲並直詩反又徐直尼反疏賓牟至何也○自此以前孔子問賓牟賈自此以後是賓牟賈問孔子此一經是賓牟賈問。詞也○免席而請曰者免席謂避席也言賓牟賈前答孔子雖被孔子所許於前答之事猶有不曉而反請問孔子故曰免席而請焉○夫武之備戒之已久則既聞命矣者前經是夫。子之問賓牟賈前答其已久之意被孔子所許不得爲非是既聞命矣○敢問。遲之。遲而又久何也者此賓牟賈問孔子之。詞遲之遲者賀氏云備戒已久是。遲久立於綴亦是遲而又久何意如此子曰居吾語汝。夫樂者象成者也摠干而山立武王之事也發揚蹈厲大公之志也武亂皆坐周召之治也居猶安坐也成謂已成之事也摠干持盾也山立猶正立也象武王持盾正立待諸侯也發揚蹈厲所以象威武時也武舞象戰鬭也亂謂失行列也失行列則皆坐象周公召公以文止武也○語魚據反女音汝下且女同大音泰召音邵注及下同治直吏反下注及下同盾述尹反又音允行戶剛反下同疏子曰至治也○自此以下孔子爲賓牟賈說武樂之意幷廣明克殷以後之事此一經爲賓牟賈說其將舞之事○夫樂者象成者也言作樂者。放象其成功者也摠干而山立者言將舞之時舞人摠持干盾以正立似山不動搖象武王持盾以待諸侯之至也○發揚蹈厲大公之志也者言武樂之舞發揚蹈厲象大公威武鷹揚之志也○武亂皆坐周召之治也者亂謂失行列作此武舞迴移轉動亂失行列皆坐所以坐者象周公召公以文德治之以文止武象周召之治也且夫武始而北出再成而滅商三成而南四成而南國是疆五成而分周公左召公右六成復綴以崇成猶奏也每奏武曲一終爲一成始奏象觀兵。盟津時也再奏象克殷時也三奏象克殷有餘力而反也四奏象南方荆蠻之國侵畔者服也五奏象周公召公分職而治也六奏象兵還振旅也復綴反位止也崇充也凡六奏以充武樂也○夫音扶綴丁劣反又丁衞反注及下同孟本亦作盟音孟【疏】且。夫。至。以崇○此一經孔子爲賓牟賈說武樂六成之意上說三者之事已訖更別廣說武樂故云且夫武始而北出者謂初舞位最在於南頭從第一位而北出者次及第二位稍北出者熊氏云則前云三步以見方見一成也作樂一成而舞象武王北出觀兵也○再成而滅商者謂作樂再成舞者從第二位至第三位象武王滅商則與前文再始以著往爲一也○三成而南者謂舞者從第三位至第四位極北而南反象武王克紂而南還也○四成而南國是疆者謂武曲四成舞者從北頭第。一位。卻至第。二位象武王伐紂之後南方之國於是疆理也○五成而分周公左召公右者從第二位至第三位分爲左右象周公居左召公居右也○六成復綴以崇者綴謂南頭初位舞者從第三位南至本位故言復綴以崇崇充也謂六奏充其武樂象武王之德充滿天下此並熊氏之說也而皇氏不云次位舞者本在舞位之中但到六成而已今舞亦然義亦通也○注成猶至樂也○正義曰成謂曲之終成每一曲終成而更奏故云成猶奏也云復綴反位止也者謂最在南第一位初舞之時從此位入北至六成還反復此位如鄭所注熊氏得之云凡六奏以充武樂也者充謂充備言六奏其曲武樂充備故云六奏以充武樂言武樂充備是功成大平周德充滿於天下也

天子夾振之而駟伐盛威於中國也夾振之者上與大將夾舞者振鐸以爲節也駟當爲四聲之誤也武舞戰象也每奏四伐一擊一刺爲一伐牧誓曰今日之事不過四伐五伐○夾古洽反注及下同鐸大各反一刺本亦作壹刺七亦反【疏】天。子。至。國。也○正義曰天子夾振之者謂武樂之作言天子與大將夾舞者振鐸以節之○而駟伐者駟當爲

四四伐謂擊刺作武樂之時每一奏之中而四度擊刺象武王伐紂四伐也○盛威於中國也者象武王之德盛大威武於中國○注夾振至五伐○正義曰王與大將夾舞者振鐸以爲節也者經云天子夾振是兩邊相夾天子與大將相對明是尊者故知王與大將也經云振之鐸是所振之物故知振鐸以爲舞者之節也武樂在庭天子尊極所以得親夾舞人爲振鐸者熊氏按祭統云君執干戚就舞位冕而揔干率其羣臣以樂皇尸又下云食三老五更於大學冕而揔干尙得親舞何以不得親執鐸乎此執鐸爲祭天時也皇氏云武王伐紂之時。王與大將親自執鐸以夾軍衆今作武樂之時令二人振鐸夾舞者象武王與大將伐紂之時矣皇氏此說稍近人情理通勝於熊氏但注云王與大將夾舞者則似天子親夾舞人則皇氏說不便未知孰是故備存焉王肅讀天子上屬謂作樂六成尊崇天子之德矣按聖證論王肅引家語而難鄭云六成而復綴以崇其爲天子此家語之文也馬昭申鄭意云凡樂之作皆所以昭天子之德豈特六成之末而崇之乎孔晁又難馬昭云天子夾振用舞之法在於經典今謂天子夾振此經之正文又親舞揔干。具如熊氏之說此則經典之證也云駟當爲四聲之誤也者以牧誓有四伐之文故讀爲四也云每奏四伐者武樂六奏每一奏之中舞者以戈矛四度擊刺象伐紂時也引牧誓曰今日之事不過四伐五伐者此武王戒誓士衆云今日戰事前進不得過四伐五伐乃止齊焉今武樂惟用四伐不用五伐者尙其少也

分夾而進事蚤濟也（分猶部曲也事猶爲也濟成也舞者各有部曲之列又夾振之者象用兵務於早成也○分扶問反注同分部曲）久立於綴以待諸侯之至也（象武王伐紂待諸侯也）且女獨未聞牧野之語乎（欲語以作武樂之意○牧野音也徐又以汝反欲語魚據反）武王克殷反商未及下車而封黃帝之後於薊封帝堯之後於祝封帝舜之後於陳下車而封夏后氏之後於杞投殷之後於宋封王子比干之墓釋箕

子之囚使之行商容而復其位庶民弛。政庶士倍祿濟河而西馬散之華山之陽而弗復乘牛散之桃林之野而弗復服車甲衅。而藏之府庫而弗復用倒載干戈包。之以虎皮將帥之士使爲諸侯名之曰建櫜然後天下知武王之不復用兵也反。商當爲及字之誤也及商謂至紂都也牧誓曰至于商郊牧野封謂故無土地者也投擧徙之辭也時武王封紂子武庚於殷。墟所徙者微子也後周公更封而大之積土爲封封比干墓崇賢也行猶視也使箕子視商禮樂之官賢者所處皆令反其居也弛政去其紂時苛政也倍祿復其紂時薄者也散猶放也桃林在華山旁甲鎧也衅釁字也包干戈以虎皮明能以武服兵也建讀爲鍵字之誤也兵甲之衣曰櫜鍵櫜言閉藏兵甲也詩曰載櫜弓矢春秋傳曰垂櫜而入周禮曰櫜之欲其約也薊或爲續祝或爲鑄〇反依注音及封黃帝之後於薊音計今涿郡薊縣是也即燕國之都也孔安國司馬遷及鄭皆云燕國郡邵公與周同姓按黃帝姓姬君奭蓋其後也或黃帝之後封薊者滅絕而更封燕郡乎疑不能明也而皇甫謐以邵公爲文王之庶子記傳更無所出又左傳富辰之言亦無燕也祝之六反杞音起使之行下孟反注同視也商容如字孔安國云殷之賢人也鄭云商禮樂之官也復音伏弛始氏反注同廢也華如字又戶化反而弗復扶又反下同衅字又作釁同許靳反倒丁老反建依注讀爲鍵其展反徐其偃反櫜音羔注同虛音墟令力呈反去起呂反苛音何本又作荷役也鎧苦代反又開改反鑄止樹反

【疏】分。夾。至。兵。也〇正義曰分夾而進事蚤濟也者分謂部分夾謂振鐸夾之言舞者各有部分振鐸夾之而進也事爲也象武王伐紂爲蚤濟成也象爲事之蚤成故前進也〇久立於綴以待諸侯之至也者言未舞之前舞者久立於酇綴象武王待諸侯之至〇且女獨未聞牧野之語乎孔子既爲賓牟賈說武樂之體也又欲爲賓牟賈廣論牧野作武樂之意故云且女獨未聞牧野之語乎將欲語以牧野之

事畢周道四達之意也○武王克殷反商此孔子爲賓牟賈說牧野克殷後事
反商者反當爲及言武王牧野克殷已畢及至商紂之都也○未及下車者言
速封諸侯未遑暇及下車即封黄帝堯舜之後也下車而封夏殷之後者以二
王之後以其禮大故待下車而封之按周本紀云武王以與戰伐紂兵皆崩畔
武王入至紂死之所周公把大鉞畢公把小鉞以夾武王武王既入立。於社南
召公奭責兵師尚父率牲尹逸祝曰殷之末孫季紂殄廢先王明德又云乃封
紂子祿父使其弟管叔蔡叔相祿父命召父釋箕子之囚命畢公釋百姓之囚
表商容之閭命南宫适散鹿臺之財發鉅橋之粟命閎夭封比干之墓武王追
思先聖乃襃封神農之後於焦及封黄帝之後於薊封帝堯之後於祝封帝舜
之後於陳大禹與此同然如武王追思先聖乃封之與此未及下車義反當以
禮記爲正此不云封神農者舉三恪二代也○釋箕子之囚使之行商容而復
其位者既釋箕子使之行商容者行視也容謂禮樂之官使箕子檢視殷家禮
樂之官若有賢者所處皆令復居其故位也○庶民弛政者弛去也庶民被紂
虐政者而放去之也○庶士倍祿者謂庶士紂時祿薄者而倍益之車甲釁而
藏之府庫者言車甲不復更用故以血釁而藏之○倒載干戈者倒載而還鎬
京也所以倒之者熊氏云凡載兵之法皆刃向外今倒載者刃向國不與常同
故云倒載也○包之以虎皮者虎皮。武。猛之物也用此虎皮包裹兵器示武王
威猛能包制服天下兵戈也或以虎皮有文欲以見文止武也○將帥之士使
爲諸侯名之曰建櫜者封爲諸侯者以報勞賞其功也郎牧誓云千夫長是也
名之曰建櫜者鍵籥牡也櫜兵鎧之櫜也言鎧及兵戈悉櫜韜之置於府庫而
鍵閉之故云名之曰建櫜也然後天下知武王之不復用兵也者見其放牛藏
器故知之○注反。當至約也○正義曰反當爲及者以下文云濟河而西明知
此反商是及至商也云投舉徙之詞也者以武王之時封紂子武庚於殷墟初
克紂微子復其故位左傳云武王親釋其縛使復其所是也而釁時復所武王
即徙而居宋也故云所徙者微子也云後周公更封而大之者以武庚于周公
居攝之時作亂被滅周公因封微子先在於宋更封而大之者按書序云成王

既黜殷命命微子啓作微子之命是封而大之其實封爲五百里在制禮之後故發墨守云六年制禮作樂封殷之後稱公於宋是也云使箕子視商禮樂之官者容爲禮樂故云視商禮樂之官知容爲禮樂者漢書儒林傳云孝文時徐生善爲容是善禮樂者謂之容也而武成篇云式商容閭則商容人名鄭不見古文故爲禮樂也云鮮釁字也者以禮傳所云以血塗物皆爲釁故從釁也云建讀爲鍵者鍵是管籥閉藏之名故讀爲鍵或以管籥或以櫜衣閉藏兵革故云鍵櫜也引詩曰載櫜弓矢者詩頌時邁篇也論武王伐紂畢載櫜弓矢也引春秋傳垂櫜而入者昭元年左傳文時楚公子圍聘於鄭公孫段云請垂櫜而入示無弓但垂櫜而已引周禮櫜之欲其約也者考工記文言以皮爲甲櫜中盛之欲其約所引此諸文者證櫜是韜盛之物也

散軍而郊射左射貍首右射騶虞而貫革之射息也裨冕搢笏而虎賁之士說劍也祀乎明堂而民知孝朝覲然後諸侯知所以臣耕藉然後諸侯知所以敬五者天下之大教也郊射爲射宮於郊也左東學也右西學也貍首騶虞所以歌爲節也貫革射穿甲革也裨冕衣裨衣而冠冕也裨衣衮之屬也搢猶插也賁憤怒也文王之廟爲明堂制耕藉藉田也○郊射食亦反左射下右射同沈皆食夜反貍力之反騶側由反貫古亂反後同裨婢支反搢音進笏音忽賁音奔注同孔安國云虎賁若虎賁獸言其猛也說吐活反朝直遙反射穿食亦反衣裨衣上於既反下如字而冠古亂反猶捷本亦作插初洽反徐采協反憤扶粉反

食三老五更於大學天子袒而割牲執醬而饋執爵而酳冕而揔干所以教諸侯之弟也三老五更互言之耳皆老人更知三德五事者也冕而揔干親在舞位也周名大學於東膠○食音嗣更古衡反注同大學音泰注大學同饋其媿反酳音胤又仕覲反弟大計反膠音交

【疏】散。軍。至。弟。也。○此一經論克商之後脩文教也○散軍而郊射者還鎬京止武而習文也郊射射於射宮在郊學之中也天子於郊學而射所以擇士簡德也○左射貍首者左東學也亦在於東郊貍首諸侯之所射詩也周立虞庠之學於西郊故知使諸侯習射於東學歌貍首詩也所以歌貍首者皇氏以爲舊解云貍之取物則伏下其頭然後必得言射亦必中如貍之取物矣鄭注大射云貍首逸詩貍之言不來也其詩有射諸侯首不朝者之言因以名篇不取於貍之伏物而皇氏所說違鄭注其義非也右射騶虞者右是西學在西郊也騶虞天子於西學中習射也騶虞白虎黑文義應之獸也故知唯天子射歌之詩其騶虞篇云彼茁者葭一發五豝鄭注射義云。一發五豝喻得賢者多也○而貫革之射息也者貫穿也革甲鎧也所謂軍射也言軍中不習於容儀又無別物但取甲鎧張之而射唯穿多重爲善謂爲貫革也春秋養由基射七札是也此既習禮射於學故貫革之射止息也○裨冕搢笏而虎賁之士說劍也者裨冕入廟之服也搢笏插笏也虎賁言奔走有力如虎之在軍說劍者既並習文故皆說劍也○祀乎明堂而民知孝者罷武而教民之行孝於明堂明堂是文王之廟也於時未有明堂而云明堂者文王廟如明堂之制故云明堂也天子於中祀其父也故教民知孝之道矣然不於后稷廟而於文王廟者既是述父之志故初於中祀也○朝覲然後諸侯知所以臣者六服更朝故諸侯知爲臣之道還國而教也○耕藉然後諸侯知所以敬者王自耕藉田以供粢盛故諸侯見而知其敬亦還國而。耕也○五者天下之大教也者郊射一裨冕二祀乎明堂三朝覲四耕藉五此五者大益於天下並使諸侯還其本國而爲教故云大教也○注郊射至田也○正義曰郊射爲射宮於郊。者。也皇氏云於東郊熊氏云王制篇云殷禮小學在公宮南之左大學在郊武王伐紂之後猶用殷制故小學者射貍首大學射騶虞也言爲射宮於郊者據大學也云裨冕衣裨衣而冠冕也者覲禮云侯氏裨冕鄭云裨之爲言埤也天子六服大裘爲上其餘爲。埤故此云裨衣袞之屬也袞謂從袞裨冕之衣以下皆是也言身著衣而首冠冕故云裨冕衣裨衣而冠冕也云文王之廟爲明堂制者以周公攝政六年始朝諸侯於明堂當武王伐紂之時未有明堂今云祀乎明堂故知是文王之廟制耳非正明堂也○天子祖而割牲者謂天子養三老五更之時親袒衣而割牲也執醬而饋者謂天子親執醬而饋之○執爵而酳者謂食訖天子親執爵而酳口也○冕而揔干者謂天子親自着冕手持干盾而親舞也此冕當鷩冕享先公以饗射養老之類所以教諸侯之弟也者天子親自養老則諸侯亦然不言教以孝者與上互文○注三老至東膠○正義曰三老五更互言之耳者三老亦五更五更亦三老故云皆老人更知三德五事者也三德謂正直剛柔五事謂貌言視聽思也文王世子注云象三辰五星者義相包矣云周名大學曰東膠者按王制云周人養國老於東膠以養國老故知大學也此經云食三老五更於大學亦謂殷禮周則右射騶虞之處矣

若此則周道四達禮樂交通則夫武之遲久不亦宜乎言武遲久為重禮樂○夫音扶為于偽反

疏若此至宜乎○若如也言周德如此之後則是周之道德四方通達禮樂交通無所不備也則夫武之遲久不亦宜乎者凡功小者易就其時速也功大者難成其時久也周之禮樂功大故作此大武之樂遲停而久不亦宜乎者其宜合當然也以其功德盛大故須遲久重慎之也

君子曰禮樂不可斯須去身致樂以治心則易直子諒之心油然生矣易直子諒之心生則樂樂則安安則久久則天天則神天則不言而信神則不怒而威致樂以治心者也致猶深審也子讀如不子之子油然新生好貌也。善心生則寡於利欲寡於利欲則樂矣志明行成不言而見信如天也不怒而見畏如神也樂由中出故治心○易以豉反下及注皆同子諒子如字徐將吏反諒音亮油音由行下孟反下同

疏。君。子。至。者。也○正義曰自此以下至可謂盛矣名為樂化言樂能化人始至於善故名樂化各隨文解之○此一經明樂以治心記者引君子之言故云君子曰禮樂不可斯須去身者言禮樂是治身之具不可斯須去離於身也○致樂以治心則易直子諒之心油然生矣者致謂深致詳審易謂和易直謂正直子謂子愛諒謂誠信言能深遠詳審此

樂以治正其心則和易正直子愛誠信之心油油然從內而生矣言樂能感人使善心生也○易直子諒之心生則樂者四善之心生則令人和樂樂則安者心樂故體安而不躁也○安則久者既身不躁故性命長久也○久則天者志明行成久而不改則人信之如天○天則神者既爲人所信如天故又爲人所畏如神也○天則不言而信者謂四時不失○神則不怒而威者言宗廟社稷之中而民自敬是不怒而威也言聖王既能用樂和心故不言而信似天也不怒而威似神也致樂以治心者也言聖王所以能如此者正由詳審於樂以和治民心遂能如此○注致猶至治心○正義曰致猶深審也者言深遠詳審樂之道理能致如此故云致猶深審也云子讀如不子之子者按尚書云啓呱呱而泣予弗子是子愛之義而此經子亦是慈愛故讀如不子之子云油然新生好貌也書傳箕子歌云禾黍之油油潤澤好之貌然善心內生其貌美好油然也云善心生則寡於利欲者凡利欲之發由貪鄙而來善心若思利欲則神勞形苦今善心既生則利欲寡少利欲既少則情性和樂云志明行成者不貪於利用是志意清明神和性樂樂是善行得成矣云不言而見信如天也不怒而見畏如神也者以其志明行成之後故人皆信其德行敬其威重不須言見信之如天不須怒而見畏如神也但天之與神其事是一俱不言而信不怒而威天則有形事似稍近神則無體理如幽深故經先云久則天後云天則神也但天者四時不失故云不言而信神是人所畏敬故云不怒而威其實一也所從之異耳云樂由中出故治心者解樂以治心之意也

致禮以治躬則莊敬莊敬則嚴威（躬身也禮自外作故治身）心中斯須不和不樂而鄙詐之心入之矣（鄙詐是貪多詐僞）外貌斯須不莊不敬而易慢之心入之矣（易輕易也）

【疏】○致禮至之矣○致禮以治躬則莊敬莊敬則嚴威者前經云致樂此經云致禮而治躬謂致禮意以治躬外貌則莊嚴而恭敬若能莊嚴而恭敬則嚴肅威重也言內心莊嚴恭敬則人懾之嚴肅威重○心中斯須不和不樂而鄙詐之心入之矣者前經明致樂治心則向善心生此經

明樂治心失則怨心起言不能致樂治心心中斯須不能調和則不能喜樂而有鄙惑詐僞之心。入於內矣由貪欲多故鄙詐起也○外貌斯須不莊不敬而慢易之心入之矣者前經致禮以治躬得則莊敬起此經明致禮以治躬失則易慢生故云外貌斯須不莊不敬不能致禮治躬故輕易怠慢之心從外而入內矣

故樂也者動於內者也禮也者動於外者也樂極和禮極順內和而外順則民瞻其顏色而弗與爭也望其容貌而民不生易慢。焉故德煇動於內而民莫不承聽理發諸外而民莫不承順德煇顏色潤澤也理容貌之進止也○爭爭鬭之爭煇音輝

【疏】故樂至承順○此一經言聖人用禮樂以治身內外兼備使德煇動於內而民順於外○故樂也者動於內者也者但樂從心起故感動於內○禮也者動於外者也禮從外生故發動於外也○樂極和者樂能感人心故極。益於和也○禮極順者禮以檢貌故極。益於順也內和而外順則民瞻其顏色而弗與爭也者由心內和色見於外順之故望其顏色而弗與爭內和色見於外故不爭矣此覆結上內和也○望其容貌而民不生易慢焉者外貌和順故民不生易慢此覆結外順也○故德煇動於內而民莫不承聽者由樂以和心故德煇美發動於內而民莫不承奉聽從也○理發於外而民莫不承順者由禮以治貌故理發見於外而民莫不承奉敬順也○注德煇至止之○正義曰德煇顏色潤澤也由內心和順故和順之德煇然發見於顏色是德煇由動於內而來也云理容貌之進止也者以經云理發諸外凡道理從內心而生今云理發諸外非道理之理止謂容貌進止之理鄭恐有道理之嫌故云容貌之進止也

故曰致禮樂之道舉而錯之天下無難矣

【疏】故曰至難矣○此一經總結致備禮樂之道也言聖人若能詳審極致禮樂之道舉而錯置於天下悉皆敬從無復有難爲之事也

樂也者動於內者也禮也者動於外者也故禮主其減樂主

其盈禮主於減人所倦也樂主其盈人所歡也○錯本亦作措同七路反減胡斬反又古斬反注及下同禮減而進以進爲文樂
盈而反以反爲文進謂自勉强也反謂自抑止也文猶美也善也○强其丈反又其兩反禮減而不進則銷樂盈
而不反則放故禮有報而樂有反放淫聲樂不能止也報讀曰褒猶進也○銷音消報依注讀曰褒音保毛反下同禮
得其報則樂樂得其反則安得謂曉其義知其吉凶之歸○樂樂上音洛下音岳禮之報樂之反其義一
也俱趨立於中不銷不放也【疏】樂也至一也○此一節論樂之體或減或盈其事各異王者當各依其事而和節之也○故禮主其減者行禮在於困匱
主在減損謂人不能行也樂主其盈者作樂人所歡樂言樂主於盈滿人皆欲得聞也○禮減而進以進爲文者禮既減損當須勉勵於前進文謂美善之名
若能前進則爲美善也○樂盈而反以反爲文者樂主其盈當須抑退而自反則爲美善也○禮減而不進則銷者覆明前經禮須進之意禮既減損若不勉
强自進則禮道銷衰也○樂盈而不反則放者言樂主盈滿若不反自抑損則樂道流放也○故禮有報而樂有反者報讀爲褒褒猶進也以其病害如此故
行禮之道須有自進作樂之道須有自退反也○禮得其報則樂者言禮能曉其義理而自進則和樂不至困苦故和樂也○樂得其反則安者言樂能知吉
凶之歸而得其反則安靜而不流放也禮之報樂之反其義一也者言禮能自進樂能自反其義於中和之義一也言俱得其中故云一也○注得謂至之歸
○正義曰得謂曉其義者言禮樂俱有義理云知其吉凶之歸者謂禮之與樂俱有吉凶行禮得所爲吉失禮則凶爲樂美善則吉爲樂惡則凶今按注意分
明兼解禮樂故鄭唯言得謂曉其義是兼解禮得樂得之字則自然吉凶之言解禮樂皇氏之意乃謂曉其義者解禮知其吉凶所歸解樂其義非也夫樂至
此矣從此以下至章末總明樂之德也夫樂者樂也人情之所不能免也樂必發於聲音形於動

靜人之道也聲音動靜性術之變盡於此矣免猶自止也人道人之所爲也性術言此出於性也盆於此不可過

疏。夫樂至此矣○夫樂者樂也者言樂之爲體是人情所歡樂也人情之所不能免也者免猶止退也言喜樂動心是人情之所不能自抑退也樂必發於聲音者言人歡樂之事發見於聲音言內心歡樂聲音發見前嗟歎之咏歌之是也○形於動靜者形見也內心歡樂發見於外貌動靜則不知手之舞之足之之蹈之是也○人之道也者謂內心歡樂發見聲音動靜是人道自然之常○聲音動靜性術之變盡於此矣者術謂道路變謂變動言口爲聲音貌爲動靜是人性道路之變轉竭盡於此矣而不可過也內心善則變轉出音聲善外貌變轉爲動靜此自然情性爲變改不過於此度此外不復更有餘事故云盡於此矣

故人不耐。無樂樂不耐無形形而不爲道不耐無亂形聲音動靜也耐古書能字也後世變之此獨存焉古以能爲三台字○耐古能字下及注同台味才反

疏故人至無亂○此一節明人稟自然之性而有喜樂○故人不耐無樂者言人感五常之性自然之常若見好事內心不能無喜樂也○樂不耐無形者內既歡樂不能無形見於外謂聲音動靜而見於外也○形而不爲道不耐無亂者歡樂既形於外而不依道理或歌舞不節俾晝作夜是不依道理既不爲道不能無淫亂之事以至於亡國喪家也○注耐古至台字○正義曰言經之耐字是古書能字之義言古書能字皆作耐字云後世變之者言後世以來變耐爲能不作耐字也云此獨存焉者言此樂記獨存耐字以爲能也云古以能爲三台字者言古時以今能字爲三台之字是古者之耐字爲今之能字能字爲三台之字後世以來廢古耐字以三台之能替耐字之變而爲能也又更作三台之字是今古變也

○先王恥其亂故制雅頌之聲以道之使其聲足樂而不流使其文足論而不息使其曲直繁瘠廉肉節奏足以感動人之善心而已矣不使放心邪氣得

接焉是先王立樂之方也流謂淫放也文篇辭也息猶銷也曲直歌之曲折也繁瘠廉肉聲之鴻殺也節奏闋作進止所應也方道也○以道音導瘠在亦反肉如又反注同邪似嗟反折之設反鴻本亦作洪殺色戒反徐所例反闋苦穴反

疏○先王至方也○此一節論先王恥惡其亂故立正樂以節之使其聲足樂而不流者言先王制其雅頌之聲作之有節使人愛樂不至流逸放蕩也○使其文足論而不息者文謂樂之篇章足可談論義理而不息止也使其曲直繁瘠廉肉節奏足以感動人之善心而已矣者曲謂聲音迴曲直謂聲音放直繁謂繁多瘠謂省約廉謂廉稜肉謂肥滿節奏謂或作或止作則奏之止則節之言聲音之內或曲或直或繁或瘠或廉或肉或節或奏隨分而作以會其宜但使會其宜足以感動人之善心如此而已○不使放心邪氣得接焉者放心謂放恣之心邪氣謂淫邪之氣既節之以雅頌又調之以律呂貌得其敬心得其和故放心邪氣不得接於情性矣○是先王立樂之方也者方猶道也言此上來之事是先王立樂之道也○注流猶至道也○正義曰流猶淫放也者謂樂聲流動淫邪放逸聲既如此感動人心人若聽之心亦流移淫放也云息猶銷也言樂德深遠論量義理而不可銷盡故云論而不息云曲直歌之曲折也言爲歌之體其聲須有曲時有折時故云歌之曲折也云繁瘠廉肉聲之鴻殺也者鴻謂麤大殺謂細小言樂聲須弘大而多則肉與繁聲是也殺謂聲音細小則瘠與廉聲是也言聲音之宜或須繁多肉滿者或須瘠少廉瘦者凡樂器大而弦麤者其聲鴻器小而弦細者其聲殺矣云節奏闋作進止所應也闋謂樂息作謂樂動進則作也止則闋也故云進止所應也

○是故樂在宗廟之中君臣上下同聽之則莫不和敬在族長鄉里之中長幼同聽之則莫不和順在閨門之內父子兄弟同聽之則莫不和親故樂者審一以定和比物以飾節節奏合以成文所以合和父子君臣附親萬民也是先

王立樂之方也審一審其人聲也比物謂雜金革土匏之屬也以成文五聲八音克諧相應和○長丁丈反闓音圭比毗志反注同雜也飾音式又音勑

疏是故至方也○此一經覆說聖王立樂之事使君臣上下同聽之則莫不和敬者以君臣主敬故君臣上下同聽之則莫不和敬也鄉里主順故云莫不和順父子主親故云莫不和親也○故樂者審一以定和者一謂人聲言作樂者詳審人聲以定調和之音但人聲雖一其感有殊或有哀樂之感或有喜怒之感當須詳審其聲以定調和之曲矣○比物以飾節者物謂金石匏土之屬言須比八音之物以飾音曲之節也○節奏合以成文者謂奏作其樂或節止其樂使音聲和合成其五聲之文也所以合和父子君臣者則上文君臣同聽莫不和敬父子同聽莫不和親是也○附親萬民也者則上文族長鄉里之中長幼同聽莫不和順之屬言親以及踈言近以至親遠是親附萬民也

故聽其雅頌之聲志意得廣焉執其干戚習其俯仰詘伸容貌得莊焉行其綴兆要其節奏行列得正焉進退得齊焉故樂者天地之命中和之紀人情之所不能免也綴表也所以表行列也詩云荷戈與綴兆域也舞者進退所至也要猶會也命教也紀總要之名也○詘丘勿反要一遙反注要猶會同行戶剛反注同荷本又作何胡可反一音河綴詩作裰同都外反

疏故聽至免也○此一經論先王制樂得天地之和則感動人心使之和善○故聽其雅頌之聲志意得廣焉者雅以施正道頌以贊成功若聽其聲則淫邪不入故志意得廣焉○執其干戚習其俯仰詘伸容貌得莊焉者干戚是威儀之容俯仰詘伸以禮進退動止必以禮故容貌得莊敬焉○行其綴兆要其節奏行列得正焉進退得齊焉者綴表也兆域也言舞者綴表兆域方正得其所矣節謂曲節奏謂動作言作樂或節或奏是依其綴兆故行列得正由隨其節奏故進退得齊焉○故樂者天地之命者命教也言樂者感天地之氣是天地之教命也○中和之紀者紀謂綱紀總要之所言樂和律呂之聲是中和紀綱總

要之所。言也○人情之所不能免也者人感天地而生又感陰陽之氣樂既合天地之命協中和之紀感動於人是人情不能自免退言人感樂聲自然敬畏也○注綴表至名也○正義曰引詩云荷戈與綴者證綴爲表也今按詩荷戈與祋不同者蓋鄭所見齊魯韓詩本不同也云紀總要之名也者紀是。綱。紀。衆物之名與衆物爲總要言樂者與中和之聲爲總要也夫樂者先王之所以飾喜也軍旅鈇鉞者先王之所以飾怒也故先王之喜怒皆得其儕焉儕猶輩類○鈇方夫反又音甫鉞音越儕仕皆反輩布內反喜則天下和之怒則暴亂者畏之先王之道禮樂可謂盛矣天子之於天下喜怒節之以禮樂則兆民和從而畏敬之禮樂王者所當興則盛。矣[疏]夫。樂。至。盛。矣○此一經覆說樂道之盛○故先王之喜怒皆得其儕焉者言樂以飾喜非喜不樂是喜得其儕類焉鈇鉞飾怒非怒不可橫施鈇鉞是怒得其儕類焉是樂非合喜不喜鈇鉞非合怒不怒也○喜則天下和之者以心內而喜故天下和也○怒則暴亂者畏之者非惡不怒故暴亂者畏之○先王之道禮樂可謂盛矣者上經以來但論樂此兼云禮者以此一章總兼禮樂故於章末總以禮樂結之○子贛。見師乙而問焉曰賜聞聲歌各有宜也如賜者宜何歌也子贛孔子弟子師樂官也乙名聲歌各有宜氣順性也○贛音貢師乙曰乙賤工也何足以問所宜請誦其所聞而吾子自執焉。樂人稱工執猶處也○請七穎反徐音情愛者宜歌商溫良而能斷者宜歌齊夫歌者直己而陳德也動己而天地應焉四時和焉星辰理焉萬物育焉故商者五帝之遺聲也寬而靜柔而正者宜歌頌廣大而靜疏達而信者宜歌大雅恭儉而好禮者宜歌小雅正直而靜廉而謙者宜歌風肆直而慈愛。此文換簡失其次寬而靜宜在上愛者宜歌商宜承此下行讀云肆直而慈愛者宜歌商。商宋詩也愛或為哀直己而陳德者因其德歌所宜育生。也○斷丁亂反下及注同好呼報反換戶亂反行戶剛反商之遺聲也。商人識之故謂之商齊者三代之遺聲也齊人識之故謂之齊。云商之遺聲也衍字也又誤上所云故商者五帝之遺聲也當居此衍字處。也○處昌慮反明乎商之音者臨事而屢斷明乎齊之音者見利而讓屢數也數斷事以其肆直也見利而讓以其溫良能斷也斷猶決也○屢力住反數色角反下同臨事而屢斷勇也見利而讓義也有勇有義非歌孰能保此保猶安也知也故歌者上如抗下如隊。曲如折止如槁木倨中矩句中鉤纍纍乎端如貫珠言歌聲之著動人心之審如有此事○上時掌反抗苦浪反隊直媿反折之設反槀苦老反倨音据中丁仲反句紀具反鉤古侯反纍本又作累力追反故歌之為言也長言之也說之故言之言之不足故長言之長言之不足故嗟歎之嗟歎之不足故不知手之舞之足之蹈之也長言之引其聲也嗟歎和續之也不知手之舞之足之蹈之歡之至也○說音悅和胡臥反子貢問樂。上下同美之也

疏子。貢。至。問。樂。○正義曰子貢見師乙依別錄是師乙之章○聞聲歌各有宜也者子貢問師乙言凡聲歌各逐人性所宜者也如賜同者宜何歌也者如賜。同之。氣性宜作何歌是欲令師乙觀己氣性宜聽何歌也請誦其所聞而吾子自執焉者此師乙答子貢請為論述不敢定其所宜故請誦其所聞之詩令子貢自量己性執處所宜之歌但此經倒錯上下失敘今依鄭之所注次而解之所次依史記樂書也○寬而靜柔而正者宜歌頌者寬謂德量寬大靜

謂安靜柔謂和柔正謂正直頌成功德澤弘厚若性寬柔靜正者乃能包含故宜歌頌也○廣大而靜疏達而信者宜歌大雅者廣大謂志意宏大而安靜疏
達謂疏朗通達而誠信大雅者歌其大。正故性廣大疏達直歌大雅但廣大而不寬疏達而不柔包容未盡故不能歌頌○恭儉而好禮者宜歌小雅者恭謹
以禮自持儉謂以約自處若好禮而動不越法也小雅者王者小。正性既恭儉好禮而守分不能廣大疏通故宜歌小雅者也○正直而靜廉而謙者宜歌風
者正直而不能包容靜退卽不知機變廉約自守謙恭卑退不能好禮自處其德狹劣故宜歌諸侯之風未能聽天子之雅矣○肆直而慈愛者宜歌商者謂
情性肆放質直慈心愛養者宜歌商商者五帝之遺聲言五帝道大故肆直慈愛者宜歌之以慈愛故也○溫良而能斷者宜歌齊者齊三代之遺聲三代干
戚所起裁斷是非故溫良能斷者宜歌齊也○夫歌者直己而陳德也者言夫歌者當直己身而陳論其德謂己有此德而宜此歌亦是正直己身而敷陳其
德故云直己而陳德也○動己而天地應焉者言。能直己陳德故有四事而來應之言歌者運動己德而天地應焉○四時和焉者謂陰陽順也○星辰理焉
者謂不悖逆也○萬物育焉者謂羣生所得也○故商者五帝之遺聲也者言五帝德既顯盛遺聲在於後代矣其肆直而慈愛者宜聽之耳未能行五。帝之
德也○商之至之齊商之遺聲也者此五字鄭云衍字者上已有商者五帝遺聲故此云商人識之故云謂之商矣○此齊者三代之遺聲者前經云溫良而能
斷者宜歌齊故此云齊者三代之遺聲也○齊人識之既識其音曲故謂之齊矣言三王德備五帝道盛但遺聲於後代故溫良而能斷者宜歌之言宜聽歌
聲非謂能行三代之德也○明乎商之音者以其肆直而慈愛故臨事屢斷也○明乎齊之音者見利而讓者以其溫良能斷故見利而讓不私於己也○臨
事而屢斷勇也者臨危難之事數能斷割是勇也○見利而讓義也者言見利能讓是行義也○有勇有義非歌孰能保此者保猶安也知也故有勇有義之
人不是歌聲辨之諧能知其有勇有義言斷其所宜之歌宜歌商者知其有勇宜歌齊者知其有義○故歌至貫珠此一經論感動人心形狀如此諸事○上

如抗者言歌聲上嚮感動人意使之如似抗舉也○下如隊者言音聲下嚮感動人意如似隊落之下也○曲如折者言音聲迴曲感動人心如似方折也○止如槀木者言音聲止靜感動人心如似枯槀之木止而不動也○倨中矩者言其音聲雅曲感動人心如中當於矩也○句中鉤者謂大屈也言音聲大屈曲感動人心如中當於鉤也○纍纍乎端如貫珠者言聲之狀纍纍乎感動人心端正其狀如貫於珠言。聲。音感動於人令人心想形狀如此○故歌至之也上論歌之形狀此論歌之始終相生至於舞蹈○故歌之為言也長言之也者言歌之為言引液其聲長遠而言之○說之故言之者此更覆說歌意前境有可說之事來感己情則言之○言之不足故長言之者直言之不足更宣暢己意故引液長言之也長言之不足故嗟歎之者以長言永歌之意猶不足故嗟歎之美而和續之○嗟歎之不足故不知手之舞之足之蹈之也者言雖復嗟歎情。由未滿故不覺揚手舞之舉足蹈之而手舞其體足蹈其地也之是助句辭也按詩。云。先嗟歎後云咏歌之此先云長言之後云嗟歎之文先後不同者何也但詩序是屬文之體又略言之故彼云言之不足故嗟歎之嗟歎之不足故。永歌之此經委曲說歌之狀其言備具故言之言之不足故長言之長言之不足故後始云嗟歎之矣○注商宋詩也○正義曰以下文商人識之齊人識之皆據其代也故知此商謂宋人所歌之詩宋是商後也○注云商至處也○正義曰此經中商之遺聲也五字言無此五字以上經云商者五帝之遺聲故此經不得更有商之遺聲也故知衍字云商者五帝之遺聲當居此衍字處也者前云商者五帝之遺聲當居此商之處也

附釋音禮記注疏卷第三十九

禮記注疏卷三十九校勘記　阮元撰盧宣旬摘錄

樂記

今夫新樂節

及優侏僞　閩監毛本同岳本同衞氏集說同陳澔集說同惠棟校宋本僞作儒石經宋監本嘉靖本同釋文出僞云音儒

獶雜子女　各本同石經同盧文弨云獶當作獿按釋文亦作獶云依字亦作猱○按依說文當作夒猱卽夒字夒聲柔聲古音同部

今夫至發也　惠棟校宋本無此五字

此經明子夏　閩監毛本同惠棟校宋本此經上有正義曰三字

對文侯新樂之禮　惠棟校宋本同閩監毛本禮誤體衞氏集說同

俱曲屈進退而已　閩監毛本同惠棟校宋本曲屈作屈曲

今君之所問者樂也節　惠棟云今君之所問節宋本分文侯曰以下另爲一節

鏗鏘之類　閩監毛本同岳本同嘉靖本同衞氏集說同釋文鏘作鎗

今君至何如　惠棟校宋本無此五字

前兩經　閩監毛本同考文云宋板上有正義曰三字

謂音聲也考文云宋板作也此本也字闕閩監毛本也作耳

音則心邪聲亂閩監本同毛本心聲二字互誤

○文侯曰閩監本同毛本○誤古考文云宋板無古字

子夏對曰夫古者節

當謂樂不失其所各本同盧文弨云史記集解無樂字○案正義亦無樂字

照臨四方曰明各本同釋文出炤臨云本亦作照

子夏至謂也惠棟校宋本無此五字此本○下脫正義曰三字

今君之所好者節

今君至出也惠棟校宋本無此五字

上既云閩監毛本同惠棟校宋本上有正義曰三字

子夏對曰鄭音好濫節

齊音敖辟各本同石經同釋文出傲云字又作敖○按古多假敖爲傲

子夏至用也惠棟校宋本無此五字

此一節閩監毛本同惠棟校宋本上有正義曰三字

好濫相偷竊閩監毛本同衞氏集說同惠棟校宋本濫作比

詩云肅雍和鳴節

肅雍和鳴閩監毛本同石經同岳本同嘉靖本同衞氏集說雍作雝陳澔集說同石經考文提要云按詩考列之詩異字異義中宋大字本宋本九經南宋巾箱本余仁仲本劉叔剛本並作雍下雍雍和也同

此一節閩監毛本同惠棟校宋本上有正義曰三字

爲人君者節

此經明子夏閩監毛本同惠棟校宋本上有正義曰三字

釋言文也惠棟校宋本此下標禮記正義卷第四十八終記云凡二十七頁

然後聖人作爲節惠棟校宋本自此節起至子贛見師乙而問焉節止爲第四十九卷卷首題禮記正義卷第四十九

壎篪閩本同惠棟校宋本宋監本石經岳本衞氏集說釋文同監毛本篪誤箎嘉靖本同注放此疏同

謂祝敔也各本同釋文出圉云本又作敔○按敔正字圉假借字

或爲簨虡閩監毛本同岳本衞氏集說同釋文亦作虡嘉靖本虡作簴考文云足利本同○按說文作虡隸省作虡俗從竹

然後鍾磬竽瑟閩本同嘉靖本同衛氏集說同監毛本鍾作鐘石經同岳本同下鍾聲鏗聽鍾聲並同疏放此

然後至序也惠棟校宋本無此五字

篪七室塡六孔閩監本同衛氏集說同惠棟校宋本室作空毛本同塡誤埍盧文弨云空卽孔字

故周語單穆云惠棟校宋本有公字衛氏集說同此本公字脫閩監毛本同

鍾聲鏗節

鍾聲至武臣惠棟校宋本無此五字

則其號必充滿於萬物矣閩監毛本同惠棟校宋本滿作徧

石聲磬節

石聲至之臣惠棟校宋本無此五字

此一經閩監毛本同考文云宋板上有正義曰三字下疏皆放此

故讀聲音罄然矣閩本同監本聲作罄毛本聲作磬

竹聲濫節

君子聽竽笙各本同毛本竽誤竿

竹聲至之臣 惠棟校宋本無此五字

鼓鼙之聲讙節

鼓鼙至之臣 惠棟校宋本無此五字

故使人意動作也 閩監本同毛本意動二字倒

君子之聽音節

非聽其鏗鎗而已也 惠棟校宋本宋監本石經岳本同考文引古本足利本同閩監本也字同鎗作鏘嘉靖本同衛氏集說同毛本鎗作鏘也誤矣釋文亦作鎗石經考文提要云宋大字本宋本九經南宋巾箱本余仁仲本劉叔剛本並作鏗鎗史記樂書同

君子至之合也 惠棟校宋本無此六字此本○下脫正義曰

非徒聽其音聲鏗鎗而已 惠棟校宋本同閩監毛本鎗作鏘衛氏集說同

賓牟賈侍坐於孔子節 惠棟云賓牟賈節咏歎之節賓牟賈起節子曰居節宋本合爲一節

賓牟賈 牟字各本並從牛惟此本及閩本從午作牟下經疏並同石經此牟字從干作牟下賓牟賈起又從牛作牟按從牛是

賓牟至衆也 惠棟校宋本無此五字

此以下王事 惠棟校宋本閩監毛本王作五

咏歎之節

咏歎之　各本同石經同嘉靖本歎作嘆釋文出咏嘆云音歎

事戎事也　閩監毛本同嘉靖本同衛氏集說同岳本戎作伐考文引足利本同

荒老耄也　各本同釋文耄作旄下同○按依說文當作𦒷

咏歎至是也　惠棟校宋本無此五字

此是賓牟賈答孔子之詞　閩監毛本同惠棟校宋本詞作辭下此亦賓牟賈對詞此亦孔子問詞並同

象武王伐紂　閩監本同毛本伐誤代

謂非是武樂之音　閩監毛本同惠棟校宋本音作意

是文王崩後六年伐紂　惠棟校宋本作是此本是字漶滅閩監毛本是誤時

子男子之美稱　閩監毛本同考文云宋板無下子字

賓牟賈起節

敢問遲之遲　各本同石經遲並作遟釋文同下倣此

是賓牟賈問詞也　閩監毛本同惠棟校宋本詞作辭

前經是夫子之問惠棟校宋本作子此本子字漶滅閩監毛本子誤武

子曰居節

吾語女惠棟校宋本作女石經宋監本岳本嘉靖本同衛氏集說同釋文出女云音汝下且女同此本女作汝閩監毛本同按下且女此本及三本並作女則此處女字不當岐出作汝

大公之志也各本同石經同釋文亦作大毛本大作太

放象其成功者也惠棟校宋本同閩監毛本放作倣衛氏集說同

且夫武始而北出節

五成而分周公左各本同石經同考文云古本分下有陝字孫志祖校云按史記樂書本家語辨樂解皆有陝字

始奏象觀兵盟津時也閩監毛本同嘉靖本同岳本盟作孟衛氏集說同釋文出孟津云本亦作盟

且夫至以崇惠棟校宋本無此五字

此一經孔子閩監本同衛氏集說同毛本經作節惠棟校宋本上有正義曰三字

則前云三步以見方見一成也惠棟校宋本見作是此本誤閩監毛本同衛氏集說無則字是一成也作此是一成也

舞者從北頭第一位却至第二位惠棟校宋本作北頭第一位衛氏集說同此本一誤二閩本同監毛本一誤二二誤三却字閩本同監毛本作郤衛氏集說同

天子夾振之節惠棟云天子節分夾而進節宋本合爲一節

天子至國也惠棟校宋本無此五字

王與大將親自執鐸惠棟校宋本同衞氏集說同閩監毛本王誤正

具如熊氏之說惠棟校宋本同閩監毛本具誤俱

分夾而進節

庶民弛政各本同石經同嘉靖本弛作㢮注同

車甲衅而藏之府庫史記衅作弢

包之以虎皮史記包作苞

反商當爲及字之誤也惠棟校宋本無商岳本同嘉靖本同衞氏集說同考文引足利本同此本反下衍商字閩監毛本同

封紂子武庚於殷墟各本同釋文出殷虛云音墟○按虛墟古今字

分夾至兵也惠棟校宋本無此五字

武王既入立於社南　閩監毛本同惠棟校宋本無於字

虎皮武猛之物也　閩監本同毛本武猛二字倒

反當至約也　惠棟校宋本同閩監毛本當誤商

聘于鄭公孫段云請垂櫜　閩本同惠棟校宋本同監毛本段誤假

散軍而郊射節　惠棟校云散軍節若此節宋本合爲一節

散軍至弟也　惠棟校宋本無此五字

此一經　惠棟校宋本上有正義曰三字

鄭注射義云一發五豝　閩監毛本同惠棟校宋本一作壹

亦還國而耕也　監毛本同衞氏集說同閩本耕作教惠棟校宋本同

爲射宮於郊者也　閩監毛本同考文引宋板者也作也者

其餘爲埤作裨　閩監毛本同衞氏集說同惠棟校宋本埤作裨按儀禮覲禮注

君子曰禮樂節　惠棟校云君子節治禮以治躬節宋本合爲一節

善心生則寡於利欲　史記集解引上有若字

君子至者也惠棟校宋本無此五字

云油然新生好貌也閩監本同毛本也誤此者

書傳箕子歌云惠棟云箕子當作微子宋本及史記俱作箕子

致禮以治躬節

鄙詐是貪多詐僞閩監毛本作鄙詐是貪多利僞生惠棟校宋本作鄙詐入之謂利欲生宋監本岳本嘉靖本同考文引古本足利本同衞氏集說作鄙詐入之謂利僞生○按史記集解引謂利欲生四字

致禮至之矣惠棟校宋本無此五字

而治躬謂致禮意閩監毛本同惠棟校宋本治躬謂致作聖王詳審衞氏集說同

前經明致樂治心則向善心生閩監毛本同惠棟校宋本作前經明致樂治心得則善心生

而有鄙恡詐僞之心入於內矣閩監毛本同衞氏集說同惠棟校宋本無入字

故樂也者節

而民不生易僈焉各本僈作慢石經同此本誤

故樂至承順惠棟校宋本無此五字

此一經惠棟校宋本上有正義曰三字

故極益於和也閩監毛本同衞氏集說亦作益惠棟校宋本益作盡下故極益於順也同

故曰致禮樂節

故曰至難矣惠棟校宋本無此五字

此一經惠棟校宋本上有正義曰三字

樂也者動於內者也節惠棟校云樂也者節夫樂者節故人節宋本合爲一節

放淫聲惠棟校宋本宋監本並有於字岳本嘉靖本同衞氏集說同此本於字脫閩監毛本同○按史記集解引有於字

報讀曰褒猶進也閩監毛本同惠棟校宋本曰作爲考文引宋板同褒字重作報讀爲褒褒猶進也古本足利本同岳本同嘉靖本同衞氏集說同宋監本亦重褒字

樂也至一也惠棟校宋本無此五字

此一節論樂之體閩本同考文引宋板樂作禮監毛本作此一節論禮樂之體衞氏集說同惠棟校宋本此上有正義曰三字

夫樂者樂也節

夫樂至此矣惠棟校宋本無此五字

前嗟嘆之 閩監毛本同惠棟校宋本前作則衛氏集說亦作則嗟歎

故人不耐無樂節

故人不耐無樂 各本同石經耐字剜刻釋文出而耐其而字應作不疑傳寫之誤

不能無喜樂也 閩本同惠棟校宋本同監毛本喜誤善

言經之耐字 閩監本同毛本經誤今

先王恥其亂節

曲直繁瘠 各本同石經瘠字殘闕釋文出繁瘠九經古義云荀子瘠作省按省與眚通眚猶瘠也故字亦作瘠尋文義繁省爲長

先王至方也 惠棟校宋本無此五字

此一節 惠棟校宋本上有正義曰三字

邪氣謂淫邪之氣 惠棟校宋本作淫此本淫誤滛閩監毛本同

是故樂在節

是故至方也 惠棟校宋本無此五字

此一經 惠棟校宋本此上有正義曰三字

言近以至親遠補案親字誤衍

故聽其雅頌之聲節

故聽至免也惠棟挍宋本無此五字

揔要之所言閩本同惠棟挍宋本同監毛本言作名衞氏集說同下揔要之所言也同

自然敬畏也惠棟校宋本畏作愛此本誤閩監毛本同

紀是綱紀衆物之名閩監毛本同惠棟校宋本綱紀衆作細繩束

夫樂者先王節

禮樂王者所常與則盛矣閩監毛本同衞氏集說同惠棟校宋本矣作也岳本嘉靖本宋監本並同

夫樂至盛矣惠棟校宋本無此五字

子贛見師乙而問焉節

子贛閩監毛本同岳本同嘉靖本同石經贛作贛衞氏集說同釋文同宋監本作貢

而吾子自執焉此下經注各本及石經並同惟考文云宋板自執焉下接寬而靜云云而慈愛下接者宜歌商云云五帝之遺聲也下接商人識之云云按各本經文刪去一愛字及商之遺聲也五字又刪去注此文換簡以下五十七字及云商之遺聲也以下三十字山井鼎云宋本此經次序與諸

本异注亦有闕略蓋隨注意改其次序併刪去注文也按陳澔集說本經文自而吾子自執焉以下至商人識之以上多所倒置蓋依用與國于氏本亦與宋板合

商宋詩也按史記集解上有肆正也三字諸本並脫

下如隊閩監毛本同岳本同嘉靖本同衛氏集說同釋文出如隊石經隊作墜○按隊墜古今字

上下同美之也閩監毛本同嘉靖本同衛氏集說同惠棟校宋本同作目岳本同

子貢至問樂惠棟校宋本無此五字

各逐人性所宜者也惠棟校宋本同閩監毛本逐誤遂衛氏集說同

如賜同者宜何歌也者閩本同惠棟校宋本同監本空闕同字毛本同字無

如賜同之氣性宜作何歌閩本同惠棟校宋本同監本闕同字毛本同字無氣誤人

大雅者歌其大正閩監本同毛本正誤雅下王者小正同

謂情性肆放惠棟校宋本肆誤四

言能直己陳德閩監毛本同惠棟校宋本無能字

未能行五帝之德也閩監毛本同惠棟校宋本帝作常

言聲音感動於人閩監毛本同惠棟校宋本聲音作音聲

言雖復嗟歎情猶未滿惠棟校宋本作猶衞氏集說同此本猶作由閩監毛本同

按詩云先嗟歎閩監本同毛本云先作先云

故永歌之閩監毛本永作咏

附釋音禮記注疏卷第三十九惠棟校宋本禮記正義卷第四十九終記云凡二十六頁宋監本禮記卷第十一經六千四百九十五字注五千五百字嘉靖本禮記卷第十一經六千四百九十五字注五千五百三十三字

禮記注疏卷三十九校勘記

附釋音禮記注疏卷第四十

禮記　　鄭氏注　　孔穎達疏

雜記上第二十

○陸曰鄭云雜記者以其雜記諸侯及士之喪事【疏】正義曰按鄭目錄云名曰雜記者以其雜記諸侯以下至士之喪事此於別錄屬喪服分爲上下義與曲禮檀弓分別不殊也

諸侯行而死於館則其復如於其國如於道則升其乘車之左轂以其綏復館主國所致舍復招魂復魄也如於其國主國館賓予使有之得升屋招用襃衣也如於道道上廬宿也升車左轂象升屋東榮綏當爲緌讀如蕤賓之蕤字之誤也緌謂旌旗之旄也去其旒而用之異於生也○乘繩證反下及注同轂工木反綏依注作緌耳隹反下及注同復音伏下同予羊汝反襃本又作褒保毛反後皆同去起呂反下去轄同【疏】正義曰自此以下至蒲席以爲裳帷揔明諸侯及大夫士在路而死招魂復魄幷明飾棺貴賤之等此一經論諸侯之制今各依文解之○諸侯行而死於館者謂五等諸侯朝覲天子及自相朝會之屬而死者謂諸侯於時或在主國死於館者謂主國有司所授館舍也○則其復如於其國者其復謂招魂復魄也雖在他國所授之舍若復魄之禮則與在己本國同故云如於其國也如於道則升其乘車之左轂者如若也道路也謂若諸侯在道路死則復魄與本國異也乘車其所自乘之車也其復魄則俱升其所乘車左邊轂上而復魄也此車以南面爲正則左在東也升車左轂象在家升屋東榮也其五等之復人數各如其命數今轂上狹則不知以幾人崔氏云一人而已○以其綏復者綏旌旗綏也若在國中招魂則衣各用其上服今在路死則招用旌旗之綏是在路則異於在國故云於道用之亦冀魂魄望見識之而還也若王喪於國而復於四郊亦建綏而復周禮夏采云

以乘車建綏復于四郊是也○注館主至生也○正義曰館主國所致舍者按曾子問云公館與公之所爲曰公館是主國館賓之舍也云與使有之者謂主
國與賓此舍使賓專自有之故得升屋招魂復用褒衣也褒衣者天子褒賜之衣即下文復用褒衣是也云如於道道上廬宿也者按遺人云凡國野之道十
里有廬三十里有宿五十里有市故云道上廬宿也云升車左轂象升屋東榮者車轅嚮南左轂在東故象東榮不於廬宿之舍復者廬宿供待衆賓非死者
所專有故復於乘車左轂云綏當爲緌讀如蕤賓之蕤者但經中綏字絲旁著妥其音雖訓爲委○此復之所用者是緌也緌絲旁著委故云綏當爲緌讀
此緌字爲蕤賓之蕤者音與蕤賓字聲同也以經作綏故云字之誤也綏謂旌旗之旄也者按夏采云乘車建綏復于四郊乘車王路當建大常今乃建綏無
大常也明堂位云有虞氏之緌夏后氏之旂後王文飾故知有虞氏之緌但有旄也云去其旄而用之異於生也者諸侯建交龍之旂今以其綏復是去其旄
異於生也其輤有裧緇布裳帷素錦以爲屋而行。輤載柩將殯之車飾也輤取名於櫬與舊讀如蒨旆之蒨櫬棺也蒨
染赤色者也將葬載柩之車飾曰柳裧謂鼈甲邊緣緇布裳帷圍棺者也裳帷用緇則輤用赤矣輤象宮室屋其中小帳襯覆棺者若未大斂其載尸而歸車
飾皆如之○輤千見反注與蒨同裧昌占反緇裳帷本或作緇布裳帷殯必刃反本或作賓音同櫬初靳反又楚陣反與蒨絕句一本作輤讀以與字絕句與
則音餘蒨旆上千見反下步具反緣說絹反【疏】正義曰此一經明諸侯車飾輤謂載柩之車有裧者謂輤之四旁有物裧垂象鼈甲邊緣○緇布裳帷者
輤下棺外用緇色之布以爲裳帷以圍繞棺也素錦以爲屋者於此裳帷之中又用素錦以爲屋小帳以覆棺而行者於死處既設此飾而後行○注輤載至
如之○正義曰輤載柩將殯之車飾也者以下經云遂入適所殯是將殯車飾也云輤取名於櫬與蒨者言此車所以名輤凡有二義一者取名於櫬櫬近尸
也二取名於蒨蒨草也故云取名於櫬與蒨云讀如蒨旆之蒨者言經中輤字讀如蒨旆之蒨按左傳定四年祝鮀云封康叔以綪茷謂以蒨草染旆爲赤色

故讀此輤與彼同是亦蒨草以染布也云櫬棺也者覆說取名於櫬義也此經云蒨染赤色者也者說取名於蒨草之義也云將葬載柩之車飾曰柳者證此經中輤非將葬車也云裧謂鼈甲邊緣者覆說輤象鼈甲覆於棺上中央隆高四面漸下裧象邊緣垂於輤之四邊與輤連體則亦赤也若葬車之飾則上用荒不用輤也云裳帷用緇則輤用赤矣者前雖讀輤爲蒨草其色未明今因裳帷用緇故知定輤爲赤色以玄纁相對之物故以赤色對緇也但玄纁天地之色取象不同或上或下非一例也要玄纁是相對之色云若未大斂其載尸而歸車飾皆如之者此經所論謂大斂後也故下云適所殯若未大斂則曾子問云尸入門升自阼階不得云適所殯也一知未大斂之前車飾亦然者以載尸柩車飾經唯有此一文故知其飾同也

至於廟門不毀牆遂入適所殯唯輤爲說於廟門外廟所殯宮牆裳帷也適所殯謂兩楹之間去輤乃入廟門以其入自有宮室也毀或爲徹凡柩自外來者正棺於兩楹之間尸亦俟之於此皆因殯焉異者柩入自闕升自西階尸入自門升自阼階其殯必於兩楹之間者以其死不於室而自外來留之於中不忍遠也○說吐奪反本亦作脫下幷注皆同俟音夷隱義云俟之言移也庾依韻集大兮反息也遠于萬反

疏正義曰此一經明諸侯禮載柩入制也○至於廟門者謂殯宮門也○不毀牆者牆謂裳帷但毀去上輤不毀去牆帷○遂入適所殯者遂入殯宮正柩於兩楹之間而遂殯焉○唯輤爲說於廟門外者。者言餘物不說唯輤一物脫於殯宮門外○注廟所至遠也○正義曰廟所殯宮者以殯之所在故謂爲廟云牆裳帷也者鄭恐是宮牆之嫌故云牆裳帷也以飾棺之物稱牆門是入自門也云適所殯在兩楹之間者以死在外來故殯於兩楹間云去輤乃入廟門以其入自有宮室也者解經所以去輤乃入之意輤乃覆棺上象宮室今入之有宮室故。云輤也不去裳帷者以裳帷鄣棺未可去也云凡柩自外來者正棺於兩楹之間者按公羊定元年癸亥公之喪至自乾侯正棺於兩楹之間然後即位鄭以是推之則知尸自外來者亦停於兩楹之間故尸亦俟之於此皆因殯焉云異者柩入自闕升自西階尸入自門升自阼階者皆曾子問文云留之於中不忍遠也者以周人殯於客位今殯於兩楹之間是不忍遠之也○大夫士死於道則升其乘車之左轂以其綏復如於館死則其復如於家綏亦綏也大夫復於家以玄冕士以爵弁服大夫以布爲輤而行至於家而說輤載以輲車入自門至於阼階下而說車舉自阼階升適所殯大夫輤言用布白布不染也言輤者達名也不言裳帷俱用布無所別也至門亦說輤乃入言載以輲車入自門明車不易也輲讀爲輇或作槫許氏說文解字曰有輻曰輪無輻曰輇周禮又有蜃車天子以載柩蜃輇聲相近其制同乎輇崇蓋半乘車之輪諸侯言不毀牆大夫士言不易車互相明也不易者不易以楯也廟中有載柩以輴之禮此不耳○輲依注作輇及槫同市專反又市轉反注及下同別彼列反蜃愼忍反近附近之近楯勑倫反下同一本作輴同

疏大夫至所殯○正義曰此一經明大夫車飾也○大夫以布爲輤者以白布爲輤不以蒨草染之亦言輴者通名耳是有輤襯近之義也○載以輲車者大夫初死及至家皆以輲車今至家說輤唯輲車在故云載以輲車○入自門至於阼階下而說車者謂說去其車矣○舉自阼階升適所殯者謂舉自阼階下而升適兩楹之間所殯之處此云升適阼階謂尸矣若柩則升自西階○注大夫至不耳○正義曰云白布不染也者以經云用布故知白布不染下經士輤葦席以爲屋蒲席以爲裳帷則知大夫亦有裳帷俱用布耳云言輤者達名也者既不用蒨草染之而言輤者輤是襯近之義通達於下是大夫與士皆有襯近之名也云至門亦說輤乃入言載以輲車入自門明車不易也者鄭以經云至於家而說輤載以輲車恐至家乃載以輴車故云明車不易上云不毀牆遂入不云車不易此云載以輲車明車亦不易云輲讀爲輇或作槫者言經之輲字當讀爲車旁之全或禮記諸本此用輲車作木旁專字者云許氏說文解字曰有輻曰輪無輻曰輇者有輻謂別施木爲輻無輻謂合大木爲之不施輻曰輇云周禮又有蜃車天子以載柩

者按周禮遂師職共蜃車之役是天子以載柩也云蜃輇聲相近其制同乎者言天子蜃車與此大夫輇車聲既相近其制宜同故云其制同乎云輇崇蓋半乘車之輪者此無文證以其蜃類蓋迫地而行其輪宜卑故疑半乘車之輪蓋疑辭矣周禮考工記乘車之輪六尺有六寸今云半之得三尺三寸也云諸侯言不毀牆大夫士言不易車互相明也者諸侯言不毀牆則大夫亦不毀牆大夫士言不易車明諸侯亦不易車云不易者不易以輴也者謂大夫士在路載以輲車至家說載亦載以輲車是不易以輴也若天子諸侯載柩以蜃車至門亦以蜃車其殯時則易之以輴也云廟中有載柩以輲車之禮此不耳者謂天子諸侯殯時用輴又天子諸侯及大夫朝廟之時有用輴車載柩之禮此喪從外來大夫士不合用輴故云此不耳凡在路載柩天子以下至士皆用蜃車與輲車同故周禮遂師共蜃車之役是天子也既夕。云遂匠納車于階間注云車載柩車周禮謂之蜃車雜記謂之團是士用蜃車也雜記云大夫載以輲車輲車則蜃車也是大夫用蜃車則諸侯不言亦可知其蜃車之形鄭注既夕禮云其車之轝狀如牀中央有轅前後出設。輅。轝輅轝上有四周下則前後有軸以。輪為輪許叔重說有輻曰輪無輻曰輇鄭又注周禮遂師云四輪迫地而行有似於蜃因取名焉此是蜃之制也上下通用在路載柩也輲車之制亦與蜃車同但不用輻為。輪天子諸侯殯皆用之故檀弓云天子菆塗龍輴謂畫轅為龍諸侯殯亦用輴車不畫轅為龍故喪大記云君殯用輴注云君諸侯也輴不畫龍大夫殯不用輴故鄭注喪大記大夫之殯廢輴是大夫不用輴士掘肂見衽是亦廢輴也其朝廟大夫以上皆用輴士朝廟用。輁軸故既夕禮云遷於祖用軸鄭注云大夫諸侯以上有四周謂之輴天子畫之以龍是也輴與。輁軸所以異者輴有四周輁軸則無故鄭注既夕禮云軸狀如轉轔刻兩頭為軹軹狀如長牀穿桯前後著金而關軸焉是也

士輤葦席以為屋蒲席以為裳帷言以葦席為屋則無素錦為帳○葦于鬼反

疏正義曰此一經明士輤也○葦席以為屋者謂用葦席屈之以為輤棺之屋。也蒲席以為裳帷者又以蒲席以為裳帷圍繞於屋旁也○注言以至為帳○正

義曰言以士。云葦席以爲屋屋當帷帳之處故云無素錦爲帳矣然大夫無以他物爲屋之文則是用素錦爲帳矣與諸侯同按諸侯與大夫上有幬旁有裳
帷內有素錦屋今士唯云葦席以爲屋蒲席以爲裳帷不云屋上所有之物據文言之葦席爲屋則當覆上幬處將蒲席爲裳帷接屋之四邊以郭椁或可大
夫既有素錦爲帳帳外上有布幬旁有布裳帷則士之葦席屋之外旁有蒲席裳帷則屋上當以蒲席爲幬覆於上但文不備也未知孰是故兩存焉○

凡訃於其君曰君之臣某死訃或皆作赴赴至也臣死其子使人至君所告之○訃音赴注及下同父母妻長子

曰君之臣某之某死此臣於其家喪所主者長丁丈反後長子皆同○君訃於他國之君曰寡君不祿

敢告於執事夫人曰寡小君不祿大子之喪曰寡君之適子某死君夫人不稱薨告他國君謙也○大音泰後大子同適丁歷反下文注適子其適宗適適妻並同

疏「凡訃至某死」○正義曰此一節揔明遭喪訃告於君及敵者幷訃於鄰國稱謂之差各隨文解之○父母妻長子曰君之臣某之某死者上某是生者臣名下某是臣之親屬死者○云君之臣姓某甲之父死也曰寡君至執事者以謙故稱寡君若云寡德之君雖復壽考仍以短折言之故云不祿不敢指斥鄰國君身故云敢告於執事也○夫人至某死者皆當云告於執事不言者略之故也○注君夫至謙也○正義曰按下曲禮云諸侯曰薨夫人尊與君同也今夫人與君同不稱薨者以告他國之君及夫人自謙退是不敢從君及夫人之禮也按下曲禮篇云士曰不祿今雖謙退而同士稱者按異義今春秋公羊說諸侯曰薨訃於鄰國亦當稱薨經書諸侯言卒者春秋之文王魯故稱卒以下魯古春秋左氏說諸侯薨赴於鄰國稱名則書名稱卒卒者終也取其終身又以尊不出其國許君謹按士虞禮云尸服卒者之上服不分別尊卑皆同。年卒者卒終也是終沒之辭也鄭駮之云按雜記上云君薨訃於他國之君曰寡君不祿曲禮下曰壽考曰卒短折曰不祿今君薨而云不祿者言臣子於君父雖有考終

眉壽猶若其短折然若君薨而訃者曰卒卒是壽終矣斯無哀惜之心非臣子之辭鄰國來赴書以卒者言無所老幼皆終成人之志所以相尊敬如異義所論是君稱不祿之意若杜元凱注左氏傳則與此異按隱三年聲子卒傳云不赴故不曰薨杜云鄰國之赴魯史書卒者臣子惡其薨名改赴書也如鄭此云不祿謂赴者口辭矣春秋所云薨謂赴書之策所以不同者言壽考曰卒短折曰不祿杜以爲禮記後人所作不正與春秋同杜所不用也

大夫訃於同國適者曰某不祿訃於士亦曰某不祿訃於他國之君曰君之外臣寡大夫某死訃於適者曰吾子之外私寡大夫某不祿使某實訃於士亦曰吾子之外私寡大夫某不祿使某實適讀爲匹敵之敵謂爵同者也實當爲至此讀周秦之人聲之誤也○適依注音敵大歷反下適者同實依注音至下同

疏。正義曰此一經明大夫之卒相訃告之禮也○適者曰某不祿者謂同國大夫位相敵者曰某不祿○訃於至不祿者大夫既尊於士士處亦得稱不祿稱某者或死者之名或死者官號而赴者得稱之○訃於至外臣者大夫不屬他國故云外臣自謙退無德故云寡大夫某矣尊敬他君不敢申辭故云某死○訃於至某實者訃於適者謂大夫死訃於他國大夫相敵體者謂訃告大夫以是別國私有恩好故曰外私以赴大夫其辭得申故云某不祿以身赴告故云使某實○訃於士至某實者謂大夫之喪訃他國之士其辭與訃大夫同此所云大夫者上下皆同曰大夫無以爲異也

士訃於同國大夫曰某死訃於士亦曰某死訃於他國之君曰君之外臣某死訃於大夫曰吾子之外私某死訃於士亦曰吾子之外私某死

疏。正義曰此一經論士喪相訃告之稱云某死者以其士賤赴大夫及士皆云某死若訃他國之君及大夫士等皆云某死但於他君稱外臣於大夫士言外私耳

大夫次於公館

以終喪士練而歸士次於公館公館公宮之舍也練而歸之士謂邑宰也練而猶處公館朝廷之士也唯大夫三年無歸也○
朝直遙反下注同大夫居廬士居堊室謂未練時也士居堊室亦謂邑宰也朝廷之士亦居廬【疏】大夫至堊室○正義曰此一節
明大夫士遭君喪次舍居處及歸還之節公館君之舍也大夫恩深祿重故爲君喪居廬終喪畢乃還家也○士練而歸者謂邑宰之士也士卑恩輕故至小
祥而反其所治邑也○士次於公館者此謂朝廷之士也雖輕而無邑事故亦留次公館三年也○大夫居廬者以位尊恩重故居廬○士居堊室者士位卑
恩輕故居堊室也○注公館至歸也○正義曰云練而歸之士謂邑宰也者以下文云士次於公館今云練而歸明是邑宰以爲君治邑若久而不歸即廢其
職事也若身爲大夫雖位得采地亦終喪乃歸也○注謂未至居廬○正義曰知此是未練時者按閒傳云斬衰之喪居倚廬既練居堊室此經若練後則大
夫居堊室今云大夫居廬明未練時也云士居堊室亦謂邑宰也者士若非邑宰未練之前當與大夫同居廬今云居堊室故知是邑宰也必知邑宰者以上
文云大夫終喪士練而歸言邑宰之士降於大夫此云士居堊室亦降於大夫故知是邑宰之士也云朝廷之士亦居廬者以臣爲君喪俱服斬衰故知未練
之前士亦居廬也然周禮宮正注云親者貴者居廬疏者賤者居堊室引此雜記云大夫居廬士居堊室則是大夫以上定居廬士以下定居堊室此云朝廷
之士亦居廬與彼不同者尋鄭之文意若與王親者雖云士賤亦居廬則此云朝廷之士亦居廬是也若與王無親身又是士則居堊室則此經士居堊室是
也故鄭於宮正之注引此士居堊室證賤者居堊室也若與王親雖疏但是貴者則亦居廬也庾氏熊氏並爲此說熊氏或說云若天子則大夫居廬士居堊
室則雜記言是也若諸侯則朝廷大夫士皆居廬也邑宰之士居堊室宮正之注是也此義得兩通故並存焉大夫爲其父母兄弟之
未爲大夫者之喪服如士服士爲其父母兄弟之爲大夫者之喪服如士服大夫

雖尊不以其服服父母兄弟嫌若踰之也士謂大夫庶子爲士者也己卑又不敢服服尊者之服今大夫喪。服禮逸與士異者未得而備聞也春秋傳曰齊晏桓子卒晏嬰麤衰斬苴絰帶杖菅屨食粥居倚廬寢苫枕草其老曰非大夫之禮也曰惟卿爲大夫此平仲之謙也言己非大夫故爲父服士服耳麤衰斬者其縷在齊斬之間謂縷如三升半而三升不緝也斬衰以三升爲正微細焉則屬於麤也然則士與大夫爲父服異者有麤衰斬枕草矣其爲母五升縷而四升爲兄弟六升縷而五升乎惟大夫以上乃能備儀盡飾士以下則以臣服君之斬衰爲其父以臣從君而服之齊衰爲其母與兄弟亦以勉人爲高行也大功以下大夫士服同○大夫爲其于偽反下士爲其同注除爲士卿爲爲正皆倣此晏於諫反嬰一盈反衰七雷反苴七餘反絰大結反菅古顔反屨九具反粥之六反倚於綺反苫始占反枕之鴆反下同縷力住反齊音咨下齊衰皆同緝七入反上時掌反行下孟反

【疏】正義曰此篇雜記喪事也經次上下無義例科段今各依文解之此一經明大夫士爲其父母昆弟之服也○注大夫至服同○正義曰嫌若踰之也者大夫之父母兄弟或作士或無官今大夫爲之若著大夫之服是自尊踰越父母兄弟今不以大夫之服服父母兄弟是嫌畏踰之也云士謂大夫庶子爲士者也者此士解經中下文士爲之文知此士是大夫庶子爲士者若大夫適子雖未爲士猶服大夫之服即下文是也若其適子爲士則服大夫服可知故知此士爲父母之爲大夫者但服士服是庶子也所以不服大夫服者己卑不敢服尊者之服云今大夫喪禮逸與士異者未得而備聞也者欲見大夫與士喪禮殊異未甚分明引春秋傳者欲證大夫與士之喪服不同所引傳者襄十七年左傳文云齊晏桓子卒至唯卿爲大夫皆左傳辭也齊晏桓子卒者是晏嬰之父晏弱謚曰桓子也云晏嬰麤衰斬者桓子之子晏嬰身服麤衰而斬云苴絰帶杖者以苴麻爲首絰要帶以苴色之竹爲杖云菅屨者以菅草爲屨云食粥居倚廬寢苫者是喪禮之常枕草者非喪禮之文云其老曰非大夫之禮也者老謂晏嬰家臣見晏嬰服士服故其老言所服云非大夫之喪禮也云曰唯卿爲大夫者此晏嬰對家老之言若身爲卿得

著大夫之服若身爲大夫惟得服士服云此平仲之謙也者言平仲之言非禮也謙退之辭云言己非大夫故爲父服士服耳者若是卿則得爲父服大夫服故云非從此以下皆鄭君解釋之辭云麤衰斬者其縷在齊斬之間者按喪服初章斬衰次章疏衰疏卽麤也今言麤衰斬者是下嚮麤上嚮兼斬有麤故云麤衰斬者其縷在齊斬之間齊卽麤也言其布縷在齊斬之間斬衰三升麤衰四升其布在三升四升之間故云縷如三升半言麤如三升半而計縷唯三升故云縷如三升半而三升不緝也但縷如三升半是麤衰不緝是斬而成布三升爲父之服也云斬衰以三升爲正微細焉則屬於麤也者解晏子實斬衰而兼言麤也云然則士與大夫爲父服異者有麤衰斬枕草矣者鄭既約。○左傳晏嬰之事始明大夫與士不同故云然則士與大夫爲父異麤衰枕草矣則大夫以上斬衰枕凷士則疏衰枕草按既夕禮士禮而云枕塊者記者廣說非辭也云其爲母五升縷而四升爲兄弟六升縷而五升半者鄭既約士之父服縷細降一等經文有母及兄弟故此約母與兄弟之服也喪服爲母四升此云爲母五升縷謂麤細似五升之縷成布四升喪服爲兄弟五升此云爲兄弟六升縷謂麤細如六升之縷成布五升皆謂縷細成布升數少也云唯大夫以上乃能備儀盡飾者大夫以上則兼天子諸侯德高能備儀服無降殺是盡飾云士以下則以臣服君之斬衰爲其父以臣從君而服之齊衰爲其母與兄弟者以喪服義服皆降正服一等今爲父母兄弟降從義服是卑屈也云以臣從君而服之齊衰爲其母與兄弟者按喪服臣從君義服齊衰六升今士爲兄弟縷如六升成布五升得與臣爲君義服齊衰同其士爲母父卒縷如五升成布四升與臣爲君義服齊衰全異而云爲其母與臣爲君義服齊衰同者前注所云因麤衰降斬衰一等卽連言父卒爲母云縷如五升成布四升據父卒爲母言之也此注以士爲兄弟與臣爲君義服齊衰同則父在爲母與兄弟服亦同縷如六升而成布五升據父在爲母言之爲此前後注異云亦以勉人爲高行也者居喪之禮以服重爲申以服輕爲屈今大夫爲父母兄弟之未爲大夫者服士服是勉勵其父母兄弟使爲高行作大夫之禮士爲其父母兄弟之爲大夫者服士服亦是勉勵士身使爲高行作大夫也云大功以下大夫士服同者以經唯云父母兄弟士與大夫之異不云大功以下有殊是大功以下與大夫同所以然者以重服情深故使士有抑屈使之勉勵大功以下輕服情殺故上下俱申也按聖證論王肅云喪禮自天子以下無等故曾子云哭泣之哀齊斬之情饘粥之食自天子達且大國之卿與天子上士俱三命故曰一也晉士起大國上卿當天子之士也平仲之言唯卿爲大夫謂諸侯之卿當天子之大夫非謙辭也春秋之時尊者尚輕簡喪服禮制遂壞羣卿專政晏子惡之故服麤衰枕草於當時爲重是以平仲云唯卿爲大夫遜辭以辟害也又孟子云諸侯之禮三年之喪齊疏之服飦粥之食自天子達於庶人三代共之又此記云端衰喪車皆無等又家語云孔子曰平仲可爲能遠於害矣不以己之是駁人之非遜辭以辟咎也王肅謂大夫與士異者大夫以上在喪斂時弁絰士冠素委貌馬昭答王肅曰雜記云大夫爲其父母兄弟之未爲大夫者之喪服如士服是大夫與士喪服不同者而肅云無等則是背經說也鄭與言禮張融評云士與大夫異者皆是亂世尚輕涼非王者之達禮小功輕重不達於禮鄭言謙者不異於遠害融意以王肅與鄭其義略同如融之說是周公制禮之時則上下同當喪制無等至後世以來士與大夫有異故記者載之鄭因而解之禮是鄭學今申鄭義云端衰喪車無等者端正也正爲衰之制度上下無等其服精麤卿與大夫有異也又曾子云齊斬之情據其情爲一等無妨服有殊異耳若王肅之意大夫以上弁絰士唯素冠此亦得施於父母此經云爲昆弟豈亦弁絰素冠之異乎此是肅之不通也杜元凱注左傳說與王肅同服虔注左傳與端衰喪車無等其老之問晏子之答皆爲。非並與鄭違今所不用也

大夫之適子服大夫之服仕至大夫賢著而德成適子得服其服亦尊其適象賢○著知慮反

疏注仕至至象賢正義曰云仕至大夫賢著而德成適子得服其服者以經云大夫之適子服大夫之服所以然者以其父在仕官身至大夫賢行既著道德又成故其適子雖未仕得服大夫之服也云亦尊其適象賢者非但尊此大夫之身亦當尊其適子使服大夫之服也能象似

其父之賢者皇氏云大夫適子若爲士爲其父唯服士服注云仕至大夫謂此子若仕官至大夫始得服大夫服以其賢德著成如皇氏之意解此仕至大夫爲大夫之子按前經注云士謂大夫庶子爲士者明大夫適子未仕官及爲士皆得服大夫之服皇氏之言違文背注不解鄭意其說非也○大夫之庶子爲大夫則爲其父母服大夫服其位與未爲大夫者齒雖庶子得服其服尚德也使齒於士不可不宗適○爲去聲疏正義曰此一節明大夫庶子爲大夫則得爲父母服大夫之服其位與未爲大夫者齒大夫庶子雖爲大夫得服大夫之服其行位之處與適子未爲大夫者相齒列○注雖庶至宗適○正義曰云尚德也者言此大夫之子身雖是庶所以得服者以其仕至大夫由身有德行故云尚德也云使齒於士不可不宗適者此庶子雖爲大夫猶齒列於適子之下其年雖長於適子猶在適子之下使適子爲主若年少於適子則固在適子之下是不可不宗適也○士之子爲大夫則其父母弗能主也使其子主之無子則爲之置後大夫之子得用大夫之禮而士不得也置猶立也疏正義曰其父母弗能主也者士子身爲大夫若死則父母不能爲喪主也以身是士故不可爲大夫喪主○使其子主之者謂使此死者之子爲主以其子是大夫適子故得爲大夫之主以其服大夫服故也○無子則爲之置後者若死者無子則爲死者別置其後所置之後即大夫適子同得行大夫之禮此所置之後謂暫爲喪主假用大夫之禮若其大宗子則直爲之立後自然用大夫禮也○注大夫至得也○正義曰云大夫之子得用大夫之禮者則前云大夫之適子服大夫之服是也解經使其子主之文其子爲適子若無適子則以庶子當適子處若無庶子則以族人之子當適子之處皆得用大夫之禮故云大夫之子得用大夫之禮摠結此文云而士不得也者其父是士不得主大夫喪故云而士不得也所以然者父貴可以及子故大夫之子得用大夫之禮子貴不可以及父故其父不得用大夫之禮○大夫卜宅與葬日有司麻衣

布衰布帶因喪屨緇布冠不蕤占者皮弁有司卜人也麻衣白布深衣而著衰焉及布帶緇布冠此服非純吉亦非純凶也皮弁則純吉之尤者也占者尊於有司卜求吉其服彌吉大夫士朔服皮弁○著丁略反

【疏】正義曰大夫卜宅與葬日者宅謂葬地大夫尊故得卜宅并葬日○有司至喪屨者有司謂卜人麻衣謂白布深衣布衰謂麤衰也皇氏云以三升半布為衰長六寸廣四寸綴於衣前當胸上後又有負版長一尺六寸廣四寸布帶以布為帶因喪屨謂因喪之繩屨○緇布冠不蕤者以緇布為冠不加緌占者皮弁者謂卜龜之人尊於卜之有司故皮弁純吉也○注有司至皮弁○正義曰云麻衣白布深衣者謂吉服十五升之布與緇布冠皮弁相類故知吉布也云而著衰焉者熊氏云謂以吉布為衰綴於深衣云及布帶緇布冠此服非純吉亦非純凶也者謂麻衣白布深衣十五升是吉布衰是凶布帶亦凶緇布冠是吉不蕤亦凶故云非純吉亦非純凶然緇布冠古法不蕤今特云緇布冠不蕤者以後代緇布冠有蕤此以凶事故不蕤云皮弁則純吉之尤者也者以之麻衣緇布冠雜有吉禮此皮弁是純吉尤甚者云卜求吉其服彌吉者解用弁皮之意云大夫士朔服皮弁者於諸侯是視朔之服於天子是視朝之服也

如筮則史。練冠長衣以筮占者朝服筮者筮宅也謂下大夫若士也筮史筮人也長衣深衣之純以素也長衣練冠純凶服也朝服純吉服也大夫士日朝服以朝也○朝直遙反注及下文皆同純音準又之閏反

【疏】正義曰。如筮則史練冠長衣者此謂下大夫及士不合用卜故知用筮也○謂無地大夫筮葬禮也唯筮宅卜日耳卜時緇布冠麻衣布衰雜以吉凶之服如筮則練冠長衣以筮輕故用純凶服也○占者朝服者卜重故占者皮弁筮輕故占者朝服○注筮者至朝也○正義曰筮者筮宅也謂下大夫若士也者以士喪禮云筮宅卜日故知此筮謂筮宅也云長衣深衣之純以素也者長衣深衣其制同耳言此經長衣是深衣之純以素者凶時深衣純以布上經麻衣深衣亦純以布此經長衣純以素故云長衣深衣之純以素○者也云長衣練冠純凶服也者以長衣則布衣純之

以素也故聘禮云主人長衣練冠以受鄭注云長衣素純布衣是也練冠是小祥以後以練爲冠都無吉象故云純凶服云大夫士日朝服以朝也者謂緇衣素裳諸侯之朝服每日視朝之服按士喪禮云族長涖卜及宗人吉服鄭注云吉服服玄端也此占者朝服者彼謂士之卜禮故占者著玄端此據筮禮故占者朝服按士虞禮注云士之屬吏爲其長弔服加麻此史練冠長衣者此經文言大夫其臣爲大夫以布帶繩屨故史練冠長衣若士之卜史當從弔服不得練冠長衣也

大夫之喪既薦馬薦馬者哭踊出乃包奠而讀書嫌與士異記之也既夕禮曰包牲取下體既夕禮又曰主人之史請讀賵○薦者薦本又作薦賵芳鳳反

疏正義曰此明大夫將葬啓柩朝廟之後欲出之時○既薦馬者按士喪禮下篇云薦馬之節凡有三時一者柩初出至祖廟設奠爲遷祖之奠訖乃薦馬是其一也至日側祖奠之時又一薦馬是其二也明日將行設遣奠之時又薦馬是其三也此云既薦馬謂第三薦馬之時也以下則云包奠而讀書於既夕禮當第三薦馬之節○薦馬者哭踊者謂主人見薦馬薦進也進馬至乃哭踊○出乃包奠者出謂馬出乃包奠者取遣奠牲下體包裹之以遣送行也然○馬出在包奠之前而必云出乃包奠者明出即包奠包奠爲出之節故言出也○而讀書者書謂凡送亡者賵入椁之物書也讀之者省錄之也○注嫌與至讀賵○正義曰嫌與士異者按既夕禮薦馬馬出之後云包牲取下體也又云主人之史請讀賵今此大夫亦薦馬出後包奠讀書與士同記者嫌畏大夫之尊與士有異故特記之明與士同也故引既夕禮以下者證包牲讀賵之節謂主人見薦馬送行物而哭踊故云薦馬者哭踊也所以馬進而主人哭踊者馬是牽車爲行之物今見進馬是行期已至故孝子感之而哭踊云既夕禮曰包牲取下體者士則羊豕也鄭注包者象既饗而歸賓俎者也前脛折取臂臑後脛折取骼也臂謂膝上膊下也臑謂肘後取骼謂取膊下股骨也羊豕各三牲必取下體者下體能行亦示將行也有遣車者亦先包之也云又曰主人之史請讀賵者賵猶送者人名也

大夫之喪大宗人相小宗人命龜卜

人作龜卜葬及日也相相主人禮也命龜告以所問事也作龜謂楊火灼之以出兆○相息亮反注同疏正義曰大夫謂卿也明卿喪用人及卜之法也○大宗謂大宗伯也相佐威儀○小宗謂小宗伯也命龜謂告龜道所卜之辭也卜人亦有司作謂用楊火灼之也並皆有司也皇氏云大小二宗並是其君之職來爲喪事如司徒旅歸四布是也故宗伯肆師云凡卿大夫之喪相其禮○注卜葬及日也○正義曰知卜葬及日者以文承上大夫卜宅與葬日之下故知此經是上大夫之卜葬宅及日者也

內子以鞠衣褒衣素沙下大夫以襢衣其餘如士此復所用衣也當在夫人狄稅素沙下爛脫失處在此上耳內子卿之適妻也春秋傳曰晉趙姬請逆叔隗於狄趙衰以爲內子而已下之是也下大夫謂下大夫之妻襢周禮作展王后之服六唯上公夫人亦有褘衣侯伯夫人自揄狄而下子男夫人自闕狄而下卿妻自鞠衣而下大夫妻自展衣而下士妻稅衣而已素沙若今紗縠之帛也六服皆袍制不襌以素紗裏之如今袿袍襈重繒矣褒衣者始爲命婦見加賜之衣也其餘如士之妻則亦用稅衣○鞠九六反又曲六反注同襢張戰反復音伏狄稅他喚反下文放此爛力旦反脫音奪下同隗五罪反衰初危反下戶嫁反展張戰反下同褘音暉揄音遙下文并注同縠戶木反袍步羔反襌音丹袿音圭襈士眷反重直龍反繒茨陵反疏正義曰此一節明卿大夫以下之妻所復之衣○此內子以鞠衣褒衣者內子謂卿妻復以鞠衣褒衣褒衣者始命爲內子尚所褒賜之衣復時亦用此衣故云鞠衣褒衣則鞠衣褒衣也但上命時褒賜故曰褒衣也○素沙者言此鞠衣褒衣亦以素沙爲裏○下大夫以襢衣者是下大夫之妻所復襢衣也對卿妻爲下故服用襢周禮作展王后之服六唯上公夫人亦有褘衣侯伯夫人自揄狄而下子男夫人自闕狄而下卿妻自鞠衣而下大夫妻自展衣而下士妻稅衣而已六服皆袍制不襌以素紗裏之袍制謂連衣裳有表有裏似袍故云皆袍制不襌漢時有袿袍其袍下之襈以裏繒爲之古之服皆以素紗爲裏似此袿袍襈之裏繒故注云如今之袿袍襈重繒也○其餘如士者謂內子鞠衣褒衣已見

於經大夫以禮衣亦見於經唯有褖衣未見故云其餘如士謂鞠衣禮衣之外其餘褖衣如士之妻士妻既用褖衣而復則內子下大夫妻等亦用褖衣也○注此復至稅衣○正義曰此復所用衣也者以下復諸侯以褒衣故知此亦復衣也云當在夫人狄稅素沙下者以記者作記當依尊卑順序此內子宜承夫人之下故云當在夫人狄稅素沙下也引春秋傳曰以下者僖二十四年左傳文也初晉文公在狄狄人以季隗妻文公以叔隗妻趙衰後文公反國以趙姬妻趙衰趙姬請逆叔隗於狄既逆還趙姬又請趙衰將叔隗為內子趙姬之身卑下之故云而已下之引之者證卿妻為內子之文也其王后以下之服已具於玉藻故此略而不言云六服皆袍制不襌以素紗裏之如今袿袍襌重繒矣者皆袍制謂連衣裳有表裏似袍故云皆袍制不襌漢時有袿袍其袍下之襌以重繒為之故云六服以素紗為裏似此袿袍襌重繒矣云褒衣者始為命婦見加賜之。之衣也者謂內子。初始為卿妻加賜之以衣以褒崇之故云褒衣

復諸侯以褒衣冕服爵弁服復招魂復魄也冕服者上公五侯伯四子男三褒衣亦始命為諸侯及朝覲見加賜之衣也褒猶進也【疏】正義曰自此以下至復西上揔明諸侯以下及夫人一命婦招魂所用之衣但此經爛脫上下顛倒如鄭所次以此諸侯褒衣一經為首次以夫人稅衣揄狄之經然後次內子以鞠衣之經今依鄭次各隨文解之○復諸侯以褒衣者謂復時以始命褒賜之衣○冕服爵弁服者諸侯既用褒衣又以冕服爵弁服而復也○注冕服至進也○正義曰冕服者上公自袞冕而下故為五侯伯自鷩冕而下故為四子男自毳冕而下故為三也凡服各依其命數則上公五冕之外更加爵弁服以下皮弁冠弁之等而滿九侯伯冕服之外亦加爵弁以下而滿七子男冕服之外加爵弁皮弁而滿五其褒衣君特所褒賜則宜在命數之外也故王制云三公一命袞若有加則賜是褒衣故不入命數也此褒衣或是冕之最上者

夫人稅衣揄狄。狄稅素沙言其招魂用稅衣上至揄狄也狄稅素沙言皆以白紗縠為裏○稅他喚反下文放此揄音遙下文同縠戶木反下注同【疏】正義曰此明婦人復衣也婦人

衣有六也○夫人稅衣。揄狄者諸侯夫人復用稅衣上至。揄狄謂諸侯○伯夫人也○狄稅素沙者言從。揄狄以下至於稅衣皆用素沙白縠爲裏○復西上北面而西上陽長左也復者多少各如其命之數○長丁丈反疏○正義曰凡招魂皆北面而招以西頭爲上○注北面至之數○正義曰云北面而西上陽長左也者以招魂冀生氣之來生氣爲陽又北面言之南方是陽左在西方故言陽長左云復者多少各如其命之數者按士喪禮復者一人以爵弁服言諸侯之士一命而用一人明復者各依命數其復處不同故檀弓云君復於小寢大寢庫門四郊而云復西上者但有兩人以上一處復者則西上也大夫不揄絞。屬於池下謂池飾也。揄揄翟也采青黃之間曰絞屬猶繫也人君之柳其池繫絞繒於下而畫翟雉焉名曰振容又有銅魚在其間大夫去振容士去魚此無人君及士亦爛脫○絞戸交反注同屬音燭注及下條屬弁注同翟音狄去起呂反下同疏正義曰此一經明大夫葬時車飾若諸侯以上則畫揄翟於絞屬於池下若大夫降下人君不得畫以。揄絞屬於池下其池上則畫於揄得有揄絞也故喪大記士亦有揄絞與大夫同但不屬得屬於池下○注人君至爛脫○正義曰按喪大記云君三池振容是人君之柳有振容振容者其池繫揄繒於下而畫翟雉焉名曰振容云又有銅魚在其間者上有池下有振容池與振容之間而有魚故云在其間云大夫去振容士去魚者以喪大記大夫不振容士不云魚躍拂池故也大夫不振容者謂不以揄絞屬於池下爲振容云此無人君及士亦爛脫者以前經云復尊卑俱顯明也此直云大夫故云亦如前文爛脫君與士也大夫附於士士不附於大夫附於大夫之昆弟無昆弟則從其昭穆雖王父母在亦然附讀皆爲祔大夫祔於士不敢以己尊自殊於其祖也士不祔於大夫自卑別於尊者也大夫之昆弟謂爲士者也從其昭穆中一以上祖又祖而已祔者祔於先死者○附依注作祔音同下並同昭常遙反卷內皆同別彼列反疏正義曰自此以下至附於公子廣明祔祭之義各依文解之○大夫附於士者謂祖爲士孫爲大夫若死可以祔祭於祖之爲士者也○士不附於大夫者謂先祖爲大夫孫爲士不可祔祭於大夫唯得祔於大夫之兄弟爲士者○夫無昆弟則從其昭穆者謂祖爲大夫無昆弟爲士則從其昭穆謂祔於高祖爲士者若高祖爲大夫則祔於高祖昆弟爲士者○雖王父母在亦然者謂孫死之後應合祔於王父王父見在無可祔然猶如是也亦如是祔於高祖也○注附讀至而已○正義曰祔者祔祭於神當從示旁爲之云大夫之昆弟謂爲士者也者鄭恐經云祔於大夫之昆弟恐大夫之昆弟身作大夫士亦得祔之故云大夫昆弟爲士者若大夫昆弟全無者其孫雖士亦得祔之故前文云大夫祔於士是孫之尊可以祔祖之卑也云從其昭穆中一以上祖又祖而已者謂父爲昭子爲穆中猶間也謂自祖以上間一世各當昭穆而祖祔之若不得祔祖則間去曾祖一世祔於高祖若高祖無可祔則間高祖之父一世祔高祖之祖故云祖又祖而已是中一以上喪服小記文也

婦附於其夫之所附之妃無妃則亦從其昭穆之妃妾附於妾祖姑無妾祖姑則亦從其昭穆之妾夫所附之妃於婦則祖姑〔疏〕正義曰此一經論婦之所附義與夫同無妃則亦從其昭穆之妃者其孫婦祔祖姑祖無妃謂無祖姑則亦從其昭穆之妃謂亦間一以上祔於高祖之妃高祖無妃則亦祔於高祖之祖妃若其祖有昆弟之妃班爵同者則亦祔之

男子附於王父則配女子附於王母則不配配謂幷祭王母不配則不祭王父也有事於尊者可以及卑有事於卑者不敢援尊配則與不配祭饌如一祝辭異不言以某妃配某氏耳女子謂未嫁者也嫁未三月而死猶歸葬於女氏之黨○幷必政反援音袁〔疏〕正義曰男子祔於王父則配者謂祭王父幷祭所配王母○女子祔於王母則不配者謂在室之女及已嫁未三月而死祔祭於王母則不祭王父所配之王父○注不配謂至之黨○正義曰云配謂幷祭王母不配則不祭王父也者王父母相配之人祭王父母是其配祭王母不祭王父是不配云與不配祭饌如一祝辭異不言以某妃配某氏耳者按特牲禮少牢禮

云以某妃配但士用特牲大夫用少牢其餘皆同是祭饌如一按少牢云以某妃配某氏鄭注云某妃某妻也某氏若言姜氏子氏也此是言配也不言配者若特牲云用薦歲事於皇祖某子不云以某妃配特牲雖是常祭容是禫月吉祭故不舉配云嫁未三月而死猶歸葬於女氏之黨者曾子問文也

公子附於公子不敢戚君 疏 正義曰公子者若公子之祖為君公子不敢祔之祔於祖之兄弟為公子者不敢戚君故也

○君薨大子號稱子待猶君也謂未踰年也雖稱子與諸侯朝會如君矣春秋魯僖公九年夏葵丘之會宋襄公稱子而與諸侯序待或為侍 疏 正義曰君薨謂先君薨也大子號稱子者其本大子君存稱世子今君既薨故稱子不言世子待猶君也者謂與諸侯並列共待之禮猶如正君○注謂未至侯序○正義曰知未踰年者若踰年則稱君此云稱子故知未踰年。者引春秋者證未踰年稱子及待猶君之義按僖九年二月宋公御說卒夏公會宰周。云齊侯宋子以下于葵丘是宋襄公稱子序在齊侯之下與尋常宋公同是與諸侯序按公羊傳云君存稱世子君薨稱子某既葬稱子踰年稱公今。宋襄公未葬君當。宋子某而稱子者鄭用左氏之義未葬已前則稱子既葬已後踰年則稱公故僖九年傳云凡在喪王曰小童公侯曰子是未葬為在喪之稱也若杜元凱之意未葬以前皆稱子若既葬雖未踰年亦稱公若未葬雖踰年。猶子其義具在下曲禮疏其與諸侯序列宋襄公在喪稱子自在本班定四年陳懷公稱子進在鄭上僖二十八年陳共公稱子降在鄭下衛侯弟叔武稱子亦序在鄭下此皆春秋之時霸者所次不與此記同也

附釋音禮記注疏卷第四十

禮記注疏卷四十校勘記　　　阮元撰盧宣旬摘錄

附釋音禮記注疏卷第四十　惠棟校宋本禮記正義卷第五十

雜記上第二十

諸侯行而死於館節

如於道　各本同石經同毛本於誤其

予使有之　閩監毛本同岳本同嘉靖本同惠棟校宋本予作與宋監本衛氏集說釋文考文引古本並同按正義亦作與

緌謂旌旗之旄也　惠棟校宋本同岳本同嘉靖本同衛氏集說亦作緌閩監毛本緌誤綏

公館與公之所爲　補案曾子問無之字此誤衍也

絲旁者著妥　惠棟校宋本著上無者字此誤衍閩監毛本同

其音雖訓爲委　閩本委作安惠棟校宋本同此誤委監毛本同

綏謂旌旗之旄也者　閩監毛本同惠棟校宋本綏作緌上有云字

其輤有裧節

輤取名於櫬　惠棟校宋本作櫬岳本同嘉靖本同釋文同此本櫬誤襯閩監毛本同衛氏集說同下櫬棺櫬覆並同疏放此

定四年祝鮀云閩監毛本同惠棟校宋本鮀作佗

至於廟門節

唯輤爲說于廟門外者者補案下者字誤衍

今入之有宮室故云輤也閩監毛本同衞氏集說云作去是也

大夫士死於道節

輲讀爲輇或作槫閩監毛本同岳本同嘉靖本同惠棟校宋本槫作摶衞氏集說同釋文亦作槫齊召南云按周禮遂師注云蜃禮記或作槫或作輇賈疏引此注曰輲讀爲輇或作輇是賈所見禮記注本異也儀禮既夕記納車於階閒注云周禮謂之蜃車雜記謂之團或作輇或作槫聲讀皆相附耳未聞孰正是鄭所見本不同也按正義作槫不誤

不易以楯也閩監毛本同惠棟校宋本楯作輴岳本同嘉靖本同衞氏集說同釋文出以楯云一本作輴同

是有輤櫬近之義也閩監毛本櫬作襯下櫬近同山井鼎云有輤疑輤有誤宋本此櫬从木下櫬近與今本同

或作槫者閩監毛本同惠棟校宋本槫作摶

既夕云閩監毛本同衞氏集說同惠棟校宋本夕下有禮字

設輅輂輅輂上有四周閩監毛本同衞氏集說同浦鏜校輅輂輅改前後輅

以輪爲輪惠棟校宋本以輪作以輇衞氏集說同此本輇誤輪閩監毛本輇誤輻

但不用輻爲輪閩監毛本同段玉裁校云爲輪下疑脫輴字

士朝廟用輁軸惠棟校宋本作輁衞氏集說輁作輂此本輁誤軹閩監毛本同今正

輴與輁軸閩本同惠棟校宋本同衞氏集說輁作輂監毛本輁誤軹下輁軸則無輁狀如長牀並同

刻兩頭爲軹閩監毛本同衞氏集說同惠棟校宋本軹作軔

士輤葦席節

以爲輤棺之屋也監本毛本有也字惠棟校宋本無

言以士云葦席以爲屋閩監本作云毛本云誤輤

凡訃於其君節

凡訃至某死惠棟校宋本無此五字

不分別尊卑皆同年卒者閩監毛本同浦鏜挍云年當言字誤

杜所不用也閩監毛本同惠棟校宋本無也字

大夫訃於同國節

大夫至某實正義曰此一經明大夫之卒 惠棟校宋本有上五字

士訃於同國節

士訃至某死正義曰 惠棟校宋本有上五字諸本脫

大夫次於公館節

故居堊室也 閩監毛本同惠棟校宋本無也字

大夫爲其父母節

今大夫喪服禮逸 閩監毛本同岳本同嘉靖本同惠棟校宋本無服字宋監本衞氏集說同考文引古本足利本同

鄭旣約○左傳 補案約下○誤衍

是大功以下與大夫同 閩監毛本同考文云宋板大夫下有士字

皆爲非禮並與鄭違 惠棟校宋本有禮字此本禮字脫閩監毛本同

如筮節

則史練冠長衣 各本同石經同考文云古本史上有筮字按注云筮史筮人也則經筮字當有

如筮者謂下大夫及士不合用卜 按如字疑知字之譌

深衣之純以素○者也 補按者上○誤衍

大夫之喪大宗人相節

謂楊火灼之以出兆 閩本同監毛本楊作揚岳本同嘉靖本同衞氏集說同考文引宋板亦作楊疏同

內子以鞠衣節 坊本此節經文十九字移置狄稅素沙下用與國于氏本

自揄狄而下 閩監毛本同岳本同嘉靖本同惠棟校宋本揄作褕衞氏集說同釋文出自揄與周禮內司服合○按揄正字褕假借字

自鞠衣而下 閩本同惠棟校宋本同各本同監本自誤目毛本自誤曰

尙所褒賜之衣 閩監毛本同衞氏集說尙作上

素沙者 閩監本同毛本沙作紗下亦以素沙爲裏同

是下大夫之妻所復禮衣也 惠棟校宋本同閩監毛本復作服

以褏繒爲之 惠棟校宋本褏作重衞氏集說同此本誤閩監毛本同

見加賜之之衣也者 補案之字誤重

謂內子初始爲卿妻 閩監毛本同惠棟校宋本初下有嫁字

夫人稅衣節

揄狄閩監毛本同石經同岳本同嘉靖本同衞氏集說揄作褕注同釋文上出自揄云下文弁注同是釋文本亦作揄也

狄稅素沙各本同石經同毛本沙誤紗注狄稅素沙同

大夫不揄絞節

大夫不揄絞閩監毛本同石經同岳本同嘉靖本同衞氏集說揄作褕釋文同注放此

士不云魚躍拂池故也惠棟校宋本同閩監本云誤去毛本不云魚誤去魚不

婦附於其夫之所附之妃節

夫所附之妃閩監毛本同惠棟校宋本附作祔岳本同嘉靖本同衞氏集說同

男子附於王父節

配謂并祭各本同監本并誤拜

君薨大子號稱子節

故知未踰年者閩監毛本同惠棟校宋本者作也

宰周云齊侯宋子以下于葵邱惠棟校宋本云作公此本誤閩監毛本同

今宋襄公未葬君當宋子某惠棟校宋本宋作稱此本稱誤宋閩監毛本同

若未葬雖踰年猶子 惠棟校宋本子上有稱字此本稱字脫閩監毛本同

禮記注疏卷四十校勘記

附釋音禮記注疏卷第四十一

禮記　鄭氏注　孔穎達疏

雜記上

有三年之練冠則以大功之麻易之唯杖屨不易謂既練而遭大功之喪者也練除首經要經葛又不如大功之麻重也言練冠易麻互言之也唯杖屨不易言其餘皆易也屨不易者練與大功俱用繩耳○要一遙反

【疏】有三至不易○正義曰此一經明先有三年練冠之節今遭大功之麻易之先師解此凡有三義按聖證論云范宣子之意以母喪既練遭降服大功則易衰以母之既練衰八升降服大功衰七升故得易之其餘則否賀瑒之意以三等大功皆得易三年練衰其三等大功衰雖七升八升九升之布有細於三年之練衰以其新喪之重故皆易之皇氏云或不易庾氏之說唯謂降服大功衰得易三年之練其餘七升八升九升之大功則不得易三年之練今依庾說此大功者時據降服大功也故下文云而祔兄弟之殤雖論小功之兄弟而云降服則知此大功之麻易據殤也○有三年之練冠者謂遭三年之喪至練時之冠以首經已除故特云冠○則以大功之麻易之者初死者是降服大功則以此大功之麻易三年之練○唯杖屨不易者言大功無杖無可改易三年練與大功初喪同是繩屨故杖屨不易○注謂既至繩耳正義曰云練除首經者閒傳文首經既除故著大功麻經云要經葛又不如大功之麻重也者斬衰既練要經與大功初死要經麤細同斬衰是葛大功是麻故云要經葛又不如大功之麻重也云言練冠易麻互言之也者麻謂經帶大功言經帶明三年練亦有經帶三年練云冠明大功亦有冠是大功冠與經帶易三年冠及經帶故云互言之云唯杖屨不易言其餘皆易也者經既言冠言麻以明換易又云杖屨不易則知衰亦在易中故言其餘皆易謂冠也

要帶也衰也言悉易也然練之首絰除矣無可易也又大功無杖亦無可易也而云易與不易者因其餘有易者連言之

有父母之喪尚功衰而附兄弟之殤則練冠附於殤稱陽童某甫不名神也

此兄弟之殤謂大功親以下之殤也斬衰齊衰之喪練皆受以大功之衰此謂之功衰以是時而祔大功親以下之殤大功親以下之殤輕不易服冠而兄爲殤謂同年者也兄十九而死已明年因喪而冠陽童謂庶殤也宗子則曰陰童童未成人之稱也某甫且字也尊神不名爲之造字〇衰七雷反冠古亂反稱尺證反

疏有。父。至。神。也〇正義曰此一經明己有父母之喪既練之後得。祔兄弟小功之殤尚功衰者衰謂三年練後之衰升數與大功同故云功衰今己有父母之喪猶尚身著功衰今兄弟有殤在小功者當須。祔祭故云而。祔兄弟之殤則練冠。祔於殤者小功以下既輕不合改練時之服則身著練冠。祔祭於殤〇稱陽童某甫不名神也者當。祔祭此殤之時其祝辭稱此殤曰陽童又稱此殤曰某甫所以不呼其名者尊神之也故爲之造字偁曰某甫且字也〇注此兄至造字〇正義曰知大功親以下之殤也者若大功正服則變三年之練此著練冠故知大功親以下之殤若成人合服之大功其若長殤小功若成人小功親其長殤則緦麻皆得著此三年練冠爲之祔祭故云大功親以下之殤言以下兼小功也己是祖之適孫若祔大功兄弟長殤得在祖廟若祔小功兄弟長殤則是祖之兄弟之後所以得祔者己是曾祖之適共小功兄弟同曾祖今小功兄弟當祔於從祖之廟其小功兄弟身及父是庶人不合立祖廟則曾祖適孫爲之立壇祔小功兄弟之長殤於從祖立神而祭也皇氏云小功兄弟爲士從祖爲大夫士不可祔於大夫當祔於大功親以下從祖爲士故祔小功兄弟長殤於己祖廟義亦得通云大功親以下之殤輕不易服者按服問大功殤長中變三年之葛得易首絰要帶不得易服故此祔祭者練冠也此注諸本或誤云大功親之下殤故諸儒等難鄭云既是下殤何得有弟冠范宣子庾蔚等云下殤者傳寫之誤非鄭繆也云冠而兄爲殤謂同年者也者此鄭自難云弟冠而兄得爲殤者謂弟與兄同年十九也云兄十九而死已明年因喪而冠者此新死之兄既是小功之服不合變三年之練而得有因喪冠者謂已明年之初用父母喪之練節而加冠以後始祔兄弟也云陽童謂庶殤也宗子則曰陰童童未成人之稱也者曾子問庶子之殤祭於室白故曰陽童宗子殤死祭於室奧則曰陰童云某甫且字也者檀弓云五十以伯仲是正字二十之時曰某甫是且字言且爲之立字云尊神不名爲之造字者以字者冠時所有此兄去年已死未得有字雖云某甫是死後祔時爲之造字必造字者以神道事之。可。謂。名。是也

○凡異居始聞兄弟之喪唯以哭對可也惻怛之痛不以辭言爲禮也○怛旦末反其始麻散帶絰與居家同也凡喪小斂而麻○散息但反後散帶皆同未服麻而奔喪及主人之未成絰也疏者與主人皆成之親者終其麻帶絰之日數疏者謂小功以下也親者大功以上也疏者及主人之節則用之其不及亦自用其日數

【疏】○凡。異。至。日。數。○正義曰此一節明異居聞兄弟喪哭及奔赴之禮凡異居者言凡非一之辭異居別所而始聞兄弟之喪○唯以哭對可也者初聞其喪惻怛情重不暇問其餘事唯哭對使者。赴於禮可也○其始麻散帶絰者此謂大功以上兄弟其初聞喪始服麻之時散垂要之帶絰若小功以下服麻則糾垂不散也○未服麻而奔喪者謂聞喪未及服麻而即奔喪○及主人之未成絰也者謂道路既近聞喪即來至在主人小斂之前故云及主人未成絰也○疏者與主人皆成之者疏謂小功以下值主人成服之節則與主人皆成就之○親者終其麻帶絰之日數者親謂大功以上初來奔至雖值主人成服未即成之必終竟其麻帶絰滿依禮日數而後成服也○注與居至而麻○正義曰按士喪禮小斂襲絰于序東是凡士喪小斂而麻也又士喪禮三日絞垂此云始麻散帶絰是與居家同○注疏者至日數○正義曰知疏者謂小功以下者喪服傳云大功以上同居爲同財故知疏者謂小功以下云其不及亦自用其日數者謂疏者若其及主人之節則與主人同成服若其不及主人之節亦自用其依禮之日數奔喪之

後至三日而成服也此未奔喪而散帶經按奔喪禮聞喪即襲經絞帶不散者彼謂有事故未得即奔喪故不散帶此謂即欲奔喪故散麻也此經奔喪來至猶散麻按奔喪禮聞喪則襲經至即絞帶不散麻者此經即來奔者故散麻以見尸柩故也彼謂奔喪來遲故注云不見尸柩不散帶。也

○主妾之喪則自祔。至於練祥皆使其子主之其殯祭不於正室祔自爲之者其祭於祖廟以君不撫僕妾略於賤也

疏主妾至僕妾○正義曰妾既卑賤得主之者崔氏云謂女君死攝女君也○則自祔者以其祔祭於祖姑尊祖故自祔也以其祔廟也妾合祔於妾祖姑若無妾祖姑則祔於女君可也○其殯祭不於正室者雖攝女君猶下正適故殯之與祭不得在正室庾蔚云妾祖姑無廟爲壇祭之鄭云於廟者崔氏云於廟中爲壇祭之此謂攝女君若不攝女君之妾則不得爲主則別爲壇不在祖廟中而子自主之也

○女君死則妾爲女君之黨服攝女君則不爲先女君之黨服妾於女君之黨若其親然○爲于僞反下注並同

疏。女。君至。黨服。○正義曰女君死則妾爲女君之黨服者賀瑒云雖是徒從而。抑妾。故爲女君黨服防覬覦也攝女君則不爲先女君之黨服者以攝女君差尊故不爲先女君之黨服也。

聞兄弟之喪大功以上見喪者之鄉而哭奔喪節也適兄弟之送葬者弗及遇主人於道則遂之於墓言骨肉之親不待主人也凡主兄弟之喪雖疏亦虞之虞喪事祔乃畢

疏聞。兄。至。虞。之○正義曰此一節明奔兄弟喪之法○見喪者之鄉而哭者。謂。此親兄弟同氣及同堂兄弟也奔喪禮云齊衰望鄉而哭大功望門而哭此云大功以上見喪者之鄉而哭者盧云謂降服大功者也鄭無別辭當同盧也若如此則兄弟之名通輕重也○適兄弟之送葬者此兄弟通緦小功也適往也謂往送五服之親葬而不及者謂往送不及喪柩在家○遇主人於道者主人是亡者之子謂孝子葬竟已還而此往送葬之人與孝子於路相逢值也則遂之

於墓者雖孝子已還而此送葬之人不及者不得隨孝子而歸仍自獨往於墓也○凡主兄弟之喪雖疏亦虞之者此疏謂小功緦麻喪事虞祔乃畢雖服緦小功之疏彼既無主故疏緦小功者亦爲之主虞祔之祭按小記云大功者主人之喪有三年者則必爲之再祭鄭注云小功緦麻爲之練祭可也與此不同者彼承大功有三年者此則緦小功有三年者故至小祥同於三年故主虞祔也今此言疏者亦虞但虞者謂無服者朋友相爲亦虞祔也故熊氏云主喪者於死者無服謂袒免以外之兄弟○注喪事虞祔乃畢○正義曰經云虞而注連言祔者以祔與虞相近故連言之○凡喪服未畢有弔者則爲位而哭拜踊客始來主人不可以殺禮待之○殺色界反疏○凡○喪○至○拜○踊○正義曰凡喪服未畢者是喪服將終但未畢了猶有餘日未滿其禮。以殺若有人始來弔當爲位哭踊不以殺禮而待新弔之賓也言凡者五服悉然大夫之哭大夫弁絰大夫與殯亦弁絰弁絰者大夫錫衰相弔之服也如爵弁而素加環絰曰弁絰○與音預疏○大○夫○至○弁○絰○正義曰大夫之哭大夫弁絰者此謂成服以後大夫往弔哭大夫身著錫衰首加弁絰○大夫與殯亦弁絰者此謂未成服之前故與殯之時首亦加弁絰其餘則異身著當時所服之服故士喪禮注云主人成服之後往則錫衰主人未成服君亦不錫衰則著皮弁服也若此大夫主人未成服之前身亦皮弁服而弁絰也若主人未小斂之前則吉服而往不弁絰也○注弁絰至服也○正義曰按禮主人未成服之前小斂之後大夫著弁絰而衣皮弁服此云弁絰大夫錫衰相弔者如鄭此意則經云大夫之哭大夫弁絰經據主人成服之後故云大夫錫衰相弔之服但文在大夫與殯之上故南北諸儒皆以此大夫之哭大夫弁絰是二斂之間怪其鄭注云錫衰所以各爲異說今爲大夫廣解成服之後於義無妨但既成服之後又卻明與殯之前理。亦既殯大夫有私喪之葛則於其兄弟之輕喪則弁絰私喪妻子之喪也輕喪緦麻也大夫降焉弔服而往不以私喪之末臨兄弟疏○正義曰私喪之葛者謂妻子之喪至卒哭以葛代麻之後是私喪之葛○則於其兄弟之輕喪則弁經者於此之時遭兄弟之輕喪緦麻亦著弔服弁經而往不以私喪之末臨兄弟也若成服之後則錫衰未成服之前身著素裳而首服弁經也○注私喪至兄弟○正義曰既言私喪故知謂妻子之喪也葛謂卒哭後也兄弟輕喪謂緦麻也大夫降一等雖不服以骨肉之親不可以妻子之末服而往哭之故服弁經也○爲長子杖則其子不以杖即位辟尊者○疏爲長至即位○正義曰父爲長子杖則其子不以杖即位者其子長子之子祖在不厭孫其孫得杖但與祖同處不得以杖即位辟尊者爲妻父母在不杖不稽顙尊者在不敢盡禮於私喪也○稽徐音啓顙桑黨反疏爲妻至稽顙○正義曰此謂適子爲妻父母見存不敢爲妻杖又不可爲妻稽顙故云不杖不稽顙按喪服云大夫爲適婦爲喪主父爲己婦之主故父在不敢爲婦杖若父沒母在不爲適婦之主所以母在不杖者以父母尊同因父而連言母父沒母存爲妻雖得杖而不得稽顙以杖與稽顙文連不杖屬於父在不稽顙文屬母在故云父母在不杖不稽顙而禮論范宣子申云有二義一者生存爲在二者旁側爲在此云母在謂在母之側爲妻不杖故問喪云則父在不敢杖矣尊者在故也鄭云父在不杖謂爲母按爲母則削杖而云父在不杖謂爲母也是父在謂在側之在若論語云君在踧踖如也此范氏之釋其義可通但父母在之文相違爲一而父爲存在之在母爲在側之在又小記云父在庶子爲妻以杖即位然庶子豈得父見在則庶子爲妻得以杖即位乎是范義未安也今見具載之母在不稽顙稽顙者其贈也拜言獨母在於贈拜得稽顙則父在贈拜不得稽顙疏正義曰前明父母俱在故不杖不稽顙此明父沒母在爲妻得有稽顙不稽顙二義母在不稽顙者謂母在爲妻子尋常拜賓之法也○稽顙者其贈也拜者但父沒母在稍降殺於父故爲妻得有稽顙稽顙之時其稽顙者有他人以物來贈己其恩既重其謝此贈之人時爲拜得稽顙故云其贈也拜於此拜時而得稽顙違諸侯之大夫不反服違大夫之

諸侯不反服其君尊卑異也違猶去也去諸侯仕諸侯去大夫仕大夫乃得爲舊君服【疏】違諸至反服○正義曰違去也去諸侯謂不便其君及辟仇也之往也己若本是諸侯臣如去往仕大夫此是自尊適卑若舊君死則此臣不反服也言不反者謂今仕卑臣不可反服於前之尊君也○違大夫之諸侯不反服者此謂本是大夫臣今去仕諸侯此是自卑適尊若猶服卑君則爲新君之恥也故亦不反服舊君也○注其君至君服○正義曰鄭以經尊卑不敵不反服若所仕敵則反服舊君服齊衰三月

喪冠條屬以別吉凶三年之練冠亦條屬右縫別吉凶者吉冠不條屬也條屬者通屈一條繩若布爲武垂下爲纓屬之冠象大古喪事略也吉冠則纓武異材焉右縫者右辟而縫之○別徐彼列反注同縫音逢注同又扶用反大古音泰下大古同材才再反又如字辟必亦反下同

小功以下左。左辟象吉輕也

緦冠繰纓。繰當爲澡麻帶絰之澡聲之誤也謂有事其布以爲纓○繰依注音縿所銜反【疏】喪。冠。至。繰。纓。各隨文解之○正義曰此一節明喪冠輕重之制此言吉冠則纓與武各別喪冠則纓與武共材也○條屬者屬猶著也謂取一條繩屈之爲武垂下爲纓以著冠故云條屬也吉凶既異故云別吉凶也○三年之練冠亦條屬右縫者三年練冠小祥之冠也雖微入吉亦猶條屬與凶冠不異也吉冠則辟上辟縫嚮左左爲陽陽吉也而凶冠縫嚮右右爲陰陰喪所尚也過小祥猶條屬故縫猶嚮右也○注別吉至縫之○正義曰云吉冠不條屬也條屬者通屈一條繩若布爲武垂下爲纓屬之冠象大古喪事略也者釋喪冠條屬之意云吉冠則纓武異材焉者玉藻云縞冠玄武之屬是異材也材謂材具○小功以下左小功以下輕故縫同吉嚮左也○緦冠繰纓緦衰冠治縷不治布冠又用澡治緦布爲纓以輕故也○注繰當至爲纓○正義曰經之繰字絲旁爲之非澡治之義故讀從喪服小記下殤澡麻帶絰之澡云謂有事其布以爲纓者緦麻既有事其縷就上繰之是又治其布故云有事其布以爲纓謂縷布俱治

大功以上散帶小功緦輕初而絞之【疏】大功以上散帶○正義曰小斂之後主人

拜賓襲絰於序東小功以下皆絞之大功以上散此帶垂不忍卽成之至成服乃絞朝服十五升去其半而緦加灰錫也緦精麤與朝服同去其半則六百縷而疏也又無事其布不灰焉○朝直遙反後朝服放此注同去起呂反注同疏朝服至錫也○正義曰朝服精細全用十五升布爲之○去其半而緦者緦麻於朝服十五升布之內抽去其半以七升半用爲緦麻服之衰服也鄭注喪服云去其半而緦如絲是也○加灰錫也者取緦以爲布又加灰治之則曰錫言錫然滑易也○注又無事其布不灰焉○正義曰經云去其半而緦始云加灰錫明此緦衰不加灰不治布故也

諸侯相襚以後路與冕服先路與褒衣不以襚不以己之正者施於人以彼不以爲正也後路貳車貳車行在後也○襚音遂疏諸侯至以襚○正義曰諸侯相襚者襚謂以物送死用也○以後路與冕服者後路爲上路之後次路也冕服謂上冕之後次冕也○先路與褒衣不以襚者是己之車服之上不可以施遺於人以彼不以爲正服所用也

遣車視牢具言車多少各如所包遣奠牲體之數也然則遣車載所包遣奠而藏之者與遣奠天子大牢包九个諸侯亦大牢包七个大夫亦大牢包五个士少牢包三个大夫以上乃有遣車○遣弃戰反注同下遣車遣奠皆放此與音餘个古賀反下同疏遣車視牢具○正義曰遣車送葬載牲體之車也牢具遣奠所包牲牢之體貴賤各有數也一个爲一具取一車載之也故云視牢具○注言車至遣車○正義曰言車多少各如所包遺奠牲體之數也者以言視牢具故如其數云然則遣車載所包遣奠而藏之者與者以遣車所用無文因此視牢具故云載所包遣奠而藏之者與疑辭也云天子大牢包九个以下者以既夕禮遣奠用少牢以上約之明大夫以上皆大牢包九个者以檀弓云國君七个遣車七乘則天子九个遣車九乘以下差降義已具於下檀弓疏云大夫以上乃有遣車者諸侯大夫位尊雖無三命則有車馬之賜及天子上士三命皆得有遣車諸侯士以下賤故無遣車也

疏布輤四面有章。置於四隅輤其蓋也四面皆有章蔽以隱翳牢肉四隅椁中之四隅○章本或作郭音同注亦同翳於計反【疏】疏布至四隅○正義曰此經明載牢肉之時因以物章蔽疏布輤者輤蓋也以麤布爲上蓋而四面有物章之入擴置於椁之四隅

載粻有子曰非禮也

粻米糧也○粻陟亮反

喪奠脯醢而已

言死者不食糧也遣奠本無黍稷○醢音海【疏】載粻至而已○正義曰粻米糧也用遣車載粻遺亡人也而有子譏其爲失也然既夕士禮有黍稷麥者但遣奠之饌無黍稷故遣車所載遣車之奠不合載粻既夕士禮者謂遣奠之外別有黍稷麥喪奠脯醢而已者此亦有子之言也言死者不食糧故遣奠不用黍稷而牲體是脯醢之義也

祭稱孝子孝孫喪稱哀子哀孫

各以其義稱○義稱昌升反又尺證反【疏】祭稱至哀孫○正義曰祭吉祭也謂自卒哭以後之祭也吉則申孝子心故祝辭云孝也或子或孫隨其人也○喪稱哀子哀孫者凶祭謂自虞以前祭也喪則痛慕未申故稱哀也故士虞禮稱哀子而卒哭乃稱孝子也

端衰喪車皆無等

喪車惡車也喪者衣衰及所乘之車貴賤同孝子於親一也衣衰言端者玄端吉時常服喪之衣衰當如之○衣衰上於既反下七雷反下同【疏】端衰至無等○正義曰端衰謂喪服上衣以其縗六寸之衰於心前故衣亦曰衰端正也吉時玄端服身與袂同以二尺二寸爲正而喪衣亦如之而今用。縗縗心前故曰端衰也○喪車者孝子所乘惡車也惡車喪車也等等差也言喪之衣衰及惡車天子至士制度同無貴賤等差之別也以孝子於其親情如一也○注喪車至如之○正義曰言喪車惡車也者既夕禮云主人乘惡車鄭云王喪之木車也按鄭注巾車喪車凡五等巾車云木車蒲蔽注云木車不漆者以蒲爲蔽始遭喪所乘也素車棼蔽注云素車以白土堊車蕡麻以爲蔽卒哭所乘藻車藻蔽注云以蒼土堊車以蒼繒爲蔽也既練所乘駹車。雚蔽注云駹車邊側有漆飾也以細葦席爲蔽大祥所乘漆車藩蔽注云漆車黑車漆席以爲蔽禫所乘○云衣衰言端者玄端吉時常服喪之衣衰當如之者按喪服記袂二尺二寸袪尺二寸其制正幅故云端此云端衰則與玄端同也

大白冠緇布

之冠皆不蕤委武玄縞而后蕤不蕤質無飾也大白冠大古之布冠也春秋傳曰衛文公大布之衣大白之冠委武冠卷也秦人曰委齊。東曰武玄玄冠也縞縞冠也○縞古老反又古報反注同卷苦圓反【疏】大。白。至。后。蕤○正義曰大白者古之白布冠也緇布冠黑布冠也二冠無飾故皆不蕤此緇布冠謂大夫士之冠故不蕤其諸侯緇布冠則蕤故王藻云緇布冠繢緌諸侯之冠是也○委武玄縞而后蕤者委武皆冠卷也秦人呼卷爲委齊人呼卷爲武也玄玄冠也縞縞冠也玄縞二冠既。有。先別卷後乃可蕤故云而后蕤也而大祥縞冠亦有蕤何以知之前既云練冠亦條屬右縫則知縞不條屬既別安卷灼然有蕤也○注不蕤至冠也○正義曰引春秋左傳曰衛文公大布之衣大白之冠者證大白冠是布也閔公二年冬狄入衛衛懿公爲狄人所滅僖二年齊桓公救而封之衛文公以國未道故不充其服自貶損所以大白冠大布衣也

大夫冕而祭於公弁而祭於己。士弁而祭於公冠而祭於己。弁爵弁也冠玄冠也祭於公助君祭也大夫爵弁而祭於。己唯孤爾士弁而親。迎然則士弁而祭於己可也緣類欲許之也親迎雖亦己之事攝盛服爾非常也○迎魚敬反注同【疏】大。夫。至。可也○正義曰此一節明大夫士公私祭服○大夫冕而祭於公者大夫謂孤也冕絺冕也祭於公謂助君祭也○弁而祭於己者弁爵弁也祭於己自祭廟也助祭爲尊故服絺冕自祭爲卑故服爵弁崔云孤不悉絺冕若王者之後及魯之孤則助祭用絺若方伯之孤助祭則玄冕以其君玄冕自祭不可踰之也○士弁而祭於公冠而祭於己者弁謂爵弁也士以爵弁爲上故用助祭也冠玄冠爲卑也自祭不敢同助君之服故用玄冠也士弁而親迎然則士弁而祭於己可也者作記之人雖云士冠而祭於己以己既爵弁親迎親迎輕於祭尚用爵弁則士亦當用爵弁自祭於己廟可也言於禮可用也爵弁是記者緣事類欲許之著爵弁○注弁爵至孤爾○正義曰知弁爵弁也者與士弁連文士弁祭於公爵弁故知大夫弁者亦爵弁也云大夫爵弁而祭於己唯孤爾者以儀禮少牢上

大夫自祭用玄冠此亦云弁而祭於己者與少牢異故知是孤知非卿者以少牢禮有卿賓尸下大夫不賓尸明卿亦玄冠不爵弁○注緣類至常也○正義曰以祭親迎事類相似親迎既弁故自祭欲許其著弁其理不可故鄭云親迎雖亦己之事攝盛服爾非常著之服所以親迎攝盛服者以親迎配偶一時之極故許其攝盛服祭祀常所供養故須依其班序

暢臼以椈杵以梧所以擣鬱也椈柏也○擣丁老反枇以桑長三尺或曰五尺枇所以載牲體者此謂喪祭也吉祭枇用棘枇音匕本亦作朼音同注同長直亮反下同○畢用桑長三尺刊其柄與末畢所以助主人載者刊猶削也○刊苦干反柄兵命反

【疏】暢臼至與末○正義曰此一節明吉凶暢及枇畢之義各隨文解之暢謂鬱鬯也者○臼以椈杵以梧者謂擣鬯所用也椈柏也梧桐也謂以柏為臼以桐為杵擣鬱鬯用柏臼桐杵爲柏香桐絜白於神爲宜○注椈柏也○正義曰椈柏爾雅釋木文○枇以桑長三尺或曰五尺○枇者所以載牲體從鑊以枇升入於鼎從鼎以枇載之於俎○注此謂至用棘○正義曰知謂喪祭也者以其用桑故知喪祭也云吉祭枇用棘者特牲記云枇用棘心是也○畢用桑長三尺刊其柄與末主人舉肉之時則以畢助主人舉肉用桑者亦喪祭故也刊其柄與末謂畢末頭亦刊削之畢既如此枇亦當然若吉時亦用棘

○率帶諸侯大夫皆五采士二采此謂襲尸之大帶率繂也繂之不加箴功大夫以上更飾以五采士以朱綠襲事成於帶變之所以異於生○率帶上音律下音帶本亦作帶繂音律箴之金反

【疏】率帶至二采○正義曰此謂尸襲竟而著此帶也率謂為帶也但攝帛邊而熨殺之不加箴功異於生也以五采飾之亦異於生也大夫與諸侯同而士二采並異於生而尊者可同也然此士天子之士也諸侯之士則緇帶故士喪禮緇帶○注此謂至於生○正義曰知襲尸之大帶者以吉之時大帶唯有朱綠玄華無五采此連上枇畢用桑之下則知此亦喪之大帶小斂大斂衣數既多有絞不可加帶故知襲尸之大帶也以其稱率與大帶同故知是大帶也云襲事成於帶變之所以

異於生者鄭以襲衣與生同唯帶與生異凡襲事著衣畢加帶乃成故云襲事成於帶變之異於生也

○醴者稻醴也甕甒筲衡實見間而后折入此謂葬時藏物也衡當爲桁所以庋甕甒之屬聲之誤也實見間藏於見外椁內也折承席也○甕於貢反盛醯醢之器甒音武瓦器筲所交反竹器衡依注作桁戶剛反徐戶庚反庋也見音間廁之間棺衣也注同間如字注同徐古莧反一解云鄭合見間二字共爲䙡字音古辯反折之設反注同形如牀無足也庋九委反又九僞反徐居綺反字亦作庪同

【疏】醴。者。至。折。入。○正義曰此一經是送葬所藏之物○醴者稻醴也者言此醴是稻米所爲○甕者盛醯醢○甒者盛醴酒○筲者盛黍稷○衡者以大木爲桁置於地所以庋舉於甕甒之屬○實見間見謂棺外之飾言實此甕甒筲等於見外椁內二者之間故云實見間○而后折入者折謂椁上承席實物椁內既畢然後以此承席加於椁上○注此謂至席也○正義曰知葬時藏物也者言此甕甒筲衡等葬時所藏之物皇氏云甕甒筲明器也故實此醴與醯醢之屬云實見間藏於見外椁內也者按既夕禮乃窆藏器於旁加見注云器用器役器也見棺飾也先言藏器乃云加見者器在見內也既夕禮又云藏苞筲於旁注云於旁者在見外也不言甕甒饌相次可知知是藏於見外椁內者則見內是用器役器見外是明器也此是士禮略實明器耳大夫以上則兼有人器明器也人器實明器虛云折承席也者按既夕禮注云折猶庋也方鑿連木爲之蓋如牀而縮者三橫者五無簀窆事畢加之壙上以承抗席是也

○重既虞而埋之就所倚處埋之○重直龍反埋亡皆反倚於倚反處昌慮反

【疏】重。既。虞。而。埋。之。○正義曰按既夕禮初喪朝禰廟重止于門外之西不入重不入者謂將鄉祖廟若過之然故不入明日自禰廟隨至祖廟庭厥明將出之時重出自道。道左倚之鄭注云道左主人位此注就所倚之處埋之謂於祖廟門外之東也

○凡婦人從其夫之爵位婦人無專制生禮死事以夫爲尊卑小斂大斂啓皆辯拜嫌當事來者終不拜故明之也此既事皆拜○辯音遍

【疏】小斂

至。辯。拜〇正義曰禮凡當大斂小斂及啓。攢之時唯有君來則止事而出拜之若他賓客至則不止事竟乃即堂下之位悉徧拜故云皆辯拜也〇注嫌當

至皆拜〇正義曰嫌當三事終竟不拜故明。竟即拜也云此既事皆拜者皆拜即此云辯拜。三事也然若士當事而大夫至則士亦爲大夫出也故雜記下云

當祖大夫至雖當踊絕踊而拜之反改成踊乃襲是也〇朝夕哭不帷緣孝子心欲見殯肂也既出則施其居鬼神尚幽闇也〇帷位悲反

下同肂以二反埋棺之坎居字林戶臘反閑也纂文云古闔字玉篇羌據公答二反皆云閑也疏朝夕哭不帷〇正義曰孝子心欲見殯故當朝夕進入廟

門內哭位之時除去殯宮帷也哭竟則帷之〇注既出則施其居〇正義曰按士喪禮君使人弔徹帷鄭云徹帷居之事畢則下之鄭此注會儀禮注也則居

是褰擧之名初哭則褰擧事畢則施下之無柩者不帷謂既葬也棺柩已去鬼神在室堂無事焉遂去帷〇去起呂反疏無柩者不帷〇正義

曰無柩謂葬後也神主祔廟還在室則在堂無事故不復用帷也〇君若載而后弔之則主人東面而拜門右

北面而踊出待反而后奠主人拜踊於賓位不敢迎君也君即位車東出待不必君留也君反之使奠疏君。若。至。后奠。〇正義

曰謂君來弔臣之葬臣喪朝廟柩已下堂載在柩車而君弔之故云君若載而后弔之〇則主人東面而拜者君既弔位於車東故主人在車西東面而拜〇

門右北面而踊者門謂祖廟門也右西邊也若門外來則右在東若門內出右在西此據車出家故右在西孝子拜君竟從位立近門內西邊北面而哭踊爲

禮也〇出待者孝子。哭踊畢而先出門待君者君來則出門拜迎君去則出門拜送也今君入臨弔事竟便應去不敢必君之久留故孝子先出待君出反而

后奠者反謂君來未去使人命孝子反還喪所也而后奠者凡君來必設奠告柩知之也或云此謂在廟載柩車時也奠謂反設祖奠也〇子羔之

襲也繭衣裳與稅衣纁袡爲一素端一皮弁一爵弁一玄冕一曾子曰不襲婦

服［繭衣裳者若今大襴也纊爲繭縕爲袍表之以稅衣乃爲一稱爾稅衣若玄端而連衣裳者也大夫而以纁爲之緣非也唯婦人纁袡禮以冠名服此襲其服非襲其冠曾子譏襲婦服而已玄冕又大夫服未聞子羔爲襲之玄冕或爲爲玄冠或爲玄端○繭古典反稅他喚反注同纁許云反柟字又作袡而占反裳下襈也王肅云婦人蔽膝也襡音燭絖字又作纊音曠縕于粉反袍薄勞反稱尺證反下放此緣悅絹反］疏［子羔至婦服○正義曰此明大夫死者襲衣稱數也○繭衣裳者纊爲繭謂衣裳相連而綿纊著之也○與稅衣者稅謂黑衣也若玄端而連衣裳也玄端多種今衣裳連是玄端玄端玄裳也○纁袡爲一者纁絳也袡裳下緣襈也以絳爲緣故云稅衣纁袡也繭衣既褻故用稅衣表之合爲一稱故云繭衣裳與稅衣纁袡爲一也○素端一者此第二稱也以服既不褻並無復別衣表之也盧云布上素下皮弁服○賀瑒云以素爲衣裳也○皮弁一者第三稱也十五升白布爲衣積素爲裳也○爵弁一者第四稱也玄衣纁裳也○玄冕一者第五稱也大夫之上服也○曾子曰不襲婦服者曾子非之纁袡是婦人之服而子羔襲用之故曾子譏之依禮不合襲婦人之服○注繭衣至襲之○正義曰禮以冠名服此襲其服非襲其冠者鄭恐經云皮弁爵弁但云冠不云服恐襲其冠不襲其服故云以冠名服此襲其服非襲其冠云曾子譏襲婦服而已者鄭意以曾子但譏婦服而已不譏其著玄冕之服是子羔合著玄冕子羔爲大夫無文故注云未聞子羔曷爲襲之○］

爲君使而死公館復私館不復公館者公宮與公所爲也私館者自卿大夫以下之家也［公所爲君所作離宮別館也○爲于僞反又如字使色吏反復音伏館本亦作觀音同］

○公七踊大夫五踊婦人居間士三踊婦人皆居間［公君也始死及小斂大斂而踊君大夫士一也則皆三踊矣君五日而殯大夫三日而殯士二日而殯士小斂之朝不踊君大夫大斂之朝乃不踊婦人居間者踊必拾主人踊婦人踊賓乃踊○拾其刧反下同］疏［公七至居間○正義曰此一經明諸侯至

士初死在室殯踊節及明貴賤踊數也公諸侯去死日五日而殯則合死日六日也○七踊者始死一踊明日襲之時又一踊襲明日朝又明日小斂朝一踊爲四也其日晚小斂時又一踊是小斂日再踊就於前三日爲五也小斂明日朝又踊爲六也至明日大斂之朝不踊當大斂時乃踊凡爲七踊也○大夫五者大夫三日殯合死日爲四日始死一明日襲朝一又明日小斂日再小斂明日大斂凡五也○士二者士三日殯合死日數也始死一小斂朝不踊至小斂時一又明日大斂一是凡三也○婦人皆居間者謂婦人與丈夫更踊也男子先踊踊畢而婦人踊婦人踊畢賓乃踊婦人居賓主之中間也又云皆居間者言皆於貴賤婦人悉居賓主間也然親始死及動尸舉柩哭踊無數今云七五三者謂爲禮有節之踊每踊輒三者三爲九而謂爲一也

公襲卷衣一玄端一朝服一素積一纁裳一爵弁二玄冕一褒衣一朱綠帶申加大帶於上。朱綠帶者襲衣之帶飾之雜以朱綠異於生也此帶亦以素爲之申重也重於革帶也革帶以佩韍必言重加大帶者明雖有變必備此二帶也士襲三稱子羔襲五稱今公襲九稱則尊卑襲數不同矣諸侯七稱天子十二稱與○卷音袞重直龍反又直用反韍音弗稱尺證反

【疏】○公襲○至○於○上○正義曰此一經明襲用衣稱卷冕之制公襲以上服最在內者公身貴故以上服一親身欲尊顯加賜故褒衣最外而細服居中也子羔賤故卑服親身也○以玄端一親者賀云燕居之服玄端朱裳也○朝服一者緇衣素裳公日視朝之服也○素積一者皮弁之服公視朔之服也○纁裳一者賀云冕服之裳也亦可驚毳任取中間一服也○爵弁二者玄衣纁裳二通也此是始命之服示之重本故二通也招魂君亦用爵弁服也玄冕之下又取一也○褒衣一者所加賜之衣最上華君賜也自卷衣至此合爵弁二通合九稱朱綠帶者諸侯襲尸除五采之大帶外又別有此帶以素爲之而朱綠飾之亦異於生時也○申加大帶於上者申重也謂已用此朱綠小帶結束之今重加大帶於革帶之上者象生時大帶也用素爲之士則二采大夫諸侯皆五采飾之故前云率帶諸侯大夫皆五采士二采

鄭云此謂襲尸之大帶也鄭既謂前爲襲尸之大帶此重言加大帶是用襲尸
如一故知前所言即此大帶也○注朱綠至稱與○正義曰云朱綠帶者襲衣
之帶飾之雜以朱綠異於生也者此帶既非革帶又非大帶秖是衣之小帶衣
之小帶用素故云亦以素爲之云申重也者釋詁文云重於革帶也者謂於革
帶之上重加此大帶知非對小朱綠帶爲重者以朱綠小帶散在於衣非是纏
束其身若總束其身唯有革帶大帶故知對革帶爲重者云必言重加大帶者
明雖有變必備此二帶也者解經文申加之字既無革帶又加大帶云申者何
以革帶必見革帶與大帶者明雖有變必備此二帶云士襲三稱以下者鄭欲
歷明天子諸侯以下襲之數士喪禮襲三稱前文子羔襲五稱此文公襲九稱
是尊卑襲數不同唯天子諸。七稱天子十二稱與與者疑辭也。侯無文故約之
云諸侯

小斂環絰公大夫士一也 環絰者一股所謂纏絰也士素委貌大夫以上素爵弁而加此絰焉散帶○纏直連反 疏 小。斂。至。一。也○正義曰環絰一股而纏也親始死孝子去冠至小斂不可無飾
士素委貌大夫以上素弁而貴賤悉得加。於環絰故云公大夫士一也○注環
絰至散帶○正義曰知以一股所謂纏絰者若是兩股相交則謂之絞今云環
絰是周迴纏繞之名故知是一股纏絰也又鄭注弁師云環絰者大如緦之麻
絰纏而不糾今此所謂彼絰注也知士素委貌者武叔投冠括髮諸侯之大夫
當天子之士也云大夫以上素爵弁者雜記云大夫與殯亦弁絰以大夫。與。他
殯。尚。弁。絰與他殯尚弁絰則天子弁絰明矣諸侯以上尊固宜弁絰

公視大斂公升商祝鋪席乃斂 喪大記曰大夫之喪將大斂既鋪絞紟。衾乃鋪席則君至爲之改始新之也○鋪普吳反一音升胡反又音敷紟其鴆反絞戶交反爲于僞反 疏 。公。視。至。乃。斂○正義曰公君也明君
臨臣喪大斂禮也公升商祝鋪席乃斂者公升謂君來升堂時商祝主斂事者
也此臣喪大斂君。來至之前主人雖已鋪席布絞紟衾聞君將來至則主人。散
徹去之比君至升堂而商祝更鋪席待君至乃斂也所以然者重榮君來爲新之也亦示若事由君也

魯人之贈也三玄二纁廣

尺長終幅言失之也士喪禮下篇曰贈用制幣玄纁束。帛○廣古曠反長直亮反幅方服反 疏 。魯。人。至。終。幅。○正義曰記魯失也贈謂以物送亡人於椁中也贈別用玄纁束帛三玄二纁故既夕禮曰贈用制幣玄纁束今魯人雖三玄二纁而用廣尺。長幅不復丈八尺則失禮也 弔者即位于門西東面其介在其東南北面西上西於門賓立門外不當門○介音界後皆同 主孤西面立於阼階下 相者受命曰孤某使某請事客曰寡君使某如何不淑受命受主人命以出也不言擯者喪無接賓也淑善也如何不善言君痛之甚使某弔○相悉亮反下皆同 相者入告出曰孤某須矣稱其君名者君薨稱子某使人知適嗣也須矣不出迎也○適丁歷反 弔者入主人升堂西面弔者升自西階東面致命曰寡君聞君之喪寡君使某如何不淑子拜稽顙弔者降反位子孤子也降反位者出反門外位無出字脫

疏 。弔。者。至。反。位○正義曰自此以下終於篇末明諸侯相弔含贈賵之禮今各隨文解之從此至反位明弔禮○弔者即位於門西者謂主國大門之西○其介在其東南北面西上者以其凶事異於吉故介在東南北面西上以使在門西故也○相者受命者相者相主人傳命者也不稱擯而言相者鄭云喪無接賓故不言擯此對例耳若通而言之吉事亦云相故司儀云每門止一相又大宗伯云朝覲會同則爲上相凶事亦稱擯故喪大記云君弔擯者進又按士喪禮賓有襚擯者出請入告是也○出曰孤某須矣者孤謂嗣子也某爲嗣子之名必稱嗣子名者欲使使者知適嗣之名故鄭引公羊傳云君薨稱子某但公羊對殯之辭稱子某此對賓之辭故稱孤某云須矣者異於吉禮不出迎故云須矣○主人升堂西面者謂從阼階升也知者以弔者升由西階故也又下文孤降自阼階拜之明升亦阼階也曲禮云升降不由阼階者或大夫士也或平常無賓時也○子拜稽顙者不云孤某而稱子者客既有事於殯故稱子以

對殯之辭也以下皆然對賓之辭則稱孤某也若含者執璧將命曰寡君使某含相者入告出曰孤某須矣含玉爲璧制其分寸大小未聞○含本又作唅說文作琀同胡闇反下同含者入升堂致命再拜稽顙含者坐委于殯東南有葦席既葬蒲席降出反位言降出反位則是介也春秋有既葬歸含賵襚無譏焉皆受之於殯宮○襚音遂○宰夫朝服即喪屨升自西階西面坐取璧降自西階以東朝服告鄰國之禮也即就也以東藏於內也

疏含者至以東○正義曰此一經明含禮○執璧者含玉爲璧制鄭云分寸大小未聞含之所用已具檀弓疏○含者坐委於殯東南有葦席既葬蒲席者謂含者坐委所含之璧於殯之東南席上未葬之前有葦席承之既葬以後則以蒲席承之○注言降至殯宮○正義曰言降出反位則是介也者以此經直云降出反位不知何人反位前文云弔者降反位則此謂含者降反位即弔者既爲上賓故下文云上客臨注云上客弔者既爲上客明含者是介也云春秋有既葬歸含賵襚無譏焉皆受之於殯宮者按左傳隱元年天王使宰咺來歸惠公仲子之賵歸惠公賵緩也公羊亦云其言來何不及事也是左氏公羊皆譏其緩云無譏者取穀梁之義故文五年穀梁云王使榮叔歸含且賵不言來不周事之用也明宰咺言來得周事也是宰咺歸賵穀梁不譏是既葬歸含且賵無譏也穀梁所以不譏宰咺者釋廢疾云平王新有幽王之亂遷于成周欲崇禮於諸侯原情免之若無事而晚者去來以譏之榮叔是也文九年秦人來歸僖公成風之襚最晚不譏者釋廢疾云以其殽敗兵無休時君子原情不責晚也○宰夫朝服即喪屨者宰謂上卿也言夫衍字朝服者吉服也必用吉服者以鄰國執玉而來執玉不麻故著朝服以仍在喪不可純吉故即喪屨也此遭喪已久故嗣子親受禮宰著朝服若新始遭喪則主人不親受使大夫受於殯宮故聘禮云聘遭喪入竟則遂也鄭云遭喪主國君薨也聘禮又云不筵几鄭云致命不於廟就尸柩於殯宮聘禮又云遭喪將命于大夫

主人長衣練冠以受○注朝服告鄰國之禮○正義曰鄰國來弔不敢純凶待之而著朝服是以吉待鄰國之禮所以必用吉服以待鄰國者以己國遭喪他國是吉不可以喪禮待於他國故以吉禮待之此弔者既爲上客又賵者是上介則此含者襚者當是副介末介但含襚於死者爲切故在先陳之襚者

曰寡君使某襚相者入告出曰孤某須矣襚者執冕服左執領右執要入升堂致命曰寡君使某襚子拜稽顙委衣于殯東亦於席上所委璧之北順其上下○要一遙反襚者降受爵弁服於門內霤將命子拜稽顙如初受皮弁服於中庭自西階受朝服自堂受玄端將命子拜稽顙皆如初襚者降出反位授襚者以服者賈人○霤力救反賈音嫁宰夫五人舉以東降自西階其舉亦西面亦西面者亦襚者委衣時

【疏】襚者至西面○正義曰此一節明襚禮按上文含者稱執璧下文賵者稱執圭則此襚者當稱執衣不云者文不備也以下文云襚者執冕服故於此略之○注亦於至上下○正義曰以璧委於席上今衣而委於席北故云亦於席上所委璧之北以經文先含而後襚則含重而襚輕所委殯東西面南頭爲上故云順其上下謂上者在前下者在後○注授襚者以服者賈人○正義曰按聘禮有賈人故知授襚者之服是賈人也○注亦西至衣時○正義曰上云委衣於殯東又云受爵弁受皮弁玄端皆云如初是皆在殯東西面而鄉殯今云舉者亦西面是亦如襚者西面也其服重者使執而入爵弁受於內霤皮弁受於中庭朝服受於西階玄端受於堂既受處不同則陳於璧北亦重者在南凡諸侯相襚衣數無文據此其服有五又先路褒衣不以襚以外無文

上介賵執圭將命曰寡君使某賵相者入告反命曰孤某須矣。陳乘黃大路於中庭北輈執圭將命客使自下由路西子拜稽顙坐委於殯東南隅宰舉以東輈轅也自率也下謂馬也馬在路之下覲禮曰路下四亞之謂客給使者入設乘黃於大路之西客入則致命矣使或爲史○賵方鳳反孤須矣從此盡篇末皆無某字有者非乘繩證反注同輈竹由反車轅也

疏上介至以東○正義曰此一節明賵禮○陳乘黃大路於中庭北輈者乘黃謂馬也大路謂車也陳四黃之馬於大路之西於殯宮中庭北北輈者謂大路輈轅北嚮也○客使自下由路西者客使謂使客之從者也爲客所使故曰客使也自率也下猶馬也由在也路即大路也陳路北轅既竟賵客執圭升堂致命而客之從者率馬設在車之西也馬云客使設之則大路亦使設之也○注輈轅至命矣○正義曰自率也者按爾雅釋詁文率自也展轉相訓是自得爲率云下謂馬也者凡陳車馬馬在車下故云下謂馬也引覲禮曰路下四亞之者證馬爲下也四亞之謂馬四疋亞次路車也云客給使者入設乘黃於大路之西者解經中客使自下由路西也但喪禮車馬以屬主人故路在東統於主人也若尋常吉禮車馬爲賓而設則路在馬西故覲禮路下四亞之注云亞之次車而東是車在西統於賓也按既夕禮車以西爲上者彼謂死人而設於鬼神之位凡賵隱元年公羊傳云賵者蓋以馬以乘馬束帛車馬曰賵貨財曰賻衣被曰襚穀梁云乘馬曰賵衣衾曰襚貝玉曰含錢財曰賻按既夕禮云賵馬兩無車者士卑不合有車何休云周制謂士無車非也此禮記陳乘黃大路則周制有車穀梁直云乘馬曰賵無車者文不備也散而言之車馬亦曰襚故前文云諸侯相襚以後路是也此無賻賻是加厚非常故也故宰夫注云其間加恩厚則有賻焉雖有貨亦有馬故少儀云賻馬不入廟門是也既夕有贈者贈施於死必及葬節此未必一當葬時賵既夕有奠此無奠者以奠主於親者故既夕禮云兄弟賵奠所知則賵而不奠此諸侯相於既疏故無奠按釋廢疾云天子於諸侯含之賵之諸侯於卿大夫如天子於諸侯諸侯於士如天子於諸侯臣襚之賵之天子於二王之後含爲先襚則次之賵爲後諸侯相於如天子於二王後鄭知天子於二王後含襚賵者爲約此雜記兩諸侯相敵明天子於二王後亦相敵也知諸侯

亦然者約雜記文鄭知天子於諸侯含賵者約文五年榮叔歸含且賵三傳但譏兼禮不譏其數是也鄭知天子於諸侯臣襚之賵之者約士喪禮諸侯於士有襚有賵明天子於諸侯臣亦然鄭知諸侯於卿大夫如天子於諸侯者更無所尊明尊此卿大夫。含之賵之也凡此於其妻亦如其夫知者約宰咺來歸惠公仲子之賵又約魯夫人成風之喪王使榮叔歸含且賵以外推此可知凡將命鄉殯將命子拜稽顙西面而坐委之宰舉璧與圭宰夫舉襚升自西階西面坐取之降自西階凡者說不見者也鄉殯將命則將命時立於殯之西南宰夫宰之佐也此言宰舉璧與圭則上宰夫朝服衍夫字○鄉許亮反注同見賢遍反疏凡將至西階○正義曰此一經廣明從上以來弔含襚及賵文不見者於此總明之○凡將命鄉殯者在殯之西南東北面鄉殯○西面而坐委之者謂將命既畢子拜稽顙之後將命者來就殯東西面而坐委之○宰舉璧與圭者主人上卿坐舉含者之璧與賵者之圭○宰夫舉襚者謂宰之屬官舉此襚者之衣○升自西階西面坐取之者謂宰與宰夫欲舉時升自西階不敢當主孤之位來鄉殯東席之東西鄉坐取之降自西階也○注凡者至夫字○正義曰此一經將命言凡是總說上文前文所不見者則上宰夫朝服衍夫字者以此經既云宰舉璧與圭宰夫舉襚按上宰夫朝服取璧既云取璧明是宰也非宰夫故知夫爲衍字

門外乃著言門外明禮畢將更有事上客臨曰寡君有宗廟之事不得承事使一介老某。相執紼上客弔者也臨視也言欲入視喪所不足而給助之謙也其實爲哭耳○臨如字徐力鴆反注及下同介音界舊古賀反相息亮反紼音弗爲于僞反相者反命曰孤某須矣臨者入門右介者皆從之立于其左東上入門右不自同於賓客宗人納賓升受命于君降曰孤敢辭吾子之辱請吾子之復位客對曰寡君命

某毋敢視賓客敢辭宗人反命曰孤敢固辭吾子之辱請吾子之復位客對曰寡君命某毋敢視賓客敢固辭宗人反命曰孤敢固辭吾子之辱請吾子之復位客對曰寡君命使臣某毋敢視賓客是以敢固辭固辭不獲命敢不敬從賓三辭而稱使臣爲恭也爲恭者將從其命〇寡君命絕句下放此毋音無下同使色吏反注同爲如字舊于僞反下同客立于門西介立于其左東上孤降自阼階拜之升哭與客拾踊三〇拜客謝其厚意拾其劫反客出送于門外拜稽顙不迎而送喪無接賓之禮【疏】上。客。至。稽。顙〇正義曰此一節明弔含襚賵既畢上客行臨哭之禮〇使一介老某相執綍者某者上客名也相助也謙言使一介老臣某助主人執其葬綍其賓爲哭而來謙言助執綍耳一介者言己使來唯有一人爲介謙辭耳其實介數各下其君二等〇臨者入門右介者皆從之立于其左東上者不敢自同賓故入門右從臣位〇宗人納賓升受命于君者謂主國宗人掌禮欲納此弔賓先受納賓之命於主國嗣君〇降曰孤敢辭吾子之辱請吾子之復位者此宗人受嗣君之命後下階請客之辭也復位者欲令在門西客位也〇宗人反命者謂反此客之辭命於嗣君〇曰孤敢固辭者是宗人受嗣君之命以告客云孤敢固辭前文云孤某須矣此直云孤不云某者以親對客辭客是使臣故不復稱名也按左傳昭三十年云君之喪士弔大夫會葬文襄之覇君喪大夫弔卿會葬此上客者若於。古禮士也若於文襄則大大夫也云一介老某者則若曲禮云七十使於四方稱老夫之類前四禮客皆在門西此臨在門東者前者四禮皆是奉君命而行如聘禮聘之與享也此臨是私禮若聘禮私覿故在門東〇注不迎至之禮〇正義曰上云孤某須矣是不出迎所以不迎者以主人在喪身既悲感無暇接賓之禮。主拜送者謝其勞辱來也〇其國有君喪不敢受弔辟其痛傷己之親如君○辟音避下辟之同 **疏** 其國至受弔○正義曰此謂國有君喪而臣又有親喪則不敢受他國賓來弔也以義斷恩哀痛主於君不私於親也

○外宗房中南面小臣鋪席商祝鋪絞紟衾士盥于盤北舉遷尸于斂上卒斂宰告子馮之踊夫人東面坐馮之興踊此喪大記脫字重著於是○盥音管斂力劍反下同馮皮冰反本或作憑下同脫音奪重直用反

士喪有與天子同者三其終夜燎及乘人專道而行乘人謂使人執引也專道人辟之○燎力召反又力弔反乘繩證反注同引以刃反一音餘刃反○ **疏** 外宗至興踊○正義曰此一經是喪大記君喪之節於此重記之但大記云夫人東面亦如之此云夫人東面坐馮興踊惟此四字別義皆同也○士喪至而行○正義曰言士喪與天子三事同也其終夜燎一也及乘人二也○專道而行三也終夜燎謂柩遷之夜須光明故竟夜燎也乘人謂人引車不用馬也既夕禮云屬引鄭引古者人引柩專道行謂喪在路不辟人也三事爲重故云與天子同也

附釋音禮記注疏卷第四十一

禮記注疏卷四十一校勘記　　阮元撰盧宣旬摘錄

雜記上

有三年之練冠節

有三至不易　惠棟校宋本無此五字

按聖證論云范宣子之意　閩監毛本同齊召南云聖證論是魏時王肅所作以難鄭學者范宣子卽東晉范宣在肅之後肅何緣得引之後文爲妻父母在不杖不稽顙疏引禮論范宣子申云可知此文聖證論三字係禮論二字之訛也孫志祖云按聖證論云下當有脫文

云練除首經者閒傳文　閩本同惠棟校宋本同監毛本閒誤因

有父母之喪節

有女至神也　惠棟校宋本無此五字

得祔兄弟小功之殤　閩本同衞氏集說同監毛本祔作附浦鏜校云當作祔後並同

可謂名是也　惠棟校宋本作不可觸名故也續通解同此本誤閩監毛本作尊其名是也亦誤

凡異居節

其始麻散帶絰各本同石經同毛本散作㪔後同

凡異至日數惠棟校宋本無此五字

唯哭對使者赴於禮可也惠棟校宋本作赴衞氏集說同此本赴字闕閩監毛本赴作則

不見尸柩不散帶也閩監毛本同惠棟校宋本無也字

主妾之喪節

則自祔至於練祥閩監毛本同嘉靖本同石經祔作附宋監本岳本衞氏集說同石經考文提要云宋大字本亦作附

女君死節

女君至黨服惠棟校宋本無此五字

雖是徒從而抑妾故爲女君黨服閩監毛本如此衞氏集說同此本抑誤服故字闕

先女君之黨服也惠棟校宋本此下標禮記正義卷第五十終記云凡二十五頁

聞兄弟之喪節惠棟校宋本自此節起至子游曰既祥節止爲第五十一卷卷首題禮記正義卷第五十一

聞兄至虞之惠棟校宋本無此五字

謂此親兄弟同氣及同堂兄弟也閩監毛本同衞氏集說謂此作此謂

凡喪服未畢節

凡喪至拜踊 惠棟校宋本無此五字

其禮以殺 閩監毛本同惠棟校宋本以作已

大夫之哭大夫節

大夫至弁經 惠棟校宋本無此五字

理亦既殯 按亦字下當脫兼字

爲妻節

爲妻至稽顙 惠棟校宋本無此五字

則庶子爲妻得以杖即位乎 閩監毛本同浦鏜校云則當側字誤

喪冠條屬節

左辟象吉輕也 惠棟校宋本作左宋監本岳本嘉靖本衞氏集說同考文引古本足利本同此本左誤右閩監毛本同

緦冠繰纓 各本同石經同釋文繰作縿注同

喪冠至繰纓 惠棟校宋本無此五字

其縷就上繅之惠棟校宋本作縷衞氏集說同此本縷誤繅閩監毛本同今正

諸侯相襚節

諸侯至以襚惠棟校宋本無此五字

後路爲上路之後次路也閩監毛本同衞氏集說爲作謂惠棟校宋本同

不可以施遺於人閩監毛本同惠棟校宋本遺作遣

疏布輤節

四面有章各本同石經同釋文出有章云本或作鄣考文云古本章作障

疏布至四隅惠棟校宋本無此五字

端衰喪車節

端衰至無等惠棟校宋本無此五字

而今用縗綴心前閩監毛本同惠棟校宋本縗作衰○按縗正字衰假借字

駹車雚蔽惠棟校宋本同閩監毛本雚作萑○按作雚與初刻唐石經周禮合依說文當作雚从艸萑聲

大白冠節

齊東曰武惠棟校宋本岳本嘉靖本衛氏集說並同閩監毛本東誤人

大白至后蕤惠棟校宋本無此五字

既先有別卷惠棟校宋本作先有衛氏集說同此本先有二字誤倒閩監毛本同

大夫冕而祭於公節

弁而祭於己惠棟校宋本作己宋監本石經岳本衛氏集說同此本己誤已閩監毛本同嘉靖本同下祭於己及注並同

士弁而親迎各本同石經同釋文出而迎無親字

大夫至可也惠棟校宋本無此五字

暢臼以椈節

暢各本同石經同釋文出鬯云本亦作暢按鬯暢古通用爾雅注引此文正作鬯

臼以椈監毛本同石經同釋文同岳本同閩本臼誤臼嘉靖本椈誤掬衛氏集說同注疏放此

所以擣鬱也各本同釋文出以擣云本亦作擣○按說文云擣手椎也从手𠷎聲

暢臼至與末惠棟校宋本無此五字

以枇升入於鼎惠棟校宋本及閩毛本同監本鼎誤知

率帶節

率帶閩監毛本同石經同岳本帶作帶嘉靖本同衛氏集說同考文引古本足利本同釋文出率帶云本亦作帶

率帶至二采惠棟校宋本無此五字

醴者稻醴也節

實見間各本同毛本間誤間

所以庪甕甒之屬閩監毛本同岳本庪誤庪釋文同衛氏集說同嘉靖本作庪惠棟校宋本同考文引古本足利本同

醴者至折入惠棟校宋本無此五字

以承抗席是也閩監本同衛氏集說亦作抗毛本抗誤坑

重既虞而埋之節惠棟挍云重既虞節凡婦人節宋本合爲一節

重既虞而埋之惠棟校宋本無此六字

重出自道道左倚之閩監毛本同衛氏集說道字不重

小斂大斂節

小斂至辯拜惠棟校宋本無此五字

及啓攢之時閩監毛本同衞氏集說同考文云宋板攢作欑

故明竟卽拜也惠棟校宋本竟上有事字此本事字脫閩監毛本同

卽此云辯拜三事也閩本同惠棟校宋本同監毛本三誤二

君若載而后弔之節

君若至后奠惠棟校宋本無此五字

出待者孝子哭踊畢惠棟校宋本同衞氏集說同閩監毛本哭誤卒

子羔之襲也節惠棟校云子羔節爲君使節宋本合爲一節

纊爲繭各本同釋文出絖云字又作纊

或爲爲元冠惠棟校宋本不重爲字岳本同嘉靖本同衞氏集說同考文引古本足利本同此本誤重閩監毛本作或謂爲元冠亦誤

子羔至婦服惠棟校宋本無此五字

爲君使節

公所爲君所作離宮別館也惠棟校宋本宋監本無別字

公襲卷衣一節

申加大帶於上閩監毛本同石經同岳本同嘉靖本同衞氏集說同坊本於誤之石經考文提要云宋大字本宋本九經南宋巾箱本余仁仲本劉叔剛本並作於上

公襲至於上惠棟校宋本無此五字

唯天子諸七稱天子十二稱與與者疑辭也侯無文故約之云諸侯閩監毛本同惠棟校宋本作唯天子諸侯無文故約之云諸侯七稱天子十二稱與與者疑辭也無也下侯字續通解同

小斂環絰節

小斂至一也惠棟校宋本無此五字

而貴賤悉得加於環絰閩監毛本同衞氏集說同續通解於作此

以大夫與他殯尙弁絰此本夫下與上六字闕閩監毛本同盧文弨云空處宋本作與他殯尙弁絰六字與下複刪去是也

公視大斂節

既鋪絞紟衾乃鋪席惠棟校宋本紟衾下有君至此君升五字岳本宋監本嘉靖本衞氏集說同考文引古本足利本同此本五字脫閩監毛本同

公視至乃斂惠棟校宋本無此五字

君來至之前嚴杰云來當作未

則主人散徹去之惠棟校宋本無散字衛氏集說同此本誤衍閩監毛本同

魯人之贈也節

贈用制幣元纁束帛閩監毛本同岳本同嘉靖本同衛氏集說同惠棟校宋本無帛字按無帛字與儀禮士喪禮合

魯人至終幅惠棟校宋本無此五字

而用廣尺長幅惠棟校宋本長下有終字衛氏集說同此本終字脫閩監毛本同

弔者即位于門西節

弔者至反位惠棟校宋本無此五字

若對賓之辭則稱孤某也閩監毛本同惠棟校宋本無也字衛氏集說同

含者執璧節

皆受之於殯宮閩本同岳本同嘉靖本同衛氏集說同監毛本殯誤賓

含者至以東惠棟校宋本無此五字

襚者曰節

而委於席北閩監本席作壁毛本北誤此

上介賵節盧文弨云宋本合下二節爲一節

孤某須矣閩監毛本同石經同岳本同嘉靖本同衞氏集說同坊本無某字釋文出孤須矣云從此盡篇末皆無某字有者非石經考文提要云宋大字本宋本九經南宋巾箱本余仁仲本劉叔剛本並有某字下上客臨節同

上介至以東惠棟校宋本無此五字

下猶馬也由在也閩監毛本同浦鏜校猶疑謂在作左按衞氏集說亦作由左也

則大路亦使設之也閩監毛本同盧文弨云亦下當有客字

此諸侯相於既疏閩本同惠棟校宋本同監毛本於誤與

明尊此卿大夫含之賵之也閩監本同毛本含誤舍下節疏弔含同

上客臨節

介立于其左惠棟校宋本石經岳本嘉靖本宋監本衞氏集說並同閩監毛本其誤門石經考文提要云宋大字本宋本九經南宋巾箱本余仁仲本劉叔剛本並作其左

上客至稽顙惠棟校宋本無此五字

若於古禮士也惠棟校宋本同閩監毛本古誤吉

主拜送者謝其勞辱來也閩監毛本同考文引宋板主作去

士喪有與天子同者節

鄭引古者閩監毛本同浦鏜校引改注

禮記注疏卷四十一校勘記

雜記下第二十一

禮記　鄭氏注　孔穎達疏

有父之喪如未沒喪而母死其除父之喪也服其除服卒事反喪服沒猶竟也除服謂祥祭之服也卒事既祭反喪服服後死者之服○雖諸父昆弟之喪如當父母之喪其除諸父昆弟之喪也皆服其除喪之服卒事反喪服雖有親之大喪猶為輕服者除骨肉之恩也唯君之喪不除私服言當者期大功之喪或終始皆在三年之中小功緦麻則不除殤長中乃除○為于偽反下乃為同期音基長丁丈反下云長子同如三年之喪則既穎其練祥皆行言今之喪既服穎乃為前三年者變除而練祥祭也此主謂先有父母之服今又喪長子者其先有長子之服今又喪父母其禮亦然然則言未沒喪者已練祥矣穎草名無葛之鄉去麻則用穎○穎口迥反徐孔穎反沈苦頂反草也注同又喪如字又息浪反下又喪同去起呂反王父死未練祥而孫又死猶是附於王父也未練祥嫌未祫祭序於昭穆爾王父既附則孫可。祔焉猶當為由由用也附皆當作祔○附義作祔出注祫音洽

【疏】有父至父也○正義曰此一節明前後兩服之中有變除喪。祭之節今各隨文解之此一經明先有父喪而後遭母死為父變除之節如未沒喪者謂父喪小祥後在大祥之前未竟之時也于時又遭母喪故云而母死也○其除父之喪也服其除服者謂母死既葬後值父應大祥除服以行祥事故云服其除服也○卒事反喪服者卒事謂父祥竟更還服母服也故云卒事反喪服若母喪未葬而值父二祥則不得服其祥

服也所以爾者二祥之祭爲吉未葬爲凶故不忍凶時行吉禮也○雖諸至喪服此一經明諸父兄弟之喪當父母服內變除之節○如當者言此諸親自始死至除服皆在父母服內故云如當也○其除諸父昆弟之喪也皆服其除喪之服卒事反喪服者亦爲服除服而除竟亦反先服也此亦謂重喪葬後之時也何以知然既始未在重喪中則其除自然知在重喪之葬後也上文爲父祥尙待母葬後乃除則輕親可知也然但舉此輕足明前之重而在前文云言父母喪得爲父變除者庾氏云葢以變除事大故也○注雖有至乃除○正義曰雖有親之大喪猶爲輕服者除骨肉之恩也者鄭釋所以輕服在大喪之中得爲輕服除者乃輕服是骨肉恩親故得除之若君之大喪不得自除私服故曾子問曰大夫士有私喪可以除之矣而有君服焉其除之也如之何孔子曰有君喪服於身不敢私服又何除焉是有君服不得除己私服其私謂父母以下及諸父昆弟皆不得除也云小功緦麻則不除者按服問云緦之麻不變小功之葛小功之麻不變大功之葛據此言之是尋常小功緦麻不得易大功以上之服故知有大功以上之服不得爲小功緦麻除服也云殤長中乃除者以服問云殤長中變三年之葛既變三年之葛明在大功以上服中爲殤長中著服而又爲之除也○如三年之喪則既穎其練祥皆行者此明前後俱遭三年之喪後喪既受葛之後得爲前喪練祥既穎者謂後喪既虞卒哭合以變麻爲葛無葛之鄉則用穎也後喪既穎之後其前喪須練祭祥祭皆舉行之○注言今至用穎○正義曰云此主謂先有父母之服今又喪長子者以前文皆據先有父喪後有母喪此又先有父母之喪後有諸父昆弟死者皆以重喪在前輕喪在後此亦類上文故云先有父母之服今又喪長子云其先有長子之服今又喪父母其禮亦然者以經不云長子之喪而云三年之喪既穎明三年之文互包父母故知先有長子之喪既穎也依禮父在不爲長子三年今云先有長子之服今又喪父母者庾氏及熊氏並云有父者誤也當應云今又喪母不得幷稱父也庾氏又云後喪既穎又前喪練祥皆行若後喪既殯得爲前喪虞祔未知然否。自依錄之云未沒喪者已練祥矣者以此經云三年之喪既穎不云未沒喪則知既穎與未沒喪者別也既穎是既虞受服之時明未沒喪是既練之後稱言未沒是將沒之文故知練後也若先有父喪而後母死練祥亦然以前文父死爲母三年也故喪服齊衰三年章云父卒則爲母是也若先有母喪而後父卒母喪雖有期父喪既穎母之練祥亦皆行也王父死未練祥而孫又死猶是祔於王父也猶爲由由用也禮孫死祔祖今此明若祖喪雖未二祥而孫死則孫亦得用是祔禮祔於祖也○注未練至祔焉○正義曰禮祔在練前若祔後未練之前則得祔直云未練足矣兼言祥者按文二年穀梁傳云作主壞廟有時日於練焉壞廟壞廟之道易檐可也改塗可也注云親過高祖則毀其廟以次而遷將納新神故示有所加以此言之則練時壞祖與高祖之廟改塗易檐未有壞意其以先祖入於太祖之廟其祖。傳入高祖廟其新死者入祖廟是練時遷廟也入三年喪畢祫於太祖廟是祥後祫也故云未練祥嫌未祫祭序於昭穆爾兼言祥者恐未祫故也故練祥兼言但祖祔祭之後卽得祔新死之孫故云王父既附則孫可祔焉然王父雖祔未練無廟孫得祔於祖其孫就王父所祔祖廟之中而祔祭王父焉

○有殯聞外喪哭之他室明所哭者異也哭之爲位入奠卒奠出改服卽位如始卽位之禮謂後日之哭朝入奠於其殯既乃更卽位就他室如始哭之時

疏有。殯。至。之。禮○正義曰有殯謂父母喪未葬喪柩在殯宮者也外喪謂兄弟喪在遠者也他室別室也若聞外喪猶哭於殯宮然則嫌是哭殯則於別室哭之明所哭者爲新喪也○入奠者謂明日之朝著己重喪之服入奠殯宮及下室○卒奠出者謂卒終已奠而出○改服卽位者謂改己重喪服著新死未成服之服卽位謂卽昨日他室之位○如始卽位之禮者謂今日卽哭位之時如昨日始聞喪卽位之時

○大夫士將與祭於公既視濯而父母死則猶是與祭也次於異宮既祭釋服出公門外哭而歸其宅。如奔喪之禮如未視濯則使人告告者反而后哭。猶亦當爲由次於異宮不可以吉與凶同

處也使者反而后哭不敢專己於君命也○與音預下同濯大角反宅音他處昌慮反下之處同使色吏反

如諸父昆弟姑姊妹之喪則既宿則與祭卒事出公門釋服而后歸其宅如奔喪之禮如同宮則次于異宮宿則與祭出門乃解祭服皆爲差緩也○差初賣反又初佳反

【疏】○大夫至異宮○正義曰此一節明大夫士與祭於公而有私喪之禮○則猶是與祭也者既與祭於公祭日前既視濯之後而遭父母之喪則猶是吉禮而與於祭也○次於異宮者其時止次異宮不可以吉與凶同處也○如未視濯則使人告告者謂未視濯之前遭父母之喪則使人告君○告者反而后哭者必待告君者反而后哭父母也○既宿則與祭者宿謂祭前三日將致齊之時既受宿戒雖有期喪則與公家之祭○如同宮則次於異宮者若諸父昆弟姑姊妹等先是同宮而死則既宿之後出次異宮不可以吉凶雜處故也○注宿則至緩也○正義曰按前遷父母之喪既視濯而與祭此遭期喪宿則與祭又前遭父母之喪既祭釋祭服乃出公門此者期喪出門乃解祭服以其期喪緩於父母故云皆爲差緩

○曾子問曰卿大夫將爲尸於公受宿矣而有齊衰內喪則如之何孔子曰出舍乎公宮以待事禮也尸重受宿則不得哭內喪同宮也孔子曰尸弁冕而出卿大夫士皆下之尸必式必有前驅冕兼言弁者君之尸或服士大夫之服也諸臣見尸而下車敬也尸式以禮

【疏】○注內喪同宮○正義曰按上文不爲尸之時未視濯之前受宿之後父母喪使人告者反而后哭今此齊衰內喪亦謂諸父昆弟姑姊妹也與前與後祭同但尸尊故出舍公之公館以待君之祭事不在己之異宮耳

○父母之喪將祭而昆弟死既殯而祭如同宮則雖臣妾葬而后祭祭主人之升降散等執事者亦散等雖虞附亦然將祭謂練祥也言若同宮

則是昆弟異宮也古者昆弟異居同財有東宮有西宮有南宮有北宮有父母之喪當在殯宮而在異宮者疾病或歸者主人適子散等。栗階爲新喪略威儀

疏。父。母。至。亦。然。○正義曰將祭謂將行大小祥祭也○而昆弟死既殯而祭者若將祭而有兄弟死則待殯後乃祭也今不待葬後者兄弟輕故始殯後便可行吉事也○如同宮則雖臣妾葬而后祭者兄弟既殯後而行父母之喪謂異宮者耳若同宮雖臣妾之輕卑死猶待葬後乃行父母祭也所以爾者吉凶不相干故喪服傳云有死於宮中者則爲之三月不舉祭庾氏云小祥之祭已涉於吉尸柩至凶故不可以相干其虞祔則得爲之矣若喪柩即去者則亦祭不待於三月可知矣○祭主人之升降散等者祭猶謂二祥祭散栗也等階也吉祭則涉級聚足喪祭則栗階故云散等也如此祥祭宜涉級於時爲有兄弟喪故少威儀作散等也執事者亦散等者助執祭者亦栗階也○雖虞祔亦然者謂主人至昆弟虞附而行父母二祥祭而執事者亦散等○注將祭至威儀○正義曰知將祭謂練祥也者以經云昆弟死既殯而祭故知非吉祭也前經云三年之喪既潁其練祥皆行故知此祭謂練祥也但前文主論變除故委曲言練祥以前文既具故此經略言祭也云言若同宮則是昆弟異宮也者以經云如同宮則葬而后祭明上昆弟既殯而祭者是異宮也云有父母之喪。當。在殯。宮。者。既。遭。父。母。之。喪兄弟悉應同在殯宮不得有在異宮而死。之所以在異宮死者以其疾病或有歸者故得異宮而死云散等栗階者謂升一等而後。散升不連步也故燕禮記云栗階不過二等注云其始升猶聚足○自諸侯達諸連步趨二等左右足各一發而升堂以此知散等栗階是一也

士小祥之祭主人之酢也嚌之衆賓兄弟則皆啐之大祥主人啐之衆賓兄弟皆飲之可也嚌啐皆嘗也嚌至齒啐入口○酢音昨嚌才細反啐七內反徐蒼快反

疏。自。諸。至。可。也○正義曰此一經明喪祭飲酒之儀○主人之酢也嚌之者謂正祭之後主人獻賓長賓長酢主人主人受賓長酢則嚌之也○衆賓兄弟則皆啐之者亦謂衆賓及兄弟祭末受獻之時啐之也以

其差輕故也○大祥主人啐之者謂主人受賓酢之時主人啐之○衆賓兄弟皆飲之可也者必知此主人之酢非受尸酢者以士虞禮主人主婦獻尸受酢之時皆卒爵虞祭比小祥爲重尚卒爵今大祥祭主人受尸之酢何得唯嚌之而已故知受賓酢也受尸酢神惠爲重雖在喪亦卒爵賓禮爲輕受賓之酢但嚌之知喪祭有受賓酢者鄭注曾子問云虞不致爵小祥不旅酬大祥無無算爵故知小祥之祭旅酬之前皆爲之也皇氏云主人之酢謂受尸之酢與士虞禮文違其義非也

○凡侍祭喪者告賓祭薦而不食薦脯醢也。吉祭告賓祭薦賓既祭而食之喪祭賓不食

疏凡祭至不食○正義曰侍祭喪謂相於喪祭禮者薦謂脯醢也吉時祭相者則告賓祭薦賓祭竟而食之喪禮既不主飲食故相者告賓但祭其薦而已遂不食之也此亦謂喪之正祭之後主人獻賓之時賓受獻主人設薦賓祭而不食謂練祥祭也其虞祔不獻賓也

子貢問喪子曰敬爲上哀次之瘠爲下顏色稱其情戚容稱其服問喪問居父母之喪也喪尚哀言敬爲上者疾時尚不能敬也容威儀也孝經曰容止可觀○瘠徐在益反稱尺證反下同

請問兄弟之喪子曰兄弟之喪則存乎書策矣言疏者如禮行之未有加也齊斬之喪哀容之體經不能載矣

君子不奪人之喪重喪禮也亦不可奪喪也不可以輕之於己也

疏子貢至喪也○正義曰此一節明居父母兄弟喪禮○君子不奪人之喪者謂不奪他人居喪之禮謂他人居喪任其行禮不可抑奪○亦不可奪喪也者不可自奪己喪謂己之居喪當須依禮不可自奪其喪使不如法不奪人喪恕也不奪己喪孝也○注言疏至載矣○正義曰言疏者如禮行之未有加也者以疏者禮文具載故云存其書策其齊斬之喪謂父母喪也父母至親哀容體狀不可名言故經不能載上文云顏色稱其情當須毀瘠也戚容稱其服當須憔悴也

孔子曰少連大連善居喪三日不怠三月不解期悲哀三年憂東夷之子也言其

生於夷狄而知禮也怠惰也解倦也○少詩召反解佳買反注同期音基惰徒臥反倦其眷反疏孔子至子也○正義曰此明居喪得禮之事○三日不怠者親之初喪三日之內禮不怠謂水漿不入口之屬○三月不解者以其未葬之前朝奠夕奠及哀至則哭之屬○期悲哀者謂練以來常悲哀朝哭夕哭之屬○三年憂者以服未除憔悴憂戚

○三年之喪言而不語對而不問廬堊室之中不與人坐焉在堊室之中非時見乎母也不入門言言己事也為人說為語在堊室之中以時事見乎母乃後入門則居廬時不入門○堊烏各反字亦作惡同見賢遍反注同

疏衰皆居堊室不廬廬嚴者也言廬哀敬之處非有其實則不居

疏三年至入門○正義曰皇氏云上云少連大連及此經云三年之喪并下疏衰之等皆是總結上文敬為上哀次之及顏色稱其情戚容稱其服今按別稱孔子是時之語不連子貢之問此三年之喪以下自是記者之言非孔子之語前文顏色稱其情謂據父母之喪此下文疏衰謂期親以下何得將此結上顏色稱其情皇說非也○三年之喪言而不語者謂大夫士言而後事行者故得言己事不得為人語說也○對而不問者謂有問者得對而不得自問於人此謂與己有服之親者○行事之時若與賓客疏遠者言則間傳云斬衰唯而不對齊衰對而不言是也○廬堊室之中不與人坐者按喪大記云練居堊室不與人居居即坐也與此同

○妻視叔父母姑姊妹視兄弟長中下殤視成人視猶比也所比者哀容居處也○長丁丈反

疏妻視至成人○正義曰此一經明此等之親服雖有異其哀戚輕重各視所正之親妻居廬而杖抑之視叔父母姑姊妹出適服輕進之視兄弟長中下殤服輕上從本親視其成人也

○親喪外除日月已竟而哀未忘兄弟之喪內除日月未竟而哀已殺○已殺已或作以殺色界反徐所例反

疏親喪至內除○正義曰親喪外除者謂父母之喪外謂服也服猶外隨日月漸除而深心哀未忘○兄弟之喪內除者兄弟謂期服以下

及小功緦也內心也服制未釋而心哀先殺由輕故也

○視君之母與妻比之兄弟發諸顏色者亦不飲食也言小君服輕亦內除也發於顏色謂醲美酒食使人醉飽○醲女龍反

疏視君至食也○正義曰視君之母與妻者視比也謂比視君之母與君之妻輕重之宜比於己之兄弟○發諸顏色者亦不飲食也者若其酒食不發見於顏色者則得飲食之若發見於顏色者亦不得飲食也

○免喪之外行於道路見似目瞿聞名心瞿弔死而問疾顏色戚容必有以異於人也如此而后可以服三年之喪其餘則直道而行之是也惻隱之心能如是則其餘齊衰以下直道而行盡自得也似謂容貌似其父母也名與親同○瞿九遇反下同

疏免喪至是也○正義曰見似目瞿者謂既除喪之後若見他人形狀似於其親則目瞿然○聞名心瞿者聞他人所稱名與父名同則心中瞿瞿然上云目瞿此應云耳瞿而云心瞿者但耳狀難明因心至重惻隱之慘本瞿於心故直云心瞿○必有以異於人也者謂免喪之後弔死問疾其顏色戚容必有殊異於無喪之人餘行皆應如此獨云弔死問疾者以弔死問疾是哀痛之處身又除喪戚容應甚故舉弔死問疾言也○其餘則直道而行之是也者其餘謂期親以下也則直依喪之道理而行之於義是也父在為母雖期年亦從上三年之內也○

祥主人之除也於夕為期朝服祥因其故服為期為祭期也朝服以期至明日而行祭亦朝服始卽吉正祭服也喪服小記曰除成喪者其祭也朝服縞冠是也祭猶縞冠未純吉也既祭乃服大祥素縞麻衣釋禫之禮云玄衣黃裳則是禫祭玄冠矣黃裳者未大吉也既祭乃服禫服朝服綅冠踰月吉祭乃玄冠朝服既祭玄端而居復平常也○朝直遙反及下武叔朝皆同禫大感反綅息廉反黑經白緯曰綅

疏祥主至故服○正義曰祥主人之除也者言祥謂祥祭之時主人除服之節○於夕為期者謂於祥祭前夕豫告明日祥祭之期○朝服者於此為期之時主人著朝服

謂緇衣素裳其冠則縞冠也○祥因其故服者謂眀旦祥之時主人因著其前夕故朝服也○注爲期至常也○正義曰始卽吉正祭服也者以其往前居喪今將除服故云始卽吉於練祭之時不著祭服於此祥時正著祭服故云正祭服此朝服謂之正祭服者以諸侯卿大夫朝服而祭故少牢禮云主人朝服是也按上雜記端衰喪車皆無等則祥後弁。禫服尊卑上下無別皆服此緇衣素裳也此據諸侯卿大夫言之故云正祭服引喪服小記者證此經中朝服是除成喪之服云祭猶縞冠未純吉也者以純吉朝服玄冠今著縞冠故云未純吉云既祭乃服大祥素縞麻衣者間傳文以祥祭奪情故朝服縞冠祥祭雖訖哀情未忘其服稍重。故著縞冠素紕麻衣引釋禫之禮者是變除禮也其禮云玄衣黃裳既著玄衣應著玄冠故云則是禫祭玄冠矣云黃裳者未大吉也者以大吉當玄衣素裳今用黃裳故云未大吉云既祭乃服禫服朝服綅冠者亦變除禮文以祥祭之後乃著大祥素縞麻衣故知禫祭之後亦著禫服朝服綅冠也云踰月吉祭乃玄冠朝服者以少牢吉祭朝服故也若天子諸侯以下各依本官吉祭之服也云既祭玄端而居復平常也者謂既祭之後同平常無事之時故也從祥至吉凡服有六祥祭朝服縞冠一也祥訖素縞麻衣二也禫祭玄冠黃裳三也禫訖朝服綅冠四也踰月吉祭玄冠朝服五也既祭玄端而居六也

子游曰既祥雖不當縞者必縞然後反服

謂有以喪事贈賵來者雖不及時猶變服服祥祭之服以受之重其禮也其於此時始弔者則衞將軍文子之爲之是矣反服反素縞麻衣也

【疏】子。游。至。反。服○正義曰既祥謂大祥之後有人以喪事來弔者○雖不當縞者謂來弔者既晚不正當祥祭縞冠之時○必縞然後反服者主人必須反著此祥服縞冠受來弔者之禮然後反服大祥素縞麻衣之服○注謂有至麻衣○正義曰知此以喪事贈賵來者若其由未來今始弔者雖禫祭除喪之後猶練冠而受弔則衞將軍文子之子是也練重於此禫祭之前主人尚吉而受禮明此來者是於前先已來今重至故主人著縞冠輕於練冠也云其於此時始弔者則衞將軍文子之爲之者鄭云此者證其來雖在後其實事不同衞將軍文

子之子是除喪服之後始來弔此據於先已來弔之後始來贈賵也云反服反素縞麻衣者鄭恐反服。夕吉服之服此謂禫祭之前故知反服素縞麻衣也。

當袒大夫至雖當踊絶踊而拜之反改成踊乃襲尊大夫來至則拜之不待事已也更成踊者新其事也○袒音但

於士既事成踊襲而后拜之不改成踊於士士至也事謂大小斂之屬

疏。當。袒。至。成。踊○正義曰此一節明士有喪大夫及士來弔之禮○當袒大夫至者謂士有喪當袒之時而大夫來弔也崔云謂斂竟時也○雖當踊者假令大夫至當主人踊時也○絶踊而拜之者主人則絶止踊而拜此大夫也○反改成踊者反還也改更也拜大夫竟而反還先位更爲踊而始成踊尊大夫之來欲新其事也故云反改成踊按檀弓云大夫弔當事而至則辭焉是當大夫絶踊則士大小斂時主人不出故辭大夫也今此云絶踊而拜之故知是斂已竟當其袒踊時出之也○乃襲者謂更成踊竟乃襲初袒之衣也此云乃襲則知鄉者止踊拜大夫時未襲也○於士既事成踊者既猶畢也若當主人有大小斂諸事而士來弔則主人畢事竟而成踊不即出拜也然士言既事則大夫亦然大夫言絶踊則士固不絶踊也○襲而后拜之者成踊畢而襲襲畢乃拜之也○不改成踊者拜之而止不更爲成踊也

上大夫之虞也少牢卒哭成事附皆大牢下大夫之虞也犆牲卒哭成事附皆少牢卒哭成事附言皆則卒哭成事附與虞異矣下大夫虞以犆牲與士虞禮同與○犆音特同與音餘

疏○上大至少牢○正義曰上大夫平常告祭其禮少牢虞依平常禮故用少牢也○卒哭成事附皆大牢者卒哭謂之成事成事成吉事也故云卒哭成事附附廟也○此二祭皆大並加一等故皆大牢也○下大夫之虞也犆牲者下大夫吉祭用少牢今虞祭降一等用犆牲○卒哭成事附皆少牢者依平常吉祭禮也不云遺奠加者略可知也○注卒哭至異矣○正義曰鄭以士虞禮云三虞卒哭他用剛日先儒以此三虞卒哭同是一事鄭因此經云上大夫虞用少牢卒哭用大牢其牢既判明

卒哭與虞不同鄭引此文破先儒之義故云卒哭成事與虞異矣○祝稱卜葬虞子孫曰哀夫曰乃兄弟曰某卜葬其兄弟曰伯子某祝稱卜葬虞者卜葬卜虞祝稱主人之辭也孫謂爲祖後者稱曰哀孫某卜葬其祖某甫夫曰乃某卜葬其妻某氏兄弟相爲卜稱名而已○祝之六反徐之又反稱昌升反徐尺證反疏祝稱至子某○正義曰謂卜葬擇日而卜人祝龜所稱主人之辭也而云葬虞者虞用葬日故并言葬虞也○子孫曰哀者若子卜葬父則祝辭稱云哀子某卜葬其父某甫若孫卜葬祖則祝辭稱云哀孫某卜葬某祖其甫○夫曰乃者若夫卜葬其妻則祝辭云乃某卜葬某妻某氏乃者言之助也妻卑故假助句以明夫之尊也○兄弟曰某卜葬其兄弟曰伯子某者若兄弟相爲其弟爲兄則祝辭云某卜葬兄伯子某若兄爲弟則云某卜葬其弟某兄弟稱名則子孫與夫皆稱名故鄭注於子孫通稱可知也○古者貴賤皆杖叔孫武叔朝見輪人以其杖關轂而輠輪者於是有爵而后杖也記庶人失禮所由始也叔孫武叔魯大夫叔孫州仇也輪人作車輪之官○關轂工木反輠胡罪反又胡瓦反又胡管反迴也仇音求疏古者至杖也○正義曰此一節記庶人失禮所由以其杖關轂而輠輪者關穿也輠迴也謂作輪之人以扶病之杖關穿車轂中而迴轉其輪○於是有爵而后杖也者以其爵位既尊其杖不鄙褻而許用也○鑿巾以飯公羊賈爲之也記士失禮所由始也士親飯必發其巾大夫以上賓爲飯焉則有鑿巾○鑿在各反飯扶晚反注同疏鑿巾至之也○正義曰亦記士失禮所由也飯含也大夫以上貴故使賓爲其親含恐尸爲賓所憎穢故設巾覆尸面而當口鑿穿之令含得入口也而士賤不得使賓則子自含其親不得憎穢之故不得鑿巾但露面而含耳於是公羊賈是士自含其親而用鑿巾則是自憎穢其親故爲失禮也○冒者何也所以揜形也自襲以至小斂不設冒則形是以襲而后設冒也言設

冒者爲其形人將惡之也襲而設冒言后衍字耳○冒莫報反下及注同揜於檢反惡烏路反疏冒者至冒也○正義曰此一經論設冒之事○冒者何也者記人自問何以須冒○所以揜形也者記者自荅言冒所以揜蓋尸形○自襲以至小斂不設冒則形者若未襲之前始死事須沐浴自既襲以後以至小斂之前雖已著衣若不設冒則尸象形見爲人所惡○是以襲而后設冒也言后者衍字也襲則設冒至小斂之前則以衣總覆於冒上皇氏云大斂脫冒未之聞也

○或問於曾子曰夫既遣而包其餘猶既食而裹其餘與君子既食則裹其餘乎言遣既奠而又包之是與食於人已而裹其餘將去何異與君子寧爲是乎言傷廉也○遣弃戰反注同裹音果與音餘何異與同曾子曰吾子不見大饗乎夫大饗既饗卷三牲之俎歸于賓館父母而賓客之所以爲哀也子不見大饗乎既饗歸賓俎所以厚之也言父母家之主今賓客之是孝子哀親之去也○見如字夫音扶卷紀轉反又厥挽反歸如字徐音匱注同疏或問至饗乎○正義曰此一節明或人問曾子喪之遣奠之事○夫既遣而包其餘猶既食而裹其餘與者或人問曾子云喪禮既設遣奠事畢而包裹遣奠之餘載車之而去猶如生人於他家既食訖而裹其餘相似乎故云與○君子既食則裹其餘乎者或人云君子於他家既食之後則更裹其餘食去乎寧有是也不應如此既設遣奠亦不應包餘而去曾子曰吾子不見大饗乎者曾子答或人之問吾我也子男子美稱儀禮注云○言我子相親之辭也謂或人爲吾子豈不見大饗賓客之禮乎○夫大饗既饗卷三牲之俎歸於賓館者謂大饗賓客既畢主人卷斂三牲俎上之肉歸於賓館○父母而賓客之所以爲哀也者己家父母今日既去遂同賓客之疏是孝子所以悲哀也爲此之故包遣奠而去○子不見大饗乎者重結前文以語或人也

○非爲人喪問與賜與此上滅脫未聞其首云何是言非爲人喪而問之與人喪而賜之與問遺也久無事曰問○爲于僞反注

及下注爲母爲姑姊妹皆同問與賜與並音餘注皆同脫音奪下同遺于季反下文皆同【疏】非爲至賜與○正義曰鄭云此上滅脫未聞其首云何此語接上之辭與語助也豈非爲人有喪而問遺之與人之有喪而賜與之與平敵則問卑下則賜故云問賜與○三年之喪以其喪拜非三年之喪以吉拜謂受問受賜者也稽顙而後拜曰喪拜拜而后稽顙曰吉拜【疏】三年至吉拜○正義曰從上問與賜與以下至遺人可也皆明在喪受問遺之事此一經論身有喪拜謝之禮○三年之喪以其喪拜者謂父母長子也其實杖期以上皆爲喪拜非三年之喪以吉拜者謂不杖期以下此義已備在檀弓疏

三年之喪如或遺之酒肉則受之必三辭主人衰絰而受之受之必正服明不苟於滋味○必三如字又息暫反【疏】三年至受之○正義曰如或遺之酒肉至主人衰絰而受之者雖受之猶不得食也尊者食之乃得食肉猶不得飲酒故喪大記云既葬若君食之則食之大夫父之友食之則食之矣不辟粱肉若有酒醴則辭是也如君命則不敢辭受而薦之薦於廟貴君之禮喪者不遺人人遺之雖酒肉受也從父昆弟以下既卒哭遺人可也言齊斬之喪重志不在施惠於人○施始豉反

縣子曰三年之喪如斬期之喪如剡言其痛之惻怛有淺深也○縣音玄期音基下同剡徐以漸反怛旦末反

期之喪十一月而練十三月而祥十五年而禫此謂父在爲母也當在練則弔上爛脫在此○禫大感反

三年之喪雖功衰不弔自諸侯達諸士如有服而將往哭之則服其服而往功衰既練之服也諸侯服新死者之服而往哭謂所不臣也練則弔父在爲母功衰可以弔人者以父在故輕於出也然則凡齊衰十一月皆可以出矣

既葬大功弔哭而退不聽事焉聽猶待也事謂襲斂執綍之屬○綍音弗期之

喪未葬弔於鄉人哭而退不聽事焉功衰弔待事不執事謂爲姑姊妹無主殯不在己族者○功衰弔本又作大功衰弔庾云有大字非小功緦執事不與於禮禮饋奠也○與音預下文注不與同○相趨也出宮而退相揖也哀次而退相問也既封而退相見也反哭而退朋友虞附而退此弔者恩薄厚去遲速之節也相趨謂相聞姓名來會喪事也相揖嘗會於他也相問嘗相惠遺也相見嘗執摯相見也附皆當爲祔○封彼驗反又如字摯音至○弔非從主人也四十者執紼言弔者必助主人之事從猶隨也成人二十以上至四十丁壯時鄉人五十者從反哭四十者待盈坎非鄉人則長少皆反優遠也坎或爲壙○坎口敢反下同長少丁丈反下詩詔反壙苦晃反又音曠

疏三年至盈坎○正義曰從此以下至待盈坎明弔喪之節各隨文解之○三年之喪雖功衰不弔者謂重喪小祥後衰與。與大功同故曰功衰衰雖外輕而痛猶內重故不得弔人也○自諸侯達諸士者貴賤同然故云自諸侯達諸士也○如有服而將往哭之則服其服而往者亦貴賤同也如有服謂有五服之親喪功衰雖不弔人若自有五服之親喪則往哭之將往哭則不著己功衰而依彼親之節以服之申於骨肉之情故也故云則服其服而往也但著彼服不著己功衰也賀瑒云若新死者服輕則不爲之制服雖不爲重變而爲之制服往奔喪哭之則蹔服所制之服往彼哭之事畢反服故服也庾氏云將往哭之乃服其服者謂小功以下之親輕也始聞喪不能爲之制服至於往哭弔乃服其服注要記通之已祥皇氏云此文雖在功衰之下而實通初喪也假令初喪而有五屬之親死則亦蹔服五服之服而往彼哭也上云自諸侯達諸士然諸侯絕期不應有諸親始死服今云服其服而往當是敵體及所不臣者謂始封君不臣諸父昆弟也故鄭明之也○期之喪十一月而練十三月而祥十五月而禫者此禫杖期主謂父在爲母亦備二祥節也文本應在服而往下爛脫故在此○練則弔者謂至十一月小祥後而可出弔人也○注父在至出矣○正義曰此練則弔。又承十一月練之下故知是父在爲母以經云練故云功衰也大祥始除衰杖而練得弔人者以父在爲母故輕於出言得出也以母喪至練父在而得出則其餘喪雖無父亦得出也母既可矣諸父灼然○既葬大功者謂身有大功之喪既葬之後往弔他喪○弔哭而退不聽事焉者謂弔哭既畢而卽退去不待主人襲斂之事期喪練弔則亦然也○不期之喪未葬弔於鄉人哭而退不聽事焉者謂姑姊妹無主爲之服期喪未至於葬往弔於鄉人之喪哭畢則退不聽待主人襲斂之事焉○爲功衰弔待事不執事者謂此姑姊妹等期喪至既葬受以大功衰謂之功衰至此之後若弔於鄉人其情稍輕於未葬之前得待主人襲斂之事但不親自執事此云功衰他本或云大功衰今按鄭注在此文下云謂爲姑姊妹無主則此功衰還是姑姊妹無主之功衰不得別云大功也皇氏云謂有大字者誤也○注謂爲姑姊妹無主殯不在己族者○正義曰經直云期喪鄭知是姑姊妹無主者以前云大功既葬始得弔人今此經期喪未葬已得弔人明知此期服輕故知是姑姊妹無主殯不在己族者女未廟見反葬女氏之黨此姑姊妹已於他族成婦日久但夫既蚤死故殯在夫族○小功緦執事不與於禮者執事擯相也禮饋奠也緦小功服輕故未葬便可弔人今不論鄉人之同異也亦爲彼擯相但不得助彼饋奠耳按曾子問云廢喪服可以與於饋奠之事乎○孔子曰說衰與奠非禮也以擯相可也是擯相輕而饋奠重也○相趨至而退此以下明凡弔者恩之厚薄去留遲速之節也○相趨也出宮而退者相趨謂與孝子本不相識但相聞姓名而來會趨喪也情既輕故柩出廟之宮門而退去○相揖也哀次而退者相揖謂經會他處已相揖者也恩微深故待柩出至大門外之哀次而退去也○相問也既對而退者相問謂曾相餉遺恩轉深故至窆竟而退也○相見也反哭而退者相見謂身輕自執摯相詣往來恩轉厚故至葬竟孝子反哭還至家時而退也○朋友虞附而退者朋友疇昔情重生死同殷故至主人虞附而退也然與死者相識其禮亦當有弔禮知生者弔知死者傷今注云弔則知是弔生人也○弔非至盈坎此一節論助葬及執事反哭之節言弔喪者本是來助事非爲空隨從主人而已故云非從主人也○四十者執紼者既助主人故使年二十以上至四十強壯者皆執紼也○鄉人五十者從反哭者鄉人同鄉之人也五十始衰故待主人窆竟而孝子反哭故鄉人助葬老者亦從孝子反也○四十者待盈坎者謂窆竟以土盈滿其坎四十強壯不得即反故待土滿坎而反也若非鄉人則無問長少皆從主人歸優饒遠者

○喪食雖惡必充飢飢而廢事非禮也飽而忘哀亦非禮也視不明聽不聽行不正不知哀君子病之故有疾飲酒食肉五十不致毀六十不毀七十飲酒食肉皆爲疑死病猶憂也疑猶恐也○視如字徐市志反爲于僞反注爲食父爲王父母以爲亦爲不爲並同

○有服人召之食不往大功以下既葬適人人食之其黨也食之非其黨弗食也往而見食則可食也爲食而往則不可黨猶親也非親而食則是食於人無數也○人食之音嗣注見食同

功衰食菜果飲水漿無鹽酪不能食食鹽酪可也功衰齊斬之末也酪酢截○酪音洛食食上如字下音嗣酢七故反截才代反

孔子曰身有瘍則浴首有創則沐病則飲酒食肉毀瘠爲病君子弗爲也毀而死君子謂之無子毀而死是不重親○瘍音羊創初良反

疏○喪食至無子○注非親而食則是食於人無數也○正義曰解所以非親不食義也夫親族不多食則其食有限若非類而輒食則無復限數必忘哀也

○非從柩與反哭無免於堩。言喪服出入非此二事皆冠也免所以代冠人於道路不可以無飾堩道路○免音問注同堩古鄧反

疏非從至於堩○正義曰從柩謂孝子送葬從柩去時也與反哭謂葬竟孝子還時也堩道路也道路不可無飾故孝子唯送葬從柩去時及葬竟還反哭時於道得免而行自非此

二條則不得免於道路也此謂葬近而反哭者若葬遠反哭在路則著冠至郊則乃反著免故小記云遠葬者比反哭者皆冠及郊而后免是也○凡喪小功以上非虞附練祥無沐浴言不有飾事則不沐浴疏凡喪至沐浴○正義曰凡居喪之禮自小功以上恩重哀深自宜去飾以沐浴是自飾故不有此數條祭事則不自飾言小功以上則至斬同然各在其服限如此耳練祥不主大功小功也若三年之喪虞祭之時但沐浴不櫛故士虞禮云沐浴不櫛鄭注云唯三年之喪不櫛期以下櫛可也又士虞禮云明日以其班祔沐浴櫛注云彌自飾此雖士禮明大夫以上亦然

○疏衰之喪既葬人請見之則見不請見人小功請見人可也大功不以執摯唯父母之喪不辟涕泣而見人言重喪不行求見人爾人來求見己亦可以見之矣不辟涕泣言至哀無飾也○辟音避注同疏疏衰至見人○正義曰此一節明在喪與人相見之義○小功請見人可也者輕可請見於人然言小功可則大功不可也此小功文承疏衰既葬之下則此小功亦謂既葬也凡言見人者謂與人尋常相見不論執摯之事故云父母之喪不辟涕泣而見人是尋常相見也而皇氏以為見人謂執摯相見若然父母之喪豈謂執摯見人乎皇氏則非也

○三年之喪祥而從政期之喪卒哭而從政九月之喪既葬而從政小功緦之喪既殯而從政以王制言之此謂庶人也從政從為政者教令謂給繇役○期音基繇音遙本又作傜

曾申問於曾子曰哭父母有常聲乎曰中路嬰兒失其母焉何常聲之有嬰猶鷖彌也言其若小兒亡母啼號安得常聲乎所謂哭不偯○鷖於奚反彌五兮反一音迷啼徒奚反本又作諦同號徐本作唬胡刀反偯於豈反下同說文作悠疏注以王至繇役○正義曰按王制云父母之喪三年不從政齊衰大功三月不從政此云期之喪卒哭而從政九月之喪既葬而從政與王制不同

者此庶人依士禮卒哭與既葬同三月故王制省文總云三月也若大夫士三年之喪期不從政是正禮也卒哭金革之事無辟是權禮也卒哭而諱自此而鬼神事之尊而諱其名王父母兄弟世父叔父姑姊妹子與父同諱父爲其親諱則子不敢不從諱也。謂王父母以下之親諱是謂士也天子諸侯諱羣祖◎母之諱宮中諱妻之諱不舉諸其側與從祖昆弟同名則諱母之所爲其親諱子孫於宮中不言妻之所爲其親諱夫於其側亦不言也孝子聞名心瞿凡不言人諱者亦爲其相感動也子與父同諱則子可盡曾祖之親也從祖昆弟在其中於父輕不爲諱與母妻之親同名重則諱之【疏】。卒。哭。而。諱。至。則。諱。○正義曰此一節論親戚死亡諱辟名之事各隨文解之○卒哭而諱者謂卒哭之前猶以生禮事之卒哭之後去生漸遠以鬼道事之故諱其名○王父母者謂父之王父母於己爲曾祖父母正服小功不合諱也以父爲之諱故子亦同於父而諱之兄弟者是父之兄弟於己爲伯叔正服期父亦爲之期是子與父同。是有諱也世父叔父者是父之世父叔父於己是從祖也正服小功不合諱以父爲之諱故己從父而諱姑者謂父之姑也於己爲從祖姑在家正服小功出嫁緦麻不合諱以父爲之諱故己從父而諱姊妹者謂父之姊妹於己爲姑在家正服期出嫁大功九月是己與父同爲之諱也○子與父同諱者言此等之親子之與父同爲之諱○注父爲至羣祖○正義曰云父爲其親諱則子不敢不從諱也者謂父之王父母世父叔父及姑○等於己小功以下不合諱但父爲之諱故子不敢不從諱其父之兄弟及姊妹己爲合諱不假從父而諱鄭此注者據己不合諱者而言之也云謂王父母以下之親諱是謂士也者此士者謂父身也以父身是士故諱王父若是庶人子不逮事父母則不諱王父母也直云王父母以下足矣復云之親諱者父之世父叔父與姑等皆是王父所生今爲之諱故云王父母以下之親諱也云天子諸侯諱羣祖者以其天子七廟諸侯五廟故知諱羣祖母之諱宮中諱者謂母所爲其親諱其子於一宮之中爲諱而不言也○妻之諱不舉諸其側者謂妾諸親之諱其夫不得稱舉其辭於其妻之側但不得在側言之則於宮中遠處得言之也與從祖昆弟同名則諱者謂母與妻二者之諱與己從祖昆弟名同則爲之諱不但宮中旁側其在餘處皆諱之○注子與至諱之○正義曰云子與父同諱則子可盡曾祖之親也者父爲王父諱於子則爲曾祖父之伯叔及姑則是子曾祖之親故云子與父同諱則子可盡曾祖之親也前經所云者是也云從祖昆弟在其中者從祖昆弟共同曾祖之親故云在其中云於父輕不爲諱者從祖昆弟於父言之是父之同堂兄弟子也父服小功不爲之諱己又不得從父而諱若與母妻之親同名重則諱之重謂重累謂母妻諱與從祖昆弟名相重累則諱之不但爲母妻而諱若從祖昆弟身死亦爲諱故云於父輕不爲之諱與母妻之親同名重則諱之觀檢注意是爲從祖。昆弟諱而生文也

以喪冠者雖三年之喪可也既冠於次入哭踊三者三乃出

言雖者明齊衰以下皆可以喪冠也始遭喪以其冠月則喪服因冠矣非其冠月待變除卒哭而冠也次廬也雖或爲唯○冠古亂反下及注皆同三息暫反

疏以喪至乃出○正義曰自此以下明遭喪冠取之節今各隨文解之○以喪冠者雖三年之喪可也者謂將欲加冠而值其喪則當成服之時因喪服加冠非但輕服得冠雖有三年重喪亦可爲因喪服而冠故云可也○既冠於次者此謂加冠於廬次之中若齊衰以下加冠於次舍之處○入哭踊三者三乃出者謂既冠之後入於喪所哭而踊謂每哭一節三而三踊如此者三凡爲九踊乃出就次所○注言雖至廬也○正義曰經云雖三年之喪可也故知三年以下皆得因喪而冠也云始遭喪以其冠月則喪服因冠矣者知當冠月則喪服因冠者以曾子問云將冠子未及期日而有齊衰大功小功之喪則因喪服而冠言未及期日明及月可知但未及冠之日耳以此言之知冠月則可冠也云非其冠月待變除卒哭而冠者按夏小正二月綏多士女是冠用二月假令正月遭喪則二月不得因喪而冠必待變除受服之節乃可冠矣云次廬也者據重服而言也

大功之末可以冠子可以嫁子父小功之末可

以冠子可以嫁子可以取婦己雖小功既卒哭可以冠取妻下殤之小功則不
可此皆謂可用。吉禮之時父大功卒哭而可以冠子嫁子小功卒哭而可以取婦己大功卒哭而可以冠子小功卒哭而可以取妻必偕祭乃行也下殤小
功齊衰之親除喪而後可為昏禮凡冠者其時當冠則因喪而冠之○取七住反又如字
疏。大。功。至。不。可。○正義曰大功之末可以冠子可以嫁子者末謂
卒哭之後謂己有大功之喪既卒哭可以冠子嫁子也○父小功之末可以冠子可以嫁子可以取婦者謂父有小功喪末可以冠子可以嫁子可以取婦大
功之末云身不云父小功之末云父不云身互而相通是嫁及冠於身大功之末可以冠子嫁子小功之末非但得冠子嫁子復可取婦所以取婦必在小功
之末者以取婦有酒食之會集鄉黨僚友涉近歡樂故小功之末乃可得為也○己雖小功既卒哭可以冠取妻者以前文云父小功之末可以取婦恐己有
小功於情為重不得冠取故云己身雖同有小功既卒哭之後可以冠取此文云既卒哭明上云末者並卒哭後也○下殤之小功則不可者謂其餘小功可
以冠取若本服齊衰下殤降在小功者則不可不可冠嫁也以本服是齊衰重故也若其長殤中殤之大功者庾氏注要記云卒哭之後則得與尋常
大功同於大功之末可以身自冠嫁所以然者雖本期年但降在大功其服稍伸故得冠嫁也賀氏云小功下殤本是期親以其重故不得冠取推此而言之
降在大功理不得冠嫁矣今謂齊衰下殤尚不可冠取而況齊衰長殤中殤降在大功何可冠嫁庾記非也今從賀義○注父大至冠之○正義曰父大功卒
哭而可以冠子嫁子小功卒哭而可以取婦者以經文大功據己身小功據其父今鄭同之謂父及己身俱有大功之末小功之末故又注云己大功卒哭而
可以冠子小功卒哭而可以取妻是父子同也云必偕祭乃行也者偕俱也父是大功之末己亦是大功之末乃得行此冠子嫁子父小功之末己亦小功之
末可以嫁取必父子俱然乃得行事故云必偕祭乃行如父子俱大功小功者若姑及姊妹出適父子俱為大功若從祖兄弟父為之小功己亦為之小功是

父子其服同也若父有齊衰子有大功則不可若父有大功子有小功可以冠嫁未可以取婦必父子俱有小功之末可以取婦若父是小功己在緦麻灼然合取可知又按正本云必偕祭乃行者言爲諸吉禮必待祭訖乃行也云下殤小功齊衰之親除喪而後可爲昏禮者言除訖可爲昏禮則未除喪不可爲昏禮經云小功則不可者唯謂昏也其冠嫁則可也云凡冠者其時當冠則因喪而冠之者鄭以經云大功小功之末可以吉冠則大功小功之初當冠之時則因喪服而冠矣前經云以喪冠者雖三年之喪可也者特據重服喪中可冠恐輕服大功小功者在喪不合冠故鄭於注特明之

附釋音禮記注疏卷第四十二

禮記注疏卷四十二校勘記　阮元撰盧宣旬摘錄

雜記下第二十一

有父之喪節

則孫可祔焉閩監本同嘉靖本同衞氏集說同毛本祔作附岳本同

有變除喪祭之節閩監毛本同惠棟校宋本無祭字衞氏集說同

自依錄之閩監毛本同惠棟校宋本自作且

其祖傳入高祖廟閩監毛本同衞氏集說同考文云宋板傳作傅非也

有殯節

有殯至之禮惠棟校宋本無此五字

大夫士將與祭於公節盧文弨云宋本合下曾子問曰卿大夫節爲一節

其宅如奔喪之禮閩監毛本同石經同岳本同嘉靖本同衞氏集說宅作他坊本同釋文出其宅云音他石經考文提要云宋大字本宋本九經南宋巾箱本余仁仲本劉叔剛本並作宅下其宅同

告者反而后哭惠棟校宋本宋監本石經岳本嘉靖本同閩監毛本后作後衞氏集說同按下釋服而后歸各本並作后惟衞氏仍作後按后

假借字

則次于異宮閩監本岳本嘉靖本衞氏集說同毛本于作於石經于字闕

大夫至異宮惠棟校宋本無此五字

以其期喪緩於父母閩監毛本同惠棟校宋本緩上有差字

曾子問曰卿大夫節

注內喪同宮也惠棟校宋本有也字此本也字脫閩監毛本同

與前與後祭同閩監毛本同盧文弨云與後疑是則與齊召南云當作與前與祭同後字誤衍

故出舍公之公館惠棟校宋本如此此本上公誤云下公誤宮閩監毛本同衞氏集說作故出舍公之宮館

父母之喪將祭節

散等栗階毛本作栗岳本同衞氏集說同此本栗誤衆閩監本同嘉靖本同按各本並作栗不誤

父母至亦然惠棟校宋本無此五字

云有父母之喪當在殯宮者既遭父母之喪兄弟悉應同在殯宮閩監毛本同盧文弨云宋本脫當在殯宮者既遭父母之喪十一字

不得有在異宮而死之所以閩監毛本同盧文弨云之下疑脫一理字孫志祖云之下當脫事字

謂升一等而後散升不連步也閩監毛本同惠棟校宋本無散字衞氏集說同

自諸侯達諸士節

自諸至可也惠棟校宋本無此五字

故知小祥之祭旅酬之前惠棟校宋本作旅衞氏集說同此本旅誤祥閩監毛本同

凡侍祭喪者節

吉祭告賓祭薦閩毛本同岳本同嘉靖本同衞氏集說同監本吉作告

凡祭至不食惠棟校宋本無此五字

三年之喪言而不語節

及此經云三年之喪閩監毛本同惠棟校宋本無云字

不與人居居卽坐也惠棟校宋本如此衞氏集說同此本下居誤者閩監毛本同

視君之母節

視君之母與妻惠棟校宋本石經宋監本岳本嘉靖本同衞氏集說同考文引古本足利本同閩監毛本妻上衍君之二字石經考文提要云

宋大字本宋本九經南宋巾箱本余仁仲劉叔剛本並無下君之二字

視君至食也 惠棟校宋本無此五字

免喪之外節

免喪至是也 惠棟校宋本無此五字

必有殊異於無喪之人 惠棟校宋本作喪衞氏集說同此本喪誤便閩監毛本喪誤憂

祥主人之除也節

既祭乃服大祥 閩本惠棟校宋本宋監本岳本嘉靖本同衞氏集說同監毛本祭誤葬

祥主至故服 惠棟校宋本無此五字

則祥後弁禫服 閩監毛本同惠棟校宋本禫作禮

故著縞冠素紕麻衣 閩監毛本同惠棟校宋本故作加衞氏集說同

子游曰既祥節

子游至反服 惠棟校宋本無此五字

鄭恐反服夕吉服之服 閩監毛本同浦鏜校云夕疑襲字誤按夕當作反形近致誤

素縞麻衣也惠棟校宋本此下標禮記正義卷第五十一終記云凡三十二頁

當袒大夫節惠棟校宋本自此節起至韠長三尺節爲第五十二卷卷首題禮記正義卷第五十二

當袒至成踊惠棟校宋本無此五字

祝稱卜葬虞節

祝稱至子某惠棟校宋本無此五字

於子孫通稱名可知也惠棟校宋本有名字此本名字脫閩監毛本同

古者貴賤皆杖節

叔孫武叔各本同監本叔孫誤叔叔

古者至杖也惠棟校宋本無此五字

或問於曾子曰夫既遣節

歸于賓館閩監本同石經同岳本同嘉靖本同毛本于作於衛氏集說同

或問至饗乎惠棟校宋本無此五字

載車之而去閩監毛本同惠棟校宋本無車字

非爲人喪節

非爲至賜與 惠棟校宋本無此五字

故云問賜與 惠棟校宋本問下有與字此本誤脫閩監毛本同

三年之喪以其喪拜節 惠棟校云三年節三年之喪如或遺之節如君命節宋本合爲一節

三年之喪如或遺之節

三年至吉拜○正義曰從上問與賜與以下 惠棟校宋本無上九字

三年至受之 惠棟校宋本無此五字

雖受之猶不得食也 惠棟校宋本作猶衞氏集說同此本猶誤而閩監毛本同

期之喪節 惠棟校云期之喪節宋本分弔非從主人以下合喪食雖惡節爲一節

此弔者恩薄厚 閩毛本同岳本同嘉靖本同衞氏集說同監本恩誤思

三年至盈坎 惠棟校宋本無此五字

小祥後衰與與大功同 毛本如此衞氏集說同此本與字誤重閩本同監本不重空闕一字

此練則弔又承十一月練之下 惠棟校宋本作又此本又字斷缺閩監毛本又作文

非從柩節

無免於垍閩監本同岳本衛氏集說同毛本垍作埳石經同嘉靖本垍誤埴釋文出於垍

非從至於垍惠棟校宋本無此五字

疏衰之喪節惠棟校云疏衰節三年節宋本合爲一節

言重喪不行求見人爾閩監毛本同岳本同嘉靖本同衛氏集說同惠棟校宋本重作至

疏衰至見人惠棟校宋本無此五字

三年之喪祥而從政節

三年之喪各本並同毛本三誤二

卒哭而諱節

謂王父母以下之親諱閩監毛本同岳本同嘉靖本同段玉裁云謂王父母之諱當作爲去聲

卒哭而諱至則諱惠棟校宋本無此七字

是子與父同是有諱也閩監毛本同惠棟校宋本無是字

於己爲從祖姑閩監毛本同考文云宋板無爲字盧文弨校云宋板脫

是爲從祖昆弟諱而生文也　閩本同惠棟校宋本同衞氏集說亦作昆監毛本昆誤兄

大功之末節

此皆謂可用吉禮之時　各本同毛本吉誤古

大功至不可　惠棟校宋本無此五字

禮記注疏卷四十二校勘記

附釋音禮記注疏卷第四十三

雜記下

禮記　鄭氏注　孔穎達疏

凡弁絰其衰侈袂侈猶大也弁絰服者弔服也其衰錫也緦也疑也袂之小者二尺二寸大者半而益之則侈袂三尺三寸○侈昌氏反袂彌世反【疏】凡弁絰其衰侈袂○正義曰弁絰者謂弔服也其首著弁絰身著錫衰緦衰疑衰侈大也其此等三衰大作其袂凡常之袂二尺二寸此等三衰。其袂半而益一袂大三尺三寸也若士則其衰不侈也故周禮司服有玄端素端注云變素服言素端者明異制大夫以上侈之明士不侈故稱端父

有服宮中子不與於樂母有服聲聞焉不舉樂妻有服不舉樂於其側宮中子與父同宮者也禮由命士以上父子異宮不與於樂謂出行見之不得觀也○與音預注同聞音問又如字大功將至辟琴瑟亦所以助哀也至來也○辟音避一音婢亦反小功至不絕樂【疏】。父。有。至。絕。樂○正義曰父有服在於宮中則子不與於樂者謂出行見之不得觀也此謂命士以下與父同宮者若異宮則得與樂崔云父有服齊衰以下之服也若重服則期後猶有子姓之冠自當不得與於樂○姑姊妹其夫死而夫黨無兄弟使夫之族人主喪妻之黨雖親弗主此謂姑姊妹無子寡而死也夫黨無兄弟無緦之親也其主喪不使妻之親而使夫之族人婦人外成主必宜得夫之姓類夫若無族矣則前後家東西家無有則里尹主之喪無無主也里尹閭胥里宰之屬王度記曰百戶爲里里一尹其祿如庶人在官者里或爲士諸侯弔於異國之臣則其君爲主里尹主之亦

斯義也 或曰主之而附於夫之黨 妻之黨自主之非也夫之黨其祖姑也 【疏】姑姊至之黨○正義曰此一節明姑姊妹在夫家而死無後使外人為主之事夫既先死而夫之黨又無兄弟今既身死使夫之族人主其喪也○妻之黨雖親弗主者妻黨雖親不得與之為主明婦人外成於夫不合卻歸本族也○或曰主之者或人之說云妻黨主之而附祭之時在於夫之黨主之其義非也○注喪無至義也○正義曰云喪無無主也者言死喪之禮無得無人為之主必須有人為主也云里尹閭胥里宰之屬也按周禮六卿之內二十五家為閭閭置一胥中士也六遂之內二十五家為里里置一宰下士也引王度記者更證里尹之事按別錄王度記云似齊宣王時淳于髡等所說也其記云百戶為里里一尹其祿如庶人在官者則里尹之祿也按撰考云古者七十二家為里洛誥傳云古者百家為鄰三鄰為朋三朋為里鄭云蓋虞夏時制也其百戶為里未知何代或云殷制云諸侯弔於異國之臣則其君為主里尹主之亦斯義也者以己國臣在國而死他國君來弔則君為主死者雖有至親不得為主今此婦人死於此里正得里尹主之妻家之親不得為主故云亦斯義也斯此也亦是此國君為主之義

○麻者不紳執玉不麻麻不加於采 吉凶不相干也麻謂絰也紳大帶也喪以要絰代大帶也麻不加於采采者不麻謂弁絰者必服弔服是也采玄纁之衣○紳音申要絰一遙反下大結反衣於既反又如字纁許云反

【疏】麻者至於采○正義曰麻者不紳麻謂絰紳謂大帶言著要絰者而不得復著大帶也故在喪以絰代紳○執玉不麻者謂平常手執玉行禮不得服衰麻也按聘禮己國君薨至於主國衰而出注云於是可以凶服將事似行聘享之事執玉得服衰絰者彼謂受主國君小禮得以凶服若行聘享大事則吉服故鄭云其聘享之事自若吉也謂得著吉服○麻不加於采者謂弁絰之麻不得加於玄衣纁裳之采也

○國禁哭則止朝夕之奠即位自因也 禁哭謂大祭祀時雖不哭猶朝夕奠自因自用故事

童子哭不偯不踊不杖不菲不廬 未成人者

不能備禮也當室則杖〇扉本又作菲扶味反孔子曰伯母叔母疏衰踊不絶地姑姊妹之大功踊絶於地如知此者由文矣哉由文矣哉由用也言知此踊絶地不絶地之情者能用禮文哉能用禮文哉美之也伯母叔母義也姑姊妹骨肉也【疏】國禁至矣哉〇正義曰國禁哭則止者謂有大祭祀禁哭之時則止而不哭〇朝夕之奠即位自因也者謂孝子於殯宮朝夕兩奠之時即阼階下位自因其故事而設奠也〇注當室則杖〇正義曰按問喪云童子當室則免而杖矣戴德云童子當室謂十五以上若世子生則杖故曾子問云子衰杖成子禮是也皇氏云童子當室則備此經中五事特云杖者舉重言也

〇世柳之母死相者由左世柳死其徒由右相由右相世柳之徒爲之也亦記失禮所由始也世柳魯穆公時賢人也相相主人之禮〇柳良九反相息亮反下及注皆同

〇天子飯九貝諸侯七大夫五士三此蓋夏時禮也周禮天子飯含用玉〇飯扶晚反注同含本又作唅胡闇反下文同

士三月而葬是月也卒哭大夫三月而葬五月而卒哭諸侯五月而葬七月而卒哭士三虞大夫五諸侯七尊卑恩之差也天子至士葬即反虞【疏】世柳至侯七〇正義曰此明相主人之喪禮有失之事〇注亦記至之禮〇正義曰相主人之禮法相者由左世柳死其徒黨相禮由右故云記失禮所由始也按孟子云魯穆公時公儀子爲政子柳子思爲臣魯之削也滋甚若是乎賢者之無益於國也彼子柳即此泄柳也故云魯穆公時賢人〇注此蓋至用玉〇正義曰以非周法故疑夏禮故云蓋也典瑞云大喪共飯玉含玉是周禮天子飯含用玉按禮戴說天子飯以珠含以玉諸侯飯以珠大夫士飯以珠含以貝此等皆非周禮並夏殷之法左傳成十七年子叔聲伯夢食瓊瑰哀十一年齊陳子行命其徒貝含玉此等皆是大夫而以珠玉爲含者以珠玉是所含之物故言之非謂當時實含用珠玉也〇注

尊卑至反虞○正義曰大夫以上葬與卒哭異月者以其位尊念親哀情於時長遠士職卑位下禮數未申故三月而葬葬罷即卒哭知天子至士葬即反虞者以其不忍一日未有所歸尊卑皆然故知葬即反虞下檀弓云葬日虞弗忍一日離也不顯尊卑是貴賤同然也諸侯使人弔其次含襚賵臨皆同日而畢事者也其次如此也言五者相次同時臨如字徐力鴆反○疏○諸侯至此也○正義曰謂諸侯使人弔隣國先行弔禮急宣君命人以飲食爲急故含次之食後須衣故襚次之有衣即須車馬故賵次之君事既畢則臣私行己禮故臨禮在後其事雖多而同日取畢也一卿大夫疾君問之無筭士壹問之君於卿大夫比葬不食肉比卒哭不舉樂爲士比殯不舉樂疏卿大至舉樂○正義曰按喪大記君於大夫疾三問之此云無筭謂有師保恩舊之親故問之無筭或可喪大記云三問者謂君自行此云無筭謂遣使也○升正柩諸侯執紼五百人四紼皆銜枚司馬執鐸左八人右八人匠人執羽葆御柩大夫之喪其升正柩也執引者三百人執鐸者左右各四人御柩以茅升正柩者謂將葬朝于祖正棺於廟也五百人謂一黨之民諸侯之大夫邑有三百戶之制紼引同耳廟中曰紼在塗曰引互言之御柩者居前道正之大夫士皆二紼○筭悉亂反比必利反下同爲于僞反枚音梅鐸大洛反葆音保引以慎反注同茅亡交反朝于直遙反道音導疏升正至以茅○正義曰此一經明諸侯大夫送葬正柩之禮執鐸之差○升正柩者謂將葬朝於祖廟柩升廟之西階於兩楹之間其時柩北首故既夕禮云遷于祖用軸升自西階正柩于兩楹間是也四紼皆銜枚者謂執紼之人口皆銜枚止諠囂也○司馬執鐸左八人右八人者司馬夏官主武故執金鐸率衆左右各八人夾柩以號令於衆也○匠人執羽葆御柩者匠人工人也羽葆者以鳥羽注於柄頭如蓋謂之羽葆葆謂蓋

也匠人主宮室故執蓋物御柩謂執羽葆居柩。葆前御行於道示指揮柩於路爲進止之節也然周禮喪祝御柩此云匠人者周禮王禮此諸侯禮也○注五百至二紼○正義曰按周禮注六鄉主六引六遂主六紼經云執紼則應舉六遂而言黨者此是非辨鄉遂之殊正取五百人是一黨之人數耳或是略舉鄉中之黨則遂之鄙亦可知云諸侯之大夫邑有三百戶之制者謂小國中下大夫也故鄭注易訟卦云小國之下大夫采地方一成其定稅三百家故三百戶也其實大國下大夫亦三百戶故論語云管仲奪伯氏駢邑三百注云伯氏齊大夫是齊爲大國下大夫亦三百家也其天子公卿大夫按小司徒職注云百里之國凡四都五十里之國凡四縣二十五里之國凡四甸然則大都公之采地方百里小都卿之采地方五十里家邑大夫采地方二十五里熊氏云以此推之公之大都采地方百里侯伯大都采地方五十里子男大都采地方二十五里以畿外地闊故公之大都與天子大都同也其中都采地無文其小都則下大夫二百家一成之地也一成所以三百家者一成九百夫宮室塗巷山澤三分去一餘有六百夫地又不易再易通率一家而受二夫之地是定稅三百家也云紼引同耳者其義具在檀弓疏

○孔子曰管仲鏤簋。而朱紘旅樹而反坫山節而藻梲賢大夫也而難爲上也言其僭天子諸侯鏤簋刻爲蟲獸也冠有笄者。爲紘紘在纓處兩端上屬下不結旅樹門屏也反坫反爵之坫也山節薄櫨刻之爲山梲侏儒柱畫之爲藻文○鏤音陋簋音軌紘音宏坫下念反藻音早梲章悅反笄音雞屬音燭薄音博又皮麥反又步博反徐又薄歷反櫨音盧侏音朱

晏平仲祀其先人豚肩不揜豆。賢大夫也而難爲下也言其偪士庶人也豚俎實豆徑尺言幷豚兩肩不能覆豆喻小也○弇於檢反本亦作揜幷步頂反君子上不僭上下不偪下○婦人非三年之喪不踰封而弔踰封越竟也或爲越疆○偪音逼本又作偪疆紀良反

疏○孔。子。至。而。弔。○正義曰此一節明奢儉失禮之事○賢大夫也

而難爲上也者當時謂管仲是大夫之賢者鏤簋者天子諸侯之制而管仲鏤之朱紘者亦天子之紘而管仲朱之故祭義云天子冕而朱紘諸侯冕而青紘管仲大夫當緇組紘而與士同今僭天子朱紘旅樹而反坫者是諸侯之禮論語云邦君樹塞門邦君爲兩君之好有反坫今管仲爲之山節而藻棁者天子之廟飾而管仲亦爲之是皆僭也故云賢大夫是賢者尚爲此僭上之事是難可爲上者也言他人在管仲之上皆被僭之故云難爲上禮器云君子以爲濫濫謂盜竊亦僭上之事也○注言其至藻文○正義曰言其僭天子諸侯者朱紘山節藻棁鏤簋是僭天子旅樹反坫者是僭諸侯云鏤簋刻爲蟲獸也者按梓人云小蟲之屬以爲雕琢是刻蟲獸也禮器注云簋天子飾以玉此不云者文不具也其旅樹山節之屬已具於禮器及郊特牲疏故於此不復釋也○晏平至爲下也豚肩不揜豆者依禮豚在於俎今云不揜豆者以豆形既小尚不揜豆明豚小之甚不謂豚在豆也○而難爲下也者平仲賢大夫猶尚偪下是在平仲之下者恆被平仲而偪也是難可爲下

如三年之喪則君夫人歸奔父母喪也夫人其歸也以諸侯之弔禮其待之也若待諸侯然謂夫人行道車服主國致禮夫人至入自闈門升自側階君在阼其他如奔喪禮然女子子不自同於女賓也宮中之門曰闈門爲相通者也側階亦旁階也他謂哭踊髽麻闈門或爲帷門○闈音韋宮中之門劉昌宗音暉髽側瓜反

○嫂不撫叔叔不撫嫂遠別也○嫂悉早反

疏如三至禮然○正義曰此一節明諸侯大夫奔父母喪節也○如三年之喪者如若也若遭父母三年之喪則雖曰君之夫人歸往奔喪也若非三年之喪則不歸也女子出適爲父母期而云三年者以本親言也夫人至入自闈門者謂夫人至於父母之國入自旁側闈門不由正門異於女賓也升自側階者謂夫人升自旁側之階不升正階亦異於女賓也○君在阼者謂主國之君待之在阼階之上不降階而迎也○其他如奔喪禮然者他謂哭踊髽麻之屬如似奔喪之禮然嫌諸侯夫人位尊恐與卿大夫

之妻奔喪禮異故明之也○注女子至階也○正義曰云不自同於女賓也者按喪大記夫人弔於大夫士主人出迎于門外夫人入升堂即位是女賓入自大門升自正階今此不然是不自同於女賓以女子子是父母之親不可同於女賓之疏也云宮中之門曰闈門者釋宮文也云側階亦旁階也者闈門是旁側之門故云側階亦旁階此謂東旁之旁階故奔喪禮婦人升自東階故知側階謂東面階也

君子有三患未之聞患弗得聞也既聞之患弗得學也既學之患弗能行也君子有五恥居其位無其言君子恥之有其言無其行君子恥之既得之而又失之君子恥之地有餘而民不足君子恥之衆寡均而倍焉君子恥之恥民不足者古者居民量地以制邑度地以居民地邑民居必參相得也衆寡均謂俱有役事人數等也倍焉彼功倍己也○其行下孟反

疏君子至恥之○正義曰此一節明君子有三患五恥之事此君子謂在位之君子未聞患弗得聞也者言人須多聞多識若未聞知古事恆憂患不得聞也○地有餘而民不足君子恥之者以地邑民居必參相得今不能撫養使民逃散是土地有餘而民不足故君子恥之衆寡均而倍焉君子恥之者言役用民衆彼之與己民衆寡均等而他人功績倍多於己由不能勸課督率故君子恥之

○孔子曰凶年則乘駑馬祀以下牲○自貶損亦取易供也駑馬六種最下者下牲少牢若特豕特豚也○駑音奴貶必檢反易供上以豉反下音恭種章勇反

○恤由之喪哀公使孺悲之孔子學士喪禮士喪禮於是乎書時人轉而僭上士之喪禮已廢矣孔子以教孺悲國人乃復書而存之○孺而樹反本亦作孺復扶又反

疏孔子至下牲○正義曰此一節明凶荒之年君自貶損也乘駑馬者駑馬六種之最下者也馬有六種一曰種馬天子玉路所乘二曰戎馬兵車所乘三曰齊馬金路所乘四曰道馬象路所乘五曰田馬木路所

乘六曰駑馬負重載遠所乘若年歲凶荒則人君自貶故乘駑馬也○祀以下牲者諸侯常祭大牢若凶荒則用少牢大夫士各降一等並用下牲也○注自貶至豚也○正義曰云自貶損者言乘駑馬降牲牢是貶損也云駑馬六種最下者按校人云種馬一物戎馬一物齊馬一物道馬一物田馬一物駑馬一物是六種馬中最下也云下牲少牢若特豕特豚也者天子諸侯及天子大夫常祭用大牢若凶年降用少牢諸侯之卿大夫常祭用少牢降用特豕士常祭用特豕降用特豚如此之屬皆爲下牲也

○子。貢觀於蜡孔子曰賜也樂乎對曰一國之人皆若狂賜未知其樂也蜡也者索也歲十二月合聚萬物而索饗之祭也國索鬼神而祭祀則黨正以禮屬民而飲酒于序以正齒位於是時民無不醉者如狂矣曰未知其樂怪之○蜡仕嫁反樂音洛下及注同索色百反下同屬音燭

子曰百日之蜡一日之澤非爾所知也蜡之祭主先嗇也大飲烝勞農以休息之言民皆勤稼穡有百日之勞喻久也今一日使之飲酒燕樂是君之恩澤非女所知言其義大○嗇音色烝之承反勞力報反女音汝

疏子貢至知也○正義曰此一節明蜡月鄉飲酒之樂各依文解之○蜡謂王者各於建亥之月報萬物息老休農又各燕會飲酒於黨學中故子貢往觀之也孔子曰賜也樂乎者呼子貢名而問之云汝觀蜡飲燕見此之事是歡樂否乎對曰一國之人皆若狂賜未知燕樂也者子貢以謂禮儀有序乃可是樂今此蜡人恣性酣飲載號載呶大小悉爾故云一國之人皆若狂也既皆如狂則非歡樂故云未知其樂也○注蜡也至怪之○正義曰云蜡也者索也至而索饗之皆郊特牲文言經之蜡者是索饗之祭也云歲十二月者周正建亥之月云國索鬼神而祭祀則黨正以禮屬民而飲酒于序者謂州黨之學云以正齒位者以歲終事畢黨正屬民以正齒位若鄉飲酒義云六十者坐五十者立壹命齒于鄉里之屬云於是時民無不醉者如狂矣者以飲初之時正齒位及飲末。醉無不如狂者也○子曰百日之蜡一日之澤非爾所知也者孔子解蜡是樂之義也言此蜡而飲是報民一年勞苦故

云百日之蜡也言百日者舉其全數喻久矣實一年之勞苦也今一日歡休故恣其醉如狂此是由於君之恩澤故云一日之澤也其理深遠故曰非爾所知也○注蜡之至義大○正義曰云蜡之祭主先嗇也者謂以先嗇神農爲主云大飲烝勞農以休息之者謂於時天子諸侯與羣臣大飲於學烝升也謂升牲體於俎於此之時慰勞農人使令休息云言民皆勤稼穡有百日之勞喻久也者解經百日之蜡言百日勞苦而有此蜡其實一年而云百日舉其成數以喻其久也云今一日飲之飲酒燕樂是君之恩澤者解經一日之澤言一日之中由人君之恩澤

張而不弛文武弗能也弛而不張文武弗爲也一張一弛文武之道也張弛以弓弩喻人也弓弩久張之則絕其力久弛之則失其體○弛尸是反下及注同弩弓乃反○疏張。而。至。道。也○正。義。曰此孔子以弓喻於民也張謂張弦弛謂落弦若弓久張而不落弦則絕其弓力喻民久勞而不息則亦損民之力也○文武弗能也者言若使民如此縱令文武之治不能使人之得所以言其苦故稱其不能弛而不張文武弗爲也者言弓久落弦而不張人設則失其弓之往來之體喻民久休息而不勞苦則民有驕逸之志民若如此文武不能爲治也而事之逸樂故稱不爲也一張一弛文武之道也者言弓一時須張一時須弛喻。民一時須勞一時須逸勞逸相參若調之以道化之以理張弛以時勞逸以意則文武得其。其中道也使可以治文武爲政之道治民如此故云文武之道也

○孟獻子曰正月日至可以有事於上帝七月日至可以有事於祖七月而禘獻子爲之也記魯失禮所由也孟獻子魯大夫仲孫蔑也魯以周公之故得以正月日至之後郊天亦以始祖后稷配之獻子欲尊其祖以郊天之月對月禘之非也魯之宗廟猶以夏時之孟月爾明堂位曰季夏六月以禘禮祀周公於大廟○大廟音泰疏孟。獻。至。之。也○正義曰此一節明魯之郊禘之事獻子魯大夫仲孫蔑諡曰獻子正月周正月建子之月也日至冬至日也有事謂南郊祭所出之帝也上帝靈威仰也而周以十一月爲正

其月日至。注。云若天子則圜丘魯以周公之故得郊天所以於此月得郊所出之帝靈威仰而已故云正月日至可以有事於上帝也此言是也○七月日至可以有事於祖者七月周七月建午之月也日至夏至日也有事謂可禘祭於祖廟故云有事於祖獻子言十一月建子冬。既祭上帝故建午夏至亦可禘祖以兩月日至相對故欲祭祖廟與天相對也故云七月日至可以有事於祖也此言非也所以爲非者魯之祭祀宗廟亦猶用夏家之法凡大祭宜用首時應禘於孟月孟月於夏家是四月於周爲六月故明堂位云季夏六月以禘禮祀周公於大廟是夏之孟月也獻子捨此義欲以此二至相當以天對祖乖失禮意○七月而禘獻子爲之也者獻子有此之失故記其失所由也○注記魯至大廟○正義曰云記魯失禮所由者言七月而禘是魯之失禮時暫爲之非是恆行故春秋獻子之後無七月禘廟之事又此不云自獻子始是不恆行也云孟獻子魯大夫仲孫蔑也者以左傳稱孟獻子經書仲孫蔑也云魯以周公之故得以正月日至之後郊天亦以始祖后稷配之者此是明堂位文故明堂云魯君孟春乘大路祀帝于郊配以后稷是后稷配之也亦者天子正月郊祭以始祖配天魯以十一月郊祭亦以后稷配天故云亦也云魯之宗廟猶以夏時之孟月爾者以明堂位稱季夏六月以禘禮祀周公於大廟周之季夏即夏之孟月建巳之月又春秋宣八年六月辛巳有事于大廟謂禘祭也是用建巳之月按春秋宣九年獻子始見經按僖八年於時未有獻子而七月禘者鄭答趙商云以僖八年正月公會王人于洮六月應禘以在會未還故至七月乃禘君子原情免之禮不合譏而書之者爲致夫人故書七月禘也獻子既七月而禘非時失禮春秋之例非時祭者皆書於經以示譏獻子以後之禘而用七月不書於經而不譏者鄭釋廢疾云宣八年六月有事于大廟禘而云有事者雖爲卿佐卒張本而書有事其實當時有用七月而禘因宣公六月而禘得禮故變文言有事春秋因事變文見其得正也如鄭此言則獻子之時禘皆非正因宣公六月禘爲得正故變文云有事以明餘禘之不正也故餘禘不載於經唯譏於宣公得正之禘也鄭又一解云禮記之言不可合於春秋書例故鄭答趙商云

禮記之云何必皆在春秋之例是禮記不與春秋合也

○夫人之不命於天子自魯昭公始也

亦記魯失禮所由也周之制同姓百世昬姻不通吳大伯之後魯同姓昭公取於吳謂之吳孟子不告於天子自此後取者遂不告於天子天子亦不命之

疏「夫人至始也」○正義曰諸侯夫人亦天子所命或是王后無畿外之事故天子命畿外諸侯夫人此文是也若畿內諸侯及卿大夫之妻則玉藻注云天子諸侯命其臣后夫人亦命其妻是也

○外宗爲君夫人猶內宗也

皆謂嫁於國中者也爲君服斬夫人齊衰不敢以其親服服至尊也外宗謂姑姊妹之女舅之女及從母皆是也內宗五屬之女也其無服而嫁於諸臣者從爲夫之君嫁於庶人從爲國君○外宗爲于僞反注同下爲夫爲之服下注爲其亦同

疏「外宗至宗也」○正義曰外宗者謂君之姑姊妹之女及舅之女及從母皆是也內宗謂君五屬內之女君內宗爲君悉服斬衰爲夫人齊衰則君之外宗之女爲君及夫人與內宗同故云猶內宗也亦卽是與諸侯爲兄弟者服斬之例也○注皆謂至國君○正義曰知皆謂嫁於國中者以經云爲君夫人則君夫人者是國人所稱號故知嫁於國中國外當云諸侯云爲君服斬夫人齊衰不敢以其親服服至尊也者按禮族人不敢以其戚戚君則異族者亦不可以戚戚君故不得以其親服服至尊也云外宗謂姑姊妹之女舅之女及從母皆是也者古者大夫不外取故君之姑姊妹嫁於國內大夫爲妻是其正也舅之女及從母皆是者謂君之舅女及君之從母在國中者非正也所以非正者以諸侯不內取故舅女及從母不得在國中諸侯雖曰外取舅及從母元在他國而舅之女及從母不得來嫁與己國卿大夫爲妻以卿大夫不外取知內宗五屬之女者以其稱內故內五屬之女也凡外宗內宗皆據有爵者云其無服而嫁於諸臣者從爲夫之君者總謂外宗內宗之女皆然也云嫁於庶人從爲國君者亦內外宗之女並言之則服齊衰三月此等內宗外宗熊氏云雖嫁在他國皆爲本國諸侯服斬也今依用之若賀循譙周之等云在己國則得爲君服斬夫人齊衰若在他國則不得也今並存焉任賢者擇之此外宗與

喪服外宗爲君別也故鄭注彼云外宗是君之外親之婦此外宗唯據君之宗崔氏云兼據夫人外宗其義非也又周禮外宗內宗謂外內之女而崔氏云鄭注特牲云女者女有出適嫌有降理故舉女不言男其義亦非也

○廐焚孔子拜鄉人爲火來者拜謝之拜之士壹大夫再亦相弔之道也言拜之者爲其來弔己宗伯職曰以弔禮哀禍災【疏】廐焚至道也○正義曰廐焚孔子馬廐被火焚也○孔子拜鄉人爲火來者謂孔子拜謝鄉人爲火而來慰問孔子者○拜之士壹大夫再者言拜此鄉人之時若士則壹拜之大夫則再拜之○亦相弔之道者此言雖非大禍災亦是相弔之道也

孔子曰管仲遇盜取二人焉上以爲公臣曰其所與遊辟也可人也言此人可也但居惡人之中使之犯法○上時掌反辟匹亦反管仲死桓公使爲之服官於大夫者之爲之服也自管仲始也有君命焉爾也亦記失禮所由也善桓公不忘賢者之舉官猶仕也此仕於大夫更升於公與違大夫之諸侯同爾禮不反服【疏】孔子至爾也○正義曰此二節明大夫之臣雖仕於公反服大夫之服孔子論說管仲之事故云孔子曰管仲遇盜取二人焉者謂管仲逢遇羣盜於此盜中簡取二人焉○上以爲公臣者謂管仲薦上此二人以爲桓公之臣○曰其所與遊辟也可人也者此管仲薦此盜人之辭言此盜人所與交遊是邪辟之人故犯法爲盜可人也者謂其人性行是堪可之人也可任用之○管仲死桓公使爲之服者謂管仲之死桓公使此二人著服也○宦於大夫者之爲之服也自管仲始也者言依禮仕宦於大夫升爲公臣不合爲大夫著服今此二人是仕宦於大夫升爲公臣者之爲大夫而著服也從管仲爲始言自此以後升爲公臣皆服宦於大夫之服也○有君命焉爾也者言此二人所以爲管仲著服者有桓公之命使之焉爾作記之者亦記失禮所由又記桓公不忘賢者之舉也

○過而舉君之諱則起舉猶言也起立者失言而變自新與君之諱

同則稱字謂諸臣之名也[疏]過而至稱字○正義曰此一節明辟君之諱也過謂過誤也舉猶言也若過誤言君之諱則起而改變自新○

內亂不與焉外患弗辟也謂卿大夫也同僚將爲亂己力不能討不與而已至於鄰國爲寇則當死之也春秋魯公子友如陳葬原仲傳曰君子辟內難而不辟外難○與音預注同辟音避注同僚本又作寮力雖反難乃旦反下同[疏]。內。亂。至。辟。也○正義曰此一經明卿大夫之禮有內亂力不能討可辟之事○內亂不與焉者謂國內有同僚爲亂則身自畏辟不干與焉以其力弱不能討也雖不與而已若力能討則當討之○外患弗辟也者外謂在外鄰國爲其寇患雖力不能討不得辟之當盡死於難也○注春秋至外難○正義曰引春秋者莊二十七年公羊傳文按彼云公子友如陳葬原仲大夫不書葬此何以書通乎季子之私行也又云君子辟內難而不辟外難內難者何公子慶父公子牙通乎夫人以脅公季子起而治之則不得與于國政坐而視之則親親何休云不忍見其如此故請至于陳而葬原仲時季友。討慶父爲不與國政力不能討至莊三十二年季子與國政故逐慶父而酖叔牙也此注云力不能討亦謂不與國政若與國政力能討之而不討則責之故宣二年晉史董狐書趙盾以弒君云子亡不越竟是也○

贊大行曰圭公九寸侯伯七寸子男五寸博三寸厚半寸剡上左右各寸半玉也藻三采六等贊大行者書說大行人之禮者名也藻薦玉者也三采大等以朱白蒼畫之再行也子男執璧作此贊者失之矣○厚戶豆反剡以冉反畫胡卦反徐胡麥反再行戶剛反

哀公問子羔曰子之食奚當問其先人始仕食祿以何君時○當如字注同舊丁浪反對曰文公之下執事也[疏]。贊。大。至。事。也○正義曰此明五等諸侯所執圭玉之制○贊大行曰者贊明也大行謂周禮有大行人篇掌諸侯五等之禮舊作記之前有人說書贊明大行人之事謂之贊大行今亦作記者引此舊書故云贊大行曰曰發語端也博三寸者謂圭博三寸也○厚半寸者謂圭與璧各厚半寸○剡上左右各寸半者謂圭與璧剡殺也殺上左右角各寸半也○玉也者言五等諸侯圭璧長短雖異而俱以玉爲之故云玉也○藻三采六等者藻謂以韋衣板以藉玉者三采朱白蒼也六等六行也謂畫上三色每色爲二行是三采六等○注贊大至之矣○正義曰云書說大行人之禮者名也者謂作此記之前別有書論說大行人之禮其篇名謂之贊大行云三采六等以朱白蒼畫之再行也者按聘禮記云朝天子圭與繅皆九寸繅三采六等朱白蒼朱白蒼是也既重云朱白蒼是一采爲三等相間而爲六等也若五等諸侯皆一采爲一就典瑞云公侯伯皆三采三就謂一采爲一就故三采三就其寶采別二就三采則六等也典瑞又云子男皆二采再就二采謂朱綠也二采故二就其寶采別二就二采則四等也典瑞又云瑑圭璋璧琮繅皆二采一就以覜聘此謂卿大夫每采唯一等是二采共一就也與諸侯不同其天子則典瑞云繅五采五就亦一采爲一就五采故五就其寶采別二就五采則十等也云子男執璧作此贊者失之矣者以此經列公侯伯子男總云博三寸剡上左右各寸半此謂圭也今總包子男則子男亦執圭故云作此贊者失之矣○

成廟則釁之其禮祝宗人宰夫雍人皆爵弁純衣廟新成必釁之尊而神之也宗人先請於君曰請命以釁其廟君諾之乃行○釁許靳反純側甚反雍人拭羊宗人視。之宰夫北面于碑南東上。居上者宰夫也宰夫攝主也拭。靜也○拭音式碑彼皮反靚本亦作靜同才性反雍人舉羊升屋自中中屋南面刲羊血流于前乃降門夾室皆用雞先門而後夾室其衈皆于屋下割雞門當門夾室中室自由也衈謂將刲割牲以釁先滅耳旁毛薦之耳聽聲者告神欲其聽之周禮有刉。衈○刲苦圭反夾古洽反衈如志反刉古伐反又古對反一音其既反珥如志反有司皆鄉室而立門則有司當門北面有司宰夫祝宗人○鄉許亮反下同既事宗人告事畢乃皆退告者告宰夫反命于君曰釁某廟事畢反命于寢君南鄉于門內朝服既反命乃退〇君朝服者不至廟也〇朝直遙反注同路寢成則考之而不釁釁屋者交神明之道也言路寢者生人所居不釁者不神之也考之者設盛食以落之爾檀弓曰晉獻文子成室諸大夫發焉是也凡宗廟之器其名者成則釁之以豭豚〇宗廟名器謂尊彝之屬〇豭音加彝以之反

疏成廟至豭豚〇正義曰此一節論釁廟及考路寢之事〇成廟則釁之者謂宗廟初成則殺羊取血以釁之尊而神之也〇其禮祝宗人宰夫雍人皆爵弁純衣者其禮謂釁廟之禮欲釁之時宗人先請於君曰請命以釁某廟君諾之乃行事爵弁者士服也純衣者謂絲衣則玄衣纁裳也〇雍人拭羊者雍人是廚宰之官拭羊謂拭靜其羊拭於廟門外按大戴禮釁廟篇云成廟則釁以羊君玄服立於寢門內南鄉祝宗人宰夫雍人皆玄服宗人曰請命以釁某廟君曰諾遂入雍入拭羊乃行入廟門碑南北面雍人舉羊升屋自中中屋南面封羊血流于前乃降此皆大戴禮文既云拭羊乃行入廟門是拭羊在廟門之外但初受命於寢門內之時君與祝宗人宰夫雍人等皆著玄服謂朝服緇衣素裳等其祝宗人宰夫雍人等著玄服謂朝服緇衣素裳等其祝宗人宰夫雍人等皆入廟之時則爵弁純衣雍人舉羊升屋者熊氏云謂抗舉其羊升於屋自中者自由也謂升屋之時由屋東西之中謂兩階之間而升也中屋南面者謂當屋棟之上亦東西之中而南面封劃其羊使血流于前雍人乃降皇氏云舉羊謂縣羊升屋謂掛羊於屋自中謂在屋之中中屋謂羊在屋棟之下縣之上下處中今謂升屋者謂室之在上之覆也前云升屋下云乃降與喪大記復者升屋其文正同何得以升為縣又中屋為屋棟去地上下為中此正得云屋中不得云中屋若室裏縣羊血則當羊而下何得云血流于前又下文其衈皆於屋下明知其釁則在屋上檢勘上下皇氏之說非也〇門夾室皆用雞者門廟門也夾室東西廂也其減於廟室故釁不用羊也門與夾室各一雞凡用三雞故云皆也

謂釁門夾室用雞之時如上用羊之法亦升屋而割之○先門而後夾室者謂先釁門後釁夾室又卑於門也○其衈皆於屋下者謂未封割羊與雞之時先
滅耳旁毛以薦神廟則在廟之屋下門與夾室則在門夾室之屋下故云其衈皆於屋下衈訖然後升屋而釁也○門當門夾室中室者謂衈訖為釁之時門
則當門屋之上中夾室則當夾室上之中以割雞使血流故云門當門夾室中室此釁廟以羊門夾室以雞總云其衈則毛牲羽牲皆謂之衈而鄭注周禮云
毛牲曰刏羽牲曰衈者以此經有羊有雞無別刏文故總以衈包之周禮刏衈相對故以毛牲曰刏羽牲曰衈○有司皆鄉室而立者謂釁夾室之時宰夫祝
宗人皆當於夾室而立門則有司當門北面而立○既事宗人告事畢乃皆退者謂釁事既畢宗人告攝主宰夫以事畢宰夫及祝宗人等乃退○反命于寢
者謂釁既畢反報君命於路寢○君南鄉于門內朝服者謂君受命之時南鄉于路寢門內南面而立身著朝服即大戴禮云玄衣以不入廟故朝服○路寢
成則考之而不釁者路寢是生人所居不用神之故不釁也考之者謂設盛饌以落之如檀弓晉獻文子成室是也庾蔚云落謂與賓客燕會以酒食澆落之
即歡樂之義也釁屋者交神明之道也者釋所以不釁路寢之義言此屋與神明相交故釁之也○凡宗廟之器其名者成則釁之以豭豚者器之名者尊彝
之屬也若作名者成則釁之若細者成則不釁名器則殺豭豚血塗之也不及廟故不用羊也○諸侯出夫人夫人比至于其
國以夫人之禮行至以夫人入行道以夫人之禮者弃妻致命其家乃義絕不用此為始○比必利反使者將命
曰寡君不敏不能從而事社稷宗廟使使臣某敢告於執事主人對曰寡君固
前辭不教矣寡君敢不敬須以俟命前辭不教謂納采時也此辭賓在門外。擯者傳焉賓入致命如初主人卒辭曰敢不
聽命○使色吏反有司官陳器皿主人有司亦官受之器皿其本所。齎物也律弃妻畀所。齎○皿武景反字林又音猛

齎子令反下同畀必利反與也又婢支反償也妻出夫使人致之曰某不敏不能從而共粢盛使某也敢告於侍者主人對曰某之子不肖不敢辟誅敢不敬須以俟命使者退主人拜送之肖似也不似言不如人誅猶罰也○共音恭粢盛上音咨下音成肖音笑辟音避如舅在則稱舅舅沒則稱兄無兄則稱夫言弃妻者父兄在則稱之命當由尊者出也唯國君不稱兄主人之辭曰某之子不肖如姑姊妹亦皆稱之姑姊妹見弃亦曰某之姑某之姊若妹不肖

疏諸侯。至稱之。○正義曰此一節論諸侯出夫人及卿大夫以下出妻之事○諸侯出夫人者謂夫人有罪諸侯出之。命歸本國○使者將命者使者謂送夫人歸者將行君命以告夫人之國君寡君不敏不能從而事社稷宗廟者禮尚謙退不。能指斥夫人所犯之罪故引過自歸云寡君才知不敏不能隨從夫人共事社稷宗廟故君。使臣某敢告在下之執事○寡君敢不敬須以俟命者須待也俟亦待也主人報客云君既有命寡君豈敢不恭敬須待君命○有司官陳器皿者使者既得主人荅命故使從已來有司之官陳夫人嫁時所齎器皿之屬以還主國也○主人有司亦官受之者主國亦使有司官領受之也並云官者明付受悉如法也○妻出者此以下明夫出妻法也○如舅在則稱舅舅沒則稱兄者謂凡遣妻必稱尊者之命舅在稱舅者謂妻之被出則應稱夫名使某來告若夫之父在則稱父名使某來告是舅在則稱舅也舅沒則稱兄者謂稱夫兄之名使某來告不云舅沒則稱母者婦人之名不合外接於人也若有死喪則稱母弔即曾子問云母喪稱母是也○無兄則稱夫者謂夫身無兄則稱夫名使某來告則上文是也夫遣人致命則得云某不敏不能從而共粢盛若夫之父兄遣人致命其致命之辭未聞也○主人之辭曰某之子不肖者前文已具重更發者為姑姊妹張本故云如姑姊妹亦皆稱之鄭云某之姑某之姊若妹不肖是也

孔子曰吾食於少施氏而飽

少施氏食我以禮言貴其以禮待己而爲之飽也時人倨慢若季氏則不以禮矣少施氏魯惠公子施父之後○少失召反下及注同食我
音嗣爲于僞反下來爲亦爲同倨音據慢武諫反本亦作慢父音甫吾祭作而辭曰疏食不足祭也吾飧作而辭
曰疏食也不敢以傷吾子疏孔子至吾子正義曰此一節明少施氏以禮而食孔子吾祭者謂孔子祭也○作而辭曰疏食不足
祭也者作起也少施氏起而辭謝云疏麤之食不足祭也○吾飧者謂孔子食後而更飧而強飯以答主人之意○作而辭曰疏食也不敢以傷吾子者少施
氏又起而辭謝云疏麤之食不可強飽以致傷害故云不敢以傷吾子納幣一束束五兩兩五尋納幣謂昏禮纁徵也十个爲束
貴成數兩兩者合其卷是謂五兩八尺曰尋五兩五尋則每卷二丈也合之則四十尺今謂之匹猶匹偶之云與○飧音孫个古賀反卷音眷徐紀勉反下同
與音餘婦見舅姑兄弟姑姊妹皆立于堂下西面北上是見已婦來爲供養也其見主於尊者兄弟
以下在位是爲已見不復特見○婦見賢遍反下注同供恭用反養羊尚反復扶又反見諸父各就其寢旁尊也亦爲女見時不來
雖未許嫁年二十而笄禮之婦人執其禮雖未許嫁年二十亦爲成人矣禮之酌以成之言婦人執其禮明非許嫁
之笄燕則鬈首既笄之後去之猶若女有鬈紒也○鬈音權又居阮反去起呂反鬌丁果反紒音計字又作紒疏納幣至鬈首○正義曰此一節
論昏禮婦見舅姑及女求許嫁加笄分別之事納幣一束者謂昏禮納財幣之時其幣一束謂十个也束五兩者兩个合爲一卷取配偶之義是束五兩也一
兩有四十尺八尺曰尋五八四十是兩五尋也今謂之匹由匹偶也○婦見舅姑者謂婦來明日而見舅姑也○兄弟姑姊妹皆立于堂下西面北上者見舅
姑之時則夫之兄弟姑姊妹皆立于舅姑之堂下東邊西鄉以北爲上近堂爲尊也○是見已者舅姑在堂上婦自南門而入入則從於夫之兄弟姑姊妹前

度以因是即爲相見不復更別詣其室見之故云是見已謂是已見也○見諸父各就其寢者諸父謂夫之伯叔也旣是旁尊則婦於明日乃各往其寢而見之不與舅姑同日也○女雖未許嫁年二十而笄禮之者女子十五許嫁而笄若未許嫁至二十而笄以成人禮言之○婦人執其禮者賀瑒云十五許嫁而笄者則主婦及女賓爲笄禮主婦爲之著笄女賓以醴禮之未許嫁而笄者則婦人禮之無主婦女賓不備儀也○燕則鬈首者謂旣笄之後尋常在家燕居則去其笄而鬈首謂分髮爲鬌紒也此旣未許嫁雖已笄猶爲少者處之

○韠長三尺下廣二尺上廣一尺會去上五寸紕以爵韋六寸不至下五寸純以素紃以五采會謂領上縫也領之所用蓋與紕同在旁曰紕在下曰純素生帛也紕六寸者中執之表裏各三寸也純紕所不至者五寸與會去上同紃施諸縫中若今時條也○韠音必長直諒反廣古曠反下同會古外反注同紕婢支反又方移反注同純之閏反又支允反注同徐力移反紃音巡徐辭均反縫扶用反下同條本又作條同吐刀反

【疏】○韠長至五采○正義曰韠韍也長三尺與紳齊也下廣上狹象天地數也○○會去上五寸者會謂韠之領縫也此縫去韠上畔廣五寸謂會上下廣五寸○○紕以爵韋六寸者謂會縫之下韠之兩邊紕以爵韋闊六寸倒攝之兩廂各三寸也○不至下五寸者謂紕韠之兩邊不至韠之下畔闊五寸○純以素者素謂生帛謂紕所不至之處橫純之以生帛此帛上下各闊五寸也○紃以五采者紃條也謂五采之條置於諸縫之中○注會謂至上同○正義曰韠旁緣謂之紕上緣謂之會以其在下總會之處故謂之爲會此上緣緣韠之上畔其縫廣狹去上畔五寸也云領之所用蓋與紕同者紕旣用爵韋會之所用無文會紕同類故知會之所用與紕同也云純紕所不至者五寸者純緣也緣之所施是兩旁之紕不至下五寸之處以素緣之云與會去上同者純之上畔去韠下畔五寸會之下畔去韠之上畔五寸以其俱五寸故云與會去上同如諸儒所說云會者是韠之上畔淺緣而已去上五寸謂與兩旁之紕去韠上畔會縫之下有五寸若如此說何得鄭

注與會去上同明知會之闊狹五寸也

附。釋。音。禮記注。疏。卷第四。十三。

禮記注疏卷四十三校勘記　　阮元撰盧宣旬摘錄

雜記下

凡弁絰節

其衭半而益一　惠棟校宋本作其此本其誤而閩監毛本同今正

父有服宮中節

父有至絕樂　惠棟校宋本無此五字

則子不與於樂者　閩監毛本同惠棟校宋本無子字

姑姊妹其夫死節

姑姊至之黨　惠棟校宋本無此五字

云里尹閭胥里宰之屬也　閩監本同惠棟校宋本毛本也作者

二十五家爲閭閭置一胥中士也六遂之內　閩監毛本同考文云宋板此十七字無衞氏集說同

亦是此國君爲主之義　惠棟校宋本同閩本義字闕監毛本義誤說

麻者不紳節

麻者至於采惠棟校宋本無此五字

按聘禮己國君甍惠棟校宋本作聘衞氏集說同此本聘誤周閩監毛本同今正

似行聘享之事惠棟校宋本作似衞氏集說同此本似誤飯閩監毛本同今正

國禁哭節

謂大祭祀閩監毛本同岳本同嘉靖本同衞氏集說本同考文云宋板祀作禮

不非各本同石經同釋文出不扉云本又作菲○按扉正字菲假借字

不絕地之情者能用禮文哉惠棟校宋本作哉宋監本岳本嘉靖本衞氏集說同考文引古本足利本同此本哉誤矣閩監毛本同今正

國禁至矣哉惠棟校宋本無此五字

世柳之母死節惠棟校云泄柳節諸侯使人節宋本合爲一節

世柳之母死石經同岳本同嘉靖本同釋文出世柳閩監毛本世作泄衞氏集說同下及注並放此疏同

世柳至侯七惠棟校宋本無此五字

諸侯飯以珠閩監毛本同惠棟校宋本下有含以璧三字按諸侯飯以珠含以璧稽命徵文衞氏集說載孔疏云天子飯以珠含以玉

諸侯大夫士飯以珠含以貝幷於諸侯下刪去飯以珠三字而與大夫士連文其所據本更無含以璧三字可知蓋脫之久矣

卿大夫節

君問之無筭閩監本同石經同岳本同嘉靖本同毛本筭作算衞氏集說同釋文亦作算○按當作算

卿大至舉樂惠棟校宋本無此五字

升正柩節

謂一黨之民段玉裁云周禮鄉師疏引此注天子千人與五字當在一黨之民下

居前道正之閩監本同岳本同嘉靖本同衞氏集說同考文引宋板同毛本正誤止

升正至以茅惠棟校宋本無此五字

升廟之西階於兩楹之閒閩監毛本同浦鏜校於字上補正字

謂之羽葆葆謂蓋也閩監毛本同考文云宋板葆字不重

居柩葆前御行於道閩監毛本同惠棟校宋本無葆字衞氏集說同

孔子曰管仲鏤簋節惠棟校云孔子節宋本分婦人非三年之下合如三年節爲一

管仲鏤簋各本同石經同釋文出鏤簋字誤也

刻爲蟲獸也監毛本作蟲岳本同衞氏集說同此本蟲省作虫閩本同嘉靖本同山井鼎云此注及疏正嘉二本皆作虫宋板萬曆崇禎本注及疏並作蟲

冠有笄者爲紘各本同考文引足利本爲紘作有紘

豚肩不揜豆各本同石經同釋文出不弇云本亦作揜

孔子至而弔惠棟校宋本無此五字

是難可爲上者也閩本同惠棟校宋本同監毛本可作乎下是難可爲下同

君子有三患節

彼功倍己也閩監毛本同嘉靖本同衞氏集說岳本己並作已是也

君子至恥之惠棟校宋本無此五字

未聞患弗得聞也者閩監毛本同惠棟校宋本未下有之字

孔子曰凶年節

哀公使孺悲各本同石經同釋文出孺悲云本亦作孺

孔子至下牲惠棟校宋本無此五字

子貢觀於蜡節惠棟校云子貢節張而不弛節宋本合爲一節

子貢至知也惠棟校宋本無此五字

及飲未醉無不如狂者也閩監毛本同惠棟校宋本醉上有而字

張而不弛節

張而至道也○正義曰此孔子以弓喻於民也惠棟校宋本無上八字

喻民一時須勞閩監毛本同考文云宋板民下有之字

則文武得其其中道也補案其字誤重

孟獻子曰節

孟獻至之也惠棟校宋本無此五字

其月日至注云若天子則圜丘閩監毛本同惠棟校宋本注作主衞氏集說無注云二字

冬旣祭上帝惠棟校宋本冬下有至字此本脫閩監毛本同

外宗爲君夫人節

舅之女及從母皆是也閩監毛本同岳本同嘉靖本同惠棟校宋本無及字衞氏集說同

外宗至宗也惠棟校宋本無此五字

外宗者謂君之姑姊妹之女閩監毛本同考文云宋板君作宗

廏焚節

廄焚至道也惠棟校宋本無此五字

廏焚閩本同嘉靖本同衞氏集說同監毛本廄作廏岳本同石經作廏釋文同廄焚疏放此

謂孔子拜謝鄉人爲火而來閩本同考文引宋板同監毛本謝下衍一字

孔子曰管仲遇盜節

官於大夫者之爲之服也惠棟校宋本官作宦宋監本石經岳本嘉靖本衞氏集說同此本誤作官閩監毛本同注疏並放此石經考文提要云宋大字本宋本九經南宋巾箱本余仁仲本劉叔剛本並作宦按惠棟校正義皆作宦

孔子至爾也惠棟校宋本無此五字

作記之者閩監毛本同盧文弨云之衍字

內亂不與焉節

內亂至辟也惠棟校宋本無此五字

時季友不討慶父惠棟校宋本有不字此本不字脫閩監毛本同

贊大行節

贊大至事也惠棟校宋本無此五字

成廟則釁之節

宗人視之惠棟校宋本作視石經同岳本同嘉靖本同考文引古本足利本同此本視誤祝閩監毛三本同衛氏集說同石經考文提要云宋大字本宋本九經南宋巾箱本余仁仲本九經誤字並作視通典四十八引亦云雍人拭羊宗人視之

居上者宰夫也閩監毛本同岳本嘉靖本同衛氏集說亦作居上按通典四十八引作東上者宰夫也東字似勝經雍人拭羊宗人視之宰夫北面于碑南東上注正釋經東上二字

拭靜也各本同釋文出拭靚云本亦作靜通典亦作拭靜

周禮有刉衈各本同釋文衈作珥

路寢成則考之各本同石經同毛本考作攷通典亦作考

成廟至豭豚惠棟校宋本無此五字

爵弁者士服也閩本同惠棟校宋本同監毛本士誤上衛氏集說亦作士

君與祝宗人宰夫雍人等皆著玄服謂朝服緇衣素裳等其祝宗人宰夫雍人等皆入廟之時 惠棟校宋本同衞氏集說亦同閩監毛本衍著玄服謂朝服緇衣素裳等其祝宗人宰夫雍人等二十字

○案此本亦誤衍

升於屋上自中者 惠棟校宋本有上字此本上字脫閩監毛本同

諸侯出夫人節

擯者傳焉 各本同釋文出儐者云本又作擯

器皿其本所齎物也律弃妻畀所齎 閩監毛本同岳本同嘉靖本同惠棟校宋本上齎作賫衞氏集說同釋文出所齎云下同按注二齎字各本並同惟宋本及衞氏本上作賫下作齎正義云陳夫人嫁時所賫器皿之屬各本並作賫則注亦當作賫爲是後人見下律文作齎并改上賫亦作齎疑非其舊

諸侯至稱之 惠棟校宋本無此五字

命歸本國 閩監毛本同考文云宋板命作令衞氏集說同

不能指斥夫人 閩監毛本同衞氏集說同通解能作欲

故君使臣某 閩監毛本同衞氏集說使臣作使使臣

孔子曰吾食於少施氏節

時人倨慢各本同釋文出倨慢云本亦作慢

孔子至吾子惠棟校宋本無此五字

納幣一束節

十个爲束岳本同嘉靖本同衞氏集說同閩監毛本个作箇釋文出十个

兩兩者合其卷閩監毛本同岳本同嘉靖本同衞氏集說同段玉裁校本云按者字衍兩兩合其卷用史記兩兩相比漢人語也沈彤改者爲卷非召南疏無者字

五兩五尋閩監毛本同岳本同嘉靖本同衞氏集說同段玉裁校本云五兩五尋宋監本作一兩五尋召南疏作一兩五尋

猶匹偶之云與各本同考文云古本猶作由按作由字與正義合

猶若女有鬙紒也各本同釋文出紒云字又作紒通典五十六亦作紒

納幣至鬙首惠棟校宋本無此五字

今謂之匹由匹偶也閩本同惠棟校宋本同監毛本由作猶

韠長三尺節

會謂領上縫也閩監毛本同嘉靖本同衛氏集說同惠棟校宋本領上作上領足利本同岳本同續通解同釋文出領縫盧文弨云通攷

作領上縫疏但作領縫似上字衍也

若今時條也各本同釋文出之條

韠長至五采惠棟校宋本無此五字

倒攝之惠棟校宋本同衛氏集說同閩監毛本攝誤攝

此帛上下各闊五寸也閩監毛本同惠棟校宋本各作亦衛氏集說同

以其在下總會之處閩監毛本同惠棟校宋本下作上

附釋音禮記注疏卷第四十三惠棟校宋本禮記正義卷第五十二終記云凡三十四頁宋監本禮記卷第十二經五千八十四字注六千七百十二字嘉靖本禮記卷第十二經五千三十七字注六千七百八十二字

禮記注疏卷四十三校勘記

附釋音禮記注疏卷第四十四

禮記　鄭氏注　孔穎達疏

喪大記第二十二 ○陸曰鄭云以其記人君以下始死小斂大斂殯葬之大事故以大記爲名○疏正義曰案鄭目錄云名曰喪大記者以其記人君以下始死小斂大斂殯葬之事此於別錄屬喪服喪大記者劉元云記謂之大者言其委曲詳備繁多故云大

疾病外內皆埽 爲賓客將來問病也疾困曰病○埽悉報反爲賓爲于僞反下爲其爲賓爲主人皆同○疏外內皆埽者爲賓客來問病者以尋常每日皆埽案內則云雞初鳴咸盥漱灑埽室堂者此是平生無事時每日恒埽今既疾病不應更有華飾故知埽者爲賓客來也○注疾困曰病○正義曰按既夕禮云有疾疾者齊乃云疾病內外皆埽是疾困曰病此對文耳散則通也檀弓云孔子寢疾七日而沒是也

君大夫徹縣士去琴瑟 聲音動人病者欲靜也凡樂器天子宮縣諸侯軒縣大夫判縣士特縣去琴瑟者不命之士○縣音玄注同去起呂反注及下注同

寢東首於北牖下 謂君來視之時也病者恒居北牖下或爲北墉下○首手又反下注南首同牖音酉舊音容下注牖下放此墉音容

廢牀徹褻衣加新衣體一人 廢去也人始生在地去牀庶其生氣反徹褻衣則所加者新朝服矣互言之也加朝服者明其終於正也體手足也四人持之爲其不能自屈伸也○牀仕良反本或作床字褻息列反新朝直遙反後朝服皆同

男女改服 爲賓客來問病亦朝服也庶人深衣

屬纊以俟絕氣 纊今之新緜易動搖置口鼻之上以爲候○屬音燭纊音曠一音古曠反易以豉反

男子不死於婦人之手婦人不死於男子之手 君子重終爲其相褻○疏君大至之手○正義曰此明君及大夫等疾困去樂之事君謂諸侯也及大夫等徹縣知不包

天子者以此篇所記皆據諸侯以下也○注天子至之事○正義曰案周禮小
胥王宮縣諸侯軒縣卿大夫判縣士特縣鄭云宮縣四面象宮室軒縣去其一
面判縣又去其一面特縣又去其一面縣於東方或於階閒而已又云凡縣鍾
磬半爲堵全爲肆鄭云諸侯之大夫半天子之大夫西縣鐘東縣磬士亦半天
子之士縣磬而已案典命子男之卿再命其大夫壹命其士不命此云不命之
士謂子男之士○注謂君至墉下○正義曰知謂君來視之時也者案論語鄉
黨云疾君視之東首加朝服此云東首故知是君來視之時也以東方生長故
東首鄉生氣云病者恆居北牖下者士喪下篇云東首于北牖下是恆在北牖
下也若君不視之時則不恆東首隨病者所宜此熊氏所說也今謂病者雖恆
在北牖下若君來視之時則暫時移嚮南牖下東首令君得南面而視之○注
廢去至伸也○正義曰人始生在地去牀庶其生氣反者釋所以病困而除牀
取地義也人初生時在地今病困而反在地冀生氣還反得活如初生時也云
徹褻衣則所加者新朝服矣互言之也者上云徹褻衣則知所加者正也下云
加新衣則知所徹者褻衣故云互言之也朝服云衣素裳也云加朝服者明其終於
正也者解所以加朝服義也明君子雖卒必以正自處也○注爲賓至服也易○
正義曰案旣夕禮云養者皆齊案文王世子云則世子親齊玄而養至病困易
之以朝服故檀弓云親始死羔裘玄冠者易之而已易羔裘玄冠卽朝服也

君夫人卒於路寢大夫世婦卒於適寢內子未命則死於下室遷尸于寢士之妻皆死于寢。言死者必皆於正處也寢室通耳其尊者所不燕焉君謂之路寢大夫謂之適寢士或謂之適室此變命婦言世婦者明尊卑同也世婦以君下寢之上爲適寢內子卿之妻也下室其燕處也○適丁歷反注同處昌慮反下同

【疏】君。夫。至。于。寢。○正義曰此一經明貴賤死寢不同也君謂諸侯也諸
侯三寢一正者曰路寢餘二曰小寢卒歸於正故在路寢也夫人亦
有三寢一正二小亦卒正者也○大夫世婦卒於適寢者適寢猶今聽事處也
其制異諸侯也大夫死適寢其妻亦死適寢也大夫妻曰命婦而云世婦世婦

是諸侯之次婦今既明諸侯世婦尊與命婦敵故互言見義今命婦死於正寢則世婦死女君次寢之上也○內子未命則死於下室遷尸於寢者內子卿妻也若未爲夫人所命則初死在下室至小斂後遷尸乃復還其正寢也○士之妻皆死于寢者亦各死其正室也夫妻俱然故云皆也○注言死至處也○正義曰寢室通耳者案士喪禮云死于適室此云卒於適寢是寢室通也云其尊者所不燕焉者謂尊嚴之處不就而燕息。焉云君謂之路寢大夫謂之適寢士或謂之適室者此云士死於寢士喪禮云死于適室故云或也云世婦以君下寢之上爲適寢者皇氏云君謂女君而世婦以夫人下寢之上爲適寢熊氏云諸侯夫人大夫妻及士之妻卒皆於夫之正寢解此世婦以君下寢之上爲適寢者夫人卒於君之正寢世婦卒於君之下寢之上者與皇氏異雖卒夫寢皆婦人。供視之是亦婦人不死男子之手也案服虔注左傳義與皇氏同夫人之卒在於夫人路寢比君路寢爲小寢故僖八年夫人不薨于寢則不殯于廟服虔注云寢謂小寢也皇氏熊氏其說各異未知孰是故兩存焉知死正寢者案春秋成公薨於路寢道也僖公薨於小寢譏即安謂。夫人寢也隱公薨不書地失其所文公薨於臺下襄公薨於楚宮定公薨于高寢皆非禮也案莊公三十。二年公羊傳何休注云天子諸侯皆有三寢一曰高寢二曰路寢三曰小寢孫從王父之寢案周禮掌正之六寢之脩何休云天子三寢與周禮違不可用

復有林麓則虞人設階無林麓則狄人設階復招魂復魄也階所乘以升屋者虞人主林麓之官也狄人樂吏之賤者階梯也簨虡之類○麓音鹿梯他兮反簨恤尹反虡音巨【疏】正義曰自此至復而後行死事明復是招魂之禮也○復有林麓則虞人設階者復謂升屋招魂其死者所封內若有林麓則所主林麓虞人設階梯而升屋○無林麓則狄人設階者謂官職卑小不合有林麓無虞人可使狄人是家之樂吏之賤者掌設簨虡簨虡階梯之類故狄人設階也

小臣復復者朝服君以卷夫人以屈狄大夫以玄赬世婦以襢衣士以爵弁士妻以稅衣皆升

自東榮中屋履危北面三號捲衣投于前司服受之降自西北榮小臣君之近臣也朝服而
復所以事君之衣也用朝服而復之者敬也復用死者之祭服以其求於神也君以卷謂上公也夫人以屈狄互言耳上公以衮則夫人用禕衣而侯伯以鷩
其夫人用揄狄子男以毳其夫人乃用屈狄矣赬赤也玄衣赤裳所謂卿大夫自玄冕而下之服也其世婦亦以禮衣榮屋翼也升東榮者謂卿大夫士也天子
諸侯言東霤危棟上也號若云皐某復也司服以篋待衣於堂前○卷本又作衮同古本反注同屈音闕注同赬敕貞反禮知彥反稅他亂反榮如字屋翼也
劉昌宗音營號戶高反注同捲俱勉反徐紀阮反禕音輝鷩必列反揄音遙毳昌銳反霤力又反篋苦牒反其爲賓則公館復私館
不復其在野則升其乘車之左轂而復私館卿大夫之家也不於之復爲主人之惡○乘繩證反轂工木反惡烏路反

【疏】小臣至而復○正義曰此一節明復時所用之衣及招魂升降之節○小臣復復者朝服者此明諸侯小臣君之近臣與君爲招魂復魄既是君之親近
與君所爲招魂之時冀君魂神來依之則大夫士以下皆用近臣也所復之人皆著朝服奉事君之魂神故朝服○君以卷者謂上公以衮冕而下○夫人以
屈狄者謂子男之夫人自屈狄而下○大夫以玄赬者玄纁也言大夫招魂用玄冕玄衣纁裳故云玄赬也○世婦以禮衣者世婦大夫妻也其上服唯禮衣
故用招魂也言世婦者亦見君之世婦服與大夫妻同也○士以爵弁者士亦用助祭上服以招魂六冕則以衣名冠諸侯爵弁則以冠名衣今言爵弁者但
用其衣不用其弁也○士妻以稅衣者稅衣六衣之下也士妻得服之故死以招魂也○皆升自東榮者此復者初上屋時也榮屋翼也天子諸侯四注爲
屋而大夫以下不得四注但南北二注而爲直頭頭卽屋翼也復者升東翼而上也賀瑒云以其體下於屋故謂上下在屋兩頭似翼故名屋翼也○中屋履
危者中屋者當屋東西之中央履危者踐履屋棟上高危之處而復也○北面三號者復者北面求陰之義也鬼神所嚮也三號號呼之聲三徧也必三者一

號於上冀神在天而來也一號於下冀神在地而來也一號於中冀神在天地之閒而來也號輒云皐某復矣鄭注士喪禮云皐長聲也○捲衣投于前司服受之者三招既竟。捲斂所復之衣從屋前投。與司服之官司服以篋待衣於堂前也前謂陽生之道復是求生故。云從生處來也然如雜記所言則應每衣三號也○降自西北榮者復者投衣畢而。回往西北榮而下也初復是求生故升東榮而上求既不得不忍虛從所求不得之道還故。自陰幽而下也不正西而西北者因徹西北厞爲便也必徹西北厞者亦用陰殺之所也故鄭注士喪禮云不由前降不以虛反也降因徹西北厞若云此室凶不可居然也○注小臣至堂前○正義曰君以卷謂上公也夫人以屈狄互言耳者男子舉上公婦人舉子男之妻男子舉上以見下婦人舉下以見上是互言也云升東榮者謂卿大夫士也者以鄉飲酒鄉射是大夫士之禮云設洗當東榮。此東榮故知是卿大夫士禮今之兩下屋云天子諸侯言東霤者霤謂東西兩頭爲屋簷霤下案燕禮云設洗當東霤人君殿屋四注燕禮是諸侯禮明天子亦然也

復衣不以衣尸不以斂不以衣尸謂不以襲也復者庶其生也若以其衣襲斂是用生施死於義相反士喪禮云以衣衣尸浴而去之○衣尸於既反注衣尸同斂力驗反後不出者皆同去起呂反

婦人復不以袡袡嫁時上服而非事鬼神之衣○袡而廉反婦人嫁時上服

凡復男子稱名婦人稱字婦人不以名行

唯哭先復

復而後行死事氣絶則哭哭而復復而不蘇可以爲死事

疏復。衣。不。以。衣。至。以。斂。○正義曰復是求生若用復衣而襲斂是用生。施死於義爲反故不得將衣襲尸及斂也○婦人復不以袡者袡是嫁時上服乃是婦人之盛服而非是事神之衣故不用招魂也絳襈衣下曰袡○凡復至稱字者自殷以上貴賤復同呼名周則天子稱天子諸侯稱某甫且字矣大夫士稱名而婦人並稱字○唯哭至死事者唯哭先復者氣絶而孝子卽哭哭訖乃復故云唯哭先復也復而後行死事者復而猶望生若復而不生故得行於死事謂正尸於牀及浴襲之屬也

始卒主人啼。兄弟哭婦人

哭踊悲哀有深淺也若嬰兒中路失母能勿啼乎〇啼大兮反疏始。卒。至。人。哭。踊〇正義曰主人孝子男子女子也親始死孝子哀痛嗚咽不能哭如嬰兒失母故啼也〇兄弟哭者有聲曰哭兄弟情比主人為輕故哭有聲也〇婦人哭踊者婦人衆婦也宗婦亦啼衆婦人輕則哭也然婦人雀踊而此云踊者通自上諸侯並踊也既正尸子坐于東方卿大夫父兄子姓立于東方有司庶士哭于堂下北面夫人坐于西方內命婦姑姊妹子姓立于西方外命婦率外宗哭于堂上北面正尸者謂遷尸牖下南首也子姓謂衆子孫也姓之言生也其男子立於主人後女子立於夫人後世婦為內命婦卿大夫之妻為外命婦外宗姑姊妹之女疏既。正。至。北。面〇正義曰此經明人君初喪子及夫人以下哭位也〇子坐于東方者子謂世子世子尊故坐于東方謂室內尸東故士喪禮云主人入坐于牀東是也〇卿大夫父兄子姓立于東方者案士喪禮衆主人在其後又云親者在室鄭云謂大功以上依。唯士禮父兄子姓大功以上正立于室內東方今此經總云卿大夫父兄子姓立于東方以士禮言之當在室內但諸侯以上位尊不可不正定世子之位故顧命康王之入翼室恤宅宗不宜與卿大夫父兄子姓俱在室內也卿大夫等或當在戶外之東方遙繼主人之後〇有司庶士哭于堂下北面者以其卑故在堂下北面不云東方稍近西而當戶以堂下西方無婦人位故也案士喪禮云小功以下衆兄弟堂下北面此經直云有司庶士在堂下則諸父兄子姓等雖小功以下皆在堂上西面也〇夫人坐于西方者亦近尸故士喪禮云婦人俠牀東面但士禮略但言俠牀人君則當以帷鄣之也〇內命婦姑姊妹子姓立于西方者內命婦則子婦也姑姊妹謂君姑姊妹也子姓君女孫皆立于西方也〇外命婦率外宗哭于堂上北面者外命婦謂卿大夫妻外宗謂姑姊妹之女外命婦外宗等疏於內命婦故在尸外婦人無堂下之位故皆堂上北面〇注正尸至之女〇正義曰知正尸謂遷尸牖下南首也者既夕禮云說牀第當牖。及。遷尸是也知南首者按士喪禮將含之時商祝入當牖北面受具奠于尸西鄭注云如商祝之事位則尸南首明矣是也云子姓謂衆子孫也者謂子孫所生也云其男子立於主人後女子立於夫人後者約士喪禮文或諸侯位尊男子等當立于戶外東方已具前說云世婦爲內命婦卿大夫之妻爲外命婦者前文云大夫世婦則世婦與大夫妻相敵此經內命婦與外命婦相當故知內命婦是世婦也案喪服傳云命婦者大夫之妻故云外命婦卿大夫妻又周禮命及於士則其妻亦爲命婦故鄭注內宰云士妻亦爲命婦士妻與女御相對俱褖衣則君之女御內命婦中兼之也云外宗姑姊妹之女者但姑姊妹必嫁於外族其女是異姓所生故稱外宗案周禮外宗外女之有爵者若其有爵則爲外命婦此別云外宗容無爵者女之女亦是異姓所生而不云者則上文所謂子姓是也周禮有內宗內女之有爵者此不言者則前文姑姊妹是也但姑姊妹已嫁國中則爲命婦別云姑姊妹者。各在室女未嫁及嫁於他國或雖嫁國中從本親之位故別云姑姊妹也不云舅之女及從母之女者外宗中兼之略可知也

大夫之喪主人坐于東方主婦坐于西方其有命夫命婦則坐無則皆立命夫命婦來哭者同宗父兄子姓姑姊妹子姓也凡此哭者尊者坐卑者立士之喪主人父兄子姓皆坐于東方主婦姑姊妹子姓皆坐于西方士賤同宗尊卑皆坐凡哭尸于室者主人二手承衾而哭承衾哭者哀慕若欲攀援○扱本又作攀普班反一音班援音爰徐于願反

【疏】大。夫。至。而哭。○正義曰此。一經明大夫初有喪哭位之禮○其有命夫命婦則坐無則皆立者謂哭位之中有命夫命婦雖有卑於死者以其位尊故坐哭若其無命夫命婦雖尊於死者亦皆立哭○注命夫至者立○正義曰知命夫命婦來哭者同宗父兄子姓姑姊妹子姓也者案左氏傳士踰月外姻至今大夫初喪正尸無容即有異姓故知是同宗之親來哭者知非異姓卿大夫來弔者以其與主人等並列哭位故知是爲喪來哭者若有弔者當立哭不得坐也此大夫之喪不顯父兄

子姓及姑姊妹哭位者約上文君喪及下文士喪略可知也云凡此哭者尊者坐卑者立皇氏云凡謂君與大夫其哭者若爵位尊者則坐故上文君喪子及大夫坐大夫之喪主人主婦命夫命婦皆坐是也君之喪卿大夫皆立大夫之喪非命夫命婦者皆立是也此云尊卑非謂對死者爲尊卑也若其今所行之禮與古異也成服之後尊於死者則坐卑於死者則立也○注士賤至皆坐○正義曰君與大夫位尊故坐者殊其貴賤士既位下故坐者等其尊卑無所異也

君之喪未小斂爲寄公國賓出大夫之喪未小斂爲君命出士之喪於大夫不當斂則出

父母始死悲哀非所尊不出也出者或至庭或至門國賓聘大夫不當斂其來非斂時○爲寄于僞反下皆同下注爲母爲其罷倦皆同

【疏】正義曰此一經明君大夫士等未小斂之前主人出迎賓之節○士之喪於大夫不當斂則出者謂士之喪大夫來弔其主人於大夫來弔之時不當小斂之時則出迎大夫○注出者至斂時○正義曰云或至庭者謂世子迎寄公及國賓士出迎大夫。士也皆至庭故下文云降自西階又云士於大夫親弔則與之哭不逆於門外是也云或至門者謂大夫於君命故下文云大夫於君命迎于寢門外是也以此言之則世子於天子之命士於君命亦皆然也云不當斂其來非斂時者上君與大夫云未小斂之前去小斂遠也士云不當斂謂去小斂近大夫與。士。至小斂相偪也士於大夫雖與小斂相偪不當斂之時尙爲大夫出若未小斂之前爲大夫出可知也案檀弓云大夫弔當事而至則辭焉注云辭猶告也擯者以主人有事告也主人無事則爲大夫出彼亦謂小斂之事與此同斂訖大夫至即拜之故雜記云當袒大夫至絕踊而拜之反改成踊是也此但云斂不云襲者未襲之前唯士爲君命出其餘則不出故士喪禮未襲之前君使人弔主人迎於寢門外見賓不哭先入門右北面是也君使退主人哭拜送于外門外於時賓有大夫則特拜之因送君使而拜之非謂特出迎賓也此云不當斂則出迎賓雜記云士喪當袒大夫至絕踊而拜之與此違者皇氏云若正當斂時不出若斂後而有大夫至則絕踊而拜之○

凡主人之出也徒跣扱衽拊心降自西階君拜寄公國賓于位大夫於君命迎于寢門外使者升堂致命主人拜于下士於大夫親弔則與之哭不逆於門外

拜寄公國賓於位者於庭鄉其位而拜之此。時寄公位在門西國賓位在門東皆北面小斂之後寄公東面國賓門西北面士於大夫親弔謂大夫身來弔士也與之哭既拜之即位西階東面哭大夫特來則北面○跣悉典反扱初洽反衽而審反又而鴆反裳際也拊音撫使色吏反鄉許諒反

疏「凡主至門外」○正義曰前經明出迎賓遠近此經更辨拜迎委曲之儀降自西階者不忍當主位降自西階○君拜寄公國賓于位者寄公謂失位之君也國賓謂鄰國大夫來聘者遇主國君之喪拜于位者於庭鄉其位而拜之○士於大夫親弔則與之哭不逆於門外者謂士之喪大夫親來弔立于西階下東面主人則降自西階下南面拜之拜訖即位西階下與大夫俱哭不迎大夫於門外○注凡拜寄至北面○正義曰此時寄公位在門西國賓位在門東皆北面者熊氏云凡賓弔北面是其正故檀弓云曾子北面而弔焉且尸在堂上鄉之可知也知寄公在門西者寄公有賓義故在賓位故知在門西知國賓在門東者賓雖爲君命使或本是吉使而遭主國之喪而行私弔之禮故從主人之位故知在門東云小斂之後寄公東面國賓門西北面者熊氏云小斂之後主人位於阼階下西面寄公稍依吉禮漸就賓位東面鄉主人也國賓亦以小斂後漸吉轉就門西賓位但爵是。鄉大夫猶北面也又士喪禮云他國之異爵者門西少進是也云既拜之即位西階東面哭者以大夫身來弔士之時在西階之南主人降自西階鄉其位而拜之拜訖主人即位於西階下東面哭之故士喪禮云賓有大夫則特拜之即位于西階下東面不踊鄭注云即位西階下未忍在主人位是據主人也而皇氏云即位西階東面哭謂大夫之位也下云大夫特來則北面皇氏即云是大夫之位。俱與士喪禮違又與鄭注士喪禮不同其義非也云大夫特來則北面者以大夫與士若俱來皆東面故主人即位西階在大夫之北俱東

面而哭今大夫獨來不與士相隨故大夫北面也必知北面者以凡特弔皆北面故檀弓云曾子北面而弔是特弔也○夫人爲寄公夫人出命婦爲夫人之命出士妻不當斂則爲命婦出出拜之於堂上也此時寄公夫人命婦位在堂上北面小斂之後尸西東面

疏正義曰前經明男子迎賓此經明婦人迎賓也○夫人爲寄公夫人出者出謂出房也婦人不下堂但出房而拜於堂上也婦人尊卑與夫同故所爲出者亦同也○命婦爲夫人之命出者亦同其夫爲君命也此出亦不下堂耳○士妻不當斂則爲命婦出者前經明士於大夫不當斂出故此士妻於命婦亦不當斂而出也○注出拜至東面○正義曰知拜於堂上者男子降階拜賓於庭婦人無外事故知拜於堂上云此時寄公夫人命婦位在堂上北面者以前文云君之喪外命婦率外宗哭於堂上北面故知此命婦在堂上北面知寄公夫人亦然者以士喪禮他國異爵者門西北堂與己國大夫同則知寄公夫人亦與命婦同也云小斂之後尸西東面者以小斂之後遷尸於堂故知從婦人之位在尸西東面也小斂主人即位于戶內主婦東面乃斂卒斂主人馮之踊主婦亦如之主人袒說髦括髮以麻婦人髽帶麻于房中士既殯說髦此云小斂蓋諸侯禮也士之既殯諸侯之小斂於死者俱三日也婦人之髽帶麻於房中則西房也天子諸侯有左右房○馮皮冰反本或作憑後皆同袒大旱反說髦本作稅同他活反徐他外反注同髦音毛髽側瓜反

疏正義曰此一節明人君大夫士等小斂之節及拜迎於賓及奠祭弔者之儀各隨文解之○主人即位于戶內者以初時尸在牖下主人在尸東今小斂在戶內故主人在戶內稍東西面○主人馮之踊者斂訖主人馮尸而踊○主婦亦如之者馮尸竟亦踊與男子同也○主人袒者鄉小斂不袒今方有事故袒衣也士喪禮馮尸已竟而云髻髮袒此末括髮先云袒者或人君禮也○說髦者髦幼時翦髮爲之至年長則垂著兩邊明人子事親恆有孺子之義也若父死說左髦母死說右髦二親並死則並

說之親沒不髦是也今小斂竟喪事已成故說之也案鄭注士既殯說髦今小斂而說者人君禮也括髮以麻者以用也人君小斂說髦竟而男子括髮括髮用麻也士小斂後亦括髮但未說髦耳○婦人髽者婦人髽亦用麻也對男子括髮也○帶麻于房中者帶麻麻帶也謂婦人要絰也士喪禮云婦人之帶牡麻結本在房鄭云婦人亦有苴絰但言帶者記其異此齊衰婦人斬衰婦人亦苴絰也帶男子帶絰于東房而婦人帶絰在西房既與男子異處故特記其異也婦人重帶故云帶而略於絰也○于房中者謂男子說髦括髮在東房婦人髽帶麻於西房也○注士既至右房○正義曰士之既殯諸侯之小斂於死者俱三日也者謂數往日也云婦人之髽帶麻於房中則西房也者案士喪禮主人髻髮袒衆主人免于房鄭注云釋髻髮宜於隱者是主人等括髮在東房士喪禮又云婦人髽于室以男子在房故婦人髽于室大夫士唯有東房故也此經兼明諸侯之禮有東西房男子既括髮於東房故知婦人髽及帶麻于西房云天子諸侯有左右房者欲明經中房是西房也天子路寢制如明堂熊氏云左房則東南火室也右房則西南金室也諸侯路寢室在於房中在室之東西也

徹帷男女奉尸夷于堂降拜夷之言尸也於遷尸主人主婦以下從而奉之孝敬之心降拜拜賓也○奉芳勇反注同夷于堂如字陳也本或作侇同音移一本作奉尸于堂從才用反又如字【疏】正義曰此一經明士之喪小斂訖徹帷夷尸之節○徹帷者初死恐人惡之故有帷也至小斂衣尸畢有飾故除帷也此士禮耳諸侯及大夫賓出乃徹帷事見於下文男女奉尸夷于堂者夷陳也小斂竟相者舉尸將出戶往陳于堂而孝子男女親屬並而扶捧之至堂以極孝敬之心也○降拜者降下也既陳於堂則適子下堂拜賓也○

君拜寄公國賓大夫士拜卿大夫於位於士旁三拜夫人亦拜寄公夫人於堂上大夫內子士妻特拜命婦汜。拜衆賓於堂上衆賓謂士妻也尊者皆特拜拜士與其妻皆旅之○汜芳劍反主人即位襲帶絰踊即位阼階之下位也

○有襲經乃踊尊卑相變也母之喪即位而免記異者禮斬衰括髮齊衰免○以至成服而冠爲母重初亦括髮既小斂則免○免音問後放此

乃奠小斂奠也弔者襲裘加武帶經與主人拾踊始死弔者朝服裼裘如吉時也小斂則改襲而加武與帶經矣武吉冠之卷也加武者明不改○冠亦不免也檀弓曰主人既小斂○子游趨而出襲裘帶經而入○拾其刧反裼思歷反卷起權反○疏正義曰此一士小斂訖拜賓也○君拜寄公國賓者君謂嗣君也小斂○尸出堂嗣君下堂拜賓也寄公尊故先言之也拜寄公及國賓並就於其位鄉而拜之故鄭注士喪禮云拜賓鄉賓位拜之是也○大夫士者嗣君又次拜大夫士也大夫士既是先君之臣皆同有斬衰之服而小斂訖出庭列位故嗣君出拜之也○拜卿大夫於位者此更申明拜卿大夫士之異卿大夫則就其位一鄉而拜之也○於士旁三拜者旁猶面也若拜於士士賤不可人人拜之故每一面幷唯三拜也必三拜者士有三等故三拜之故士喪禮云大夫特拜士旅之隱義云士有三等一等一拜故三下膝也一云旁猶不正也或云衆士都共三拜也○云夫人亦拜寄公夫人於堂上者婦人無下堂位並在堂上故夫人拜寄公妻於堂上也○大夫內子士妻者夫人亦拜大夫士之妻也卿妻曰內子大夫妻曰命婦此不云命婦者欲見卿妻與命婦同也○特拜命婦者此更申明拜命婦與士妻之異也特猶獨也謂人人拜之尊故也○特拜命婦則內子亦然也○汜拜衆賓者謂不特也衆賓士妻賤故汜拜之亦旁三拜也○於堂上者拜命婦及士妻亦並於堂上也此經唯舉君喪拜賓不云大夫士喪拜賓者文不具也其大夫士之喪拜賓亦然也故士喪禮云主人拜賓大夫特拜士旅之是也按上注小斂之後寄公門西東面國賓門西北面大夫當在門東北面士當在門西國賓之南東面嗣君於阼階之下少南鄉其位而拜之案上注云寄公夫人命婦小斂之後尸西東面其嗣君夫人本位在西房當在西房之外南面拜女賓也若士妻於阼階上西面拜賓也以無西房故也以上皆是皇氏所說熊氏以爲大夫士拜卿大夫士者是卿大夫士家自遭喪小斂後拜卿大夫於位士旁三拜大

夫內子士妻亦謂大夫士妻家自遭喪小斂後拜命婦及拜士妻之禮大夫士之各自遭喪弁言之者以其大夫士家喪小斂後拜賓同故也此卽君大夫士之喪小斂後拜賓且與上文未小斂時文類其義踰於皇氏矣○主人卽位○正義曰主人拜賓之後稍近北卽阼階下位○襲帶絰踊者拜賓時祖今拜訖襲衣加要帶首絰於序東復位乃踊也○注卽位至變也○正義曰前經注云未小斂主人卽位西階下東面位恐此亦然故明之云阼階之下必知然者以士喪禮小斂後衆主人東卽位又云主人卽位踊襲絰于序東復位故知此卽位在阼階下也云有襲絰乃踊尊卑相變也者案士喪禮先踊乃襲絰此先襲絰乃踊士爲卑此據諸侯爲尊故云尊卑相變也○母之喪卽位而免○正義曰爲父喪拜賓竟而卽阼階下位又序東帶絰猶括髮若爲母喪至拜賓竟卽位時不復括髮以免代之免以襲絰至大斂乃成服也所以異於父也乃奠者奠謂小斂奠也拜賓襲絰踊竟後始設小斂之奠也○弔者至拾踊○弔者謂小斂之後來弔者揜襲裘之上裼衣若未小斂之前來弔者裘上有裼衣裼衣上有朝服開朝服露裼衣今小斂之後弔者以上朝服揜襲裘上裼衣加武者賀氏云武謂吉冠之卷主人旣素冠素弁故弔者加素弁於武○帶絰者帶謂要帶絰謂首絰總之絰帶以朋友之恩故加帶與絰也若無朋友之恩則無帶唯絰而已○○與主人拾踊者拾更也謂主人先踊婦人踊弔者踊三者三是與主人更踊○○注始死至而入○正義曰知始死弔者朝服裼裘者檀弓云子游裼裘而弔是也知朝服者論語云羔裘玄冠不以弔是也小斂之後不用弔則小斂之前可以弔云小斂則改襲而加武與帶絰者約子游之弔也云加武者明不改冠亦不免也者凶冠則武與冠連不別有武免亦無武今云加武明不改作凶冠亦不作免弔所以有免以四代祖免親及朋友皆在他邦嫌有免理故云亦不免引檀弓曰以下者證小斂之前裼裘小斂之後襲裘賀氏以爲加素弁於吉冠之武解經文似便與鄭注不改冠其義相妨熊氏云加武帶絰謂有朋友之恩以絰加於武連言帶耳熊氏又云小斂之時君於臣大夫於士士於朋友之恩若兩大夫不假朋友之恩皆朝服襲裘加絰於玄冠之上若大夫士

無朋友之恩皆玄冠朝服襲裘而已若士大斂之時有朋友之恩者及兩大夫相爲。弁君於大夫皆皮弁服襲裘加弁經故雜記云大夫與殯亦弁經殯則大斂也君於士大夫士自相於無。朋友恩者視大斂則亦皮弁服襲裘無弁經也故士喪禮云君於士視大斂注云皮弁服襲裘無經也故服問云公爲卿大夫錫衰若當事則弁經不云士則士雖當事不弁經君於士尚皮弁明君於卿大夫亦皮弁當事弁經與士異也此所云皆謂未成服之前弔服也若成服之後其錫衰緦衰之等已具上檀弓疏然熊氏以武上加經與帶帶文相妨其義未善兩家之說未知孰是故備存焉○

君喪虞人出木角狄人出壺雍人出鼎司馬縣之乃官代哭代更也未殯哭不絕聲爲其罷倦既小斂可以爲漏刻分時而更哭也木給爨竈角以爲斞水斗壺漏水之器也冬漏以火爨鼎沸而後沃之此挈壺氏所掌也屬司馬司馬涖縣其器○壺音胡縣音玄及下注同更古行反下同罷音皮倦其卷反漏音陋爨七亂反又七官反下爨鼎同斞音俱水斗也隱義云容四升也挈苦結反又音結○

大夫官代哭不縣壺下君也○

士代哭不以官自以親疏哭也下戶嫁反下成君不相下下大夫同

君堂上二燭下二燭大夫堂上一燭下二燭士堂上一燭下一燭燭所以照饌也滅燎而設燭○饌仕眷反燎力召反又力弔反○

【疏】君喪至一燭○正義曰此一節論君及大夫士小斂後代哭之異○君喪虞人出木角者虞人主山澤之官故出木與角○狄人出壺者狄人樂吏主挈壺漏水之器故出壺雍人出鼎者雍人主亨飪故出鼎也所以用鼎及木者冬月恐水凍則鼎漏遲遲更無準則故取鼎爨水用虞人木爨鼎責之故取鼎及木也○司馬縣之者司馬夏官卿也其屬有挈壺氏掌知漏事故司馬自臨視縣漏器之時節故挈壺氏云凡喪縣壺以代哭者○乃官代哭者縣漏分時使均其官屬更次相代而哭使聲不絕也○注燭所至設燭○正義曰有喪則於中庭終夜設燎至曉滅燎而日光未明故須燭以照祭饌也

賓出徹帷君與大夫之禮也士卒斂即徹

帷徹或為廢疏正義曰士小斂竟而徹帷此至小斂竟下階拜賓賓出後乃徹帷是人君及大夫禮舒也注云士卒斂郎徹帷者士喪禮文哭尸于堂上主人在東方由外來者在西方諸婦南鄉由外來謂奔喪者也無奔喪者婦人猶東面○鄉許亮反

疏正義曰此一節通明小斂後尸出在堂時法也○主人在東方者主人之位猶在尸東婦人之位亦猶在尸西如室中也○由外來者在西方者由從也從外來謂新奔喪者若於時有新奔喪從外來者則居尸西方也所以爾者阼階有事故升自西階乃就西方又一通云欲見異于在家者故在西方也若未小斂而奔者則在東方也故奔喪注云其未小斂而至與在家同是也○諸婦南鄉者諸婦主婦以下在家者若無奔喪者則婦人位本在西方東鄉今既在外新奔者故移辟之而近北以鄉南也婦人迎客送客不下堂下堂不哭男子出寢門見人不哭婦人所有事自堂及房男子所有事自堂及門非其事處而哭猶野哭也出門見人謂迎賓。客。者也○處昌慮反其無女主則男主拜女賓于寢門內其無男主則女主拜男賓于阼階下子幼則以衰抱之人為之拜為後者不在則有爵者辭無爵者人為之拜在竟內則俟之在竟外則殯葬可也喪有無後無無主拜者皆拜賓於位也為後者有爵攝主為之辭於賓耳不敢當尊者禮也○衰七雷反人為于偽反下人為注為下為君皆同竟音境下同

疏。婦。人。迎。客。送。客。不。下。堂。下。堂。不。哭。至。喪。有。無。後。無。無。主。○正義曰此一節明小斂之後男主女主迎送弔賓及拜賓之位又廣明喪主不在之義婦人質故迎客送客不下堂○下堂不哭者敵者不下堂若有君夫人弔則主婦下堂至庭稽顙而不哭也男子出寢門見人不哭者男子遭喪敵者來弔不出門若有君命則出門。迎亦不哭也故士喪禮君使人弔徹帷主人迎于寢門外見賓不哭是也○其無女主則男主拜女賓於寢門

內者。此。以下明喪無主而使人攝者禮也若〇有主則使男主拜男賓女主拜女賓若無女主者則男主拜女賓于寢門內也〇其無男主則女主拜男賓于阼階下者若無男主者亦使女主拜男賓於阼階下位也鄉云女有下堂明謂此也男拜女賓于門內少遠階下而猶不出門也〇子幼則以衰抱之人爲之拜者若有子雖幼小則以衰抱之爲主而人代之拜賓也〇爲後者不在者謂主出行不在而家有喪則有爵者辭者謂不在家之主有官爵其攝主無官爵則辭謝於賓云已無爵不敢拜賓〇無爵者人爲之拜者謂不在之主無官爵其攝主之人而爲主拜賓也〇在竟內則俟之者若主行近在國竟之內則俟其還乃殯葬也在竟外則殯葬可也者若主行在國外計不可待則殯殯後又不可待則葬可也〇喪有無後無無主者釋所以必使人攝及其衰抱幼之義無後。已自絕嗣無厥於人故可無後也若無主則相對賓有闕故四鄰里尹主之是無得無主也

君之喪三日子夫人杖五日既殯授大夫世婦杖子大夫寢門之外杖寢門之內輯之夫人世婦在其次則杖卽位則使人執之子有王命則去杖國君之命則輯杖聽卜有事於尸則去杖大夫於君所則輯杖於大夫所則杖三日者死之後三日也爲君杖不同日人君禮大可以見親疏也輯斂也斂者謂舉之不以。杜地也夫人世婦次於房中卽位堂上堂上近尸殯使人執杖不敢自持也子於國君之命輯杖下成君不敢敵之也卜卜葬卜日也凡喪祭虞而有尸大夫於君所輯杖謂與之俱卽寢門外位也獨焉則杖君謂子也於大夫所杖俱爲君杖不相下也〇輯側立反下同斂也去起呂反後去杖皆同見賢遍反斂力檢反下同杜知主反近附近之近

疏君。之。至。則。杖〇正義曰此一節廣明君及大夫士三日之後杖之節制各依文解之〇子大夫寢門之外杖者子謂兼適庶及世子也〇寢門殯宮門也〇子大夫廬在寢門外得持杖杜地行以至寢門也〇寢門之內輯之者斂之不杜地殯柩在門內神明所在故入

門斂之不敢杜地也若庶子至寢門則去杖不得持入也此大夫與子同者謂大夫特來不與子相隨也若與子相隨子杖則大夫輯子輯則大夫去杖故下文云大夫於君所則輯杖是也夫人世婦在其次則杖者次謂婦人居喪之地在房內則得持杖柱地也○即位則使人執之者婦人之位在堂堂上有殯若出房即位則不復自執但使人代執之自隨不杜地也○子有王命則去杖者子亦謂世子也世子若有天子之命。則對之則不敢杖故云之以尊王命也○國君之命則輯杖者國君若鄰國之君使人來弔雖爲敵國而世子自卑未敢比成君故自斂杖以敬彼君命也○聽卜有事於尸則去杖者聽卜謂卜葬卜日也有事於尸謂虞及卒哭祔祭事尸時也敬卜及尸故去杖也○大夫於君所則輯杖者君謂世子也若大夫與世子俱來在門外位大夫則輯杖敬嗣君也○於大夫所則杖者大夫若不與世子俱來而與諸大夫俱在門外位既同是爲君杖無相敬下故並得。執杖。柱地也○注三日至下也○正義曰知死後三日者下文云士之喪二日而殯三日之朝主人杖則知君大夫三日者與士同故知死後三日也云爲君杖不同日人君禮大可以見親疏也者以下云大夫之喪既殯主人主婦室老皆杖今君喪親疏杖不同日是人君禮大可以見親疏也熊氏云經云子杖通女子在室者若嫁爲他國夫人則不杖嫁爲卿大夫之妻與大夫同五日杖也喪服四制七日授士杖君之女及內宗外宗之屬嫁爲士妻及君之女御皆十日杖云夫人世婦次於房中者謂西房也故上文云婦人髽帶麻于房中是也云即位堂上者前文云夫人亦拜寄公夫人於堂上是即位堂上也云卜卜葬卜日也者以經文卜在有事於尸之前虞而立尸虞祭之前卜者唯卜葬日耳故知卜謂卜葬日也云凡喪祭虞而有尸者檀弓云虞而立尸又士虞禮有尸是虞有尸也云大夫於君所輯杖謂與之俱即寢門外位也者以經云子大夫寢門之外杖故知是寢門外位若寢門內位則君亦輯之大夫當去杖也云君謂子也云以經前云子後云君嫌是別人故云君謂子也者於大夫所杖俱爲君杖不相下也者謂大夫於大夫所是兩大夫相對故云俱爲君不相降下也

大夫之喪三日之朝既

殯主人主婦室老皆杖大夫有君命則去杖大夫之命則輯杖內子爲夫人之
命去杖爲世婦之命授人杖大夫有君命去杖此指大夫之子也而云大夫者通實大夫有父母之喪也授人杖與使人執之同
也○爲夫于僞反下及注妾爲君爲人得並同疏大夫至人杖○正義曰此一節明大夫杖節三日之朝既殯者謂死後三日既殯之後乃杖也○主人主
婦室老皆杖者應杖者三日悉杖也大夫有君命則去杖者大夫即大夫嗣子也嗣子而云大夫者鄭云通實大夫有父母之喪也對君命亦然也大夫及嗣
子有君命則去杖以敬之也大夫之命則輯杖者若嗣子對彼大夫之使則斂杖以自卑下之也若兩大夫自相對則不去杖杖敵無所下也○內子爲夫人之
命去杖者內子卿妻若卿大夫妻有夫及長子喪君夫人有命弔已者皆爲夫人之命去杖也○爲世婦之命授人杖者若有君之世婦命弔內子敬之則使
人執杖以自隨也世婦卑於夫人隨而不去也經云大夫之喪不舉命婦而舉內子卿妻者舉內子則命婦可知也文相互也欲見卿喪與大夫同○注通實
至喪也○正義曰經云大夫之喪則其子非大夫也今云大夫有君命是謂子爲大夫經雖以子爲主兼通身實爲大夫有父母喪也士之喪二
日而殯三日之朝主人杖婦人皆杖於君命夫人之命如大夫於大夫世婦之
命如大夫士二日而殯者下大夫也士之禮死與往日生與來日此二日於死者亦得三日也婦人皆杖謂主婦容妾爲君女子子在室者子
皆杖不以即位子謂凡庶子也不以即位與去杖同大夫士哭殯則杖哭柩則輯杖哭殯謂既塗也哭柩謂啓
後也大夫士之子於父父也尊近哭殯可以杖天子諸侯之子於父父也君也尊遠杖不入廟門弃杖者斷而弃之於隱者以喪
至尊爲人得而褻之也○棄本亦作古弃字斷丁管反注斷瓜同疏士。之。至。隱。者○正義曰此一節明士之杖節○二日而殯者除死日爲二日也○三日之朝者謂殯之明日是也○於君命夫人之命如大夫者謂士之子於君命其妻於夫人之命如大夫之禮君命夫人之命皆去杖○於大夫世婦之命如大夫者謂士之子於大夫之命其妻於世婦之命如大夫於大夫之禮大夫之命則輯杖世婦之命則授人杖也於大夫世婦之命如大夫定本如大夫作如夫人二字異義亦通○注士二日至室者○正義曰案前文大夫三日殯此士二日殯是降下大夫也云士之禮死與往日生與來日者殯是爲死者故數往日爲三日杖是爲生者故數來日爲三日云主婦容妾爲君女子子在室者前經大夫之喪云主人主婦此士之喪直云婦人皆杖婦人是衆羣婦故知容妾爲君及女子子在室者也以其皆杖故也○子皆杖不以卽位○正義曰皇氏云子謂大夫士之庶子也不以杖卽位辟適子也所以知此是大夫士庶子者見下有大夫士適子哭殯哭柩推此大夫士適子故知此是大夫士之庶子也然案鄭注此云子謂凡庶子也凡於貴賤則庶子是也容人君適子入門輯杖猶得卽位庶子宜在門外之位去之故無卽門內之位理也大夫士之適子則得哭殯哭柩如下所說其庶子則宜與人君之庶子同並不得以杖卽位也熊氏云此文承上君大夫士之喪下則此謂君大夫士之庶子故注云子謂凡庶子義亦通也○注不以至杖同○正義曰不以杖卽位鄭恐人疑庶子雖不得以杖卽位猶得輯之入門故明之也言與去杖同凡去杖者不復輯也○大夫士哭殯則杖哭柩則輯杖○正義曰大夫士謂大夫士之適子哭殯則杖者既攢塗之後於父父也其尊偪近故哭殯可以杖也哭柩則輯杖者謂將葬既啓之後對柩爲尊則斂去其杖○注哭殯至廟門○正義曰哭柩謂啓後也者啓謂將葬啓殯而出柩也知非未殯之前而哭柩者大夫士之喪未殯之前則未杖也云天子諸侯之子於父父也君也尊遠杖不入廟門者天子諸侯其尊廣遠廟門之內則去杖廟門謂殯宮之門柩之所在故云廟也○棄杖者斷而棄之於隱者○杖是喪至尊之服雖大祥棄之猶恐人褻慢斷之不堪他用棄於幽隱之處使不穢汚

君設大盤造冰焉大夫設夷盤造冰焉士併瓦盤無冰設牀襢笫有

枕含一牀襲一牀遷尸于堂又一牀皆有枕席君大夫士一也此事皆沐浴之後宜承濡濯弃於坎下札爛脫在此耳造猶內也禮第祖簀也謂無席如浴時牀也禮自仲春之後尸既襲既小斂先內冰盤中乃設牀於其上不施席而遷尸焉秋涼而止士不用冰以瓦爲盤并以盛冰耳漢禮大盤廣八尺長丈二深三尺赤中夷盤小焉周禮天子夷盤士喪禮君賜冰亦用夷盤然則其制宜同之○盤本又作槃步于反造七報反下及注皆同并步頂反注同禮之善反單也注同第側里反含胡暗反濡奴亂反下文同濯直孝反下文同坎日感反札側八反爛力旦反簀音責盛音成廣古曠反長直亮反深尸鴆反

疏 ○君設至一也○正義曰此一節明初死沐浴之節○造冰焉者謂造內其冰於盤中也○大夫設夷盤者小於大盤亦內冰焉○士并瓦盤無冰者瓦盤既小故并一盤士卑故無冰○設牀禮第者置冰於下設牀於上去席禮祖第簀○有枕含一牀襲一牀遷尸于堂又一牀者言此三節各自有牀也○皆有枕席者唯含一時暫徹枕使面平故士喪禮云商祝徹枕設巾是也含竟而並有枕也而含襲及堂皆有席故鄭注士喪禮商祝襲衣於牀牀次含牀之東衽如初又注士喪禮設牀第於兩楹之間衽如初有枕云衽寢臥之席也亦下莞上簟是也○君大夫士一也者自設牀禮第至此以下貴賤同然也○注造猶至同之○正義曰造是造詣凡造詣者必入於內故云造猶內也云禮第祖簀也謂無席如浴時牀也者浴時無席爲漏水也設冰無席爲通寒氣也云禮自仲春之後尸既襲既小斂先內冰盤中者若人君仲春則用冰若命夫命婦則火出之後而用冰故昭四年左傳云獻羔而啓之公始用之謂仲春也又云火出而畢賦周禮凌人夏頒冰是卿大夫以下三月以後而得用冰也云既襲既小斂者謂大夫士也既襲謂大夫也既小斂謂士也皆是死之明日若天子諸侯亦三日而設冰也在襲斂之前也云夷盤小焉者謂小於大盤云周禮天子夷盤者案周禮凌人云大喪共夷盤冰是也但天子之夷盤卽此之大盤也依尸而言則曰夷盤此云夷盤者據大夫所用對君大盤爲小云士喪禮君賜冰亦用夷盤者案士喪禮云士

有冰用夷盤何不言君賜知君賜皆諸侯之士既畢若無君賜何得用冰云其制宜同之者以天子夷盤此大夫云夷盤主喪禮又云夷盤三者俱有夷名是其制宜同但大小稍異也始死遷尸于牀幠用斂衾去死衣小臣楔齒用角柶綴足用燕几君大夫士一也牀謂所設牀第當牖者也士喪禮曰士死於適室幠用斂衾去死衣病時所加新衣及復衣也去之以俟沐浴○幠荒胡反去死起呂反注同楔桑結反柶音四綴丁劣反又丁衛反下注同適室丁歷反疏正義曰此一節。反明初死沐浴之節此經論初死之時下經論死後而沐浴前經論浴後設冰經文顛倒故鄭注前經云此事皆沐浴之後宜承濡濯弃於坎下今依鄭次隨文解之○遷尸于牀者尸初在地冀生氣復而既不生故更遷尸于牀而離初死處以近南當牖也即前所謂既正尸也幠用斂衾者幠覆也斂衾者將擬大斂之時衾被也既遷尸在牀而用斂衾覆之也去死衣者既覆之故除去死時。衣所加新衣。及復衣為尸將浴故也小臣楔齒用角柶者楔柱也柶以角為之長六寸兩頭。曲。屈為將含恐口閉急故使小臣以柶柱張尸齒令開也○綴足用燕几者為尸應著屨恐足辟戾亦使小臣用燕几綴拘之令直也案既夕禮云綴足用燕几校在南御者坐持之鄭注云。云尸南首几脛在南以拘足如鄭此言則側几於足。今几脚南出以拘尸足兩邊不令辟戾崔氏云燕几今之燕几其形曲仰而拘足與鄭違其義非也○君大夫士一也者自始死至此貴賤同○注牀謂至者也○正義曰第牀簀也初廢牀。者牀在北壁當戶至復魄後遷之在牀而當牖南首所以死後必還當牖南首者以平生寢臥之處故士昏禮同牢在奧又云御衽于奧媵衽良席在東北。止又曲禮云為人子者居不主奧是尊者常居之處若晝日常居則當戶故玉藻云君子之居恆當戶若病時亦當戶在北牖下取鄉明之。義故鄭前注病者恆居北牖下明不病不恆居北牖下也管人汲不說繘屈之盡階不升堂授御者御者入浴小臣四人抗衾御者二人浴浴水用盆沃水用枓浴用絺巾挋用浴衣如宅日小臣爪足浴餘水弃于坎其母之喪則內御者抗衾而浴抗衾者蔽上重形也挋拭也爪足斷足爪也○管人如字掌管籥之人又古亂反掌館舍之人也下同汲音急說吐活反繘均必反汲水綆也抗苦浪反舉也盆蒲奔反沃烏谷反枓音主又音斗絺勑其反一本作綌去逆反挋音震宅音他下同拭音式【疏】○管人至而浴○正義曰此一經明浴時也管人主館舍者故鄭注士喪禮管人有司主館舍者汲謂汲水不說繘屈之者繘汲水瓶索也遽促於事故不說去井索但縈屈執之於手中○不盡階不升堂者以水從西階而升盡不上堂知西階者以士喪禮云爲垼于西牆下故知從西階而升也○浴水用盆者用盆盛於浴水也○沃水用枓者用枓酌盆水沃尸熊氏云用盤於牀下承浴水○浴用絺巾者絺是細葛除垢爲易故用之也士喪禮云浴巾二皆用綌熊氏云此蓋人君與大夫禮或可大夫上絺下綌故玉藻云浴用二巾上絺下綌是也○挋用浴衣者挋拭也用生時浴衣拭尸肉令燥也賀氏云以布作之生時有此也士喪禮云浴衣於篋注云浴衣已浴所衣之衣以布爲之其制如今通裁是也○如宅日者宅日謂平生尋常之日也○小臣爪足者尸浴竟而小臣翦尸足之爪也○浴餘水棄于坎者浴盆餘汁棄之於坎中坎者是甸人所掘於階間取土爲竈之坎甸人主郊野之官○其母之喪則內御者抗衾而浴者內外宜別故用內御舉衾也內御婦人亦管人汲事事如前唯浴用人不同耳

管人汲授御者御者差沐于堂上君沐粱大夫沐稷士沐粱甸人爲垼于西牆下陶人出重鬲管人受沐乃煑之甸人取所徹廟之西北厞薪用爨之管人授御者沐乃沐沐用瓦盤挋用巾如宅日小臣爪手翦須濡濯弃于坎差淅也淅飯米取其瀋以爲沐也浴沃用枓沐於盤中文相變也士喪禮沐稻此云士沐粱蓋天子之士也以差率而上之天子沐黍與○差七何

反注差淅同沐音木甸田遍反垼音役鄭注儀禮云塊竈也陶音桃重直龍反鬲音歷賁諸許反屝扶味反隱也舊作扉音非門扉也爨七亂反淅先歷反潘方袁反米汁也差初佳反率音律又音類上時掌反

【疏】〇管人至于坎〇正義曰此一節明沐也〇管人汲授御者御者差沐于堂上者差謂淅米取其潘汁也君沐粱大夫沐稷士沐粱者皆謂用其米取其汁而沐也〇甸人為垼于西牆下者謂將沐之時甸人之官為垼于西牆下。土垼。塹竈甸人具此為垼竈以賁沐汁〇陶人出重鬲者陶人作瓦器之官也重鬲者謂縣重之罌也是瓦瓶受三升以沐米為粥實於瓶以疏布。冪口繫以簽縣之覆以葦席管人受沐乃賁之者淅於堂上管人亦升盡等不上堂而就御者受淅汁下往西牆於垼竈鬲中賁之也甸人取所徹廟之西北屝薪用爨之者爨然也甸人為竈竟又取復魄人所徹正寢西北屝以然竈賁沐汁也謂正寢為廟神之也然舊云屝是屋簷也謂抽取屋西北簷也熊氏云屝謂西北隅屝隱之處徹取屋外當屝隱處薪義亦通也何取此薪而用者示主人已死此堂無復用故取之也〇管人授御者沐者賁汁孰而管人又取以升階授堂上御者使沐也〇乃沐者御者授汁入為尸沐也〇沐用瓦盤者盤貯沐汁就中沐也〇挋用巾者用巾拭髮及面也士喪禮云沐巾一又云挋用巾注云巾晞也清也〇如它日者事事亦如平生也〇小臣爪手翦須者沐竟而翦手爪又治須象平生也濡濯棄于坎者皇氏云濡謂煩潤其髮濯謂不淨之汁也言所濡濯汁棄於坎中鄭注士喪禮云巾櫛浴衣亦并棄之其坎案既夕禮云掘坎南順廣尺輪二尺深三尺南其壤此汁沐棄於坎則浴汁。亦。然〇注差淅至黍與〇正義曰差是差摩故云淅詩云澤之叟叟是釋淅米也云取其潘以為沐也者士喪禮云受潘賁于垼用重鬲云浴沃用料沐於盤中文相變也者謂沐與浴俱有料俱有盤浴云用料沐云用盤是文相變也云士喪禮沐稻此云士沐粱蓋天子之士也者若士喪禮云是諸侯之士而沐稻今此云士沐粱故疑天子之士也云以差率而上之天子沐黍與者案公食大夫禮黍稷為正饌稻粱為加是稻粱卑於黍稷就稻粱之內粱貴而稻賤是稻人所常種粱是穀中之美故下曲禮云歲凶大夫不食粱故諸侯之士用稻天子之士用粱黍稷相對稷雖爲重其味短故大夫用之黍則味美而貴故特牲少牢爾黍于席以其味美故也詩頌云其饟伊黍鄭注豐年之時雖賤者猶食黍是黍貴也故天子用之無正文故疑而云與也君之喪子大夫公子衆士皆三日不食子大夫公子。食粥納財朝一溢米莫一溢米食之無筭。士疏食水飲食之無筭。夫人世婦諸妻皆疏食水飲食之無筭。納財謂食穀也二十兩曰溢於粟米之法一溢爲米一升二十四分升之一諸妻御妾也同言無筭則是皆一溢米或粥或飯○粥之育反又音育下同溢音逸劉昌宗又音實下同莫音暮疏食音嗣下及下注疏食皆同【疏】君之至無筭○正義曰此一節廣明五服之喪自初死至除服君及大夫士食飲之節今各依文解之今此經特明君喪食之禮○納財者財謂穀也謂所食之米也言每日納用之米朝唯一溢米莫唯一溢米也食之無筭者言居喪困病不能頻食隨須則食故云無筭○士疏食水飲者疏麤也食飯也士賤病輕故疏食麤米爲飯亦水爲飲○夫人世婦諸妻皆疏食水飲者婦人質弱恐食粥傷性故言疏食水飲也○注納財謂食穀也二十兩曰溢至是皆一溢米或粥或飯○正義曰財謂穀也故太宰云以九賦斂財賄也注云財謂泉穀是穀爲財但米由穀出經已稱米故鄭云食穀必言納財者以一日之中或粥或飯雖作之無時不過一朝夕二溢之米當須豫納其米故云納財也云一溢爲米一升二十四分升之一者案律歷志黃鍾之律其實一龠律歷志合龠爲合則二十四銖合重一兩十合爲一升升重十兩二十兩則米二升與此不同者但古秤有二法說左傳者云百二十斤爲石則一斗十二斤爲兩則一百九十二兩則一升爲十九兩有奇今一兩爲二十四銖則二十兩爲四百八十銖計。一十九兩有奇爲一升則摠有四百六十銖八參以成四百。八。十銖唯有十九銖二參在是爲米一升二十四分升之一此大略而言之云同言無筭則是皆一溢米或粥或飯者粥與疏食俱言無筭是疏食與粥者皆一溢米或粥謂食粥者或飯謂疏食也大夫之喪主人室老子姓皆食粥衆士疏食水飲妻妾疏食水飲室老其貴臣也衆士其所謂衆臣士亦如之如其子食粥妻妾疏食水飲○疏○大○夫○至○如○之○正義曰此經明大夫禮也○室老子姓皆食粥者室老謂貴臣子姓謂孫也不云衆子者主人中兼之○衆士疏食者謂非室老也按喪服傳云卿大夫室老士○貴○臣其餘皆衆臣鄭注云衆士邑宰此不云者邑宰雖貴以其遠於君與衆臣同案檀弓主人主婦歠粥此夫人世婦妻皆疏食者熊氏云檀弓云主婦謂女主故食粥也○既葬主人疏食水飲不食菜果婦人亦如之君大夫士一也練而食菜果祥而食肉果瓜桃之屬○疏○既葬至食肉○正義曰此一節明既葬至練祥君大夫士之食節也主人疏食水飲者熊氏云既葬哀殺可以疏食不復用一溢米也○食粥於盛不盥食於篹者盥食菜以醯醬始食肉者先食乾肉始飲酒者先飲醴酒盛謂今時杯杅也篹竹筥也歠者不盥手飲者盥篹或作籑○盥古緩反篹本又作匴又作算悉緩反又蘇管反醯呼雞反杅音于筥居呂反歠昌悅反飯扶晚反籑息尹反徐音撰○疏食粥至醴酒○正義曰此一節明食之雜禮○食粥於盛不盥者以其歠粥不用手故不盥○食於篹者盥者篹謂竹筥飯盛於篹以手就篹取飯故盥也○食菜以醯醬者謂練而食菜果者食之時以醯醬也○始食肉者先食乾肉始飲酒者先飲醴酒文承既祥之下謂祥後也然閒傳曰父母之喪大祥有醯醬禫而飲醴酒二文不同又庾氏云蓋記者所聞之異大祥既鼓琴亦可食乾肉矣食菜用醯醬於情爲安且既祥食果則食醯醬無嫌矣熊氏云此據病而不能食者練而食醯醬祥而飲酒也○期之喪三不食食疏食水飲不食菜果三月既葬食肉飲酒期終喪不食肉不飲酒父在爲母爲妻九月之喪食飲猶期之喪也食肉飲酒不

與人樂之食肉飲酒亦謂既葬○期音基下同爲母爲妻並于僞反下注爲其同與音預下同【疏】○期○之○至○樂○之○正義曰此一節論期與大功喪

食之節也○期之喪三不食者謂大夫士旁期之喪三不食者謂義服也其正服則二日不食也故閒傳云齊衰二日不食○九月至喪也者謂事同期也○正

五月三月之喪壹不食再不食可也比葬食肉飲酒不與人樂之叔母世母故

主宗子食肉飲酒義服恩輕也故主謂舊君也言故主者關大夫○及君也○比必利反不能食粥羹之以菜可也

謂性不能者可食飯菜羹有疾食肉飲酒可也爲其氣微五十不成喪成猶備也所不能備謂不致毀不散送之屬也【疏】

○五○月○至○成○喪○正義曰此一經明五月三月喪食之節○壹不至可也者壹不食謂緦麻再不食謂小功弁言之也容○殤降之緦麻再不食義服小功壹不食

故總以壹不食再不食結之故閒傳去小功緦麻再不食殤○降者也○注故主至君也○正義曰若是諸侯當云舊君主者大夫○之經云○故○主關大夫君也○

注謂不致毀不散送之屬也○正義曰致毀謂致極哀毀散送謂絰帶垂散麻以送葬故雜記云五十不致毀玉藻云五十不散送注云送喪不散麻○七

十唯衰麻在身言其餘居處飲食與吉時同也既葬若君食之則食之大夫父之友食之則食

之矣不辟粱肉若有酒醴則辭尊者之前可以食美也變於顏色亦不可○食音嗣辟音避粱音良【疏】○既○葬○至○則辭○正義

曰此一經明已有喪既葬尊者賜食之禮葬後情殺可從尊者奪也○君食之謂君食臣也大夫謂大夫食士也父友謂父同志者也其人並尊若命食孝子

則可從之食也○不辟粱肉者粱粱米也雖以粱米之飯及肉命食孝子食之○若有酒醴則辭者若酒醴飲之則變見顏色故辭而不飲也小斂於

戶內大斂於阼君以簟席大夫以蒲席士以葦席簟細葦席也三者下皆有莞○簟徒點反葦于鬼反莞音

官又音宗

疏 小。斂。至。葦。席○正義曰此一節明君大夫士小斂大斂所用之席也士以葦席與君同者士卑不嫌故得與君同用簟也○注三者下。皆莞○正義曰知下皆有莞者案士喪禮記云設牀當牖下莞上簟士喪經云布席于戶內下莞上簟謂小斂席也大斂云布席如初注云亦下莞上簟如士始死至大斂用席皆同也士尙有莞則知君及大夫皆有莞也但此大夫辟君上席以蒲也若吉禮祭祀則蒲在莞下故司几筵諸侯祭祀席蒲筵繢純加莞席紛純與此異也

小斂布絞縮者一橫者三君錦衾大夫縞衾士緇衾皆一衣十有九稱君陳衣于序東大夫士陳衣于房中皆西領北上絞紟不在列

絞既斂所用束堅之者縮從也衣十有九稱法天地之終數也士喪禮小斂陳衣於房中南領西上與大夫異今此同亦蓋天子之士也絞紟不在列以其不成稱不連數也小斂無紟因絞不在列見之也或曰縮者二○絞戶交反後同縮所六反縞古老反稱尺證反杜預云衣單複具曰稱後放此紟其鴆反後皆同從足容反數色主反見賢遍反○

疏 小。斂。至。在。列○正義曰此以下至絺綌紵不入廣明君大夫士小斂大斂及襚所用之衣并所陳之處各隨文解之此一經明小斂之衣○布絞縮者一橫者三者以布爲絞縮從也謂從者一副。豎置於尸下橫者三幅亦在尸下從者在橫者之上每幅之末析爲三片以結束爲便也○君錦衾大夫縞衾士緇衾皆一者謂大夫士等各用一衾故云皆一舒衾於此絞上○衣十有九稱者君大夫士同用十九稱衣布於衾上然後舉尸於衣上屈衣裹又屈衾裹之然後以絞束之○君陳衣于序東大夫士陳衣于房中者謂將小斂陳衣也房中者東房也大夫士唯有東房故也○絞紟不在列者謂不在十九稱之列不入數也小斂未有紟因絞不在列而言紟耳○注衣十至之也○正義曰衣十有九稱法天地之終數者案易繫辭云天一地二天三地四天五地六天七地八天九地十天數終於九地數終於十也人既終故云以天地終數斂衣之也云亦蓋天子之士者以前文士沐粱與士喪禮不同已云此蓋天子之士此經

陳衣與士喪禮衣不同故云亦蓋天子之士也云以其不成稱不連數也者上衣下裳相對故爲成稱絞紟非衣故云不成稱經云不在列鄭恐今不布列故云不連數謂不連爲十九稱之列其實亦布陳也云小斂無紟者以下文大斂始云布紟今此經直云布絞故知無紟也

附釋音禮記注疏卷第四十四

禮記注疏卷四十四校勘記

阮元撰盧宣旬摘錄

附釋音禮記注疏卷第四十四惠棟校宋本禮記正義卷第五十三

喪大記第二十二

劉元云閩監毛本同惠棟校宋本元作先

疾病外內皆埽節

外內皆埽者閩監毛本同考文云宋板上有正義曰三字

有疾病者齊閩監毛本同考文云宋板病作疾浦鏜校亦作有疾疾者齊

君大夫徹縣節

或爲北墉下閩監毛本同岳本同嘉靖本同惠棟校宋本無北字衞氏集說同按釋文出爲墉是亦無北字

君大至之手惠棟校宋本無此五字

疾困去樂之事毛本同衞氏集說同閩監本去誤云下特縣又去同

東首于北墉下閩監本作墉惠棟校宋本同此本墉誤牖毛本誤墉

則暫時移嚮南墉下閩監本同惠棟校宋本墉作牖毛本亦作墉

君夫人卒於路寢節

士之妻閩監毛本同岳本同嘉靖本同衛氏集說同石經作士士之妻段玉裁校本云唐石經士士之妻是也各本脫一士字按正義云夫妻俱然故云皆也又云此云士死于寢是正義本經文有兩士字也

君夫至于寢惠棟校宋本無此五字

不就而燕息焉閩監本同衛氏集說同惠棟校宋本毛本焉並作也

皆婦人供視之閩監本同毛本供改共

卽安謂夫人寢也惠棟校宋本有就字衛氏集說同此本就字脫閩監毛本同

按莊公三十二年監本作二考文引宋板同此本二誤三閩毛本同公字各本並有考文引宋板獨無

小臣復節

捲衣投于前閩本同惠棟校宋本石經宋監本岳本嘉靖本衛氏集說同釋文出捲衣監毛本捲作卷

小臣至而復惠棟校宋本無此五字

此一節明復時閩監毛本同惠棟校宋本節作經衛氏集說同

捲衣投于前閩本同惠棟校宋本同監毛本捲作卷下捲斂同

從屋前投與司服之官閩監本同毛本與誤于衞氏集說亦作與

故云從生處來也閩監毛本同考文引宋板云作衣續通解同

而回往西北榮閩監毛本同惠棟校宋本回作迴

故自陰幽而下也閩監毛本同考文云宋板自作就衞氏集說續通解同

此東榮惠棟校宋本有云字此本云字脫閩監毛本同

復衣不以衣尸節惠棟校云復衣節宋本分婦人復不以袡爲一節凡復至稱字爲一節唯哭至死事爲一節

復衣不以衣至以斂惠棟校宋本無此八字

是用生施死閩監毛本同惠棟校宋本施下有於字

始卒主人啼節

主人啼各本同石經同釋文出人諦云本又作啼○按依說文當作嗁从口虒聲假借作諦俗作啼

始卒至哭踊惠棟校宋本無此五字

既正尸節

既正至北面惠棟校宋本無此五字

依唯士禮閩監毛本同考文云宋板唯作惟續通解同

既夕禮云設牀笫當牖及遷尸是也閩監毛本同浦鏜校云及當乃字誤按記文遷尸上有袒下莞上簟設枕七字故云乃也

各在室女未嫁考文云宋板各作容此本作各閩監毛本同

大夫之喪節

大夫至而哭惠棟校宋本無此五字

此一經明大夫初有喪哭位之禮閩監毛本同衞氏集說無一字大夫下有士字

士出迎大夫士也閩監毛本同惠棟校宋本無士字

君之喪未小斂節

大夫與士至小斂相偪也惠棟校宋本如此續通解同此本士至二字倒閩監本同毛本與士至誤於至士

凡主人之出也節

此時寄公位在門西宋監本閩本同考文云宋板同岳本同嘉靖本同衞氏集說同監毛本時誤特

凡主至門外惠棟校宋本無此五字

但爵是卿大夫猶北面也惠棟校宋本作卿衞氏集說同此本卿誤卽閩監毛本同

俱與士喪禮違閩監毛本同考文云宋板俱作但

小斂主人卽位于戶內節惠棟校云小斂節徹帷節君拜節宋本合爲一節

鄭云婦人亦有苴經閩監毛本同考文云宋板無有字按士喪禮注作亦有考文所引宋板非是

諸侯路寢室在於中房惠棟校宋本作中房此本中房二字倒閩監毛本同

君拜寄公節

氾拜衆賓於堂上各本同石經氾作汜岳本作氾釋文同按釋文音芳劒反當作氾爲是

有襲經乃踊閩監毛本同岳本同嘉靖本同衞氏集說同惠棟校云有當作先

小斂尸出堂惠棟校宋本有畢字衞氏集說同此本畢字脫閩監毛本同

此更申明拜命婦與士妻之異也惠棟校宋本作與此本與誤於閩監毛本同

及兩大夫相爲弁君於大夫閩本同惠棟校宋本同監本弁作拜似拜字毛本遂誤拜

無朋友恩者閩本作朋惠棟校宋本同此本朋誤明監毛本朋誤服齊召南云當作無朋友恩者朋服字相近而誤蓋君於士也大夫於大夫也士於士也其用皮弁服襲裘並同所異者有朋友之恩則加弁經無朋友之恩則無弁經也

婦人迎客送客不下堂節

男子出寢門見人不哭惠棟校宋本石經宋監本岳本嘉靖本衞氏集說同續通解同閩監毛本同下衍外字陳澔集說同石經考文提要云宋大字本宋本九經南宋巾箱本余仁仲本劉叔剛本並無外字按疏述經亦無外字

出門見人謂迎賓也惠棟校宋本作謂迎賓也宋監本岳本嘉靖本衞氏集說同續通解同考文引足利本同此本迎賓下衍客者二字閩監毛本同

婦人迎客至無無主惠棟校宋本無此八字

則出門迎亦不哭也閩監毛本同惠棟校宋本無迎字衞氏集說同

此以下明喪無主惠棟校宋本作此以此本此以二字倒閩監毛本同

無後已自絕嗣閩監毛本同惠棟校宋本已作則按考文引宋板但云無後下有則字不云已作則疑當作則無後則已自絕嗣

君之喪三日節惠棟校云君之喪節大夫節士之喪節宋本合爲一節

不以柱地也宋監本岳本嘉靖本同釋文出以柱閩監毛本柱作拄衞氏集說同疏倣此

君之至則杖惠棟校宋本無此五字

則對之則不敢杖閩監毛本同惠棟校宋本無上則字

故並得執杖柱地也閩監毛本柱作拄考文云宋板無執字衛氏集說同

士之喪二日而殯節

弃杖者斷而弃之於隱者各本同石經同釋文出棄杖云本亦作古弃字

士之至隱者惠棟校宋本無此五字

於君命夫人之命如大夫者惠棟校宋本如此毛本同此本於誤若之誤而閩監本同

是降下大夫也惠棟校宋本作是此本是誤定閩監毛本同

推此大夫士適子閩監毛本同惠棟校宋本推作惟

同並不得以杖卽位也惠棟校宋本有故字續通解同此本故字脫閩監毛本同

君設大盤節惠棟校云君設節宋本自在管人汲授御者節之後按坊本陳澔集說依用與國于氏本移置亦如此

宜承濡濯弃於坎下各本同釋文出濡濯于坎段玉裁校本云濡當作渜

札爛脫在此耳閩監毛本作札岳本同嘉靖本同衛氏集說同此本札誤礼考文云宋板足利本礼作禮亦誤按釋文出札音側八反知作札不作礼

君設至一也惠棟校宋本無此五字

者小於大盤同惠棟校宋本者上有夷盤二字此本夷盤二字脫閩監毛本

始死遷尸于牀節

此一節反明初死沐浴之節惠棟校宋本同衞氏集說亦作反閩監毛本反作又

故除去死時衣所加新衣及復衣閩本同考文引宋板同監本時衣誤時之及誤乃毛本亦誤時之及字不誤

兩頭曲屈惠棟校宋本同衞氏集說同閩監毛本曲屈二字倒

鄭注云云尸南首閩監毛本同惠棟校宋本云字不重

今几脚南出閩監毛本同考文云宋板今作令衞氏集說同

初廢牀者牀在北壁當戶閩監毛本同惠棟校宋本者作時續通解同

媵衽扆席在東北正閩監毛本正作上按浦鏜作在東北止云止古文趾○按浦鏜云是也說文有止無趾

取鄉明之義閩監毛本同惠棟校宋本義下有也字

管人汲不說繘節

餘水弃于坎惠棟校宋本石經宋監本岳本嘉靖本衞氏集說同閩監毛本弃作棄

管人至而浴惠棟校宋本無此五字

故不說去此索監本毛本作此非閩本此處缺惠棟校宋本作井

生時有此也惠棟校宋本作此續通解同此本此誤作閩監毛本同

管人汲授御者節

如宅日惠棟校宋本石經宋監本岳本嘉靖本同閩監毛本宅作他衞氏集說同按釋文上節出如宅云音他下同謂此宅字也石經考文提要云宋大字本宋本九經南宋巾箱本劉叔剛本並作宅

濡濯弃于坎惠棟校宋本同石經同岳本同嘉靖本同衞氏集說同閩監毛本弃作棄段玉裁校云濡當作渜

管人至于坎惠棟校宋本無此五字

土堲甓竈閩本同惠棟校宋本同監毛本土誤士考文云宋板甓作墼衞氏集說亦作土堲甓竈

以疏布冪口惠棟校宋本作冪衞氏集說同此本冪誤幕閩監毛本同

御者授汁閩監毛本同盧文弨云授當作受

則浴汁亦然閩監本同毛本亦然誤然也

君之喪子大夫節

子大夫公子食粥惠棟校宋本石經宋監本岳本嘉靖本同續通解同閩監毛本公子下衍衆士二字衞氏集說同陳澔集說同錢大昕云

下文之士卽上文之衆士也衆士不在食粥之列石經考文提要云宋大字本宋本九經南宋巾箱本余仁仲本劉叔剛本並無衆士二字

食之無筭各本同石經同毛本筭作算衞氏集說同下無筭並同

君之至無筭惠棟校宋本無此五字

計一十九兩有奇爲一升閩監毛本同惠棟校宋本無上一字衞氏集說同

以成四百八十銖惠棟校宋本作八十衞氏集說同此本八十誤六十閩監毛本同

大夫之喪節

大夫至如之惠棟校宋本無此五字

卿大夫室老士貴臣毛本同衞氏集說同閩監本貴臣二字倒考文云宋板亦作貴臣

期之喪三不食節

期之至樂之惠棟校宋本無此五字

五月三月之喪節惠棟校云五月至成喪疏文四則宋本次在七十唯衰麻在身經注之後

關大夫及君也閩監毛本同嘉靖本同衞氏集說同惠棟校宋本無及字宋監本岳本同考文引古本同

五月至成喪惠棟校宋本無此五字

容殤降之惠棟校宋本作殤衞氏集說同此本殤誤傷閩監毛本同下殤降者也同

大夫之稱經云故主惠棟校宋本如此此本稱字故主二字並脫閩監毛本同衞氏集說亦有稱字

既葬若君食之節

既葬至則辭惠棟校宋本無此五字

小斂於戸内節

小斂至葦席惠棟校宋本無此五字

注三者下皆莞閩監毛本同考文云宋板皆下有有字

小斂布絞節

小斂至在列惠棟校宋本無此五字

豎置於戸下惠棟校宋本作豎衞氏集說同此本豎誤堅閩監毛本同

附釋音禮記注疏卷第四十四終惠棟校宋本禮記正義卷第五十三記云凡三十一頁

禮記注疏卷四十四校勘記

附釋音禮記注疏卷第四十五

禮記　鄭氏注　孔穎達疏

喪服大記

大斂布絞縮者三橫者五布紟二衾君大夫士一也君陳衣于庭百稱北領西上大夫陳衣于序東五十稱西領南上士陳衣于序東三十稱西領南上絞紟如朝服絞一幅爲三不辟紟五幅無紞二衾者或覆之或薦之如朝服者謂布精麤朝服十五升小斂之絞也廣終幅析其末以爲堅之強也大斂之絞一幅三析用之以爲堅之急也紞以組類爲之綴之領側若今被識矣生時禪被有識死者去之異於生也士喪禮大斂亦陳衣於房中南領西上與大夫異今此又同亦蓋天子之士紞或爲點〇幅本又作畐方服反爲三絕句不辟絕句補麥反又音壁徐扶移反紞丁覽反〇廣古曠反析思歷反下同強其丈反識式志反又音志又音式下同去起呂反下注同

【疏】大斂至無紞〇正義曰此一節明大斂之事〇大斂布絞縮者三者謂取布一幅分裂之作三片直用之三片共是一幅也兩頭裂中央不通〇橫者五者又取布二幅分裂之作六片而用五片橫之於縮下也布紟者皇氏云紟禪被也取置絞束之下擬用以舉尸也孝經云衣衾而舉之是也今案經云紟在絞後紟或當在絞上以絞束之且君衣百稱又通小斂與襲之衣非單紟所能舉也又孝經云衾不云紟皇氏之說未善也〇二衾者小斂君大夫士各一衾至大斂又各加一衾爲二衾其衾所用與小斂同但此衾一是始死覆尸者故士喪禮云幠用斂衾注大斂所幷用之衾一是大斂時復制又注士喪禮云衾二者始死斂衾今又復制士既然則大夫以上亦耳〇君陳衣于庭百

稱北領西上者衣多故陳在庭爲舉顯案鄭注雜記篇以爲襲禮大夫五諸侯七上公九天子十二稱則此大斂天子當百二十稱上公九十稱侯伯子男七十稱今云君百稱者據上公舉全數而言之餘可知也或大斂襲五等同百稱也北領者謂尸在堂也〇西上者由西階取之便也〇大夫士陳衣于序東西領南上異於小斂北上者小斂衣少統於尸故北上大斂衣多故南上取之便也絞紟如朝服者言絞之與紟二者皆以布精麤皆如朝服俱十五升也〇絞一幅爲三者謂以一幅之布分爲三段〇不辟者辟擘也言小斂絞全幅析裂其末爲三而大斂之絞既小不復擘裂其末但古字假借讀辟爲擘也〇紟五幅無紞者紟舉尸之禪被也紞謂緣飾爲記所以組類綴邊爲識今無識異於生也〇注二衾至之士〇正義曰朝服十五升者雜記文云以爲堅之強也者解小斂用全幅布爲絞欲得堅束力強以衣少故用全幅云以爲堅之急也者解大斂一幅分爲三片之意凡物細則束縛牢急以衣多故須急也云紞以組類爲之者組之般類其制多種故云組類云綴之領側若今被識矣者領爲被頭側謂被旁識謂記識言綴此組類於領及側如今被之記識引士喪禮以陳衣於房中與大夫異今此士陳衣與大夫同故云今此又同亦蓋天子之士

大小斂之衣祭服不倒 尊祭服也斂者要方散衣有倒〇倒丁老反注及下同散悉但反

君無襚大夫士畢主人之祭服親戚之衣受之不以即陳 無襚者不陳不以斂〇襚音遂

小斂君大夫士皆用複衣複衾大斂君大夫士祭服無筭君褶衣褶衾大夫士猶小斂也 褶袷也君衣尚多去其著也〇複音福褶音牒袷古洽反

疏 小斂至斂也〇正義曰祭服不倒者祭服謂死者所得用祭服以上者小斂十九稱不悉著之但用裹尸要取其方而衣有倒領在足間者唯祭服尊雖散不著而領不倒在足也〇君無襚者國君陳衣及斂悉宜用己衣不得陳用他人見襚送者〇大夫士畢主人之祭服者降於君也大夫士小斂則先畢盡用己正服後乃用賓客襚者也盧云畢盡也小斂盡主人

衣美者乃用賓客襚衣之美者欲以美之故言祭服也○親戚之衣受之不以即陳者。君親屬有衣相送受之而不以即陳列也士喪禮○鄭注云大功以上有同財之義襚之不將命自即陳於房中小功以下及同姓皆將命○注無襚至以斂○正義曰如皇氏之意臣有致襚於君之禮故少儀云臣致襚於君但君不陳不以斂熊氏云君無襚大夫士謂小斂之時君不合以衣襚大夫士雖有君襚不陳不以斂故云無襚大夫士至大斂則得用君襚故士喪禮大斂時云君襚祭服不倒其義俱通故兩存焉○祭服無筭正義曰筭數也大斂之時所有祭服皆用之無限數也○注褶袷至著也○正義曰君衣尚多去其著也者經云大夫士猶小斂則複衣複衾也據主人之衣故用複若襚亦得用袷也故士喪禮云襚以褶是也

袍必有表不禪衣必有裳謂之一稱

袍褻衣必有以表之乃成稱也雜記曰子羔之襲繭衣裳與稅衣纁袡為一衣是也論語曰當暑袗絺綌必表而出之亦為其褻也○袍步毛反禪音單繭古典反稅吐亂反纁許云反袡而廉反袗之忍反亦為于偽反下文則為之同

疏袍。必。至。一。稱○正義曰袍必有表不禪者袍是褻衣必須在上有衣以表之不使禪露乃成稱也○注袍褻至褻也○正義曰引雜記者證子羔之襲有袍繭衣上加稅衣為表乃成稱引論語者證衣上加表死則冬夏並用袍上並加表熊氏云褻衣所用尊卑不同士襲而用褻衣故士喪禮陳襲事爵弁服皮弁服褖衣。注。衣注云褖所以表袍者是襲有袍士喪禮小斂云祭服次散衣次注云褖衣以下袍繭之屬是小斂有袍士喪禮又大斂散衣是亦有袍若大夫襲亦有袍案雜記云子羔之襲繭衣裳是也斂則必用正服不用褻衣故檀弓云季康子之母死陳褻衣注云將以斂敬姜曰將有四方之賓來褻衣何為陳於斯命徹之若公則襲及大小斂皆不用褻衣知者案雜記云公襲無袍繭襲輕尚無則大小斂無可知也

凡陳衣者實之篋取衣者亦以篋升降者自西階

取猶受也○篋古協反

凡陳衣不詘非列采不入絺綌紵不入

不屈謂舒而不卷也列采謂正服之色也絺綌紵者當暑之褻

衣也襲尸重形冬夏用袍及斂則用正服○詘丘勿反紵直呂反【疏】凡陳至不入○正義曰陳衣不詘者謂舒而不卷也○非列采不入者列采謂五方正色之采非列采謂雜色也不入陳之也○絺綌紵不入者絺是細葛綌是麤葛紵是紵布此褻衣故不入陳也○注襲尸至正服○正義曰如熊氏之意此謂大夫以下若公則襲亦不用袍

凡斂者袒遷尸者襲○袒者於事便也○便婢面反

君之喪大胥是斂衆胥佐之大夫之喪大胥侍之衆胥是斂士之喪胥爲侍士是斂胥樂官也不掌喪事胥當爲祝字之誤也侍猶臨也○大祝之職大喪贊斂喪祝卿大夫之喪掌斂士喪禮商祝主斂○大胥依注作祝之六反下同胥樂官思餘反【疏】凡。斂。至。是。斂○正義曰此一節明斂之所用之人有袒有襲之法○凡斂者袒者凡斂謂執大小斂事也事多故袒爲便也○遷尸者襲者謂大斂於地乃遷尸入棺之屬事少故襲也○君之喪者此明人君斂用人之法○大胥是斂者大祝是接神者故使之執斂事也是猶執也衆胥佐之者衆祝喪祝也衆祝賤故副佐於大祝也○大夫之喪大胥侍之者大祝猶君之大祝也侍猶臨也君尊故大祝親執斂大夫卑故大祝臨之○衆胥是斂者衆祝周禮喪祝卑故親執斂也庾云侍者臨檢之也大夫言侍則○君亦應有侍者未知何人也○士之喪胥爲侍者胥亦喪祝也士卑故祝臨之○士是斂者士之朋友來助斂也士喪禮云士舉遷尸是也○注胥當至主斂○正義曰知胥當爲祝者以胥是樂官不掌斂事故引大祝大喪贊斂及喪祝卿大夫之喪掌斂幷引士喪禮商。頌祝主斂明諸祝主斂也故引此文以證之商祝者案士喪禮注云商祝祝習商禮者商人教之以敬於接神宜也

小斂大斂祭服不倒皆左衽結絞不紐左衽衽鄉左反生時也○紐女九反舊而慎反鄉許亮反【疏】小斂至不紐○正義曰此一節明斂衣之法○小斂大斂祭服不倒者大斂亦不倒前已言小斂不倒此又言小斂者爲下諸事出也○皆左衽者大斂小斂同然故云皆也衽衣襟也生鄉右左手解抽帶便也死則襟鄉左示不復解也○結

絞不紐者生時帶並爲屈紐使易抽解若死則無復解義故絞束畢結之不爲紐也斂者既斂必哭士與其執事則斂斂焉則爲之壹不食凡斂者六人斂者必使所與執事者不欲妄人褻之執或爲㪉○與音預注同㪉音執本亦作執【疏】斂者至六人○正義曰斂者即謂大祝衆祝之屬也既斂是斂竟也斂竟必皆哭也所以然者以其與亡者或臣舊或有恩今手爲執事專心則增感故哭也○士與其執事則斂者釋前士是斂義也與執事謂平生曾與亡者共執事今與喪所則助斂也所以須生經共執事死乃爲斂也若不經共執事則褻惡之故不使斂也○斂焉則爲之壹不食者生經有恩今又爲之斂爲之廢壹食也○凡斂者六人者凡者貴賤同也兩邊各三人故用六人

君錦冒黼殺綴旁七大夫玄冒黼殺綴旁五士緇冒赬殺綴旁三凡冒質長與手齊殺三尺自小斂以往用夷衾夷衾質殺之裁猶冒也冒者既襲所以韜尸重形也殺冒之下帬韜足上行者也小斂又覆以夷衾裁猶制也字或爲材○冒莫報反下及注同黼音甫殺色戒反徐所例反下及注同裁才再反注同韜本又作弢吐刀反下同【疏】君錦至冒也○正義曰此一經明尊卑冒制○君錦冒黼殺者冒謂襲後小斂前所用以韜尸也冒有質殺者作兩囊每輒橫縫合一頭又縫連一邊餘一邊不縫兩囊皆然也上者曰質下者曰殺君質用錦殺用黼故云錦冒黼殺也故鄭注士喪禮云冒韜尸者制如直囊上曰質下曰殺質正也其用之先以殺韜足而上後以質韜首而下綴旁七者不縫之邊上下安七帶綴以結之故云綴旁七也○大夫士冒黼殺綴旁五士緇冒赬殺綴旁三者尊卑之差也鄭注士喪禮云上玄下纁象天地也以此推之士赬殺則君大夫畫殺爲斧文也又鄭云象天地則大夫以上無疑有象也○凡冒質長與手齊者凡謂貴賤冒通名也言冒之質從頭韜來至下長短與手相齊也○殺三尺者殺從足韜上長三尺○自小斂以往用夷衾者往猶後也○小斂前有冒故不用夷衾自小斂後衣多不可用冒

故用夷衾覆之也士喪禮云無用夷衾覆尸柩之衾也○夷衾質殺之裁猶冒之
也者裁猶制也言夷衾所用上齊於手下三尺所用繒色及長短制度如冒之
質殺也但不復爲囊及旁綴也熊氏分質字。屬下爲句其義非也然始死幠用
斂衾是大斂之衾自小斂以前覆尸至小斂時君錦衾大夫縞衾士緇衾用之
小斂斂訖則制夷衾以覆之其小斂以前所用大斂之衾者小斂以後停而不
用至將大斂及陳衣又更制一衾主用大斂也所謂大斂二衾者其夷衾至大
斂時所用無文當應摠入大斂衣內併斂之也

君將大斂子弁絰卽位于序端卿大夫卽位于堂廉楹
西北面東上父兄堂下北面夫人命婦尸西東面外宗房中南面小臣鋪席商
祝鋪絞紟衾衣士盥于盤上士舉遷尸于斂上卒斂宰告子馮之踊夫人東面
亦如之

子弁絰者未成服弁如爵弁而素大夫之喪子亦弁絰○鋪普吳反又音斂下皆同

【疏】○君。將。至。如。之○正義曰此一經明君大斂時節也子
弁絰卽位于序端者序謂東序端謂序之南頭也卿大夫卽位于堂廉楹西者
卿大夫謂羣臣也堂廉謂堂基南畔廉稜之上楹謂南近堂廉者子位既在東
序端故羣臣列於基上東楹之西也案隱義云堂廉卽堂上近南霤爲廉也○
北面東上者在基上俱北面東頭爲上也子在東尸在阼階故在基者以東爲
上也○父兄堂下北面者謂諸父諸兄不仕者以其賤故在堂下而。向北以東
爲上也若士則亦在堂下○外宗房中南面者外宗君之姑姊妹之女及姨舅
之女也輕故在房中而鄉南也皇氏云當在西房以東爲上也今謂尸在阼夫
人命婦在尸西北外宗等當在東房○小臣鋪席者謂下莞上簟敷於阼階上
供大斂也士喪禮云布席如初注云亦下莞上簟也鋪於阼階上於堂南北爲
少南○商祝鋪絞紟衾衣者商祝亦是周禮喪祝也其鋪絞紟衾衣等致于小
臣所鋪席上以待尸○士盥于盤上者士亦喪祝之屬也周禮喪祝上士二人
中士四人下士八人是將應舉尸故先盥手於盤上也雜記云士盥于盤北是

也〇士舉遷尸于斂上者斂上卽斂處也〇卒斂者大斂衣裳畢也宰告者〇宰大宰也斂畢大宰告孝子道斂畢也子馮之踊者孝子待得告乃馮尸而起踊〇夫人東面亦如之者亦馮尸而踊嚮者夫人命婦俱東鄉於尸西今獨云夫人馮者命婦賤不得馮也馮竟乃斂於棺〇注子弁至弁絰〇正義曰成服則著喪冠此云弁絰是未成服此雖以大斂爲文其小斂時子亦弁絰君大夫士之子皆然故雜記云小斂環絰公大夫士一也云弁絰爵弁而素者已具於下檀弓疏云大夫之喪子亦弁絰者案雜記云大夫與殯亦弁絰與他殯事尚弁絰明自爲父母弁絰可知其士則素冠故武叔小斂投冠是諸侯大夫與天子同

士大夫之喪將大斂既鋪絞紟衾衣君至主人迎先入門。右巫止于門。外。君釋菜祝先入升堂君卽位于序端卿大夫卽位于堂廉楹西北面東上主人房外南面主婦尸西東面遷尸卒斂宰告主人降北面于堂下君撫之主人拜稽顙君降升主人馮之命主婦馮之先入右者入門而右也巫止者君行必與巫巫主辟凶邪也釋菜禮門神也必禮門神者禮君非問疾弔喪不入諸臣之家也主人房外南面大夫之子尊得升視斂也〇巫止本或作巫止門外門外衍字耳辟必亦反邪似嗟反【疏】大。夫。至馮。之。〇正義曰此一經明大夫大斂節也〇主人迎者主人適子也聞君至而出門迎君也〇先入門右者右門內東邊也適子出門迎君望見馬首不哭不拜而先還入門右北面以待君至也士喪禮云見馬首不哭還入門右北面注云不哭厭於君不敢伸其私恩也巫止于門外者君臨臣喪巫祝桃茢以辟邪氣今至主人門恐主人惡之故止巫于門外也士喪禮云巫止於廟門外祝代之巫止祝代俱在檀弓疏也〇君釋菜者鄭云釋菜禮門神也禮君非問疾弔喪不入諸臣之家故禮門神而入也〇祝先入升堂者巫止而祝代入故先於君而入門升自阼階也祝以其事接通鬼神者也〇君卽位于序端者君隨祝後而升堂卽位於東序之端阼階上之東是適子臨斂處也士喪禮云君升自阼階西鄉○主人房外南面者主人鄉者在門右君升則主人亦升立君之北東房之外面鄉南俱欲視斂也遷尸者鄉鋪絞紟衾衣而君至今列位畢故舉尸于鋪衣上也○宰告者亦告主人道斂畢也○主人降北面于堂下者主人得告斂畢事竟故降西階堂下而鄉北立待君也○君撫之者君臣情重方爲分異故斂竟而君以手撫案尸與之別也主人拜稽顙者主人在堂下鄉北見君撫尸故拜稽顙以禮君之恩○君降者君撫尸畢而下堂也○升主人馮之者君馮之已畢降堂而主人升還馮尸也升主人者君命升之也主人升降皆西階也士喪禮云主人中庭君坐撫當心主人拜稽顙君降西鄉命主人馮尸主人升自西階由足西面馮尸不當君所○命主婦馮之者君亦又命主婦馮尸也○注巫止至斂也○正義曰所以巫止者禮敬主人故不用將巫入對尸柩云君非問疾弔喪不入諸臣之家者禮運文也云大夫之子尊得升視斂也者以士喪禮其子不得升今大夫之子將斂之時在房外南面故云大夫之子尊得升視斂也

士之喪將大斂君不在其餘禮猶大夫也其餘謂卿大夫及主婦之位【疏】士之至夫也○正義曰此一節明士斂之節士喪卑無恩君不視斂故云君不在也○其餘禮猶大夫也者謂鋪衣列位男女之儀事悉如大夫也若有大夫來而君在位則卿大夫位亦在堂廉近西也士喪禮云君升主人主人西楹東北面升公卿大夫繼主人東上案彼意則在主人西也

鋪絞紟踊鋪衾踊鋪衣踊遷尸踊斂衣踊斂衾踊斂絞紟踊目孝子踊【疏】鋪絞至紟踊○正義曰此一經明孝子貴賤踊節也

君撫大夫撫內命婦大夫撫室老撫姪娣撫以手。按之也內命婦君之世婦○姪大結反娣大計反

君大夫馮父母妻長子不馮庶子士馮父母妻長子庶子庶子有子則父母不馮其尸凡馮尸者父母先妻子後目於其親所馮也馮謂扶持服膺○

長丁丈反下同膺於陵反君於臣撫之父母於子執之子於父母馮之婦於舅姑奉之舅姑於婦撫之妻於夫拘之夫於妻於昆弟執之此恩之深淺尊卑之儀也馮之類必當心○奉芳勇反拘音俱一音古侯反馮尸不當君所不敢與尊者所馮同處○處昌慮反凡馮尸興必踊悲哀悲哀之至馮尸必坐【疏】君撫至必踊○正義曰此一節明撫尸及馮尸之節○君撫大夫者大夫貴故自撫之撫內命婦者命婦君之世婦撫內命婦則不撫賤者可知也○大夫撫室老撫姪娣者大夫以室老爲貴臣以姪娣爲貴妾死則爲之服故並撫之也既撫姪娣則賤妾不撫也○君大夫馮父母妻長子者君及大夫雖尊而自主此四人喪故同馮之馮父母撫妻子而幷云馮通言耳不馮庶子者賤故不得也○士馮父母妻長子庶子者士賤故所馮及庶子也○庶子有子則父母不馮其尸者庶子若有子則父母亦不馮前所馮之庶子是無子者也然君大夫之庶子雖無子並不得馮也○凡馮尸者父母先妻子後者凡主人也父母妻子謂尸之父母妻子也父母尊故馮尸在先妻子卑故馮尸在後○君於臣撫之者此以下目恩深淺尊卑馮撫之異也君尊但以手撫案尸心身不服膺也盧云賤者略也父母於子執之者盧云執當心上衣也○子於父母馮之者謂服膺心上也○婦於舅姑捧之者盧云尊故捧當心上衣也○舅姑於婦撫之者亦手案尸心○與君爲臣同也○妻於夫拘之者盧云拘輕於馮重於執也庾云拘者微引心上衣也賀云拘其衣衾領之交也○夫於妻於昆弟執之者爲妻及自爲兄弟但執之盧無別釋而賀云夫於妻執其心上衣也於兄弟亦執心上衣○馮尸不當君所者所猶處也假令君已馮心則餘人馮者不敢當君所馮之處則宜少避之○凡馮尸興必踊者凡者貴賤同然也馮尸竟則起俱馮必哀殞故起必踊泄之也○注目於其親所馮也○正義曰目於其親謂死者之親馮尸也父母先謂死者父母妻子後是死者之妻子故云目於其親所馮謂題目所馮之人○注此恩至當心○正義曰馮者爲重奉次之拘次之執次之尊者則馮

奉卑者則撫執執雖輕於撫而恩深故君於臣撫父母於子執是兼有尊卑深淺云馮之類必當心者士喪禮君坐撫當心此下云馮尸不敢當君所明君不撫得當君所也

父母之喪居倚廬不塗寢苫枕凷非喪事不言君為廬宮之大夫士襢之

宮謂圍障之也襢袒也謂不障○倚於綺反苫始占反枕之鴆反凷苦內反襢章善反注同露也障音章下同【疏】父母至襢之○正義曰自此以下至兄不次於弟明君大夫士遭喪斬衰齊衰大功等居廬及堊室至祥禫以來降殺之節各依文解之○此一經論初遭喪君大夫士居廬之禮○居倚廬者謂於中門之外東牆下倚木為廬故云居倚廬○不塗者但以草夾障不以泥塗之也○寢苫枕凷者謂孝子居於廬中寢臥於苫頭枕於凷○非喪事不言者志在悲哀若非喪事口不言說君為廬宮之者謂廬次以帷障之如宮牆大夫士襢之者襢袒也其廬袒露不帷障也案既夕禮注云倚木為廬在中門外東方北戶定本無枕凷字唯有寢苫二字

既葬柱楣塗廬不於顯者君大夫士皆宮之

不於顯者不塗見面○柱張玉反楣音眉見賢遍反【疏】既葬至宮之○正義曰既葬柱楣者既葬謂在墓柱楣稍舉以納日光又以泥塗辟風寒○不於顯者言塗廬不塗廬外顯處○君大夫士皆宮之者以大夫士既葬故得皆宮之

凡非適子者自未葬以於隱者為廬

不欲人屬目故廬於東南角既葬猶然○適丁歷反屬音燭【疏】凡非至為廬○正義曰凡非適子謂庶子也○自未葬以於隱者為廬者既非喪主不欲人所屬目故於東南角隱映處為廬經雖云未葬其實葬竟亦然也

既葬與人立君言王事不言國事大夫士言公事不言家事

此常禮也【疏】既葬至家事○正義曰此一經明居喪常禮○既葬與人立者未葬不與人並立既葬後可與人並立也猶不羣耳○君言王事不言國事者君諸侯王天子也既可並立則諸侯可得言於天子之事而猶不自私言己國事也○大夫士言公事不言家事者尊君也大夫士葬後亦得言君事而未可

言私事也〇注此常禮也〇正義曰庾氏云案曾子問三年之喪練不羣立不旅行此言既葬而與人立得爲常禮者鄭以下經君既葬王政入於國既卒哭而服王事是權禮故以此經不言國事及不言家事大判爲常禮也且曾子問據無事之時故不羣立不旅行此有事須言故與人立也

君既葬王政入於國既卒哭而服王事大夫士既葬公政入於家既卒哭弁絰帶金革之事無辟也此權禮也弁絰帶者變喪服而弔服輕可以即事也〇辟音避下注猶辟同

疏君既至辟也〇正義曰此一經是權禮也若值國家有事孝子不得遵恆禮故從權事此云既葬謂葬竟未卒哭也〇王政入於國者謂王政令之事入於己國也〇既卒哭而服王事者謂身出爲王服金革之事也庾云謂此言君既葬王政便入國候卒哭乃身服王事前云君言王事謂言答所訪逮而已王政未入於國也〇大夫士既葬公政入於家者亦權事也謂國之政令入大夫家也〇既卒哭弁絰帶金革之事無辟也者此謂服國事也弁絰帶者弔服也言卒哭則有弔服今有事不得服己變服而服弔服以從金革之事無所辟也變服重弔服輕故從戎便也此與君互也此言服弁絰則國君亦弁絰國君言服王事則此亦服國事也但君尊不言奪服耳然此言弁絰帶弁絰謂弔服帶謂喪服要絰明雖弔服而有要絰異凡弔也〇注此權禮也〇正義曰案曾子問云金革之事無辟也者魯公伯禽有爲爲之是權禮也

既練居堊室不與人居君謀國政大夫士謀家事既祥黝堊祥而外無哭者禫而內無哭者樂作矣故也黝堊堊室之節也地謂之黝牆謂之堊外無哭者於門外不哭也內無哭者入門不哭也。禫踰月而可作樂作無哭者黝堊或爲要期禫或皆作道〇黝於糾反堊烏路反又烏各反注同禫大感反道音導

疏既練至故也〇正義曰此一經論練及祥禫之節〇不與人居者謂在堊室之中猶不與人居也〇君謀國政大夫士謀家事者此常禮也練後漸輕故得自謀己國家事也〇既祥黝堊者祥大祥也黝黑也平

治其地令黑也堊白也新塗堊於牆壁令白稍飾故也○祥而外無哭者祥亦大祥也外中門外卽堊室中也祥之日鼓素琴故中門外不哭也○禫而內無
哭者內中門內也禫已縣八音於庭故門內不復哭也○案作矣故也者二處兩時不哭是並有樂作故也隱義云練後三日一哭於次次在中門外謂堊室
也至大祥則不復於外若有弔者則入卽位哭是外無哭者○注黝堊至哭者○正義曰黝謂治堊室之地堊謂塗堊室之牆云地謂之黝牆謂之堊者釋宮
文云。禫踰月而可作樂者檀弓云魯人有朝祥而暮歌者孔子曰踰月則其善也是祥踰月而可作樂也云樂作無哭者以其樂作故無哭如鄭此注之意以
祥踰月作樂故禫時無哭矣則經云樂作之文但釋禫時無哭之意不釋祥之無哭皇氏以爲祥之日鼓素琴樂作之文釋二處兩時無哭與鄭注違皇說非
也定本禫踰。月作樂祥字作禫字禫之踰月自然從吉樂作可知恐禫字非也禫而從御吉祭而復寢從御御婦人也復寢不復宿殯
宮也○不復扶又反期居廬終喪不御於內者父在爲母爲妻齊衰期者大功布衰九月
者皆三月不御於內婦人不居廬不寢苫喪父母既練而歸期九月者既葬而
歸歸謂歸夫家也○期音基下同爲母爲妻並于僞反下爲之賜注爲之則爲並同【疏】。禫。而。至。而。歸○正義曰此一經明釋禫節言禫時從御婦人於
內也吉祭而復寢者謂禫祭之後同月之內值吉祭之節。祭吉祭訖而。後復寢若不當四時吉祭則踰月吉祭乃復寢故士虞記云中月禫是月也吉祭猶未
配注云是月是禫月也當四時之祭月則祭也亦不待踰月故熊氏云不當四時祭月則待踰月也案間傳既祥復寢與此吉祭復寢不同者彼謂不復宿中
門外復於殯宮之寢此吉祭後不復宿殯宮復於平常之寢文雖同義別故此注不復宿殯宮也明大祥後宿殯宮也杜預以爲禫而從御謂從政御職事鄭
以爲御婦人者下文云期居廬終喪不御於內既言不御於內故知此御是御婦人也喪父母既練而歸期九月者既葬而歸。○注云歸謂歸夫家也○正義

曰女子出嫁爲祖父母及兄弟爲父後者皆期九月謂本是期而降在大功者案喪服女子爲父母卒哭折笄首玄謂卒哭喪之大事畢可以歸於夫家此是
既練歸不同者熊氏云喪服注云卒哭可以歸是可以歸之節其實歸時在練後也公之喪大夫俟練士卒哭而歸此公公士
大夫有地者也其大夫士歸者謂素在君所食都邑之臣疏公之至而歸○正義曰此一經明公士大夫有地之君喪其臣歸之節○公之喪者臣下呼此
有地大夫之君爲公故云公之喪○大夫俟練者此君下之臣大夫待練而歸○注此公至之臣○正義曰知此公是公士大夫有地者以其臣大夫待練士歸
待卒哭故知非正君若正君案雜記大夫次於公館以終喪士練而歸彼謂正君與此殊故知此非正君云其大夫士歸者謂素在君所食都邑之臣者皇氏
云素先也君所食都邑謂公士大夫之君采地言公士大夫在朝廷而死此臣先在其君所食之采邑故云素在君所食都邑之臣君喪而來服至小祥而各
反故云歸也皇氏所解於文爲便然唯據國中而死若在采邑理則不包也熊氏云素在君之所謂此家臣爲大夫者素先在君所食都邑之臣謂家臣不在
君所出外食都邑者今君喪皆在若大夫士練及卒哭後素在君所者歸於家素食都邑者歸於都邑若如熊氏解鄭當云素在君所及食都邑之臣今不云
及其義疑也大夫士父母之喪既練而歸朔月忌日則歸哭于宗室諸父兄弟之喪
既卒哭而歸歸謂歸其宮也忌日死日也宗室宗子之家謂殯宮也禮命士以上父子異宮○上時掌反疏大夫至而歸○正義曰此一經
明庶子遭喪歸家之節大夫士謂庶子爲大夫士也禮命士以上父子異宮故大夫士有父母之喪至小祥各歸其宮也隱義曰大夫士父母之喪既小祥
而歸庶子爲大夫士者也適子終喪在殯宮也朔月忌日則歸哭于宗室者朔月朔望也忌日死日也宗室適子家殯宮也雖練各歸至忌日及朔望。而歸殯
宮也○諸父兄弟之喪既卒哭而歸者諸父諸兄弟並期爲輕故至卒哭而各歸賀氏云此弟謂適弟則庶兄爲之次云至卒哭乃歸也下云兄不次於弟謂

也庶弟父不次於子兄不次於弟謂不就其殯宮為次而居疏父不至於弟○正義曰喪既畢故尊者不居其殯宮次也

君於大夫世婦大斂焉為之賜則小斂焉為之賜謂有恩惠也疏君於至斂焉○正義曰此經以下至君退必奠明君於大夫及士并夫人於大夫士恩賜弔臨主人迎送之節各隨文解之○此一經論君於大夫世婦之禮此世婦謂內命婦大斂為常為之恩賜則小斂而往然則君於大夫大斂是常小斂是恩賜案隱元年公子益師卒公不與小斂故不書日者熊氏云彼謂卿也卿則小斂焉為之賜則未襲而往故昭十五年有事于武宮籥入叔弓卒去樂卒事公羊云君聞大夫之喪去樂卒事而往可也故鄭云去樂卒事而往未襲也是卿未襲而往案柳莊非卿衛君即弔急弔賢也

於外命婦既加蓋而君至於臣之妻略也疏於外至君至○正義曰外命婦恩輕故既大斂入棺加蓋之後而君至也則知大夫及世婦未加蓋以前君至也

於士既殯而往為之賜大斂焉夫人於世婦大斂焉為之賜小斂焉於諸妻為之賜大斂焉於大夫外命婦既殯而往大夫士既殯而君往焉使人戒之主人具殷奠之禮俟于門外見馬首先入門右巫止于門外祝代之先君釋菜于門內祝先升自阼階負墉南面君即位于阼小臣二人執戈立于前二人立于後殷猶大也朝夕小奠至月朔則大奠君將來則具大奠之禮以待之榮君之來也祝負墉南面直君北房戶東也小臣執戈先後君君升而夾階立大夫殯即成服成服則君亦成服錫衰而往弔擯者當贊主人也始進立門東北面之○直如字又音值當也先後悉見反下胡豆反一音並如字夾古洽反

主人拜稽顙君稱言視祝而踊主人踊。稱言舉所以來之辭也視祝而踊祝相君之禮當節之也○相息亮反下相君並同【疏】於。士。至。人。踊○正義曰此一經明君賜及夫人於大夫士及妻妾恩賜之差又明君弔士夫夫之禮○於諸妻爲之賜大斂焉諸妻姪娣及同姓女也同士禮故爲之賜。之大斂焉若夫人姪娣尊同世婦當大斂焉爲之賜小斂焉○於大夫外命婦既殯而往者謂夫人於大夫及外命婦既殯而往但有一禮無恩賜差降之事○大夫士既殯而君往焉者君於大夫雖視大斂或有既殯之後而始往與士同也○使人戒之者謂君將往使人豫戒告主人使知之○主人具殷奠之禮者殷大也主人得君之戒告先備具月朔大奠之禮重君之來故也○俟于門外者君來之時主人待於門外○見馬首先入門右者謂見君馬首先君而入門右謂門東北面○祝先升自阼階者君應升自阼階故祝先道君升阼階負墉南面者墉壁也祝先升阼階在君之北立於房戶之東皆負辟而鄉南也君即位于阼者主人不敢有其室故君位于阼而西鄉也○小臣二人執戈立于前二人立于後者前後小臣各二人執戈辟邪氣也君升而小臣夾階北面俟君也盧云上言即位于序端謂君臨大夫將大斂時禮未成辟執事故即位于序端此是大夫士既殯而君往禮已成故即位于阼階也○注祝負至弔之○正義曰直君北者直當也君既在阼。階祝立當君北在房戶東而南鄉也云小臣執戈先後君君升而夾階立者顧命云夾階上刃是夾階立也云大夫殯即成服者大夫除死日三日殯與成服同日主人既成服故君錫衰而往弔擯者進擯謂贊於主人禮者擯者始在門東北面今君既升阼則此擯者進於孝子前告孝子使行禮也然喪贊曰相而此云擯者以君之弔禮無嫌擯道之義故得以擯言之也。○主人拜稽顙者以君臨視故主人于庭中北面拜而稽顙○君稱言者稱舉也君舉其所來之言謂弔辭也舉言既畢當哭踊祝以相君祝先踊君乃視祝而踊君踊畢主人乃踊

大夫則奠可也士則出俟于門外命之反奠乃反奠卒奠主人先俟于門外君退主人送于門外拜稽顙迎不拜拜送者拜迎則爲君之荅己君於大夫疾三問之在

殯三往焉士疾壹問之在殯壹往焉所以致殷勤也疏○大夫至往焉○正義曰此一節明君來弔士與大夫其禮不同

○大夫則奠可也者君既在阼主人在庭踊畢則釋此殷奠于殯可也言對人君可爲此奠○士則出俟于門外者士卑不敢留君待奠故先出俟君於門外

謂君將去也○命之反奠乃反奠者君使人命反設奠士乃反入設奠也○卒奠者設奠畢也○主人先俟于門外者奠畢主人又先出門待君大夫士同然

○君退主人送于門外拜稽顙者出去也主人于門外送之而拜也○注迎不至答己○正義曰案曲禮凡非弔喪非見國君無不答拜然則喪法孝子拜賓

無答拜之理今者君出孝子雖拜君無答理而云拜迎則爲君之答已者以尋常禮敵孝子雖拜賓無答理今君來臨臣孚既拜迎尊卑禮隔意恐君之答己

故不敢拜迎案僖三十四年有傳宋先代之後於周爲客有喪拜焉者謂其餘諸侯來弔國喪以其卑王不拜之若宋來弔王用敵禮拜謝之亦是主人拜賓

之義也君弔則復殯服復反也反其未殯未成服之服新君事也謂臣喪既殯後君乃始來弔也復或爲服疏○君弔至殯服○正義曰謂

臣喪大斂與殯之時君有故不得來至殯後主人已成服而君始來弔主人則復殯服者復反也殯服謂殯時未成服之服主人于時反服此服新君之事其

服則首絰免布深衣也不散帶故小記云君弔雖不當免時也主人必免不散麻注云爲人君變貶於大斂之前既啓之後也夫人弔於大夫

士主人出迎于門外見馬首先入門右夫人入升堂即位主婦降自西階拜稽

顙于下夫人視世子而踊奠如君至之禮夫人退主婦送于門內拜稽顙主人

送于大門之外不拜視世子而踊世子從夫人夫人以爲節也世子之從夫人位如祝從君也疏夫人至不拜○正義曰此一經明夫

人弔臣禮○先入門右者門亦大門也謂孝子迎君之妻禮亦如迎君禮也○夫人入升堂即位者亦升阼階西鄉如君也○主婦降自西階拜稽顙于下者

主婦臣妻也既夫人來弔故婦人爲主人當夫人升堂卽位時而主婦從西階而下拜稽顙於堂下如男主也○夫人視世子而踊者世子夫人之世子隨夫人來也夫人來弔則世子在前道引其禮如祝道君也○奠如君至之禮者亦先戒乃具殷奠夫人卽位哭後主婦拜竟而設奠事如君弔禮者若士則亦主人先出而聽命反奠也○夫人退主婦送于門內拜稽顙者門寢門也婦人迎送不出門故夫人去於路寢門內而拜送之而不拜迎而拜送之義與君同也○主人送于大門之外不拜者亦如送君也而不拜者喪無二主主婦已拜故主人不拜

大夫君不迎于門外，入卽位于堂下，主人北面，衆主人南面，婦人卽位于房中。若有君命，命夫命婦之命，四鄰賓客，其君後主人而拜。入卽位。于下不升堂而立阼階之下西面下正君也衆主人南面於其北婦人卽位於房中君雖不升堂猶辟之也後主人而拜者將拜賓使主人陪其後而君前拜不俱拜者主人無二也○下正戶嫁反

【疏】大夫至而拜○正義曰此一節明大夫君之禮不迎于門外者貶於正君君謂大夫下臣稱大夫爲君故曰大夫君也入卽位于堂下者阼階下也大夫君入寢門不得升堂乃卽阼階下位而西鄉也○主人北面者主人適子也其君既卽阼階下位故適子辟之位所以在君之南北面也○衆主人南面婦人卽位于房中者婦人之位在堂其君既來故婦人並爲位于東房中也然此言婦人卽位房中非止大夫之君亦揔正君來禮如此也又不言大夫之君妻來者當同夫人禮也又前君臨大斂云主婦尸西不言辟者大斂哀深故不辟君今既殯後哀殺故辟也亦與前互也○若有君命命夫命婦之命四鄰賓客其君後主人而拜者若當此大夫君來弔時或有其本國之君命或有國中大夫命婦之命或有昔經使四鄰之國卿大夫遣使來弔若或有此諸賓在庭則此大夫之君代主人拜命及拜諸賓也所以爾者喪用尊者拜賓故也君雖代爲主拜賓而猶不敢同於國君專代爲主故以主人倍置君之後也主人在君後而拜謂君先拜主人後拜也○注婦人至二也○正義曰婦人卽位于

房中者東房中也君雖不升堂猶辟之也者以婦人合在尸西東面君來升堂婦人辟之在房中今大夫君來雖不升堂婦人猶辟之於房中也然案未大斂之前君雖來主婦猶在尸西其既殯已後君來雖不顯婦人之位今此大夫君云婦人卽位房中明正君既殯而來婦人亦卽位房中也故云猶辟之云而君前拜不俱拜者主人無二也者以經云其君後主人而拜是君在前主人在後又君拜在前主人拜在後是主人立與拜皆在君後不與君同時拜君既爲主當推君在前故云主人無二也

君弔見尸柩而后踊塗之後雖往不踊也踊或爲哭或爲浴

疏君弔至后踊○正義曰君弔臣唯見尸柩乃踊者若不見尸柩則不踊案前文既殯君往視祝而踊殯後有踊者皇氏云雖殯未塗則得踊故鄭此注云塗之後雖往不踊也是既殯未塗得有踊也

大夫士若君不戒而往不具殷奠君退必奠榮君之來

疏大夫至必奠○正義曰君不先戒故臣不得具殷奠○君退必奠者君來不先戒當時雖不得殷奠而君去後必設奠告殯以榮君來故也

君大棺八寸屬六寸椑四寸上大夫大棺八寸屬六寸下大夫大棺六寸屬四寸士棺六寸大棺棺之在表者也檀弓曰天子之棺四重水兕革棺被之其厚三寸杝棺一梓棺二四者皆周此以內說而出也然則大棺及屬用梓椑用杝以是差之上公革棺不被三重也諸侯無革棺再重也大夫無椑一重也士無屬不重也庶人之棺四寸上大夫謂列國之卿也趙簡子云不設屬椑時僭也○屬音燭後皆同椑步歷反重直龍反下同兕詞履反被皮義反下同厚尸豆反杝以支反差初佳反徐初宜反僭子念反

疏君大至六寸○正義曰此一節以下至篇末揔論君大夫士等棺椁及飾棺之異幷碑綍之殊各依文解之○此一經論君大夫士等棺椁厚薄之制禮天子之棺四重故檀弓云水兕革棺被之其厚三寸杝棺一注云所謂椑棺梓棺二注云所謂屬與大棺然則天子四重之棺都合厚二尺四寸也若上公棺則去水皮所餘三重合厚二尺一寸也若侯伯子男則又去兕皮但餘三棺爲二重

合厚一尺八寸也若上大夫則又去椑所餘屬六寸及大棺八寸爲一重合厚一尺四寸若下大夫亦有屬四寸及大棺六寸但寸數減耳大棺六寸屬四寸合厚一尺也若士則不重唯大棺六寸也○君大棺八寸屬六寸椑四寸者屬六寸椑四寸二者合一尺就大棺八寸爲一尺八寸○上大夫大棺八寸屬六寸去椑四寸所餘二種合爲一尺四寸○下大夫大棺六寸屬四寸者各減二寸合餘一尺也○士棺六寸者無屬唯大棺六寸也○注大棺至僭也○正義曰以名大棺故知在表云四者皆周者謂水兕革棺杝棺梓棺等皆周於尸惟椁不周此以內說而出也者謂檀弓此文從內而說以次出外而謂近尸首水革次外有兕革次外有椑次外有屬次外有大棺云然則大棺及屬用梓椑用杝者以檀弓云杝棺一梓棺二從內出外而言此先云大棺及屬乃始云椑是從外鄉內而說故知大棺及屬當梓棺也椑當杝棺也云上公革棺不被三重也者以天子四上公三去其一重故知革棺不被但有兕也云諸侯無革棺再重也者以此經但云君大棺屬椑不云革故知無革棺也此君謂侯伯子男也此經上下大夫但云大棺與屬無杝椑是大夫無椑一重也經唯云士棺六寸是士無屬不重也案檀弓孔子爲中都宰制四寸之棺五寸之椁是庶人之棺四寸云趙簡子云不設屬椑時僭也者案哀公二年趙簡子與鄭師戰于鐵簡子自誓云桐棺三寸不設屬辟下卿之罰也案此大夫依禮無椑趙簡子所云罰始無椑故知當時大夫常禮用椑是時僭也

君裏棺用朱綠。用雜金鐕大夫裏棺用玄綠用牛骨鐕士不綠

鐕所以。琢著裏○鐕子南反釘也椓陟角反本又作琢著直略反

【疏】君。裏。至。不。綠○正義曰此一經明裏棺之制裏棺謂以繒貼棺裏也朱繒貼四方以綠繒貼四角定本經中綠字皆作琢琢謂鐕琢朱繒貼著於棺也○用雜金鐕者鐕釘也舊說云用金釘又用象牙釘。雜之以琢朱綠着棺也釋義云朱綠皆繒也雜金鐕尚書曰貢金三品黃白青色○大夫裏棺用玄綠者四面玄四角綠○用牛骨鐕者不用牙金也○士不綠者悉用玄也亦同大夫用牛骨鐕不言從可知也

君蓋用漆三衽三束大

夫蓋用漆二衽二束士蓋不用漆二衽二束用漆者塗合牝牡之中也衽小要也○要一遙反下同疏君蓋至二束○正義曰此一經明衽束之數○君蓋用漆者蓋棺上蓋用漆謂漆其衽合縫處也○三衽三束者衽謂燕尾合棺縫際也束謂以皮束棺也棺兩邊各三衽每當衽上輒以牛皮束之故云三衽三束也○大夫蓋用漆二衽二束者亦漆衽合縫處也大夫士橫衽有束每衽有束故云二衽二束也○士蓋不用漆○二衽二束者士卑故不漆也言二衽二束者與大夫同檀弓云棺束縮二衡三者據君言也若大夫士橫唯二束此文是也故鄭注司士云結披必當棺束於束繫紐天子諸侯載柩三束大夫士二束喪大記曰君纁披六大夫披四前纁後玄士二披用纁人君禮文欲其數多圍數兩旁言六耳其實旁三是也皇氏不見鄭之此注以爲此經大夫士二衽二束者據披從束而言其橫皆爲三束其義非也

君大夫鬊爪實于綠中士埋之綠當爲角聲之誤也角中謂棺內四隅也鬊亂髮也將實爪髮棺中必爲小囊盛之此綠或爲篓○鬊音舜爪側巧反囊乃剛反徐音託盛音成篓魯口反疏君大至埋之○正義曰此一節明鬊爪之異○實于綠中者綠即棺角也其死者亂髮及手足之爪盛于小囊實于棺角之中士埋之者士賤亦有物盛髮爪而埋之○注綠當爲角○正義曰知綠當爲角者上文綠爲色以飾棺裏非藏物之處以綠與角聲相近經云綠中故讀綠爲角

君殯用輴欑至于上畢塗屋大夫殯以幬欑置于西序塗不暨于棺士殯見衽塗上帷之欑猶菆也屋殯上覆如屋者也幬覆也暨及也此記參差以檀弓參之天子之殯居棺以龍輴欑木題湊象椁上四注如屋以覆之盡塗之諸侯輴不畫龍欑不題湊象椁其他亦如之大夫之殯廢輴置棺西牆下就牆欑其三面塗之不及棺者言欑中狹小裁取容棺然則天子諸侯差寬大矣士不欑掘地下棺見小要耳帷之鬼神尚幽闇也士達於天子皆然幬或作錞或作焞○輴敕倫反欑才冠反下同幬音道注同暨其器反注同見賢遍反注同菆才工反本

亦作叢參初金反差初宜反題音啼湊七豆反注徐之樹反下同差寬初賣反又初佳反掘其越反又其勿反鋍徒對反又徒臥反又徒隈反焞依字支允反
又支悶反徐都臥反沈都雷反【疏】君殯。至帷之。○正義曰此一經明尊卑殯之制度○君殯用輴者君諸侯也殯時置棺於輴內○欑至于上者以木欑輴
至於棺上畢塗屋者畢盡也此所欑殯之。大有似屋形欑之既訖盡塗其屋也○大夫殯以幬者幬覆也謂棺衣覆之也大夫言幬覆則王侯並幬覆也謂棺
衣覆之言大夫幬即加斧之類是也○欑置于西序者屋堂西頭壁也大夫不輴又不四面欑以一面倚西壁而三面欑之又上不爲屋也○塗不暨于棺者
暨及也王侯塗之而欑廣去棺遠大夫亦塗而欑狹去棺近裁使塗不及棺故云不暨棺也○士殯見衽塗上帷之者士掘肂見衽其衽之上所出之處亦以
木覆上而塗之故謂塗上也士喪禮云乃塗注云以木覆棺上而塗之爲火備也帷之者帷障也貴賤悉然故朝夕哭乃徹帷也○注欑猶至皆然○正義曰
云欑猶菆也者謂菆聚其木周於外也云屋殯上覆如屋者。也解經畢塗屋屋是殯上之覆形似於屋故云如屋云此記參差者謂記此大記之文其事參差
若君據天子應稱龍輴不得直云殯用輴若君據諸侯不得云欑至于上畢塗屋其文或似天子或似諸侯故云參差云以檀弓參。之檀弓云天子之殯菆塗
龍輴以椁故知天子殯居棺以龍輴又云以椁故知欑木題湊象椁云上四注如屋以覆之者謂上以四注垂而鄉下如似屋簷以覆其上云盡塗之者謂四
邊及上皆塗之云諸侯輴不畫龍欑不題湊象椁者以檀弓唯云天子龍輴此經直云君殯用輴不云龍輴是諸侯不。龍也謂不畫輴轅爲龍檀弓唯云天子菆
塗龍輴以椁則知諸侯不題湊象椁云其他亦如之者除此龍輴題湊象椁之外其他亦如之其他謂菆木畢塗屋亦如天子也必知天子椁四阿者成二年
左傳云宋文公卒椁有四阿是僭天子禮但凡殯之禮天子先以龍輴置於客位殯處然後從阼階舉棺於輴中輴外以木菆輴之四邊木高於棺乃從上加
綃黼於棺上然後以木題湊題頭也湊鄉也謂以木頭相湊鄉內也象椁上之四。注以覆之如屋形以泥塗之於屋之上又加席三重於殯上其諸侯則居棺

以輤亦鼓木輤外木高於棺後加布幕於棺上又鼓木於塗上不題湊象椁也雖不象椁亦中央高似屋形但不爲四。注故經云畢塗屋揔包君也塗上加席三。重云大夫之殯廢輤者案下檀弓云三臣廢輤據殯時也是大夫之殯廢輤云欑中狹小裁取容棺者以經云塗不暨于棺明其狹小卑者既狹則知天子諸侯差寬大矣云士達於天子皆然者謂皆帷之

熬君四種八筐大夫三種六筐士二種四筐加魚腊焉熬者煎穀也將塗設於棺旁所以。惑蚍蜉使不至棺也士喪禮曰熬黍稷各二筐又曰設熬旁。各一筐大夫三種加以粱君四種加以稻四筐則手足皆一其餘設於左右○熬五羔反種章勇反【疏】。熬。君。至。腊。焉○正義曰此一經明下及注同筐音匡腊音昔蚍音毗蜉音浮熬熬穀之異熬者謂火熬其穀使香欲使蚍蜉聞其香氣食穀不侵尸也○加魚腊焉者魚腊謂乾腊案特牲士腊用兎少牢大夫腊用麋天子諸侯無文當用六獸之屬亦爲。惑蚍蜉○注士喪至左右○正義曰此云士二種四筐士喪禮熬黍稷各二筐文與此同故引之又引士喪禮云設熬旁一筐者證設熬之處云大夫三種加以粱者以曲禮云歲凶大夫不食粱明豐年常食粱故知大夫加以粱公食大夫禮黍稷稻粱云君四種加以稻四筐則手足皆一者當以士喪四筐設熬旁各一筐則兩旁有兩筐首有一筐足有一筐也云其餘設於左右者兩旁在首足以外皆設於左右旁也

飾棺君龍帷三池振容黼荒火三列黼三列素錦褚加僞荒纁紐六齊五采五貝黼翣二黻翣二畫翣二皆戴圭魚躍拂池君纁戴六纁披六大夫畫帷二池不振容畫荒火三列黻三列素錦褚纁紐二玄紐二齊三采三貝黻翣二畫翣二皆戴綏魚躍拂池大夫戴前纁後玄披亦如之士布帷布荒一池揄絞纁紐二緇紐二齊三采一貝畫翣二皆

戴綏士戴前纁後緇二披用纁飾棺者以華道路及壙中不欲衆惡其親也荒
蒙也在旁曰帷在上曰荒皆所以衣柳也士布
帷布荒者白布也君大夫加文章焉黼荒緣邊爲黼文畫荒緣邊爲雲氣火黻
爲列於其中耳僞當爲帷或作于聲之誤也大夫以上有褚以襯覆棺乃加帷
荒於其上紐所以結連帷荒者也池以竹爲之如小車笭衣以青布柳象宮室
縣池於荒之爪端若承霤然云君大夫以銅爲魚縣於池下揄揄翟也青質五
色畫之於絞繒而垂之以爲振容象水草之動搖行則又魚上拂池雜記曰大
夫不揄絞屬於池下是不振容也士則去魚齊象車蓋蕤縫合雜采爲之形如
瓜分然綴貝落其上乃旁戴之言值也所以連繫棺束與柳材使相值因而結
前後披也漢禮翣以木爲筐廣三尺高二尺四寸方兩角高衣以白布畫者畫
雲氣其餘各如其象柄長五尺車行使人持之而從。既窆樹於壙。中檀弓曰周
人牆置翣是也綏當爲緌讀如冠蕤之蕤蓋五采羽注於翣首也○黻音弗褚
張呂反下同僞依注讀爲帷位悲反齊如字徐才細反翣所甲反戴丁代反下
及注同披彼義反徐甫髮反下同綏依注爲緌音蕤耳隹反下同揄音遙注同
紐女九反緇側其反壙古晃反惡烏路反一衣於既反下衣以皆同以上時掌反
下魚上同笭音零縣音玄下皆同搖音遙一音以照反去起呂反車蓋蕤絕句
一讀以蕤向下瓜古華反分扶問反又皮莧反又夫云反壙古【疏】飾。棺。至。用。纁
曠反高古報反又如字長直諒反又如字後放此從才用反○正義曰此
一經明葬時尊卑棺飾○君龍帷者君諸侯也帷柳車邊障也以白布爲之王
侯皆畫爲龍象人君之德故云龍帷也○三池者諸侯禮也池謂織竹爲籠衣
以青布挂著於柳上荒邊爪端象平生宮室有承霤也天子生有四注屋四面
承霤柳亦四池象之諸侯屋亦四注而柳降一池闕於後一故三池也○振容
者振動也容飾也謂以絞繒爲之長丈餘如幡畫幡上爲雉縣於池下爲容飾
車行則幡動故曰振容○黼荒者荒蒙也謂柳車上覆謂鱉甲也緣荒邊爲白
黑斧文故云黼荒○火三列者列行也於鱉甲黼文之上荒中央又畫爲火三
行也火形如半環也○黻三列者又畫爲兩已相背爲三行也○素錦褚者素

錦白錦也褚屋也於荒下○又用白錦以爲屋也葬在路象宮室也故雜記云素
錦以爲屋而行即褚是也○加僞荒者帷。是邊牆荒是上蓋褚覆竟而加帷荒
於褚外也纁紐六者上蓋與邊牆相離故又以纁爲紐連之相著旁各三凡用
六紐故云纁。紐也○齊五采者謂鱉甲上當中央形員如華蓋高三尺徑二尺
餘五采謂人君以五采繒衣之列行相次故云五采也○五貝者又連貝爲五
行交絡齊上也○以黼翣二黻翣二畫翣二者翣形似扇以木爲之在路則障
車人椁則障柩也凡有六枚二畫爲黼二畫爲黻二畫爲雲氣諸侯六天子八
禮器云天子八翣諸侯六大夫四鄭注縫人云漢禮器制度飾棺天子龍火黼
黻皆五列又有龍翣二其戴皆加璧也○皆戴圭者謂諸侯六翣兩角皆戴圭
玉也○魚躍拂池者凡池必有魚故此車○池縣絞雉又縣銅魚於池下若車行
則魚跳躍上拂池也隱義曰振容在下是魚在振容閒○君纁戴六者事異飾
棺故更言君也纁戴謂用纁帛繫棺紐著柳骨也謂之戴者戴值也使棺堅值
棺橫束有三亦每一束兩邊輒各屈處爲紐三束有六紐今穿纁戴於紐以繫
柳骨故有六戴也○纁披六者纁謂亦用絳帛爲之以一頭繫所連柳纁戴之
中而出一頭於帷外人牽之每戴繫之故亦有六也謂之披者若牽車登高則
引前以防軒車適下則引後以防翻車欹左則引右欹右則引左使車不傾覆
也大夫畫帷者不得爲龍畫爲雲氣○二池者不得三故二也庾云兩邊而已
賀云前後各一不振容者謂不以揄絞屬於池下爲振容故云不振容也其池
上揄絞則有也○畫荒者不爲斧而爲雲氣也○火三列黼三列素錦褚者與
君同也○纁紐二○玄紐二者不得六故用四以連四旁也不并一色故二爲纁
二爲玄也○齊三采者。絳黃黑也○三貝者又降二也○黻翣二畫翣二者降
兩黼也○皆戴綏者翣角不圭但用五采羽作綏注翣兩角也○魚躍拂池者
無絞雉而有縣銅魚也○大夫戴前纁後玄者事異故更言大夫也降人君故
不並用纁也其數與披同用四也○披亦如之者色及數悉與戴同也○士布
帷布荒者士帷及荒者白布爲之而不畫也○一池者唯一池在前也○揄絞
者亦畫揄雉於絞在於池上而池下無振容知者大夫既不振容明士亦不振

容於池下〇纁紐二緇紐二者又降玄用緇也猶用四連四旁〇齊三采者與
大夫同也〇一具者又降二行但一行絡之耳〇畫翣二皆戴綏者又降二黻
也池上翣悉綏故云皆也〇士戴前纁後緇者。事異故直言士也戴當棺束每
束各在兩邊前頭二戴用纁後頭二戴用緇通兩邊爲四戴舉一邊即兩戴也
〇二披用纁者據一邊前後各一披故云二披用纁若通兩旁則亦四披也〇
注飾棺至首也〇正義曰以華道路及壙中者以翣入壙中則知餘物堪入壙
中者皆入云荒蒙也者以爾雅荒蒙俱訓爲奄故荒得爲蒙云皆所以衣柳也
者謂木材有此帷荒在外衣覆之故云皆所以衣柳云黼荒緣邊爲黼文畫荒
緣邊爲雲氣者既云黼荒畫荒又云火三列黻三列火黻既爲三列其處寬多
宜在荒之中央則知黼之與畫宜在荒之外畔云爲當爲帷或作于者爲字與
帷聲相近又諸本爲字作于者于帷聲又相近因聲相近而遂誤作爲字或作
于字故云聲之誤也云紐所以結連帷荒者荒在上帷在旁屬紐以結之與束
棺屬披之紐別也故鄭注司士云謂結披必當棺束於束繫紐是披紐與此異
也云池以竹爲之如小車笭衣以青布者鄭以漢之制度而知如小車笭者以
小車之箱必猶狹長故云如小車笭云縣池於荒之爪端若承霤然云者荒之
爪謂荒之材出外若人之指爪而縣此池於荒之爪端其池若宮室之承霤然
云語辭也云以銅爲魚縣於池下者。以參漢之制度而知也云揄揄翟也青質
五色者爾雅釋鳥文經云揄絞故知畫揄於絞繒也經云振容故知垂之以爲
振容象水草之揄搖云行則魚上拂池又魚上拂池者以經云魚躍拂池是鄉上之名
非行不動故知行則魚上拂池引雜記曰大夫不揄絞屬於池下是不振容也
者此經云不振容雜記云大夫不揄絞屬於池下若屬於池則振容不屬於池
下是不振容也云士則去魚者謂士同大夫不振容又去魚故云士則去魚
此云士揄絞明大夫亦揄絞但大夫不以揄絞屬於池下爲振容而皇氏不解
鄭之此旨謂大夫不揄絞而有銅魚士無銅魚而有揄絞以爲魚陰而絞陽大
夫偪君故奪其陽不尋其義一何疏妄之甚云齊象車蓋蕤者此車蓋四面有
垂下蕤今此齊形象此車蓋及蕤謂上象車蓋旁象蓋蕤云縫合雜采爲之形

如爪分然者言齊形既圓上下縫合雜采豎有限。禶如瓜內之子以穢爲分限然也皇氏云如虎掌之爪皮外其色有部分若然此注唯據班瓜事恐不合耳云所以連繫棺束與柳材使報值因而結前後披者謂用此戴索連繫棺束之紐與外畔柳材使相當值謂連棺著柳將披一頭以結此戴更垂披頭鄉外使人執之備柩車傾動云以木爲筐者謂以木爲翣之筐若門戶四面筐也云廣三尺高二尺四寸方兩角高者謂廣方正不圓曲也云緌當爲緌至翣首也者以周禮夏采掌染鳥羽爲夏翟之色故名夏采其職掌復建緌故知緌五采羽注翣。首謂翣之兩角諸侯則戴以圭

君葬用輴四綍二碑御棺用羽葆大夫葬用輴二綍二碑御棺用茅士葬用國車二綍無碑比出宮御棺用功布大夫廢輴此言輴非也輴皆當爲載以輇車之輇聲之誤也輇字或作團是以文誤爲國輇車柩車也尊卑之差也在棺曰綍行道曰引至壙將窆又曰綍而設碑是以連言之碑桓楹也御棺居前爲節度也士言比出宮用功布則出宮而止至壙無矣綍或爲率○輴依注音輇市專反下同王勑倫反綍音弗碑彼皮反御棺一本作御柩葆音保用國依注亦作輇市專反王如字云一國所用比必例反注同柩尹九反引音胤率音律

疏君。葬。至。功。布○正義曰此一經明葬時在路尊卑載柩之車及碑綍之等君葬用輴者諸侯載柩在路而用輴當用輇車用輴非也○四綍二碑者綍之有四條條有二所此諸侯也天子則六綍四碑○御棺用羽葆者雜記云諸侯用匠人執羽葆以鳥羽注於柄末如蓋而御者執之居前以指麾爲節度也○大夫葬用輴者言輴非亦當爲用輇也○二綍二碑者碑各一孔樹於壙之前後綍各穿之也○士葬用國車者國亦當爲輇也二綍無碑者手縣下之○比出宮御棺用功布者比出宮謂柩在宮牆內也功布大功布也士用大功布爲御也大夫用茅自廟至墓士卑御自廟至大門牆內而止出路便否至墓不復御也隱義云羽葆功布等其象皆如麾○注大夫至無矣○正義曰鄭引大夫廢輴此經云葬用輴與檀弓違故云此言輴非也云輴皆當爲載以輇車之輇者謂經

云君葬用輴大夫葬用輴此二輴皆當爲載以輇車之輇讀從雜記之文謂君及大夫皆載以輇車明不以輴也必知非輴者以此文云士葬用國車國字與團字相似因誤耳團與輇聲相類輇則蜃車也在路載柩尊卑同用蜃車故知經云輴者非也輴國皆當爲輇云尊卑之差也在棺曰綍者皇氏云天子諸侯以下載柩車同皆用輇也其尊卑之差異在於棺飾耳則前經棺飾是尊卑異也熊氏云尊卑之差謂此經君四綍二碑御棺用羽葆大夫二綍二碑御棺用茅士葬用二綍無碑御棺用功布失鄭注意其說非也云行道曰引至壙將窆又曰綍而設碑是以連言之者此一經所論在道之時未論窆時下棺之節旣是在塗經當應云引而云綍與碑者其初時在塗後遂窆葬因在塗連言窆時故云是以連言之至窆時下棺天子則更載以龍輴故遂師注云蜃車柩路也行至壙乃設奠復載以龍輴是天子殯用龍輴至壙去蜃車載以龍輴以此約之則諸侯殯以輴葬則用輴明矣若大君唯朝廟用輴殯則不用輴葬時亦無輴也士則殯不用輴朝廟得用輴軸若天子元士葬亦用輴軸與大夫異禮有損之而益之也云碑桓楹也者下檀弓云三家視桓楹是僭也則天子用大木爲碑謂之豐碑諸侯則樹兩大木爲碑謂之桓楹此經君稱二綍二碑故云桓楹也謂每一碑樹兩楹云士言比出宮用功布則出宮而止至壙無矣者以士卑故出宮在路無御柩之物

凡封用綍去碑負引君封以衡大夫士以咸君命毋譁以鼓封大夫命毋哭士哭者相止也

封周禮作窆窆下棺也此封或皆作斂檀弓曰公輸若方小斂般請以機封謂此斂也然則棺之入坎爲斂與斂尸相似記時同之耳咸讀爲緘凡柩車及壙說載除飾而屬紼於柩之緘又樹碑於壙之前後以紼繞碑間之鹿盧輓棺而下之此時棺下窆使輓者皆繫紼而繞要負引舒縱之備失脫也用紼去碑者謂縱下之時也衡平也人君之喪又以木橫貫緘耳居旁持而平之又擊鼓爲縱舍之節大夫士旁牽緘而已庶人縣窆不引紼也禮唯天子葬有隧今齊人謂棺束爲緘繩咸作爲椷○封依注作窆彼驗反下及注機封同咸依注讀爲緘古鹹反毋音無下

同諱音華說吐活反輓音晚繞而沿反要一遙反縱子用反下同舍音捨隧音遂延道也械古咸反一本作緘

疏凡。封。至。止。也○正義曰此一經論尊卑下棺之制○凡封用紼去碑負引者封當爲窆窆謂下棺下棺之時將紼一頭以繫棺緘又將一頭繞碑間鹿盧所引之人在碑外背碑而立負引者漸漸應鼓聲而下故云用紼去碑負引也○君封以衡者諸侯禮大物多○棺重恐。棺不正下棺之時別以大木爲衡貫穿棺束之緘平持而下備傾頓也○大夫士以咸者大夫士無衡使人以紼直繫棺束之緘而下於君也○君命無譁以鼓封者謂君下棺時命令衆人無得諠譁以擊鼓爲窆時縱捨之節無一鼓漸縱紼也○大夫命毋哭者大夫卑不得擊鼓直命入使無哭耳○○士哭者相止也者士又卑不得施教令直以哭者自相止○注封周至緘繩○○正義曰此封或皆作斂者謂禮記餘本此經中封字皆作斂字者鄭以窆有斂義故引檀弓之文斂般請以機窆故云謂此斂也云然則棺之入坎爲斂以斂尸相似記時同之耳者以下棺與斂尸相似故作記之時他本同稱斂故下棺亦以爲斂也云屬紼於柩之緘者至壙說載除飾之後謂解此蜃車之紼繫於柩之緘束之繩云又樹碑於壙之前後以紼繞碑間之鹿盧輓棺而下之者諸侯四紼二碑前後二紼各繞前後二碑之鹿盧其餘兩紼於壙之兩旁人輓之而下其天子則下檀弓注云天子六紼四碑前後各重鹿盧如鄭此注天子紼既有六碑但有四故以前碑後碑。各鹿盧每一碑用二紼前後用四紼其餘兩紼繫於兩旁之碑案下檀弓注云諸侯之繂不云前後重鹿盧則諸侯之碑前後不重鹿盧也前。碑後碑各。用一紼其餘二紼在旁人持而下棺也經云。紼去碑謂前後紼耳其在旁之紼無碑也故前經士二紼無碑也是紼有人持之法不要在碑也案檀弓注云前後重鹿盧唯據天子皇氏云諸侯亦有前後重鹿盧四紼繫於前後二碑旁邊無紼既違鄭注下棺又危其義恐非也云禮唯天子葬有隧者案僖二十五年左傳云晉侯請隧王弗許曰王章也是隧爲天子典章諸侯請故知天子有隧也杜元凱注左傳闕地通路曰隧諸侯皆縣柩而下路則輴也故遂師注云至壙說載除飾更復載以龍輴是載以輴入隧道皇氏云棺從而下遂以納明器其說兼路也云今齊人謂棺束爲緘繩者以今人之語證經緘是束棺之物君松椁大夫柏椁士雜木椁椁謂周棺者也天子柏椁以端長六尺夫子制於中都使庶人之椁五寸五寸謂端方也此謂尊者用大材卑者用小材耳自天子諸侯卿大夫士庶人六等其椁長自六尺而下其方自五寸而上未聞其差所定也抗木之厚蓋與椁方齊天子五重上公四重諸侯三重大夫再重士一重○而上時掌反抗苦浪反徐戶剛反重直龍反下同

疏○君松至木椁○正義曰此一經明所用椁木不同○君松椁者君諸侯也諸侯用松爲椁材也盧云以松黄腸爲椁盧云黄腸松心也○大夫柏椁者以柏爲椁不用黄腸下天子也○士雜木椁者士卑不得同君故用雜木也○注椁謂至一重○正義曰天子柏椁以端長六尺夫子制於中都使庶人之椁五寸五寸謂端方也者鄭以椁木長短及厚薄無文故引柏椁以端長六尺明椁材每段長六尺也又庶人厚五寸者欲明椁材每段厚薄廣狹五寸也故云謂端方也端頭也謂材頭之方天子長六尺謂尊者用大材庶人方五寸而卑者用小材云六等其椁長自六尺而下其方自五寸而上未聞其差所定也者天子既六尺而下未知諸侯卿大夫士庶人節級之數庶人自五寸而上未知士及大夫卿與諸侯天子差益之數故云未聞其差所定案檀弓柏椁以端長六尺注云其方蓋一尺以此差之諸侯方九寸卿方八寸大夫七寸士六寸庶人五寸雖有此約又無正文可定云抗木之厚蓋與椁方齊者以椁繞四旁抗木在上俱在於外故疑厚薄齊等云天子五重以下者據抗木之數言之故禮器天子五重八翣是也每一重縮二在下横三在上故既夕注云象天三合地二也

棺椁之閒君容柷大夫容壺士容甒閒可以藏物因以爲節○柷昌六反甒音武

疏○棺椁至容甒○正義曰此一經明棺椁之閒廣狹所容也○君容柷者柷如漆筩是諸侯閒所容也若天子棺椁閒則差寬大故司几筵云柏席用萑玄謂柏椁字摩滅之餘椁席藏中神坐之席是也諸侯棺椁閒亦容席故司几筵云柏席諸侯則紛純稍狹於天子故此云容柷○大夫容壺者壺是漏水之器大夫所掌曰士

容甒者甒盛酒之器士所用也君裏椁虞筐大夫不裏椁士不虞筐裏椁之物虞筐之文未聞也

疏君裏至虞筐○正義曰盧氏雖有解釋鄭云未聞今略盧氏不錄也

附釋音禮記注疏卷第四十五

禮記注疏卷四十五校勘記

阮元撰盧宣旬摘錄

附釋音禮記注疏卷第四十五　惠棟校宋本禮記正義卷第五十四

喪大記

大斂布絞節

大斂至無紞　惠棟校宋本無此五字

至大斂又各加一衾　閩監毛本同惠棟校宋本至上有今字

小斂之衣節

君衣尚多　惠棟校宋本宋監本岳本同嘉靖本同衞氏集說同閩本衣字漶滅監毛本衣誤不

國君陳衣及斂　閩本同考文引宋板同監毛本及誤乃

君親屬有衣相送　閩監毛本同考文云宋板君作若衞氏集說同

袍必有表節

袍必至一稱　惠棟校宋本無此五字

爵弁服皮弁服褖衣注衣注云　惠棟校宋本無注衣二字衞氏集說同此本誤衍閩監毛本作褖衣純衣注云並誤

凡斂者袒節

凡斂至是斂 惠棟校宋本無此五字

并引士喪禮商頌祝主斂 惠棟校宋本無頌字此本誤衍閩監毛本同

君錦冒節

君錦至冒也 惠棟校宋本無此五字

熊氏分質字屬下爲句 惠棟校宋本作分質字屬上殺字屬下爲句續通解同此本上殺字屬四字脫閩監毛本同

君將大斂節

君將至如之 惠棟校宋本無此五字

故在堂下而向北 閩監毛本同惠棟校宋本向作鄉衞氏集說同按下作鄉南此亦當作鄉北

宰告者大宰也 惠棟校宋本同閩監毛本者下有宰字

大夫之喪節

先入門右巫止于門外 各本同石經同山井鼎云古本先入門右無門字巫止于門外無于門外三字與注合按釋文出巫止云本或作巫止門外門外衍字耳

大夫至馮之惠棟校宋本無此五字

君撫大夫節

撫以手按之也閩本同惠棟校宋本同岳本同嘉靖本同監毛本按作案衞氏集說同

凡馮尸與必踊各本同坊本必誤於

悲哀悲哀之至惠棟校宋本悲哀二字不重宋監本岳本嘉靖本衞氏集說同此本誤衍閩監毛本同

君撫至必踊惠棟校宋本無此五字

既葬柱楣節

柱楣塗廬閩本惠棟校宋本宋監本岳本嘉靖本衞氏集說同釋文出柱楣監毛本柱作拄疏放此

既葬至宮之惠棟校宋本無此五字

既葬與人立節

既葬至家事惠棟校宋本無此五字

君諸侯王天子也閩監毛本同惠棟校宋本侯下有也衞氏集說同

既練居堊室節

禫踰月而可作樂作無哭者禫字各本並同惠棟云禫當作祥段玉裁云孔作祥按正義云是祥踰月而可作樂也又云以祥踰月作樂又謂定本祥字作禫字恐禫字非也是正義本作祥之明證毛本作樂樂岳本同嘉靖本同衞氏集說同此本脫一樂字閩監本同

既練至故也惠棟校宋本無此五字

云禫踰月而可作樂者閩監毛本同按禫亦當作祥

定本禫踰月作樂惠棟校宋本踰月下有而可二字此本誤脫閩監毛本同定本誤定不

禫而從御節

禫而至而歸惠棟校宋本無此五字

值吉祭之節祭吉祭訖而後復寢閩監毛本同惠棟校宋本祭吉祭作行吉祭考文云宋板無後字衞氏集說亦作行吉祭訖而復寢

○注云歸謂歸夫家也閩監毛本同山井鼎云宋板無圈與上接續注字無所標異爲是

大夫士父母之喪節

至忌日及朔望而歸殯宫也閩監毛本同惠棟校宋本而作則衞氏集說同續通解同

於士既殯而往節

舉所以來之辭也視祝而踊毛本作也岳本同嘉靖本同衞氏集說同考文引宋本同此本也誤相閩監本同

於士至人踊惠棟校宋本無此五字

故爲之賜之大斂焉閩監毛本同惠棟校宋本無下之字

君既在阼階祝立當君北閩監毛本同惠棟校宋本階作此

主人拜稽顙者閩監毛本同惠棟校宋本上有主人至人踊五字

大夫則奠可也節

士疾壹問之各本同毛本問誤閒

大夫至往焉惠棟校宋本無此五字

大夫君不迎於門外節

入即位于下不升堂而立阼階之下西面閩監毛本同岳本于作於嘉靖本同衞氏集說同考文引宋板于作

於而立作而位

大夫至而拜惠棟校宋本無此五字

又不言大夫君之妻來者惠棟校宋本作君之衞氏集說同此本君之二字倒閩監毛本同

君大棺八寸節

諸無葦棺再重也補案諸下當有侯字此誤脫也

君大至六寸惠棟校宋本無此五字

注云所謂椑棺閩監毛本同惠棟校宋本下有也字

君裏棺用朱節

綠用雜金鐕作琢各本同石經同正義云定本經中綠字皆作琭惠棟云當依定本

鐕所以琢著裏閩監毛本同嘉靖本同衞氏集說同岳本琢作椓考文引古本同按釋文出椓云本又作琢

君裏至不綠惠棟校宋本無此五字

又用象牙釘雜之閩監本同毛本雜字闕

君殯用輴節

欑置于西序惠棟校宋本同石經同岳本同嘉靖本同衞氏集說同閩監毛本置誤至石經考文提要云宋大字本宋本九經南宋巾箱本余仁仲本劉叔剛本並作置按士喪禮注引此文亦作置字

上四注如屋以覆之閩監毛本同岳本同嘉靖本同釋文出四注衞氏集說注作柱考文引古本同

君殯至帷之 惠棟校宋本無此五字

此所攢殯之大有似屋形 閩監毛本同考文引宋板大作木

云屋殯上覆如屋者也 閩監毛本同惠棟校宋本也下有者字

二以檀弓參之 閩監毛本同惠棟校宋本之下有者字

是諸侯不龍也謂不畫輴轅爲龍 惠棟校宋本如此此本不龍誤不當畫輴誤畫目閩監毛本同

象椁上之四注以覆之 閩監毛本同惠棟校宋本注作柱衞氏集說同下但不爲四注同

塗上加席三重 閩監毛本同惠棟校宋本三作二

熬君四種八筐節

所以惑蚍蜉 閩監毛本同嘉靖本同惠棟校宋本惑作惑岳本同衞氏集說同考文引古本同按儀禮注惑字當作惑此本疏中亦作惑

設熬旁各一筐 閩監毛本同岳本同嘉靖本同衞氏集說同惠棟校宋本無各字浦鏜云各字儀禮無按疏及續通解幷周禮虞人疏引

此注皆無各字吳草廬儀禮集說據此注謂爲經文脫非也

熬君至腊焉 惠棟校宋本無此五字

亦爲惑蚍蜉 惠棟校宋本同衞氏集說同閩監毛本惑作惑

飾棺節

如小車笭各本同釋文笭作苓○按笭正字苓假借字

車行使人持之而從既窆樹於壙中各本同浦鏜云既窆上周禮疏引此有引障二字壙中下有障版二字按聶崇義三禮圖考亦有此四字今脫也孫志祖云孟子疏四卷下引注使人持之而從下有以障二字壙中下有障柩也三字文義較完足

飾棺至用纁惠棟校宋本無此五字

帷者邊牆考文引宋板同閩監毛本者作是

故云纁紐也惠棟校宋本紐下有六字此本脫閩監毛本同

齊三采者降黃黑也惠棟校宋本作降此本降誤絳閩監毛本同衞氏集說同

後緇者事異閩監毛本同考文云宋板事作士

以參漢之制度而知也閩監毛本同惠棟校宋本以作亦

豎有限襵惠棟校宋本同閩監毛本襵作攝

故知綏五采羽注翣首惠棟校宋本有於字此本於字脫閩監毛本同

君葬用輴節

君葬至功布 惠棟校宋本無此五字
載柩車同皆用輇也 閩本同惠棟校宋本同監毛本同誤者
凡封用綍節
凡封至止也 惠棟校宋本無此五字
恐棺不正 閩監毛本同惠棟校宋本棺作柩衛氏集說同
直以哭者自相止 閩監毛本同惠棟校宋本止下有也字衛氏集說同
故以前碑後碑各鹿盧 惠棟校宋本各下有重字續通解同此本誤脫閩監毛本同
前碑後碑各用一紼 閩監本同毛本上碑誤後惠棟校宋本無用字衛氏集說同
經云綍去碑 考文引宋板同衛氏集說同閩監毛本綍上有用字
君松椁節
君松至木椁 惠棟校宋本無此五字
而卑者用小材 惠棟校宋本而作是此本誤閩監毛本同
橫三在上 惠棟校宋本同閩監毛本橫作衡

象天二合地二也惠棟校宋本二作三此本誤閩監毛本三誤一

槨𣞤之閒節

棺𣞤至容甒惠棟校宋本無此五字

柷如漆筩惠棟校宋本同閩監毛本筩作桶衛氏集說同

𣞤席藏中神坐之席是也閩監毛本同惠棟校宋本𣞤作槨

大夫所掌曰士容甒者惠棟校宋本無曰字此本誤衍閩監毛本同

君裹節

君裹至虞筐惠棟校宋本無此五字

附釋音禮記注疏卷第四十五終惠棟校宋本禮記正義卷第五十四終記云凡三十三頁宋監本禮記卷第十三經三千三百八十一字注四千一百二十九字嘉靖本禮記卷第十三經三千三百九十一字注四千一百三十四字

禮記注疏卷四十五校勘記

附釋音禮記注疏卷第四十六

禮記　鄭氏注　孔穎達疏

祭法第二十三○陸曰鄭云以其記有虞氏至周天子以下所制祀羣神之數也【疏】正義曰案鄭目錄云名曰祭法者以其記有虞氏至周天子以下所制祀羣神之數此於別錄屬祭祀

祭法有虞氏禘黃帝而郊嚳祖顓頊而宗堯夏后氏亦禘黃帝而郊鯀祖顓頊而宗禹殷人禘嚳而郊冥祖契而宗湯周人禘嚳而郊稷祖文王而宗武王禘郊祖宗謂祭祀以配食也此禘謂祭昊天於圜丘也祭上帝於南郊曰郊祭五帝五神於明堂曰祖宗祖宗通言爾下有禘郊祖宗孝經曰宗祀文王於明堂以配上帝明堂月令春曰其帝大皡其神句芒夏曰其帝炎帝其神祝融中央曰其帝黃帝其神后土秋曰其帝少皡其神蓐收冬曰其帝顓頊其神玄冥有虞氏以上尚德禘郊祖宗配用有德者而已自夏已下稍用其姓。氏之先後之次有虞氏夏后氏宜郊顓頊殷人宜郊契郊祭。一帝而明堂祭五帝小德配寡大德配衆亦禮之殺也○禘大計反嚳口毒反顓音專頊許玉反鯀本反作鯀古本反篇末皆同冥莫經反契息列反下同圜音圓大昊音泰下大廟大祖大昊同昊亦作皥胡老反下放此句古侯反芒音亡夏戶嫁反後夏曰皆同少詩召反下放此蓐音辱本亦作辱以上時掌反下上去以上同殺色界反徐所例反

【疏】祭。法。至。武。王。○正義曰此一經論有虞氏以下四代禘郊祖宗所配之人有虞氏禘黃帝者謂虞氏冬至祭昊天上帝於圜丘大禘之時以黃帝配祭○而郊嚳者謂夏正建寅之月祭感生之帝於南郊以嚳配也○祖顓頊而宗堯者謂祭五天帝五人帝及五人神於明堂以顓頊及堯配之故云祖顓頊而宗

堯祖始也言爲道德之初始故云祖也宗尊也以有德可尊故云宗其夏后氏以下禘郊祖宗其義亦然但所配之人當代各別虞氏云有者以虞字文單故以有字配之無義例也夏云后氏者后君也受位於君故稱后殷周稱人以人所歸往故稱人此並熊氏之說也○注禘郊至殺也○正義曰此禘謂祭昊天於圜丘也者但經傳之文稱禘非一其義各殊論語云禘自既灌及春秋禘于大廟謂宗廟之祭也喪服小記云王者禘其祖之所自出也及大傳云禮不王不禘謂祭感生之帝於南郊也以禘文既多故云此禘謂祭昊天上帝於圜丘必知此是圜丘者以禘文在於郊祭之前郊前之祭唯圜丘耳但爾雅釋天云禘大祭以比餘處爲大祭總得稱禘案聖證論以此禘黃帝是宗廟五年祭之名故小記云王者禘其祖之所自出以其祖配之謂虞氏之祖出自黃帝以祖顓頊配黃帝而祭故云以其祖配之依五帝本紀黃帝爲虞氏九世祖黃帝生昌意昌意生顓頊虞氏七世祖以顓頊配黃帝而祭是禘其祖之所自出以其祖配之也肅又以祖宗爲祖有功宗有德其廟不毀肅又以郊與圜丘是一郊卽圜丘故肅難鄭云案易帝出乎震震東方生萬物之初故王者制之初以木德王天下非謂木精之所生五帝皆黃帝之子孫各改號代變而以五行爲次焉何大微之精所生乎又郊祭鄭玄云祭感生之帝唯祭一帝耳郊特牲何得云郊之祭大報天而主日又天唯一而已何得有六又家語云季康子問五帝孔子曰天有五行木火金水及土四分時化育以成萬物其神謂之五帝是五帝之佐也猶三公輔王三公可得稱王輔不得稱天王五帝可得稱天佐不得稱上天而鄭云以五帝爲靈威仰之屬非也玄以圜丘祭昊天最爲首禮周人立后稷廟不立嚳廟是周人尊嚳不若后稷及文武以嚳配至重之天何輕重顛倒之失所郊則圜丘圜丘則郊猶王城之內與京師異名而同處又王肅孔晁云虞夏出黃帝殷周出帝嚳祭法四代禘此二帝上下相證之明文也詩云天命玄鳥履帝武敏歆自是正義非讖緯之妖說此皆王肅難大略如此而鄭必爲此釋者馬昭申鄭云王者禘其祖之所自出以其祖配之案文自了不待師說則始祖之所自出非五帝而誰河圖云姜原履大人之跡生后稷大任夢

大人死而生文王又中候云姬昌蒼帝子經緯所說明文又孝經云郊祀后稷以配天則周公配蒼帝靈威仰漢氏及魏據此義而各配其行易云帝出乎震自論八卦養萬物於四時不據感生所出也又張融評云若依大戴禮及史記稷契及堯俱帝嚳之子堯有賢弟七十不用須舜舉之此不然明矣漢氏堯之子孫謂劉媪感赤龍而生高祖薄姬亦感而生文帝漢爲堯。胤而用火德大魏紹虞同符土行又孔子删書求史記得黃帝玄孫帝魁之書若五帝當身相傳何得有玄孫帝魁融據經典三代之正以爲五帝非黃帝子孫相續次也一則稽之以湯武革命不改稷契之行二則驗之以大魏與漢襲唐虞火土之法三則則符之堯舜湯武無同。宗。祖之言四則驗以帝魁繼黃帝之世是五帝非黃帝之子孫也此是馬昭張融等申義也但張融以禘爲五年大祭又以圜丘即郊引董仲舒劉向馬融之論皆以爲周禮圜丘則孝經云南郊與王肅同非鄭義也又春秋命曆序炎帝號曰大庭氏傳八世合五百二十歲黃帝一曰帝軒轅傳十世。二千五百二十歲次曰帝宣曰少昊一曰金天氏則窮桑氏傳八世五百歲次曰顓頊則高陽氏傳二十世三百五十歲次是帝嚳即高辛氏傳十世四百歲此鄭之所據也其大戴禮少典產軒轅是爲黃帝產玄囂玄囂產喬極喬極產高辛是爲帝嚳帝嚳產放勳是爲帝堯黃帝產昌意昌意產高陽是爲帝顓頊產窮蟬窮蟬產敬康敬康產句芒句芒產蟜牛蟜牛產瞽叟瞽叟產重華是爲帝舜及產象敖又顓頊產鯀鯀產文命是爲禹司馬遷爲史記依而用焉皆鄭所不取云祭五帝五神於明堂曰祖宗祖宗通言爾者以明堂月令云春曰其帝大皞其神句芒五時皆有帝及神又月令。季秋大享帝故知明堂之祭有五人神及五天帝也。又孝經云宗祀文王於明堂以配上帝故知於明堂也以孝經云宗祀文王於明堂此云宗武王又此經云祖文王是文王稱祖故知祖宗通言爾雜問志云春曰其帝大皞其神句芒祭蒼帝靈威仰大皞食焉句芒祭之於庭祭五帝於明堂五德之帝亦食焉又以文武配之祭法祖文王而宗武王此謂合祭於明堂漢以正禮散亡戴禮文殘缺不審周以何月也於月令以季秋此文武之配皆於明堂上或解云武王配五神於下屈天子之尊而就五神在庭非其理也此祖宗祭五帝郊特牲祭一帝而在祖宗上者以其感生之帝特尊之故鄭注典瑞云所郊亦猶五帝殊言天者尊異之是異也云有虞氏以上尙德禘郊祖宗配用有德者而已者以虞氏禘郊祖宗之人皆非虞氏之親是尙德也云自夏已下稍用其姓代之者而夏之郊用鯀是稍用其姓代之但不盡用己姓故云稍也云先後之次有虞氏夏后氏宜郊顓頊殷人宜郊契者今有虞氏先云郊嚳後云祖顓頊夏后氏先云郊鯀後云祖顓頊殷人先云郊冥後云祖契是在前者居後在後者居前故云宜也云郊祭一帝而明堂祭五帝小德配寡大德配衆亦禮之殺也者郊祭雖尊但祭一帝以嚳與鯀及冥后稷之等配之皆不如所祖宗之人是小德配寡明堂雖卑於郊總祭五帝而以顓頊契湯文武配之皆優之於所配郊之人是大德配衆禮之殺也

燔柴於泰壇祭天也瘞埋於泰折祭地也用騂犢壇折封土爲祭處也壇之言坦也坦明貌也折炤晳也必爲炤明之名尊神也地陰祀用黝牲與天俱用犢連言爾○燔音煩爾雅云祭天曰燔柴壇大丹反下同瘞於滯反埋武皆反爾雅云祭地曰瘞埋折之設反注同舊音逝又音制騂私營反字林云火營反處昌慮反坦吐但反炤本又作昭同章遙反又之召反晳之設反一音制黝於糾反【疏】燔柴至騂犢○正義曰此經論祭感生之帝於南郊神州地祇於北郊也○燔柴於泰壇者謂積薪於壇上而取玉及牲置柴上燔之使氣達於天也用騂犢鄭云陰祀用黝牲與天俱用犢連言爾然宜用黑犢今因言以騂犢祭天所用而立其文祭地承祭天之下用犢連言用騂犢也騂犢之義已具郊特牲疏○瘞埋於泰折祭地也者謂瘞繒埋牲祭神州地祇於北郊也○注壇折至言爾○正義曰案禮器云至敬不壇此云燔柴於泰壇者謂燔柴在壇設饌在地義亦具禮器及郊特牲疏也云地陰祀用黝牲與天俱用犢連言爾者案牧人云陰祀用黝牲毛之鄭康成注云陰祀祭地北郊及社稷也又郊特牲云郊之用犢貴誠也彼文雖主南郊其北郊與天相對故知俱用犢也

埋少牢於泰昭祭時也相近於坎壇祭寒暑也王宮祭日也

夜明，祭月也。幽宗，祭星也。雩宗，祭水旱也。四坎壇，祭四方也。山林川谷丘陵能出雲爲風雨見怪物，皆曰神。有天下者祭百神，諸侯在其地則祭之，亡其地則不祭。

昭明也亦謂壇也時四時也亦謂陰陽之神也埋之者陰陽出入於地中也凡此以下皆祭用少牢相近當爲禳祈聲之誤也禳猶卻也祈求也寒暑不時則或禳之或祈之寒於坎暑於壇王宮日壇王君也日稱君宮壇營域也夜明亦謂月壇也宗皆當爲禜字之誤也幽禜亦謂星壇也星以昏始見禜之言營也雩禜亦謂水旱壇也雩之言吁嗟也春秋傳曰日月星辰之神則雪霜風雨之不時於是乎禜之山川之神則水旱癘疫之不時於是乎禜之四方即謂山林川谷丘陵之神也祭山林丘陵於壇川谷於坎每方各爲坎爲壇怪物雲氣非常見者也有天下謂天子也百者假成數也○相近依注讀爲禳如羊反下音巨依反王肅作祖迎也坎若感反幽宗雩宗並依注讀爲禜禜敬反王如字見賢遍反注同亡如字無也一音無吁許于反疫音役

【疏】埋。少至。不祭○正義曰此一節總明四時以下諸神所祭之處及明天子諸侯之禮不同之事也○埋少牢於泰昭祭四時也者謂祭四時陰陽之神也泰昭壇名也昭亦取明也春夏爲陽秋冬爲陰若祈陰則埋牲祈陽則不應埋之今總云埋者以陰陽之氣俱出入於地中而生萬物故並埋之以享陰陽爲義也用少牢者降於天地也自此以下及日月至山林並少牢也先儒並云不薦熟唯殺牲埋之也○相近於坎壇祭寒暑也者相近當爲禳祈。禳卻也寒暑之氣應退而不退則祭。禳卻之令退也祈求也寒暑之氣應至而不至則祭求之令至也寒則於坎寒陰也暑則於壇暑陽也○王宮祭日也者王君也宮亦壇也營域如宮也日神尊故其壇曰君宮也○夜明祭月也者夜明者祭月壇名也月明於夜故謂其壇爲夜明也○幽宗祭星也者祭星壇名也幽闇也宗當爲禜禜壇域也星至夜而出故曰幽也爲營域而祭之故曰幽禜也○雩宗祭水旱也者亦壇名也雩吁嗟也水旱爲人所吁嗟禜亦營域也爲營域而祭之故曰雩禜也○

四坎壇祭四方也者謂山林川谷丘陵之神有益於人民者也○四方各爲一坎
一壇壇以祭山林丘陵坎以祭川谷泉澤故言坎壇祭四方也○山林川谷丘
陵能出雲爲風雨見怪物皆曰神者此明四坎壇所祭之神也怪物慶雲之屬
也風雨雲露並益於人故皆曰神而得祭也○有天下者祭百神者有天下謂
天子也祭百神者卽謂山林川谷在天下而益民者也天子祭天地四方言百
神舉全數也○諸侯在其地則祭之者諸侯不得祭天地若山林川澤在其封
內而益民者則得祭之如魯之泰山晉之河楚之江漢是也○亡其地則不祭
者亡無也謂其境內地無此山川之等則不得祭也○注昭明至數也○正義
曰時四時也亦謂陰陽之神也者以天是陽神地爲陰神春夏爲陽秋冬爲陰
故云亦謂陰陽之神言亦者亦天地也案周禮大宗伯備列諸祀而不見祭四
時寒暑水旱者宗伯所謂依周禮常祀歲時恆祭此經所載謂四時乖序寒暑
僭逆水旱失時須有祈禱之禮非關正禮之事故不列於宗伯也是以康成之
意謂此諸神爲祈禱之禮故康成六宗之義不以此神尊之明非常禮也祭時
者謂春夏秋冬四時之氣不和爲人害故祭此氣之神也祭寒暑者或寒暑大
甚祭以禳之或寒暑頓無祭以祈之祭水旱者水甚祭水旱甚祭旱謂祭此水
旱之神若王肅及先儒之意以此爲六宗歲之常禮宗伯不見文不具也非鄭
義今不取云凡此以下皆祭用少牢者以埋少牢之文在諸祭之首故知以下
皆祭用少牢案小司徒小祭祀奉牛牲則王者之祭無不用牛此用少牢者謂
祈禱之祭也必知祈禱者以有寒暑水旱非歲時常祀是祈禱所爲故鄭皆以
爲祈禱之祭也故讀相近爲禳祈爲禱祈之祈讀宗爲禜也然案莊二十五年
左傳云凡天災有幣無牲此禱祈得用少牢者彼天災者謂日月食之示以戒
懼人君初有水旱之災先須修德不當用牲故天災有幣無牲若水旱歷時禱
而不止則當用牲故詩雲漢云靡愛斯牲又鄭注大祝云類造禬禜皆有牲故
說用幣而已○故說以是日月之災又暫時之事且不假用牲故也案何休膏肓
引感精符云立推度以正陽日食則鼓用牲於社朱絲營社鳴鼓脅之左氏云
用牲非常明左氏說非夫子春秋於義左氏爲短鄭箴之曰用牲者不宜用春

秋之通例此讖說正陽朱絲鳴鼓豈說用牲之義也讖用牲於社者取經死句耳如鄭此言是用牲於社非當從左氏義也云宗皆當爲禜者以經云幽宗雩宗之字義無所取宗字與禜字相近故並讀爲禜也禜之言營者案莊二十五年公羊傳云以朱絲營社或曰脅之或曰爲闇恐人犯之故營之是禜有營義故讀爲禜云雩之言吁嗟也者案考異郵云雩呼。吁嗟哭。位故云雩爲吁嗟也引春秋傳曰以下者昭元年左傳文時晉侯有疾卜實沈臺駘爲祟子產以此對晉侯言晉侯之疾非由日月星辰及山川之神也鄭引此文者證經中宗爲禜禜是除去凶災之祭也云百者假成數也者計天下山川丘陵之神非但百數而已假此成數而言之案聖證論王肅六宗之說用家語之文以此四時也寒暑也日也月也星也水旱也爲六宗孔注尙書亦同之伏生與馬融以天地四時爲六宗劉歆孔晁以爲乾坤之子六爲六宗賈逵云天宗三日月星也地宗三河海岱也異義今尙書歐陽夏侯說六宗上及天下及地旁及四方中央恍惚助陰陽變化有益於人者也古尙書說天宗日月北辰地宗岱河海也日月爲陰陽宗北辰爲星宗河爲水宗海爲澤宗岱爲山宗許君謹案與古尙書同鄭駮之云書云類于上帝禋于六宗望于山川既六宗云禋山川言望則六宗無山川明矣大宗伯云以禋祀祀昊天上帝以實柴祀日月星辰以槱燎祀司中司命。飌師雨師凡此所祭皆天神也郊特牲曰郊之祭也大報天而主日也又祭義曰郊之祭大報天而主日配以月則郊天並祭日月可知其餘星也辰也司中也司命也風師也雨師也此之謂六宗亦明矣如鄭此言六宗稱禋則天神也日月也在郊。祀之中又類于上帝之內故以其餘爲六宗也案禮論六宗司馬彪等各爲異說既非鄭義今略而不論

大凡生於天地之間者皆曰命其萬物死皆曰折人死曰鬼此五代之所不變也生時形體異可同名至死腐爲野土異其名嫌同也折弃敗之言也鬼之言歸也五代謂黃帝堯舜禹湯周之禮樂所存法也○大如字徐音泰腐音輔七代之所更立者禘郊宗祖其餘不變也七代通數顓頊及嚳

也所不變者則數其所法而已變之則通數所不法爲記者之微意
也少昊氏修黄帝之法後王無所取焉○更古行反數色主反下同【疏】大凡至變也○
正義曰此一節論人死與萬物不同及五代七代變與不變之義各依文解之
○大凡生於天地之間者皆曰命者總包萬物故曰大凡皆受天之賦命而生
故云皆曰命也○其萬物死皆曰折人死曰鬼者萬物無知死者皆曰折人爲
有識故死曰鬼此五代之所不變也者言此之名號從黄帝正名百物以來至
堯舜禹湯及周所不變更也○七代之所更立者禘郊宗祖者前論五代不變
此論七代更變者故曰黄帝以下七代之所變易而立者是禘之與郊及宗祖
也○其餘不變也者除此禘郊宗祖之外其餘社稷山川五祀之等不改變也
上先祖後宗此先宗後祖故鄭上注云祖宗通言爾又引此以證之○注生時
至法也○正義曰云生時形體異可同名者以生時形體既異不嫌是同故可
名爲命云至死爲野土異其名嫌同也者人與萬物死至同爲野土嫌恐人
與萬物是同故殊異其名謂萬物死者曰折人死曰鬼其同故也云五代謂
黄帝堯舜禹湯周之禮樂所存法也者周有六樂去周言之唯五代周備其樂
是周之禮樂所存法也○注七代至取焉○正義曰知通數顓頊及嚳者以上
云禘郊祖宗有顓頊及嚳又易緯及樂緯有五莖六英是顓頊及嚳之樂故數
顓頊及嚳也云所不變者則數其所法而已者所不變則上經是也數所法則
上經五代是也論不變者必數所法者以五代以來不變至周亦不變法象
之故不變者數所法五代而已云變之則通數所不法象者以前七代變易更立
至周亦變易法象故數變者通數顓頊帝嚳所不法象者謂之爲七代也云爲
記者之微意也者爲作也作記者之有此微意也所以微意者謂作記之人周
法所不變故數前代不變周所變亦數前代變不指斥而言故云微意云少昊
氏脩黄帝之法後王無所取焉者以易緯有黄帝及顓頊以下取樂無少昊之
樂又易繫辭云神農氏没黄帝堯舜氏作皆不云少昊故知無之焉月令秋其
帝少昊者直以五行在金唯許記之耳皇氏云其餘不變者唯謂生曰命萬物
死曰折人死曰鬼若如皇説前經既云不變後經何須重云不變後經既云更

立者禘郊宗祖卽云其餘明此禘郊宗。廟外其餘諸事不更立者皆不變也不可獨據前三事以外總包之其社稷神配祭雖是更立非當代之親而禘郊改易也○天下有王分地建國置都立邑設廟祧壇墠而祭之乃爲親疏多少之數

是故王立七廟一壇一墠曰考廟曰王考廟曰皇考廟曰顯考廟曰祖考廟皆月祭之遠廟爲祧有二祧享嘗乃止去祧爲壇去壇爲墠壇墠有禱焉祭之無禱乃止去墠曰鬼諸侯立五廟一壇一墠曰考廟曰王考廟曰皇考廟皆月祭之顯考廟祖考廟享嘗乃止去祖爲壇去壇爲墠壇墠有禱焉祭之無禱乃止去墠爲鬼大夫立三廟二壇。曰考廟曰王考廟曰皇考廟享嘗乃止顯考祖考無廟有禱焉爲壇祭之去壇爲鬼適士二廟一壇曰考廟曰王考廟享嘗乃止。顯考無廟有禱焉爲壇祭之去壇爲鬼官師一廟曰考廟王考無廟而祭之去王考爲鬼庶士庶人無廟死曰鬼建國封諸侯也置都立邑爲鄉大夫。之采地及賜士有功者之地廟之言貌也宗廟者先祖之尊貌也祧之言超也超上去意也封土曰壇除地曰墠書曰三壇同墠王皇皆君也顯明也祖始也名先人以君明始者所以尊本之意也天子遷廟之主以昭穆合藏於二祧之中諸侯無祧藏於祖考之廟中聘禮曰不腆先君之祧是謂始祖廟也享嘗謂。時之祭天子諸侯爲壇墠。所禱謂後遷在祧者也既事則反其主於祧鬼亦在祧顧遠之於無事祫乃祭之爾春秋文二年秋大事於大廟傳曰毀廟之主陳于大祖未毀廟之主皆升合食於大祖是也魯煬公

者伯禽之子也至昭公定公久已爲鬼而季氏禱之而立其宮則鬼之主在祧明矣唯天子諸侯有主禘祫大夫有祖考者亦鬼其百世不禘祫無主爾其無祖考者庶士以下鬼其考王考官師鬼其皇考大夫適士鬼其顯考而已大夫祖考謂別子也凡鬼者薦而不祭王制曰大夫士有田則祭無田則薦適士上士也官師中士下士庶士府史之屬此適士云顯考無廟非也當爲皇考字之誤〇廟本亦作庿古字墠音善禱丁老反一音丁報反適丁曆反篇內同顯考無廟顯音皇出注采七代反昭上遙反腆他典反祫音洽煬餘讓反徐音傷

【疏】天下至曰鬼〇正義曰此一經明天子以下尊卑既異上祭祖廟多少不同之事天下有王者謂上天之下有天子之王〇分地建國者此既王天下分九州之地建立諸侯之國〇置都立邑者天子王畿之內及諸侯國中置此公卿之都立大夫士之邑也〇設廟祧壇墠而祭之乃爲親疏多少之數者則以下所云是也〇王立七廟者親四始祖一文武不遷合爲七廟也一壇一墠者七廟之外又立壇墠各一也起土爲壇除地曰墠近者起土遠親除地示將去然也〇曰考廟者父廟曰考考成也謂父有成德之美也〇曰王考廟者祖廟也王君也君考者言祖有君成之德也祖尊於父故加君名也〇曰皇考廟者曾祖也皇大也君也曾祖轉尊又加大君之稱也〇曰顯考廟者高祖也顯明高祖居四廟最上故以高祖目之〇曰祖考廟者祖始也此廟爲王家之始故云祖考也計則祖考之廟當在二祧壇墠之上應合在後始陳今在此言之者因皇考顯考同皆月祭之故此先言之〇皆月祭之者此之五廟則並同日月祭之也〇遠廟爲祧者遠廟謂文武廟也文武廟在應遷之例故云遠廟也特爲功德而留故謂爲祧祧之言超也言其超然上去也〇有二祧者有文武二廟不遷故云有二祧焉〇祧享嘗乃止者享嘗四時祭祀文武特留故不得月祭但四時祭而已〇去祧爲壇者謂高祖之父也若是昭行寄藏武王祧若是穆行卽寄藏文王祧不得四時而祭之若有四時之祈禱則出就壇受祭也〇去壇爲墠者謂高祖之祖也不得在壇若有祈禱則出就墠受祭也高祖之父既初寄在祧而不得於祧中受祭故曰去祧也高祖之祖經在壇而今不得祭故

云去壇也壇墠有禱焉祭之者在壇墠者不得享嘗應有祈禱於壇墠乃祭之也○無禱也乃止者若無所祈禱則不得祭也○去墠曰鬼者若又有從壇遷來墠者則此前在一墠者遷入石函爲鬼雖有祈禱亦不得及唯禘祫乃出也○諸侯立五廟一壇一墠者降天子故止有五廟壇墠與天子同無功德之祖爲二祧也○曰考廟曰王考廟曰皇考廟皆月祭之者天子月祭五諸侯卑故唯得月祭三也○顯考廟祖考廟享嘗乃止者顯考高祖也祖考大祖也大祖乃不遷而與高祖並不得月祭止預四時又降天子也○去祖爲壇者去祖謂去大祖也卽高祖之父諸侯無功德二祧若高祖之父亦遷卽寄大祖而不得於大祖廟受時祭唯有祈禱則去大祖而往壇受祭也○大夫立三廟二壇者大夫異於君故立二壇而不墠也○顯考祖考無廟者以其卑故高祖大祖無廟也○有禱焉爲壇祭之者大夫無主故無所寄藏而高大二祖既又無廟若應有祈禱則爲壇祭之二壇之設寶爲於此矣然墠輕於壇今二壇無墠者爲大祖雖無廟猶重之故也○去壇爲鬼者謂高祖若還去於壇則爲鬼不復得祭但薦之於大祖壇而已若大夫有大祖之廟者其義已具在王制疏○適士二廟一壇者上士也天子三等諸侯上士悉二廟一壇也○顯考無廟者顯當爲皇皇考曾祖也曾祖無廟也○有禱焉爲壇祭之曾祖既無廟若有祈禱則爲壇祭之一壇之設爲於此也亦無禱乃止○去壇爲鬼者謂曾祖若還去於壇則爲鬼不復祭也○官師一廟者謂諸侯中士下士也謂爲官師者言爲一官之長也一廟祖禰共之又無壇也○曰考廟者爲父立之也○王考無廟而祭之者王考祖也雖無廟而猶獲祭也謂在考廟者○去王考爲鬼者謂曾祖則不得祭又無壇若有祈禱則薦之於廟也○庶士庶人無廟者庶士府史之屬庶人平民也賤故無廟也○死曰鬼者既無廟故死則曰鬼鬼亦得薦之於寢也王制云庶人祭於寢是也○注建國制之誤○正義曰引書曰三壇同墠者證壇墠之義案金縢武王有疾周公爲之請命爲三壇同墠以告大王王季文王故三壇也云王皇皆君也顯明也祖始也者皆爾雅釋詁文云天子遷廟之主以昭穆合藏於二祧之中者昭之遷主其數雖多總合藏武王祧中穆之遷主

總合藏文王祧中故鄭注周禮守祧先公遷主藏於后稷之廟先王之遷主藏于文武之廟鄭必知然者案文二年八月丁卯大事于大廟公羊傳云大事者何大祫也毀廟之主陳于太祖是毀廟在大廟祫乃陳之故知不毀以下先公遷主藏于后稷廟也文武二廟既不毀則文武以下遷主不可越文武上藏后稷之廟故知藏於文武廟也此遷主所藏曰祧者是對例言之耳若散而通論則凡廟曰祧故昭元年左傳云其敢愛豐氏之祧彼祧遠祖廟也襄九年左傳云君冠必以先君之祧處之服虔注云曾祖之廟曰祧者以魯襄公於時冠於衞成公之廟成公是衞今君之曾祖曰祧也云享嘗謂四時之祭者以四時之祭秋嘗物之備具故特舉享嘗以明四時之祭此經祖禰月祭楚語云日祭祖禰非鄭義故異義駁鄭所不用云鬼亦在祧顧遠之於無事祫乃祭之爾者以壇墠之主祈禱禮畢乃藏之於祧去墠爲鬼主亦如壇墠之主藏在祧故云亦也既俱在祧所以特名鬼者反顧以其疏遠主在無事唯祫乃祭之故特曰鬼也引春秋文二年傳者證毀廟之主祫祭乃及云魯煬公者。自伯禽之子也至昭公定公久已爲鬼而季氏禱之而立其宮則鬼之主在祧明矣者鄭引更證明鬼主恆在春秋定公元年立煬宮依世本煬公伯禽之子定公元年始立煬公宮于時昭公出定公未入之前季氏禱于煬公之鬼明知于煬公鬼主而禱之也云唯天子諸侯有主禘祫者案王制天子諸侯有禘祫故知有主云大夫有祖考者亦鬼其百世者案王制云大夫三廟一昭一穆與大祖而三大祖即是大夫之祖考既有祖考明應遷之祖以制幣招其神而藏焉故云亦鬼其百世是大夫若無祖考。祇得立曾祖與祖及父三廟而已則不得鬼百世也云不禘祫無主爾者雖有百世之鬼不得禘祫無主爾案左傳衞大夫孔悝有主者鄭駁異義從公羊說大夫無主許君謹案鄭大夫士無昭穆不得有主鄭云孔悝祏主者祭其所出之君爲之主耳宗廟之主所用之木案異義今春秋公羊說祭有主者孝子之主繫心夏后氏以松殷人以栢周人以栗又周禮說虞主用桑練主以栗無夏后氏以松爲主之事許君謹案從周禮說論語所云謂社主也鄭氏無駁從許義也其主之制案漢儀高帝廟主九寸前方後圓圍一尺后主七寸文二年作僖公主何休云主狀正方穿中央達四方天子長。一尺二寸諸侯長一尺此是木主之制也云其無祖考者上既明其有祖考之文此明無祖考者謂庶士以下及官師等并適士等總舉有祖考之人於前歷說無祖考之人於下云庶士以下鬼其考王考者此即無祖考之一色庶士及庶人無廟故鬼其祖父。與於寢中薦之云官師鬼其皇考者此又是無祖考之一色官師一廟祖禰共之曾祖無廟故曰鬼其皇考於祖廟而薦皇考也云適士一鬼其顯考者此又是無祖考之一色適士得立祖禰二廟又立曾祖一壇唯高祖爲鬼故云鬼其顯考而已就曾祖之壇而薦顯考諸本或云大夫適士者若大夫鬼其顯考於義不合庾氏云諸侯之大夫云大夫祖考謂別子也者以上云大夫有祖考故鄭明之云大夫祖考謂別子也謂於周之世別子爲卿大夫後世子孫立其廟不毀謂之祖考雖於周之世非別子爲大夫但立父祖及曾祖三廟無祖考廟者則經中三廟是也若夏殷之世雖非別子但始爵者及異姓爲卿大夫者其後世子孫皆立之爲祖考此義已具於王制云凡鬼者薦而不祭者若其薦祭俱爲則鬼與見廟其事何異若都不薦祀何須存鬼薦輕於祭鬼疏於廟故知薦而不祭云此適士云顯考無廟非也者適士二廟祖廟禰廟曾祖無廟故云顯考無廟非也是顯考當爲皇考字之誤也

王爲羣姓立社曰大社王自爲立社曰王社諸侯爲百姓立社曰國社諸侯自爲立社曰侯社大夫以下成羣立社曰置社羣衆也大夫以下謂下至庶人也大夫不得特立社與民族居百家以上則共立一社今時里社是也郊特牲曰唯爲社事單出里〇爲于僞反下皆同注爲社事亦同

疏。王。爲。至。置。社〇正義曰此一經明天子以下立社之義〇王爲羣姓立社曰大社者羣姓謂百官以下及兆民言羣姓者包百官也大社在庫門之內右故小宗伯云右社稷王自爲立社曰王社者其王社所在書傳無文或云與大社同處王社在大社之西崔氏並云王社在藉田王自所祭以供粢盛今從其說故詩頌云春藉田而祈社稷是也其諸侯國社亦在公宮之右侯社在藉田

大夫以下成羣立社曰置社者大夫以下謂包士庶成羣聚而居其羣衆滿百家以上得立社爲衆特置故曰置社○注羣衆至出里○正義曰此云大夫以下謂下至士庶人者謂大夫至庶人等共在一處也云大夫不得特立社與民族居百家以上則共立一社今時里社是也者大夫北面之臣不得自專土地故不得特立社社以爲民故與民居百家以上則可以立社知百家者詩頌云百室盈止殺時犉牡故曰百家言以上皆不限多少故鄭駁異義引長職曰以歲時祭祀州社是二千五百家爲社也雖云百家以上唯治民大夫乃得立社故鄭駁異義云有國及治民之大夫乃有社稷是也此大夫所主立社稷則田主是也故鄭駁異義引大司徒職云樹之田主各以其野之所宜木遂以名其社與其野注云田主田神后土田正之所依也后土則社神田正則稷神其義已具郊特牲疏

王爲羣姓立七祀。曰司命曰中霤曰國門曰國行曰泰厲曰戶曰竈王自爲立七祀諸侯爲國立五祀曰司命曰中霤曰國門曰國行曰公厲諸侯自爲立五祀大夫立三祀曰族厲曰門曰行適士立二祀曰門曰行庶士庶人立一祀或立戶或立竈此非大神所祈報大事者也小神居人之間司察小過作譴告者爾樂記曰明則有禮樂幽則有鬼神鬼神謂此與司命主督察三命中霤主堂室居處門戶主出入行主道路行作厲主殺罰竈主飲食之事明堂月令春曰其祀戶祭先脾夏曰其祀竈祭先肺中央曰其祀中霤祭先心秋曰其祀門祭先肝冬曰其祀行祭先腎聘禮曰使者出釋幣於行歸釋幣於門士喪禮曰疾病禱於五祀司命與厲其時不著今時民家或春秋祠司命行神山神門戶竈在旁是必春祠司命秋祠厲也或者合而祠之山即厲也民惡言厲巫祝以厲山爲之謬乎春秋傳曰鬼有所歸乃不爲厲○霤力又反譴棄戰反此與音餘脾婢支反肺芳廢反肝音干腎上忍反使色厲反惡言烏路反繆音謬

疏 王爲至或立竈○正義曰此一經明天子以下立七

祀五祀之義曰司命者宮中小神熊氏云非天之司命故祭於宮中皇氏云司命者文昌宮星其義非也○曰中霤者主堂室神○曰國門者國門謂城門也○曰國行者謂行神在國門外之西曰泰厲者謂古帝王無後者也此鬼無所依歸好爲民作禍故祀之也○王自爲立七祀者前是爲民所立與衆共之四時常祀及爲羣姓禱祀其自爲立者王自禱祭不知其當同是一神爲是別更立七祀也○諸侯爲國立五祀者減天子戶竈二祀故爲立五祀也○曰公厲者謂古諸侯無後者諸侯稱公其鬼爲厲故曰公厲○諸侯自爲立五祀者義與天子同○大夫立三祀者減諸侯司命中霤故爲三祀也○曰族厲者謂古大夫無後者鬼也族衆也大夫衆多其鬼無後者衆故言族厲○曰門曰行者其大夫無民國故不言國門國行也然鄭注曲禮大夫五祀爲夏殷法注王制大夫立三祀是有采地者鄭何以知然曲禮文連於大夫五祀故知非周而王制立七廟故知是周禮以彼推此大夫三祀則周諸侯之大夫無地者也○注此非至爲厲○正義曰小神居人之閒司察小過作譴告者以其非郊廟社稷大神故云小神○以其門戶竈等故知居人閒也以小神所祈故知司察小過作譴告謂作譴責以告人云幽則有鬼神鬼神謂此與者以禮天神人鬼地祇皆列其名樂記直云幽則有鬼神是幽闇之處有細小之鬼神謂此小祀者與是疑辭也云司命主督察三命者案援神契云命有三科有受命以保慶有遭命以謫暴有隨命以督行受命謂年壽也遭命謂行善而遇凶也隨命謂隨其善惡而報之云聘禮曰使者出釋幣於行歸釋幣於門者證大夫有門行云士喪禮曰疾病禱於五祀者證士亦有五祀云司命與厲其時不著者以其餘五祀月令所祀皆著其時唯司命與厲祀時不顯著云今時民家或春秋祠司命行神山神門戶竈在旁者鄭以無文故引今漢時民家或有春秋。二時祠司命行神山神也民或然故云或也其祀此司命行神山神之時門戶竈三神在諸神之旁列位而祭也云是必春祠司命秋祠厲也者漢時既春秋俱祠司命與山神則是周時必應春祠司命司命主長養故祠在春厲主殺害故祠在秋云或者合而祠之者鄭又疑之以見漢時司命與山神春秋合祭故云或者合而祠之云山即厲也者以漢時祭司命行神山神門戶竈等此經亦有司命門行戶竈等漢時有山而無厲此有厲而無山故云山即厲也云民惡言厲巫祝以厲山爲之者鄭解厲稱山之意漢時人民嫌惡厲漢時巫祝之人意以厲神是厲山氏之鬼爲之故云厲山云謬乎者謂巫祝以厲爲厲山之鬼於理謬乎所以爲謬者鬼之無後於是爲厲厲山氏有子曰杜世祀厲山之神得其鬼爲厲故云謬也引春秋傳者昭七年左傳文於時鄭良霄被殺而死其鬼爲厲子產立良霄之子良止爲後子大叔問其故子產曰鬼有所歸乃不爲厲引之者證厲山氏既有所歸不得爲厲

王下祭殤五適子適孫適曾孫適玄孫適來孫諸侯下祭三大夫下祭二適士及庶人祭子而止祭適殤者重適也祭適殤於廟之奥謂之陰厭王子公子祭其適殤於其黨之廟大夫以下庶子祭其適殤於宗子之家皆當室之白謂之陽厭凡庶殤不祭○殤音傷奥烏報反厭於豔反下同

【疏】王下至而止○正義曰此明天子以下祭殤之差也○注王子公子祭其適殤於其黨之廟○正義曰王子謂王之庶子公子謂諸侯庶子不得爲先王先公立廟無處可祭適殤故祭於黨之廟謂王子公子但爲卿大夫得自立廟與王子公子同者就其廟而祭之適殤其義已具曾子問

夫聖王之制祭祀也法施於民則祀之以死勤事則祀之以勞定國則祀之能禦大菑則祀之能捍大患則祀之是故厲山氏之有天下也其子曰農能殖百穀夏之衰也周弃繼之故祀以爲稷共工氏之霸九州也其子曰后土能平九州故祀以爲社帝嚳能序星辰以著衆堯能賞均刑法以義終舜勤衆事而野死鯀鄣鴻水而殛死禹能脩鯀之功黃帝正名百物以明民共財顓頊能脩之

契爲司徒而民成冥勤其官而水死湯以寬治民而除其虐文王以文治武王以武功去民之菑此皆有功烈於民者也及夫日月星辰民所瞻仰也山林川谷丘陵民所取財用也非此族也不在祀典此所謂大神也春秋傳曰封爲上公祀爲大神厲山氏炎帝也起於山厲或曰有烈山氏棄后稷名也共工氏無錄而王謂之霸在大昊炎帝之間著衆謂使民興事知休作之期也賞賞善謂禪舜封禹稷等也能。刑。謂。去。四。凶義終謂既禪二十八載乃死也野死謂征有苗死於蒼梧也殛死謂不能成其功也明民謂使之衣服有章也民成謂知五教之禮也冥契六世之孫也其官玄冥水官也虐菑謂桀紂也烈業也族猶類也祀典謂祭祀也○禦魚呂反菑音哉下同下文或作災注作裁並同扞胡旦反厲力世反左傳作列山共音恭下及注同鄣音章殛紀力反注同尚書云殛鯀於羽山又云鯀則殛死顓頊能脩之本或作顓頊脩黃帝之功文治直吏反去起呂反夫音扶此古丘字王于況反梧音吾

【疏】夫。聖。至。祀。典○正義曰前經明禘郊祖宗及社稷之等所配之人又論天地日月星辰山谷丘陵之等此經總明其功有益於民得在祀典之事從此至能捍大患則祀之與下諸神爲總也○法施於民則祀之者若神農及后土帝嚳與堯及黃帝顓頊與契之屬是也○○以死勤事則祀之者若舜及鯀冥是也○以勞定國則祀之者若禹是也○能禦大菑及能捍大患則祀之者若湯及文武也其子曰農能殖百穀者農謂厲山氏後世子孫名柱能殖百穀故國語云神農之名柱作農官因名農是也○夏之衰也周弃繼之者以夏末湯遭大旱七年欲變置社稷故廢農祀棄○故祀以爲稷者謂農及棄皆祀之以配稷之神其子曰后土能平九州故祀以爲社者是共工後世之子孫爲后土之官后君也爲君而掌土能治九州五土之神故祀以爲配社之神○帝嚳能序星辰以著衆者嚳能紀星辰序時候以明著使民休作有期不失時節故祀之也○堯能賞均刑法以義終者堯以天下位授舜封禹稷官得其

人是能賞均平也五刑有宅是能刑有法也禪舜而老二十八載乃殂是義終
也○舜能勤衆事而野死者舜征有苗仍巡守陟方而死蒼梧之野是勤衆事
而野死○鯀鄣鴻水而殛死者鯀塞水而無功而被堯殛死于羽山亦是有微
功於人故得祀之若無微功焉能治水九載又世本云作城郭是有功也鄭答
趙商云鯀非誅死鯀放居東裔至死不得反於朝禹乃其子也以有聖功故堯
興之若以為殺人父用其子而舜禹何以忍乎而尚書云鯀則殛死禹乃嗣興
者箕子見武王誅紂今與己言懼其意有慚德為說父不肖則罪子賢則舉之
以滿武王意也○禹能修鯀之功者謂禹能脩父之功故祀之○黃帝正名百
物者上雖有百物而未有名黃帝為物作名正名其體也○以明民者謂垂衣
裳使貴賤分明得其所也○共財者謂山澤不鄣教民取百物以自贍也其如
爲上事故得祀之○顓頊能修之者謂能脩黃帝之法○契為司徒而民成者契
爲堯之司徒司徒掌五教故民之五教得成○冥勤其官而水死者冥契六世
孫其官玄冥水官也○湯以寬治民而除其虐謂放桀於南巢也文王以文治
武王以武功去民之菑者謂伐紂也此皆有功烈於民者也結上厲山以下也
所得祀之人有功烈於人故也及夫日月星辰民所瞻仰也者釋上文燔柴於
泰壇瘞埋於泰折王宮祭日夜明祭月幽禜祭星之等及上有祭地祭天祭四
時祭寒暑祭水旱此不言之者舉日月則天地可知四時寒暑水旱則日月陰
陽之氣故舉日月以包之也非此族也不在祀典者合結上事也族類也若非
上自厲山以下及日月丘陵之等無益於民者悉不得預於祭祀之典也案上
陳宗廟及七祀幷通適殤以下此經不覆明之者此經所云謂是外神有功於
民故具載之其宗廟與殤以下及親屬七祀之等宮中小神所以此經並皆不
載○注春秋至祀也○正義曰引春秋左傳昭二十九年蔡墨辭云厲山氏炎
帝也起於厲山者案帝王世紀云神農氏本起於烈山或時稱之神農即炎帝
也故云厲山氏炎帝也云或曰有烈山氏者案二十九年傳文也云棄后稷名
也者稱舜典云棄汝后稷是棄為后稷名也云共工氏無錄而王謂之霸在大
昊炎帝之間者是漢律曆志文又案月令春其帝大皞夏其帝炎帝不載共工

氏是無錄以水紀官是無錄而王案昭十七年左傳郯子稱黃帝氏以雲紀炎帝以火紀共工氏以水紀大皡氏以龍紀從下逆陳是在炎帝之前大昊之後也云著衆謂使民興事知休作之期也者由序曆星辰敬授明時使民興造其事知休作之期民得顯著云二十八載乃死也者虞書文也云殛死謂不能成其功也者鯀被殛羽山以至於死所以殛者由不能成其功也云明民謂使之衣服有章者案易繫云黃帝堯舜垂衣裳而天下治蓋取乾坤是也云冥契六世之孫也者案世本契生昭明昭明生相土相土生昌若昌若生曹圉曹圉生根國根國生冥是契六世孫也

附釋音禮記注疏卷第四十六

禮記注疏卷四十六校勘記

阮元撰盧宣旬摘錄

附釋音禮記注疏卷第四十六 惠棟校宋本禮記正義卷第五十五

祭法第二十三

至周天子以下所制祀羣神之數 惠棟校宋本同衞氏集說同閩監毛本制誤祭

祭法節

下有禘郊祖宗 閩監毛本同嘉靖本同衞氏集說同惠棟校宋本祖宗作宗祖岳本宋監本同

其帝大昊 岳本同嘉靖本同衞氏集說同閩監毛本大作太釋文亦作大

稍用其姓氏 惠棟校宋本氏作代宋監本岳本嘉靖本衞氏集說同正義亦作代此本誤氏閩監毛本同

郊祭一帝 各本同監本一誤二

祭法至武王 惠棟校宋本無此五字

漢爲堯夙而用火德 惠棟校宋本作允此本允誤夙閩監毛本同

三則符之堯舜湯武無同宗祖之言 閩監毛本同惠棟校宋本宗祖作祖宗

帝軒轅傳十世二千五百二十歲 監毛本同閩本二千作一千惠棟校宋本同

又月令季秋大享帝本同惠棟校宋本作季衞氏集說同此本季誤既閩監毛

又孝經云閩監毛本同惠棟校宋本無又字衞氏集說同

埋少牢於泰昭節

相近當爲禳祈閩監毛本同嘉靖本同惠棟校宋本禳作攘岳本同衞氏集說同下同按此本疏相近當爲攘祈攘卻也則祭攘卻之及祭以攘之故讀相近爲攘祈五攘字俱從扌旁閩監毛本並改從示旁

埋少至不祭惠棟校宋本無此五字

攻說用幣而已攻說以是日月之災惠棟校宋本亦作攻與周禮大祝注合閩監毛本二攻字並誤故

雩呼吁嗟哭位閩監本同惠棟校宋本位作泣毛本吁嗟誤嗟嗟

飌師雨師惠棟校宋本同閩監毛本飌作風

日月也在郊祀之中閩監毛本同惠棟校宋本祀作祭

大凡生於天地之閒者節

禘郊宗祖惠棟校宋本石經宋監本岳本嘉靖本衞氏集說同閩監毛本宗祖二字倒陳澔集說同石經考文提要云宋大字本宋本九經南宋巾箱本余仁仲本劉叔剛本並作宗祖

大凡至變也　惠棟校宋本無此五字

故曰黃帝以下　閩監毛本同惠棟校宋本曰作云

明此禘郊宗祖外　惠棟校宋本作祖此本祖作廟閩監毛本同

天下有王節

大夫立三廟二壇　閩本惠棟校宋本石經岳本嘉靖本衞氏集說同監毛本二誤一

顯考無廟　閩監毛本同石經同岳本同嘉靖本同衞氏集說同陳澔集說顯作皇釋文出顯考無廟云顯音皇出注石經考文提要云宋大字本宋本九經南宋巾箱本余仁仲劉叔剛本並作顯考是漢唐宋以來知顯當爲皇而不敢改而陳氏竟改之

爲卿大夫之采地　各本同釋文出大夫采三字無之字

享嘗謂時之祭　補案時上當有四字此誤脫也

天子諸侯爲壇墠所禱　閩監毛本同岳本同嘉靖本同衞氏集說同盧文弨校云所當作祈

天下至曰鬼　惠棟校宋本無此五字

故此先言之　閩監毛本同惠棟校宋本之下有也字

此之五廟則並同日月祭之也　閩本作月月考文引宋板同此本月月誤日月監毛本同衞氏集說亦作五廟皆月

月祭之

云魯煬公者自伯禽之子也 惠棟校宋本無自字此本誤衍閩監毛本同

大夫若無祖考 閩監毛本同惠棟校宋本考下有者字

天子長一尺二寸 閩監毛本同惠棟校宋本無一字

故鬼其祖父與於寢中薦之 閩監毛本同衞氏集說父與作與父

王爲羣姓立社節

王爲至置社 惠棟校宋本無此五字

大社在庫門內之右 惠棟校宋本作內之衞氏集說同此本內之二字倒閩監毛本同

引州長職曰 惠棟校宋本有州字此本州字脫閩監毛本同

王爲羣姓立七祀節

王爲羣姓立七祀 閩本石經惠棟校宋本宋監本岳本嘉靖本衞氏集說並同監毛本祀誤祠

門戶竈在旁 惠棟校宋本有戶字岳本嘉靖本衞氏集說同考文引古本足利本同此本戶字脫閩監毛本同

巫祝以厲山爲之謬乎 各本同釋文謬作繆○按唐人多以繆爲錯謬字

王爲至或立竈惠棟校宋本無此六字

而樂記直云惠棟校宋本有而字此本而字脫閩監毛本同

或有春秋二時閩監毛本同考文云宋板二作兩

得其鬼爲厲惠棟校宋本上有何字此本何字脫閩監毛本同衞氏集說亦作何得爲厲也

夫聖王之制祭祀也節

周弃繼之閩監本同石經同岳本同嘉靖本同毛本弃作棄衞氏集說同

禹能脩鯀之功閩監本同石經同岳本同毛本脩作修嘉靖本同衞氏集說同下顓頊能脩之同

此皆有功烈於民者也宋監本脫皆字

山林川谷丘陵各本同石經同釋文出业陵云此古丘字

能刑謂去四凶閩監毛本同岳本同嘉靖本同考文云宋板無此六字足利本同衞氏集說同

夫聖至祀典惠棟校宋本無此五字

及社稷之等所配之人○惠棟校宋本作之人衞氏集說同此本之人誤之閩監毛本之人誤此字

神農之名柱閩監毛本同衞氏集說之下有子字

鯀塞水而無功　閩監毛本同惠棟校宋本無而字衞氏集說同

爲說父不肖則罪　惠棟校宋本作則續通解同此本則誤其閩監毛本同

及日月丘陵之等　閩本同惠棟校宋本同監毛本丘陵誤星辰衞氏集說亦作及日月丘陵等

稱舜典云棄汝后稷　閩監毛本同浦鏜云稱當按字誤

禮記注疏卷四十六校勘記

附釋音禮記注疏卷第四十七

禮記　　鄭氏注　　孔穎達疏

祭義第二十四○陸曰鄭云名祭義者以其記齋戒薦羞之義　疏　正義曰案鄭目錄云名曰祭義者以其記祭祀齋戒薦羞之義也此於別錄屬祭祀

祭不欲數數則煩煩則不敬祭不欲疏疏則怠怠則忘是故君子合諸天道春禘秋嘗忘與不敬違禮莫大焉合於天道因四時之變化孝子感時念親則以此祭之也春禘者夏殷禮也周以禘為殷祭更名春祭曰祠○數色角反下同怠大改反祠嗣思反霜露既降君子履之必有悽愴之心非其寒之謂也春雨露既濡君子履之必有怵惕之心如將見之非其寒之謂謂悽愴及怵惕皆為感時念親也霜露既降禮說在秋此無秋字蓋脫爾○悽音妻愴初亮反濡本亦作濡音儒怵敕律反惕他歷反為于偽反下文見所為幷注同樂以迎來哀以送往故禘有樂而嘗無樂迎來而樂樂親之將來也送去而哀哀其享否不可知也小言之則為一祭之間孝子不知鬼神之期推而廣之放其去來於陰陽○放方往反

疏　祭不欲數○至無樂○正義曰此一節總論祭祀其事既雜義相附者結為一節各隨文解之此一節明孝子感時念親所以四時設祭之意○合諸天道者諸於也禘者陽之盛也嘗者陰之盛也陰陽氣盛孝子感而思念其親故君子制禮合於天道○春禘秋嘗者舉春秋冬夏可知非其寒之謂也者言孝子於秋霜露既降有悽愴之心者非是寒之謂有此悽愴者為感時念親也○如將見之者言孝子於春雨

露之時必有怵惕之心焉意想念親如似得見親也春秋二時於文相互上云
悽愴下云非其寒之謂此怵惕之心下宜云非其煖之謂今怵惕之心下如將
見之則悽愴之心下亦宜云如將見之是其互也但作記以秋是物云寒爲甚
故不云如將見之但言寒也春是物來煖輕於寒故云如將見之故不言煖之
謂也先秋後春以涼悽愴之甚故先言之○注春禘者夏殷禮也周以禘爲殷
祭更名春祭曰祠○正義曰案王制云春礿夏禘周禮大宗伯春祠夏禴今
云春禘故云夏殷禮案王制春曰礿此云春禘爲夏殷禮者郊特牲以注禘當
爲礿則此春禘亦當爲礿於郊特牲已注而破之故此不言也○注迎來至陰
陽○正義曰云小言之則爲一祭之間孝子不知鬼神之期者解經樂以迎來
哀以送往之二句謂一祭之間也一祭比於一年其事爲小故云小言之爲一來
祭之間既不知鬼神來去期節故祭初似若來故樂祭末似去故哀據孝子之
心雖春有樂及鍾鼓送尸孝子之心祭末猶哀也云推而廣之放其去來於陰
陽者解經云故禘有樂而嘗無樂二句也言推此一祭而廣論一年放神之去
來似於陰陽二氣但陽主生長春夏陽來似神之來故春夏祭之有樂秋冬陰
象神之去故秋冬之祭無樂然周禮四時之祭皆有樂殷則烝嘗之祭亦有樂
故那詩云庸鼓有斁萬舞有奕下云顧予烝嘗則殷秋冬亦有樂者熊氏云殷
秋冬但有管弦之樂又云烝嘗全無樂其義已具郊特牲

致齊於內散齊於外齊之日思其居處思其笑語思其志意思其所樂思其所嗜。齊三日乃見其所爲齊者

致齊思此五者也散齊七日不御不樂不弔耳見所爲齊者思之熟也所嗜素所欲飲食也春秋傳曰屈到嗜芰○齊側皆反後不出者同散悉但反注同所樂音岳又五孝反嗜市志反注及下並同屈居勿反屈到楚莫敖芰其寄反

疏 致齊至齊者○正義曰此一節明祭前齊日之事○思其居處者謂祭致齊之日也思其居處以下五事謂孝子思念親存之五事也先思其麤漸思其精故居處在前樂嗜居後○齊三日乃見其所爲齊者謂致齊思念其親精意純熟目想之若見其所爲齊之親也○注

春秋傳曰屈到嗜芰○正義曰楚語云屈到嗜芰有疾召其宗老而屬之曰祭我必以芰祭之日入室僾然必有見乎其位周還出戶肅然必有聞乎其容聲出戶而聽愾然必有聞乎其嘆息之聲周還出戶謂薦設時也無尸者闔戶若食間則有出戶而聽之○僾音愛微見貌還音旋本亦作旋注同愾開代反闔戶獵反

疏祭之至之聲○正義曰此一經明祭之日孝子想念其親入室僾然必有見乎其位者謂祭之日朝初入廟室時也初入室陰厭時孝子當想象僾僾髣髴見也詩云愛而不見見如見親之在神位也故論語云祭如在○周還出戶肅然必有聞乎其容聲者謂薦饌時也孝子薦俎酌獻行步周旋或出戶當此之時必有悚息肅肅然如聞親舉動容止之聲○出戶而聽愾然者謂祭此人爲無尸之時設薦已畢孝子出戶而靜聽愾愾然也必有聞乎其歎息之聲也○注周還至聽之○正義曰出戶謂薦設時也者若特牲少牢主婦設豆及佐食設俎之屬是也云無尸者闔戶若食間則有出戶而聽之者案士虞禮云無尸則禮及薦饌皆如初主人哭出復位祝闔牖戶如食閒注云如尸一食九飯之須彼謂虞祭無孫行爲尸者則吉祭亦當然也此鄭云闔戶若食間見如正祭九飯之間也而皇氏謂尸謖之後陽厭之時又云無尸謂之陰厭尸未入前其義並非也

是故先王之孝也色不忘乎目聲不絕乎耳心志嗜欲不忘乎心致愛則存致慤則著著存不忘乎心夫安得不敬乎存著則謂其思念也○慤苦角反

疏是故至敬乎○正義曰此一經覆說孝子祭時念親之事○致愛則存者謂孝子致極愛親之心則若親之存以嗜欲不忘於親故也○致慤則著者謂孝子致其端慤敬親之心則若親之顯著以色不忘於目聲不忘於耳故也○著存不忘乎心者言如親之存在恒想見之不忘於心既思念如此何得不敬乎

君子生則敬養死則敬享思終身弗辱也享猶祭也饗也○養羊尚反鄉也許亮反下文鄉也鄉之

注鄉並同君子有終身之喪忌日之謂也忌日不用非不祥也言夫日志有所至而不敢盡其私也忌日親亡之日忌日者不用舉他事如有時日之禁也祥善也志有所至至於親以此日亡其哀心如喪時○言夫日音扶本或作言夫忌日【疏】○君子至私也○正義曰此一節明孝子終身念親不忘之事○忌日不用非不祥也者謂忌日不用舉作他事者何非謂此日不善別有禁忌不舉事也○言夫日志有所至而不敢盡其私也者所以不舉者言夫忌日謂孝子志意有所至極思念親不敢盡其私情而營他事故不舉也

唯聖人爲能饗帝孝子爲能饗親謂祭之能使之饗也帝天也饗者鄉也鄉之然後能饗焉言中心鄉之乃能使其祭見饗也上饗或爲相○相息亮反下文同是故孝子臨尸而不怍君牽牲夫人奠盎君獻尸夫人薦豆卿大夫相君命婦相夫人齊齊乎其敬也愉愉乎其忠也勿勿諸其欲其饗之也色不和曰怍奠盎設盎齊之奠也此時君牽牲將薦毛血君獻尸而夫人薦豆謂繹日也儐尸主人獻尸主婦自東房薦韭菹臨勿勿猶勉勉也慤愛之貌○怍才各反盎烏浪反齊齊如字舊子禮反愉羊朱反盎齊才細反繹音亦儐音賓【疏】○唯聖至之也○正義曰此一節明孝子祭祀欲親歆饗之意○唯聖人爲能饗帝者以饗帝爲難故聖人能之饗親不易故孝子能之欲饗親與饗帝同故以饗帝比饗親言饗親難也此本爲饗親而發故下文專論饗親之事○饗者鄉也者言神之所以饗者由孝子之所歸鄉也鄉之故然後能使神靈歆饗焉○是故孝子臨尸而不怍者怍謂顏色不和悅以祭祀須饗尸故孝子臨對尸前不得顏色不和○君牽牲夫人奠盎者熊氏云此謂繹祭君當牽牲之時夫人奠設盎齊之奠○君獻尸夫人薦豆者繹祭故先獻後薦○齊齊乎其敬也者卿大夫相君命婦相夫人皆齊齊乎其恭敬齊齊謂整齊之貌故玉藻云廟中齊齊○愉愉乎其忠也者愉愉和悅

之貌忠謂忠心言孝子顏色愉愉然和悅盡忠心○勿勿諸其欲其饗之也者勿勿猶勉勉也言孝子之心與貌勉勉然欲得親之歆饗也其皆語助○注色不至之貌○正義曰案曲禮云容毋怍怍謂顏色變即不和之意云奠盎設齊之奠也者此謂繹祭故牽牲之時夫人預設盎齊之。尊假令正祭牽牲時夫人設奠盎之尊至君親制祭夫人酌盎齊以獻尸義無妨也皇氏怪此奠盎在牽牲之時於事大早以奠盎爲洗牲勘諸經傳無洗牲以酒之文皇氏文無所據其義非也云謂繹日也者以其先云君獻尸後云夫人薦豆故知繹日也云儐尸主人獻尸主婦自東房薦韭菹醢者此是有司徹文引之者證儐尸之時先獻後薦上大夫儐尸即天子諸侯之繹也

文王之祭也事死者如事生思死者如不欲生忌日必哀稱諱如見親祀之忠也如見親之所愛如欲色然其文王與思死者如不欲生言思親之深也如欲色者以時人於色厚假以喻之○忠如字謂盡中心與音餘詩云明發不寐有懷二人文王之詩也祭之明日明發不寐饗而致之又從而思之祭之日樂與哀半饗之必樂已至必哀明發不寐謂。夜至旦也祭之明日謂繹日也言繹之夜不寐也二人謂父母容尸侑也○樂與音洛下同侑音又

【疏】「文王至必哀」○正義曰此一節明文王祭思親忠敬之甚○思死者如不欲生者言文王思念死者意欲隨之而死如似不復欲生○稱諱如見親者言。文在廟中上不諱下於祖廟稱親之諱如似見親也○祀之忠者言文王祭祀之盡忠誠也○如見親之所愛如欲色然者解祀之忠敬之事言齊時思念親之平生嗜欲如。似真見親所愛在於目前又思念親之所愛之甚如似凡人貪欲女色然也○其文王與者唯文王能如此與與是不執定之辭王肅。然解欲。色如欲見父母之顏色鄭何得比父母於女色馬昭申云孔子曰吾未見好德如好色者如此亦比色於德張融亦如好色取其甚也於文無妨○文王之詩也者此幽王小雅小宛之篇而云文王

詩也者記者引詩斷章取義且詩人陳文王之德以刺幽王亦得爲文王之詩
也○祭之明日明發不寐者謂正祭明日繹祭之特祭旣訖。得其夜發夕至明
而不寐○饗而致之又從而思之者申明發之意旣設繹祭之饗而致於神其
夜又從而思之也○饗之必樂已至必哀者孝子想神之歆饗故必樂又想及其
饗已至之後必分離故必哀也○注祭之至侑也○正義曰知祭之明日謂繹
日也者案宣八年六月辛巳有事于大廟仲遂卒于垂壬午猶繹是祭之明日
爲繹也云二人謂父母容尸侑也者祭以念親故二人謂父母案有司徹上大
夫儐尸別立一人爲侑以助尸似鄉飲酒禮介之副賓也繹祭與儐尸同故知
二人容尸與侑。侑也仲尼嘗奉薦而進其親也慤其行也趨趨以數嘗秋祭也親謂身親執事時也慤與趨趨
言少威儀也趨讀如促數之言速也○仲尼嘗絕句嘗秋祭奉薦而進絕句其親也慤絕句趨音促注及下注皆同數色角反徐音速注同已祭子
贛問曰子之言祭濟濟漆漆然今子之祭無濟濟漆漆何也子曰濟濟者容也
遠也漆漆者容也自反也容。以遠若容以自反也夫何神明之及交夫何濟濟
漆漆之有乎漆漆讀如朋友切切自反猶言自脩整也容以遠言非所以接親親也容以自反言非孝子所以事親也及與也此皆非與神明交
之道○贛音貢濟子禮反下同漆依注音切下同客也口白反賓客也下客以遠同容也羊凶反儀容也下若容以自反同反饋樂成薦其
薦俎序其禮樂備其百官君子致其濟濟漆漆夫何慌。惚。之有乎天子諸侯之祭或從血腥
始至反饋是進熟也薦俎豆與俎也慌惚思念益深之時也言祭事既備使百官助己祭然而見其容而自反是無慌惚之思念○樂成音岳又五教反慌況
往反注及下同一音荒惚音忽注及下同本又作忽夫言豈一端而已夫各有所當也豈一端言不可以一槩也禮各有所

當行祭宗廟者賓客濟濟漆漆主人慤而趨趨當丁浪反槩古代反【疏】仲。尼。至。當。也○正義曰此一節記仲尼嘗祭之儀○奉薦而進其親也慤者慤謂質
慤謂仲尼奉薦進尸之時其身執事其形貌慤質少威儀○其行也趨趨以數者其行步促促速疾少威儀舉足而數也○今子之祭無濟濟漆漆何也者子
贛先聞夫子說祭事威儀須濟濟漆漆然也今子之爲祭無濟濟漆漆者何也子曰濟濟者容也遠也夫子爲子贛說濟濟之義言濟濟者是容貌自疏遠漆
漆者容也自反也謂容貌自反覆而脩。正也○容以遠若容以自反也者覆結上文言孝子若容貌以疏遠若容貌以自脩。正此乃賓客之事○夫何神明之
及交者及與也言孝子若。作賓客之容何得神明之與交言不得與神明交也○夫何濟濟漆漆之有乎者更覆結。上。之云夫孝子何得濟濟漆漆之有乎言
不得有也其容也遠也王肅以容爲客皇氏用王肅以客有其容之義其義亦通但於文勢不便至注更具詳○容反饋樂成者此天子諸侯之祭血腥而始及
至進是設饌進孰合樂成畢定本反饋作及字至注更釋○薦俎者謂薦孰之時薦其饋食之豆笲牲體之俎○序其禮樂備其百官者進饋之前與神明而
交貴其誠敬進饋之後人事之盛故序其禮樂備其百官君子致其濟濟漆漆者言於此之時君子助祭之人致其濟濟漆漆賓客之事○夫何慌惚之有乎
者此一句覆結前文子貢問之若孝子自濟濟漆漆何得慌惚思念之有乎言無念親之意也○夫言豈一端而已者夫子答子貢云一端猶一槩也凡言語
豈一槩而已言不可以一槩所屬各異○夫各有所當也者謂其言語各有所當若慤而趨當孝子也濟濟漆漆當賓客也○注漆漆至之道○正義曰云漆
漆讀如朋友切切者以漆漆非形貌之狀漆音近切朋友切切偲偲語子路文也云自反猶言自修整也者凡脩整之人必自反覆顧省故云自反猶言自修
整云容以遠遠言非所以接親親也者凡接親親不事容貌又相附近今既事容貌又相疏遠故云非所以接親親言親親。對孝子之辭或容爲客字則是義遠
何須云容以遠又。容以自反與。容以遠相對一字爲容一字爲客未之有也又王肅爲客字破鄭義明鄭義容字也○注天子至思念○正義曰天子諸侯之

祭或從血腥始者謂以卿大夫從饋孰始故云天子諸侯或從血腥始言或者不盡然故三獻爛一獻孰是不從血腥始故云至反饋是進孰也者既以血腥爲始至於反饋之時是進孰也但至與反字於文爲煩定本又爲及字故皇氏云初祭尸入於室後出在堂門尸更反入而設饋故云及饋義當然也

孝子將祭慮事不可以不豫比時具物不可以不備虛中以治之比時猶先時也虛中言不兼念餘事○比必利反徐甫至反注同先悉薦反又如字

疏孝。子。至。治。之○正義曰自此以下至成人之道廣明孝子祭祀之義今各隨文解之○將祭慮事不可以不豫者言孝子慮事不可於祭前不豫思慮之○比時具物不可以不備者比時謂先時言在祭之先以備具於物至於祭時不可以不備具也○虛中以治之者言不可兼念餘事心中寶虛唯思此祭而已故云虛中以治之也

宮室既脩牆屋既設百物既備夫婦齊戒沐浴盛。服。奉承而進之洞洞乎屬屬乎如弗勝如將失之其孝敬之心至也與脩設謂。除及黝堊○洞音動下同屬音燭下同弗本亦作不何休云弗者不之深也勝音升與音餘黝於糾反堊烏路反

薦其薦俎序其禮樂備其百官奉承而進之百官助主人進之

疏宮。室。至。進。之○正義曰洞洞屬屬是嚴敬之貌言孝子之心奉承而進祭之時其心洞洞乎屬屬乎恭敬心盛如舉物之弗勝心所奉持如似將失於物此是孝子心敬之至極也案廣雅洞洞屬屬敬也

於是諭其志意以其慌。惚。以與神明交庶或饗之庶或饗之孝子之志也諭其志意謂使祝祝饗及侑尸也或猶有也言想見其。仿。佛來○祝祝上之六反下之又反又並之六反仿孚往反佛孚味反

疏於。是。至。志。也○正義曰孝子既薦其俎於是使其祝官啓告鬼神曉諭鬼神以志意○以其慌惚以與神明交庶或饗之者言孝子以其思念情深慌惚似神明交接庶望神明或來歆饗故云庶幾神明饗之者是孝子之志意

也言想見其親彷彿而來也孝子之祭也盡其慤而慤焉盡其信而信焉盡其敬而敬焉盡其禮而不過失焉進退必敬如親聽命則或使之也言當盡己而已如居父母前將受命而使之

疏孝子至之也○正義曰盡其慤而慤焉者盡慤謂心盡其慤也而慤焉謂外亦慤焉其信與敬皆處內內有其心外著於貌○盡其禮而不過失焉者以其禮包衆事非可極故不得云而盡其禮焉云不過失焉則是禮也○進退必敬如親聽命則或使之也者言孝子祭時進之與退必恆恭敬如似親聽父母之命而父母或使之也

孝子之祭可知也其立之也敬以詘其進之也敬以愉其薦之也敬以欲退而立如將受命已徹而退敬齊之色不絕於面詘充詘形容喜貌也進之謂進血腥也愉顏色和貌也薦之謂進熟也欲婉順貌謂齊莊○詘求勿反注及下并篇末同徐丘勿反敬齊如字注及下同王徐側皆反婉憂阮反

孝子之祭也立而不詘固也進而不愉疏也薦而不欲不愛也退立而不如受命敖也已徹而退無敬齊之色而忘本也如是而祭失之矣固猶質陋也而忘本而衍字○敖五報反

疏孝子至之矣○正義曰此一節明孝子之祭觀其貌而知其心故孝子之祭可知也者以下諸事是也○其立之也敬以詘者詘謂充詘形容歡喜之貌言孝子尸前而立形貌恭敬而顏色歡喜○其進之也敬以愉者進謂進血腥愉謂顏色溫和言孝子薦血腥之時容貌恭敬而顏色溫和○其薦之也敬以欲者言孝子薦熟之時容貌恭敬顏色婉順如欲得物然○退而立如將受命者言孝子或有退之時如似前進將受命○已徹而退敬齊之色不絕於面者謂祭畢已徹饌食孝子退者恭敬齊莊之色不離絕於面○立而不詘固也者言其固陋不知禮○進而不愉疏也者言與親疏遠不相親附○薦而不欲不愛也者言不愛

親○退立而不如受命赦也者言赦其親不恭敬已徹而退無敬齊之色而忘本也者而衍字忘本謂不思其親○孝子之有深愛者必有和氣有和氣者必有愉色有愉色者必有婉容和氣謂立而詘孝子如執玉如奉盈洞洞屬屬然如弗勝如將失之嚴威儼恪非所以事親也成人之道也成人既冠者然則孝子不失其孺子之心也○奉芳勇反儼魚檢反恪苦各反冠古亂反孺而樹反【疏】孝。子。至。道。也。○正義曰如執玉如奉盈言孝子對神容貌敬慎如執持玉之大寶如奉盈滿之物嚴威儼恪非所以事親也者嚴謂嚴肅威謂威重儼謂儼正恪謂恭敬言四者容貌非事親之體事親當和順卑柔也成人之道也者言嚴威儼恪秖是既冠成人之道也先王之所以治天下者五貴有德貴貴貴老敬長慈幼此五者先王之所以定天下也貴有德何爲也爲其近於道也貴貴爲其近於君也貴老爲其近於親也敬長爲其近於兄也慈幼爲其近於子也言治國有道○長丁丈反下及下注皆同爲其于僞反下爲其同近附近之近是故至孝近乎王至弟近乎霸至孝近乎王雖天子必有父至弟近乎霸雖諸侯必有兄先王之教因而弗改所以領天下國家也天子有所父事諸侯有所兄事謂若三老五更也天子衰諸侯興故曰霸○乎王于況反弟音悌下同更古衡反下及下更相同【疏】先。王。至。家。也。○正義曰此一節論貴德及孝弟之事皇氏云此亦承上夫子答子贛之辭畢廣明孝弟之義今以皇氏說未知然否或是說雜錄之辭○貴有德何爲也爲其近於道也者德是在身善行之名道者於物開通之稱以己有德能開通於物故云近道近於道也凡言近者非是實到附近而已○是故至孝近乎王至弟近乎霸者孝能感物故近乎王弟能親愛故近乎霸雖天子必有父者以聖人之德無。加於孝。乎故雖天子之尊必有事之如父者謂養三老也○雖諸侯必有兄者以教民禮順莫善於弟故雖諸侯之貴必有事之如兄者謂養五更也○先王之教因而弗改者言先王設教之。原因人之心孝弟卽以孝弟教人是以而不改從人之所欲故可以領天下國家也○注天子至曰霸○正義曰云天子有所父事諸侯有所兄事者案天子諸侯俱有養老之禮皆事三老五更故文王世子注三老如賓五更如介但天子尊故以父事屬之諸侯卑故以兄事屬之云天子衰諸侯興故曰霸者案中候諸侯曰霸注云霸把也把天子之事也

子曰立愛自親始教民睦也立教自長始教民順也親長父兄也。睦和厚也教以慈睦而民貴有親教以敬長而民貴用命尊長出教令者孝以事親順以聽命錯諸天下無所不行疏子。曰。至。不。行○正義曰此一節明愛敬之道皇氏云因上答子貢之問者雜錄以事類相接爲次非本相因之辭也○立愛自親始者言人君欲立愛於天下從親爲始言先愛親也○教民睦也者己先愛親人亦愛親是教民睦也○立敬自長始者言起敬於天下從長爲始言先自敬長○教民順也者己能敬長民亦敬長是教民順也○教以慈睦而民貴有親者覆上教民睦也睦則恩慈故云慈睦也民旣慈睦各貴所有之親○教以敬長而民貴用命者覆結上文教民順也旣教以敬長民心和順不有悖逆故貴用在上之教命○孝以事親順以聽命者孝以事親覆說而民貴有親也順以聽命覆說而民貴用命也以此二者錯置於天下故無所不行言皆行。也

郊之祭也喪者不敢哭凶服者不敢入國門敬之至也祭者吉禮不欲聞見凶人○措諸七路反疏郊。之。至。至。也○正義曰此一節論。祭祀之禮以是吉禮大事故喪與凶服皆辟之

祭之日君牽牲穆荅君卿大夫序從祭謂祭宗廟也穆子姓也

荅對也序以次第從也序或爲豫○從才用反注同既入廟門麗于碑卿大夫袒而毛牛尚耳鸞刀以封取膟膋乃退爓祭祭腥而退敬之至也麗猶繫也毛牛尚耳以耳毛爲上也膟膋血與腸閒脂也爓祭祭腥祭爓肉腥肉也湯肉曰爓爓祭祭腥或爲合祭腥泄[月+習]熟也○碑彼皮反袒徒旦反鸞力端反封苦圭反膟音律膋力彫反爓音尋泄息列反[月+習]直輒反【疏】祭之至至也○正義曰前經郊祭之致敬此一節明祭廟牽牲致敬○穆荅君者穆謂子姓荅對也言祭廟君牽牲之時子姓一對君共牽牲○卿大夫序從者卿大夫佐幣士奉芻依次第而從君也○既入廟門麗于碑者麗繫也君牽牲入廟門繫著中庭碑也王肅云以紖貫碑中君從此待之也○卿大夫袒而毛牛尚耳者將殺牲故袒取牛毛薦之故云毛牛也以耳毛爲上故云尚耳耳主聽欲使神聽之○鸞刀以封取膟膋者謂用鸞刀封割牲體又取血及腸閒脂血以供薦而膋以供炙肝及爇蕭也○乃退者謂殺牲竟而取卿大夫所封血毛膟膋薦之竟而退也祭有三節此一節竟故退○爓祭祭腥者爓謂爓肉而祭腥謂以腥肉而祭言薦膟膋之後以俎載爓肉腥肉而祭也○○而退者謂爓祭祭腥之後祭事既卒而退是恭敬之至極也○注穆子姓也○正義曰知穆是子姓者熊氏云父昭子穆姓生也是昭穆所生謂子孫直言穆者文不備○注膟膋至熟也○正義曰案說文及字林云膟血祭膋是牛腸閒脂也是膟爲血膋爲腸閒脂也云爓祭祭腥祭爓肉腥肉也者既疊出經文爓祭之事祭腥之語然後解云謂祭爓肉也祭腥肉也祭爓肉即經之爓祭也云腥肉即經之祭腥也其祭腥肉爓肉並當朝踐之節此腥肉則禮運云腥其俎也爓肉即禮運云熟其殽也此先云爓者記者便文耳非先後之次云湯肉曰爓者以鬼神異於生雖曰熟殽但湯肉而已若其小祀則煑肉令熟故郊特牲云一獻熟是爓與熟又別也云爓祭祭腥或云合祭腥泄[月+習]熟也者謂爓祭祭腥四字禮記他本爲合祭腥泄[月+習]熟六字者故云或郊之祭大報天而主日配以月夏后氏祭其闇殷人祭其陽周人

祭日以朝及闇主日者以其光明天之神可見者莫著焉闇昏時也陽讀爲曰雨曰暘之暘謂日中時也朝日出時也夏后氏大事以昏殷人大事以日中周人大事以日出亦謂此郊祭也以朝及闇謂終日有事○神見賢遍反一本作神可見則如字暘音陽

【疏】郊之至及闇○正義曰自此以下至致天下之和論郊祭及日月之義此郊之祭一經止明郊祭之禮○郊之祭者謂夏正郊天○大報天者謂於此郊時大報天之衆神雖是春祈天生養之功大故稱大報天○而主日配以月者謂天無形體縣象著明不過日月故以日爲百神之主配之以月自日以下皆祭特言月者但月爲重以對日耳蓋天帝獨爲壇其日月及天神等共爲一壇故日得爲衆神之主也○夏后氏祭其闇者以夏后氏尚黑故祭在於昏時○殷人祭其陽者以尚白故祭在日中時○周人祭日以朝及闇者以其尚文祭百神禮多故以朝及闇也故季氏之祭大夫之家禮儀應少而亦以朝及闇故夫子譏之○注陽讀至有事○正義曰案洪範庶徵云曰雨曰暘暘謂亢暘乾燥日中之時亦明日中乾燥異於昏明故讀從曰雨曰暘之暘也必讀之者恐人以夜爲陰晝爲陽恐終日而祭故讀從暘也云亦謂此郊祭者以壇弓大事非止是喪亦兼諸祭故云大事亦謂此郊祭

祭日於壇祭月於坎以別幽明以制上下幽明者謂日照晝月照夜

【疏】祭日至上下○正義曰此經及下經皆據春分朝日秋分夕月○祭日於壇謂春分也祭月於坎謂秋分也月爲幽日爲明日在壇月在坎是殊別幽明制定上下

祭日於東祭月於西以別外內以端其位端正○別彼列反下同

【疏】祭日至其位○正義曰端正也日爲陽在外月爲陰在內今祭日於東用朝旦之時是爲外祭月於西鄉夕之時是爲內是以別外內以正其位也而崔氏云祭日於壇祭月於坎還據上文郊祭之時今謂若是郊祭日與月當應同處何得祭日於壇祭月於坎日於東月於西祭不同處則崔氏說非也崔又云日月有合祭之時謂郊祭天而主日配以月其禮大用牛各祭之時謂春分朝日秋分夕月其禮小故祭法用少牢今謂小司徒云小祭祀奉牛牲鄭注

謂玄冕所祭自玄冕皆用牛也何得用少牢今謂祭法日月用少牢鄭云禱祈之祭也崔氏說又非崔氏又云迎春之時兼日月者今案諸文迎春迎秋無祭日月之文小宗伯云兆五帝於四郊四望四類亦如之謂四望四類之祭亦如五帝在四郊故鄭云兆日於東郊兆月與風師於西郊不謂兆五帝之時即祭日月崔說又非

日出於東月生於西陰陽長短終始相巡以致天下之和巡讀如沿漢之沿謂更相從道○巡依注依音沿悅專反

疏日出至之和○正義曰陰謂夜也陽謂晝也夏則陽長而陰短冬則陽短而陰長是陰陽長短○終始相巡者又月之與日同行黃道其晦朔之時月與日同處自朔之後月與日先後而行至月終日還與月同處亦是終始相巡○以致天下之和者以日月交相依巡是陰陽和會故致天下之和也○注巡讀如沿漢之沿○正義曰案文十年左傳云子西沿漢泝江將入郢是沿為順流而下故讀從之

天下之禮致反始也致鬼神也致和用也致義也致讓也因祭之義汎說禮也致之言至也使人勤行至於此也至於反始謂報天之屬也至於鬼神謂祭宗廟之屬也至於和用謂治民之事以足用也○汜說芳劒反致反始以厚其本也致鬼神以尊上也致物用以立民紀也致義則上下不悖逆矣致讓以去爭也合此五者以治天下之禮也雖有奇邪而不治者則微矣物猶事也變和言物互之也微猶少也○悖布內反去起呂反爭爭鬭之爭奇紀宜反邪似嗟反治直吏反

疏天下至微矣○正義曰此一節明禮之大用凡有五事若能行之得理則天下治矣○天下之禮者言天下所用之禮所致凡有五事也○致反始也者致之言至也言禮之至極於天反報初始言人始於天反而報之○致鬼神也者言禮之至極至於鬼神謂祭宗廟之等○致和用也者和謂百姓和諧用謂財用豐足言禮之至極治理於民使百姓和諧財用富足也○致義也者義謂斷割得宜治惡討暴言禮之至極於

義也〇致讓也者讓謂遞相推讓言禮之至極於讓也〇致反始以厚其本也者天爲人本今能反始以報於天是厚重其本也上能厚本教下下亦能厚本也〇致鬼神以尊上也者謂至於祭祀鬼神是尊嚴其上也以此教民民亦尊上也〇致物用以立民紀也者民豐物用則知榮辱禮節故至於物用可以立人紀也〇致義則上下不悖逆矣者義能除凶去暴故上下不有悖逆也〇致讓以去爭也者以讓故無爭〇合此五者以治天下之禮也者言能和合此五者以治理天下之禮〇雖有奇邪而不治者則微矣者奇謂奇異邪謂邪惡皆據異行之人言用此五事爲治假令有異行不從治者亦當少也故云則微矣〇注物猶至少也〇正義曰上文云致和用明和能立事是和用互言之有事用也下文云致物用物謂事也謂事須和也是致事用互致和用也是事必須和和能立事故云互也

宰我曰吾聞鬼神之名不知其所謂子曰氣也者神之盛也魄也者鬼之盛也合鬼與神教之至也氣謂噓吸出入者也耳目之聰明爲魄合鬼神而祭之聖人之教致之也〇魄普白反噓音虛吸許及反

【疏】宰。我。至。至。也。〇正義曰自此以下至以祀先王先公敬之至也此一節明宰我問鬼神之事夫子荅以鬼神魂魄祭祀之禮又廣明天子諸侯耕藉及公桑之事今各隨文解之〇不知其所謂者宰我善問孔子吾唯聞鬼神之名不知此鬼神所謂何物爲鬼神〇子曰氣也者神之盛也者此夫子荅宰我以神名言神是人生存之氣氣者是。人之盛極也〇魄也者鬼之盛也者是夫子荅鬼之事言人形魄者鬼之盛極也〇合鬼與神教之至也者言人死神上於天鬼降於地聖王合此鬼之與神以祭之至教之致也是聖王設教致合如此故云教之至也〇注氣謂至之也〇正義曰氣謂噓吸出入也者謂氣在口噓吸出入此氣之體無性識也但性識依此氣而生有氣則有識無氣則無識則識從氣生性則神出入也故人之精靈而謂之神云耳目之聰明爲魄者魄體也若無耳目形體不得爲聰明故云耳目聰明爲魄云合鬼神而祭之聖人之教致之也者人之死其神與形體分散各別聖人以生存之時神形和合今雖身死聚合鬼神似若生人而祭之是聖人設教。與致之令其如此也衆生必死死必歸土此之謂鬼骨肉斃于下陰爲野土陰讀爲依。蔭之。蔭言人之骨肉。蔭於地中爲土壤○斃本亦作弊婢世反陰依注音蔭於鳩反壤如丈反【疏】衆生至野土○正義曰此一經明鬼神之事○衆生必死者言物之羣衆而生必皆有死○死必歸土者言萬物死者皆歸於土此一經因而言物實是本說人也○此之謂鬼者鬼歸也此歸土之形故謂之鬼也○骨肉斃于下陰爲野土者此覆說歸土之義也言死骨肉斃敗於地下依陰於地爲野澤土壤謂在田野故稱爲野土俗本陰作陰字也其氣發揚于上爲昭明焄蒿悽愴此百物之精也神之著也焄謂香臭也蒿謂氣烝出貌也上言衆生此言百物明其與人同也不如人貴爾蒿或爲藨○焄許云反香臭之氣耳蒿許羔反烝之膺反藨表驕反又皮表反【疏】其氣至著也○正義曰此一經申明神也此科釋人氣爲神言人生時形體與氣合共爲生其死則形與氣分其氣之精魂發揚升於上爲昭明者言此升上爲神靈光明也○焄蒿悽愴此百物之精也者焄謂香臭也言百物之氣或香或臭蒿謂烝出貌言此香臭烝而上出其氣蒿然也悽愴者謂此等之氣人聞之情有悽有愴百物之精也者人氣揚於上爲昭明百物之精氣爲焄蒿悽愴人與百物共同但情識爲多故特謂之神此經論人亦因人神言百物也○神之著也者人氣發揚於上爲昭明是人神之顯著因物之精制爲之極明命鬼神以爲黔首則百衆以畏萬民以服明命猶尊名也尊極於鬼神不可復加也黔首謂民也則法也爲民作法使民亦事其祖禰鬼神民所畏服○黔首其廉反徐又其嚴反黑也黑首謂民也秦謂民爲黔首復扶又反爲民于僞反【疏】因。物。至。以。服。○正義曰此一經明聖人設教合鬼與神而祭之欲使人事其祖禰畏敬鬼神○因物之精制爲之極者言聖人因人與物死之精靈遂造制爲之尊極之稱○明命鬼神以爲黔首則者明猶尊也命猶名也黔首謂萬民也則法也故尊名人及萬物之精謂之鬼神以爲萬民之法則也○百衆以畏萬民以服者百衆謂百官衆庶萬民謂天下衆民既敬之以鬼神下皆畏敬之故云百衆以畏萬民以服○注明命至畏服○正義曰鬼神本是人與物之魂魄若直名魂魄其名不尊故尊而名之爲鬼神別加畏敬之也云尊極於鬼神不可復加也者解經制爲之極所以。明鬼神爲極者言物中尊極莫過鬼神言以外他名不可復加故聖王造制爲之極名鬼神也云黔首謂民也者黔謂黑也凡人以黑巾覆頭故謂之黔首案史記云秦命民曰黔首此紀作在周末秦初故稱黔首此孔子言非當秦世以爲黔首錄記之人在後變改之耳漢家僕隸謂蒼頭以蒼巾爲飾異於民也此經鬼神本爲民神故下文築爲宮室設爲宗祧其實此鬼神亦兼山川五祀百物之屬故禮運云列於鬼神注云謂祖廟山川五祀之屬樂記云幽則有鬼神注云助天地成物者是百物之魄謂之鬼對則精靈爲魂形體爲魄故昭七年左傳云人生始化曰魄既生魄。陽魂是形爲魄氣爲魂若散而言之魄亦性識識與魄無異故昭二十五年左傳云心之精爽是謂魂魄魂魄去之何以能久又襄二十九年左傳云天奪伯有魄又對而言之天曰神地曰祇人曰鬼散而言之通曰鬼神

聖人以是爲未足也築爲宮室設爲宮祧以別親疏遠邇教民反古復始不忘其所由生也衆之服自此故聽且速也自由也言人由此服於聖人之教也聽謂順教令也速疾也○邇音爾○【疏】聖人至速也○正義曰此一經明聖人爲鬼神立宗廟之事○聖人以是爲未足也者謂以是尊名鬼神爲未足謂未稱其意也○築爲宮室設爲宗祧以別親疏遠邇教民反古復始者古謂先祖追而祭之是反古也始謂初始父母始生於己今追祭祀是復始也○不忘其所由生也者追遠報祭是不忘其所由生也○衆之所服自此者自由也言衆人服從於上由此反古復始而教之也○故聽且速也者聽謂順其教令以此之故在下順其教令而且疾速也

二端既立報以二禮建設朝事燔燎羶薌見以蕭光以報氣

也此教衆反始也薦黍稷羞肝肺首心見間以俠甒加以鬱鬯以報魄也教民
相愛上下用情禮之至也二端既立謂氣也魄也更有尊名云鬼神也二禮謂
朝事與薦黍稷也朝事謂薦血腥時也薦黍稷所謂
饋食也見及見間皆當爲覸字之誤也羶當爲馨聲之誤也燔燎馨香覸以蕭
光取牲祭脂也光猶氣也有虞氏祭首夏后氏祭心殷祭肝周祭肺覸以俠甒
謂雜之兩甒醴酒也相愛用情謂此以人道祭之也報氣以氣報魄以實各首
其類〇燔音煩燎力召反又力弔反羶依注音馨許經反後羶鄉同薌音香見
以依注見作覸音間廁之間徐古辯反見間依
注合爲覸字音間廁之間俠古洽反甒音武
【疏】二端至至也〇正義曰此一
節論氣魄既殊明設祭之時
二禮亦異〇二端既立者謂氣也魄也既見乃更立尊名云鬼神也〇報以二
禮者謂報此氣魄以二種祭禮報氣謂朝踐之節也報魄謂饋熟之節也〇建
設朝事燔燎羶薌見以蕭光以報氣也者此明朝踐報氣之義也朝事謂旦朝
祭事燔燎謂取膟膋燎於爐炭羶謂馨香見以蕭光謂見覸謂雜也光謂氣
也謂燔膟膋兼爇蕭蒿是雜以蕭氣此等三祭是以報氣也〇此教衆反始也
者言此上之祭氣是故昔尚質之義是故教衆之以反於初始此上反古復始
總包之也〇薦黍稷羞肝肺首心見間以俠甒加以鬱鬯以報魄也者薦黍稷
者謂饋熟時薦此黍稷羞肝肺首心者羞進也謂薦黍稷之時進肝之與肺及
首之與心殷祭以肝周祭以肺虞氏以首夏后氏以心皆謂祭黍稷之時兼此
物祭也故郊特牲云祭黍稷加肺謂周法也見間以俠甒者見間讀爲覸亦雜
也俠甒謂兩甒醴酒言祭黍稷之時雜以兩甒醴酒〇加以鬱鬯者謂薦此黍
稷加肝肺之薦更加之以鬱鬯然後薦黍稷饋熟報魄之時始云加鬱鬯者言
非但薦熟是報魄言祭初所以加鬱鬯亦是報魄也以魄在地下鬱鬯灌地雖
是祭初亦是報魄不當薦熟之時故云加也〇以報魄也者言薦黍以下皆是
報祭形魄之氣〇教民相愛上下用情者言此饋熟之時皆以飲食實味徧於
燕飲是教民相愛上以恩賜逮下下愛上恩賜故上下用情〇禮之至也者至

謂至極也謂報氣報魄二禮備足是。祀奉。上王禮之至極也○注二端至其類○正義曰云更有尊名云鬼神也者解經二端既立氣也魄也是二端更有尊名名鬼神是既立謂尊名立也云二禮謂朝事與薦黍稷也者以經云朝事以報氣薦黍稷以報魄也云見及見間皆當爲覵字之誤也者經云見以蕭光但有見字在旁無間間旁無見字此等據意皆是覵雜之理故知誤加以見凡覵者所見錯雜之義故間旁見也云羶當爲馨以與香連文無取羶義羶加馨聲相近故云聲之誤也云取牲祭脂也者案詩生民云取蕭祭脂是取蕭與祭牲之時雜燒之一祭之中再度焫蕭朝踐燔膟膋之時亦有蕭也故郊特牲云取膟膋升首報陽也注云膟膋腸間脂也與蕭合燒之是朝踐焫蕭也郊特牲又云既奠然後焫蕭合羶薌是饋熟焫蕭也云有虞氏祭首至周祭肺皆明堂位文云兩甒醴酒也者以士喪禮既夕等皆以甒盛醴故知醴酒也此用甒者蓋是天子追享朝踐用大尊此甒即大尊或。可子男之禮禮器云君尊瓦甒謂子男也皇氏以爲異代法也云報氣以氣報魄以實各首其類者燔燎馨香蕭光之屬是氣也黍稷肝肺之屬是實物也首本也報氣以氣是虛還以馨香虛氣報之報魄以實還以黍稷實物報之各本其事類故云各首其類也○

附釋音禮記注疏卷第四十七

禮記注疏卷四十七校勘記　阮元撰盧宣旬摘錄

祭義第二十四

祭不欲數節

祭不欲數數則煩煩則不敬祭不欲疏疏則怠至無樂　惠棟校宋本無此廿一字

春禘者夏殷禮也周以禘爲殷祭更名春祭至曰祠　惠棟校宋本作春禘至曰祠

郊特牲以注禘當爲礿　監本如此惠棟校宋本毛本作以郊特牲注

致齊於內節

思其所嗜　各本同石經同釋文出所耆云注及下並同○按嗜正字耆者假借字

致齊至齊者　惠棟校宋本無此五字

此一節明祭前齊日之事　監本毛本如此惠棟校宋本無日字

祭之日入室節

祭之至之聲　惠棟校宋本無此五字

孝子當想象僾僾髣髣見也詩云愛而不見　閩監毛本同惠棟校宋本髣髣作髣髴衞氏集說同段玉

裁校本謂當作孝子當想象僾然說文曰僾仿佛見也詩云僾而不見

祝闔牖戶　闔監本同與士虞禮記合毛本牖誤牗

如尸一食九飯之須　惠棟校宋本同閩監毛本須作頊衞氏集說同

君子生則敬養節

享猶祭也饗也　閩監毛本同岳本同嘉靖本同衞氏集說同考文引足利本饗作鄉按釋文出鄉也浦鏜校云鄉誤饗

君子至私也　惠棟校宋本無此五字

唯聖人爲能饗帝節

唯聖至之也　惠棟校宋本無此五字

夫人奠設盎齊之奠　閩監毛本同惠棟校宋本奠作尊下文預設盎齊之尊同按注設盎齊之奠各本俱作奠蓋注與疏異本

浦鏜校則幷改注盎齊之奠作盎齊之尊

文王之祭也節

謂夜而至旦也　惠棟校宋本有而字宋監本岳本嘉靖本衞氏集說同考文引古本足利本同此本而字脫閩監毛本同

文王至必哀　惠棟校宋本無此五字

言文在廟中　閩監毛本同惠棟校宋本文下有王字

如似真見親所愛　閩監毛本同考文云宋板似作以衞氏集說無似字

王肅然解欲色　閩監毛本同浦鏜校然字當在解欲色下誤倒在上

得其夜發夕至明而不寐　考文引宋板同閩監本得作待毛本得誤侍

故知二人容尸與侑侑也　惠棟校宋本衞氏集說同此本侑字誤重閩監毛本同

仲尼嘗節

濟濟者容也　各本同石經同釋文出濟濟者客也云口白反賓客也下客以遠同按岳氏九經三傳沿革例云石經舊監本蜀大字本及越本注疏並作容諸本閩以王肅音爲口白反遂作客非是

夫何慌惚之有乎　閩監毛本同石經同岳本同嘉靖本同衞氏集說同坊本作恍忽按釋文出慌惚云本又作忽石經考文提要云宋大字本宋本九經南宋巾箱本余仁仲本劉叔剛本並作慌惚下以其慌惚同

仲尼至當也　惠棟校宋本無此五字

謂容貌自反覆而脩正也　閩監毛本同惠棟校宋本正作整衞氏集說同下以自脩正同

言孝子若作賓客之容　閩監毛本同惠棟校宋本無作字

更覆結之上文惠棟校宋本如此此本之上衍上字閩本同監毛本結之誤結

言親親對孝子之辭閩監毛本同考文云宋板無對字

又容以自反與容以遠相對閩監毛本同惠棟校宋本容以自反作容以自反按容以自反之容不當作容容以遠之容當作客也

孝子將祭節惠棟校云孝子節宮室節於是諭其志意節宋本合爲一節

孝子至治之惠棟校宋本無此五字

宮室既脩節

夫婦齊戒沐浴盛服閩監毛本同石經同岳本同嘉靖本同衞氏集說同坊本盛服二字無石經考文提要云宋大字本宋本九經南宋巾箱本余仁仲本並有盛服二字

脩設謂除及黝堊惠棟校宋本除上有埽字岳本嘉靖本宋監本衞氏集說同考文引古本足利本同此本埽字脫閩監毛本同

宮室至進之閩監毛本同惠棟校宋本作洞洞至也與

於是諭其志意節

言想見其仿佛來惠棟校宋本宋監本岳本嘉靖本仿作彷佛字同閩監毛本仿佛作彷彿衞氏集說同釋文同疏放此

於是至志也惠棟校宋本無此五字

孝子之祭也節

孝子至之也惠棟校宋本無此五字

以其禮包衆事非可極惠棟校宋本非下有一字續通解同衞氏集說同此本一字脫閩監毛本同

孝子之祭可知也節

謂齊莊惠棟校宋本上有齊字宋監本岳本嘉靖本衞氏集說同考文引古本足利本同此本脫閩監毛本同

孝子至之矣惠棟校宋本無此五字

孝子之有深愛者節

不失其孺子之心也各本同釋文孺作孺

孝子至道也惠棟校宋本無此五字

先王之所以治天下者五節

先王至家也惠棟校宋本無此五字

無加於孝乎閩監毛本同惠棟校宋本加上有以字衞氏集說同無乎字

言先王設教之原閩監毛本同惠棟校宋本原作源

子曰立愛自親始節

錯諸天下各本同石經錯字摩滅釋文出措諸○按措正字錯假借字

子曰至不行惠棟校宋本無此五字

言皆行也惠棟校宋本此下標禮記正義卷第五十五終記云凡卅二頁

郊之祭也節惠棟校宋本自此節起至建國之神位節止第五十六卷卷首題禮記正義卷第五十六

郊之至至也惠棟校宋本無此五字

此一節論祭祀之禮閩監毛本同衞氏集說祭作郊

祭之日節

祭之至至也惠棟校宋本無此五字

君從此待之也閩監毛本同惠棟校宋本此作北續通解同

以供炙肝及爇蕭也惠棟校宋本如此衞氏集說同此本肝誤肸蕭誤簫爇字闕閩監毛本作以供炙肸及焫簫也並誤

按說文及字林云惠棟校宋本同閩監毛本云誤文

郊之祭節

郊之至及闇 惠棟校宋本無此五字

祭日於東節 惠棟校云祭日於東節日出節宋本合爲一節

祭日至其位○正義曰端正也 惠棟校宋本無上九字

天下之禮節

變和言物互之也 閩本同考文引宋板同岳本同嘉靖本同衞氏集說同監毛本之作文

天下至微矣 惠棟校宋本無此五字

宰我曰吾聞鬼神之名節

宰我至至也 惠棟校宋本無此五字

氣者是人之盛極也 考文引宋板同閩監毛本人作神

是聖人設教與致之 惠棟校宋本作與衞氏集說同此本與字闕閩監毛本與作時

衆生必死節

陰讀爲依蔭之蔭 閩本岳本宋監本嘉靖本衞氏集說同監毛本蔭作廕下同

因物之精節

因物至以服　惠棟校宋本無此五字

所以明鬼神爲極者　閩監毛本同惠棟校宋本明作名

既生魄陽曰魂　毛本有曰字衞氏集說同此本曰字脫閩監本同

二端既立節

二端至至也　惠棟校宋本無此五字

既見已與立尊名云鬼神也　惠棟校宋本同閩監毛本已與誤乃更

謂見覸讀爲覸　閩監毛本同浦鏜校云疑見當爲覸之誤段玉裁校本云當是見

虞氏以首　惠棟校宋本上有有字此本有字脫閩監毛本同

言祭初所以加鬱鬯　閩監毛本同惠棟校宋本無以字衞氏集說同

下愛上恩賜　閩監毛本同衞氏集說同惠棟校宋本愛作受

是祀奉上王　閩監毛本上作先惠棟校宋本祀作禮盧文弨校云上字非

或可子男之禮　惠棟校宋本同衞氏集說同閩監毛本可誤曰

禮記注疏卷四十七校勘記

附釋音禮記注疏卷第四十八

祭義

禮記　鄭氏注　孔穎達疏

君子反古復始不忘其所由生也是以致其敬發其情竭力從事以報其親不敢弗盡也從事謂修薦可以祭者也疏○君子至盡也○正義曰此一節申明反古復始竭力報親之事○是以致其敬發其情者以君子反古復始不忘其所由生是以故致其恭敬發其情性竭力從事以報其親謂竭盡氣力隨從其事以上報其親不敢不極盡也是故昔者天子爲藉千畝冕而朱紘躬秉耒諸侯爲藉百畝冕而青紘躬秉耒以事天地山川社稷先古以爲醴酪齊盛於是乎取之敬之至也藉藉田也先古先祖○藉在亦反藉田說文作耤紘音宏耒方內反酪音洛齊音咨本亦作齍疏○是故至至也○正義曰以君子報親不敢不盡心以事之故古天子諸侯有藉田以親耕○以事天地山川社稷先古者上雖總論天子諸侯此言天地者特據天子自外則通先古謂先祖也以爲醴酪齊盛於是乎取之者爲祭祀諸神須醴酪粢盛之屬於是乎藉田而取之敬之至也○古者天子諸侯必有養獸之官及歲時齊戒沐浴而躬朝之犧牷祭牲必於是取之敬之至也君召牛納而視之擇其毛而卜之吉然後養之君皮弁素積朔月月半君巡牲所以致力孝之至也歲時齊戒沐浴而躬朝之謂將祭祀卜牲君朔月月半巡視之君召牛納

而視之更本擇牲意○朝直遙反注躬朝同牷音全【疏】古者至至也○正義曰此一經明孝子報親竭力養牲之事及歲時齊戒沐浴而躬朝之者云歲時謂每歲依時謂朔月月半也躬親也既卜牲吉在牢養之而身朝之言朝者敬辭也○犧牷祭牲必於是取之者犧純色謂天子牲也牷完也謂諸侯牲也犧牷所祭之牲必於是養獸之官受擇取之養獸者若周禮牧人也○君召牛納而視之者此更本擇牲之時君於牧處更命取牛采納之於內而視之○君皮弁素積朔月月半君巡牲者卽前言歲時朝之也巡行也皮弁諸侯視朔之服朔月月半君服此衣而巡牲○所以致力孝之至也者是孝道之至極耕藉云敬之至養牲云孝之至互文也

古者天子諸侯必有公桑蠶室近川而爲之築宮仞有三尺棘牆而外閉之及大昕之朝君皮弁素積卜三宮之夫人世婦之吉者使入蠶于蠶室奉種浴于川桑于公桑風戾以食之大昕季春朔日之朝也諸侯夫人三宮半王后也風戾之者及早涼脆採之風戾之使露氣燥乃以食蠶蠶性惡濕○近附近之近仞音刃七尺曰仞昕許斤反日欲出蠶才南反奉芳勇反下及注同種章勇反戾力計反燥也食音嗣蚤音早本亦作早脆七歲反燥悉皁反惡烏路反歲既單矣世婦卒蠶奉繭以示于君遂獻繭于夫人夫人曰此所以爲君服與遂副褘而受之因少牢以禮之歲單謂三月月盡之後也言歲者蠶歲之大功事畢於此也副褘王后之服而云夫人記者容二王之後與禮之禮奉繭之世婦○單音丹繭古典反與音餘注同褘音暉○古之獻繭者其率用此與問者之辭○率音類又音律又所律反○及良日夫人繅三盆手遂布于三宮夫人世婦之吉者使繅遂朱綠之玄黃之以爲黼黻文章服既成君服以祀先王先公

敬之至也三盆手者三。淹也凡繅每淹大總而手振之以出緒也○繅悉刀反下同說文作繅云抽繭出絲也以此爲旒繅字音所咸反○盆蒲奔反淹也掩本亦作淹徐於驗反又於斂反

疏古者至至也○正義曰此一節廣明孝子報親養蠶爲祭服祀先王先公之事○公桑蠶室者謂官家之桑於處而築養蠶之室○近川而爲之者取其浴蠶種便也○築宮仞有三尺棘牆而外閉之者築宮謂築養蠶宮牆七尺曰仞言牆之七尺又有三尺高一丈也傳曰雉有三尺雉字者誤也棘牆者謂牆上置棘之外閉謂扇在戶外閉也○大昕之朝爲季春朔日之朝卜三宮之夫人者諸侯之夫人半王后故三宮○世婦之吉者亦諸侯世婦卜取之吉者前雖則總舉天子諸侯此特舉諸侯互言之○奉種浴于川者言蠶將生之時而又浴之初於仲春已浴之至此更浴之○風戾以食之者戾乾也湊早采桑必帶露而濕蠶性惡濕故乾而食之○歲既單矣者單盡也三月之末四月之初○遂獻繭于夫人者蠶是婦人之事故獻繭于夫人○夫人曰此所以爲君服與者所舉奉處重繭○遂副禕而受之者既擬于君之祭服故夫人首著副身著禕衣受此所獻之繭○因少牢以禮之接獻繭之世婦○古之獻繭者其率用此與者率法也夫人曰獻繭之法自古如此邪重事之義故問之也○及良日夫人繅者良日謂吉日宜繅之日明繅更擇吉利之日日至而後乃夫人自繅○三盆手者猶三淹也手者每淹以手振出其緒故云三日盆手○遂布于三宮夫人世婦之吉者使繅者以夫人親繅三盆以手振出其緒訖遂布與三宮夫人世婦之吉者既據諸侯言之則夫人唯一人世婦之吉者此雜互天子而言之以天子有三夫人就其中取吉者若諸侯唯世婦之吉者養蠶繅非一人而已唯云世婦之吉者擇其吉者以爲主領非唯一人而已○以祀先王先公敬之至也者前云解耕藉男子之事故云以事天地山川社稷兼云先祖養蠶是婦人之事婦人不與外祭故云以祀先王先公其實養蠶爲衣亦事天地山川社稷○注副禕至後與○正義曰案內司服注云唯二王後禕衣與此注同案明堂位魯公夫人亦用禕衣此不言者魯爲特賜非常法此據常者故不言

君子曰禮樂不可斯

須去身斯須猶須臾也致樂以治心則易直子諒之心油然生矣易直子諒之心生則樂樂則安安則久久則天天則神天則不言而信神則不怒而威致樂以治心者也子讀如不子之子諒信也油然物始生好美貌○易以豉反下同子如字徐將吏反及下注同諒音亮下同油音由樂樂並音洛下不樂同○致禮以治躬則莊敬莊敬則嚴威躬身也心中斯須不和不樂而鄙詐之心入之矣外貌斯須不莊不敬而慢易之心入之矣故樂也者動於內者也禮也者動於外者也樂極和禮極順內和而外順則民瞻其顏色而不與爭也望其容貌而衆不生慢易焉極至也○爭爭鬬之爭○故德煇動乎內而民莫不承聽理發乎外而衆莫不承順理謂言行也○煇音輝行下孟反下理行而行皆同故曰致禮樂之道而天下塞焉舉而錯之無難矣塞充滿也○而措本又作錯七故反樂也者動於內者也禮也者動於外者也故禮主其減樂主其盈禮減而進以進爲文樂盈而反以反爲文減猶倦也盈猶溢也樂以統情禮以理行人之情有溢而行有倦倦。而進之以能進者爲文溢。而使反以能反者爲文文謂才美○減胡斬反又古斬反下同禮減而不進則銷樂盈而不反則放故禮有報而樂有反報皆當爲褒褒聲之誤○銷音消報依注音褒保毛反下音同○禮得其報則樂樂得其反則安禮之報樂之反其義一也疏君子至一也○正義曰此一節已具於樂記但記者別人故於此又記之其義已具在樂記故於此不繁文也曾子曰孝有三大孝尊親其次弗辱其下能養公明儀問於曾子曰夫子可以爲孝乎曾子曰是何言與是何言與君子之所爲孝者先意承志諭父母於道參直養者也安能爲孝乎公明儀曾子弟子○養羊尚反後皆同與音餘先悉薦反參徐所材反○曾子曰身也者父母之遺體也行父母之遺體敢不敬乎居處不莊非孝也事君不忠非孝也涖官不敬非孝也朋友不信非孝也戰陳無勇非孝也五者不遂烖及於親敢不敬乎遂猶成也○涖音利又音類本又作涖陳直覲反烖音災於親本又作裁及於身○亨孰羶薌嘗而薦之非孝也養也君子之所謂孝也者國人稱願然曰幸哉有子如此所謂孝也已然猶如也○亨普彭反薦將見反○衆之本教曰孝其行曰養養可能也敬爲難敬可能也安爲難安可能也卒爲難父母既沒慎行其身不遺父母惡名可謂能終矣仁者仁此者也禮者履此者也義者宜此者也信者信此者也強者強此者也樂自順此生刑自反此作曾子曰夫孝置之而塞乎天地溥之而橫乎四海施諸後世而無朝夕推而放諸東海而準推而放諸西海而準推而放諸南海而準推而放諸北海而準無朝夕言常行無輟時也放猶至也準猶平也○遺如字又于季反樂音岳皇五孝反溥本亦作敷

同芳于反放甫往反下同至也準諸尹反平也輟張劣反詩云自西自東自南自北無思不服此之謂也曾子曰樹木以時伐焉禽獸以時殺焉夫子曰斷一樹殺一獸不以其時非孝也夫子孔子也曾子述其言以云○斷丁管反○孝有三小孝用力中孝用勞大孝不匱勞猶功也○匱其媿反下同○思慈愛忘勞可謂用力矣尊仁安義可謂用勞矣博施備物可謂不匱矣思慈愛忘勞思父母之慈愛己而自忘己之勞苦○施始豉反父母愛之嘉。而弗忘父母惡之懼而無怨無怨無怨於父母之心○惡烏路反父母有過諫而不逆順而諫之父母既沒必求仁者之粟以祀之此之謂禮終喻貧困猶不取惡人物以事亡親○疏曾。子。至。禮。終○正義曰此一節以下至可謂孝矣廣明為孝子之事今各依文解之○孝有三者大孝尊親一也即是下文云大孝不匱聖人為天子者也尊親嚴父配天也○其次弗辱二也謂賢人為諸侯及卿大夫士也各保社稷宗廟祭祀不使傾危以辱親也即與下文中孝用勞亦為一也○其下能養三也謂庶人也與下文云小孝用力為一能養謂。用天分地以養父母也○先意承志諭父母於道者先意謂父母將欲發意孝子則預前逆知父母之意而為之是先意也承志謂父母已有志己當承奉而行之諭父母於道者或在父母意前或在父母意後皆曉諭父母將歸於正道也○五者不遂烖及於親敢不敬乎者遂猶成也若行在上五者事不成其如是烖害必及親所以為非孝然則君子於上五者豈敢不敬而承之者乎○亨熟羶薌嘗而薦之非孝也養也者言亨熟羶薌之美先自口嘗而後薦之父母此非孝也唯是供養○君子之所謂孝也者國人稱願然曰幸哉有子如此所謂孝也已者言嘗薦美食但是養也非論孝子言若人將為孝曰此子百行皆美一國之人稱揚羨願然曰如此是羨願之云此子父母有幸遇哉而有孝子如此所謂孝也已謂然而令人羨願如此乃所謂孝也○衆之本教曰孝者言孝爲衆行之根本以此根本而教於下名之曰孝。孝則孝經云孝者德之本又云教民親愛莫善於孝是衆行之根本以教於民故謂之孝也○其行曰養者言不能。備孝之德其唯行奉上之禮但謂之養者也○養。賢可能也敬爲難者言供養父母可能爲也但尊敬父母是爲難也○敬可能也安爲難者其敬雖難猶可爲也但使父母安樂爲難也○安可能也卒爲難者卒終也父母在日使之安樂猶可能也但父母没後終身行孝是爲難也○父母既没慎行其身不遺父母惡名可謂能終矣者解卒爲難之事其卒者謂父母既没之後謹慎奉行其身恆在善道不遺與父母惡名孝子如此可謂能卒矣仁者仁此者也此謂孝也言欲行仁者先仁恩於此孝也言欲行仁於外必須行仁恩於父母也故云仁者仁此者也○禮者履此者也履踐也言欲行禮於外者必須履踐此孝者也○義者宜此者也言欲行義於外者必須得宜於此孝也行孝得宜乃可施義於外○信者信此者也言欲行誠信於外須誠信於孝道言孝道誠信始可誠信於外○强者强此者也言欲强盛於外者必須强盛於孝道言行孝道强盛則能强盛於身外○樂自順此生者自由也言身之和樂由順從孝道而生若能順從孝道則身和樂刑自反此作者言身受刑戮由反此孝道而興作若違反孝道則刑戮及身○曾子曰夫孝置之而塞乎天地者自此以前皆曾子之言但此以下事異故更言曾子曰○夫孝置之而塞乎天地者置謂措置也言孝道措置於天地之間塞滿天地言上至天下至地謂感天地神明也○溥之而行乎四海者溥布也布此孝道而横被於四海言孝道廣遠也溥字而定本作傅傅溥古字溥著之名義俱通其義如此一也○施諸。世後世而無朝夕者諸於也謂施此孝道於後世而無一朝一夕而不行也也終長行之言長久○推而放諸東海而準至北海而準者推謂推排也○放至也也諸於也言推排孝道至於四海能以爲法準平而法象之無所不從也○詩云自西自東自南自北無思不服者詩大雅文王有聲之詩美武王也言武王之德能如此今孝道亦然四海之內悉以準法而行之與武王同故引以證之○曾子曰樹木以時伐焉者至此之謂禮終亦是曾子之言以語更端故更云曾子○思慈愛忘勞可謂用力矣者以庶人思父母慈愛忘躬耕之勞可謂用力矣○尊仁安義可用勞矣者諸侯卿大夫士尊重於仁安行於義心無勞倦是可謂用勞矣博施備物可謂不匱矣者匱乏也廣博施則德教加於百姓刑于四海是也備物謂四海之內各以其職來助祭如此即是大孝不匱也

○樂正子春下堂而傷其足數月不出猶有憂色門弟子曰夫子之足瘳矣數月不出猶有憂色何也樂正子春曰善如爾之問也善如爾之問也吾聞諸曾子曾子聞諸夫子曰天之所生地之所養無人爲大父母全而生之子全而歸之可謂孝矣不虧其體不辱其身可謂全矣曾子聞諸夫子述曾子所聞於孔子之言○數色主反下同瘳丑留反差也○故君子頃步而弗敢忘孝也今予忘孝之道予是以有憂色也頃當爲跬聲之誤也予我也○頃讀爲跬缺婢反又丘弭反一舉足爲跬再舉足爲步○壹舉足而不敢忘父母壹出言而不敢忘父母壹舉足而不敢忘父母是故道而不徑舟而不游不敢以先父母之遺體行殆壹出言而不敢忘父母是故惡言不出於口忿言不反於身不辱其身不羞其親可謂孝矣徑步邪趨疾也忿言不反於身人不能無忿怒忿怒之言當由其直直則人服不敢以忿言來也○徑古定反邪似嗟反趨七俱反

疏○樂正至孝矣○正義曰此一節論樂正子春傷其足而憂因明父母遺體不可損傷之事○無人爲大者言天地生養萬物之中無如人最爲大故孝經云天地之性人爲貴是也○不虧其體不辱其身可謂全矣者非直體全

又須善名得全若能不虧損形體得全不損辱其身是善名得全也○故君子頃步而弗敢忘孝也者頃跬也謂一舉足君子於一舉足之間不敢忘父母也言。忘之恐有。傷。損○是故道而不徑者謂於正道而行不。游邪徑正道平易於身無損傷邪徑險阻或於身有患○舟而不游者言渡水必依舟船不浮游水上乘舟則安浮水則危不敢以先父母之遺體行殆者以其不忘父母之遺體故不敢以先父母遺餘之體而行歷危患處○惡言不出於口者悖逆惡戾之言不出於口爲人所賤也○忿言不反於身者謂己之言必能正直人則服之故他人瞋忿之言不反於身定本反於身作及字○不辱其身不羞其親可謂孝矣者總結舉足出言二事身及親並不羞辱可謂孝。矣。也

○昔者有虞氏貴德而尚齒夏后氏貴爵而尚齒殷人貴富而尚齒周人貴親而尚齒貴謂燕賜有加於諸臣也可謂有事尊之於其黨也臣能世祿曰堯舜時多仁聖有德後德則在小官○

疏。昔。者。至。尚。齒○正義曰此前經明孝以下至不敢犯又兼明孝弟故下云孝弟發諸朝廷事兼孝弟也各隨文解之今此一經論四代悌順尚齒之義○有虞氏貴德而尚齒者虞氏帝德弘大故貴德德之中年高者在前是德中尚齒○夏后氏貴爵而尚齒者夏后之世漸澆薄不能貴德而尚功功高則爵高既貴其官爵德雖下而爵高者則貴之由道劣故也故貴爵之中年高者在前故云尚齒○殷人貴富而尚齒者殷人又劣於夏但身有功則與之重爵殷家累世有功世爵而富乃貴之故云貴富亦年高者在前故云尚齒○周人貴親而尚齒者周人又劣於殷敬愛彌狹殷人疏而富者猶貴之周人於己有親乃貴之就此之中亦年高者在前故云尚齒○注貴謂至小官○正義曰鄭恐經云貴者皆班序在上故。名之貴謂燕賜有加於諸臣凡四代朝位班序皆以官爵爲次悉皆重爵而夏后氏貴者但於爵高者加恩賜云尚謂有事尊之於其黨也者謂德爵富親各於其黨類之中而被尊也云舜時多仁聖有德後德則在小官者鄭解虞氏貴德之意以舜時仁聖者多人皆有德其德小先來者己居大官其德大後來者則在小官是小官而德尊者

故有虞氏貴之所以燕賜加於大官俗本後德多作小德者〇虞夏殷周天下之盛王也未有遺年者年之貴乎天下久矣次乎事親也言其先老也〇【疏】虞夏至事親也〇正義曰此一經覆述虞夏以來尚年之事虞夏殷周天下之盛王也未有遺年者言虞夏殷周雖是明盛之王也未有遺棄其年者悉皆尚齒更無他善以加之年之貴乎天下久矣者從虞夏以來貴年是久矣〇次乎事親也者言貴年之次第近於事親之孝除孝則次第也〇是故朝廷同爵則尚齒七十杖於朝君問則席八十不俟朝君問則就之而弟達乎朝廷矣同爵尚齒老者在上也君問則席爲之布席於堂上而與之言凡朝位立於庭魯哀公問於孔子命席不俟朝〇君揖之即退不待朝事畢也就其家也老而致仕君或不許異其禮而已〇於朝直遙反後皆同弟音悌下及下注同爲于偽反〇【疏】是。故。至。廷。矣〇正義曰此一經明朝廷之中行於弟也〇是故朝廷同爵則尚齒者此因前文尚年以是之故朝廷之中同爵則尚齒官爵同者則貴尚於齒四代皆然〇七十杖於朝君問則席者以其尚齒故七十者許同之據杖於朝若君有問則布席令坐也〇八十不俟朝君問則就之者年已八十不但杖於朝而已見君揖則退不待朝事畢也若君有事問之則就其室是遜弟敬老之道通達於朝廷矣〇注凡朝至而已〇正義曰知朝位立於庭者案燕禮大射君與卿大夫皆立卿大夫立於庭君立于阼階上是也云魯哀公問於孔子命席者儒行文云不俟朝君揖之即退者案燕禮大射卿大夫立于庭北面君降自阼階南鄉爾卿卿西面爾大夫大夫皆少進皆北面爾謂揖也於時老臣君揖則退不待朝事畢也則於路寢門外。曰視朝亦揖竟即退不待朝事畢也云老而致仕君或不許異其禮而已者案曲禮云大夫七十而致仕若不得謝是或不許也此經中所云是君不許者故七十杖於朝君問則席又八十不俟朝是異其禮若其致事君許則王制云七十不俟朝八十杖於朝是君許者與此異行肩而不併不錯則隨見老者則車徒辟班白者不以其任行乎道路矣錯鴈行也父黨隨行兄黨鴈行車徒辟乘車步行皆辟老人也班白者髮雜色也任所擔持也不以任少者代之○○併步頃反徐扶頂反辟音避注同行戶剛反下同擔都甘反少詩照反下同○○

居鄉以齒而老窮不遺強不犯弱衆不暴寡而弟達乎州巷矣老窮不遺以鄉人尊而長之雖貧且無子孫無。弃忘也一鄉者五州巷猶閭也○○遺如字一本作匱其媿反長丁丈反下文皆同○○

疏。行。肩。至。巷。矣○正義曰此一節明弟通達於道路○行肩而不併者謂老少並行言肩臂不得併行少者差退在後則朋友肩隨是也○不錯則隨者若兄黨爲鴈行之差錯是父黨則隨從而爲行○見老者則車徒辟者謂少者或乘車或徒步若逢見老者則辟之○班白者不以其任行乎道路者任謂擔持言班白不以所任之物行于道路少者必代之是弟通達於道路○注錯鴈至鴈行○正義曰錯參差假鴈行爲行父黨隨行○王制文○

古之道五十不爲甸徒頒禽隆諸長者而弟達乎獀狩矣四井爲邑四邑爲丘四丘爲甸甸六十四井也以爲軍田出役之法五十始衰不從力役之事也頒之言分也隆猶多也及田者分禽多其老者謂竭作未五十者春獵爲獀冬獵爲狩○甸田見反頒音班獀本亦作廋音蒐所求反狩音獸○

軍旅什伍。同爵則尚齒而弟達乎軍旅矣什伍士卒部曲也少儀曰軍尚左卒尚右○卒子忽反下同○

疏。古。之。至。旅。矣○正義曰此一節明弟道達於獀狩○古之道者謂作記之人在於周末於時力役煩重卻道周初之事故云古之道也○五十不爲甸徒者謂方八里之甸徒謂步卒軍法八里出長轂一乘步卒七十二人謂之甸者以供軍賦及田役之事五十者氣力始衰不爲此甸役徒卒頒禽隆諸長者謂四十九以下田畢頒禽之時多長者○注四井至爲狩○正義曰四井爲邑至六十四井也司馬法文云以爲軍田出役之法者謂一甸之中出長轂一乘甲士三人步卒七十二人供。君田役事故云以爲軍田出役之法云五十始衰不從力政之事也者王制文云謂竭作未五十者案小司徒云凡起徒役毋過家一人以其餘爲羨唯田與追胥竭作若田與追胥竭作之時此未五十者猶任田役故須禽之時多此長者云春獵爲搜冬獵爲狩爾雅釋天文經云搜狩夏苗秋獮可知也○注什伍至部也○正義曰五人爲伍二伍爲什士謂甲士卒謂步卒在軍旅之中時主帥部領團曲而聚故云部曲○

孝弟發諸朝廷行乎道路至乎州巷放乎搜狩脩乎軍旅衆以義死之而弗敢犯也死之死此孝弟之禮○放方往反○【疏】孝弟至犯也○正義曰此一節總論結上文○孝弟發諸朝廷者即上文而弟達乎朝廷是也在上諸文但云弟此兼云孝者以孝故能弟弟則孝之次也此經總結前諸文故云孝弟也○衆以義死之而弗敢犯也者言孝弟之道通於朝廷行於道路州巷搜狩軍旅無處不行孝弟以教衆庶也故衆以道理之義死於孝弟也言行孝弟雖死不捨不敢犯此孝弟而不行也

○祀乎明堂所以教諸侯之孝也食三老五更於大學所以教諸侯之弟也祀先賢於西學所以教諸侯之德也耕藉所以教諸侯之養也朝覲所以教諸侯之臣也五者天下之大教也祀乎明堂宗祀文王西學周小學也先賢有道德王所使教國子者○食音嗣下同更古衡反下同大學音泰下大學注大下皆同【疏】祀乎至教也○正義曰此一節廣明孝弟之道養三老五更及齒學之事○祀乎明堂所以教諸侯之孝也者於周言之祀文王也故樂記云祀文王於明堂是也○食三老五更於大學所以教諸侯之弟也者案孝經云雖天子必有父也注謂養老也父謂君老也此食三老而屬弟者以上文祀文王於明堂爲孝故以食三老五更爲弟文有所對也○祀先賢於西學所以教諸侯之德也者以先賢有德故祀之令諸侯尊敬有德故云教諸侯之德此西學鄭注云周小學則周之小學在西郊則王制云養庶老於虞庠虞庠在國之西郊是也

○注祀乎至子者○正義曰云祀乎明堂宗祀文王者鄭以樂記武王伐紂稱祀乎明堂而民知孝彼謂文王爾制如明堂武王伐紂後而祀之恐此祀乎明堂亦與彼同故云謂宗祀文王也實。於明堂之中知者以此經廣明周法故。五者天下之大教明不獨論武王是指周公制禮之後宗祀文王也云西學周之小學也者謂虞庠也以祀先賢明於虞庠小學故大司樂云凡有道者有德者使教焉死則以爲樂祖祭於瞽宗文王世子又云書在上庠以此知祭先賢所通之經各於所習之學若瞽宗則在國虞庠爲小學者則在西郊今祀先賢則於西郊也

食三老五更於大學天子袒而割牲執醬而饋執爵而酳冕而總干所以教諸侯之弟也是故鄉里有齒而老窮不遺強不犯弱衆不暴寡此由大學來者也割牲制俎實也冕而總干親在舞位以樂侑食也教諸侯之弟次事親○酳音胤○又事觀反○

天子設四學當入學而大子齒四學謂周四郊之虞庠也文王世子曰行一物而三善。皆得唯世子而已其齒於學之謂也○

疏食。三。至。子。齒○正義曰此一節明養三老五更之禮而竭其力下象其德○天子袒而割牲者謂牲入之時天子親割也○其執醬而饋者謂食之時親執醬而饋也○執爵而酳者謂食罷親執爵而酳之也○冕而總干者干盾也親在舞位持盾而舞也○是故鄉里有齒者以天子敬老鄉里化之故有齒也○老窮不遺者老而被養故在下年老及困窮者皆化上而養之故不見遺棄作記者以老弱被尊養人皆化上故強不犯弱衆不暴寡○此由大學來者也所致此養三老五更於大學故此化而來○天子設四學者謂設四代之學周學也殷學也夏學也虞學也○當入學而大子齒天子設四學以有虞庠爲小學設置於四郊是天子設四學據周言之當入學而大子齒者當入學之時而大子齒於國人故云而大子齒○注四學至庠也○正義曰皇氏云四郊虞庠以爲四郊皆有虞庠○

天子巡守諸侯待于竟天子先見百年者問其國君以百年者所在

而往見之○守手又反本亦作狩竟居領反○八十九十者東行西行者弗敢過西行東行者弗敢過欲言政者君就之可也弗敢過者謂道經之則見之○疏天子至可也○正義曰此一節亦明尚齒貴老之義○天子巡守者謂巡行守土諸侯○諸侯待于竟天子先見百年者謂天子問此諸侯之國內有百年之人天子則先往就見百年者八十九十者東行西行者弗敢過者既未滿百歲不可一一就見若天子諸侯因其行次或東行西行至八十九十者或閭里之旁不可敢過越而去必往就見之○欲言政者君就之可也者謂八十九十之人雖不當道路左右欲共言論政教君即往就之可也壹命齒于鄉里再命齒于族三命不齒族有七十者弗敢先此謂鄉射飲酒時也齒者謂以年次立若坐也三命列國之卿也不復齒席之於賓東不敢先族之七十者謂既一人舉觶乃入也雖非族亦然承齒乎族故言族爾○復扶又反下文注將復入同觶之豉反○七十者不有大故不入朝若有大故而入君必與之揖讓而后及爵者謂致仕在家者其入朝君先與之為禮而后揖鄉大夫士疏壹命至爵者○正義曰此一節明鄉里之中敬齒之法○一命齒于鄉里者此謂鄉射飲酒之時身有一命官者或立或坐齒與鄉人同○再命齒于族者謂身有再命之官其命既高鄉人疏者雖復年高不與之齒但族親之內計長幼為班序○三命不齒者謂身在三命官其命轉尊不復齒於親族謂特坐賓東○族有七十者弗敢先者謂若此飲酒之時族親之內有年七十者令其先入此三命者乃始後入故云不敢先也○注此謂至族爾○正義曰此經云齒于鄉里齒于族未知何時如此故明之云謂鄉射飲酒時鄉射謂鄉人詢衆庶而為射於時先行飲酒之禮是鄉射有飲酒者也又云飲酒者謂鄉人飲酒及黨正飲酒此注鄉射飲酒兼此三義也今案儀禮鄉飲酒及鄉射無一命齒于鄉里再命齒于族之文此一命再命之文在黨正故鄭注鄉飲酒云此篇無正齒位之事是也雖無正齒位之事無賓鄉

射鄉飲酒亦有正齒位之禮但文不備也故此云鄉射飲酒以總正齒位之事也云齒者謂以年次立若坐也者士立於堂下大夫坐於堂上知者鄉射云大夫受獻訖及衆賓皆升就席於時雖立至徹俎即坐鄉射記又云既旅士不入不見士坐之文明立于堂下云三命列國之卿也者據諸侯言之謂當飲酒之時若天子國黨正飲酒三命不齒謂上士也以天子上士三命故也此經雖特諸侯亦謂黨正飲酒故云三命不齒鄭注三命列國之卿若其鄉飲酒諸侯之國但爵位爲卿大夫雖再命一命皆得不齒以鄉飲酒賓賢能其賓必少其得爵爲卿大夫者必年長於賓故在賓東西面而不齒若黨正飲酒以正齒位其賓必長故天子諸侯之國三命乃不齒知鄉飲酒爵爲卿大夫乃不齒者案鄉飲酒云席于賓東公三重大夫再重注云席此二者於賓東尊之不與鄉人齒也天子之國三命者乃不齒於諸侯之國一爵爲大夫則不齒是大夫坐於上士立於下者謂諸侯之國若天子黨正飲酒一命下士立於下再命中士齒於父族坐於堂上三命上士席於賓東云不敢先族之七十者謂既一人舉觶乃入也者族七十者初飲酒之時則與賓衆先入此三命者。得爲待獻賓獻介獻衆賓之後至一人舉觶之時乃始入也故鄉飲酒鄉射記皆大夫樂作之前一人舉觶之後乃始得入也若然大夫之入依禮自當一人舉觶之時縱令無族人七十者亦當如此又族之七十者及鄉人少者於先已入今特云族有七十者不敢先爾是以鄭注云雖非族亦然但鄉人長老皆上之既入然後始入此有不敢先記人之意以身有三命應合在族人七十者之先欲明敬齒上老故云族有七十者熊氏云謂黨正飲酒故正齒位故有七十若鄉飲酒之禮則無七十者故鄉飲酒明日乃息司正告于先生君子是老者明日乃入也○

天子有善讓德於天諸侯有善歸諸天子卿大夫有善薦於諸侯士庶人有善本諸父母存諸長老祿爵慶賞成諸宗廟所以示順也薦進也成諸宗廟於宗廟命之祭統有十倫六曰見爵賞之施焉○見賢遍反施始豉反

【疏】天子至順也○正義曰此一節明有

善讓於尊上示以敬順之道不敢專也○昔者聖人建陰陽天地之情立以爲易易抱龜南面天子卷冕北面雖有明知之心必進斷其志焉示不敢專以尊天也善則稱人過則稱己教不伐以尊賢也立以爲易謂作易易抱龜易官名周禮曰大卜大卜主三兆三易三夢之占○卷古本反知音智斷丁亂反○

疏昔者至賢也○正義曰此一節亦明其不敢專輒尊賢之事也○立以爲易者聖人謂伏羲文王之屬興建陰陽天地之情仰觀天文俯察地理立此陰陽以作易即今時易也易抱龜南面天子卷冕北面者立爲占易之官抱龜南面尊其神明故南面天子親執卑道服袞冕北面○必進斷其志焉者言天子雖有顯明哲知之心必進於龜之前令龜斷決其己之所有爲之志示不敢自專以尊敬上天也○教不伐以尊賢也者有善稱人有過稱己教在下不自伐其善以尊敬賢人也○注周禮至之占○正義曰此稱官者於周禮稱大卜三兆者玉瓦原也鄭注云言兆形似玉瓦原之亹罅原田也杜子春云玉兆帝顓頊之兆瓦兆帝堯之兆原兆有周之兆三易者連山歸藏周易杜子春云連山宓戲歸藏黃帝鄭作易讚云夏曰連山殷曰歸藏周曰周易三夢一曰致夢二曰觭夢三曰咸陟○

孝子將祭祀必有齊莊之心以慮事以具服物以脩宮室以治百事謂齊之前後也及祭之日顏色必溫行必恐如懼不及愛然如懼不及見其所愛者○恐曲勇反其奠之也容貌必溫身必詘如語焉而未之然奠之謂酌尊酒奠之及酳之屬如語焉而未之然如有所以語親而未見荅○以語魚預反○宿者皆出其立卑靜以正如將弗見然宿者皆出謂賓助祭者事畢出去也如將弗見然祭事畢而不知親所在思念之深如不見出也○及祭之後陶陶遂遂如將復入然思念既深如覩親將復入也陶陶遂遂相隨行之貌

○陶音遙遂本又作燧音遂○是故慤善不違身耳目不違心思慮不違親結諸心形諸色而術省之孝子之志也術當爲述聲之誤也○○思息嗣反術義作述○○疏孝子至志也○正義曰此一節明孝子將祭祀之時顏色容貌務在齊莊卑詘思念其親存也以慮事者言孝子先齊莊其心以謀慮祭事○以具服物者以備具衣服及祭物○以治百事者謂齊前後凡治百衆之事行必恐如懼不及愛然者言孝子色必溫○溫和行必戰恐其形貌如似畏懼不及見親之所愛然。止。由。如。是。言。心貌必溫○身必詘者言孝子設奠及酳之時容貌溫和身形必卑詘○如語焉而未之然者如以語諮白於親而未之見報荅者○宿者皆出者謂助祭所宿之賓今祭事已畢並皆出去孝子其立卑柔靜默然後以正定心意以思念其親如似將不復見顏色出然○及祭之後陶陶遂遂如將復入然者孝子思念親深及至祭後想像親來形貌陶陶遂遂如似親將復反更入然○是故慤善不違身者以孝子思念親深爲是之故精慤純善之故行不違離於身言恆慤善也○耳目不違心者言忠心思慮不違於親無時歇也○結諸心者言思念深結積於心○形諸色思念其親形見於色○而術省之者術。述省視也言思念其親但偏循述而省視之反覆不忘也此。乃孝子思念。親之志也○

建國之神位右社稷而左宗廟周尚左也疏建。國。至。宗。廟○正義曰此一節明神位所在周人尚左故宗廟在左社稷在右案桓二年取郜大鼎納於大廟。何休云質家右宗廟尚親親文家右社稷上尊尊此說與鄭合故鄭云周尚左也○

附釋音禮記注疏卷第四十八

禮記注疏卷四十八校勘記　阮元撰盧宣旬摘錄

祭義

君子反節

君子至盡也　惠棟校宋本無此五字

是故昔者天子節

爲藉千畝　惠棟校宋本同石經同岳本同嘉靖本同衞氏集說同閩監毛本藉誤籍釋文出爲藉下爲藉同注疏放此

是故至至也　惠棟校宋本無此五字

古者天子諸侯必有養獸之官節

古者至至也　惠棟校宋本無此五字

必於是養獸之官　閩監毛本同惠棟校宋本無於字衞氏集說同

古者天子諸侯必有公桑蠶室節

棘牆而外閉之　惠棟校宋本作墻石經岳本嘉靖本衞氏集說同此本牆誤牆閩監毛本同今正

使入蠶于蠶室　各本同石經同釋文出使蠶無入字

及早涼脆採之閩本同嘉靖本同岳本脆作脃釋文同監毛本脆誤脃惠棟校宋本脆字同採作采衛氏集說同早字各本同釋文出蚤云本亦作早

夫人繅三盆手各本同石經同釋文出夫人繅云下同說文作繅

服既成各本同監本成誤戌

三淹也各本同釋文出三掩云本亦作淹按詩瞻卬疏引作𦃃

古者至至也惠棟校宋本無此五字

傳曰雖有三尺閩監毛本同惠棟校宋本曰作云

君子曰禮樂不可斯須去身節

倦而進之閩監毛本同惠棟校宋本而作則宋監本岳本嘉靖本衛氏集說同考文引古本足利本同下溢則使反同

君子至一也惠棟校宋本無此五字

曾子曰孝有三節

亨孰羶薌閩監本如此石經同岳本同嘉靖本同衛氏集說同毛本孰作熟釋文出亨孰按各本疏並作熟

嘉而弗忘閩本惠棟校宋本宋監本石經岳本嘉靖本同衛氏集說同監毛本嘉作喜陳澔集說同石經考文提要云宋大字本余仁仲本劉叔剛

本並作嘉

曾子至禮終　惠棟校宋本無此五字

謂用天分地以養父母也　考文引宋板同衞氏集說同閩監毛本用作因

而教於下名之曰孝孝　惠棟校宋本不重孝字衞氏集說同此本複衍孝字閩監本同毛本作名之曰教孝亦誤

言不能備孝之德　閩本同惠棟校宋本同監毛本備作稱衞氏集說亦作備

養賢可能也　補案賢字誤衍

可用勞矣者　補案可下誤脫謂字

施諸世後世　補案上世字誤衍

廣博施則德教加于百姓　惠棟校宋本博下有於字閩監毛本並脫

此卽是大孝不匱也　閩監毛本如此惠棟校宋本無卽字

樂正子春節

樂正至孝矣　惠棟校宋本無此五字

言念之恐有傷損　考文引宋板念字同閩監毛本念誤忘惠棟校宋本傷損作損傷

而行不游邪徑惠棟校宋本同閩監毛本游作由衛氏集說同

可謂孝矣也惠棟校宋本同閩監毛本矣也二字倒衛氏集說無也字

昔者有虞氏節

昔者至尙齒惠棟校宋本無此五字

皆班序在上故名之閩監毛本同惠棟校宋本名作明

是故朝廷節

是故至廷矣惠棟校宋本無此五字

則於路寢門外曰視朝閩監毛本同考文云宋板曰作日

行肩而不併節

無弃忘也岳本嘉靖本衛氏集說同閩監毛本弃作棄

行肩至巷矣惠棟校宋本無此五字

古之道節

軍旅什伍閩監本同石經同岳本同嘉靖本同衛氏集說同毛本伍誤五

古之至旅矣惠棟校宋本無此五字

供君田役事閩監本同毛本君作軍衞氏集說無君字

不從力政之事也者閩本同惠棟校宋本同監毛本政作役按王制作政

此末五十者猶任田役閩監毛本同考文云宋板任作在衞氏集說同

孝弟發諸朝廷節

脩乎軍旅各本同石經同考文云古本脩作循按家語亦作循

孝弟至犯也惠棟校宋本無此五字

此一節總論結上文閩監毛本同惠棟校宋本節作經衞氏集說同

祀乎明堂節惠棟校云祀乎節食三老節宋本合爲一節

所以教諸侯之孝也各本同毛本教誤敬

祀乎至教也惠棟校宋本無此五字

實於明堂之中閩監毛本同惠棟校宋本於作在

故五者天下之大教閩監毛本同惠棟校宋本故下有云字

食三老五更於大學節

天子袒而割牲各本並作而此本而誤則今訂正

行一物而三善皆得閩監毛本同岳本同嘉靖本同衞氏集說同考文云宋板無皆字

食三至子齒惠棟校宋本無此五字

以天子敬老鄉里化之閩監毛本同衞氏集說同考文云宋板子作下

壹命齒于鄉里節

一命至爵者惠棟校宋本無此五字

此一節明鄉里之中閩監毛本同衞氏集說同惠棟校宋本節作經

一命齒于鄉里者閩監毛本同惠棟校宋本一作壹下無一命齒于鄉里同

此三命者得爲待獻閩監毛本同惠棟校宋本無得字衞氏集說同

孝子將祭祀節

及酳之屬閩監毛本同惠棟校宋本下有也字宋監本岳本嘉靖本衞氏集說同

如將復入然閩監本同石經同岳本同嘉靖本同衞氏集說同考文引宋板同毛本復誤弗

孝子至志也　惠棟校宋本無此五字

然止由如是言心貌必温　閩監毛本同山井鼎云宋板言下賸字心貌必温屬下句讀盧文弨校云止由如是言心疑當作其奠之也容

術述省視也　閩監毛本同惠棟校宋本述下有也字衛氏集說同

此乃孝子思念親之志也　閩監本同惠棟校宋本無乃字衛氏集說同毛本親誤其

建國之神位節

建國至宗廟　惠棟校宋本無此五字

何休云　閩監本同毛本何誤在

附釋音禮記注疏卷第四十八　惠棟校宋本禮記正義卷第五十六終記云凡二十九頁

禮記注疏卷四十八校勘記

禮記　鄭氏注　孔穎達疏

祭統第二十五○陸曰鄭云統猶本也以其記祭祀之本故名祭統【疏】正義曰案鄭目錄云名曰祭統者以其記祭祀之本也統猶本也此於別錄屬祭祀

凡治人之道莫急於禮禮有五經莫重於祭禮有五經謂吉禮凶禮賓禮軍禮嘉禮也莫重於祭謂以吉禮爲首也大宗伯職曰以吉禮事邦國之鬼神祇○五經吉凶軍賓嘉之五禮祇祈之反夫祭者非物自外至者也自中出生於心也心怵而奉之以禮是故唯賢者能盡祭之義怵感念親之貌也怵或爲述○怵敕律反【疏】凡治至之義○正義曰此一節總明祭事但祭禮既廣其事又多記者所說各有部分今各隨文解之此一節明祭祀於禮中最重唯賢者能盡祭義凡祭爲禮之本禮爲人之本將明禮本故先說治人言治人之道於禮最急○禮有五經者經者常也言吉凶賓軍嘉禮所常行故云禮有五經五經之中於祭更急上說人之以禮爲急此說禮爲急者案大宗伯吉禮之別十有二凶禮之別五賓禮之別八軍禮之別五嘉禮之別六五禮之別總三十有六○夫祭者非物自外至者也自中出生於心也者自猶從也言孝子祭親非假他物從外至于身使己爲之但從孝子身中出生於孝子之心也○心怵而奉之以禮者言孝子感時心中怵惕而奉親以祭祀之禮○是故唯賢者能盡祭之義者言非賢者不能怵惕怵惕之義唯必賢人故能盡恭敬祭○賢者之祭也必受其福非世所謂福也福者備也備者百順之名也無所不順者謂之備言內

盡於己而外順於道也忠臣以事其君孝子以事其親其本一也世所謂福者謂受鬼神之祐助也賢者之所謂福者謂受大順之顯名也其本一者言忠孝俱由順出也○祐音又上則順於鬼神外則順於君長內則以孝於親如此之謂備唯賢者能備能備然後能祭是故賢者之祭也致其誠信與其忠敬奉之以物道之以禮安之以樂參之以時明薦之而已矣不求其為此孝子之心也明猶絜也為謂福祐為己之報○長丁丈反下所長同道音導其為于偽反注為謂同一音如字祭者所以追養繼孝也孝者畜也順於道不逆於倫是之謂畜畜謂順於德教○養羊尚反下同畜許六反下同

疏賢者至謂畜○正義曰此一節明祭祀受福是百順之理○非世所謂福也者言世人謂福為壽考吉祥祐助於身若賢者受福身外萬事皆順於道理故云非世所謂福也福者備也備者百順之名也無所不順者之謂備此是賢者之福謂內盡其心外極其禮內外俱順於祭具也○言內盡於己而外順於道也者釋百順之義也謂心既內盡貌又外順此之行善無違於道理也○其本一也者言忠臣事君孝子事親其本皆從順而來故云其本一也○上則順於鬼神者廣大順也體尊故云上也○外則順於君長者謂朝廷也出事公卿故云外也○不求其為者言孝子但內盡孝敬以奉祭祀不求其鬼神福祥為己之報案少牢嘏辭云皇尸命工祝承致多福無疆于女孝孫使女受祿于天宜稼于田則是祭祀有求所云不求者謂孝子之心無所求也但神自致福故有受祿于天之言若水旱災荒禱祭百神則有求也故大祝有六祈之義大司徒有荒政索鬼神之禮○追養繼孝也者養者是生時養親孝者生時事親親今既沒設禮祭之追生時之養繼生時之孝○孝者畜也者畜謂畜養謂孝子順于德教不逆於倫理可以畜養其親故釋孝謂畜此據援神契庶人

之孝曰畜五孝不同庶人但取畜養而已不能百事皆順援神契又云天子之孝曰就諸侯曰度大夫曰譽士曰究庶人曰畜分之則五總之曰畜皆是畜養但功有小大耳

是故孝子之事親也有三道焉生則養沒則喪喪畢則祭養則觀其順也喪則觀其哀也祭則觀其敬而時也盡此三道者孝子之行也沒終也○盡徐子忍反○下同行下孟反○

疏是故至行也○正義曰此一節明孝子事親有三種之道

既內自盡又外求助昏禮是也故國君取夫人之辭曰請君之玉女與寡人共有敝邑事宗廟社稷此求助之本也言玉女者美言之也君子於玉比德焉○取七住切

夫祭也者必夫婦親之所以備外內之官也官備則具備具謂所供衆物○共音恭下文以共皆同

水草之菹陸產之醢小物備矣三牲之俎八簋之實美物備矣昆蟲之異草木之實陰陽之物備矣水草之菹芹茆之屬陸產之醢蚳蝝之屬天子之祭八簋昆蟲謂溫生寒死之蟲也內則可食之物有蜩范草木之實菱芡榛栗之屬○芹其斤反茆音卯蚳大之反蝝悅專反蜩音條菱本亦作蔆又音陵芡音儉榛側巾反○

疏既內至備矣○正義曰此一節以上文孝子事親先能自盡又外求伉儷供粢盛之事○注水草至之屬○正義曰云水草之菹芹茆之屬者案醢人云加豆之實芹菹兔醢朝事之豆茆菹麋臡是芹茆也又有朝事之豆昌本麋臡加豆之實有深蒲醓醢箈菹鴈醢筍菹魚醢其昌本深蒲箈筍是水草故云之屬云陸產之醢蚳蝝之屬者案醢人饋食之豆蜃蚳蝝即蚳之類醢人加豆之實有兔醢又有醓醢皆是陸產故云之屬云天子之祭八簋者明堂位云周之八簋又特牲士兩敦少牢四敦則諸侯六故天子八云內則可食之物有蜩范者蜩蟬也范蜂也昆蟲之屬云草木之實菱芡榛栗之屬者按籩人加籩之實

有蔆芡饋食之籩有棗栗榛實是草木故云之屬

凡天之所生地之所長苟可薦者莫不咸在示盡物也外則盡物內則盡志此祭之心也咸皆也○

是故天子親耕於南郊以共齊盛王后蠶於北郊以共純服諸侯耕於東郊亦以共齊盛夫人蠶於北郊以共冕服天子諸侯非莫耕也王后夫人非莫蠶也身致其誠信誠信之謂盡盡之謂敬敬盡然後可以事神明此祭之道也純服亦冕服也互言之爾純以見繒色冕以著祭服東郊少陽諸侯象也夫人不蠶於西郊婦人禮少變也齊或爲粢○齊盛本亦作齍與粢同音咨下及注同純側其反注及下純冕同見賢遍反少詩召反

疏○凡天至道也○正義曰此一經總結上文既內自盡外又求助祭之事○苟可薦者悉在祭用故云示盡物也則上陰陽之物備矣○外則盡物內則盡志此祭之心也者此是孝子祭親之心○是故天子親耕於南郊以共齊盛王后蠶於北郊以共純服者此覆結上文也必夫婦親之及盡物盡志之事祭須盡物志故人君夫人各竭力從事於耕蠶也鄭云王藉田在遠郊故甸師氏掌之內宰云中春詔后帥內外命婦始蠶于北郊注云婦人以純陰爲尊故也純服者亦冕服也純以見繒色冕以著祭服○諸侯耕於東郊亦以共齊盛者天子太陽故南也諸侯少陽故東也然藉田並在東南故王言南諸侯言東○夫人蠶於北郊以共冕服者后太陰故北夫人少陰故合西郊然亦北者婦人質少變故與后同也○天子諸侯非莫耕也王后夫人非莫蠶也者莫無也王侯豈貧無穀帛而夫婦自耕蠶乎其有以也○身致其誠信誠信之謂盡盡是所有以其欲致誠信故身自親之○盡之謂敬敬盡然後可以事神明者祭盡敬則乃是盡也此祭之道結上文也○注純服至繒色○正義曰純服亦冕服也者天子云純諸侯言冕冕祭服故知純亦是祭服天子言衣色諸侯亦有衣色是其互也鄭氏之意凡言純者其

義有二一。絲旁才是古之緇字二是。絲旁屯是純字但書文相亂雖是緇字並皆作純鄭氏所注於絲理可知於色不明者即讀爲緇即論語云今也純儉及此純服皆讀爲黑色若衣色見絲文不明者讀純以爲絲也○及時將祭君子乃齊齊之爲言齊也齊不齊以致齊者也是以君子非有大事也非有恭敬也則不齊不齊則於物無防也嗜。欲無止也及其將齊也防其邪物訖其嗜。欲耳不聽樂故記曰齊者不樂言不敢散其志也心不苟慮必依於道手足不苟動必依於禮訖猶止也○乃齊側皆反本又作齊下不出者同言齊也齊不齊並如字下以齊之同耆市志反邪似嗟反訖居乙反○是故君子之齊也專致其精明之德也故散齊七日以定之致齊三日以齊之定之之謂齊齊者精明之至也然後可以交於神明也定者定其志意是故先期旬有一日宮宰宿夫人夫人亦散齊七日致齊三日宮宰守宮官也宿讀爲肅肅猶戒也戒輕肅重也○先悉薦反又如字○君致齊於外夫人致齊於內然後會於大廟君純冕立於阼夫人副褘立於東房君執圭瓚祼尸大宗執璋瓚亞祼及迎牲君執紖卿大夫從士執芻宗婦執盎從夫人薦涗水君執鸞刀羞嚌。夫人薦豆此之謂夫婦親之大廟始祖廟也圭瓚璋瓚祼器也以圭璋爲柄酌鬱鬯曰祼大宗亞祼容夫人有故攝焉紖所以牽牲也周禮作絼芻謂。藁也殺牲時用薦之周禮封人祭祀飾牲共其水藁涗盎齊也盎齊涗酌也凡尊有明水因兼云水爾嚌嚌肺祭肺之屬也君以鸞刀割制之天子諸侯之祭禮先有祼尸之事乃後迎牲芻或爲犓〇大廟音泰下大廟皆同禕音輝瓚才旦反祼古亂反紖直忍反注同徐以忍反從才用反下皆
同芻初俱反盎烏浪反注同從夫人絶句一讀以從字絶句說舒銳反徐音歲羞齊本亦作嚌才細反注同柄兵命反紖直忍反槀苦老反下同共音恭盎齊
才細反下盎齊同【疏】及。時。至。親。之〇正義曰此一節明將祭齊戒之義幷明君與夫人皆致齊會於大廟夫婦交親行祭之義〇齊及時將祭君子乃齊者
謂四時應祭之前。未旬時也方將接神先宜齊整身心故齊也〇齊不齊以致齊者也言齊者齊也所以正此不齊之事〇謂未齊之時心慮散蕩心所嗜欲
有不齊正及其齊也正此不齊之事以致極齊戒之道〇君致齊於外夫人致齊於內者外謂君之路寢內謂夫人正寢是致齊並皆於正寢其實散齊亦然
但此文對會於大廟故云君致齊於外夫人致齊於內耳〇然後會於大廟者祭日君與夫人俱。至大廟之中廟卽始祖廟也〇君純冕立於阼者純亦緇也
上文已解故鄭於此略而不論冕皆上玄下纁其服並然故通云緇冕若非二王之後及周公廟卽悉用玄冕而祭〇夫人副禕立於東房者副及禕后之上
服魯及二王之後夫人得服之侯伯夫人揄狄子男夫人。狄而並立東房以侯行事尸既入之後轉就西房故禮器云夫人在房雖不云東西房下云夫人東
酌罍尊則知夫人在房謂西房也〇大宗執璋瓚亞祼者大宗主宗廟禮者以亞祼之禮夫人親爲之此不云夫人而云大宗者記者廣言容夫人有故故大
宗伯代夫人行禮執璋瓚亞祼之禮〇圭瓚璋瓚並是祼器也以圭璋爲柄酌鬱鬯曰祼也〇君執紖者紖牛鼻繩君自執之入繫於碑〇卿大夫從璋者謂卿
大夫從驅之及殺與解告也皆從於君〇士執芻者芻謂藁也以其殺牲用芻藁藉之〇宗婦執盎從者謂同宗之婦執盎以從夫人〇夫人薦說水者說卽
盎齊由其濁用淸酒以說。泲之說水是明水宗婦執盎齊從夫人而來奠盎齊於位夫人乃就盎齊之尊酌此說齊而薦之者因盎齊有明水連言水耳上云
夫人副禕此則上公之祭宜有醴齊盎齊但言盎者略言之亦容侯伯子男之祭但有盎齊無醴齊也故執盎從〇君執鸞刀羞嚌者嚌肝肺也嚌有二時一

是朝踐之時取肝以膋貫之入室燎於爐炭出薦之主前二。者謂饋熟之時君以鸞刀割制所羞嚌肺橫切之使不絕亦奠於俎上尸並嚌之故云羞嚌一云羞進也謂君用鸞刀制此嚌肉以進之故云鸞刀羞嚌○夫人薦豆者於君羞嚌之時夫人薦此饋食之豆此之謂夫婦親之者君親執緌及鸞刀羞嚌是夫親之也夫人薦涗水及羞豆是婦親之也故云夫婦親之○注大宗至迎牲○正義曰大宗亞祼容夫人有故攝焉者解大宗所以亞祼之義案此下云夫人薦涗水及薦豆則是夫人親行而云夫人有故者記者亂陳言大宗亞祼容夫人有故之時下云夫人薦盎薦豆顯夫人親行其事各有所明不可一揆云盎齊涗酌也者周禮司尊彝文案彼注云盎齊羞清和以清酒。涕之謂之涗酌鄭引此者解經夫人薦涗是盎齊也云凡尊有明水因兼云水爾者以經夫人薦涗祇是薦盎不薦明水今經薦涗之下別更言水此謂明水也以盎齊加明水故記者因盎而連言明水爾知盎齊加明水者郊特牲云祭齊加明水是也云嚌嚌肺祭肺之屬也者案少牢特牲薦熟之時俎有祭肺及舉肺切之舉肺離而不提心二肺皆嚌之故云嚌肺祭肺之屬云天子諸侯之祭禮先有祼尸之事乃後迎牲者以特牲少牢無此禮今此經祼後有迎牲之文是天子諸侯之事故鄭明之也

及入舞君執干戚就舞位君爲東上冕而總干率其羣臣以樂皇尸是故天子之祭也與天下樂之諸侯之祭也與竟內樂之冕而總干率其羣臣以樂皇尸此與竟內樂之之義也

君爲東上近主位也皇君也言君尸者尊之○以樂音洛下同竟音境篇內皆同近附近之近

【疏】及入至義也○正義曰此一經明祭時天子諸侯親在舞位以樂皇尸也

夫祭有三重焉獻之屬莫重於祼聲莫重於升歌舞莫重於武宿夜此周道也

武宿夜武曲名也周道猶周之禮○獻之屬莫重於祼一本無之屬二字

凡三道者所以假於外而以增君子之志

也故與志進退志輕則亦輕志重則亦重輕其志而求外之重也雖聖人弗能
得也是故君子之祭也必身自盡也所以明重也道之以禮以奉三重而薦諸
皇尸此聖人之道也【疏】夫祭至之道也○正義曰此一節幷明祭祀之禮有三種可重之事○舞莫重於武宿夜者武宿夜是武曲之
名是衆舞之中無能重於武宿夜之舞皇氏云師說書傳云武王伐紂至於商郊停止宿夜士卒皆歡樂歌舞以待旦因名焉武宿夜其樂亡也熊氏云此即
大武之樂也○凡三道者所以假於外而以增君子之志也者言三種所重之道皆假借外物而以增益君子內志祼則假於鬱鬯歌則假於聲音舞則假於
干戚皆是假於外物○故與志進退者此外物增成君子內志故與志同進同退若內心志輕略則此等亦輕略內志殷重此等亦殷重夫祭有餕
餕者祭之末也不可不知也是故古之人有言曰善終者如始餕其是已是故
古之君子曰尸亦餕鬼神之餘也惠術也可以觀政矣術猶法也爲政尙施惠盡美能知能惠詩云維
此惠君民人所贍○道之音導餕音俊施惠始鼓反下文注並同能知音智是故尸謖君與卿四人餕君起大夫六
人餕臣餕君之餘也大夫起士八人餕賤餕貴之餘也士起各執其具以出陳
于堂下百官進徹之下餕上之餘也進當爲餕聲之誤也百官謂有事於君祭者也既餕乃徹之而去所謂自卑至賤進
徹或俱爲餕○謖所六反起也百官進依注作餕卑如字隱義音必利反凡餕之道每變以衆所以別貴賤之等而
興施惠之象也是故以四簋黍見其脩於廟中也廟中者竟內之象也鬼神之惠徧廟

中如國君之惠徧竟內也○別彼列反下同見賢遍反下同脩於一本脩作徧偏音遍下同祭者澤之大者也是故上有大澤則惠必及下顧上先下後耳非上積重而下有凍餒之民也是故上有大澤則民夫人待于下流知惠之必將至也由餕見之矣故曰可以觀政矣鬼神有祭不獨饗之使人餕之恩澤之大者也國君有蓄積不獨食之亦以施惠於竟內也○重直龍反下同餒乃罪反夫音扶見如字舊賢遍反畜勑六反

【疏】「夫祭」至「政矣」○正義曰此一節明祭末餕餘之禮自求多物恩澤廣被之事○是故古之人有言曰善終者如始餕其是已者引古人之言證餕爲矣也夫靡不有初鮮克有終而祭之有餕即是克有終而禮猶盛故云善終者如始餕其是已語辯也○是故古之君子曰尸亦餕鬼神之餘也者又引古言證餕義也言亦者亦人餕尸之餘乃是人食尸餘而云尸亦餕鬼神餘者若王侯初薦毛血燔燎是薦於鬼神至薦熟時尸乃食之是尸餕鬼神之餘若大夫士陰厭亦是先薦鬼神而後尸乃食亦尸餕鬼神餘故并云尸亦餕鬼神之餘也○惠術也可以觀政矣者術猶法也尸餕鬼神之餘是施恩惠之術法言爲政之道貴在於惠可以觀省人君之政教能施恩惠者即其政善不能施恩惠者則其政惡故云可以觀政矣○臣餕君之餘也者以君於廟中事尸如君則君爲臣禮君食尸餘是臣食君餘與大夫食君餘相似故云臣餕君之餘也○諸侯之國有五大夫此云六者兼有采地助祭也以下漸徧及下示溥恩惠也○士起各執其具以出陳于堂下者士廟中餕訖而起所司各執其饌具以出廟戶陳于堂下百官進徹之者進當爲餕謂有祭事之百官餕訖各徹其器而乃去之○凡餕之道每變以衆所以別貴賤之等者初君四人次大夫六人次士八人是變以衆加之以兩是別貴賤之等○而興施惠之象也者興起也其餕之禮初餕貴而少後餕賤而多皆先上而後下施惠之道亦當然皆先貴後賤故云施惠之象○是故以四簋黍見其脩於廟中也者謂餕之時君與三卿以四簋之黍脩整普

徧也所以用四簋多黍而餕者欲見其恩惠脩整徧於廟中諸侯之祭有六簋今云以四簋者以二簋留爲陽厭之祭故以四簋而餕簋有黍稷特云黍者見其美舉黍稷可知也○廟中者竟內之象也者以四簋而徧廟中如君之恩惠徧於竟內也○顧上先下後耳者言上有大澤惠必及下無不周徧但瞻顧之時尊上者在先卑下者處後耳一云顧故也謂君上先餕臣下後餕示恩則從上起也非上有積重而下有凍餒之民也者言非是在上有財物積重而不以施惠而使在下有凍餒之民言有積重必施散在下不使凍餒○由餕見之矣者言民所以知上有財物恩惠及於下者祇祭祀之餕見其恩逮於下之理故曰可以觀政矣者餕若以禮則能施惠其善政也餕若不以禮則不能施惠其政惡也故云可以觀政矣○

夫祭之爲物大矣其與物備矣順以備者也其教之本與爲物猶爲禮也與物謂薦百品○與音餘下是與同是故君子之教也外則教之以尊其君長內則教之以孝於其親是故明君在上則諸臣服從崇事宗廟社稷則子孫順孝盡其道端其義而教生焉崇猶尊也○長丁丈反下長幼皆同是故君子之事君也必身行之所不安於上則不以使下所惡於下則不以事上非諸人行諸己非教之道也必身行之言恕己乃行之○惡烏路反○是故君子之教也必由其本順之至也祭其是與故曰祭者教之本也已教由孝順生也

疏○夫祭至也已○正義曰此一節明祭祀禮備具內外俱兼脩之於己然後及物是爲政之本夫祭之爲物大矣者物謂事物物大言祭之爲物盛大矣以所行皆依禮故爲大○其與物備矣者謂庶羞之屬言與造庶羞百品皆是故與物備矣○順以備者也其教之本與者祭必依禮是順也百品皆足是備也若能上下和順物皆備具是爲教之本言聖人設教惟以順以

備故云其教之本與○是故君子至其親者祭既順備可爲教故人君因爲教焉外教謂郊天內教謂孝於親祭宗廟○是故明君至順孝者由君外教尊君長故諸臣服從內教孝則親故子孫順孝盡其道端其義而教生焉者謂人君身自行之盡其事上之道又端正君臣上下之義則政教由此生焉○所不安於上則不以使下者謂在上所爲之事施之於己己所不安則不得施於下所惡於下則不以事上者在下有不善之事施於己己所憎惡則不得以此事於上上亦憎惡也○非諸人行諸己非教之道也者結上二事諸於也謂他人行此惡事加於己己以爲非是非於人己乃行此惡事而施人是行於己也若如此非政教之道言爲政教必由於己乃能及物故下云必由其本順之至也

○夫祭有十倫焉見事鬼神之道焉見君臣之義焉見父子之倫焉見貴賤之等焉見親疏之殺焉見爵賞之施焉見夫婦之別焉見政事之均焉見長幼之序焉見上下之際焉此之謂十倫倫猶義也○見事賢遍反下皆同殺色界反徐所例反下同○

疏○夫祭至十倫○正義曰此一節廣明祭有十種倫禮今各隨文解之從此至此之謂十倫一經總明十倫之目從上豁云祭其事隱此廣陳祭含十義以顯教之本十倫義也

鋪筵設同几爲依神也詔祝於室而出于祊此交神明之道也同之言詷也祭者以其妃配亦不特几也詔祝告事於尸也出於祊謂索祭也○鋪普胡反又芳夫反筵羊然反爲于僞反下注爲其皆同祊伯更反詷徒貢反索所伯反○

疏○鋪○筵○至○道○也○正義曰此一節明第一倫交鬼神之道○鋪筵設同几者設之曰筵坐之曰席同之言詷詷共也言人生時形體異故夫婦別几死則魂氣同歸于此故夫婦共几鋪席設几使神依之設此夫婦所共之几席亦共之必云同几者筵席既長几則短小恐其各設故特云同几○詔祝於室者詔告也祝祝也謂祝官以言詔告祝請其尸於室求之○而出于祊者謂明日繹祭而出廟門旁廣求神於門

外之祊○此交神明之道也者神明難測不可一處求之或門旁不敢定是與神明交接之道鬼神通故云道○注同之至祭也○正義曰同之言詞也者若單作同字是齊同之同非詞共之詞所以物有異類而同時也則同死同生同出同入之類不。齊其物異也若詞共之詞則言旁作同故古文字林皆訓詞爲共是漢魏之時字義如此是以讀同爲詞今則總爲一字云祭者以爲妃配者儀禮少牢文謂祭夫祝辭云以某妃配云亦不特几也者謂不但不特設辭亦不特設其几謂祝辭與几皆同於夫不特設也故鄭注司几筵云祭於廟同几精氣合也云詔祝告事於尸也者謂灌鬯饋熟饎尸之等祝官以祝辭告事於尸其事廣也以總論事神故廣言之知非朝踐之時血毛詔於室者以朝踐尸主皆在戶外甕時之事非終始事神之道故知非也云出於祊謂索祭也者案郊特牲索祭祀于祊故云謂索祭也

君迎牲而不迎尸別嫌也尸在廟門外則疑於臣在廟中則全於君君在廟門外則疑於君入廟門則全於臣全於子是故不出者明君臣之義也

不迎尸者欲全其尊也尸神象也鬼神之尊在廟中人君之尊出廟門則伸○伸音申○

【疏】君。迎。至。義。也○正義曰此經明第二倫君臣之義也○君迎牲不迎尸○別嫌也者尸體既尊君宜自卑若出迎尸尸道未伸則嫌君猶欲自尊之義也○尸在廟門外則疑於臣者則解別嫌事也尸本是臣而爲尸時則尊在廟。中君若未入廟其尊未伸君若出迎則疑尸有還爲臣之道故云疑於臣也○在廟中則全於君者尸若入廟則君父道全也唯云全君不云全父者此本是明君臣故略於全父也下既云臣子故知此爲君父也且廟中行禮尸皆答拜然父無答子之禮君有答臣之法故據君言之耳○君在廟門外則疑於君者釋君疑也君道之全全在廟門外若出門外則君道還尊與平常不異故不出門也○入廟門則全於臣全於子者君若入廟則臣子道全無所疑也是故不出者明君臣之義也者結第二倫也君至尊而受屈廟中以臣子自處不敢出廟門恐尸尊不極欲示天下咸知君臣之義也君臣由義

而合故云義也夫祭之道孫爲王父尸所使爲尸者於祭者子行也父北面而事之所以明子事父之道也此父子之倫也子行猶子列也祭祖則用孫列皆取於同姓之適孫也天子諸侯之祭朝事延尸於戶外是以有北面事尸之禮○行戶剛反注同徐胡孟反適丁歷反【疏】夫祭。至。倫。也○正義曰此第三倫明父子之理○孫爲王父尸者謂王父之孫行與王父作尸○所使爲尸者於祭者子行也者謂孝子所使令爲尸者於祭者孝子身爲子之行秩也○父北面而事之者父則祭者之身北面而事子行之尸也○所以明子事父之道也此父子之倫也者主人爲欲孝敬己父不許己尊而北面事子行則凡爲子者豈得不自尊事其父乎是見子事父之道也○注皆取至尊之禮○正義曰天子諸侯之祭朝事延尸於戶外者以少牢特牲尸皆在室之奧主人西面事之無北面事尸之禮故知是天子諸侯也知當朝事者以郊特牲詔祝於室坐尸於堂詔祝於室當朝事之節故知坐尸於堂當朝事也尸飲五君洗玉爵獻卿尸飲七以瑤爵獻大夫尸飲九以散爵獻士及羣有司皆以齒明尊卑之等也尸飲五謂酳尸五獻也大夫士祭三獻而獻賓○瑤音遙散悉但反差本又作之等酳音胤又仕覲反○【疏】尸。飲。至。等。也○正義曰此一節明第四倫尊卑差等○尸飲五君洗玉爵獻卿至皆以齒明尊卑之等者謂獻卿大夫士及有司等其爵雖同皆長者在先故云皆以齒○注尸飲至獻賓○正義曰此據備九獻之禮者至主人酳尸故尸飲五也凡祭二獻祼用鬱鬯尸祭奠而不飲朝踐二獻饋食二獻及食畢主人酳尸此等皆尸飲之故云尸飲五於此之時以獻卿獻卿之後乃主婦酳尸酳尸畢賓長獻尸是尸飲七也乃瑤爵獻大夫是正九獻禮畢但初二祼不飲故云尸飲七自此以後長賓長兄弟更爲加爵尸又飲二是并前尸飲九主人乃散爵獻士及羣有司也此謂上公九獻故以酳尸之一獻爲尸飲五也若侯伯七獻朝踐饋食時各一獻食訖酳尸。但飲三也子男五獻食訖酳尸尸飲一云大夫士祭三獻而獻賓者欲明諸侯獻賓時節與大夫士獻賓不同知大夫士祭三獻而獻賓者特牲禮文下大夫不賓尸與士同亦三獻而獻賓知者有司徹文其上大夫別行賓尸之禮與此異也

夫祭有昭穆昭穆者所以別父子遠近長幼親疏之序而無亂也是故有事於大廟則羣昭羣穆咸在而不失其倫此之謂親疏之殺也昭穆咸在同宗父子皆來○昭上遙反後放此

【疏】夫祭至殺也○正義曰此一節明第五倫也親疏之殺也昭穆謂尸主行列於廟中所以至無亂者謂父南面子北面親者近疏者遠又各有次序是故有事於大廟則羣昭羣穆咸在者祭大廟之時則衆廟尸主皆來及助祭之人同宗父子皆至則羣昭穆咸在若不於大廟餘廟之祭唯有當廟尸主及所出之廟子孫來至不得羣昭羣穆咸在也○而不失其倫者尸主既有昭穆故主人及衆賓亦為昭穆列在廟不失倫類○此之謂親疏之殺也者殺漸也列昭穆存亡名有遠近示天下親疏有漸也○

古者明君爵有德而祿有功必賜爵祿於大廟示不敢專也故祭之日一獻君降立于阼階之南南鄉所命北面史由君右執策命之再拜稽首受書以歸而舍奠于其廟此爵賞之施也一獻一酳尸也舍當為釋聲之誤也非時而祭曰奠○鄉許亮反舍依注音釋○

【疏】古者至施也○正義曰此一節明第六倫也爵賞之施焉○爵有德而祿有功者爵表德故云有德祿賞功故云有功也○而舍奠于其廟者謂受策命鄉大夫等既受策書歸還而釋奠於家廟告以受君之命似非時而祭故稱奠此爵賞之施也者君尊上爵賞於廟不自專故民知施必由尊也○注一獻一酳尸也○正義曰經云一獻知非初祼及朝踐饋食之一獻必為一酳尸者以一酳尸之前皆為祭事承奉鬼神未暇策命而尸食已畢祭事方了始可以行其爵賞及賜勞臣下此一獻則上尸飲五君獻卿之時也若天子命羣臣則不

因常祭之日特假於廟故大宗伯云王命諸侯則儐注云王將出命假祖廟立依前南鄉是也君卷冕立于阼夫人副褘立于東房夫人薦豆執校執醴授之執鐙尸酢夫人執柄夫人授尸執足夫婦相授受不相襲處酢必易爵明夫婦之別也。校豆中央直者也執醴授醴之人授夫人以豆則執鐙鐙豆下跗也○卷古本反校戸教反又戸交反柄也鐙音登又丁鄧反

疏君。卷。至。別。也○正義曰此一節明第七倫也○夫人副褘立于東房者此謂上公之夫人故副褘立于東房若其餘夫人則不副褘也○夫人薦豆執校者校謂豆之中央直者夫人薦豆之時手就此校○執醴授之執鐙者鐙謂豆下跗夫人薦豆之時此執醴之人以豆授夫人之時則執豆之下跗夫人受之乃執校也○尸酢夫人執柄者爵爲雀形以尾爲柄夫人獻尸尸酢夫人尸則執雀尾授夫人也○夫人授尸執足者夫人受酢於尸則執爵足也○夫婦相授受不相襲處者謂夫婦交相致爵之時襲因也其執尸之物不相因故處若夫婦交相致爵不能執故處以明男女有別酢必易爵者謂夫婦交相致爵之時主人受主婦之酢易換其爵故特牲主人受主婦之酢爵更爵酢鄭注云主人更爵自酢男子不承婦人爵即引此文云夫婦相授受不相襲處酢必易爵也皇氏云夫婦猶男女不相襲處則上執校執鐙之屬違鄭注儀禮之文其義非也○注執醴授醴至執鐙○正義曰謂夫人獻尸以醴齊之時此人酌醴以授夫人至夫人薦豆之時此人又執豆以授夫人是獻之與薦皆此人所事故云執醴授醴之人執鐙謂授夫人以豆而執鐙也

凡爲俎者以骨爲主骨有貴賤殷人貴髀周人貴肩凡前貴於後俎者所以明祭之必有惠也是故貴者取貴骨賤者取賤骨貴者不重賤者不虛示均也惠均則政行政行則事成事成則功立功之所以立者不可不知也俎者

所以明惠之必均也善爲政者如此故曰見政事之均焉殷人貴髀爲其厚也周人貴肩爲其顯也

凡前貴於後謂脊脅臂臑之屬○髀必氏反又必履反重直龍反臑乃報反肱骨也【疏】凡爲至均焉○正義曰此一經明第八倫也○凡爲俎者以骨爲主者俎爲助祭者各將物於俎也○殷人貴髀周人貴肩者殷質貴髀之厚賤肩之薄周文貴肩之顯賤髀之隱各隨所貴○凡前貴於後者據周言之以周人之貴肩故也○俎者所以明祭之必有惠也者旣祭者故賜之俎也○貴者不重賤者不虛示均也者言貴者不特多而重賤者不虛而無分俎多少隨其貴賤是示均平也○功之所以立者不可不知也者言功立由於分俎其事旣重人君不可不知分俎之事也○善爲政者如此者言人君欲善爲政教者必須如此分俎均平○注凡前至之屬○正義曰此脊脅臂臑舉其貴者言之屬中包其賤者不云肩者以經云周人貴肩故此略之前體臂臑爲貴後體膊胳爲賤就脊脅之中亦有貴賤正脊在前爲貴脡脊橫脊在後爲賤脅則正脅在前爲貴短脅爲賤故總云之屬以包之

凡賜爵昭爲一穆爲一昭與昭齒穆與穆齒凡羣有司皆以齒此之謂長幼有序昭穆猶特牲少牢饋食之禮衆兄弟也羣有司猶衆賓下及執事者君賜之爵謂若酬之【疏】凡賜至有序○正義曰此一節明祭之第九倫長幼之序○凡賜爵者爵酒爵也謂祭祀旅酬時賜助祭者酒爵故云賜爵○昭爲一穆爲一者言君衆兄弟子孫等在昭列者則爲一色在穆列者自爲一色各自相旅尊者在前卑者在後若同班列則長者在前少者在後是昭與昭齒穆與穆齒○注君賜之爵謂若酬之○正義曰案特牲饋食禮初有主人獻衆賓兄弟之禮後乃旅酬衆賓兄弟此經直云賜爵知非獻時而特云酬者以獻時不以昭穆爲次者此云昭與昭齒穆與穆齒當旅酬之事故知賜爵爲酬

夫祭有畀煇胞翟閽者惠下之道也唯有德之君爲能行此明足以見之仁足以與之畀之爲言與也能

以其餘畀其下者也煇者甲吏之賤者也胞者肉吏之賤者也翟者樂吏之賤者也閽者守門之賤者也古者不使刑人守門此四守者吏之至賤者也尸又至尊以至尊既祭之末而不忘至賤而以其餘畀之是故明君在上則竟內之民無凍餒者矣此之謂上下之際明足以見之見此卑者也仁足以與之與此卑者也煇周禮作韗謂韗磔皮革之官也翟謂教羽舞者也古者不使刑人守門謂夏殷時○畀必利反下及注同與也煇依注作韗同況萬反又音運下同甲吏也胞步交反下同肉吏也翟狄也樂吏也閽音昏守門者也以見賢遍反注皆同此卑如字舊必利反下同磔知宅反

【疏】夫。祭。至。之。際。○正義曰此一節明祭之第十倫也○夫祭有畀煇胞翟閽者惠下之道也者畀與也煇也胞也翟也閽也此四者皆是賤官於祭之末與此四者以恩賜是惠施之道也○明足以見之者謂有德之君德能昭明足以見其惠下之義○仁足以與之者以君有仁恩足能賜與於下○古者不使刑人守門者此作記之人以見周刑人守門於祭末又何恩賜與刑人故明之云古者夏殷之時不使刑人守門雖是賤人所以得恩賜○此四守者吏之至賤者。也既每言賤明但是各守其職之人能爲四物故云四守也尸又至尊以至尊既祭之末而不忘至賤而以其餘畀之是故明君在上則竟內之民無凍餒者矣者更廣明貴有餘分與至賤爲恩之深也人君身尊而尸又更尊故言又也○此之謂上下之際者結十倫也際接也至尊與賤者其道接也○注煇周至殷時○正義曰案周禮考工記韗人爲皐陶鄭云皐陶鼓木也言韗人之官掌作鼓木張皮兩頭鞔之以爲鼓是韗磔皮革之官云翟謂教羽舞者也者羽翟羽故詩邶風云左手執籥右手秉翟翟即狄也古字通用云古者不使刑人守門謂夏殷時者以周禮墨者使守門故知不使刑人守門謂夏殷時也

凡祭有四時春祭曰礿夏祭曰禘秋祭曰

嘗冬祭曰烝謂夏殷時禮也○礿羊灼反字又作禴夏戶嫁反下注夏者孟夏同礿禘陽義也嘗烝陰義也禘者
陽之盛也嘗者陰之盛也故曰莫重於禘嘗夏者尊卑著而秋萬物成古者於禘也發爵賜
服順陽義也於嘗也出田邑發秋政順陰義也言爵命屬陽國地屬陰○故記曰嘗之日發
公室示賞也草艾則墨未發秋政則民弗敢草也發公室出賞物也草艾謂艾取草也秋草木成可芟艾給
爨亨時則始行小刑也○艾音刈芟所銜反爨七亂反亨普彭反徐普孟反○故曰禘嘗之義大矣治國之本也不可
不知也明其義者君也能其事者臣也不明其義君人不全不能其事爲臣不
全全猶具也夫義者所以濟志也諸德之發也是故其德盛者其志厚其志厚者其
義章其義章者其祭也敬祭敬則竟內之子孫莫敢不敬矣濟成也發謂機發也竟內之子孫萬
人爲子孫是故君子之祭也必身親涖之有故則使人可也雖使人也君不失其義
者君明其義故也涖臨也君不失其義者言君雖不自親祭祭禮無闕於君德不損也其德薄者其志輕疑於其
義而求祭使之必敬也弗可得已祭而不敬何以爲民父母矣疏○凡祭至母矣○正義曰此
一節明祭祀之重禘嘗之義人君若能明於其義可以爲民父母今各隨文解
之○禘者陽之盛也者以禘祭在夏夏爲炎暑故爲陽盛○嘗者陰之盛也者
以嘗祭在秋之時陰功成就故爲陰盛冬雖嚴寒以物於秋成故不得以冬烝
對夏禘○注言爵至屬陰○正義曰爵命是生養之事故屬陽國地是土地之

事故屬陰○故記至草也○以記錄之前先有此記之文故作記者載。前記之文所以言記曰也此記云嘗祭之日發出公室貨財以示賞也○草艾則墨者謂刈秋草堪艾給炊爨之時則行小刑之墨未發秋政則民不敢艾草也言夏節雖盡人君未發行秋政則民不敢艾草也注發公室出賞物也○正義曰案左傳云賞以春夏刑以秋冬此嘗之日發公室示賞者文各有所對以賞對刑則賞屬春夏刑屬秋冬其實四時之閒皆有賞故車服屬夏田邑屬秋出田邑之時亦有物也故覲禮秋時賜侯氏車服及篋服也○夫義者所以濟志也者濟成也言禘嘗之義若人君明之所以成就其志○諸德之發也者發謂機發也諸衆也言義者是人君衆德之發謂諸衆人之德發在於義○是故其德盛者其志厚者謂人君道德顯盛則念親志意而深厚若能念親深厚則事親祭祀其義章明顯著若能事親章明顯著則其祭也恭敬以此化下則竟內民之子孫無敢不恭敬其親矣以化於上故也○其雖使人也君不失其義者君明其義故也者言祭祀之時身既有故使人攝之雖使人攝由君能恭敬不喪失於爲君之義所以然者由君自明曉於禘嘗之義故也○其德至志輕○不言人君道淺義薄則其念親志意不能厚重○疑於其義至民父母矣者謂志意既輕疑惑於祭祀之義皆不能盡心致敬身既危疑而欲求祭使之必敬不可得已已是語辭

夫鼎有銘銘者自名也自名以稱揚其先祖之美而明著之後世者也爲先祖者莫不有美焉莫不有惡焉銘之義稱美而不稱惡此。孝子孝孫之心也唯賢者能之銘謂書之刻之以識事者也自名謂稱揚其先祖之德著己名於下○自名如字徐武政反下及注自名同○銘者論譔其先祖之有德善功烈勳勞慶賞聲名列於天下而酌之祭器自成其名焉以祀其先祖者也顯揚先祖所以崇孝也身比焉順也明示後世教也勳業也王功曰勳事

功曰勞酌之祭器言斟酌其美。傳著於鐘鼎也身比焉謂自著名於下也順也自著名以稱揚先祖之德孝順之行也教也所以教後世○譔音撰比毗志反
謂次比也下及注皆同斟之林反傳音附徐音賦一音直專反謂傳述著直略反徐張慮反行下孟反○夫銘者壹稱而上下皆得
焉耳矣是故君子之觀於銘也既美其所稱又美其所爲美其所爲美爲之者此人爲此銘
明足以見之仁足以與之知足以利之可謂賢矣賢而勿伐可謂恭矣明足以見之見
其先祖之美也仁足以與之與其先祖之銘也非有仁恩君不使與之也知足以利之利己名得比於先祖○見賢遍反注同知音智注同○故衞孔
悝之鼎銘曰六月丁亥公假于大廟孔悝衞大夫也公衞莊公蒯。聵也。得孔悝之立。己依禮褒之以靜國人自固也假至
也至於大廟謂以夏之孟夏禘祭○悝口回反假加百反注同蒯苦怪反聵五怪反褒保毛反公曰叔舅乃祖莊叔左右成公
成公乃命莊叔隨難于漢陽即宮于宗周奔走無射公曰叔舅者公爲。策書尊呼孔悝而命之也乃猶女
也莊叔悝七世之祖衞大夫孔達也隨難者謂成公爲晉文公所伐出奔楚命莊叔從焉漢楚之川也即宮於宗周後反得國坐殺弟叔武晉人執而歸之於
京師寘之深室也射厭也言莊叔常奔走至勞苦而不厭倦也周既去鎬京猶名王城爲宗周也○左音佐右音又下啓右幷注同一讀此左右並如字難乃
旦反奔本亦作犇射音亦注同爲策初革反女音汝後皆同從才用反坐才臥反寘之豉反厭於豔反下同鎬胡老反○啓右獻公獻公乃
命成叔纂乃祖服獻公衞侯衎成公曾孫也亦失國得反言莊叔之功流於後世啓右獻公使得反國也成叔莊叔之孫成子烝鉏也右助
也纂繼也服事也獻公反國命成子繼女祖莊叔之事欲其忠如孔達也○纂子管反衎苦旦反烝之承反下文注同鉏仕居反○乃考文叔與

舊耆。欲作率慶士躬恤衞國其勤公家夙夜不解民咸曰休哉文叔者成叔之曾孫文子圉即悝父也作起也率循也慶善也士之言事也言文叔能興行先祖之舊德起而循其善事○耆欲市志反解古賣反休許虯反圉魚呂反公曰叔舅予女銘若纂乃考服若乃猶女也公命悝予女先祖以銘以尊顯之女繼女父之事欲其忠如文子也成公獻公莊公皆失國得反言孔氏世有功焉寵之也○女羊許反注同○悝拜稽首曰對揚以辟之對遂也辟明也言遂揚君命以明我先祖之德也○辟必亦反又婢尺反注同明也勤大命施于烝彝鼎施猶著也言我將行君之命又刻著於烝祭之彝鼎彝尊也周禮大約劑書於宗彝○施如字彝以支反著張慮反又直略反下同約如字徐於妙反劑子隨反○此衞孔悝之鼎銘也言銘之類衆多也略取其一以言之古之君子論譔其先祖之美而明著之後世者也以比其身以重其國家如此如莊公命孔悝之爲也莊公孔悝雖無令德以終其事於禮是行之非○子孫之守宗廟社稷者其先祖無美而稱之是誣也有善而弗知不明也知而弗傳不仁也此三者君子之所恥也

疏夫鼎至恥也○正義曰以前經明事親致敬此一節明稱揚先祖之美今各依文解之○銘者自名也者言爲先祖之銘者自著己之功名於下○自名以稱揚其先祖之美而名著之後世者也謂自著己名之時先稱揚其先祖之美於上而使昭明顯著於後世銘者論譔其先祖之有德善者論謂論說譔則譔錄言子孫爲銘論說譔錄其先祖道德善事○功烈勳勞慶賞聲名列於天下者此先祖美善之事也烈業也謂有功業勳勞有慶賞聲名著於天下者也○而酌之祭器者酌斟酌也祭器鐘鼎也若有聲名徧普天下者則斟酌列書著於君之鐘鼎也○自成其名焉者先書先祖之德於器上又自成己名於先祖銘下也○以祀其

先祖者也者祀祖謂預君給祭也禮功臣既得銘鼎則得預君大祫令先祖被銘預祫是尊其先祖也○顯揚先祖所以崇孝也者釋所以必銘義也爲崇於
孝道故稱揚先祖也○身比焉順也者比次也先稱祖德而己身親自著名次於下是崇孝順之行也○明示後世教也者爲人子孫能得稱揚先祖明示後
世使後世斆蒸卽是教也○注烈業至後世○正義曰烈業也釋詁文王功曰勳事功曰勞周禮司勳文云。傳著於鐘鼎也者。傳附也言鐫勒先祖功名附著
於鐘鼎或解傳爲傳述於鐘鼎義亦通也云自著名以稱揚先祖之德者解經身比焉云孝順之行也者以解經順也云教也所以教後世者言稱先祖明示
後世所以教後世使如先祖之善也故云教也○夫。銘。至。所。爲。○銘者壹稱造銘唯一稱先祖之善○而上下皆得焉耳矣者上謂光揚先祖下謂成己順
行又垂教來世也○既美其所稱又美其所爲者釋上下皆得也所稱謂先祖也所爲謂己身行業也君子有德之士觀銘必見此二事之美○。爲。之。至。恭。矣
○爲之者謂爲銘之人也○明足以見之者謂己有顯明之德足以見先祖之美○仁足以與之者謂己有仁恩故君上足以著先祖之銘與之○以知足以利
之者謂己有知謀足以利益於己得上比先祖也○可謂賢矣者言爲銘之人備此三事所以爲賢○賢而勿伐可謂恭矣者既備三事爲賢又不自伐是爲
恭也故云可謂恭矣○注孔悝至禘祭○正義曰云。得孔悝之立己者按哀公二年晉趙鞅納蒯聵于戚至哀十五年傳云衛孔圉娶蒯聵之姊生悝孔氏之
豎渾良夫通於伯姬伯姬使良夫往蒯聵蒯聵與良夫入衛舍孔氏之外圃遂入適伯姬氏伯姬與大子五人迫孔悝於廁強盟之遂劫以登臺於是得國是
得孔悝之立己也假至也釋詁文云至於大廟謂以夏之孟夏禘祭者以經云六月是周之六月是夏之孟月禘祭之時以諸侯命臣在於祭日案左傳哀十
五年冬蒯聵得國十六年六月衛侯飲孔悝酒而逐之此謂六月命之者蓋命後卽逐之故俱在六月公曰至休哉○此一節是孔悝父祖鼎銘之辭○叔舅
者孔悝是異姓大夫年幼故稱叔舅○乃祖莊叔者乃女也祖莊叔者謂孔悝之。七。祖孔達也○左右成公者左右助也輔助衛成公○成公乃命莊叔隨難

于漢陽者難謂成公被晉所伐出奔於楚謂成公命孔達隨出逃難而往漢陽即是楚地在漢水之北○即宮于宗周者即就也宮謂宮室成公後得反國又坐殺弟叔武被晉執之歸于京師寘於深室之中是即宮也○奔走無射者言孔達隨難漢陽及即宮于宗周常奔走勞苦無厭倦○啓右獻公獻公乃命成叔纂乃祖服者啓開也右助也言莊叔餘功流於後世能右助獻公獻公雖復出奔乃得反國其時孔達之孫成叔輔佐獻公故獻公乃命成叔纂繼女祖孔達舊所服行之事○乃考文叔者孔圉是孔悝之父故云乃考○興舊嗜欲者言父圉能興行先祖舊德嗜欲所爲○作率慶士躬恤衛國其勤公家夙夜不解民咸曰休哉者作起也率循也慶善也士事也言孔悝能起發依循善事躬憂恤衛國勤勞公家早夜不解倦民皆曰功德休美哉此是孔悝先祖功業鼎銘之辭也○注莊叔至周也○正義曰案世本莊叔達生得閭叔穀穀生成叔烝鉏鉏生頃叔羅羅生昭叔起起生文叔圉圉生悝莊叔是悝七世祖也云成公爲晉文公所伐出奔楚者案僖二十八年左傳稱衛與楚晉文公敗楚於城濮衛侯懼出居於襄牛遂奔楚云坐殺弟叔武晉人執而歸之於京師寘之深室也者亦僖二十八年左傳文晉人歸衛侯入其室弟叔武將沐聞君至喜捉髮走出前驅歂犬射而殺之其大夫元咺出奔晉訟衛侯衛侯不勝執衛侯歸之于京師寘諸深室是其事也案左傳于時無孔達之事而云之者傳文不具或者蒯聵欲褒美孔悝故假其先祖之功而言之也○注獻公至達也○正義曰案衛世家衛成公生穆公穆公生定公定公生獻公是衎爲成公曾孫云亦失國得反者案襄十四年左傳稱衛孫文子甯惠子逐衛侯衛侯出奔齊是亦失國也稱亦者亦成公也其時亦非成叔之功假言之也云纂繼也服事也詁文下注率循也亦釋詁文○公曰叔舅予女銘若纂乃考服○此一節明蒯聵與孔悝銘之言也及勑戒之使繼先祖故云纂乃考服○悝拜至彝鼎○此一節明孔悝拜受君恩言己光揚先祖之德行君之大命著於彝鼎○對揚以辟之者對遂也揚稱揚也辟明也言己遂稱揚君命以光明我先祖之美○勤大命施于烝彝鼎者勤行也施著也烝謂烝祭言己勤行君之大命著於烝祭

之彝尊及鼎也此衛孔悝之鼎銘也○記者錄其銘故以結之但休哉以上是稱其先祖公曰叔舅以下至彝鼎是自著其名於下是以身比焉比先祖也

昔者周公旦有勳勞於天下周公既沒成王康王追念周公之所以勳勞者而欲尊魯故賜之以重祭外祭則郊社是也內祭則大嘗禘是也言此者王室所銘若周公之功○誣音無不傳直專反不本亦作弗夫大嘗禘升歌清廟下而管象朱干玉戚以舞大武八佾以舞大夏此天子之樂也康周公故以賜魯也清廟頌文王之詩也管象吹管而舞武象之樂也朱干赤盾戚斧也此武象之舞所執也佾猶列也大夏禹樂文舞也執羽籥文武之舞皆八列互言之耳康猶褒大也易晉卦曰康侯用錫馬○佾音逸盾食準反又音允籥羊灼反子孫纂之至于今不廢所以明周公之德而又以重其國也不廢不廢其此禮樂也重猶尊也○【疏】昔者至國也○正義曰此一節因上說鼎銘明先祖之善故此明周公之勳子孫纂之特重於餘國亦光揚之事○外祭則郊社者諸侯常祭唯社稷以下魯之祭社與郊連文則備用天子之禮也○內祭則大嘗禘者祫祭在秋也大嘗禘祭在夏也是大嘗禘得用天子之禮則升歌清廟及舞大武大夏之屬皆用天子之禮所以為大嘗禘也餘諸侯則不得大嘗禘○升歌清廟者升堂歌清廟清廟頌文王之詩也○下而管象者堂下吹管而舞武象之樂也○朱干玉戚以舞大武者朱干亦盾也戚斧也以玉飾其柄此武象之舞所以執○八佾以舞大夏者大夏禹樂之舞也執羽籥此天子之樂也○康周公故以賜魯也者升歌清廟以下並是天子之樂故以此結之也○注武象至錫馬○正義曰言文武之舞皆八列互言之耳者以經云八佾以舞大夏舞大武不顯佾數則舞大武亦八佾也大武云朱干玉戚其大夏則不用朱干玉戚當用羽籥而云互文者以大夏言舞數則大武亦當有舞數大武言所執舞器則大夏

亦有舞器故云互也○易晉卦康侯用錫馬者證康是褒崇之義案易晉卦坤下離上日出於地爲晉晉進也言明進也○子孫至國也者言魯是周公子孫繼周公之後至今不廢此禮樂謂作記之時也所以明周公之有德而又以尊重其魯國也○

附釋音禮記注疏卷第四十九

禮記注疏卷四十九校勘記　阮元撰盧宣旬摘錄

附釋音禮記注疏卷第四十九　惠棟校宋本禮記正義卷第五十七

祭統第二十五

凡治人之道節

心怵而奉之以禮　惠棟校宋本同釋文亦作怵閩監毛本怵作怵石經同岳本同嘉靖本同衞氏集說同此本注疏中字並作怵不加點

凡治至之義　惠棟校宋本無此五字

賢者之祭也節

賢者至謂畜　惠棟校宋本無此五字

言世人謂福爲壽考吉祥　閩監毛本同衞氏集說同惠棟校宋本無爲字

承致多福無疆于女孝孫使女受祿于天　閩本同衞氏集說同監本使誤侯毛本于誤子

既內自盡節　惠棟校云既內自盡節凡天之所生節宋本合爲一節

昏禮是也　各本同石經同毛本昏作昬衞氏集說同○按毛本非也說文昏从日氏省非从民聲也

具謂所供衆物　閩監毛本同惠棟校宋本同嘉靖本同岳本供作共衞氏集說同釋文出所共

既內至備矣惠棟校宋本無此五字

茆菹麇臡閩監毛本同齊召南云麇當作麋

有深蒲醓醢惠棟校宋本同閩監毛本醓誤醯下又有醓醢同

深蒲箈筍毛本同閩監本箈作菭衞氏集說同按周禮作箈

凡天之所生節

齊或爲粢閩監毛本同岳本同嘉靖本同惠棟校宋本爲作作衞氏集說同宋監本同

凡天至道也惠棟校宋本無此五字

一絲旁才閩監毛本同衞氏集說同段玉裁校本絲當作糸下絲旁屯同

若衣色見閩監毛本同衞氏集說見上有可字

及時將祭節

嗜欲無止也惠棟校宋本石經宋監本衞氏集說同閩監毛本嗜作耆岳本同嘉靖本同釋文出耆欲下訖其嗜欲同

君執鸞刀羞嚌各本同石經同釋文出羞齊云本亦作嚌注同○按嚌正字齊假借字

芻謂槀也各本同釋文出槀也云下同按槀字非也○按依說文當作稾从禾高聲假借作槀俗作藁

及時至親之　惠棟校宋本無此五字

謂四時應祭之前未旬時也　閩監毛本同衞氏集說同考文引宋板未作末

俱至大廟之中　閩本同惠棟校宋本同衞氏集說同監毛本至誤在

子男夫人狄作屈　惠棟校宋本作闕狄衞氏集說同此本闕字脫閩監毛本闕

用清酒以涗泲之　閩監本同毛本泲誤沛下以清酒泲之同

二者謂饋熟之時　考文引宋板同閩監毛本者作是

夫祭有三重焉節

夫祭至之道也　惠棟校宋本無此六字

此一節幷明祭祀之禮　閩監毛本同惠棟校宋本節作經衞氏集說同

若內心志輕略　閩監毛本同惠棟校宋本無心字衞氏集說同此本誤衍

此等亦殷重　閩監毛本同考文云宋板重下有矣字衞氏集說同

夫祭有餕節

而下有凍餒之民也　閩監本同石經同岳本同嘉靖本同衞氏集說同毛本餒誤餕釋文出凍餧盧文弨云按說文餧飢也一曰魚敗曰

餧則餧乃餒之本字後人始別作餒也

夫祭至政矣　惠棟校宋本無此五字

以二簋留爲陽厭之祭　惠棟校宋本同閩監毛本陽作陰衛氏集說同

祇祭祀之餕　惠棟校宋本祇下有由字衛氏集說同此本由字脫閩監毛本同

其善政也　惠棟校宋本作政善此本誤倒閩監毛本同

夫祭之爲物大矣節

夫祭至也已　惠棟校宋本無此五字

內教孝則親故子孫順孝　惠棟校宋本則作其衛氏集說同此本其誤則閩監毛本其作於

夫祭有十倫焉節

見親疎之殺焉　閩監毛本同石經疎作疏宋監本岳本嘉靖本衛氏集說同按下此之謂親疏之殺也各本並作疏此不宜岐出作疎當作疏爲是

夫祭至十倫　惠棟校宋本無此五字

鋪筵設同几節

鋪筵至道也惠棟校宋本無此五字

不齊其物異也閩監毛本同惠棟校宋本齊作㢶

君迎牲而不迎尸節

君迎至義也惠棟校宋本無此五字

則尊在廟中耳惠棟校宋本中下有耳字諸本並脫

夫祭之道節

於祭者子行也各本同石經同考文引古本足利本子上有爲字按通典四十八引亦云於祭者爲子行也

夫祭至倫也惠棟校宋本無此五字

尸飲五節

尸飲至等也惠棟校宋本無此五字

但飲三也閩監毛本同惠棟校宋本但下有尸字衞氏集說同

夫祭有昭穆節

夫祭至殺也惠棟校宋本無此五字

故主人及衆賓亦爲昭穆　惠棟校宋本同閩監毛本衆賓二字倒

列昭穆存亡名有遠近　閩監本同毛本名作各

古者明君爵有德節

古者至施也　惠棟校宋本無此五字

似非時而祭　閩監毛本同惠棟校宋本似作以

君尊上爵　閩監毛本同惠棟校宋本上作尚衛氏集說同

君卷冕立于阼節

夫人薦豆執校　各本同石經同毛本校作挍釋文亦作校注疏放此

夫人授尸執足　惠棟校宋本授作受正義同石經同岳本同嘉靖本同考文引古本足利本同此本誤授閩監毛本同衛氏集說同按此言尸酢夫人夫人受酢于尸則執爵足是受尸而非授尸明矣疏夫人授尸執足者放此

君卷至列也　惠棟校宋本無此五字

凡爲俎者節

凡爲至均焉　惠棟校宋本無此五字

俎爲助祭者各將物於俎也閩監毛本同考文云宋板爲作謂

凡賜爵節

凡賜至有序惠棟校宋本無此五字

以獻時不以昭穆爲次者閩監毛本同惠棟校宋本者作也

夫祭有畀煇胞翟閽者節

夫祭至之際惠棟校宋本無此五字

此四守者吏之至賤者也閩監毛本同惠棟校宋本也下有者字

凡祭有四時節

凡祭至毋矣惠棟校宋本無此五字

載前記之文閩監毛本同惠棟校宋本前上有此字

夫鼎有銘節

此孝子孝孫之心也閩監本同石經同岳本同嘉靖本同衞氏集說同考文引宋板同毛本此誤比

傳著於鐘鼎也閩監毛本同嘉靖本同衞氏集說同惠棟校宋本傳作傅宋監本岳本同考文引足利本同釋文出傅著按傅是也

衞莊公蒯聵也閩本同岳本同嘉靖本同衞氏集說同監毛本聵作瞶非

得孔悝之立己岳本同嘉靖本同考文引古本同惠棟校宋本無己字衞氏集說無己字得作德閩監毛本得作德己字有

公爲策書各本同釋文策作筴乃俗字

與舊耆欲閩監毛本同岳本同嘉靖本同釋文出耆欲惠棟校宋本耆作嗜石經宋監本衞氏集說同

略取其一以言之閩監毛本同岳本同嘉靖本同惠棟校宋本其作此宋監本衞氏集說同考文引足利本同

夫鼎至恥也惠棟校宋本無此五字

云傅著於鍾鼎也者傅附也毛本同閩監本二傅字並作傳

夫銘至所爲〇銘者閩監毛本同惠棟校宋本無銘至所爲〇五字夫字屬下

爲之至恭矣閩監毛本同惠棟校宋本五字無

云得孔悝之立己者考文引宋板同閩監毛本得作德下是得孔悝之立己也同

謂孔悝之七世祖孔達也惠棟校宋本如此此本世字脫閩本同監毛本七世祖誤先祖

而云之者傳文不具閩本同惠棟校宋本同監毛本云之誤云云

昔者周公旦節

不廢其此禮樂也閩監毛本同岳本同嘉靖本同浦鏜校云集說無此字按疏則其字當衍

昔者至國也惠棟校宋本無此五字

社與郊連文則用天子之禮也惠棟校宋本如此衛氏集說同此本則字誤重閩監毛本則下衍備字

朱干亦盾也閩監毛本同考文引宋板亦作赤

大夏禹樂之舞也閩監毛本同惠棟校宋本之作文

附釋音禮記注疏卷第四十九惠棟校宋本禮記正義卷第五十七終宋監本禮記卷第十四經七千四百六十字注五千五百二十三字嘉靖本禮記卷第十四經七千一百八十二字注五千四百九字

禮記注疏卷四十九校勘記

禮記　　　鄭氏注　　　孔穎達疏

經解第二十六○陸曰鄭云經解者以其記六藝政教得失解音佳買反徐胡賣反一音蟹○疏正義曰案鄭目錄云名曰經解者以其記六義政教之得失也此於別錄屬通論

孔子曰入其國其教可知也觀其風俗則知其所以教其爲人也温柔敦厚詩教也疏通知遠書教也廣博易良樂教也絜靜精微易教也恭儉莊敬禮教也屬辭比事春秋教也屬猶合也春秋多記諸侯朝聘會同有相接之辭罪辯之事○易良以豉反下易良同屬音燭注及下同比毗志反下同朝聘直遙反篇內同故詩之失愚書之失誣樂之失奢易之失賊禮之失煩春秋之失亂失謂不能節其教者也詩敦厚近愚書知遠近誣易精微愛惡相攻遠近相取則不能容人近於傷害春秋習戰爭之事近亂○近愚附近之近下除遠近一字並同惡烏路反爭爭鬬之爭下文同其爲人也温柔敦厚而不愚則深於詩者也疏通知遠而不誣則深於書者也廣博易良而不奢則深於樂者也絜靜精微而不賊則深於易者也恭儉莊敬而不煩則深於禮者也屬辭比事而不亂則深於春秋者也言深者既能以教又防其失

疏孔子至者也○正義曰經解一篇總是孔子之言記者錄之以爲經解者皇氏云解者分析之名此篇分析六經體教不同故名曰經解

也六經其教雖異總以禮爲本故記者錄入於禮○孔子曰入其國其教可知也者言人君以六經之道各隨其民教之民從上教○各從六經之性觀民風俗則知其教故云其教可知也○溫柔敦厚詩教也者溫謂顏色溫潤柔謂情性和柔詩依違諷諫不指切事情故云溫柔敦厚是詩教也疏通知遠書教也者書錄帝王言誥舉其大綱事非繁密是疏通上知帝皇之世是知遠也○廣博易易良樂教也者樂以和通爲體無所不用是廣博簡易良善使人從化是易良○絜靜精微易教也者易之於人正則獲吉邪則獲凶不爲淫濫是絜靜窮理盡性言入秋毫是精微恭儉莊敬禮教也者禮以恭遜節儉齊莊敬慎爲本若人能恭敬節儉是禮之教也○屬辭比事春秋教也者屬合也比近也春秋聚合會同之辭是屬辭比次褒貶之事是比事也凡人君行此等六經之教以化於下在下染習其教還有六經之性故云詩教書教之等○故詩之失愚者詩主敦厚若不節。之。則失在於愚○書之失誣者書廣知久遠若不節制則失在於誣樂之失奢者樂主廣博和易若不節制則失在於奢○易之失賊者易主絜靜嚴正遠近相取愛惡相攻若不節制則失在於賊害○禮之失煩者禮主文物恭儉莊敬若不能節制則失在於煩苛○春秋之失亂者春秋習戰爭之事若不能節制失在於亂此皆謂人君用之教下不能可否相濟節制合宜所以致失也○其爲人也溫柔敦厚而不愚則深於詩者也此一經以詩化民雖用敦厚能以義節之欲使民雖敦厚不至于愚則是在上深達於詩之義理能以詩教民也故云深於詩者也以下諸經義皆放此○注云易精至之事○正義曰易精微者易理微密相責褊切不能含容云愛惡相攻者謂易卦六爻或陰爻乘陽或陽爻據陰近而不得是愛惡相攻也云遠近相取者謂彼此有應是遠近相取也或遠而無應近而不相得是遠近不相取也云則不能容人近於傷害者若意合則雖遠必相愛若意離雖近必相惡是不能容人不與己同浪被傷害是失於賊害也云春秋習戰爭之事者以春秋記諸侯相侵伐又有鬭爭之辭若僖二十八年晉人執衞侯歸之于京師昭十三年平丘之會子產爭。承之類是也故前注云春秋記罪辯之事也然詩爲樂章詩樂是一而教別者若以聲音干戚以教人是樂教也若以詩辭美刺諷喻以教人是詩教也此爲政以教民故有六經若教國子弟於庠序之內則唯用四術故王制云春秋教以禮樂冬夏教以詩書是也此六經者惟論人君施化能以此教民民得從之未能行之至極也若盛明之君爲民之父母者則能恩惠下極於民則詩有好惡之情禮有政治之體樂有諧和性情皆能與民至極民同上情故孔子閒居云志之所至詩亦至焉詩之所至禮亦至焉禮之所至樂亦至焉是也其書易春秋非是恩情相感與民至極者故孔子閒居無書易及春秋也

天子者與天地參故德配天地兼利萬物與日月並明明照四海而不遺微小其在朝廷則道仁聖禮義之序燕處則聽雅頌之音行步則有環佩之聲升車則有鸞和之音居處有禮進退有度百官得其宜萬事得其序詩云淑人君子其儀不忒其儀不忒正是四國此之謂也道猶言也環佩佩環佩玉也所以爲行節也玉藻曰進則揖之退則揚之然後玉鏘鳴也環取其無窮止玉則比德焉孔子佩象環五寸人君之環其制未聞也鸞和皆鈴也所以爲車行節也韓詩內傳曰鸞在衡和在軾。前升車則馬動馬動則鸞鳴鸞鳴則和應居處朝廷與燕也進退行步與升車也○淑常六反忒吐得反鎗七羊反本又作鏘鈴音零軾音式應應對之應

發號出令爲民說謂之和上下相親謂之仁民不求其所欲而得之謂之信除去天地之害謂之義義與信和與仁霸王之器也有治民之意而無其器則不成器謂所操以作事者也義信和仁皆存乎禮○說音悅去羌呂反下同王徐于況反操七刀反

疏天子至不成○正義曰此一節盛明天子霸王唯有禮爲霸王之器言禮之重也○與天地參者天覆地載生養萬物天子亦能覆載生養之功與天地

相參齊等故云與天地參○詩云淑人君子其儀不忒其儀不忒正是四國者此詩曹風鳲鳩之篇刺上下不均平之詩言善人君子用心均平其威儀不有差忒以其不差故能正此四方之國○此之謂也者言詩之所云正當此聖人有禮之謂也民不求其所欲而得之謂之信者謂明君在上賙贍於下民不須營求所欲之物自然得之是在上信實恩能覆養故也猶若尚書傳稱民擊壤而歌鑿井而飲耕田而食帝有何力是不求其所欲也天不言而四時行是信若四時故云謂之信也○除去天地之害謂之義者義宜也天地無害於物有宜故爲義天地害者謂水旱之等及疫癘之屬及天地之內有惡事害人皆名天地之害也○霸王之器者器謂人所操持以作事物者欲爲其事必先利其器言欲作霸王必須義信和仁是霸王之器也○注云韓詩至軾前○正義曰此鸞和所在謂朝祀所乘之車若田獵之車則鸞在鑣也故詩秦風云輶車鸞鑣箋云置鸞於鑣異於乘車是乘車鸞在衡也然鄭於商頌箋云在軾曰和在鑣曰鸞彼亦乘車鸞在鑣與秦詩箋不同者鄭於秦詩已解故於商頌略而不言或可以經無正文鄭爲兩說

禮之於正國也猶衡之於輕重也繩墨之於曲直也規矩之於方圜也故衡誠縣不可欺以輕重繩墨誠陳不可欺以曲直規矩誠設不可欺以方圜君子審禮不可誣以姦詐衡稱也縣謂錘也陳設謂彈畫也誠猶審也或作成○圜音圓縣音玄與注同稱尺證反錘直僞反彈徒丹反畫胡麥反是故隆禮由禮謂之有方之士不隆禮不由禮謂之無方之民敬讓之道也故以奉宗廟則敬以入朝廷則貴賤有位以處室家則父子親兄弟和以處鄉里則長幼有序孔子曰安上治民莫善於禮此之謂也隆禮謂盛行禮也方猶道也春秋傳曰教之以義方

疏禮之於正國也至治民莫善於禮此之謂

也○正義曰此一節贊明禮事之重治國之急故衡誠縣不可欺以輕重者衡謂稱衡縣謂稱錘誠審也若稱衡詳審縣錘則輕重必正故云不可欺以輕重○繩墨誠陳不可欺以曲直陳謂陳列若繩墨審能陳列則曲直必當故云不可欺以曲直○規矩誠設不可欺以方圜者規所以正圜矩所以正方設謂置設若規矩詳審置設則方圜必得故云不可欺以方圜君子審禮不可誣以姦詐設譬既畢故以此言結之言君子之人若能審詳於禮則姦詐自露不可誣罔也○是故隆禮由禮謂之有方之士者隆盛也由行也方道也若君子能隆盛行禮則可謂有道之士也反此則爲無知之民民是無知之稱故也○敬讓之道也者此言禮之爲用是敬讓之道也爲下文而起○此之謂也者從篇首孔子曰入其國其教可知也至此長幼有序事相連接皆是孔子之辭記者錄之而爲記其理既盡記者乃引孔子所作孝經之辭以結之故云此之謂也言孔子所云者正此經之所謂也○注春秋至義方○正義曰春秋左氏隱三年傳文衞莊公寵公子州吁石碏諫云臣聞愛子教之以義方弗納於邪引之者證方爲道也

故朝覲之禮所以明君臣之義也聘問之禮所以使諸侯相尊敬也喪祭之禮所以明臣子之恩也鄉飲酒之禮所以明長幼之序也昏姻之禮所以明男女之別也夫禮禁亂之所由生猶坊止水之所自來也故以舊坊爲無所用而壞之者必有水敗以舊禮爲無所用而去之者必有亂患春見曰朝小聘曰問其篇今亡昏姻謂嫁取也婿曰昏妻曰姻自亦由也○覲其靳反長丁丈反下同姻音因別彼列反坊音房本又作防下同壞音怪見賢遍反取七注反本亦作娶

【疏】○故朝至亂患○正義曰此一經明禮之所用各有所主又明舊禮不可不用之意但自此以下上承孔子曰此之謂也以後則是記者廣明安上治民之義非復孔子之言也夫禮禁亂之所由生者由從也禮禁亂之所從生亂生之處則

豫禁之若深宮固門閽寺守之諸侯夫人父母沒不得歸寧之類是也○猶坊止水之所自來也坊謂堤坊人築堤坊止約水之所從來之處言若有汙下水來之處則豫防障之○故以舊坊為無所用而壞之者必有水敗者譬言舊禮不可去也坊以止水忽有無知之人謂舊坊為無所用而壞之坊壞則水必來敗於產業也○以舊禮為無所用而去之者必有亂患者禮本坊亂忽有愚人謂舊禮為無所用而去之者則必有亂患之事也○注婿曰昏妻曰姻○正義曰案爾雅釋親云婿之父為姻婦之父為婚此云婿曰昏妻曰姻者爾雅據男女父母此據男女之身婿則昏時而迎婦則因而隨之故云壻曰昏妻曰姻

故昏姻之禮廢則夫婦之道苦而淫辟之罪多矣鄉飲酒之禮廢則長幼之序失而爭鬬之獄繁矣喪祭之禮廢則臣子之恩薄而倍死忘生者衆矣聘覲之禮廢則君臣之位失諸侯之行惡而倍畔侵陵之敗起矣○苦謂不至不答之屬辟匹亦反倍音佩下同行下孟反

【疏】故昏姻至起矣○正義曰此明禮諸事不可闕廢若其闕廢則禍亂興也○而爭鬬之獄繁矣者以鄉飲酒之禮明上下長幼共相敬讓今若廢而不行則尊卑無序故爭鬬之獄繁多矣○而倍死忘生者衆矣者喪祭之禮所以敦勗臣子恩情使死者不見背違生者恒相從念若廢不行故臣子恩薄而死者見背生者被遺忘如此者多故云衆矣○而倍畔侵陵之敗起者倍畔謂據倍天子也侵陵謂侵陵鄰國也○注苦謂至之屬○正義曰不至者謂夫親迎而女不至若詩陳風云昏以為期明星煌煌注云女留他色不肯時行序云親迎女猶有不至者是也不答者謂夫不答耦於婦故邶風云日月衛莊姜傷已不見答於先君是也此經覆說前經反明上事但前經尊重者在前卑輕者在後故先朝覲後昏姻也又殊別君臣故先朝覲後聘問下經所謂則據人倫切急者在前先昏姻次以鄉飲酒乃至於聘覲也聘覲合之者以其聘覲禮廢則君臣位失倍畔侵陵其惡相通故合言之也

故禮之教

化也微其止邪也於未形使人日徙善遠罪而不自知也是以先王隆之也易曰君子慎始差若豪氂繆以千里此之謂也隆謂尊盛之也始謂其微時也○邪似嗟反遠于萬反差初佳反徐初宜反豪戶刀反依字作毫氂李其反徐音來本又作釐繆音謬○疏故禮至謂也○正義曰故禮之教化也微者言禮之教人豫前事微之時豫教化之又教化之時依微不甚指斥○其止邪也於未形者謂止人之邪在於事未形著是教化於事微者也○使人至之也又使人日日徙善遠於罪惡者不自覺知是教化依微不甚指斥爲此之故是以先世之王隆尚之也易曰君子慎始差若豪氂繆以千里此之謂也者此易繫辭文也言君子謹慎事之初始差錯若豪氂之小至後廣大錯繆以至千里之大引之者證禮之防人在於未形者之前若初時不防則後致千里之繆故云此之謂也

哀公問第二十七

○陸曰魯哀公也鄭云善其問禮著謚以顯之疏正義曰案鄭錄目云名曰哀公問者善其問禮著謚顯之也此於別錄屬通論但此篇哀公所問凡有二事一者問禮二者問政問禮在前問政在後

哀公問於孔子曰大禮何如君子之言禮何其尊也孔子曰丘也小人不足以知禮謙不答也君曰否吾子言之也孔子曰丘聞之民之所由生禮爲大非禮無以節事天地之神也非禮無以辨君臣上下長幼之位也非禮無以別男女父子兄弟之親昏姻疏數之交也君子以此之爲尊敬然言君子以此故尊禮○長丁丈反別彼列反數色角反然後以其所能教百姓不廢其會節君子以其所能於禮教百姓使其不廢此上事之期節有成事然

後治其雕鏤文章黼黻以嗣上事行於民有成功乃後續以治文飾以爲尊卑之差○彫本亦作雕鏤力豆反黼音甫黻音弗其順之然後言其喪筭。備其鼎俎設其豕腊。脩其宗廟歲時以敬祭祀以序宗族卽安其居節醜其衣服卑其宮室車不雕幾器不刻鏤食不貳味以與民同利昔之君子之行禮者如此言語也。筭數也卽就也醜類也幾附纏之也言君子既尊禮民以爲順乃後語以喪祭之禮就安其居處正其衣服教之節儉與之同利者上下俱足也○筭悉亂反備其鼎俎本亦無此句腊音昔卑如字又音婢幾音祈注同語以魚據反公曰今之君子胡莫行之也孔子曰今之君子好實無厭淫德不倦荒怠敖慢固民是盡午其衆以伐有道求得。當欲不以其所昔之用民者由前今之用民者由後今之君子莫爲禮也實猶富也淫放也固猶故也午其衆逆其族類也當猶稱也所猶道也由前用上所言猶後用下所言○好呼報反厭於豔反敖五報反午五故反一音如字注同王肅作迕迕違也當丁浪反注同稱尺證反

【疏】。哀。公。至。禮。也○正義曰此一節是哀公問禮之事大禮何如者以禮之所用其事廣大包含處廣故云大禮○君子之言禮何其尊也者哀公問夫子云賢人君子言說禮之事重此禮何事可尊問其所尊之事意○君曰否吾子言之也者孔子既辭以不堪足以識知於禮君謂哀公哀公止其謙讓曰否否不也言不得謙退吾子但言說之也○然後以其所能教百姓者人君既知所生由禮故尊而學之學之既能迴持此能以教百姓也○不廢其會節者會由期也期節謂天地君臣男女之期節也○既教百姓故使百姓不廢此三事之期節也○有成事者謂有上三事行於民有成功之事故云有成事則上事天地辨君臣別男女等之事○然後治其雕鏤文章黼黻以嗣者言

既有在上諸事然後聖人能治理其雕畫刻鏤文章黼黻以嗣續其事使每事有尊卑上下文彩之異○其順之者謂其民也君既尊敬於禮故民得教而百姓順從之○然後言其喪筭者言猶示語也筭數也民既從順然後示語其喪紀節數以教之也○設其豕腊者謂喪中之奠有豕有腊也前示服數後設喪奠之禮也○脩其宗廟歲時以敬祭祀者謂除服之後又教爲之宗廟以鬼享之○以序宗族者又教祭祀末留同姓燕飲序會宗族也○即安其居者即就也就安其居謂隨其風俗山川溪谷之異而安之不使山者居川渚者居中原是也○節醜其衣服者節正也醜類也又正其民衣服使得其類也衣服異宜器械異制是也○卑其宮室者制使有度不峻宇雕牆也○車不雕幾者幾謂沂鄂也謂不雕鏤使有沂鄂也器不刻鏤者謂常用之器不用采飾○食不貳味者謂不副貳肴膳也○以與民同利者非唯教民如此而君亦不奢飾但與百姓同其利潤也○昔之君子之行禮者如此以哀公問君子尊禮所由故結之云古昔之君子之行禮如此上事刺公今不然○孔子曰今之君子好實無厭者實謂財貨充實言今之君子性行貪婪好此財貨無知厭足○固民是盡者固故也盡謂竭盡言不恤於下故使人之財力於是盡竭○午其衆以伐有道者午忤也忤謂違逆也言專意自縱不順衆心是違逆其衆族類也守道者被害是以伐有道也求得當欲不以其所者當稱也所道也言不以道而侵民求其所得必須稱己所欲不用其養民之道○今之君子莫爲禮也者言古之君子用前經所云以化民今之君子用後經所說以害下故今之君子無能爲先世君子之禮也

○孔子侍坐於哀公哀公曰敢問人道誰爲大孔子愀然作色而對曰君之及此言也百姓之德也固臣敢無辭而對人道政爲大愀然變動貌也作猶變也德猶福也辭讓也○坐才臥反愀七小反舊慈糾反又在由反又音秋又子了反下同公曰敢問何謂爲政孔子對曰政者正也君爲正則百姓從政矣君之所爲百

姓之所從也君所不爲百姓何從言君當務於政公曰敢問爲政如之何孔子對曰夫婦別父子親君臣嚴三者正則庶物從之矣庶物猶衆事也○別彼列反公曰寡人雖無似也願聞所以行三言之道可得聞乎無似猶言不肖○肖音笑孔子對曰古之爲政愛人爲大所以治愛人禮爲大所以治禮敬爲大敬之至矣大昏爲大大昏至矣大昏既至冕而親迎親之也親之也者親之也是故君子興敬爲親舍敬是遺親也弗愛不親弗敬不正愛與敬其政之本與大昏國君取禮也至矣言至大也與敬爲親言相敬則親○迎逆敬反下及注同舍音捨不親不正一本不皆作弗與音餘下本與敬與並同公曰寡人願有言然冕而親迎不已重乎已猶大也怪親迎乃服祭服○大音泰孔子愀然作色而對曰合二姓之好以繼先聖之後以爲天地宗廟社稷之主君何謂已重乎先聖周公也○好呼報反公曰寡人固不固焉得聞此言也寡人欲問不得其辭請少進固不固言吾由鄙固故也請少進欲其爲言以曉己○焉於虔反爲于僞反孔子曰天地不合萬物不生大昏萬世之嗣也君何謂已重焉孔子遂言曰內以治宗廟之禮足以配天地之神明出以治直言之禮足以立上下之敬物恥足以振之國恥足以興之爲政先禮禮其政之本與宗廟之禮祭宗廟也夫婦配天地有日月之象焉禮器曰君在阼夫

人在房大明生於東月生於西此陰陽之分夫婦之位也直猶正也正言謂出政教也政教有夫婦之禮焉昏義曰天子聽外治后聽內職教順成俗外內和順國家理治此之謂盛德物猶事也事恥臣恥也振猶救也國恥君恥也君臣之行有可恥者禮足以救之足以興復之○分扶問反治直吏反下同行下孟反下君之行同

孔子遂言曰昔三代明王之政必敬其妻子也有道妻也者親之主也敢不敬與子也者親之後也敢不敬與君子無不敬也敬身爲大身也者親之枝也敢不敬與不能敬其身是傷其親傷其親是傷其本傷其本枝從而亡三者百姓之象也身以及身子以及子妃以及妃君行此三者則愾乎天下矣大王之道也如此則國家順矣

愾猶至也大王居豳爲狄所伐乃曰土地所以養人也君子不以其所養害所養乃去之岐是言百姓之身猶吾身也百姓之妻子猶吾妻子也不忍以土地之故而害之去之岐而王迹興焉○妃芳非反愾許乞反又許氣反大音泰注同豳彼貧反

疏

○孔子至順矣○正義曰此一節明哀公問政之事并問爲政何以必須親迎孔子對之三事今各隨文解之○孔子侍坐於哀公者謂哀公命孔子坐而侍之孔因問以爲政之事自此以下終篇末皆侍坐時言也此云侍坐則以前問者非侍坐時也當立而與之言也○百姓之德也者德謂恩德謂福慶之事言君今問此人道之大欲憂恤於下是百姓受其福慶○公曰寡人雖無似也者無似猶言不肖也肖亦似也哀公謙退言已愚蔽無能似類賢人也○願聞所以行三年之道者則上經夫婦別父子親君臣嚴是也○古之爲政愛人爲大者人爲國本是以爲政之道愛養民人爲大○所以治愛人禮爲大者愛人有禮則生所以治理愛人非禮不可故禮爲大○所以治禮敬爲大者禮以敬爲主故欲治禮者則先須敬故敬爲其大也○敬之至矣大昏爲大者敬有大小若敬至

極之中大昏爲大大昏謂天子諸侯之昏也○大昏至矣者美大昏是敬中至極也○大昏既至冕而親迎親之也者上親猶自也下親親愛也言大昏既是至敬故國君雖尊而服其冕服以自迎也所以自迎者欲親此婦也故云親之也○親之也者親之也謂所以親此婦人。亦親己也是故君子興敬爲親者言君子冕而親迎興起敬心爲欲相親也○舍敬是遺親也者若不冕而親迎則是捨。夫敬心是遺棄相親之道也○弗愛不親者若夫不愛重不自親迎則夫婦之情不相親愛矣○弗敬不正者若夫不冕服親迎是不敬於婦則室家之道不正矣愛與敬其政之本與者愛謂親愛則仁也敬謂尊敬則義也是仁義爲政教之本也○冕而親迎不已重乎者冕則祭服也天子則衮冕諸侯以下各用助祭之服故士昏禮主人爵弁服是也已猶大也君身著祭服而親迎不亦大重乎○注怪親迎乃服祭服○正義曰昏禮迎婦二傳不同春秋公羊說自天子至庶人皆親迎左氏說天子至尊無敵故無親迎之禮諸侯有故若疾病則使上卿。逆上公臨之許氏謹案高祖時皇太子納妃叔孫通制禮以爲天子無親迎從左氏義玄駁之云大姒之家在渭之涘文王親迎於渭即天子親迎明文也引禮記冕而親迎繼先聖之後以爲天地宗廟社稷之主非天子則誰乎如鄭此言從公羊義也又詩說云文王親迎於渭紂尚南面文王猶爲西伯耳以左氏義爲長鄭駁未定○注云先聖周公也○正義曰以哀公所問當問已諸侯唯魯出周公故解先聖爲周公又魯得郊天故云天地宗廟社稷之主若異義駁所云則以先聖及天地據天子以事含兩義故彼此各舉一邊○公曰至本與○固不固者上固是彼固下固故也言寡人由鄙固之故所以得聞此言由其固陋殷重問之故得聞此言皇氏用王肅之義二固皆爲固陋上固言己之固陋下固言若不鄙固則不問不問焉得聞此言哉○寡人欲問不得其辭。之請少進者寡人更欲問所疑之事不能得其所問之辭請孔子少進言使簡約易了○內以治宗廟之禮足以配天地之神明者謂君祼獻后夫人亞獻之屬是治宗廟之禮也天地謂日月也夫配日婦配月注引禮器文是也○出以治直言之禮足以立上下之敬者直正也若夫婦出在於外治理正直

言教之禮足以立君臣上下之恭敬也則注引昏義文是也物恥足以振之者
物事也振救也謂臣之職事有可恥愧者其禮足以救之○國恥足以興之者
謂君於治國有可恥愧其禮足以興起之也○爲政先禮禮其政之本與者言
欲爲國家之政先行於禮禮謂夫婦之道內則治宗廟配天地外則施政教立
上下故爲政教之本與○孔子至順矣○上經孔子答哀公以問政之事遂更
廣言三代明王爲政之道敬其妻子及敬其身乃可施政教於天下言敬其妻
子也有道者謂三代敬其妻子必有道理故言有道也○妻也者親之主也言
妻所以供粢盛祭祀與親爲主故云親之主也○三者百姓之象也者謂身也
子也妃也若愛百姓先須敬身及子及妃乃能及百姓故云百姓之象也○身
以及身子以及子妃以及妃者此言百姓之象能愛己身則以及百姓之身能
愛己子則以及百姓之子能愛己妃則以及百姓之妃是身與妻子還是百姓
身與妻子故云百姓之象也前汎言故云妻此論人君治國政故云妃○是君行
此三者則愾乎天下矣大王之道也者言人君行此三事從近而能廣至於天
下矣唯大王能然故云大王之道也○如此國家順矣者既能愛百姓之身及
妻子如似己身及己之妻子也則天下懷德無不順從故云國家順矣○注愾
猶至與焉○正義曰愾音近餼餼爲息息是至之義故云愾猶至也云大王居
豳爲狄所伐者毛詩傳文案詩稱大王居豳狄人侵之事之以皮幣不得免焉
事之以犬馬不得免焉事之以珠玉不得免焉乃屬其耆老而告之曰狄人之
所欲吾土地吾聞之土地所以養人君子不以其所養人而害人遂去之邑於
岐山之下毛傳所引者皆孟子文又莊子及呂氏春秋稱大王亶父曰與人之
兄居而殺其弟與人之父居而殺其子吾不忍也且吾聞之不以其所養害所
養於是乃策杖而去民相隨而從之遂成國於岐山之下又書傳略說云事之
以菽粟貨財狄人攻而不止遂策杖而去國人束脩奔走而從者三千成止而
民成三千戶之邑也此注君子不以其所養害所養取莊子呂氏春秋文也

公曰敢問何謂敬身孔子對曰君子過言則民作辭過動則民作則君子言不

過辭動不過則百姓不命而敬恭如是則能敬其身能敬其身則能成其親矣則法也民者化君者也君之言雖過民猶稱其辭君之行雖過民猶以爲法疏公曰至親矣○正義曰以前經對哀公爲政在於敬身故此經公問敬身之事孔子對以敬身之理○君子過言則民作辭者以君爲民表下之所從假令過誤出言民猶法之稱作其辭○過動則民作則者君子假令過誤舉動而民作其法則所以君子出言不得過誤其辭舉動不得過誤法則公曰敢問何謂成親孔子對曰君子也者人之成名也百姓歸之名謂之君子之子是使其親爲君子也是爲成其親之名也已孔子遂言曰古之爲政愛人爲大不能愛人不能有其身不能有其身不能安土不能安土不能樂天不能樂天不能成其身有猶保也不能保身者言人將害之也不能安土動移失業也不能樂天不知己過而怨天也○樂天音洛下及注同怨於元反又於願反疏公曰至其身○正義曰前經對哀公敬身則能成親故此經明公更問敬身之事何以成親夫子答以成親之義遂廣明成身之理君子也者人之成名也者言凡謂之君子者人之成就美名王肅云君上位子下民○百姓歸之名謂之君子之子者言己若能敬身則百姓歸己善名謂己爲君子所生之子是己之脩身使其親有君子之名是脩身成其親也○不能有其身不能安土者既不能汎愛於人人則害之故不能保有其身避其禍害流移失業是不能安土○不能樂天者身既失業不知己過所招乃更怨天是不能愛樂於天也○不能成其身者既不能樂天不自知其罪將謂天之濫罰罪惡之事無所不爲是不能成其身公曰敢問何謂成身孔子對曰不過乎物物猶事也疏公曰至乎物○正義曰以前經對哀公以成身故此經明公問成身夫子答以成身之事○不過乎物者過謂

過誤物事也言成身之道不過誤其事但萬事得中不有過誤則諸行並善是所以成身也公曰敢問君子何貴乎天道也孔子對曰貴其不已如日月東西相從而不已也是天道也不閉其久是天道也無爲而物成是天道也已成而明是天道也已猶止也是天道也者言人君法之當如是也日月相從君臣相朝會也不閉其久通其政教不可以倦無爲而成使民不可以煩也已成而明照察有功○朝直遙反炤音照本亦作照

【疏】公曰至道也○正義曰以前經孔子對以成身之事公更無疑更改問君子何貴乎天道孔子又答以貴天道之事○如日月東西相從而不已也是天道也者言天體無形運行不息如似日月東西相從而不休已是天道也人君設法當則上天之道君臣朝會往來不已也○不閉其久是天道也者言天開生萬物不使閉塞其能久長是天道也謂人君施政當則天道施爲政教開通萬物而能長久不懈倦也故云是天道也○無爲而物成是天道也者言春生夏長無見天之所爲而萬物得成是天道謂人君當則天道以德潛化無所營爲而天下治理故云是天道也○已成而明是天道也者言天之生物已能成就而功之明著是天道人君當則天道化民治理而功成大平故云是天道也

公曰寡人惷愚冥煩子志之心也志讀爲識識知也冥煩者言不能明理此事子之心所知也欲其要言使易行○惷如容反徐昌容反又湯邦反一音丁絳反字林丑凶反又丑絳反愚也冥莫亭反徐亡定反志依注音識徐音試易以豉反孔子蹴然辟席而對曰仁人不過乎物孝子不過乎物是故仁人之事親也如事天事天如事親是故孝子成身蹴然敬貌物猶事也事親事天孝敬同也孝經曰事父。孝故事天明舉無過事以孝事親是所以成身○蹴子六反又在育反辟音避○

【疏】。公。曰。至。身○正義曰前經明天道之事人君當則之無已公欲孔子要陳所行何事能得如天不已孔子答以所行不已之事寡人惷愚者是哀公謙退言己惷然愚蔽無所了解○冥煩子志之心也皇氏云子志夫子之志志是知也言我之心冥煩不能明理此事子心所知也今謂志是識知也言孔子識知廣博故己欲使夫子出要言以示己○孔子蹴然辟席而對曰者以公謙退故蹴然恭敬辟席而起對○仁人不過乎物者物事也言仁德之人不過失於其事言在事無過失也○孝子不過乎物者言孝子事親亦於事無過也○是故仁人之事親也如事天者言仁人事親以敬如與事天相似言敬親與敬天同○事天如事親者言仁人事天以孝愛如人事親孝愛相似言愛親與愛天同○是故孝子成身者上稱仁人則孝子也據其汎愛則稱仁人據其事親則稱孝子內則孝敬於父母外則孝敬於天地其間無所不行孝敬故云孝子成身也

公曰寡人既聞此言也無如後罪何既聞此言也者欲勸行之也無奈後日過於事之罪何爲謙也辭孔子對曰君之及此言也是臣之福也善哀公及此言此言善言也○【疏】公曰至福也○正義曰此一節明哀公問事畢有謙退之辭孔子答以君懼後罪是臣之福也○無如後罪何者如奈也言寡人以聞子之言勤力而行但己之才弱無柰後日過於其事而有罪戾何是謙退之辭

仲尼燕居第二十八○陸曰鄭云善其不倦燕居猶使三子侍言及於禮著其字言可法也退朝而處曰燕居【疏】正義曰案鄭目錄云名曰仲尼燕居。者善其不倦燕居猶使三子侍之言及於禮著其字言事可法退朝而處曰燕居此於別錄屬通論此之一篇是仲尼燕居子張子貢言游三子侍側孔子爲說禮事各依文解之

仲尼燕居子張子貢言游侍縱言至於禮言游子游也縱言汎說事○燕於見反汎芳劍反子曰居女三人者吾語女禮使女以禮周流無不徧也居女三人者女三人且坐也使之坐凡與尊者言更端則起○

女音汝後同本亦作汝語魚據反下及注語女皆同偏音遍 疏 子仲尼至偏也〇正義曰此一節論問更端三子陪侍夫子欲語以禮之大綱〇縱言至於禮者縱謂放縱仲尼與三子等放縱廣言汎說諸事遂至於禮〇使女以禮周流無不偏也周流謂周旋流轉言我使女等恆以禮周旋流轉無不偏於天下

子貢越席而對曰敢問何如對應也子曰敬而不中禮謂之野恭而不中禮謂之給勇而不中禮謂之逆子曰給奪慈仁奪猶亂也巧言足恭之人似慈仁實鮮仁特言是者感子貢也子貢辨近於給〇中丁仲反下同給音急徐渠急反又其劫反下同足將注反又如字鮮仙淺反近附近之近 疏 子貢至慈仁〇正義曰此一節明子貢問禮辨而不讓夫子因感而喻之言若不中禮則於事為失敬而不中禮謂之野者野謂鄙野雖有恭敬而不合禮是謂鄙野之人無所知也恭而不中禮謂之給者給謂捷給便僻足恭而不合禮是謂捷給足恭之貌勇而不中禮謂之逆逆謂逆亂雖有壯勇而不合禮則為逆亂〇子曰給奪慈仁者言捷給之人貌為恭敬似慈愛寬仁而實不慈仁但其貌奪亂真慈仁也注云特言是者感子貢也子貢辨近於給故

子曰師爾過而商也不及子產猶衆人之母也能食之不能教也過與不及言敏鈍不同俱違禮也衆人之母言子產慈仁多不矜莊又與子張相反子產嘗以其乘車濟冬涉者而車梁不成是慈仁亦違禮〇食音嗣敏頻徒遜反乘繩證反又如字 疏 子曰至教也正義曰以上經子貢辨而捷給不中於禮故此經因明不中禮之人亦言子張之過子夏不及子產之恩惠不能教也〇子產猶衆人之母也者言父義母慈父能教而不能愛母則能愛而不能教言子產若衆人之母但能恩慈食之不能嚴厲教之〇注過與至違禮〇正義曰敏鈍不同者師也過是於事敏疾商也不及是於事遲鈍故言敏鈍不同云子產嘗以其乘車濟冬涉者而車梁不成者孟子云子產聽鄭國之政以其乘車濟人於溱洧孟子曰惠而不知為政歲十一月徒杠成十二月輿梁成民未病涉也是

鄭約孟子爲注既言十一月十二月明是濟冬涉者子貢越席而對曰敢問將何以爲此中者也子曰禮乎禮夫禮所以制中也禮乎禮唯有禮也子貢退言游進曰敢問禮也者領惡而全好者與子曰然領猶治也好善也○與音餘下無相與同然則何如子曰郊社之義所以仁鬼神也嘗禘之禮所以仁昭穆也饋奠之禮所以仁死喪也射鄉之禮所以仁鄉黨也食饗之禮所以仁賓客也仁猶存也凡存此者所以全善之道也郊社嘗禘饋奠存死之善者也射鄉食饗存生之善者也郊有后稷社有句龍○昭穆上遙反穆亦作繆音同食饗音嗣注同句古侯反子曰明乎郊社之義嘗禘之禮治國其如指諸掌而已乎是故以之居處有禮故長幼辨也以之閨門之內有禮故三族和也以之朝廷有禮故官爵序也以之田獵有禮故戎事閑也以之軍。旅有禮故武功成也是故宮室得其度量鼎得其象味得其時樂得其節車得其式鬼神得其饗喪紀得其哀辨說得其黨官得其體政事得其施加於身而錯於前凡衆之動得其宜治國指諸掌言易知也郊社嘗禘尊卑之事有治國之象焉辨別也三族父子孫也凡言得者得法於禮也量豆區斗斛也味酸苦之屬也四時有所多及獻所宜也式謂載也所載有尊卑辨禮之說謂禮樂之官教學者黨類也體尊卑異而合同○長丁丈反後皆同量音諒注及下同錯七故反本又作措後同易以豉反別彼列反下其別同區烏侯反子曰禮者何也卽事之治也君子有其事必有其治治國而無禮譬猶瞽之無相與倀倀乎其何之譬如終夜有求於幽室之中非燭何見若無禮則手足無所錯耳目無所加進退揖讓無所制是故以之居處長幼失其別閨門三族失其和朝廷官爵失其序田獵戎事失其策軍旅武功失其制宮室失其度量鼎失其象味失其時樂失其節車失其式鬼神失其饗喪紀失其哀辨說失其黨官失其體。政事失其施加於身而錯於前凡衆之動失其宜如此則無以祖洽於衆也凡言失者無禮故也策謀也祖始也洽合也言失禮無以爲衆倡始無以合和衆○治直吏反下其治治國並同瞽音古相息亮反倀勑良反無見貌策初革反爲衆于僞反又如字倡尺亮反

【疏】○子貢至衆也○正義曰此一節明子游問禮夫子爲說禮之事凡有三節各隨文解之○領惡而全好者與領治也好善也與是語辭子游問禮之爲體治去惡事而留全善事者與子曰然○然如是夫子答以禮之爲意如是領惡全善也○然則何如者子游既聞夫子稱治惡全好之事更問夫子治惡全好之事如何○子曰郊社之義所以仁鬼神也者仁謂仁恩相存念也郊社之祭所以存念鬼神也○饋奠之禮所以仁死喪也者謂人之初死設此饋食之奠所以存念死喪此以上皆是存留死事之善者善事既全則惡事除去也○射鄉之禮所以仁鄉黨也射謂鄉射鄉謂鄉飲酒也禮鄉黨中有鄉射有鄉飲酒者存鄉黨故也然射在鄉上者欲明鄉射與鄉飲酒別也此仁鄉黨及下仁賓客皆是存生之善者也○注郊有后稷社有句龍○正義曰注稱此者解經郊社仁鬼神之義鬼神謂人之鬼神故以后稷句龍言之此鬼神與昭穆死喪相類故知非陰陽七八九六之鬼神也○子曰至其宜○正義曰前經明郊社等之禮各有所由故此經更廣明郊

社嘗禘明而用之則有功也又廣明諸禮所用有功之事○治國其如指諸掌而已乎者郊社所以祭天地嘗禘所以祭宗廟皆是事之難者若能明之得理則治。之諸事其如指掌中之物言其易了○是故宮室得其度者前經以說明乎郊社嘗禘治國如指物於掌中此以下明治國諸事各得其所宮室得其度者度謂制度高下大小得其依禮之度數凡言得者皆得法於禮也○量鼎得其象者象謂法象言斛斗之量三牲之鼎各得其制依禮之法法象故易繫辭云以制器者尚其象○○味得其時者謂春酸夏苦之屬得其依禮之時○樂得其節者謂樂曲之節○○車得其式者式載也言所乘之車各得其所載之尊卑○鬼神得其饗者謂天神人鬼各得其饗食也○喪紀得其哀者謂五服親疏各得其哀情也○辨說得其黨者謂分辨論說詩書禮樂之等各得其黨類不乖事之義理○官得其體者體謂容體謂設官分職各得其尊卑之體○政事得其施者言布政治事各得其所施之處也○加於身而錯於前凡衆之動得其宜者合結用禮之功也錯置也衆謂萬事也以禮加身而錯置行之於前則凡萬事動用皆得其所宜也○注三族至合同○正義曰云三族父子孫也者族屬也從己而言父子孫於己最近唯父子孫耳案昏禮三族之不虞鄭注云三族謂父昆弟己昆弟子昆弟與此不同者彼為請期恐有期喪之廢昏故云三族宜據期喪者故與此不同云量豆區斗斛也者案春秋左氏昭三年傳云齊舊四量四升為豆各自其四以登於釜注云四豆為區四區為釜又律曆志云十升為斗十斗為斛是豆區斗斛云四時有所多及獻所宜也者案周禮食醫春多酸夏多苦秋多辛冬多鹹又獸人云冬獻狼夏獻麋是也云式謂載也者謂車有式以載人故云式猶載也云辨禮之說謂禮樂之官教學者以下別云官得其體政事得其施則此辨說非政事故以為禮樂之官教學者舉禮樂則詩書可知云黨類也者言教學各以其書之義類故云得其黨云體尊卑異而合同者猶人身之有手足手足異於身而共體猶若長官與屬官亦尊卑異而共掌一事○子曰至衆也○正義曰前經明諸事得禮則有其功此經明諸事失禮則其事有害○即事之治也者夫子更廣明禮事更自設問云禮者何也即事之治理言萬物之治皆由禮○譬猶瞽之無相與倀倀乎其何之者瞽謂無目相謂扶相言治國無禮譬猶瞽者無人扶相倀倀乎何所之適○是故以之居處長幼失其別者此以下皆謂無禮有失也䌹前經得禮之事也長幼失其別者別卽辨也○戎事失其策者前云戎事閑也今云失其策者策謀也若失其謀則不能閑暇也○軍旅武功失其制者前云武功成也此云失其制由不成故失制也○政事失其施者失施若春行夏令之屬也○加於身而錯於前凡衆之動失其宜者以無禮自加而錯於行事故萬事皆失所宜也如此則無以祖洽於衆也者結失禮之惡也祖始也洽合也每事如此則爲君上失德不可爲衆人之倡始而使和合者也●子曰愼聽之女三人者吾語女禮猶有九焉大饗有四焉苟知此矣雖在畎畝之中事之聖人已兩君相見揖讓而入門入門而縣興揖讓而升堂升堂而樂闋下管象武夏籥序興陳其薦俎序其禮樂備其百官如此而后君子知仁焉行中規還中矩和鸞中采齊客出以雍徹以振羽是故君子無物而不在禮矣入門而金作示情也升歌清廟示德也下而管象示事也是故古之君子不必親相與言也以禮樂相示而已猶有九焉吾所欲語女餘有九也但大饗有四大饗謂饗諸侯來朝者也四者謂金再作升歌清廟下管象也事之謂立置於位也聖人已者是聖人也縣。興金作也金再作者。獻主君又作也下謂堂下也象武武舞也夏籥文舞也序更也堂下吹管舞文武之樂更起也知仁焉知禮樂所存也采齊雍振羽皆樂章也振羽振鷺及雍金作示情也賓主人各以情相示也金性內明象人情也示德也相示以德也清廟頌文王之德示事也相示以事也武象武武王之大事也○畎古犬反縣音玄注同闋苦穴反籥音藥中丁仲反下

同還音旋齊本又作齋在細在私二反注同更音庚下同鶩音路子曰禮也者理也樂也者節也君子無理不
動無節不作不能詩於禮繆不能樂於禮素薄於德於禮虛繆誤也素猶質也歌詩所以通禮意
也作樂所以同成禮文也崇德所以宴禮行也王制曰樂正崇四術立四教順先王詩書禮樂以造士春秋教以禮樂冬夏教以詩書王大子王子羣后之大
子卿大夫元士之適子國之俊選皆造焉則古之人皆知諸侯之禮樂○繆音謬注同行下孟反又如字夏戶嫁反大子音泰下大子下文大平同適丁歷反
選宣面反造才早反徐七到反子曰制度在禮文爲在禮行之其在人乎文爲文章所爲子貢越席而
對曰敢問夔其窮與見其不達於禮○夔求龜反與音餘子曰古之人與古之人也達於禮而不
達於樂謂之素達於樂而不達於禮謂之偏夫夔達於樂而不達於禮是以傳
於此名也古之人也素與偏俱不備耳夔達於樂傳世名此賢人也非不能非所謂窮○傳丈專反注同疏子曰至人也○正義曰以
前經子游問禮孔子特爲說之自此以下孔子總爲三人說禮之大意但於禮之內大饗爲重故此經特明之今各隨文解之○猶有九焉者言上經所說禮
外猶有九事焉今爲汝說之○大饗有四焉者言九事之中兩君相見一大饗有四四者謂賓初入門而縣興揖讓而升堂主人獻賓賓飲訖而樂闋是一也賓
酢主人金奏作主人飲畢而樂闋是二也至工入升歌清廟是三也歌畢堂下管象武是四也是大饗有四焉苟知此矣雖在畎畝之中事之聖人已者苟誠
也謂誠能知此四事其身雖在畎畝之中衆人奉而事之立置於位戴以爲君聖人已者已謂語辭言如此者是聖人也○兩君相見揖讓而入門者諸侯來
朝兩君相見揖讓而入門○入門而縣興者謂鍾磬與而動作謂金奏作也揖讓而升堂升堂而樂闋者賓主及階揖讓升堂主人獻賓賓卒爵而樂闋是大

饗之一也又於此之後賓酢主君而縣興主君飲畢而樂闋是大饗之二也鄭注所謂金再作是也○下管象武者謂升歌清廟是大饗之三也堂下管中吹象武之曲是大饗之四也但此下管象武之上少升歌清廟之一句下文既詳故於此略之○夏籥序興者夏籥謂大夏文舞之樂以象武次序更遞而興於是陳列薦俎次序禮樂備具百官從夏籥序興至此重贊揚在上之事○如此而后君子知仁焉者仁猶存也君子見上大饗四焉知禮樂所存在也行中規至徹以振羽者是大饗四禮之外加有此五事總爲九也但以前四事義廣意深故特明於上此之五事折旋揖讓其理淺露故别於下○行中規者謂曲行配前爲第五○還中矩者謂方行也。通爲六也○和鸞中采齊者采齊樂章名言和鸞之聲中采齊之曲謂出門迎賓之時通前爲七也○客出以雍者雍詩樂章名也言客出之時歌雍以送之通前爲八也○徹以振羽者振羽即振鷺詩亦樂章名也言禮畢。通徹器之時歌振鷺也。通爲九也○是故君子無物而不在禮矣者言無事不在禮萬事皆在於禮也○入門而金作示情也謂賓入門之後至主人飲畢而金鐘之聲再度興作金性內明主人獻賓而金作是主人示賓以恩情賓酢主人而金作是賓示主人以敬情覆上縣興之文也○升歌清廟示德也者清廟頌文王之德故云示德也此覆說上文但前文略而不載也○下而管象示事也者象謂武王伐紂之樂事謂王業之大事故下管象武示王業之事也此覆釋前文下管象武也○古之君子不必親相與言也以禮樂相示而已者言古之君子相朝會不必親自以事相與丁寧而言但以禮樂微相示語依違而已○注猶有至事也○正義曰太饗謂饗諸侯來朝者也經云兩君相見故知是饗諸侯來朝謂鄰國相會也云四者謂金再作升歌清廟下管象也者是數大饗有四之事金再作是二也升歌清廟是三也下管象是四也云事之謂立置於位也者以經先云大饗有四焉乃云事之故鄭注亦先數四事乃解事之也而皇氏以夏籥序興與下管象武合爲一爲大饗之事四今鄭數四事直云下管象武不數夏籥序興又經云金作示情清廟示德下管示事不論夏籥皇氏通數夏籥其義非也云縣興金作也者解經入門而縣與謂金奏第一作也案大射禮賓及庭奏肆夏至主人獻賓賓再拜受爵樂闋是金一作也但大射以臣爲賓故及庭始金奏若鄰國君來入門卽金奏也云金再作者獻主君又作也者案大射禮主人獻賓之後主人洗象觚獻于公公拜受爵乃奏肆夏公卒爵而樂闋大射禮謂臣爲主。而獻君若兩君相見則賓獻主君故獻主君又作也云堂下吹管舞文武之樂更起也者以經云下管象武卽。云夏籥序興是初時管中吹象武之曲已後與夏籥文舞更遞而作故云舞文武之樂更起也云采齊雍振羽皆樂章也以雍是詩篇名振羽卽振鷺故知與采齊之等皆是樂章之名也云武象武王之大事也以此象武與清廟相對清廟是文王之詩故知象武是武王之樂案周頌維清奏象武也注云武王制焉盧解大饗有九者揖讓而入門一也入門而縣興二也揖讓而升堂三也升堂而樂闋四也下管象武五也夏籥序興六也陳其薦組七也序其禮樂八也備其百官九也王肅以爲大饗九者其下與五事與鄭同又以揖讓而入門入門而縣興揖讓而升堂爲一也升堂而樂闋二也下管象武夏籥序興三也陳其薦組序其禮樂備其百官爲一爲四也添下五事爲九也○子曰至禮虛○正義曰以前經大饗有禮樂之事故此經申明禮樂之義理謂道理言禮者使萬事合於道理也○樂也者節也者節制也言樂者使萬物得其節制○君子無。理不動無節不作者言古之君子若無禮之道理不妄興動無樂之節制不敢興作○不能詩於禮繆者以詩能通達情意得則行禮審正若不能習詩則情意隔絶於禮錯繆言行禮必須詩○不能樂於禮素者素謂質素言樂能有音聲綴兆于戚文飾於禮若不能習樂則於禮樸素○薄於德於禮虛者言內心厚於其德則外充實若內心淺薄於德則於外禮空虛言行禮必須德言此經雖禮樂並陳德是百行之本樂是禮中之別故明禮須詩樂及德乃爲善也○注王制至禮樂○正義曰引王制者明上從天子下至國之俊選皆須禮樂而成證經之君子無理不動無節不作也云皆知諸侯之禮樂者以前經大饗是兩君相見諸侯禮樂之事此經申說前經云君子無理不動故知尊卑皆是諸侯之禮樂○子曰至人也○正義曰前經明禮爲諸事之本此經明行禮在人○

制度在禮者言國家尊卑上下制度存在於禮〇文爲在禮者人之文章所爲亦在於禮言禮爲制度文章之本行之其在人乎者言能行其禮全在人乎謂人能行禮也〇子貢至人也〇正義曰前經孔子稱唯人能行禮子貢唯聞夔之善樂不聞夔之達禮意謂夔身全不解禮故越席而對夫子云敢問此夔於禮其窮困與〇子曰古之人與者言今人解樂則全不知禮夔是古之人與但不曉達於禮耳非全不知也〇古之人也達於禮而不達於樂謂之素者古與今異古之人也明達於禮而不甚明達於樂者但謂之樸素不備具耳不得稱於樂爲窮〇達於樂而不達於禮謂之偏者言古之人但明達於樂而不甚明達於禮者謂之偏半而不備耳非是於禮爲窮〇夫夔達於樂而不達於禮是以傳於此名也言夔禮樂兼有但樂優於禮故特通達於樂不甚通達於禮是以傳於此賢名流於後世若全不解禮何以傳於此名也古之人也更重美夔云是古之人與今之人別也若今人達於樂而不達於禮者則全不知禮也〇夔素與至謂窮〇正義曰素與偏俱不備耳者言素之與偏俱是不具非是全不知也故稱耳以結之云非不能非所謂窮者言夔非是不能行禮但不特通達非謂全不知於禮爲窮困也故虞書舜命伯夷典朕三禮伯夷讓夔是夔知禮也而皇氏以達爲掌言夔掌樂不掌禮達訓爲掌於義無文又與鄭注意乖其義非也

子張問政子曰師乎前吾語女乎君子明於禮樂舉而錯之而已言禮樂足以爲政也錯猶施行也〇子曰師乎絕句子張復問子曰師爾以爲必鋪几筵升降酌獻酬酢然後謂之禮乎爾以爲必行綴兆興羽籥作鍾鼓。然後謂之樂乎言而履之禮也行而樂之樂也君子力此二者以南面而立夫是以天下大平也諸侯朝萬物服體而百官莫敢不承事矣禮之所與衆之所治也禮之所廢衆之所亂也目巧之室則有奧。阼席則有上下車則有左右行則有隨立則有序古之義也室而無奧。阼則亂於堂室也席而無上下則亂於席上也車而無左右則亂於車也行而無隨則亂於塗也立而無序則亂於位也昔聖帝明王諸侯辨貴賤長幼遠近男女外內莫敢相踰越皆由此塗出也服體體服也謂萬物之符長皆來爲瑞應也衆之所治衆之所以治也衆之所亂衆之所以亂也目巧謂但用巧目善意作室不由法度猶有奧阼賓主之處也自目巧以下古今常事不可廢改也○復扶又反鋪普胡反徐音孚樂之音洛又音岳治直吏反注同奧字又作隩烏報反阼才故反符長丁丈反隱義云符謂甘露醴泉之屬長謂麟鳳五靈之屬應應對之應徐於甑反處昌慮反

三子者既得聞此言也於夫子昭然若發矇矣乃曉禮樂不可廢改之意也○昭章遙反徐之紹反明也矇音蒙矣本亦無矣字

疏子張至矇矣○正義曰舉而錯之而已者錯行也言爲政之道明於禮樂舉而錯行之言爲政在此而已○言而履之禮也者言爲禮之體不在於几筵升降酬酢乃謂之禮但在乎出言履踐行之謂之禮也○行而樂之樂也者言樂不在於羽籥鍾鼓乃謂之樂但在乎身之行天下愛樂謂之樂也○君子力此二者力謂勉力也言君子勉力勤行此二者禮樂之事則天下太平○萬物服體者服謂屈服體謂形體言飛走動植之物而皆來爲瑞應也○目巧之室則有奧阼者言但用目準視巧思存意雖不由法度猶有奧阼賓主之處不可不有也○席則有上下者言布席之時不可無上下○車則有左右者言乘車之時不可無左右○行則有隨者謂少者在後相隨○立則有序者謂並立則有次序○古之義也者自古以來禮樂之意○室而無奧阼則亂於堂室也上言得禮則治自此以下言失禮則亂故準上文○皆由此塗出也者由從也塗道也道謂禮樂。言古之聖帝明王所以能使貴賤

長幼遠近男女殊別外內莫敢相踰越者皆由此禮樂塗道出其此事也○注服體至改也○正義曰謂萬物之符長者符謂甘露醴泉之屬長謂五方瑞應之長。也云奧阼賓主之處也者爾雅云西南隅謂之奧奧之外則有賓位所在東階謂之阼故曰賓主之處云自目巧以下古今常事不可廢改也言經中目巧以上論說禮樂之事或質文沿革隨時變改自目巧以下尊卑上下萬代恆行故云古今常事不可廢改也

附釋音禮記注疏卷第五十

禮記注疏卷五十校勘記　阮元撰盧宣旬摘錄

附釋音禮記注疏卷第五十　惠棟校宋本禮記正義卷第五十八

經解第二十六

孔子曰入其國節

孔子至者也　惠棟校宋本無此五字

若不節之則失在於愚　閩本同監毛本之作制考文云宋板亦作之無則字

子產爭承之類是也　惠棟校宋本作承與左傳合此本承作丞閩監毛本同

天子者與天地參節

然後玉鏘鳴也　閩監毛本同岳本同衞氏集說同嘉靖本同釋文出玉鎗云本又作鏘

和在軾前升車則馬動　閩監毛本同岳本同衞氏集說嘉靖本並同續通解前作故非也

故朝覲之禮節

婿曰昏　閩本同監毛本婿作壻岳本同衞氏集說嘉靖本並同疏放此

故朝至亂患　惠棟校宋本無此五字

則豫防障之 閩監毛本同惠棟校宋本防作坊衞氏集說同

禮本坊亂 閩監毛本同惠棟校宋本坊作防

故禮之教化也微節

差錯若毫氂之小 閩本同惠棟校宋本同毛本氂作釐

哀公問第二十七

哀公問於孔子曰節

然後言其喪筭 各本同石經同釋文出喪筭毛本筭作算注同

脩其宗廟 各本同石經同嘉靖本毛本脩作修

求得當欲 各本同毛本得誤德

哀公至禮也 惠棟校宋本無此五字

孔子侍坐於哀公節

願聞所以行三言之道 閩監本同石經同岳本同嘉靖本同毛本言誤焉疏同

猶吾妻子也 閩監本同岳本同嘉靖本同衞氏集說同考文引宋板同毛本猶誤乃

孔子至順矣　惠棟校宋本無此五字

謂所以親此婦人亦親己也　閩監毛本同考文引宋板亦親上有欲使婦人四字衛氏集說同

則是捨夫敬心　閩監毛本同考文云宋板夫作去衛氏集說同

則使上卿逆　惠棟校宋本同衛氏集說亦作逆閩監毛本逆作迎

不得其辭之請少進者　閩監毛本同惠棟校宋本無之字

振救也　閩監本同毛本救誤敬下其禮足以救之同

言妻所以供粢盛祭祀　閩監毛本同惠棟校宋本妻下有者字

此論人君治國政　閩本同惠棟校宋本同衛氏集說同監毛本君誤臣

愾音近憩憩爲息　閩本同監本憩憩作憇憇毛本作慹慹惠棟校宋本作憩憩

毛詩傳文　惠棟校宋本同閩監毛本文誤云衛氏集說亦作文

而從者三千成　閩監毛本同惠棟校宋本成作乘按詩緜疏引書傳略說亦作乘字

公曰敢問何謂敬身節

公曰至親矣　惠棟校宋本無此五字

孔子對以敬身之理閩監本同衛氏集說同毛本理誤禮

公曰寡人惷愚冥煩節

事父孝故事天明閩監本同岳本同嘉靖本同衛氏集說同考文引宋板同毛本孝誤毋

公曰至成身惠棟校宋本無此五字

而有罪戾何閩監毛本同惠棟校宋本戾作失

仲尼燕居第二十八

仲尼燕居者善其不倦閩監毛本同惠棟校宋本無者字衛氏集說同

子貢越席而對曰敢問何如節

子貢辨近於給岳本同衛氏集說同閩監毛本辨作辯疏同嘉靖本同

子貢至慈仁惠棟校宋本無此五字

子曰師爾過節

言敏鈍不同各本同釋文鈍作頓假借字

而車梁不成閩監毛本同岳本同嘉靖本同惠棟校宋本車作輿衛氏集說同

子曰至教也惠棟校宋本無此五字

言子產若衆人之母閩監毛本同惠棟校宋本若上有猶字

而車梁不成者閩監毛本同惠棟校宋本車作輿

子貢退節

以之軍旅有禮各本同石經同毛本軍誤君

官失其體惠棟校宋本石經宋監本岳本衞氏集說同閩監毛本體誤禮嘉靖本作躰俗字

子貢至衆也閩監毛本同惠棟校宋本五字無山井鼎云子貢至衆也宋板此上有正義曰前經明諸事得理止而使和合者也十七字

此一節明子游問禮閩監本同毛本游作貢

然如是惠棟校宋本然下有猶字衞氏集說同此本猶字脫閩監毛本同

此以上皆是存留死事之善者毛本如此此本上皆是三字闕閩監二本闕上皆二字考文云宋板無皆字

射謂鄉射閩監毛本同惠棟校宋本鄉射下有也字

則治之諸事惠棟校宋本有國字此本國字脫閩監毛本同

按周禮食醫春多酸　閩本同惠棟校宋本同監毛本醫誤醬

子曰愼聽之節　惠棟校云子曰愼聽之節宋本分以禮樂相示而已矣之上合子貢退節爲一節子曰禮也者至其在人乎另爲一節子貢越席至古之人也另爲一節

縣與金作也金再作者獻主君又作也　閩本同岳本同嘉靖本同衞氏集說同監本與誤輿毛本獻誤厭考文云宋板亦作獻

通爲六也　閩監毛本同惠棟校宋本通下有前字衞氏集說同○下通爲九也放此

言禮畢通徹器之時　閩監毛本同考文云惠棟校宋本無通字衞氏集說亦作禮畢徹器

入門而金作示情也　惠棟校宋本如此此本者字脫閩監本同毛本者字有也字脫

大射禮謂臣爲主人而獻君　惠棟校宋本有人字此本人字脫閩監毛本同

下管象武卽云夏籥序興　閩監毛本同考文引宋板無云字

君子無理不動　閩監本同毛本理誤禮

子張問政節

作鍾鼓　閩本同嘉靖本同衞氏集說同監毛本鍾作鐘石經同岳本同

室則有奧阼注同各本同石經同釋文出奧云字又作隩考文云古本奧作隩下及

子張至矇矣惠棟校宋本無此五字

道謂禮樂閩監毛本同惠棟校宋本下有也字

長謂五方瑞應之長也閩監毛本同惠棟校宋本無也字

禮記注疏卷五十校勘記

附釋音禮記注疏卷第五十一

禮記　　鄭氏注　　孔穎達疏

孔子閒居第二十九○陸曰閒音閑鄭云名孔子閒居者善其倦而不褻猶使一子侍爲之說詩著其氏言可法也退燕避人曰閒居

疏正義曰案鄭目錄云名曰孔子閒居者善其無倦而不褻猶使一弟子侍爲之說詩著其氏言可法也退燕避人曰閒居此於別錄屬通論

孔子閒居子夏侍子夏曰敢問詩云凱弟君子民之父母何如斯可謂民之父母矣凱弟樂易也○凱本又作愷又作豈丘在反注同弟本又作悌徒禮反注同樂音洛易以豉反孔子曰夫民之父母乎必達於禮樂之原以致五至而行三無以橫於天下四方有敗必先知之此之謂民之父母矣原猶本也橫充也敗謂禍烖也○烖音災疏正義曰但此篇子夏之問大略有二從此至施于孫子問民之父母之事自三王之德參於天地以下問三王之德何以參於天地以終篇末但上節問民之父母以致五至而行三無子夏。覆五至三無之事今各隨文解之○詩云凱弟君子民之父母者此詩大雅泂酌之篇美成王之德凱樂也弟易也謂成王行此樂易之德爲民之父母何如斯可謂民之父母矣者子夏舉此詩義而問夫子欲爲何事得爲民之父母○四方有敗必先知之者以聖人行五至三無通幽達微無所不悉觀其萌兆觀微知著若見其積惡必知久有禍災故云四方有敗必先知之若爲民父母者當須豫知禍害使民免離於禍故爲民之父母然四方有福亦先知之必云四方有敗者此主爲民除害爲本故舉敗言之

子。夏曰民之父母既得而聞之矣敢問何謂五至孔子曰志之所至詩亦至焉詩

之所至，禮亦至焉；禮之所至，樂亦至焉；樂之所至，哀亦至焉。哀樂相生，是故正明目而視之，不可得而見也；傾耳而聽之，不可得而聞也。志氣塞乎天地，此之謂五至。凡言至者，至於民也。志謂恩意也。言君恩意至於民，則其詩亦至也。詩謂好惡之情也。自此以下皆謂民之父母者，善推其所有以與民共之。人耳不能聞，目不能見，行之在胷心也。塞，滿也。○哀樂音洛，舊音岳。頃耳音傾。好惡並如字，一音上呼報反，下烏路反。

【疏】「敢問」至「五至」。○正義曰：此經子夏問五至之事，孔子爲說五至之理。「志之所至，詩亦至焉」者，志謂君之恩意之至所，志謂恩意至極於民。詩者，歌詠歡樂也。君之恩意既至於民，故詩之歡樂亦至極於民。○「詩之所至，禮亦至焉」者，君既能歡樂至極於民，則以禮接下，故禮亦至極於民焉。○「禮之所至，樂亦至焉」者，既禮能至極於民，必爲民之所樂，故樂亦至極於民焉。○「樂之所至，哀亦至焉」者，君既與民同其歡樂，若民有禍害，則能悲哀憂恤至極於下，故云「哀亦至焉」。「哀樂相生」者，言哀生於樂，故上云「樂之所至，哀亦至焉」。凡物先生而後死，故先樂而後哀，哀極則生樂，是亦樂生於哀，故云「哀樂相生」。此言哀之與樂，及志與詩禮，凡此五者，皆與民共之。○「是故正明目而視之，不可得而見也；傾耳而聽之，不可得而聞也」者，以此五者，君與民上下同有，感之在於胷心，外無形聲，故目不得見，耳不得聞。○「志氣塞乎天地」者，塞，滿也。人君既與民五事齊同，上下俱有，是人君志氣塞滿天地。「此之謂五至」者，所以能致如此者，由行五至之道，故云「此之謂五至」。○注「凡言至」至「胷心也」。○正義曰：云「凡言至者」，謂經中五事至者也。云「至於民也」者，君行五事至極於民。云「志謂恩意也」者，但志兼善惡，此志下極於民，故知是恩意也。云「詩謂好惡之情也」者，詩者詠歌，所好者則美之，所惡者則刺之，是詩有好惡之情也。君之與民上下共同，故經云「詩亦至焉」。云「自此以下皆謂民之父母者」，謂自「志之所至」以下五事，皆是民之父母所行也。云「善推其所有以與民共之」者，謂推其己之所有，亦欲民之俱有。若己欲恩愛民，亦欲恩愛己；有好惡，民亦有好惡己欲禮樂民亦欲禮樂己欲哀恤民亦欲哀恤是推己所有與民共之也 子夏曰五至既得而聞之矣敢問何謂三無孔子曰無聲之樂無體之禮無服之喪此之謂三無子夏曰三無既得略而聞之矣敢問何詩近之於意未察求其類於詩詩長人情○近附近之近長丁丈反 孔子曰夙夜其命宥密無聲之樂也威儀逮逮不可選也無體之禮也凡民有喪匍匐救之無服之喪也詩讀其爲基基聲之誤也基謀也密靜也言君夙夜謀爲政教以安民則民樂之此非有鐘鼓之聲也逮逮安和之貌也言君之威儀安和逮逮然則民傚之此非有升降揖讓之禮也救之賙恤之言君於民有喪有以賙恤之則民傚之此非有衰絰之服○其命依注音基宥音又逮大計反注同選宣面反匍音扶又音蒲匐音服又蒲北反傚胡孝反賙音周衰七雷反絰大結反

【疏】○敢問至喪也○正義曰此一節子夏問三無之事夫子荅以三無子夏意猶未曉更問何詩近之夫子荅以所近之詩以開子夏之意○無聲之樂無體之禮無服之喪此三者皆謂行之在心外無形狀故稱無也○孔子曰夙夜其命宥密無聲之樂也者此詩周頌昊天有成命之篇其詩云在上昊天有成實之命二后受之謂文武二君承受之成王不敢康言文武成此王功不敢康寧夙夜基命宥密者夙早也夜暮也基始也命信也宥寬也密靜也言文武早暮始信順天命行寬弘仁靜之化今此言以基爲謀言早夜謀爲政教於國民得寬和寧靜民喜樂之於是無鐘鼓之聲而民樂故爲無聲之樂也○威儀逮逮不可選也者此詩邶風柏舟之篇刺衞頃公之詩言仁人不遇其威儀逮逮然安和不可選數有威可畏有儀可象民則傚之非有升降揖讓之禮故爲無體之禮也○凡民有喪匍匐救之者此詩邶風谷風之篇婦人怨夫棄薄之辭也言凡人之家有死喪鄰里匍匐往救助之此記謂人君見民有死喪則匍匐往賙救之民皆傚傚之此非有衰絰之服故云無服之喪也 子夏曰言則

大矣美矣盛矣言盡於此而已乎孔子曰何爲其然也君子之服之也猶有五起焉言盡於此乎意以爲說未盡也服猶習也君子習讀此詩起此詩之義其說有五也子夏曰何如孔子曰無聲之樂氣志不違無體之禮威儀遲遲。無服之喪內恕孔悲無聲之樂氣志既得無體之禮威儀翼翼無服之喪施及四國無聲之樂氣志既從無體之禮上下和同無服之喪以畜萬邦無聲之樂日聞四方無體之禮日就月將無服之喪純德孔明無聲之樂氣志既起無體之禮施及四海無服之喪施于孫子不違者民不違君之氣志也孔甚也施易也從順也畜孝也使萬邦之民競爲孝也就成也將大也使民之傚禮日有所成至月則大矣起猶行也○施及以豉反下同畜許六反聞音問下令聞并注同施易也並以豉反

【疏】子。夏。至。孫。子○正義曰此一節言子夏既聞三無意以說義未盡故孔子更爲說三種之無猶有五種起發之事孔子曰何爲其然也者子夏既聞孔子之言猶疑其未盡故更問夫子而夫子荅云何爲其然然猶如是言何爲如是盡也言其義猶未盡○君子之服之也猶有五起焉者服習也言君子習此三無猶有五種起發其義言猶有五種翻覆說其義與起也○無聲之樂氣志不違者此以下五節從輕以漸至於重初言不違民但不違君之志氣二云志氣既得言君之志氣得於下三云既從民所從也四云日聞四方及於遠也五云氣既起是既發起也是從微至著威儀遲遲者初時但舒遲而已二則威儀翼翼而恭敬三則上下和同無不從也四則日就月將漸興進也五則施及四海所及遠也內恕孔悲者初則親族之內悲哀其處近也二則施及四國所被遠也三則以畜萬邦皆爲孝也四則純德孔明益甚也五則施于孫子垂後世也○注云孔甚也畜孝也○正義曰孔甚

釋言文畜孝祭統云孝者畜也故畜爲孝也○子夏曰三王之德參於天地敢問何如斯可謂參於天地矣孔子曰奉三無私以勞天下三王謂禹湯文王也參天地者其德與天地爲三也勞勞來○勞力報反注及下同來力代反

子夏曰敢問何謂三無私孔子曰天無私覆地無私載日月無私照。奉斯三者以勞天下此之謂三無私其在詩曰帝命不違至于湯齊湯降不遲。聖敬日齊昭假遲遲。上帝是祗。帝命式于九圍是湯之德也帝天帝也詩讀湯齊爲湯躋躋升也降下也齊莊也

昭明也假至也祗敬也式用也九圍九州之界也此詩云殷之先君其爲政不違天之命至於湯升爲君又下天之政教甚疾其聖敬日莊嚴其明道至於民遲遲然安和天是用敬之命之用事於九州謂使王也是湯之德者是湯奉天無私之德也○炤音照本亦作照湯齊依注音躋亦作躋子兮反詩如字日人寶反齊側皆反注齊莊同詩作躋子兮反假音格注同遲直私反祗諸夷反使王于況反下王天下王功皆同

疏○子夏至德也○正義曰自此以德下至大王之德一節子夏問三王之德參於天地夫子答以行三無私之事幷明湯及文武三代大王之德今各隨文解之○天其在詩曰帝命不違至于湯齊者此詩商頌長發之篇美成湯之辭言天帝命此殷家世世行之不違至於成湯乃與天心齊也○湯降不遲者降下也言湯降下賢士不遲緩甚能速疾○聖敬日齊者言其聖敬之德日日升進○○昭假遲遲者昭明也假暇也言湯以昭明寬暇天下之士心遲遲然甚舒緩○○上帝是祗者上帝天也祗敬也言湯天於是敬愛之○帝命式于九圍者式用也九圍九州之界也言天命湯之用事於九州爲天子也詩之本注如此今此記注意言殷之先君施其政教奉行天命不敢違也至于湯齊者齊躋也躋升也言至於成湯升爲國君湯降下政教不遲緩其聖敬之德日日齊莊昭明也假至也言湯之明德下至於民遲遲然安和不

急疾此與詩注稍殊大略同○注帝天至德也○正義曰帝天帝者恐有人帝之嫌故曰天帝降下也式用也釋言文假至也祗敬也釋詁文云是湯奉天無私之德也者以上云奉三無私下即引詩論湯之德言湯之明德下降於民遲遲安和是無私之事

天有四時春秋冬夏風雨霜露無非教也地載神氣神氣風霆風霆流形庶物露生無非教也言天之施化收殺地之載生萬物此非有所私也無非教者皆人故所當奉行以爲政教○神氣風霆音廷絕句風霆流形絕句○

疏天有至教也○正義曰前經云奉三無私次論湯德此經論天地無私聖人則之以爲教天有四時春秋冬夏風雨霜露無非教也者言天春生夏長秋殺冬藏以風以雨以霜以露化養於物聖人則之事倣法以爲教故云無非教也○地載神氣神氣風霆風霆流形庶物露生無非教也者神氣謂神妙之氣風霆霆雷也神氣風霆流形謂地以神氣風雷之等流布其形庶物露生庶衆也言衆物感此神氣風霆之形露見而生人君法則此地之生物事事奉之以爲教也故云無非教也神氣風霆亦天之所有故春秋云天有六氣此經云天有風雨不偏屬於地今屬於地者其實神氣風霆天地共有春秋冬夏是天之神氣既稱春秋冬夏故於地變言神氣但氣從地出又風著於土雷出於地故神氣風雷偏繫於地

清明在躬氣志如神嗜。欲將至有開必先天降時雨山川出雲其在詩曰嵩高惟。嶽峻極于天惟。嶽降神生甫及申惟。申及甫惟。周之翰四國于蕃四方。于宣此文武之德也清明在躬氣志如神謂聖人也耆欲將至謂其王天下之期將至也神有以開之必先爲之生賢知之輔佐若天將降時雨山川爲之先出雲矣峻高大也翰幹也言周道將興五嶽爲之生賢輔佐仲山甫及申伯爲周之幹臣天下之蕃衛宣德於四方以成其王功此文武之德也是文王武王奉天地無私之德也此宣王詩也文武之時其德如此而詩無以言之取類以明之○嗜欲市志反注同嵩息忠反嶽音岳峻私俊反翰胡旦反徐音寒蕃方袁反爲之于僞反下川爲嶽爲皆同賢知音智【疏】清。明。至。德。也○正義曰此一節明周之文武之德○清明在躬者清謂清靜明謂顯著言聖人清靜光明之德在於躬身○氣志如神者氣志變化微妙如神謂文武也○嗜欲將至者嗜欲謂王位也王位是聖人所貪故云嗜欲方欲王天下故云將至有開必先者言聖人欲王天下有神開道必先豫爲生賢知之輔佐○天降時雨山川出雲者此譬其事由如天將降時雨山川先爲之出雲言文武將王之時豫生賢佐但文武之時無此生。生賢佐之詩故孔子引周宣王之時生賢佐之詩以證之○其在詩曰嵩高惟嶽峻極于天者此詩大雅。嵩高之篇美宣王之詩嵩然而高者惟是五嶽其形高峻至于天○惟嶽降神生甫及申者惟此五嶽降此神靈和氣而生甫侯及申伯也以甫侯申伯先祖伯夷掌嶽神有功故嶽神輔助宣王爲生申甫也○惟周之翰者翰幹也言申伯甫侯爲周之楨幹之臣○四國於蕃四方于宣者言此申甫爲四方之國作蕃屏又於四方宣揚王之德化此文武之德也者詩之所論當此文武之德以文武無私所得賢臣唯遣爲四方蕃屏及四方宣揚威德不私爲己是文武奉天無私之德也○注仲山甫及申伯○正義曰案詩。嵩高之篇甫侯及申伯甫侯謂呂侯也穆王之時訓夏贖刑謂呂刑與申伯俱出伯夷之後掌四。嶽之。祀又詩烝民稱仲山甫之賢與崧高生甫及申全別此云仲山甫者案鄭志注禮在先未得毛詩傳然則此注在前故以甫爲仲山甫在後箋詩乃得毛傳知甫侯申伯同出伯夷之後故與禮別也○侯

三代之王也必先令聞詩云明明天子令聞不已三代之德也

令善也言以名德善聞天乃命之王也不已不倦止也○【疏】三代至德也○正義曰此一節總結三代以其無私故令聞不已○○三代之王也必先其令聞者所以王天下者必父祖未王之前先有令聞也○○詩云明明天子令聞不已者此詩大雅江漢之篇美宣王之詩明明天子謂宣王也令善聲聞不休已此記之意明明天子謂三代之王也言父祖及身令聞不休已故云三代之德也案上子夏問三王之德參於天地孔

子荅以三王之德奉三無私此文云三代之王也必先其令聞所以前文唯云湯與文武不稱夏者以夏承禹後為天下治水過門不入無私事明但殷周以
戰爭而取天下恐其有私故特舉湯與文武也弛其文德協此四國大王之德也弛施也協和也大王文王之祖周道將興
始有令聞○弛徐式氏反一音式支反注同皇作弛大音泰注同弛施如字皇本作施布也子夏蹶然而起負牆而立曰弟
子敢不承乎承奉承不失隊也起負牆者所問竟辟後來者○蹶居衛反徐音厥隊直媿反辟音避○【疏】○弛○其○至○德○也○正義曰此亦江漢之
詩接令聞不已之下詩本文云矢其文德矢陳也言宣王陳其文德和協此四方之國此云弛其文德弛施也言大王施其文德和此四方之國則大王居邠
狄人侵之不忍鬬其民乃徙居岐山之陽王業之起故云大王之德○也

坊○記第三○十

○陸曰坊音防徐扶訪反經文皆同鄭云名坊記者以其記六藝之義所以坊人之失也【疏】正義曰案鄭目錄云名坊記者以其記六藝之義所以坊人之失者也此於別錄屬通論

子言之君子之道辟則坊與坊民之所不足者也民所不足謂仁義之道也失道則放辟邪侈也○辟匹亦反注同舊芳益反徐又音譬與音餘邪似嗟反侈昌氏反又尺氏反大為之坊民猶踰之言嚴其禁尚不能止況不禁乎故君子禮以坊德刑以坊淫命以坊欲命謂教○令【疏】○子○言○至○坊○欲○正義曰此一節發端起首總明所坊之事但此篇凡三十九章此下三十八章悉言子云惟此一章稱子言之者以是諸章之首一篇總要故重之特稱子言之也餘章其意稍輕故皆言子云也諸書皆稱子曰唯此一篇皆言子云是錄記者意異無義例也但此篇所坊體例不一或數經共論一事每稱子云以此坊民或有一經之內發初言子云唯說一事下即云以此勞民

結之或有一經之內雖說一事即稱民猶犯齒民猶犯貴民猶犯君或有每事之下引詩書結之者或有一事之下不引詩書者如此之屬事義相似體例不同是記者當時之意無義例也今各隨文解之○辟則坊與者君子之道坊民之過譬如坊之礙水故云辟則坊與但言坊字或土旁爲之或阜旁爲之古字通用也○坊民之所不足者也釋立坊之義也言設坊坊民者爲民行仁義而不足故也○大爲之坊民猶踰之者解不可無坊也聖人在上大設其坊坊之而人猶尙踰越犯躐況不坊乎故君子禮以坊德者由民踰德故人君設禮以坊民德之失也○刑以坊淫者制刑以坊民淫邪也○命以防欲者命法令也欲貪欲也又設法令以坊民之貪欲也

子云小人貧斯約富斯驕約斯盜驕斯亂約猶窮也○驕音喬驕本亦作驕下同

禮者因人之情而爲之節文以爲民坊者也故聖人之制富貴也使民富不足以驕貧不至於約貴不慊於上故亂益亡此節文者謂農有田里之差士有爵命之級慊恨不滿之貌也慊或爲嫌○慊口簟反級音給

【疏】子云至益亡○正義曰此一節明小人貧富皆失於道故聖人制禮而爲之節文使富不至驕貧不至約○故聖人之制富貴也者既其置坊故聖人制爲富貴貧賤之法也不云貧賤略其文也○使民富不足以驕者置此坊爲富者制法也制富者居室丈尺俎豆衣服之事須有法度不至驕也○貧不至於約者此爲貧者制法也制農田百畝桑麻自贍比閭相賙不令至於約也○至貴不慊於上者此爲貴者制法也貴謂卿士之屬也慊恨不滿之貌也聖君制其祿秩隨功爵而施則貴臣無復恨君祿爵以薄於己者也○故亂益亡也○結上文也益漸也亡無也使富而不驕貧而不盜貴又不恨故爲亂之道漸無也不云賤者亦從可知也○

子云貧而好樂富而好禮衆而以寧者天下其幾矣言如此者寡也寧安也大族衆家恆多作亂○好呼報反下同樂音洛又音岳幾居豈反又音譏○詩云民之貪亂寧爲荼毒言民之貪爲亂

者安其荼毒之行惡之也○荼音徒行下孟反惡烏路反下猶惡皆同

故制國不過千乘都成不過百雉家富不過百乘以此坊民諸侯猶有畔者古者方十里其中六十四井出兵車一乘此兵賦之法也成國之賦千乘雉度名也高一丈長。二丈為雉百雉為長三百丈方五百步子男之城方五里百雉者此謂大都三國之一○乘繩證反下注同高古報反長直亮反下同○

疏子云至畔者○正義曰此一節明上下制度有限防其奢僭畔逆之事○衆而以寧者天下其幾矣者言此家一族衆多必致禍亂家族衆而得寧者普天之下其幾多人矣言貧而好樂富而好禮衆而得寧如此三者言天下極少故云其幾矣○詩云民之貪亂寧為荼毒者此詩大雅桑柔之篇刺厲王之詩言民之惡者貪為禍亂安為荼毒之行以害於人民多如此故云上三事天下甚少○故制國不過千乘都城不過百雉家富不過百乘者以天下為惡者多故為限節制諸侯之國不得過千乘之賦卿大夫都城不得過越百雉卿大夫之富采地不得過越百乘以此坊民諸侯猶有畔者於時卿大夫亦有畔而獨言諸侯者舉其重餘可知也○注古者至之法○正義曰古者方十里其中六十四井出兵車一乘此兵賦之法也案司馬法云成方十里出革車一乘司馬法又云甸方八里出長轂一乘鄭注小司徒云若通溝洫之地則為十里若除溝洫之地則為八里故云六十四井出車一乘云成國之賦千乘者襄十四年左傳成國不過半天子之軍謂滿千乘則為成國是公侯之封也案千乘之賦地方三百一十六里有畸案周禮公五百里侯四百里則是過千乘云不過千乘者其地雖過其兵賦為千乘故論語注云雖大國之賦亦不是過焉其兵賦之法王畿之內六鄉之法家出一人萬二千五百家為鄉大司馬云五師為軍則萬二千五百家為一軍是一鄉出一軍又云天子六軍是出於六鄉凡軍制大司馬云五人為伍五伍為兩四兩為卒五卒為旅五旅為師五師為軍此師之制也凡出軍之法鄉為正遂為副則遂之出軍與鄉同故鄭注小司徒云鄉之田制與遂同則知遂之軍法與鄉同其公邑出軍亦與鄉同故鄭注匠人云采地制井田異於鄉

遂及公邑則知公邑地制與鄉遂同明公邑出軍亦與鄉同其公卿大夫采地既爲井田殊於鄉遂則出軍亦異於鄉遂也故鄭注小司徒井十爲通士一人徒二人通十爲成革車一乘士十人徒二十人十成爲終革車十乘士。一百人徒二百人十終爲同革車百乘士千人徒二千人此謂公卿大夫采地出軍之制也其王畿之外謂諸侯大國三軍次國二軍小國一軍皆出鄉遂故費誓云三郊三遂是諸侯有遂也其諸侯計地出軍則司馬法云九夫爲井四井爲邑四邑爲丘馬一匹牛三頭四丘爲甸出長轂一乘甲士三人步卒七十二人馬四匹牛十二頭故成元年作丘甲杜服俱引此文以釋之又論語云道千乘之國鄭注引司馬法成出革車一乘但十里八里不同於上已釋此皆謂天子諸侯兵賦也又異義云天子萬乘諸侯千乘大夫百乘此大判言之尊卑相十之義其間委曲鄉遂公邑細別不同也故魯頌云公車千乘謂大總計地出軍也公徒三萬謂鄉遂兵數也是國界計地與鄉遂數不同諸侯城方十里出賦之時雖革車一乘甲士三人步卒七十二人其臨敵對戰之時則同鄉法五人爲伍五伍爲兩兩之屬也故左傳云郊之戰楚廣有一卒卒偏之兩又云兩之一卒適吳是臨軍對陣同鄉法也牧誓云武王戎車三百兩孔注云一車步卒七十二人則出軍法也經云千夫長百夫長謂對敵時也據司馬法之文諸侯車甲牛馬皆計地令民自出若鄉遂之衆七十五人則遣出革車一乘甲士三人馬四匹牛十二頭恐非力之所能皆是國家所給故周禮巾車職毀折入齎于職幣又周禮質人云凡受馬於有司者書其齒毛與其賈馬死則旬之內更又司兵職云及授兵從司馬之法以頒之及其受兵輸亦如之是國家所給也云高一丈長三丈爲雉者異義古春秋左氏說云百雉爲長三百丈方五百步者六尺爲步五六三十故三百丈爲五百步云子男之城方五。百里者周禮典命云子男五命其國家宮室以五爲節國家謂城方也是子男城方五里也云百雉者此謂大都三國之一者言子男五里積千五百步左傳云大都參分國之一子男大都三分國城而居其一是大都五百步爲百雉也但國城之制凡有二義鄭之此注子男五里則侯伯七里公九里天子十二里案鄭駁異義又云天子城九里公城七里侯伯之城五里子男之城三里此云百雉者謂侯伯之大都杜預同焉與鄭此注異也經云家富不過百乘者諸侯之卿采地也故左傳云唯卿備百邑地方百里也直云唯卿百邑未知天子諸侯公卿大夫采地大小案鄭注小司徒云百里之國凡四都五十里之國凡四縣二十五里之國凡四甸又云采地食者皆四之一說者據此以爲公食百里卿食五十里大夫食二十五里其諸侯之卿大夫傳云卿備百邑論語云百乘之家此據諸侯臣之食采地則公之孤侯伯之卿與天子三公同俱方百里公之卿與侯伯之大夫俱方五十里公之大夫與侯伯之下大夫俱方二十五里其子男之地唯方二百里以下其卿之采地不得復方百里案易訟卦注云小國之下大夫采地方一成其定税三百家唯有此文其子男中都大都無以言之案鄭注論語云伯氏駢邑三百家云齊下大夫之制似公侯伯下大夫唯三百家者但春秋之時齊之強臣尤多故伯氏唯食三百家之邑不與禮同也此皆皇氏之說熊氏以爲卿備百邑者鄭志以爲邑方二里與百乘別又以諸侯臣賜地無常得地者卿百乘下大夫同十里之成

子。云夫禮者所以章疑別微以爲民坊者也故貴賤有等衣服有別朝廷有位則民有所讓位朝位也○別彼列反下同朝直遙反下皆同

子云天無二日土無二王家無二主尊無二上示民有君臣之別也

春秋不稱楚越之王喪禮君不稱天大夫不稱君恐民之惑也楚越之君僭號稱王不稱其喪謂不書葬也春秋傳曰吳楚之君不書葬辟其僭號也臣者天君稱天子爲天王稱諸侯不言天公辟王也大夫有臣者稱之曰主不言君辟諸侯也此者皆爲使民疑惑不知孰者尊也周禮曰主友之讎視從父昆弟○僭子念反下同辟音避下同皆爲于僞反

詩云相彼盍旦尚猶患之盍旦夜鳴求旦之鳥也求不可得也人猶惡其欲反晝夜而亂晦明況於臣子之僭君求不可得之類亂上下惑衆也○相息亮反盍音曷徐苦盍反注同

云君不與同姓同車與異姓同車不同服示民不嫌也以此坊民民猶得同姓以弒其君同姓者謂先王先公子孫有繼及之道者也其非此則無嫌也僕右恆朝服君則各以時事唯在軍同服乎○殺音試本又作弒

【疏】子云至患之○正義曰此一節明章疑別嫌恐尊卑相僭使人疑惑之事○章疑者疑謂是非不決當用禮以章明之○別微者微謂幽隱不著當用禮以分別之○春秋不稱楚越之王喪者言春秋之義但書其卒不稱其楚越王喪葬之事謂書卒不書葬也若書葬則當稱葬楚越某王辟王之名故不書葬案春秋越子卒經傳全無其事但記者據越稱王之後追而言之非當時之事也○禮君不稱天者謂諸侯之君臣子不得稱之曰天公辟天子之大夫不稱君謂諸侯之大夫家臣不得稱之爲君辟諸侯也○恐民之惑也者所以不稱者恐民之疑惑也○詩云相彼盍旦尚猶患之者鶡旦是求旦之鳥夜中而鳴以求早旦不可得也言人視彼求旦之爲欲反夜作晝是爲無識也求不可得之物人猶尚惡之況人上僭於君求不可得之物以下亂上人惡之可知也○注春秋至昆弟○正義曰所引春秋傳者案宣公十八年楚子旅卒公羊傳曰吳楚之君不書葬辟其號也若書葬當書葬楚莊王辟其王之號故不書葬云臣者天君者言臣尊君如天故云臣者天君云稱天子爲天王者則春秋稱天王使南季來聘之屬是也云稱之曰王不言君辟諸侯也則下引周禮主友之讎是稱主亦據臣下自稱己大夫之君但得言主不得稱君若官人汎例言之大夫有采地者亦得稱君故喪服云爲其君布帶繩屨傳言君謂有采地者也若通而言之諸侯亦稱下曲禮云執主器謂君也大夫自相命亦稱主也故左傳晉士匄謂荀偃爲主云事吳不敢如事主是也稱大夫之妻亦得曰主者案魯語云季孫問於公文伯之母曰主者亦有以御服乎是也○注盍旦至衆也○正義曰此逸詩也言夜是闇時此鳥必欲求明是求而不可得者也意欲反夜而爲旦猶若臣之奢僭欲反下而爲上也○注同姓至服爾○正義曰云其非此則無嫌也者謂非此先王先公子孫不有相承繼之勢則無所嫌疑得同車也云

僕右恆朝服者謂僕及車右身衣朝服○故曲禮云乘路馬必朝服是也其朝服之內則有虎裘狠裘故玉藻云君之右虎裘厥左狠裘是也云唯在軍同服爾者案春秋僖五年左傳云均服振振○取號之旂又公羊成二年鞌之戰逢丑父爲齊頃公車右也衣服與頃公相似是在軍同服○詩云至斯亡○正義曰所引詩者小雅角弓之篇刺幽王之詩言小人在朝無良善之行共相怨恨各在一方不相往來又受爵祿不肯相讓行惡至甚至於滅亡引之者證上每事須讓也

子云君子辭貴不辭賤辭富不辭貧則亂益亡亡無也○子云自此以下本或作子曰○故君子與其使食浮於人也寧使人浮於食食謂祿也在上曰浮祿勝己則近貪己勝祿則近廉○近附近之近子云觴酒豆肉讓而受惡民猶犯齒衽席之上讓而坐下民猶犯貴朝廷之位讓而就賤民猶犯君犯猶僭也齒年也禮六十以上籩豆有加貴秩異者○觴音傷衽而審反又而鴆反上時掌反詩云民之無良相怨一方受爵不讓至于已斯亡良善也言無善之人善遙相怨貪爵祿好得無讓以至亡已○好呼報反子云君子貴人而賤己先人而後己則民作讓故稱人之君曰君自稱其君曰寡君寡君猶言少德之君言之謙○子云利祿先死者而後生者則民不偝先亡者而後存者則民可以託言不偷於死亡則於生存信○偝音佩下及注同偷音偷本亦作偷詩云先君之思以畜寡人此衛夫人定姜之詩也定姜無子立庶子衎是爲獻公畜孝也獻公無禮於定姜定姜作詩言獻公當思先君定公以孝於寡人○畜許六反注同毛詩作勖定姜之詩此是魯詩毛詩爲莊姜衎苦旦反以此坊民民猶偝死而號無告死者見偝其家之老弱號呼稱寃無所告無理也○號戶羔反注同寃於

苑反疏子。云。至。無。告〇正義曰此一節明坊人偝死鄉生之事〇利祿先死者而後生者謂財利榮祿之事假令死之與生並合俱得君上先與死者而後生者則民不偝者謂在上以此化民則民皆不偝於死者〇先亡者而後存者亡謂身爲國事亡在外存謂存在於國內若君有利祿先與在外亡者而後與國內存者〇則民可以託者謂在上以此化民民皆仁厚皆可以大事相付託也〇詩云先君之思以畜寡人者此邶風燕燕之篇衞莊姜送歸妾之詩言歸妾戴嬀思念先君莊公以婦道勗勉寡人寡人莊姜自謂此記引詩以勗爲畜鄭又以爲衞定公大夫定姜之詩定姜無子立庶子衎是爲獻公獻公無禮於定姜欲令獻公當。思念先君以畜孝於寡人〇民猶偝死而號無告者言民猶尙偝棄死者其生者老弱號呼無所控告〇注言不偷於死亡則於生存信〇正義曰偷謂苟且言人既不苟且棄偝於死亡則於生存在者不棄薄信著矣〇注此衞至寡人〇正義曰云此衞夫人定姜之詩獻公無禮於定姜者案襄十四年左傳云衞獻公出奔使告宗廟以無罪夫人定姜曰余以巾櫛事先君而暴妾使余若何無罪是無禮之事與詩注不同者案鄭志荅。炅。模云注記時。孰。就盧君後得毛傳乃改之凡注與詩不同皆倣此

子云有國家者貴人而賤祿則民興讓尙技而賤車則民興藝言人君貴尙賢者能者而不吝於班祿賜車服則讓道興賢者能者人所服也技猶藝也〇技其綺反注同吝力刃反又力鎭反故君子約言小人先言言人尙德不尙言也約與先互言爾君子約則小人多矣小人先則君子後矣易曰君子以多識前言往行以畜其德〇行下孟反畜勑六反疏子云至先言〇正義曰此一節明尙賢能重言行之事〇君子約言者省約其言則小人多言也〇小人先言者小人行在於後必先用其言君子則後言先行其行二者相互也

子云上酌民言則下天上施上不酌民言則犯也下不天上施則亂也酌猶取也取衆民之言以爲政教則得民心得民心則恩澤所加民。受之如天矣言其尊〇施始豉反下同故

君子信讓以涖。百姓則民之報禮重涖臨也報禮重者猶言能死其難○涖音利又音類難乃旦反詩云先民有言詢于芻蕘先民謂上古之君也詢謀也芻蕘下民之事也言古之人君將有政教必謀之於庶民乃施之○詢音荀芻初俱反蕘如遙反

疏子。云。至。芻。蕘○正義曰此一節論上取民心則民報禮重之事○上酌民言則下天上施者酌取也言在上人君取下民之言以爲政教既得民心民皆喜悅則在下之民仰君之德如天敬此在上所施之恩澤言受上恩澤如受之於天尊之也故云下天上施○上不酌民言則犯也者若在上不取民言違戾於下則民人怨怒以犯於上○下不天上施則亂者言在下之民若不仰君如天敬此在上則施之恩澤雖有君恩而在下不領則禍亂之事起也○民之報禮重者以君子在上用信讓以臨百姓則民之報上之禮心意厚重能死其難○詩云先民有言詢于芻蕘者此詩大雅板之篇刺厲王之詩也言厲王不用賢人之言故詩人刺之云先民謂先世之君王將有政教之言必先詢謀採於芻蕘之賤者引之者證上酌民言之事

子云善則稱人過則稱己則民不爭善則稱人過則稱己則怨益亡詩云爾卜爾筮履無咎言爾女也履禮也言女。鄉卜筮然後與我爲禮則無咎惡之言矣言惡在己彼過淺○爭爭鬭之爭履如字毛詩作體女音汝下及下文皆同鄉許亮反本亦作鄉

子云善則稱人過則稱己則民讓善詩云考卜惟王度是鎬京惟龜正之武王成之度謀也鎬京鎬宮也言武王卜而謀居此鎬邑龜則出吉兆正之武王築成之此臣歸美於君○度徒洛反注同毛詩作宅鎬胡老反

子云善則稱君過則稱己則民作忠君陳曰爾有嘉謀嘉猷入告爾君于。內女乃順之于。外曰此謀此猷惟我君之德於乎是惟良顯哉君陳蓋周公之子伯禽弟也名篇在尚書今亡嘉善

也歟道也於乎是惟良顯哉美君之德○於音烏下火吳反注同子云善則稱親過則稱己則民作孝大誓曰予克紂非予武惟朕文考無罪紂克予非朕文考有罪惟予小子無良大誓尚書篇名也克勝也非予武非我武功也文考文王也無罪則言有德也無良無功善也此武王誓衆以伐紂之辭也今大誓無此章則其篇散亡○大音泰本亦作泰注同【疏】子云至無良○正義曰此一節論善則稱人過則稱己之事凡有三節上經論與凡人次經論臣於君下經論子於親各引詩書以結成之其經首皆言子云詩云考卜惟王至武王成之者此大雅文王有聲之篇美武王之詩考卜惟王者言稽考於龜而卜者惟是武王○度是鎬京者度謀也言所以卜者謂謀居是鎬京惟龜正之者謂龜能正其吉兆○武王成之者謂築成都邑○君陳曰爾有嘉謀嘉猷入告爾君于內者嘉善也猷道也言爾有善謀善道則入告爾君於內○女乃順之於外者言先告君於內乃順行之於外曰此謀此猷惟我君之德者言此善謀善道惟是我君之德也○於乎是惟良顯哉者既推德於君又歎美君德云於乎是君德惟良善顯明哉○泰誓曰至予小子無良者克勝也武王云我之克紂非我武惟我文考無罪於天為天所佐若紂克於我非我文考有罪惟我小子無良善之德故致敗也○注此臣歸美於君○正義曰下經始據臣之於君此經據凡人相於而云歸美於君者以歸美於宅人詩無其證故引此惟龜正之歸美於君以證之○注君陳蓋周公之子伯禽弟也○正義曰知君陳蓋周公子者以書序云周公既沒命君陳分正東郊成周似若蔡仲之命書序云蔡叔既卒王命蔡仲踐諸侯位相似皆是父卒命子故疑周公子以伯禽周公元子既封於魯命君陳令居東郊故知伯禽弟也○注今泰誓無此章則其篇散亡○正義曰鄭不見古文尚書漢時別有尚書逸篇四月太子發上祭於畢以下三篇之事鄭謂篇中有此經之語但其事散亡

子云君子弛其親之過而敬其美弛猶棄忘也孝子不藏識父母之過○弛式氏反注同論語曰三年

無改於父之道可謂孝矣不以己善駮親之過○駮邦角反高宗云三年其惟不言言乃讙高宗
殷王武丁也名篇在尚書三年不言有父小乙喪之時也讙當爲歡聲之誤也其既言天下皆歡喜樂其政教也○讙依注音歡火官反樂音洛子云
從命不忿微諫不倦勞而不怨可謂孝矣微諫不倦者子於父母尚和順不用鄂鄂論語曰事父母幾諫見志不從
又敬不違內則曰父母有過下氣怡色柔聲以諫諫若不入起敬起孝說則復諫此所謂不倦○鄂五各反本又作諤說音悅復扶又反詩云孝子
不匱匱乏也孝子無乏止之時○匱其媿反子云睦於父母之黨可謂孝矣睦厚也黨猶親也故君子因
睦以合族合族謂與族人燕與族人食詩云此令兄弟綽綽有裕不令兄弟交相爲瘉令善也綽
綽寬容貌也交猶更瘉病也○綽昌灼反裕羊樹反瘉羊主反更古衡反子云於父之執可以乘其車不可以衣其
衣君子以廣孝也父之執與父執志同者也可以乘其車車於身差遠也謂今與己位等○衣於既反差初賣反子云小人皆
能養其親君子不敬何以辨辨別也○養羊尚反子云父子不同位以厚敬也同位尊卑等爲其相
褻○爲于僞反下專爲同褻息列反書云厥辟不辟忝厥祖厥其也辟君也忝辱也爲君不君與臣子相褻則辱先祖矣君父之道宜
尊嚴○厥辟不辟並必亦反注同子云父母在不稱老言孝不言慈閨門之內戲而不歎孝上施言
慈則嫌下流也戲謂孺子言笑者也孟子曰舜年五十而不失其孺子之心歎謂有憂感之聲也○孺而注反君子以此坊民民猶薄
於孝而厚於慈子云長民者朝廷敬老則民作孝長民謂天子諸侯也○長丁丈反注及下事長同長子

云祭祀之有尸也宗廟之主也示民有事也脩宗廟敬祀事教民追孝也有事有所尊事以此坊民民猶忘其親

疏子云至其親○正義曰上文承善則稱親則民作孝故此一節廣明為孝之道以坊於民民猶有忘孝之事各依文解之○君子弛其親之過者弛謂棄忘若親有過失孝子棄忘之不藏記在心也○高宗云者此尚書說命之篇論高宗之事故言高宗云高宗非書篇之名三年其惟不言者在父喪三年之內其惟不言政教○言乃讙者謂三年服畢之後言論政教天下皆歡樂也注高宗殷王武丁也名篇在尚書○正義曰案其惟不言之文在尚書說命之篇言乃讙在無逸之篇而鄭云名篇在尚書則是高宗篇上有此二言與書之文不同者鄭不見古文尚書序有高宗之訓此經有高宗云謂是高宗之訓篇有此語故云名篇在尚書○子云至不匱○正義曰詩云孝子不匱者是大雅既醉之篇美成王之時告大平之詩言孝子行其孝道不有匱乏之時○子云至為瘉○正義曰故君子因睦以合族者言親睦於父母之黨乃得為孝故君子因此親睦之道以會聚宗族為燕食之禮○詩云此令兄弟綽綽有裕者此詩小雅角弓之篇刺幽王之詩幽王不親宗族故父兄刺之令善也言此有德之人善於兄弟故綽綽然而有寬裕○不令兄弟交相為瘉者瘉病也言無德小人不善兄弟交相為病害○注車於至位等○正義曰以父之執友得乘其車不得衣其衣以衣在身車比衣稍遠故可以乘其車知今與己位等者若尊卑懸絕假非執友不可傳通車服故知與己位等但是父之執故不可衣其衣也○書云厥辟不辟忝厥祖○正義曰此尚書太甲三篇伊尹戒太甲之辭厥其也辟君也忝辱也言為君不自尊高而與臣子相褻則辱其先祖也若為人父不自尊嚴而與卑下相瀆亦辱累其先祖故鄭注云君父之道宜尊嚴也此則因君見父耳○子云至其親○正義曰示民有事也者言所以祭祀有尸宗廟有主者下示於民有所尊事故也○脩宗廟敬祀事教民追孝也者言人君脩立宗廟恭敬祀事者下教於民追孝於親也

子云敬則用祭器祭器籩豆簋鉶之屬也有

敬事於賓客則用之謂饗食也盤盂之屬爲燕器○簋音軌鉶音刑食音嗣下文食禮同盤步于反盂音于○故君子不以菲廢禮不以美沒禮言不可以其薄不及禮而不行禮亦不可以其美過禮而去禮禮主敬廢滅之是不敬○菲芳鬼反薄也去起呂反故食禮主人親饋則客祭主人不親饋則客不祭故君子苟無禮雖美不食焉易曰東鄰殺牛不如西鄰之禴祭寔受其福東鄰謂紂國中也西鄰謂文王國中也此辭在既濟既濟離下坎上離爲牛坎爲豕西鄰禴祭則用豕與言殺牛而凶不如殺豕受福喻奢而慢不如儉而敬也春秋傳曰黍稷非馨明德惟馨信矣○不饋其位反禴音藥寔時力反易作實與音餘○詩云既醉以酒既飽以德言君子饗燕非專爲酒肴亦以觀威儀講德美○肴戶交反以此示民民猶爭利而忘義

【疏】子云至忘義○正義曰前經坊民以爲孝之道此經教民以爲敬行義之事○故君子不以菲廢禮者菲薄也言君子不以貧窶菲薄廢禮不行○不以美沒禮沒過也不可以財物豐多華美其事沒過於禮也○易曰東鄰殺牛不如西鄰之禴祭寔受其福者東鄰謂紂西鄰謂文王也紂之國中奢而慢禮雖殺牛以祭不如西鄰文王國中以爲禴祭○但殺豕而已以其祭儉而恭敬故也○寔受其福寔實也言寔爲神所加福祐○詩云既醉以酒既飽以德者此大雅既醉之篇言成王祭祀○合於禮儀既盡也○言君臣上下盡醉以酒至於祭之末觀十倫之義盡飽以德○注東鄰至信矣○正義曰東鄰謂紂國中也既云東鄰西鄰總據一國之辭非唯紂文王一身而已故云國中言一國皆然也云此辭在既濟者是既濟九五爻辭也鄭注易九五曰互體爲坎也又互體爲離離爲日坎爲月日出東方東鄰象也月出西方西鄰象也此注坎爲豕西鄰禴祭則用豕與此文異又注云離爲牛是東鄰之祭殺牛也則鄭不易注九五一爻有坎有離此注總論一既濟之卦下體爲離上體爲坎與易注之同者但易含萬象俱得明義也此據一國風俗奢儉故舉豕牛以言之不得

以天子諸侯俱用大牢爲妨子云七日戒三日齊承一人焉以爲尸過之者趨走以教敬也戒謂散齊也承猶事也○齊側皆反注同散悉但反醴酒在室醍酒在堂澄酒在下示不淫也浮猶貪也澄酒清酒也三酒尚質不尚味○醍音體尸飲三衆賓飲一示民有上下也上下猶尊卑也主人主婦上賓獻尸乃後主人降洗爵獻賓因其酒肉聚其宗族以教民睦也言祭有酒肉羣昭羣穆皆至而獻。酬之咸有薦俎○昭常遙反故堂上觀乎室堂下觀乎上謂祭時肅敬之威儀也○詩云禮儀卒度笑語卒獲卒盡也獲得也言在廟中者不失其禮儀皆歡喜得其節也○度知字法度也徐涂洛反

疏子。云。至。卒。獲。○正義曰此一節明祭祀恭敬之義使禮儀各得其所○七日戒者謂散齊也○三日齊者謂致齊也○承一人焉以爲尸者謂承奉一人焉尊之爲尸也○示民不淫也者淫猶貪也然醴齊醍齊澄酒味薄者在上味厚者在下貴薄賤厚示民不貪淫於味也○尸飲三衆賓飲一示民有上下也者言尊上者得酒多卑下者得酒少是示民有上下也○賓因其酒肉聚其宗族以教民睦也者謂因其祭祀之酒肉於祭祀之末聚其宗族昭穆相獻酬教民相親睦也○故堂上觀乎室者沈重云祭祀之時在堂上者觀望在室之人以取法○堂下觀乎上者謂在堂下之人觀看於堂上之人以爲則言上下內外更相倣法○詩云禮儀卒度笑語卒獲者此小雅楚茨之篇刺幽王之詩言古之祭祀禮儀盡合其法度笑語盡得其節制○注澄酒至尚味○正義曰澄酒清酒也謂澄齊也以其清於醴齊醍齊故云清酒也以此三齊皆云酒故知澄酒惟澄齊也禮運云玄酒在室醴醆在戶粢醍在堂澄酒在下彼陳酒事故鄭分釋澄爲沈齊酒爲三酒也以此云示民不淫故知非三酒以三酒味厚美故也禮運云醴醆在戶此云在室不同者在戶之內則是在室也但禮運有玄酒在室之文故云醴醆在戶爾○注主人至獻賓○正義曰知主人主婦。賓獻尸乃後主人降洗爵獻賓者儀禮

特牲文也子云賓禮每進以讓喪禮每加以遠浴於中霤飯於牖下小斂於戶內大
斂於阼殯於客位祖於庭葬於墓所以示遠也遠之所以崇敬也阼或爲堂○霤力救反飯扶晚反牖音酉
殷人弔於壙周人弔於家示民不偝也既葬哀而哭踊於是弔之○壙苦晃反子云死民之卒事
也吾從周周於送死尤備以此坊民諸侯猶有薨而不葬者疏子。云。至。葬。者○正義曰此一節明送喪漸遠弔
哭有節示民不偝之事賓禮每進以讓者案鄉飲酒禮主人迎賓至門三辭至階三讓皆主人先入先登是賓禮每進以讓○死民之事也吾從周者上既云
殷周弔節不同孔子明言所從之事故更言子云死民之卒事也吾從周言死是民之終卒之事宜須送終備具若殷人弔於壙情猶未盡卽壙上而弔於送
死大斂周人孝子反哭至家乃後始弔於送死殷勤是情禮備具故云吾從周也子云升自客階受弔於賓位教民追
孝也謂反哭時也既葬矣猶不由阼階不忍卽父位也未沒喪不稱君示民不爭也故魯春秋記晉喪
曰殺其君之子奚齊及其君卓沒終也春秋傳曰諸侯於其封內三年稱子至其臣子踰年則謂之君矣奚齊與卓子皆獻公
之子也獻公卒其年奚齊殺明年而卓子殺矣○爭爭鬬之爭下民爭同殺音試注及下同一音如字卓勑角反注同以此坊民子猶有
弒其父者弒父不子之甚疏子。云。至。父。者○正義曰此節明民追孝於親諸侯未終喪之前不得稱君示民不爭之事也○升自客階受弔於賓
位者謂既葬反哭之時孝子升自客階受弔於堂上西方賓位之處不敢在東方以卽父位示民追孝之心也○未沒喪不稱君者沒終也謂未終三年之喪
嗣子不合稱君所以然者示民不令父子相爭也○殺其君之子奚齊及其君卓者案僖九年秋九月晉侯詭諸卒冬晉里克弒其君之子奚齊十年里克弒

其君卓子公羊云其年奚齊殺明年卓子弒是踰年稱君○注云謂反哭時也○正義曰知反哭時者以承上文葬於墓又云藐而不葬者卽云升自客階承葬文之下故知反哭時又既夕禮云乃反哭入主人升自西階是也○注春秋至君矣○正義曰諸侯於其封內三年稱子者此文九年公羊傳文其臣子踰年則謂之君者此卓子踰年弒而經書弒其君是史之策書臣子稱君也

子云孝以事君弟以事長示民不貳也故君子有君不謀仕唯卜之日稱二君不貳不自貳於尊者也自貳謂若鄭叔段者也君子有君謂君之子父在者也不謀仕嫌遲爲政也卜之日謂君有故而爲之卜也二當爲貳唯卜之時辭得曰君之貳某爾晉惠公獲於秦命其大夫歸擇立君曰其卜貳圉也○弟音悌鄭段徒亂反本亦云鄭叔段也遲直志反而爲于僞反圉魚呂反晉惠公太子懷公名

喪父三年喪君三年示民不疑也不疑於君之尊也君無骨肉之親不重其服至尊不明

父母在不敢有其身不敢私其財示民有上下也身及財皆當統於父母也有猶專也

故天子四海之內無客禮莫敢爲主焉故君適其臣升自阼階卽位於堂示民不敢有其室也臣亦統於君○

父母在饋獻不及車馬示民不敢專也車馬家物之重者饋本又作餽音同

○以此坊民民猶忘其親而貳其君

疏子云至其君○正義曰此一節明事君父之道○孝以事君弟以事長示民不貳也者用孝以事君用弟以事長示民以恭敬之情不敢自副貳於其君謂與尊者相敵若鄭叔段貳君於兄也○故君子有君不謀仕者君子謂國君之。有君在不謀欲仕官若謀仕官似嫌爲政之遲故欲速爲仕也○唯卜之日稱二君者二當爲貳謂副貳也謂君有事故不得親臨卜筮其嗣子爲君而卜其辭得稱君之貳某告龜筮也○示民不疑者君無骨肉之親若不爲重服民則疑君不尊今喪君三年與喪父同示民不疑於君之尊也○注自貳至圉也○正義曰案隱元年左傳稱鄭莊公弟共叔段封於京邑請西鄙北鄙貳於己段又收貳以爲己邑公子呂曰國不堪貳謂除君身之外國中不堪更有副貳之君是段之自貳於君也云卜之曰謂君有故而爲之卜也者言當卜之日君應須親臨君有事故而適子爲君卜也云二當爲貳者小二是一二之二大貳是副貳之貳此取副貳之貳不取一二之二故轉二爲貳也云惟卜之時辭得曰君之貳某爾者言嗣子於他餘事皆不得自稱君之貳惟代君臨卜之時得稱君之貳某所以然者敬重卜之神靈不敢私顧父子之嫌若不稱君貳無緣代君而卜辭窮不得不稱君貳故也此謂世子對君自稱也王肅不曉鄭旨乃引傳云太子之貳又云子者身之貳又以旁人稱貳而難鄭其義非也云晉惠公獲於秦命其大夫歸擇立君曰其卜貳圉也者鄭以書傳無世子爲君卜稱貳之文故引僖公十五年左傳之文以證君貳之事與此經文不正相當取其一邊耳惠公獲於秦者案僖公十五年傳稱晉惠公被秦伯所納既而背秦秦伯伐之戰於韓被秦所獲命其大夫歸立其子圉爲君稱卜副貳之子圉令爲君

子云禮之先幣帛也欲民之先事而後祿。也此禮謂所執之。贄以見者也既相見乃奉幣帛以修好也或云禮之先辭而後幣帛○贄音至見賢遍反好呼報反先財而後禮則民利財幣帛也利猶貪也無辭而行情則民爭辭辭讓也情主利欲也○故君子於有饋者弗能見則不視其饋饋遺也不能見謂有疾也不視猶不內也○遺于季反下遺民同內音納又如字○易曰不耕穫不菑畬凶言必先種之乃得穫若先菑乃得畬也安有無事而取利者乎田一歲曰菑二歲曰畬三歲曰新田○穫戶郭反菑側其反畬音餘以此坊民民猶貴祿而賤行行猶事也言務得其祿不務其事○行下孟反注同

【疏】子。云。至。賤。行○正義曰此一節明坊民使輕財重禮貴行賤祿之事○禮之先幣帛也謂相見之禮先於幣帛言先行相見之禮乃後用幣帛欲民之先事而後祿也者先相見是先事而後幣帛

是後祿也○先財而後禮則民利者利貪也若先用財而後行禮民則化之貪於財也○無辭而行情則民爭者辭謂辭讓言與人相見無辭讓之禮直行己情則有利欲故民爲爭故君子於有饋者弗能見則不視其饋者饋遺也視納也言君子之人於有他人饋遺己者己若疾病不能見其所饋之人則不納其所饋之物也○易曰不耕穫不菑畬凶此易无妄六二爻辭无妄震下乾上六二既在震卦居中得位宜合仕者謂合事九五被六三所隔不得往仕是道之不行雖食其祿猶不耕穫刈不菑畬田無功得一物是其凶引之者證貪財之事○注田一至新田○正義曰案爾雅釋地云田一歲曰菑孫炎云始菑殺其草木二歲曰新田孫炎云新成柔田也三歲曰畬孫炎云畬舒緩周頌傳亦云三歲曰畬此云三歲曰新田者誤也

子云君子不盡利以遺民不與民爭利也詩云彼有遺秉此有不斂穧伊寡婦之利言穫者之遺餘捃拾所以爲利○穧子賜反又才計反捃君運反拾音十故君子仕則不稼田則不漁食時不力珍大夫不坐羊士不坐犬食時謂食四時之膳也力猶務也天子諸侯有秩膳古者殺牲食其肉坐其皮不坐犬羊是不無故殺之詩云采葑采菲無以下體德音莫違及爾同死葑蔓菁也陳宋之間謂之葑菲當類也下體謂其根也采葑菲之菜者采其葉而可食無以其根美則并取之苦則棄之并取之是盡利也此詩故親今疏者言人之交當如采葑采菲取一善而已君子不求備於一人能如此則德美之音不離令名我願與女同死矣論語曰故舊無大故則不棄也○葑芳容反菲芳尾反蔓音萬徐音蠻菁音精又子丁反葍音富又音福并必政反又如字下同离力智反女音汝以此坊民民猶忘義而爭利以亡其身【疏】子云至其身○正義曰此一節明貴義輕利以坊民之事也○不盡利以遺民者言君子不盡竭其利當以餘利遺與民也○詩云彼有遺秉此有不斂穧伊寡婦之利者此詩小雅大田之篇刺幽王之詩言幽王無道矜寡不能自存故陳明王之

時陰陽和調，年歲豐稔，田稼既多，穫刈促遽，彼處有遺秉，把此處有不斂之穧東，與寡婦捃拾以為利。引之者，證以利遺民者也。○有食時不力珍者，力務也。言人君食四時之膳，不更用力務求珍羞。○大夫不坐羊，士不坐犬者，言大夫無故不得殺羊，坐其皮；士無故不得殺犬，坐其皮。皆謂不貪其利以厚己也。○詩云采葑采菲，無以下體者，此詩邶風谷風之篇，婦人怨夫棄己，故以此言恨之。言采其葑采菲之菜，無以下體根莖之惡，并棄其葉。言取妻之時，無以花落色衰，并棄其夫婦之禮。○德音莫違，及爾同死者，如此則道德音聲無相乖違，一則可與汝同至於死。詩之文義，其理如此。今此記者引詩斷章為義，凡有二意：一則云采此葑菲之菜，但采其葉，無得并采其下體之根莖，言根莖雖美，不可并取，則是不盡取其利，當遺與於下；二則云采其葑菲之菜，無以下體之惡，不并棄其葉。據下體有苦惡之時，言交友之道，無以一處之惡，并棄其遺事之善。如此則德音莫違，與汝同至於死。作記者據其根善，則無得并取其根，無盡利也；據其根惡，則無得并棄其葉，不求備也。○注云葑蔓至棄也。○正義曰：案詩傳云：葑，須也。爾雅釋草云：須，葑蓯。陸機云：又謂之蓯，吳人謂葑蓯。○蔓菁，幽州人或謂之芥。云菲，蒠類者，釋草云：菲，蒠菜。郭景純云：菲草生下溼地，似蕪菁，華紫赤色，可食。云采葑菲之菜者，采其葉而可食，無以其根美則并取之，苦則棄之，并取之是盡利也者，鄭之此注，解此記所引，本明無盡利之事，則德音莫違，及爾同死，當解云上無盡利於民，則道德之音無有乖違，民之及君可同至於死。今鄭以下所注，更別主一義，與記意稍乖。云此詩故親今疏者，此鄭別解詩義，以注記之時，未見毛傳，不知夫婦相怨，謂交友相於，所以云故親今疏。云采葑采菲，取一善而已者，此謂根惡，但取葉處一善而已，不棄其根也。云君子不求備於一人者，謂一人身上既有善處，亦有惡處，不可以惡處并棄其善也。論語云：故舊無大故，則不棄也。鄭引之者，證交友不以小惡而相棄。鄭此注前釋正合記文，鄭之後釋不知何意如此，今所未詳。

子云：夫禮，坊民所淫，章民之別，使民無嫌，以為民紀者也。淫猶貪也。章明也。嫌，嫌疑也。故男女無媒不交，無幣不相見恐男女之無別也重男女之會所以遠別之於禽獸也有幣者必有媒有媒者不必有幣仲春之月會男女之時不必待幣○媒音梅注同以此坊民民猶有自獻其身獻猶進也詩云伐柯如之何匪斧不克取妻如之何匪媒不得蓺麻如之何橫從其畝取妻如之何必告父母伐柯伐木以為柯也克能也蓺猶樹也橫從橫行治其田也言取妻之法必有媒如伐柯之必須斧也取妻之道必告父母如樹麻當先易治其田○柯古何反斧柄取七樹反後皆同從子容反注同橫行治其田本亦作遊行治其田易以豉反【疏】子云至父母○正義曰自此以下終於篇末總坊男女奔淫之事夫婦重慎之義也此節明男女非媒非幣不相交見○夫禮坊民所淫者淫貪也言禮者坊民所貪欲之事知非直是坊民淫泆而云貪者以文云所淫稱所是所貪也若其淫泆則當云坊民淫不須云所也○章民之別者章明也明民之男女令相分別使民無嫌○以為民紀者也謂使民無色欲之嫌疑以為民之綱紀也○民猶有自獻其身謂民之女人猶有自進其身以求男者也○詩云伐柯如之何匪斧不克者此詩齊風南山之篇刺齊襄公與妹文姜姦淫之事○蓺麻如之何橫從其畝者蓺種也橫行也言將種麻如之何必須橫行耕治其田然後得麻子云取妻不取同姓以厚別也厚猶遠也○不取如字又七樹反故買妾不知其姓則卜之妾言買者以其賤同之於衆物也士庶之妾恆多凡庸有不知其姓者以此坊民魯春秋猶去夫人之姓曰吳其死曰孟子卒吳大伯之後魯同姓也昭公取焉去姬曰吳而已至其死亦略云孟子卒不書夫人某氏薨孟子蓋其且字○去起呂反注同大音泰【疏】子云至子卒○正義曰此一節坊民取同姓為妻之事○買妾不知其姓則卜之者妾既卑賤不可盡知其所生本姓但避其凶害唯卜其姓吉乃取之○魯春秋猶去夫人之姓曰吳者依春秋之例如夫人齊女即云姜氏至自齊以例言之此吳

女亦當云夫人姬氏至自吳魯則諱其姬姓而不稱夫人姬氏至自吳是去夫人之姓曰吳也但春秋經文不載其事其春秋簡牘雜記則有之故論語云謂
之吳孟子是當時之言有稱吳也○其死曰孟子卒者哀十二年稱孟子卒若其不諱當云夫人姬氏薨以諱取同姓而云孟子卒孟子是夫人之且字沒其
氏書其且字又沒其薨而略言卒而已皆爲同姓諱之鄭與何休皆以諱取同姓而書卒左氏則以不成喪故稱卒與鄭何異也○注孟子至且字○正義曰
若既笄而字當云伯叔季若伯姬季姬今云孟子故知且字也

子云禮非祭男女不交爵交爵謂相獻酢以此坊民陽侯猶殺繆侯而竊其夫人同姓也以貪夫人之色至殺君而立其國未聞○殺音試注同一音如字繆音穆故大饗廢夫人之禮大饗饗諸侯來朝者也夫人之禮使人攝○廟直遙反

【疏】子云至之禮○正義曰此一節坊男女非因祭祀不得相集會也○非祭男女不交爵者言唯祭之時乃得交爵故特牲饋食禮云主婦獻尸尸酢主婦是交爵也○故大饗廢夫人之禮者以大饗之時夫人與君同饗於賓是繆侯及夫人共出饗賓陽侯是繆侯同姓之國見繆侯夫人之美乃殺繆侯而取其夫人反篡其國而自立故大饗廢夫人之禮不使夫人得預其禮也以此言之則陽侯以前大饗夫人出饗鄰國之君得有男女交爵此云非祭男女不交爵者謂侯伯子男及卿大夫士祭及交爵若王於上公及上公相饗時后與夫人亦男女交爵與祼同也故大行人云上公之禮王禮再祼而酢是也○注同姓至未聞○正義曰言同姓者則上文云君不與同姓同車是也云其國未聞者唯有陽侯繆侯是兩君之謚未聞何國君故云未聞又案王饗諸侯及諸侯自相饗同姓則后夫人親獻異姓則使人攝獻則云繆侯所饗蓋同姓也且王於同姓雖爲侯伯車服與上公同上公既再祼后與王俱祼則上公相於與王同也其同姓上公則后與夫人親祼獻拜送也若異姓上公使人攝祼故宗伯職云大賓客則攝而載祼謂異姓也內宰職云凡賓客之祼獻瑤爵皆贊注云謂王同姓及二王之後來朝覲王以鬱鬯禮之后以瑤爵亞獻謂同姓也自陽侯殺

繆侯後其后夫人獻禮遂廢並使人攝也子云寡婦之子不有見焉則弗友也君子以辟遠也有見謂睹
其才藝也同志爲友○見賢遍反注及下同辟音避遠于萬反下遠色同故朋友之交主人不在不有大故則不入
其門大故喪病以此坊民民猶以色厚於德子云好德如好色此句似不足論語曰未見好德如好色疾
時人厚於色之甚而薄於德也○好呼報反下及注同諸侯不下漁色謂不內取於國中也內取國中爲下漁色昏禮始納采謂采擇其可
者也國君而內取象捕魚然中網取之是無所擇○捕蒲布反中丁仲反○故君子遠色以爲民紀故男女授受不
親不親者不以手相與也內則曰非祭非喪不相授器其相授則女受以篚其無篚則皆坐奠之而後取之○篚音匪御婦人則進左手
御者在右前左手則身微背之姑姊妹女子子已嫁而反男子不與同席而坐女子十年而不出也嫁及成人
可以出矣猶不與男子共席而坐遠別寡婦不夜哭嫌思人道婦人疾問之不問其疾嫌媚略之也問增損而已以
此坊民民猶淫泆而亂於族亂族犯非妃匹也○泆音逸本又作佚同妃匹音配一音如字疏子云至於族○正義曰此一節
更申明男女相遠又坊人同姓淫泆之事○諸侯不下漁色漁色謂漁人取魚中網者皆取之譬如取美色中意者皆取之若漁人求魚故云漁色諸侯當外
取不得下鄉國中取卿大夫士之女若下鄉內取國中似漁人之求魚無所擇故云不下漁色○御婦人則進左手者以御者之禮婦人在車上左廂御者在
婦人之右進左手謂左手在前轉身向右微偝婦人○婦人疾問之不問其疾者謂不問其疾所委曲若問其委曲嫌似媚故不丁寧但略問增損而已子
云昏禮壻親迎見於舅姑舅姑承子以授壻恐事之違也舅姑妻之父母也妻之父爲外舅妻之母

爲外姑父戒女曰夙夜無違命毋戒女曰毋違宮事○迎魚敬反○以此坊民婦猶有不至者不至不親夫以孝舅姑也春秋成公九年春二月伯姬歸於宋夏五月季孫行父如宋致女是時宋共公不親迎恐其有違而致之也○父音甫【疏】子云至至者○正義曰見於舅姑舅姑承子以授壻者謂親迎之時壻見於舅姑舅姑謂婦之父母也婦之父母承奉女子以付授於壻則昏禮父戒女曰夙夜無違命毋戒女曰毋違宮事是也恐事之違者謂恐此女人於昏事乖違故親以女授壻也

附釋音禮記注疏卷第五十一

禮記注疏卷五十一校勘記　阮元撰盧宣旬摘錄

孔子閒居第二十九

孔子閒居節

子夏覆五至三無之事　閩監毛本同惠棟校宋本覆下有問字

子夏曰民之父母節　惠棟校宋本子夏曰民之父母既得而聞之矣合上節爲一節敢問何爲以下合下節子夏曰五至既得而聞之矣十一字爲一節

敢問至五至　惠棟校宋本無此五字

若民有禍害　閩監本同毛本害誤哀

子夏曰五至既得而聞之矣節

敢問至喪也　惠棟校宋本無此五字

密靜也　閩監本同毛本密誤寧

子夏曰言則大矣美矣矣節

威儀遲遲　各本同石經遲遲作遟遟

起猶行也閩監毛本同岳本同嘉靖本同衞氏集說同惠棟校宋本行作從考文引古本足利本同

子夏至孫子惠棟校宋本無此五字

子夏曰三王之德節

敢問何如斯可謂參於天地矣閩監毛本同衞氏集說同石經無於字岳本同嘉靖本同考文引古本足利本同石經考文提要云宋大字本宋本九經南宋巾箱本余仁仲本並無於字

日月無私照各本同石經同釋文出私炤云本亦作照

湯降不遲各本同石經遲作遟

昭假遲遲各本同石經遲遲作遟遟釋文亦出遟遟

上帝是祗閩本石經宋監本岳本嘉靖本並同監毛本祗誤祇衞氏集說同釋文出是祗

子夏至德也惠棟校宋本無此五字

清明在躬節

嗜欲將至石經同閩監毛本嗜作耆岳本同衞氏集說同釋文出耆欲按此本注亦作耆嘉靖本初作耆後改嗜

嵩高惟嶽石經宋監本岳本嘉靖本衞氏集說同閩監毛本惟作維石經考文提要云宋大字本宋本九經南宋巾箱本余仁仲本劉叔剛本並作

惟嶽下惟嶽惟申並同

惟周之翰惠棟校宋本石經宋監本岳本嘉靖本衞氏集說同考文引古本足利本同閩監毛本惟作爲石經考文提要云宋大字本宋本九經南宋巾箱本余仁仲本劉叔剛本並作惟周

四方于宣各本同石經同毛本方誤國

清明至德也惠棟校宋本無此五字

無此生生賢佐之詩惠棟校宋本不重生字是也閩監毛本無此生作無此先生

此詩大雅嵩高之篇閩監毛本同惠棟校宋本嵩作崧下按詩嵩高之篇同

掌四岳之祀閩監本同毛本祀誤事惠棟挍宋本亦作祀岳作嶽

弛其文德節

弛其至德也惠棟校宋本無此五字

則大王居邠閩監毛本同惠棟挍宋本邠作豳

大王之德也惠棟校宋本此下標禮記正義卷第五十八終記云凡三十九頁

坊記第三十惠棟校宋本禮記正義卷第五十九

子言之君子之道節

命謂教令 閩監本同惠棟校宋本岳本嘉靖本並同衞氏集說同毛本令誤命

子言至坊欲 惠棟校宋本無此五字

子云小人貧斯約節

士有爵命之級 閩監毛本嘉靖本並同惠棟校宋本級下有也字宋監本岳本同衞氏集說同

子云至益亡 惠棟校宋本無此五字

貴謂卿士之屬也 閩監本同毛本謂誤爲

子云貧而好樂節

子云貧而好樂 閩監本同石經同岳本同嘉靖本同衞氏集說同考文云宋板同毛本云誤曰

恆多作亂 閩監毛本同岳本同嘉靖本同惠棟校宋本作作爲宋監本同衞氏集說同考文引古本同

高一丈長二丈爲雉 毛本二作三岳本同嘉靖本同衞氏集說同此本誤閩監本同

革車十乘士一百人 閩監毛本同惠棟校宋本無一字衞氏集說同

云子男之城方五百里者 閩監毛本同惠棟校宋本無百字衞氏集說同

子云夫禮者節 惠棟校云子云夫禮節子云君子節子云觴酒節宋本分民猶犯君之上爲一節

民猶得同姓以弑其君 各本同石經同釋文出以殺云本又作弑

唯在軍同服于 惠棟校宋本于作爾宋監本岳本嘉靖本衞氏集說同考文引足利本同閩監毛本並誤

子云至患之 惠棟校宋本無此五字

云稱之曰主不言君辟諸侯也 閩監本同毛本也下有者字

傳言君謂有采地者也 閩監毛本同惠棟校宋本言作云

諸侯亦稱下曲禮云 惠棟校宋本有主字此本主字脫閩監毛本脫下字

主者亦有以御服乎 惠棟校宋本作主亦有以語肥也此本主下衍者字語肥也誤御服乎閩監毛本同

取號之旂 惠棟校宋本同閩本取誤取監毛本取誤助

詩云至斯亡 惠棟校宋本無此五字按此節疏文一則此本誤接是在軍同服之後閩監毛本移置詩云民之無良節經注之下是也

子云君子辭貴不辭賤節 惠棟校云詩云民之無良以下宋本另爲一節

至于已斯亡 閩監本同石經同岳本同嘉靖本同衞氏集說同毛本于誤於

子云利祿節

言不偷於死亡 各本同釋文出不愉云本亦作偷○按說文有愉無偷

子云至無告 惠棟校宋本無此五字

欲令獻公當思念先君 惠棟校宋本同閩監毛本思誤須

按鄭志荅曰炅模云 閩監毛本同惠棟校宋本無曰字炅作晃段玉裁校云炅字是也曰字衍盧文弨校云前俱作炅模

注記時孰就盧君 惠棟校宋本無孰字是也此本孰字誤衍閩監本同毛本就上衍孰字尤誤

子云上酌民言節

民受之如天矣 閩監毛本同岳本同嘉靖本同惠棟校宋本受作愛衞氏集說同考文引古本足利本同

故君子信讓以涖百姓 各本同石經同釋文涖作莅

子云至芻蕘 惠棟校宋本無此五字

子云善則稱人節

言女鄉卜筮 各本同釋文出嚮卜云本亦作鄉○按經傳多作鄉嚮俗字

入告爾君于內女乃順之于外 閩監本石經岳本嘉靖本衞氏集說同毛本二于並誤於

子云至無良 惠棟校宋本無此五字

凡有三節上經論與凡人次經論臣於君　閩監本同毛本三誤二次誤此

泰誓曰至予小子無良者　閩監毛本同惠棟校宋本泰作大

無罪於天爲天所佐　閩監本同毛本爲誤惟佐誤助

此經據凡人相於　閩本同惠棟校宋本同監毛本於誤與

以歸美於宅人　閩監本同毛本宅作他惠棟校宋本無於字

子云君子弛其親之過節　惠棟校云子云君子節宋本分從命不忿至孝子不匱爲一節睦於父母至交相爲瘉爲一節於父之執至廣孝也爲一節小人皆能養至忝厥祖爲一節父母在至教民追孝也爲一節以此坊民二句合下敬則用祭器爲一節

弛猶棄忘也　閩監毛本同岳本棄作弃衞氏集說同

孝子不藏識父母之過　惠棟校宋本宋監本岳本嘉靖本衞氏集說同閩監毛本識作記考文引古本足利本作識

微諫不倦者　閩監毛本嘉靖本岳本同考文引宋板者作君衞氏集說同

綽綽寬容貌也　閩監本嘉靖本岳本衞氏集說同毛本容誤裕

交猶更　閩監毛本同岳本同惠棟校宋本更下有也字嘉靖本衞氏集說同考文引古本足利本同

謂今與己位等　閩監毛本同岳本同嘉靖本同衞氏集說同考文引宋板無今字

戲謂孺子言笑者也各本同釋文出孺子

民猶薄於孝而厚於慈閩監毛本同石經猶下有有字考文引宋板古本足利本同岳本嘉靖本衞氏集說並同石經考文提要云宋大字本宋本九經南宋巾箱本余仁仲本並有有字

脩宗廟閩監本石經岳本嘉靖本並同毛本脩作修衞氏集說同

有事有所尊事閩監毛本岳本嘉靖本並同惠棟校宋本尊事作事也衞氏集說同

子云至其親惠棟校宋本無此五字

各依文解之閩本同惠棟校宋本同監毛本依作隨

子云敬則用祭器節

盤盂之屬爲燕器閩監本同岳本同嘉靖本同衞氏集說同毛本盂誤于釋文出盂云音于

子云至忘義惠棟校宋本無此五字

子云七日戒節

示不淫也惠棟校宋本示下有民字石經宋監本岳本嘉靖本衞氏集說同考文引古本足利本同此本脫民字閩監毛本同石經考文提要云宋大字本宋本九經南宋巾箱本余仁仲本劉叔剛本並有民字

而獻酬之岳本嘉靖本衞氏集說同閩監毛本酬作醻考文云宋板醻作酬疏放此

子云至卒獲惠棟校宋本無此五字

知主人主婦賓獻尸閩監本同毛本賓上有上字

子云賓禮每進以讓節

周於送死尤備閩監本同岳本同嘉靖本同衞氏集說同毛本尤誤猶

子云至葬者惠棟校宋本無此五字

子云升自客階節

子云至父者惠棟校宋本無此五字

注云謂反哭時也閩監毛本同惠棟校宋本無云字

子云孝以事君節

子云至其君惠棟校宋本無此五字

謂國君之有君在惠棟校宋本有上有子字閩監毛本脫有字

子云禮之先幣帛也節

欲民之先事而後祿也閩監本石經岳本嘉靖本同衞氏集說同考文引宋板同毛本祿誤樂疏而後祿也者放此

謂所執之贄閩監毛本同岳本贄作摯嘉靖本衞氏集說同釋文出之贄

子云至賤行惠棟校宋本無此五字

故民爲爭閩監毛本同惠棟校宋本無爲字衞氏集說亦作故民爭也

此易無妄六二爻辭無妄閩監本同毛本二無字並作无

猶不耕穫刈惠棟校宋本同閩監毛本刈誤劃

無功得物閩監本同毛本得誤德

子云君子不盡利以遺民節

子云君子各本同石經同毛本云誤曰

是不無故殺之閩監毛本岳本嘉靖本同惠棟校宋本不無故作無故不衞氏集說同

菲薆類也閩監毛本同岳本同嘉靖本同衞氏集說同釋文薆作蔧惠棟校正義同

苦則棄之也閩監毛本同岳本棄作弃宋監本嘉靖本衞氏集說同下則不棄同

子云至其身惠棟校宋本無此五字

陸機云又謂之蒞閩監本同毛本機誤璣

與記意稍乖閩監本同惠棟校宋本同毛本記誤己

子云禮非祭節

子云至之禮惠棟校宋本無此五字

而取其夫人反篡其國也閩監毛本同衞氏集說同惠棟校宋本反作又是

其后夫人獻禮遂廢閩監本同毛本后作後

子云寡婦之子節

大故喪病閩監毛本岳本嘉靖本同惠棟校宋本病作疾宋監本衞氏集說同

疾時人厚於色之甚閩監本岳本嘉靖本衞氏集說同毛本於誤與考文引宋板亦作於

象捕魚然各本同釋文出猶捕

御者在右前左手則身微背之岳本嘉靖本同毛本背誤偝衞氏集說背作偝考文引宋板同閩監本十二字闕

女子十年而不出也各本同毛本不字誤倒在十年上

嫌思人道毛本岳本嘉靖本衞氏集說同閩監本四字闕

問增損而已毛本岳本嘉靖本衞氏集說同考文引宋板同閩監本闕而已二字按二字當二空闕閩監本誤四空闕

民猶淫泆閩監本石經岳本嘉靖本同毛本泆作佚衞氏集說同釋文出淫泆云本又作佚○按泆佚字古多通用

諸侯不下漁色漁色謂漁人取魚惠棟校宋本同閩本監本侯不下漁色漁色謂八字闕毛本侯字有七字闕閩監毛本漁人並誤魚人

譬如取美色中意者皆取之若漁人求魚惠棟校宋本同閩監毛本中意者皆取之若漁人九字闕

不得下鄉國中取卿大夫士之女惠棟校宋本同閩監毛本鄉國中取卿大夫士八字闕閩監本得字同毛本得誤當

似漁人之求魚無所擇故云不下漁色惠棟校宋本同閩監毛本無所擇故云不下漁八字闕求魚誤求漁

以御者之禮婦人在車上左廂御者惠棟校宋本同閩監毛本婦人在車上左廂御八字闕

謂左手在前轉身向右微偕婦人○婦人惠棟校宋本同閩監毛本身向右微偕婦人○八字闕

謂不問其疾所委曲若問其委曲嫌似媚故不丁寧但略問增損而已惠棟校宋本同略問作問其考文引宋板亦作略問閩監毛三本所委曲若問其委曲故不丁寧但問其增十六字並闕按毛本空闕廿八字誤也

子云昏禮節

妻之父爲外舅妻之母爲外姑父戒女曰夙夜無違命母戒女曰毋違宮事 毛本同惠棟校宋本同無作毋岳本嘉靖本衞氏集説同閩監本之父爲外舅妻之母無違命母戒女曰毋十六字闕

季孫行父如宋致女是時宋共公不親迎恐其有違而致之也 毛本同岳本同惠棟校宋本同嘉靖本同閩監本父如宋致女是時恐其有違而致之十四字闕

見於舅姑舅姑承子以授壻者謂親迎之時 惠棟校宋本同閩監毛本子以授壻者謂親七字闕考文引宋板舅姑二字不重

婦之父母承奉女子以付授於壻 惠棟校宋本同衞氏集説同閩監毛本婦之父母承奉女七字闕

夙夜無違命母戒女曰毋違宮事 惠棟校宋本同閩監毛本違命母戒女曰毋七字闕

恐事之違者謂恐此女人於昏事乖違 惠棟校宋本同閩監毛本謂恐此女人於昏乖八字闕按毛本有空闕九字誤也

附釋音禮記注疏卷第五十一 惠棟校宋本禮記正義卷第五十九終記云凡二十五頁宋監本禮記卷第十五經五千五百八十三字注四千七百五十四字嘉靖本禮記卷第十五經五千五百三十二字注四千六百六字

禮記注疏卷五十一校勘記

附釋音禮記注疏卷第五十二

禮記　　鄭氏注　　孔穎達疏

中庸第三十一○陸曰鄭云以其記中和之爲用也庸用也孔子之孫子思作之以昭明聖祖之德也○疏正義曰案鄭目錄云名曰中庸者以其記中和之爲用也庸用也孔子之孫子思伋作之以昭明聖祖之德此於別錄屬通論

天命之謂性率性之謂道脩道之謂教天命謂天所命生人者也是謂性命木神則仁金神則義火神則禮水神則信土神則知孝經說曰性者生之質命人所稟受度也率循也循性行之是謂道脩治也治而廣之人放傚之是曰教○率所律反知音智下知者大知皆同放方往反傚胡教反○道也者不可須臾離也可離非道也道猶道路也出入動作由之離之惡乎從也○離力智反下及注同○惡音烏是故君子戒慎乎其所不睹恐懼乎其所不聞小人閒居爲不善無所不至也君子則不然雖視之無人聽之無聲猶戒慎恐懼自脩正是其不須與離道○睹丁古反恐匡勇反注同閒音閑下同○莫見乎隱莫顯乎微故君子慎其獨也慎獨者慎其閒居之所爲小人於隱者動作言語自以爲不見睹不見聞則必肆盡其情也若有佔聽之者是爲顯見甚於衆人之中爲之○見賢遍反注顯見同一音如字佔勑廉反喜怒哀樂之未發謂之中發而皆中節謂之和中也者天下之大本也和也者天下之達道也中爲大本者以其含喜怒哀樂禮之所由生政教自此出也○樂音洛注同中丁仲反下注爲之中同○致中和天地位焉萬物育焉致行之至也位猶正也育生也長也○長丁丈反○疏天命至育

焉○正義曰此節明中庸之德必脩道而行謂子思欲明中庸先本於道○天命之謂性者天本無體亦無言語之命但人感自然而生有賢愚吉凶若天之付命遣使之然故云天命老子云道本無名強名之曰道但人自然感生有剛柔好惡或仁或義或禮或知或信是天性自然故云謂之性○率性之謂道率循也道者通物之名言依循性之所感而行不令違越是之曰道感仁行仁感義行義之屬不失其常合於道理使得通達是率性之謂道○脩道之謂教謂人君在上脩行此道以教於下是脩道之謂教也○注天命至曰教○正義曰云天命謂天所命生人者也是謂性命案易乾彖云乾道變化各正性命是也云木神則仁者皇氏云東方春春主施生仁亦主施生云金神則義者秋爲金金主嚴殺義亦果敢斷決也云火神則禮者夏爲火火主照物而有分別禮亦主分別云水神則信冬主閉藏充實不虛水有內明不欺於物信亦不虛詐也云土神則知者金木水火土無所不載土所含義者多知亦所含者衆故云土神則知云孝經說曰性者生之質命人所稟受度也不云命者鄭以通解性命爲一故不復言命但性情之義說者不通亦略言之賀瑒云性之與情猶波之與水靜時是水動則是波靜時是性動則是情案左傳云天有六氣降而生五行至於含生之類皆感五行生矣唯人獨稟秀氣故禮運云人者五行之秀氣被色而生既有五常仁義禮智信因五常而有六情則性之與情似金與鐶印鐶印之用非金亦因金而有鐶印情之所用非性亦因性而有情則性者靜情者動故樂記云人生而靜天之性也感於物而動情之欲也故詩序云情動於中是也但感五行在人爲五常得其清氣備者則爲聖人得其濁氣簡者則爲愚人降聖以下愚人以上所稟或多或少不可言一故分爲九等孔子云唯上智與下愚不移二者之外逐物移矣故論語云性相近習相遠也亦據中人七等也道也者不可須臾離也者此謂聖人脩行仁義禮知信以爲教化道猶道路也道者開通性命猶如道路開通於人人行於道路不可須臾離也若離道則礙難不通猶善道須臾離棄則身有患害而生也可離非道也者若荒梗塞澀之處是不可離棄以非道路之所由猶如凶惡邪僻之行是可離棄以亦非善

道之行故云可離非道也○是故君子戒慎乎其所不睹者言君子行道先慮其微若微能先慮則必合於道故君子恆常戒於其所不睹之處人雖目不睹之處猶戒慎況其惡事睹見而肯犯乎故君子恆常戒慎之○恐懼乎其所不聞者言君子恆恐迫畏懼於所不聞之處言雖耳所不聞恆懷恐懼之不睹不聞猶須恐懼況睹聞之處恐懼可知也○莫見乎隱莫顯乎微者莫無也言凡在衆人之中猶知所畏及至幽隱之處謂人不見便卽恣情人皆佔聽察見罪狀甚於衆人之中所以恆須慎懼如此以罪過愆失無見於幽隱之處無顯露於細微之所也○故君子慎其獨也者以其隱微之處恐其罪惡彰顯故君子之人恆慎其獨居言。言雖曰獨居能謹慎守道也○喜怒哀樂之未發謂之中者言喜怒哀樂緣事而生未發之時澹然虛靜心無所慮而當於理故謂之中○發而皆中節謂之和者不能寂靜而有喜怒哀樂之情雖復動發皆中節限猶如鹽梅相得性行和諧故云謂之和○中也者天下之大本也者言情慾未發是人性初本故曰天下之大本也○和也者天下之達道也者言情慾雖發而能和合道理可通達流行故曰天下之達道也○致中和天地位焉萬物育焉。致至也位正也育生長也言人君所能。至極中和使陰陽不錯則天地得其正位焉生成得理故萬物。其養育焉

仲尼曰君子中庸小人反中庸君子之中庸也君子而時中小人之中庸也小人而無忌憚也庸常也用中為常道也反中庸者所行非中庸然亦自以為中庸也君子而時中者其容貌君子而又時節其中也小人而無忌憚其容貌小人又以無畏難為常行是其反中庸也○小人之中庸也王肅本作小人之反中庸也忌憚徒旦反忌畏也憚難也難乃旦反行下孟反

子曰中庸其至矣乎民鮮能久矣鮮罕也言中庸為道至美顧人罕能久行○中庸其至矣乎一本作中庸之為德其至矣乎鮮息淺反下及注同罕胡坦反希也少也

子曰道之不行也我知之矣知者過之愚者不及也道之不明也我知之矣賢

者過之不肖者不及也人莫不飲食也鮮能知味也罕知其味謂愚者所以不及也過與不及使道不行唯禮能爲之中○知音智下文大知也子知注有知皆同肖音笑下同

子曰道其不行矣夫閔無明君教之○夫音扶

疏仲尼至矣夫○正義曰此一節是子思引仲尼之言廣明中庸之行賢者過之不肖者不及也中庸之道鮮能行之○君子中庸者庸常也君子之行人用中以爲常故云君子中庸○小人反中庸者小人則不用中爲常是反中庸也○君子之中庸也君子而時中者此覆說君子中庸之事言君子之爲中庸容貌爲君子心行而時節其中謂喜怒不過節也故云君子而時中○小人之中庸也小人而無忌憚也者此覆說小人反中庸之事言小人爲中庸形貌爲小人而心行無所忌憚故云小人而無忌憚也小人將此以爲常亦以爲中庸故云小人之中庸也○子曰中庸其至矣乎○前既言君子小人不同此又歎中庸之美人寡能久行其中庸之德至極美乎○民鮮能久矣者○但寡能長久而行鮮罕也言中庸爲至美故人罕能久行之○子曰道之不行也我知之矣者此覆說人寡能行中庸之事道之所以不行者言我知其道之不行所由故云我知之矣○知者過之愚者不及也以輕於道故過之以遠於道故不及○道之不明也我知之矣者言道之所以不顯明我亦知其所由也○賢者過之不肖者不及也言道之不行爲易故知者過之愚者不及道之不明爲難故云賢者過之不肖者不及是以變知稱賢變愚稱不肖是賢勝於智不肖勝於愚也○人莫不飲食也鮮能知味也者言飲食易也知味難也猶言人莫不行中庸但鮮能久行之言知之者易行之者難所謂愚者不能及中庸也案異義云張華辨鮓師曠別薪符朗爲青州刺史善能知味食雞知棲半露食鵝知其黑白此皆晉書文也子曰道其不行久矣夫者夫子既傷道之不行又哀閔傷之云時無明君其道不復行也○注反中至庸也○正義曰反中庸者所行非中庸者言用非中以爲常是反中庸故云所行非中庸云亦自以爲中庸也解經小人之中庸雖行惡事亦自謂爲中庸云其容貌君子而又時節其中也解經君子而時中云

其容貌小人又以無畏難爲常行者解經小人而無忌憚。既。無。忌。憚則不時節其中庸也子曰舜其大知也與舜好問而好察邇言隱惡而揚善執其兩端用其中於民其斯以爲舜乎邇近也近言而善易以進人察而行之也兩端過與不及也用其中於民賢與不肖皆能行之也斯此也其德如此乃號爲舜舜之言充也○與音餘下強與皆同好呼報反下同易以豉反【疏】子。曰。至。舜。乎。○正義曰此一經明舜能行中庸之行先察近言而後至於中庸也○舜其大知也。與者既能包。於大道又能察於近言即是大知也○執其兩端用其中於民者端謂頭緒謂知者過之愚者不及言舜能執持愚知兩端用其中道於民使愚知俱能行之○其斯以爲舜乎者斯此也以其德化如此故號之爲舜○注舜之言充也○正義曰案謚法云受禪成功曰舜又云仁義盛明曰舜皆是道德充滿之意故言舜爲充也○子曰人皆曰予知驅而納諸罟擭陷阱之中而莫之知辟也人皆曰予知擇乎中庸而不能期月守也予我也言凡人自謂有知人使之入罟不知辟也自謂擇中庸而爲之亦不能久行言其實愚又無恆○罟音古罔之總名擭胡化反尚書傳云捕獸機檻陷陷沒之陷阱才性反本或作穽同阱穿地陷獸也說文云穽或爲阱字也辟音避注知辟辟害皆同期音基○【疏】子。曰。至。守。也。○正義曰此一經明無知之人行中庸之事予我也世之愚人皆自謂言我有知○驅而納諸罟擭陷阱之中而莫之知辟也者此。謂無知之人設譬也罟網也擭謂柞樗也陷阱謂坑也穿地爲。坎豎鋒刃於中以陷獸也言禽獸被人所驅納於罟網擭陷阱之中而不知違辟似無知之人爲嗜欲所驅。罪。禍之中而不知辟即下文是也○擇乎中庸而不能期月守也者鄭云自謂擇中庸而爲之亦不能久行言其實愚又無恆也小人自謂選擇中庸而心行亦非中庸假令偶有中庸亦不能期而一月而守之如入陷阱也○子曰回之爲人也擇乎中庸得一善則拳拳服膺而弗失

之矣拳拳奉持之貌○拳音權又起阮反徐羌權反膺徐音應又於陵反奉芳勇反子曰天下國家可均也爵祿可辭
也白刃可蹈也中庸不可能也言中庸難為之難○蹈音悼又徒報反○○疏子曰至能也○正義曰此一節是夫子明顏回
能行中庸言中庸之難也○得一善則拳拳服膺而弗失之矣者言顏回選擇中庸而行得一善事則形貌拳拳然奉持之膺謂胸膺言奉持守於善道弗敢
棄失○子曰天下國家可均也天下謂天子國謂諸侯家謂卿大夫也○白刃可蹈也者言白刃雖利尚可履蹈而行之○中庸不可能也言在上諸事雖難
猶可為之唯中庸之道不可能也為知者過之愚者不及言中庸難為之難也子路問強強勇者所好也○強其良反下同好呼報反○子曰
南方之強與北方之強與抑而強與言三者所以為強者異也抑辭也而之言女也謂中國也○女音汝下抑女同寬
柔以教不報無道南方之強也君子居之南方以舒緩為強不報無道謂犯而不校也○校交孝反報也衽金
革死而不厭北方之強也而強者居之衽猶席也北方以剛猛為強○衽而忍反又而鴆反厭於豔反故君子
和而不流強哉矯中立而不倚強哉矯國有道不變塞焉強哉矯國無道至死
不變強哉矯此抑女之強也流猶移也塞猶實也國有道不變以趨時國無道不變以辟害有道無道一也矯強貌塞或為色○矯居表反下同
倚依彼反徐其蟻反疏子路至哉矯○正義曰此一節明中庸之道亦兼中國之強子路聞孔子美顏回能擇中庸言己有強故問之問強中亦兼有中庸
否庾氏云問強中之中庸者然此問之亦如論語云子謂顏淵曰用之則行舍之則藏唯我與爾有是夫子路曰子行三軍則誰與之類是也○子曰南方之
強與北方之強與抑而強與者抑語助也而之言女也女子路也夫子將答子路之問且先反問子路言強有多種女今所問問何者之強為南方為北方為

中國女所能之強也子路之強行中國之強也○寬柔以教不報無道南方之強也君子居之者反問既竟夫子遂爲歷解之南方謂荊陽之南其地多陽陽之氣舒散人情寬緩和柔假令人有無道加己己亦不報和柔爲君子之道故云君子居之○衽金革死而不厭北方之強也而強者居之者衽臥席也金革謂軍戎器械也北方沙漠之地其地多陰陰氣。堅急故人性剛猛恆好鬭爭故以甲鎧爲席寢宿於中至死不厭非君子所處而強梁者居之然唯云南北不云東西者鄭沖云是必南北互舉蓋與東西俗同故不言也故君子和而不流強哉矯此以下皆述中國之強也流移也矯亦強貌也不爲南北之強故性行和合而不流移心行強哉形貌矯然○中立而不倚強哉矯者中正獨立而不偏倚志意強哉形貌矯然○國有道不變塞焉強哉矯者若國有道守直不變德行充實志意強哉形貌矯然○國無道至死不變強哉矯者若國之無道守善至死性不改變志意強哉形貌矯然○注此抑至強貌○正義曰此抑女之強也何以知之上文既說三種之強又見南方之強又見北方之強唯抑而之強未見故知此經所云者是抑女之強也云流移也者以其性和同。必流移隨物合和而不移亦中庸之德也云國有道不變以趨時者國雖有道不能隨逐物以求榮利今不。改變己志以趨會於時也云矯強貌者矯是壯大之形故云強貌也

子曰素隱行怪後世有述焉吾弗爲之矣

素讀。如攻城攻其所傃之傃傃猶鄉也言方鄉辟害隱身而行詭譎以作後世名也弗爲之矣。恥之也○傃音素鄉本又作嚮許亮反下皆同傃久委反下同譎音決

君子遵道而行半塗而廢吾弗能已矣

廢猶罷止也弗能已矣汲汲行道不爲時人之隱行○汲音急隱行下孟反○爲

君子依乎中庸遯世不見知而不悔唯聖者能之

言隱者當如此也唯舜爲能如此○遯本又作遁同徒頓反○

君子之道費而隱

言可隱之節也費猶佹也道不費則仕○費本又作拂同扶弗反徐音弗注同

夫婦之愚可以與知焉及其至也雖聖人亦有

所不知焉夫婦之不肖可以能行焉及其至也雖聖人亦有所不能焉與讀。爲贊者皆
與之與言匹夫匹婦愚耳亦可以其與有所知可以其能有所行者以其知行之極也聖人有不能如此舜好察邇言由此故與○以與音預注皆與之與以
其與同好呼報反故與音餘天地之大也人猶有所憾憾恨也天地至大無不覆載人尚有所恨焉況於聖人能盡備之乎○憾
本又作感胡暗反注同故君子語大天下莫能載焉語小天下莫能破焉語猶說也所說大事謂先王之
道也所說小事謂若愚不肖夫婦之知行也聖人盡兼行詩云鳶飛戾天魚躍于淵言其上下察也察猶著也言聖
人之德至於天則鳶飛戾天至於地則魚躍于淵是其著明於天地也○鳶悅專反字又作鳶戾力計呂結二反躍羊灼反著張慮反下同君子之
道造端乎夫婦及其至也察乎天地夫婦謂匹夫匹婦之所知所行○造在老反疏子。曰。至。天。地○正義曰此一節
論夫子雖隱遯之世亦行中庸又明中庸之道初則起於匹夫匹婦終則偏於天地○素隱行怪後世有述焉者素鄉也謂無道之世身鄉幽隱之處應須靜
默若行怪異之事求立功名使後世有所述焉○○吾弗爲之矣者恥之也如此之事我不能爲之以其身雖隱遯而名欲彰也○○注素讀如攻城攻其所傃之
傃○○正義曰司馬法文言身隱而行佹譎以作後世之名若許由洗耳之屬是也○○君子遵道而行半塗而廢者言君子之人初既遵循道德而行當須行之
終竟今不能終竟猶如人行於道路半塗而自休廢廢猶罷止也○○吾弗能已矣已猶止也吾弗能如時人半塗而休止言汲汲行道無休已也○○注不爲時
人之隱行○○正義曰謂作佹譎求名是也○君子以隱終始行道不能止也○君子至能之○○言君子依行中庸之德若值時無道隱遯於世雖有才德不爲時
人所知而無悔恨之心如此者非凡人所能唯聖者能然若不能○依行中庸者雖隱遯於世不爲人所知則有悔恨之心也○注唯舜爲能如此○正義曰知

者史記云舜耕於歷山漁於雷澤陶於河濱是不見知而不悔○君子之道費而隱注云言可隱之節費猶佹也言君子之人遭值亂世道德違費則隱而不仕若道之不費則當仕也○夫婦之愚可以與知焉○言天下之事千端萬緒或細小之事雖夫婦之愚偶然與知其善惡若蒭蕘之言有可聽用故云與知○及其至也雖聖人亦有所不知焉者言道之至極如造化之理雖聖人不知其所由故云及其至也雖聖人亦有所不知焉○夫婦之不肖可以能行焉行之至極故也前文據其知此文據其行以其知有異故別起其文但知之易行之。難故上文云夫婦之愚行之難故此經云夫婦之不肖不肖勝於愚也○及其至也雖聖人亦有所不能焉者○知之與行之皆是至極既是至極故聖人有不能也○注與讀爲贊者皆與之與○正義曰士冠禮。云其饗冠者贊者皆與謂于與也云舜好察邇言由此故與者卽愚夫愚婦有所識知故也與語助也天地之大也人猶有所憾者憾恨也言天地至大無物不養無物不覆載如冬寒夏暑人猶有怨恨之猶如聖人之德無善不包人猶怨之是不可備也中庸之道於理爲難大小兼包始可以備也○故君子語大天下莫能載焉者語說也大謂先王之道言君子語說先王之道其事既大天下之人無能勝載之者○語小天下莫能破焉者○若說細碎小事謂愚不肖事既纖細天下之人無能分破之者言事似秋毫不可分破也○注聖人盡兼行○正義曰謂兼行大小之事小事則愚夫愚婦所知行大事則先王之道前文云雖聖人有所不知不能此云大事聖人兼行之者前云有所不知不能謂於小事不勝匹夫匹婦耳非謂大事不能也故此云盡兼行之○詩云鳶飛戾天魚躍于淵言其上下察也者詩大雅旱麓之篇美文王之詩引之者言聖人之德上至於天則鳶飛戾天是翱翔得所聖人之德下至於地則魚躍于淵是游泳得所言聖人之德上下明察詩本文云鳶飛戾天喻惡人遠去魚躍于淵喻善人得所此引斷章故與詩義有異也○君子之道造端乎夫婦者言君子行道初始造立端緒起於匹夫匹婦之所知所行。者○及其至也察乎天地者言雖起於匹夫匹婦所知所行及其至極之時明察於上下天地也

子曰道不遠

人人之爲道而遠人不可以爲道言道卽不遠於人人不能行也詩云伐柯伐柯其則不遠執柯以伐柯睨而視之猶以爲遠則法也言持柯以伐木將以爲柯近以柯爲尺寸之法此法不遠人人尚遠之明爲道不可以遠○柯古何反睨徐音詣睥睨也○故君子以人治人改而止言人有罪過君子以人道治之其人改則止赦之不責以人所不能忠恕違道不遠施諸己而不願亦勿施於人違猶去也君子之道四丘未能一焉所求乎子以事父未能也所求乎臣以事君未能也所求乎弟以事兄未能也所求乎朋友先施之未能也聖人而曰我未能明人當勉之無已庸德之行庸言之謹有所不足不敢不勉有餘不敢盡言顧行行顧言庸猶常也言德常行也言常謹也聖人之行實過於人有餘不敢盡常爲人法從禮也○行行皆下孟反注聖人之行同或一讀皆如字君子胡不慥慥爾君子謂衆賢也慥慥守實言行相應之貌○慥七到反行下孟反應於陵反舊音應對之應○君子素其位而行不願乎其外素富貴行乎富貴素貧賤行乎貧賤素夷狄行乎夷狄素患難行乎患難君子無入而不自得焉傃皆讀爲素不願乎其外謂思不出其位也自得謂所鄉不失其道○難乃旦反下同○在上位不陵下在下位不援上援謂牽持之也○援音園注同正己而不求於人則無怨上不怨天下不尤人無怨人無怨之者也論語曰君子求諸己小人求諸人○己音紀怨於願反又於元反下及注並同故君子居易以俟命小人行險以徼幸易猶平安也俟命聽天任命也險謂傾危之道

○易以豉反注同徼古堯反疏。子。曰。至。徼。幸○正義曰此一節明中庸之道去人不遠但行於己則外能及物道不遠人者言中庸之道不遠離於人身但人能行之於己則是中庸也人之為道而遠人不可以為道言人為中庸之道當附近於人謂人所能行則己所行可以為道若違理離遠則不可施於己又不可行於人則非道也故云人之為道而遠人不可以為道也○詩云伐柯代柯其則不遠執柯以伐柯睨而視之猶以為遠此豳風伐柯之篇美周公之詩柯斧柄也周禮云柯長三尺博三寸則法也言伐柯斫也柯柄長短其法不遠也但執柯睨而視之猶以為遠言欲行其道於人其法亦不遠但近取法於身何異持柯以伐柯人猶以為遠明為道之法亦不可以遠即所不願於上無以交於下所不願於下無以事上況是在身外於他人之處欲以為道何可得乎明行道在於身而求道也○故君子以人治人改而止者以道去人不遠言人有過君子當以人道治此有過之人改而止若人自改而休止不須更責不能之事若人所不能則己亦不能是行道在於己身也○忠恕違道不遠。也忠者內盡於心恕者外不欺物恕忖也忖度其義於人違去也言身行忠恕則去道不遠也○施諸己而不願亦勿施於人者諸於也他人有一不善之事施之於己己所不願亦勿施於人人亦不願故也所求乎子以事父未能也言此四者欲明求之於他人必先行之於己欲求其子以孝道事己己須以孝道事父母故云所求乎子以事父未能也恐人未能行之夫子聖人聖人猶曰我未能行凡人當勉之無已○所求乎臣以事君未能也譬如己是諸侯欲求於臣以忠事己己當先行忠於天子及廟中事尸是全臣道也所求乎朋友先施之未能也欲求朋友以恩惠施己則己當先施恩惠於朋友也庸德之行庸言之謹庸常也謂自修己身常以德而行常以言而謹也○有所不足不敢不勉謂己之才行有所不足之處不敢不勉而行之○有餘不敢盡謂己之才行有餘於人常持謙退不敢盡其才行以過於人○言顧行者使言不過行恆顧視於行○行顧言者使行副於言謂恆顧視於言也○君子胡不慥慥爾慥慥守實言行相應之貌胡猶何也既顧言行相副君子何得不慥慥然守實言行相應之道也○君子素其位而行不願乎其外至行乎患難素鄉也鄉其所居之位而行其所行之事不願行在位外之事論語云君子思不出其位也鄉富貴之中行道於富貴謂不驕不淫也鄉貧賤之中則行道於貧賤謂不諂不懾也鄉夷狄之中行道於夷狄夷狄雖陋。雖隨其俗而守道不改鄉患難之中行道於患難而臨危不傾守死於善道也○君子無入而不自得焉者言君子所入之處皆守善道在上位不陵下此素富貴行富貴也若身處富貴依我常正之性不使富貴以陵人若以富貴陵人是不行富貴之道○在下位不援上者此素貧賤行貧賤也援牽持也若身處貧賤則安之宜令自樂不得援牽富貴若以援牽富貴是不行貧賤之道○正己而不求於人則無怨此素夷狄行夷狄也若身入夷狄夷狄無禮義當自正己而行不得求於彼人則彼人無怨己者論語云言忠信行篤敬雖之夷狄不可棄○上不怨天下不尤人此素患難行患難也尤過也責也苟皆應之患難則亦甘爲不得上怨天下尤人故論語云不怨天不尤人是也○故君子居易以俟命者易謂平安也言君子以道自處恒居平安之中以聽待天命也○小人行險以徼幸小人以惡自居恒行險難傾危之事以徼求榮幸之道論語曰不仁者不可以久處約是也○

子曰射有似乎君子失諸正鵠反求諸其身反求於其身不以怨人。畫曰正棲皮曰鵠○正音征注同鵠古毒反注同正鵠皆鳥名也一曰正正也鵠直也大射則張皮侯而棲鵠賓射張布侯而設正也棲細兮反

君子之道辟。如行遠必自邇辟。如登高必自卑自從也邇近也行之以近者卑者始以漸致之高遠○辟音譬下同邇音爾卑音婢又如字注同○

詩曰妻子好合如鼓瑟琴兄弟既翕和樂且耽宜爾室家樂爾妻帑琴瑟聲相應和也翕合也耽亦樂也古者謂子孫曰帑此詩言和室家之道自近者始○好呼報反翕許急反樂音洛下及注同耽丁南反帑音奴子孫也本又作孥同尚書傳毛詩箋並云子也杜預注左傳云妻子也應應對之應和胡臥反

子曰父母其順矣乎謂其教令

行使室家順〇疏子。曰。至。妻。帑〇正義曰以上雖行道在於己身故此一節覆明行道在身之事以射譬之〇射有似乎君子者言凡人之射有似乎君子之道〇失諸正鵠反求諸其身者諸於也求責也正謂賓射之侯鵠謂大射之侯言射者失於正鵠謂矢不中正鵠不責他人反鄉自責其身言君子之人失道於外亦反自責於己君子之道譬如行遠必自邇譬如登高必自卑者自從也邇近也卑下也行之以遠者近之始升之以高者卑之始言以漸至高遠不云近者遠始卑者高始但勤行其道於身然後能被於物而可謂之高遠耳〇詩云妻子好合如鼓瑟琴兄弟既翕和樂且耽此小雅。常棣之篇美文王之詩記人引此者言行道之法自近始猶如詩人之所云欲和遠人先和其妻子兄弟故云妻子好合情意相得如似鼓彈瑟與琴音聲相和也兄弟盡皆翕合情意和樂且復耽之耽之者是相好之甚也宜爾室家樂爾妻帑者宜善爾之室家愛樂爾之妻帑帑子也古者謂子孫爲帑故甘誓云予則帑戮汝於人則妻子爲帑於鳥則鳥尾爲帑左傳云以害鳥帑是也〇子曰父母其順矣乎者以正義曰因上和於遠人先和室家故此一經次之父母其順矣乎謂父母能以教令行乎室家其和順矣乎言中庸之道先使室家和順乃能和順於外即上云道不遠施諸己

子曰鬼神之爲德其盛矣乎視。之而弗見聽之而弗聞體物而不可遺體猶生也可猶所也不有所遺言萬物無不以鬼神之氣生也使天下之人齊明盛服以承祭祀洋洋乎如在其上如在其左右明猶潔也洋洋人想思其傍僾之貌〇齊側皆反本亦作齋洋音羊傍皇薄剛反謂左右也徐方岡反僾徐於愷反又音愛〇詩曰神之格思不可度思矧可射思格來也矧況也射厭也思皆聲之助言神之來其形象不可億度而知事之盡敬而已況可厭倦乎〇格古百反度待洛反注同矧詩忍反注同射音亦厭於豔反字又作厭下同盡子忍反夫微之顯誠之不可揜如此夫言神無形而著不言而誠〇揜音掩於檢反此夫音扶著

張慮反○【疏】子曰至此夫○正義曰此一節明鬼神之道無形而能顯著誠信中庸之道與鬼神之道相似亦從微至著不言而自誠也○體物而不可遺者體猶生也可猶所也言萬物生而有形體故云體物而不可遺者言鬼神之道生養萬物無不周徧而不有所遺言萬物無不以鬼神之氣生也○使天下之人齊明盛服以承祭祀者明猶絜也言鬼神能生養萬物故天下之人齊戒明絜盛飾衣服以承祭祀○洋洋乎如在其上如在其左右者言鬼神之形狀人想像之如在人之上如在人之左右想見其形也○詩曰神之格思不可度思矧可射思者格來也思辭也矧況也射厭也此大雅抑之篇刺厲王之詩詩人刺時人祭祀懈倦故云神之來至以其無形不可度知恆須恭敬況於祭祀之末可厭倦之乎言不可厭倦也記者引詩明鬼神之所尊敬也○夫微之顯者言鬼神之狀微昧不見而精靈與人為吉凶是從微之顯也○誠之不可揜者言鬼神誠信不可揜蔽善者必降之以福惡者必降之以禍如此夫者此詩人所云何可厭倦夫語助也此鬼神即與易繫辭云是故知鬼神之情狀與天地相似以能生萬物也案彼注木火之神生物金水之鬼終物彼以春夏對秋冬故以春夏生物秋冬終物其實鬼神皆能生物終物也故此云體物而不可遺此雖說陰陽鬼神人之鬼神亦附陰陽之鬼神故此云齊明盛服以承祭祀是兼人之鬼神也○

子曰舜其大孝也與德為聖人尊為天子富有四海之內宗廟饗之子孫保之保安也與音餘○故大德必得其位必得其祿必得其名必得其壽名令聞也○聞音問下令聞同故天之生物必因其材而篤焉材謂其質性也篤厚也言善者天厚其福惡者天厚其毒皆由其本而為之○故栽者培之傾者覆之栽讀如文王初載之載栽猶殖也培益也今時人名草木之殖曰栽築牆立板亦曰栽栽或為菑覆敗也○栽依注音災將才反注同植也培蒲回反覆芳伏反載之載並音災本或作哉同詩曰嘉樂君子憲憲令德宜民宜人受

祿于。天保佑命之自天申之故大德者必受命憲憲興盛之貌保安也佑助也〇嘉戶嫁反詩本作假音同假嘉也皇音加善也憲音顯注同一音如字佑音祐下注同

疏子。曰。至。受。命〇正義曰此一節明中庸之德故能富有天下受天之命也〇子孫保之者師說云舜禪與禹何言保者此子孫承保祭祀故云保周時陳國是舜之後〇故大德必得其位者以其德大能覆養天下故必得其位如孔子有大德而無其位以不應。王錄雖有大德而無其位也案援神契云丘為制法主黑綠不代蒼黃言孔子黑龍之精不合代周家木德之蒼也孔演圖又云聖人不空生必有所制以顯天心丘為木鐸制天下法是也必得其壽者據舜言之而夫子不長壽以勸憂故也〇故天之生物必因其材而篤焉材謂質性也篤厚也言天之所生隨物質性而厚之善者因厚其福舜禹是也惡者因厚其毒桀紂是也故四凶黜而舜受禪也〇故栽者培之傾者覆之栽殖也培益也言道德自能豐殖則天因而培益之〇傾者覆之者若無德自取傾危者天亦因而覆敗之也〇注栽讀至曰栽〇正義曰栽讀如文王初載之載者案詩大明云文王初載天作之合彼注云載識也言文王生適有所識天為之生配謂生大姒此載為栽殖者載容兩義亦得為識亦得為殖此對傾者覆之故以為殖云築牆立板亦曰栽者案莊二十九年左傳云水昏正而栽謂立板築也〇詩曰嘉樂君子憲憲令德〇案此大雅嘉樂之篇美成王之詩嘉善也憲憲興盛之貌詩人言善樂君子此成王憲憲然有令善之德案詩本文憲憲為顯顯與此不同者齊魯韓詩與毛詩不同故也〇宜民宜人受祿於天保佑命之自天申之故大德者必受命者宜民謂宜養萬民宜人謂宜官人其德如此故受福于天佑助也保安也天乃保安佑助命之為天子又申重福之作記者引證大德必受命之義則舜之為也

子曰無憂者其唯文王乎以王季為父以武王為子父作之子述之聖人以立法度為大事子能述成之則何憂乎堯舜之父子則有凶頑禹湯之父子則寡令聞父子相成唯有文王武王纘大王王季文王之

緒壹戎衣而有天下身不失天下之顯名尊爲天子富有四海之内宗廟饗之

子孫保之纘繼也緒業也戎兵也衣讀如殷聲之誤也齊人言殷聲如衣虞夏商周氏者多矣今姓有衣者殷之冑與壹戎殷者壹用兵伐殷也○纘徐音纂哉管反大音泰下及注大王皆同壹戎衣依注衣作殷於巾反謂一用兵伐殷也尙書依字讀謂一著戎衣而天下大定冑與直救反下音餘武

王末受命周公成文武之德追王大王王季上祀先公以天子之禮斯禮也達乎諸侯大夫及士庶人父爲大夫子爲士葬以大夫祭以士父爲士子爲大夫葬以士祭以大夫期之喪達乎大夫三年之喪達乎天子父母之喪無貴賤一也末猶老也追王大王王季者以王迹起焉先公組紺以上至后稷也斯禮達於諸侯大夫士庶人者謂葬之從死者之爵祭之用生者之祿也言大夫葬以大夫士葬以士則追王者改葬之矣期之喪達於大夫者謂旁親所降在大功者其正統之期天子諸侯猶不降也大夫所降天子諸侯絶之不爲服所不臣乃服之也承葬祭說期三年之喪者明子事父以孝不用其尊卑變○末亡過反追王于況反注追王同期音基注同組音祖紺古闇反組紺大王之父也亦曰諸盩盩音置留反以上時掌反不爲服于僞反

【疏】子曰至一也○正義曰此一節明夫子論文王武王聖德相承王有天下上能追尊大王王季因明天子以下及士庶人葬祭祀之禮各隨文解之○以王季爲父以武王爲子父作之子述之者言文王以王季爲父則王季能制作禮樂文王奉而行之文王以武王爲子武王又能述成文王之道故無憂也○武王纘大王王季文王之緒者纘繼也緒業也言武王能纘繼父祖之業以王天下也○壹戎衣而有天下者戎兵也言一用兵伐殷而勝之也○注衣讀爲殷○正義曰案尙書武成云一戎衣謂一著戎衣而滅殷此云一者以經武王繼大王王季文王三人之

業一用滅殷對三人之業爲一耳由三人之業故一身滅之鄭必以衣爲殷者
以十一年觀兵于孟津十三年滅紂是再著戎服不得稱一戎衣故以衣爲殷
故注云齊人言殷聲如衣○武王末受命此美周公之德也末猶老也謂武王
年老而受命平定天下也斯禮也達乎諸侯大夫及士庶人者斯此也言周公
尊崇先公之禮非直天子所行乃下達於諸侯大夫士庶人等無問尊卑皆得
上尊祖父以己之祿祭其先人猶若周公以成王天子之禮祀其先公也○父
爲大夫子爲士葬以大夫祭以士者謂父既爲大夫祭以士禮貶其先人而云
尊之者欲明以己之祿祀其先人也○期之喪達乎大夫者欲見大夫之尊猶
有期喪謂旁親所降在大功者得爲期喪還著大功之服故云達乎大夫若天
子諸侯旁期之喪則不爲服也○三年之喪達乎天子者謂正統在三年之喪
父母及適子并妻也達乎天子者言天子皆服之不云父母而云三年者包適
子也天子爲后服期以三年包之者以后卒必待三年然後娶所以達子之志
故通在三年之中是以昭十五年左傳云穆后崩大子壽卒叔向云王一歲而
有三年之喪二焉是包后爲三年也直云達乎天子不云諸侯者諸侯旁親尊
同則不降故喪服大功章云諸侯爲姑姊妹嫁於國君者是也○父母之喪無
貴賤一也唯父母之喪無問天子及士庶人其服並同故云無貴賤一也○注
末猶至卑變○正義曰末猶老也者謂文王受命十一年武王觀兵於孟津白
魚入王舟是老而受命受命後七年而崩故鄭注洛誥文王受赤雀武王俯取白
之白魚皆七年是也云追王大王王季者以王迹起焉案詩頌閟宮云大王居岐
之陽實始翦商是王迹起也云先王組紺以上至后稷也者組紺太王之父一
名諸盩周本紀云亞圉卒子太公叔穎立太公卒子古公亶父立又世本云亞
圉雲生太公組紺諸盩則叔穎組紺諸盩是一人也此文云追王太王王季上
祀先公則先公之中包后稷也故云組紺以上至后稷也案司服云享先王則
衮冕先公則鷩冕以后稷爲周之始祖祫祭於廟當同先王用衮則先公無后
稷也故鄭注司服云先公不窋至諸盩若四時常祀唯后稷及太王王季之等
不得廣及先公故天保云禴祀烝嘗于公先王是四時常祀但有后稷諸盩以

下故鄭注天保云先公謂后稷至諸。盩此皆盡望經上下釋義故不同或有至字誤也云則追王者改葬之矣者以太王王季身爲諸侯葬從死者之爵則大
王王季祇得爲諸侯葬禮不得言追王從天子法故知追王之時而更改葬用天子禮案大傳云武王追王太王亶父王季歷此云周公追王不同者武王既
伐紂追王布告天下周公追而改葬故不同也云期之喪達。於大夫者謂旁親所降在大功者熊氏云此對天子諸侯故云期之喪達乎大夫其實大夫爲大
功之喪得降小功小功之喪得降緦麻是大功小功皆達乎大夫熊氏又云天子爲正統之喪適婦大功適孫之婦小功義或然但無正文耳云所不臣乃服
之也者喪服傳云始封之君不臣諸父昆弟封君之子不臣諸父而臣昆弟但不臣者皆以本服服也○子曰武王周公其達孝矣
乎夫孝者善繼人之志善述人之事者也春秋脩其祖。廟陳其宗器設其裳衣
薦其時食脩謂。掃糞也宗器祭器也裳衣先祖之。遺衣服也設之當以授尸也時食四時祭也○掃悉報反糞弗運反本亦作擭亦作拚同宗
廟之禮所以序昭穆也序爵所以辨貴賤也序事所以辨賢也旅酬下爲上所
以逮。賤也燕毛所以序齒也序猶次也爵謂公卿大夫士也事謂薦羞也以辨賢者以其事別所能也若司徒。羞牛宗伯共雞牲
矣文王世子曰宗廟之中以爵爲位崇德也宗人授事以官尊賢也旅酬下爲上者謂若特牲饋食之禮賓弟子兄弟之子各舉觶於其長也逮賤者宗廟之
中以有事爲榮也燕謂既祭而燕也燕以髮色爲坐祭時尊尊也至燕親親也齒亦年也○昭穆常遙反穆又作繆音同逮本又作逯同音代燕於見反注並
同別彼列反共音恭饋其位反觶音至長丁丈反下謂長同○踐其位行其禮奏其樂敬其所尊愛其所親事
死如事生事亡如事存孝之至也踐猶升也其者其先祖也踐或爲纘郊社之禮所以事上帝也

宗廟之禮所以祀乎其先也

社祭地神不言后土者省文○省色領反

明乎郊社之禮禘嘗之義治國其如示諸掌乎

示讀如寘諸河干之寘寘置也物而在掌中易爲知力者也序爵辨賢尊尊親親治國之要○示依注音寘之豉反易以豉反知音智本亦無力字治之要也治直吏反一本作治國之要治則如字

[疏]子。曰。至。掌。乎○正義曰以前經論文王武王聖德相承此論武王周公上成先祖脩其宗廟行郊社之禮所以能治國如置物掌中也各隨文解之○夫孝者善繼人之志者人謂先人若文王有志伐紂武王能繼而承之尚書武成曰予小子其承厥志是善繼人之志也○善述人之事者也言文王有文德爲王基而周公制禮以贊述之故洛誥云考朕昭子刑乃單文祖德是善述人之事也此是武王周公繼孝之事○宗廟之禮所以序昭穆也若若昭與昭齒穆與穆齒是也○序爵所以辨貴賤也者序謂次序爵謂公卿大夫士也謂祭祀之時公卿大夫各以其爵位齒列而助祭祀是辨貴賤也故文王世子云宗廟之中以爵爲位崇德也宗人授事以官尊賢也是也○序事所以辨賢也者序謂薦羞也序謂次序所共祭祀之事若司徒奉牛司馬奉羊宗伯供雞是分別賢能堪任其官也○旅酬下爲上所以逮賤也者旅衆也逮及也○謂祭末飲酒之時使一人舉觶之後至旅酬之時使卑者二人各舉觶於其長者卑下者先飲是下者爲上賤人在先是恩意先及於賤者故云所以逮賤也案特牲饋食之禮主人洗爵獻長兄弟獻衆兄弟之後衆賓弟子于西階兄弟弟子于東階各舉觶於其長也弟子等皆是下賤而得舉觶是有事於宗廟之中是其榮也又制受爵是逮賤也○燕毛所以序齒也者言祭末燕時以毛髮爲次序是所以序年齒也故注云燕謂既祭而燕也燕以髮色爲坐祭時尊尊也至燕親親也○踐其位行其禮者踐升也謂孝子升其先祖之位行祭祀之禮也○治國其如示諸掌乎注云示讀如寘諸河干之寘寘置也者若能明此序爵辨賢尊親則治理其國其事易猶如置物於掌中也

爲哀公問政子曰文武之政布在方策。其人存則其政

舉其人亡則其政息方版也策簡也息猶滅也○方筴初革反版音板本亦作板○人道敏政地道敏樹敏猶勉也
樹謂殖草木也人之無政若地無草木矣敏或爲謀夫政也者蒲盧也蒲盧蜾蠃謂土蜂也詩曰螟蛉有子蜾蠃負之螟蛉桑蟲也蒲盧取
桑蟲之子去而變化之以成爲己子政之於百姓若蒲盧之於桑蟲然○蒲盧並如字爾雅云蜾蠃蒲盧即今之細腰蜂也一名蠮螉蜾音果蠃力果反本亦
作蠃音同蜂芳封反字亦作蠭同螟莫瓶反蛉音零己音紀○故爲政在人在於得賢人也取人以身脩身以道脩道
以仁取人以身言明君乃能得人仁者人也親親爲大義者宜也尊賢爲大親親之殺尊賢
之等禮所生也人也讀如相人偶之人以人意相存問之言○殺色界反徐所例反在下位不獲乎上民不可得
而治矣此句其屬在下著脫誤重在此○治直吏反一音如字脫音奪重直用反故君子不可以不脩身思脩身不
可以不事親思事親不可以不知人思知人不可以不知天言脩身乃知孝知孝乃知人知人乃
知賢不肖知賢不肖乃知天命所保佑天下之達道五所以行之者三曰君臣也父子也夫婦也
昆弟也朋友之交也五者天下之達道也知仁勇三者天下之達德也所以行
之者一也達者常行百王所不變也○知音智下近乎知注言有知皆同或生而知之或學而知之或困而知
之及其知之一也困而知之謂長而見禮義之事己臨之而有不足乃始學而知之此達道也○長丁丈反己音紀或安而行
之或利而行之或勉強而行之及其成功一也利謂貪榮名也勉強恥不若人○強其兩反注同○疏哀公

至一也○正義曰此一節明哀公問政於孔子孔子答以爲政之道在於取人脩身幷明達道有五行之者三今各隨文解之○文武之政布在方策者言文王武王爲政之道皆布列在於方牘簡策○其人存則其政舉者雖在方策其事久遠此廣陳爲政之道其人謂賢人舉猶行也存謂道德存在也若得其人道德存在則能興行政教故云舉也○其人亡則其政息者息滅也其人若亡謂道德滅亡不能興舉於政教若位無賢臣政所以滅絕也○人道敏政者敏勉也言爲人君當勉力行政○地道敏樹者樹殖草本也言爲地之道亦勉力生殖也人之無政若地無草木地既無心云勉力者以地之生物無倦似若人勉力行政然也○夫政也者蒲盧也者蒲盧取桑蟲之子以爲己子善爲政者化養他民以爲己民若蒲盧然也○故爲政在人言君行善政則民從之故欲爲善政者在於得賢人也○取人以身明君欲取賢人先以脩正己身則賢人至也○脩身以道言欲脩正其身先須行於道德也○脩道以仁者言欲脩道德必須先脩仁義○仁者人也親親爲大者仁謂仁愛相親偶也○言行仁之注在於親偶欲親偶疏人先親己親然後比親及疏故云親親爲大○義者宜也尊賢爲大宜謂於事得宜卽是其義故云義者宜也若欲於事得宜莫過尊賢故云尊賢爲大○親親之殺尊賢之等禮所生也者五服之節降殺不同是親親之衰殺公卿大夫其爵各異是尊賢之等禮者所以辨明此上諸事○故云禮所生也○在下位不獲乎上者鄭謂此句應在下章所著脫誤重在此耳○故君子不可以不脩身思脩身不可以不事親言思念脩身之道必先以孝爲本故云不可以不事親○思事親不可以不知人既思事親不可先擇友取人也○云思知人不可以不知天欲思擇人必先知天時所佑助也謂人作善降之百祥作不善降之百殃不當捨惡脩善也五者天下之達道也五者謂君臣父子夫婦昆弟朋友之交皆是人間常行道理事得開通故云達道也○知仁勇三者天下之達德也言知仁勇人所常行在身爲德故云天下之達德也○言百王用此三德以行五道五事爲本故云道三者爲末故云德若行五道必須三德無知不能識其理無仁不能安其事無勇不能果其行故必須三德也○所以行

之者一也○言百王以來行此五道三德其義一也古今不變也○或生而知之謂天生自知也○或學而知之謂因學而知之或困而知之謂臨事有困由學乃知○及其知之一也言初知之時其事雖別既知之後並皆是知故云及其知之一也○或安而行之謂無所求爲安靜而行之○或利而行之謂貪其利益而行之行此五事得其榮名於己無害則利而行之也故論語云知者利仁是也○或勉強而行之或畏懼罪惡勉力自強而行之及其成功一也雖行之有異及其所行成功是一也言皆得成功矣皇氏云所知所行謂上五道三德今謂百行皆然非唯三五而已也

子曰好學近乎知力行近乎仁知恥近乎勇知斯三者則知所以脩身知所以脩身則知所以治人知所以治人則知所以治天下國家矣言有知有仁有勇乃知脩身則脩身以此三者爲基○好呼報反近附近之近下同行皇如字徐下孟反

凡爲天下國家有九經曰脩身也尊賢也親親也敬大臣也體羣臣也子庶民也來百工也柔遠人也懷諸侯也體猶接納也子猶愛也遠人蕃國之諸侯也○子如字徐將吏反下句放此蕃方元反○

脩身則道立尊賢則不惑親親則諸父昆弟不怨敬大臣則不眩體羣臣則士之報禮重子庶民則百姓勸來百工則財用足柔遠人則四方歸之懷諸侯則天下畏之不惑謀者良也不眩所任明也○眩玄遍反

疏子曰至家矣○正義曰前文夫子答哀公爲政須脩身知人行五道三德之事此以下夫子更爲哀公廣說修身治天下之道有九種常行之事又明修身在於至誠若能至誠所以贊天地動著龜也博厚配地高明配天各隨文解之此一節覆明上生而知之學而知之困而知之○好學近乎知者○覆前文或學而知之○若能好學無事不知故云近乎知也○力行近乎仁

者此若前文或利而行之以其勉力行善故近乎仁也○知恥近乎勇者覆前文困而知之及勉强而行之以其知自羞恥勤行善事不避危難故近乎勇也前經生而知之不覆說者以其生知自然合聖故不須覆說也○凡爲天下國家有九經者此夫子爲哀公說治天下國家之道有九種常行之事論九經之次目也○體羣臣也者體謂接納言接納羣臣與之同體也○子庶民也者謂子愛庶民也○來百工也者謂招來百工也○脩身則道立者此一經覆說行九經則致其功用也脩身則道立者謂脩正其身不爲邪惡則道德興立也○尊賢則不惑者以賢人輔弼故臨事不惑所謀者善也○敬大臣則不眩者眩亦惑也以恭敬大臣任使分明故於事不惑前文不惑謀國家大事此云不眩謂謀國家衆事但所謀之事大小有殊所以異其文○體羣臣則士之報禮重者羣臣雖賤而君厚接納之則臣感君恩故爲君死於患難是報禮重也○子庶民則百姓勸子愛也言愛民如子則百姓勸勉以事上也○來百工則財用足百工興財用也君若賞賚招來之則百工皆自至故國家財用豐足○柔遠人則四方歸之遠謂蕃國之諸侯四方則蕃國也懷諸侯則天下畏之懷安撫也君若安撫懷之則諸侯服從兵强土廣故天下畏之

齊明盛服非禮不動所以脩身也去讒遠色賤貨而貴德所以勸賢也尊其位重其祿同其好惡所以勸親親也官盛任使所以勸大臣也忠信重祿所以勸士也時使薄斂所以勸百姓也日省月試既廩稱事所以勸百工也送往迎來嘉善而矜不能所以柔遠人也繼絕世舉廢國治亂持危朝聘以時厚往而薄來所以懷諸侯也同其好惡不特有所好惡於同姓雖恩不同義必同也尊重其祿位所以貴之不必授以官守天官不可私也官盛任使大臣皆有屬官所任使不親小事也忠信重祿有忠信者重其祿也時使使之以時日省月試考校

其成功也既讀爲餼餼廩稍食也槀人職曰乘其事考其弓弩以下上其食○齊側皆反去起呂反遠于萬反好惡呼報反下爲路反又並如字注同斂力驗又既依注音餼許氣反稟彼錦反一本又力錦反稱尺證反朝宣遙反槀苦報反一音古老反上時掌反

【疏】齊。明。至。侯。也○正義曰此一節說行九經之法○齊明盛服者齊謂整齊明謂嚴明盛服謂正其衣冠是脩身之體也此等非禮不動是所以勸脩身○尊其位重其祿同其好惡所以勸親親也者尊其位謂授以大位重其祿謂重多其祿位崇重而已不可任以職事同其好惡好謂慶賞惡謂誅罰言於同姓既有親疏恩親雖不同義必須等故不特有所好惡○勸親親也者尊位重祿以勉之同其好惡以勵之是勸親親也○官盛任使所以勸大臣也官盛謂官之盛大有屬。臣者當令任使屬。臣不可以小事專勞大臣大臣懷德故云所以勸大臣也日省月試既廩稱事所以勸百工也既廩謂飲食糧廩也言在上每日省視百工功程每月試其所作之事又飲食糧廩稱當其事功多則廩厚功小則餼薄是所以勸百工也○治亂持危者○諸侯國內有亂則治討之危弱則扶持之○厚往而薄來所以懷諸侯也厚往謂諸侯還國王者以其材賄厚重往報之薄來謂諸侯貢獻使輕薄而來如此則諸侯歸服故所以懷諸侯也○重注尊重至其食○正義曰尊重其祿位者言同姓之親既非賢才但尊重其祿位榮貴之而已不必授以官守也云大臣皆有屬官所任使不親小事也者若周禮六卿其下各有屬官其細碎小事皆屬官爲之是不親小事也云既讀爲。餼餼廩稍食也者以既與廩連文又與餼字聲同故讀既爲餼稍食者謂稍給之故周禮月終均其稍食是也引槀人職者證其餼廩稱事案周禮夏官槀人掌弓矢之材其職云乘其事乘謂計筭其所爲之事考其弓弩謂考校弓弩之善惡多少以下上其食下謂貶退上謂增益善者則增上其食惡者則減其食故也○

凡爲天下國家有九經所以行之者一也凡事豫則立不豫則廢言前定則不跲事前定則不困行前定則不疚道前定則不窮一謂當豫也跲躓也

疢病也人不能病之○跲其劫反皇音給行下孟反疢音救躓徐音致○疏凡爲至不窮○正義曰此一節明前九經之法唯在豫前謀之故云所以行之者一也一謂豫也○言前定則不跲者案字林云跲躓也躓謂行倒蹶也將欲發言能豫前思定然後出口則言得流行不有躓蹶也○事前定則不困者困乏也言欲爲事之時先須豫前思定則事不困○行言定則不疢者疢病也言欲爲行之時豫前思定則行不疢病○道前定則不窮者言欲行道之時豫前謀定則道無窮也○注人不能病之○正義曰解經行前定則不疢人若行不豫前先定人或不信病害之既前定而後行故人不能病害也

附釋音禮記注疏卷第五十二

禮記注疏卷五十二校勘記　阮元撰盧宣旬摘錄

附釋音禮記注疏卷第五十二惠棟校宋本禮記正義卷第六十

中庸第三十一

天命之謂性節

脩道之謂教閩監本同石經同岳本同嘉靖本同衞氏集說同毛本脩作修卷內脩字並同

循性行之是謂道閩監毛本同岳本同嘉靖本同衞氏集說同惠棟校宋本是作之

若有佔聽之者閩監毛本岳本嘉靖本同惠棟校宋本佔作覘衞氏集說同釋文出有佔

天命至育焉惠棟校宋本無此五字

故云之謂性惠棟校宋本作之謂此本之謂二字倒閩監毛本同

孔子云唯上智與下愚不移閩監本同考文引宋板智作知毛本智誤行

以非道路之所由猶如凶惡閩監毛本作由猶此本由猶二字倒

言言雖曰獨居閩監毛本不重言字此本誤重

萬物育焉致至也閩監毛本同惠棟校宋本焉下有者字

言人君所能至極中和閩監本同毛本至作致

故萬物其養育焉閩監毛本同衛氏集說其上有得字

仲尼曰君子中庸節

仲尼至矣夫惠棟校宋本無此五字

符朗爲青州刺史衛氏集說亦作符朗閩監本朗誤郎毛本朗字不誤符作苻

既無忌憚則不時節其中庸也閩監毛本同惠棟校宋本無既無忌憚四字

子曰舜其大知也與節

子曰至舜乎惠棟校宋本無此五字

舜其大知也與者既能包於大道閩監本同毛本與誤愚於誤容

子曰人皆曰予知節

子曰至守也惠棟校宋本無此五字

此謂無知之人設譬也閩監毛本同盧文弨校云謂疑作爲

穿地爲坎閩監本同衛氏集說同毛本坎誤坑

爲嗜欲所驅罪禍之中閩監本惠棟校宋本罪上有入字禍字同衞氏集說同毛本入字亦脫禍誤陷

子路問强節

謂犯而不校也各本同毛本校作挍

塞猶實也毛本岳本嘉靖本衞氏集說同閩監本實字闕

子路至哉矯惠棟校宋本無此五字

陰氣堅急惠棟校宋本同衞氏集說同閩監毛本堅作徧

以其性和同必流移隨物惠棟校宋本同閩本必字闕監毛本必誤不

今不改變己志惠棟校宋本同閩監毛本改誤解

子曰素隱行怪節

素讀如攻城攻其所傃之傃惠棟校宋本岳本嘉靖本同考文引古本足利本同閩監毛本如作爲衞氏集說亦作讀如疏放此○按敬齊古今黈引作如此條鄭易索作傃乃讀爲之例也

恥之也惠棟校宋本作恥宋監本嘉靖本衞氏集說同考文引古本足利本同此本恥誤取閩監毛本同疏放此

與讀爲贊者皆與之與閩監毛本岳本嘉靖本同衞氏集說爲作如

子曰至天地惠棟校宋本無此五字

但知之易行之難故上文云惠棟校宋本行之難下更有知之易三字此本三字脫閩監毛本同

士冠禮云其饗冠者閩監毛本同惠棟校宋本云誤文

起於匹夫匹婦之所知所行者閩監毛本同惠棟校宋本者作也

子曰道不遠人節

所求乎子各本同毛本子誤于

愫皆讀爲素惠棟校宋本作素讀皆爲愫宋監本岳本嘉靖本同考文引古本同此本誤倒閩監毛本同

子曰至徼幸閩監本同毛本作子曰道不遠人人之爲道至險以徼幸惠棟校宋本無此五字

忠恕違道不遠也閩監本同毛本也作者

夷狄雖陋雖隨其俗閩監本同衞氏集說同惠棟校宋本下雖作亦毛本同

子曰射有似乎君子節

畫曰正岳本同惠棟校宋本同嘉靖本同足利本同閩監毛本畫下有布字衞氏集說同岳本攷證云按正鳥名周禮射人賓射之儀畫布爲正是也原本無布字者以凡侯皆布爲之彩畫三分之一不必復言布耳乃省文非脫簡也

辟如行遠閩監毛本岳本嘉靖本同惠棟校宋本辟作譬宋監本石經同南宋石經同衛氏集說同下辟如同釋文出辟如云音譬下同○按譬正字辟假借字

子曰至妻帑惠棟校宋本無此五字

以上雖行道在於己身閩監毛本同浦鏜校云雖疑言字誤

此小雅常棣之篇閩本同惠棟校宋本同監毛本常誤棠衛氏集說亦作常

子曰鬼神之爲德節

視之而弗見各本同毛本視誤祝

子曰至此夫惠棟校宋本無此五字

金水之鬼終物閩監本同衛氏集說同毛本鬼誤神

子曰舜其大孝也與節

今時人名草本之殖曰栽岳本嘉靖本同考文引宋板同閩監毛本殖作植

栽或爲茲閩監毛本同岳本同惠棟校宋本宋監本嘉靖本茲並作滋考文引古本足利本同

受祿于天閩監本同石經同南宋石經同岳本同嘉靖本同衛氏集說同毛本于誤於

子曰至受命　惠棟校宋本無此五字

以不應王錄　惠棟校宋本同閩監毛本王作土

子曰無憂者節

子曰至一也　惠棟校宋本無此五字

是再著戎服　閩監本同毛本服作衣

一名諸盩　惠棟校宋本盩作盩閩本作盩監毛本作盩衛氏集說同下諸盩盩並同按當作盩

云期之喪達於大夫者　閩本同惠棟校宋本同監毛本於作乎

子曰武王周公節

脩其祖廟　閩監本同石經同南宋石經同岳本同嘉靖本同衛氏集說同毛本祖誤宗

脩謂掃糞也　閩監毛本嘉靖本同岳本掃作埽衛氏集說同釋文亦作埽

先祖之遺衣服也　閩監本岳本嘉靖本同毛本遺誤衣

所以逮賤也　各本同石經同釋文出以遝云本又作逮按隶眔古音同十五部

若司徒羞牛　惠棟校宋本宋監本岳本嘉靖本衛氏集說同閩監毛本羞作奉

子曰至掌乎惠棟校宋本無此五字

哀公問政節

布在方策閩監毛本同石經同南宋石經同岳本同嘉靖本同衞氏集說同釋文策作筴

蒲盧蜾蠃各本同釋文出蜾螺云本亦作蠃

乃知天命所保佑惠棟校宋本宋監本岳本同考文引古本足利本同閩監毛本保誤府嘉靖本佑作祐

哀公至一也惠棟校宋本無此五字

必先知天時所佑助也閩監毛本同惠棟校宋本佑作祐

子曰好學近乎知節惠棟校云子曰好學節宋本分凡爲天下國家之下另爲一節

子曰至家矣惠棟校宋本無此五字

所以贊天地動蓍龜也惠棟校宋本同閩本蓍龜也三字闕監毛本蓍龜作鬼神

覆前文或學而知之惠棟校宋本作覆此本覆誤則閩監毛本同下此覆前文或利而行之同

若能好學惠棟校宋本同閩監毛本若作蓋

以其知自羞恥勤行善事惠棟校宋本同閩監毛本行善誤勉遏

凡爲天下國家有九經者惠棟校宋本上有正義曰三字

體羣臣也者體謂接納閩監毛本同惠棟校宋本無體羣臣也者五字山井鼎云宋板此五字脱

前文不惑謀國家大事閩監毛本同惠棟校宋本謀上有謂字

百工與財用也閩監毛本同考文引宋板與作典

齊明盛服節

既廩稱事閩監毛本同石經同南宋石經同岳本同嘉靖本同衛氏集說同釋文廩作稟不誤

齊明至侯也惠棟校宋本無此五字

謂官之盛大有屬臣者閩本同惠棟校宋本同監毛本臣作官下任使屬臣同

故讀既爲餼閩監本同毛本餼字闕

禮記　鄭氏注　孔穎達疏

中庸

在下位不獲乎上民不可得而治矣獲得也言臣不得於君則不得居位治民獲乎上有道不信乎朋友不獲乎上矣信乎朋友有道不順乎親不信乎朋友矣順乎親有道反諸身不誠不順乎親矣誠身有道不明乎善不誠乎身矣言知善之為善乃能行誠疏在下至身矣○正義曰此明為臣為人皆須誠信於身然後可得之事○在下位不獲乎上者獲得也言人臣處在下位不得於君上之意則不得居位以治民故云民不可得而治矣○獲乎上有道不信乎朋友不獲乎上矣者言臣欲得君上之意先須有道德信著朋友若道德無信著乎朋友則不得君上之意矣言欲得上意先須信乎朋友也○信乎朋友有道不順乎親不信乎朋友矣者言欲行信著於朋友先須有道順乎其親若不順乎其親則不信乎朋友矣○順乎親有道反諸身不誠不順乎親矣者言欲順乎親必須有道反於己身使有至誠若身不能至誠則不能順乎親矣○誠身有道不明乎善不誠乎身矣者言欲行至誠於身先須有道明乎善行若不明乎善行則不能至誠乎身矣言明乎善行始能至誠乎身能至誠乎身始能順乎親順乎親始能信乎朋友信乎朋友始能得君上之意得乎君上之意始得居位治民也

誠者天之道也誠之者人之道也誠者不勉而中不思而得從容中道聖人也誠之者擇善而固執之者也言誠者天性也誠之者學而誠之者也因誠身

說有大至誠○中丁仲反○又如字下中道同從七容反○疏有誠。者。至。者。也○正義曰前經欲明事君先須身有至誠此經明至誠之道天之性也則人當學其至誠之性是上天之道不為而誠不思而得若天之性。有。殺。信著四時是天之道誠之者人之道也者言人能勉力學此至誠是人之道也不學則不得故云人之道也○誠者不勉而中不思而得從容中道聖人也者此覆說上文誠者天之道也唯聖人能然謂不勉勵而自中當於善不思慮而自得於善從容閒暇而自中乎道以聖人性合於天道自然故云聖人也○誠之者擇善而固執之者也此覆說上文誠之者人之道也謂由學而致此至誠謂賢人也言選擇善事而堅固執之行之不已遂致至誠也○注因誠身說有大至誠○正義曰以前經云欲事親事君先須修身有大至誠故此說有大至誠大至。至。誠則經云誠者天之道也聖人是矣

博學之審問之愼思之明辨之篤行之有弗學學之弗能弗措也有弗問問之弗知弗措也有弗思思之弗得弗措也有弗辨辨之弗明弗措也有弗行行之弗篤弗措也人一能之己百之人十能之己千之果能此道矣雖愚必明雖柔必強此勸人學誠其身也果猶決也○措七路反下及注皆同置也強其良反疏博學至必強○正義曰此一經申明上經誠之者擇善而固執之事○有弗學學之弗能弗措也者謂身有事不能常學習當須勤力學之措置也言學不至於能不措置休廢必待能之乃已也以下諸事皆然此一句覆上博學之也○有弗問問之弗知弗措也覆上審問之也有弗思思之弗得弗措也覆上愼思之也有弗辨辨之弗明弗措也覆上明辨之也有弗行行之弗篤弗措也覆上篤行之也○人一能之己百之人十能之己千之謂他人性識聰敏一學則能知之己當百倍用功而學使能知之言己加心精勤之多恆百倍於他人也○果能此道矣雖愚必明雖柔必強果謂果決也若決能為此百倍用功之道識慮雖復愚弱而必至明強此勸人學

誠其身也

自誠明謂之性，自明誠謂之教。誠則明矣，明則誠矣。自由也。由至誠而有明德，是聖人之性者也。由明德而有至誠，是賢人學以知之也。有至誠則必有明德，有明德則必有至誠。【疏】自誠至誠矣○正義曰：此一經顯天性至誠，或學而能，兩者雖異，功用則相通。○自誠明謂之性者，此說天性自誠者。自，由也。言由天性至誠而身有明德，此乃自然天性如此，故謂之性。自明誠謂之教者，此說學而至誠，由身聰明勉力學習而致至誠，非由天性教習使然，故云謂之教。然則自誠明謂之性，聖人之德也；自明誠謂之教，賢人之德也。○誠則明矣者，言聖人天性至誠，則能有明德，由至誠而致明也。○明則誠矣者，謂賢人由身聰明習學乃致至誠，故云明則誠矣。是誠則能明，明則能誠，優劣雖異，二者皆通有至誠也。

唯天下至誠，爲能盡其性。能盡其性，則能盡人之性。能盡人之性，則能盡物之性。能盡物之性，則可以贊天地之化育。可以贊天地之化育，則可以與天地參矣。盡性者，謂順理之，使不失其所也。贊，助也。育，生也。助天地之化生，謂聖人受命在王位，致大平。○大音泰。【疏】唯天至參矣○正義曰：此明天性至誠，聖人之道也。唯天下至誠者，謂一天下之內至極誠信爲聖人也。○爲能盡其性者，以其至極誠信，與天地合，故能盡其性。既盡其性，則能盡其人與萬物之性，是以下云能盡人之性。既能盡人性，則能盡萬物之性，故能贊助天地之化育，功與天地相參。上云誠者天之道，此兼云地者，上說至誠之理由神妙而來，故特云天之道；此據化育生物，故幷云地也。

其次致曲，曲能有誠，誠則形，形則著，著則明，明則動，動則變，變則化，唯天下至誠爲能化。其次，謂自明誠者也。致，至也。曲，猶小小之事也。不能盡性而有至誠，於有義焉而已。形，謂人見其功也。盡性之誠，人不能見也。著，形之大者也。明，著之顯者也。動，動人心也。變，改惡爲善也。變之久則化而性善也。【疏】其次至能化○正義曰：此一經明賢人習學而致至誠故云其次致曲○曲謂細小之事言其賢人致行細小之事不能盡性於細小之事能有至誠也○誠則形形則著者謂不能自然至誠由學而來故誠則人見其功是誠則形也初有小形後乃大而明著故云形則著也若天性至誠之人不能見則不形不著也○著則明明則動者由著故顯明由明能感動於衆○動則變變則化者既感動人心漸變惡爲善變而既久遂至於化言惡人全化爲善人無復爲惡也○唯天下至誠爲能化言唯天下學致至誠之人爲能化惡爲善改移舊俗不如前經天生至誠能盡其性與天地參矣○注其次至善也○正義曰以前經云自明誠謂之教是由明而致誠是賢人次於聖人故云其次謂自明誠也云不能盡性而有至誠於有義焉而已者言此次誠不能如至誠盡物之性但能有至誠於細小物焉而已云形謂人見其功也者由次誠彰露人皆見其功也云盡性之誠人不能見也者言天性至誠神妙無體人不見也云著形之大者也解經形則著初有微形後則大而形著云變之久則化而性善也者解經變則化初漸謂之變變時新舊兩體俱有變盡舊體而有新體謂之爲化如月令鳩化爲鷹是爲鷹之時非復鳩也猶如善人無復有惡也

至誠之道可以前知國家將興必有禎祥國家將亡必有妖孽見乎蓍龜動乎四體禍福將至善必先知之不善必先知之故至誠如神可以前知者言天不欺至誠者也前亦先知禎祥妖孽著龜之占雖其時有小人愚主皆爲至誠能知者出也四體謂龜之四足春占後左夏占前左秋占前右冬占後右○禎音貞妖於驕反左傳云地反物爲妖說文作祅云衣服歌謠草木之怪謂之祅孽魚列反說文作蠥云禽獸蟲蝗之怪謂之蠥一本乎作於蓍音尸爲于僞反

疏正至誠至如神○正義曰至誠之道可以前知者此由身有至誠可以豫知前事此至誠之內是天生至誠亦通學而至誠故前經云自明誠謂之教是賢人至誠同聖人也言聖人賢人俱有至誠之行天所不欺可知前事國家將興必有禎祥者禎祥吉之萌兆祥善也言國家之將興必先有嘉慶善祥也文說禎祥

者言人有至誠天地不能隱如文王有至誠招赤雀之瑞也國本有今異曰禎本無今有曰祥何爲本有今異者何胤云國本有雀今有赤雀來是禎也國本無鳳今有鳳來是祥也尚書祥桑穀共生于朝是惡此經云善何得入國者以吉凶先見者皆曰祥別無義也國家將亡必有妖孽者妖孽謂凶惡之萌兆也妖猶傷也傷甚曰孽謂惡物來爲妖傷之徵若魯國鸜鵒來巢以爲國之傷徵案左傳云地反物爲妖說文云衣服歌謠草木之怪爲妖禽獸蟲蝗之怪爲孽○見乎蓍龜動乎四體者所以先知禎祥妖孽見乎蓍龜卦兆發動於龜之四體也○禍福將至者○禍謂妖孽福謂禎祥萌兆豫來是禍福將至○善必先知之者善謂福也○不善必先知之者不善謂禍也○故至誠如神者言至誠之道豫知前事如神之微妙故云至誠如神也注云雖其時有小人愚主皆爲至誠能知者出也○正義曰鄭以聖人君子將興之時或聖人有至誠或賢人有至誠則國之將興禎祥可知而小人愚主之世無至誠又時無賢人亦無至誠所以得知國家之將亡而有妖孽者雖小人愚主由至誠之人生在亂世猶有至誠之使此妖孽爲有至誠能知者出也案周語云幽王二年三川皆震伯陽父曰周將亡矣昔伊洛竭而夏亡河竭而商亡時三川皆震爲周之惡瑞是伯陽父有至誠能知周亡也又周惠王十五年有神降于莘莘虢國地名周惠王問內史過史過對曰夏之興也祝融降于崇山其亡也回祿信于聆隧商之興也檮杌次於丕山其亡也夷羊在牧周之興也鸑鷟鳴於岐山其衰也杜伯射宣王於鎬今虢多涼德虢必亡也又內史過有至誠之德神爲之出是愚主之世以妖孽爲至誠能知者出也○誠者自成也而道自道也者言人能有至誠之德則自成就其身故云誠者自成也若人有道藝則能自道達於己故云而道自道也○誠者物之終始不誠無物者言人有至誠則能與萬物爲終始若無至誠則不能成其物若大人無至誠則不能生萬物若小人無至誠則不能成其物物猶事也小人無誠則不能成事

誠者自成也而道自道也言人能至誠所以自成也有道藝所以自道達○自道音導注自道同

誠者物之終始不誠無物物萬物也

亦事也大人無誠萬物不生小人無誠則事不成是故君子誠之爲貴言貴至誠誠者非自成己而已也所以成物也成己仁也成物知也性之德也合外內之道也以至誠成己則仁道立以至誠成物則知彌博此五性之所以爲德也外內所須而合也外內猶上下○知音智注同故時措之宜也時措言得其時而用也故至誠無息不息則久久則徵徵則悠遠悠遠則博厚博厚則高明徵猶效驗也此言至誠之德既著於四方其高厚日以廣大也徵或爲徹博厚所以載物也高明所以覆物也悠久所以成物也博厚配地高明配天悠久無疆後言悠久者言至誠之德既至博厚高明配乎天地又欲其長久行之○疆居良反如此者不見而章不動而變無爲而成天地之道可壹。言而盡也言其德化與天地相似可一言而盡要在至誠其爲物不貳則其生物不測言至誠無貳乃能生萬物多無數也○不貳本亦作貳音二天地之道博也厚也高也明也悠也久也此言其著見成功也

【疏】誠。者。至。久。也。○此經明己有至誠能成就物也誠者非自成己而已也所以成物也者言人有至誠非但自成就己身而已又能成就外物○成己仁也成物知也者若能成就己身則仁道興立故云成己仁也若能成就外物則知力廣遠故云成物知也○性之德也者言誠者是人五性之德則仁義禮。知。信皆。猶至誠而爲德故云性之德也○合外內之道也者言至誠之行合於外內之道無問外內皆須至誠於人事言之有外有內於萬物言之外內猶上下上謂天下謂地○天體高明故爲外地體博厚閉藏故爲內也是至誠合天地之道也○故時措之宜也措猶用也言至誠者成萬物之性合天地之道故得時而用之則無往而不宜故注云時措言得其時而用也○故至誠無息○言至誠之德所用皆

宜無有止息故能久遠博厚高明以配天地也○○不息則久者以其不息故能長久也○久則徵徵驗也以其久行故有徵驗○○徵則悠遠者悠長也若事有徵驗則可行長遠也○悠遠則博厚○以其德既長遠無所不周故博厚也養物博厚則功業顯著故博厚則高明也○博厚所以載物也以其德博厚所以負載於物○高明所以覆物也以其功業高明所以覆蓋於萬物也○悠久所以成物也以行之長久能成就於物此謂至誠之德也○博厚配地言聖人之德博厚配偶於地與地同功能載物也○高明配天言聖人功業高明配偶於天與天同功能覆物也○悠久無疆疆窮也言聖人之德既能覆載又能長久行之所以無窮悠久則上經悠遠悠久在博厚高明之上此經悠久在博厚高明之下者上經欲明積漸先悠久後能博厚高明此經既能博厚高明又須行之悠久故反覆言之○如此者不見而章不動而變無為而成者言聖人之德如此博厚高明悠久不見所為而功業章顯不見動作而萬物改變無所施為而道德成就○天地之道可。壹言而盡也。者言聖人之德能同於天地之道欲尋求所由可一句之言而能盡其事理正由於至誠是壹言而盡也○其為物不貳貳則其生物不測者○言聖人行至誠接待於物不有差貳以此之故能生殖衆物不可測量故鄭云言多無數也今夫天斯昭昭之多

及其無窮也日月星辰繫焉萬物覆焉今夫地一撮土之多及其廣厚。載華嶽而不重振河海而不洩。萬物載焉今夫山一卷石之多及其廣大草木生之禽獸居之寶藏興焉今夫水一勺之多及其不測黿鼉。鮫龍魚鼈。生焉貨財殖焉

此言天之高明本生昭昭地之博厚本。由撮土山之廣大本起卷石水之不測本。從一勺。皆。合。少成。多。自小致大為至誠者。以如此乎昭昭猶。耿。耿。小。明。也。振猶。收。也卷猶區也○夫音扶下同昭章遙反注同本亦作炤同撮七活反華嶽戶化戶瓜二反本亦作山嶽泄息列反卷李音權又羌權反范羌阮反注同藏

才浪反勺徐市若反黿音元鼉徒河反一音直丹反鮫音交本又作蛟鼈必列反耿公迥反又公頂反舊音孔頂反區羌俱反○詩曰惟天之命於穆不已蓋曰天之所以爲天也於乎不顯文王之德之純蓋曰文王之所以爲文也純亦不已天所以爲天文王所以爲文皆由行之無已爲之不止如天地山川之云也易曰君子以順德積小以成高大是與○於穆上音烏下於乎亦同乎呼奴反慎如字一本又作順與音餘

【疏】今夫至不已○正義曰此一節明至誠不已則能從微至著從小至大○今夫天斯昭昭之多者斯此也昭昭狹小之貌言天初時唯有此昭昭之多小貌爾故云昭昭之多○今夫地一撮土之多言土之初時唯一撮土之多言多少唯一撮土○振河海而不泄者振收也言地之廣大載五嶽而不重振收河海而不漏泄○今夫山一卷石之多言山之初時唯一卷石之多多少唯一卷石耳故鄭注云卷猶區也今夫水一勺之多言水初時多少唯一勺耳此以下皆言爲之不已從小至大然天之與地造化之初清濁二氣爲天地分而成二體元初作盤薄穹隆非是以小至大今云昭昭與撮土卷石與勺水者何但山或壘石爲高水或衆流而成大是從微至著因說聖人至誠之功亦是從小至大以今天地體大假言由小而來以譬至誠非實論也○詩曰惟天之命於穆不已○此一經以上文至誠不已已能從小至大故此經引詩明不已之事所引詩者周頌維天之命文也詩稱維天之命謂四時運行所爲教命穆美也於穆不已者美之不休已也此詩之本文也○蓋曰天之所以爲天也此是孔子之言記者載之此詩所論蓋說天之所以爲天在乎不已○於乎不顯文王之德之純此亦周頌文王之詩純謂不已顯謂光明詩人歎之云於乎不光明乎言光明矣文王之德之純謂不已也言文王德教不有休已與天同功○蓋曰文王之所以爲文也此亦孔子之言解詩之文也○純亦不已者言文王之德之純亦如天之不休已故云純亦不已○注易曰君子慎德積小以高大○正義曰此易升卦之象辭案升卦巽下坤上木生於地中升進之義故爲升也○

大哉

聖人之道洋洋乎發育萬物峻極于天育生也峻高大也○洋音羊峻思潤反優優大哉禮儀三百威儀三千待其人然後行故曰苟不至德至道不凝焉言爲政在人政由禮也凝猶成也○優於求反倡優也凝本又作疑魚澄反【疏】大哉至凝焉○正義曰此一節明聖人之道高大苟非至德其道不成洋洋謂道德充滿之貌天下洋洋育生也峻高也言聖人之道高大與山相似上極于天○優優大哉優優寬裕之貌聖人優優然寬裕其道禮儀三百周禮有三百六十官言三百者舉其成數耳○威儀三千者即儀禮行事之威儀儀禮雖十七篇其中事有三千○待其人然後行者言三百三千之禮必待賢人然後施行其事○故曰苟不至德至道不凝焉凝成也古語先有其文今夫子既言三百三千待其賢人始行故引古語證之苟誠也不非也苟誠非至德之人則聖人至極之道不可成也俗本不作非也○

故君子尊德性而道問學致廣大而盡精微極高明而道中庸溫故而知新敦厚以崇禮德性謂性至誠者道猶由也問學學誠者也廣大猶博厚也溫讀如燖溫之溫謂故學之孰矣後時習之謂之溫○燖音尋○【疏】故君至崇禮○正義曰此一經明聖人之道當須勤學前經明聖人性之至誠此經明賢人學而至誠也○君子尊德性者謂君子賢人尊敬此聖人道德之性自然至誠也○而道問學者言賢人行道由於問學謂勤學乃致至誠也○致廣大而盡精微者廣大謂地也言賢人由學能致廣大如地之生養之德也而盡精微謂致其生養之德既能致於廣大盡育物之精微言無微不盡也○極高明而道中庸者高明謂天也言賢人由學極盡天之高明之德道通也又能通達於中庸之理也○溫故而知新者○言賢人由學既能溫尋故事又能知新事也○敦厚以崇禮者言以敦厚重行於學故以尊崇三百三千之禮也○注溫讀如燖溫之溫○正義曰案左傳哀十二年公會吳于橐皐大宰嚭請尋盟子貢對曰盟若可尋也亦可寒也賈逵注云尋溫也又有司徹

云乃𢿃尸組是燖爲温也云謂故學之孰矣後時習之謂之温者謂賢人舊學已精熟在後更習之猶若温尋故食也是故居上不驕爲
下不倍國有道其言足以興國無道其默足以容興謂起在位也○驕本亦作喬音嬌倍音佩默亡北反
詩曰既明且哲以保其身其此之謂與保安也○哲涉列反徐本作知音智與音餘疏是故至謂與○正義曰此
一節明賢人學至誠之道中庸之行若國有道之時盡竭知謀其言足以興成其國與謂發謀出慮○國無道其默足以容若無道之時則韜光潛默足以自
容其身免於禍害○詩云既明且哲以保其身此大雅烝民之篇美宣王之詩言宣王任用仲山甫能顯明其事任且又哲知保安全其己身言中庸之人亦
能如此故云其此之謂與子曰愚而好自用賤而好自專生乎今之世反古之道如此者烖
及其身者也反古之道謂曉一孔之人不知今王之新政可從○好呼報反下同烖音災非天子不議禮不制度不
考文此天下所共行天子乃能一之也禮謂人所服行也度國家宮室及車輿也文書名也今天下車同軌書同文行同
倫今孔子謂其時○行下孟反雖有其位苟無其德不敢作禮樂焉雖有其德苟無其位亦
不敢作禮樂焉言作禮樂者必聖人在天子之位疏子曰至樂焉○正義曰上經論賢人學至誠商量國之有道無道能或語或默以保
其身若不能中庸者皆不能量事制宜必及禍患又因明己以此之故不敢專輒制作禮樂也○生乎今之世反古之道如此者烖及其身者也此謂尋常之
人不知大道若賢人君子雖生今時能持古法故儒行云今人與居古人與稽是也俗本反下有行字又無如此者三字非也○非天子不議禮者此論禮由
天子所行既非天子不得論議禮之是非○不制度謂不敢制造法度及國家宮室大小高下及車輿也○不考文亦不得考成文章書籍之名也○今天下

車同軌者今謂孔子時車同軌覆上不制度書同文覆上不考文行同倫倫道也言人所行之行皆同道理覆上不議禮當孔子時禮壞樂崩家殊國異而云此者欲明己雖有德身無其位不敢造作禮樂故極行而虛己先說以自謙也○注反古之道謂曉一孔之人○正義曰孔謂孔穴孔穴所出事有多塗今唯曉知一孔之人不知餘孔通達唯守此一處故云曉一孔之人

子曰吾說夏禮杞不足徵也吾學殷禮有宋存焉吾學周禮今用之吾從周徵猶明也吾能說夏禮顧杞之君不足與明之也吾從周行今之道○杞音起

王天下有三重焉其寡過矣乎三重三王之禮○王于況反又如字

上焉者雖善無徵無徵不信不信民弗從下焉者雖善不尊不尊不信不信民弗從上謂君也君雖善善無明徵則其善不信也下謂臣也臣雖善善而不尊君則其善亦不信也徵或爲證

故君子之道本諸身徵諸庶民考諸三王而不繆建諸天地而不悖質諸鬼神而無疑百世以俟聖人而不惑質諸鬼神而無疑知天也百世以俟聖人而不惑知人也知天知人謂知其道也鬼神從天地者也易曰故知鬼神之情狀與天地相似聖人則之百世同道徵或爲證○繆音謬悖布內反後同

是故君子動而世爲天下道行而世爲天下法言而世爲天下則遠之則有望近之則不厭用其法度想思若其將來也○遠如字又于萬反近如字又附近之近厭於豔反後皆同

詩曰在彼無惡在此無射庶幾夙夜以永終譽君子未有不如此而蚤有譽於天下者也射厭也永長也○射音亦注同蚤音早

【疏】子。曰。至。者。也。○正義曰以上文孔子身無其位不敢制作二代之禮夏殷不足可從所以獨從周禮之意因明君子行道須本於身達諸天地質諸鬼神使動則爲天下之道行則爲後世之法故能早有名譽於天下蓋孔子微自明己之意○子曰吾說夏禮杞不足徵也徵成也明也孔子言我欲明說夏代之禮須行夏禮之國贊而成之杞雖行夏禮其君暗弱不足贊而成之○吾學殷禮有宋存焉者宋行殷禮故云有宋存焉但宋君暗弱欲其贊明殷禮亦不足可成故論語云宋不足徵也此云杞不足徵即宋亦不足徵此云有宋存焉則杞亦存焉互文見義○吾學周禮今用之吾從周者既杞宋二國不足明己當不復行前代之禮故云吾從周案趙商問孔子稱吾學周禮今用之吾從周檀弓云今丘也殷人也兩楹奠殯哭師之處皆所法於殷禮未必由周而云吾從周者何也鄭答曰今用之者魯與諸侯皆用周之禮法非專自施於己在宋冠章甫之冠在魯衣逢掖之衣何必純用之吾從周者言周禮法最備其爲殷周事豈一也如鄭此言諸侯禮法則從周身之所行雜用殷禮也○王天下有三重焉其寡過矣乎○言爲君王有天下者有三種之重焉謂夏殷周三王之禮○其事尊重若能行之寡少於過矣○上焉者雖善無徵無徵不信不信民弗從○上謂君也言爲君雖有善行無分明徵驗則不信著於下既不信著則民不從下焉者雖善不尊不信不信民弗從下謂臣也言臣所行之事雖有善行而不尊不尊敬於君則善不信著於下既不信著則民不從故下云徵諸庶民謂行善須有徵驗於庶民也皇氏云無徵謂無符應之徵其義非也○故君子之道者○言君臣爲善須有徵驗民乃順從故明之也○本諸身者言君子行道先從身起是本諸身也○徵諸庶民者徵驗也諸於也謂立身行善使有徵驗於庶民若晉文公出定襄王示民尊上也伐原示民以信之類也○考諸三王而不繆者繆亂也謂己所行之事考校與三王合同不有錯繆也○建諸天地而不悖者悖逆也言己所行之道建達於天地而不有悖逆謂與天地合也○質諸鬼神而無疑知天也者○質正也謂己所行之行正諸鬼神不有疑惑是識知天道也此鬼神是陰陽七八九六之鬼神生成萬物者此是天地所爲既能質正陰陽不有疑惑是識知天道也○百世以俟聖人而不惑知人也者以聖人身有聖人之德

垂法於後雖在後百世亦堪俟待後世。世之聖人其道不異故云知人也○注知天至同道○正義曰以經云知天知人故鄭引經總結之云知其道者以天地陰陽生成萬物今能正諸陰陽鬼神而不有疑惑是知天道也以聖人之道雖相去百世其歸一揆今能百世以待聖人而不有疑惑是知聖人之道也云鬼神從天地者也解所以質諸鬼神之德知天道之意引易曰故知鬼神之情狀與天地相似者證鬼神從天地之意案易繫辭云精氣爲物游魂爲變鄭云木火之神生物金水之鬼成物以七八之神生物九六之鬼成物是鬼神以生成爲功天地亦以生成爲務是鬼神之狀與天地相似云聖人則之百世同。道解經知人之道以前世聖人既能垂法以俟待後世聖人是識知聖人之道百世不殊故聖人則之百世同道也○遠之則有望近之則不厭者言聖人之道爲世法則若遠離之則有企望思慕之深也若附近之則不厭倦言人愛之無已○詩云在彼無惡在此無射庶幾夙夜以永終譽此引周頌振鷺之篇言微子來朝身有美德在彼宋國之內民無惡之在此來朝人無厭倦故庶幾夙夜以長永終竟美善聲譽言君子之德亦能如此故引詩以結成之○君子未有不如此而蚤有譽於天下者也言欲蚤有名譽會須如此未嘗有不行如此而蚤得有聲譽者也

仲尼祖述堯舜憲章文武上律天時下襲水土此以春秋之義說孔子之德孔子曰吾志在春秋行在孝經二經固足以明之孔子所述堯舜之道而制春秋而斷以文王武王之法度春秋傳曰君子曷爲爲春秋撥亂世反諸正莫近諸春秋其諸君子樂道堯舜之道與末不亦樂乎堯舜之知君子也又曰是子也繼文王之體守文王之法度文王之法無求而求故譏之也又曰王者孰謂謂文王也此孔子兼包堯舜文武之盛德而著之春秋以俟後聖者也律述也述天時謂編年四時具也襲因也因水土謂記諸夏之事山川之異○行下孟反斷丁亂反曷爲于僞反以如字撥生末反近附近之近又如字與音餘編必緜反又甫連反

辟。如天地之無不持載無不覆幬。辟如四時之錯行如日月之代明萬物並

育而不相害道並行而不相悖小德川流大德敦化此天地之所以爲大也聖人
制作其德配天地如此唯五始可以當焉幬亦覆也小德川流浸潤萌芽喻諸侯也大德敦化厚生萬物喻天子也幬或作燾○辟音譬下同幬徒報反錯七
各反當丁浪反又下郎反浸子鴆反燾徒報反唯天下至聖爲能聰明睿知足以有臨也寬裕溫柔足
以有容也發強剛毅足以有執也齊莊中正足以有敬也文理密察足以有別
也言德不如此不可以君天下也蓋傷孔子有其德而無其命○叡音銳知音智下聖知同齊側皆反別彼列反
言其臨下普徧思慮深重非得其時不出政教○溥音普徧音遍思息嗣反又如字溥博如天淵泉如淵見而民莫不敬
言而民莫不信行而民莫不說是以聲名洋溢乎中國施及蠻貊舟車所至人
力所通天之所覆地之所載日月所照霜露所隊凡有血氣者莫不尊親故曰
配天如天取其運照不已也如淵取其清深不測也尊親尊而親之○見賢遍反說音悅施以豉反貊本又作貃武伯反說文云北方人也隊直類反
唯天下至誠爲能經綸天下之大經立天下之大本知天地之化育至誠性至誠謂孔子
也大經謂六藝而指春秋也大本孝經也○論本又作綸同音倫夫焉有所倚肫肫其仁淵淵其淵浩浩其天
安有所倚言無所偏倚也故人人自以被德尤厚似偏頗者肫肫讀如誨爾忳忳之忳忳忳懇誠貌也肫肫或爲純純○焉於虔反倚依綺於寄二反注同肫
依注音之淳反浩胡老反被皮義反頗破河反懇苦很反純音淳又之淳反苟不固聰明聖知達天德者其孰能知

之言唯聖人乃能知聖人也春秋傳曰末不亦樂乎堯舜之知君子明凡人不知詩曰衣錦尚絅惡其文之著也故君子之道闇然而日章小人之道的然而日亡言君子深遠難知小人淺近易知人所以不知孔子以其深遠禪爲絅錦衣之美而君子以絅表之爲其文章露見似小人也○絅本又作潁詩作褧同口迥反徐口定反一音口穎反惡烏路反著張慮反闇於感反又如字日而一反下同的丁歷反易以豉反下易舉同禪音丹爲其于僞反見賢遍反君子之道淡而不厭簡而文温而理知遠之近知風之自知微之顯可與入德矣淡其味似薄也簡而文温而理猶簡而辨直而温也自謂所從來也三知者皆言其睹末察本探端知緒也入德入聖人之德○淡徒暫反又大敢反下注同厭於豔反睹音覩探音貪詩云潛雖伏矣亦孔之昭故君子內省不疚無惡於志孔甚也昭明也言聖人雖隱居其德亦甚明矣疚病也君子自省身無愆病雖不遇世亦無損害於己志○昭本又作炤同之召反又章遙反疚九又反遯大困反本又作遁字亦同愆起虔反君子所不可及者其唯人之所不見乎詩云相在爾室尚不愧于屋漏言君子雖隱居不失其君子之容德也相視也室西北隅謂之屋漏視女在室獨居者猶不愧于屋漏屋漏非有人也況有人乎○相息亮反注同愧本又作媿同九位反女音汝故君子不動而敬不言而信詩曰奏假無言時靡有爭假大也此頌也言奏大樂於宗廟之中人皆肅敬金聲玉色無有言者以時太平和合無所爭也○奏如字詩作鬷子公反假古雅反爭爭鬭之爭注同大平音泰是故君子不賞而民勸不怒而民威於鈇鉞詩曰不顯惟德百辟其刑之不顯言顯也辟君也此頌也言不顯乎文王之德百君盡刑之諸侯法之也○鈇方于反又音斧鉞音越

辟音璧注同是故君子篤恭而天下平詩曰。予懷明德不大聲以色予我也懷歸也言我歸有明德
者以其不大聲爲嚴厲之色以威我也疏仲。尼。至。以。色○正義曰此一節明子思申明夫子之德與天地相似堪以配天地而育萬物傷有聖德無其位
也今各隨文解之○仲尼祖述堯舜者祖始也言仲尼祖述始行堯舜之道也○憲章文武者○憲法也章明也言夫子。法明文武之德○上律天時者律述
也言夫子上則述行天時以與言陰陽時候也○下襲水土者襲因也下則因襲諸侯之事水土所在此言子思贊揚聖祖之德以仲尼修春秋而有此等之
事也○注吾志至之異○正義曰吾志在春秋行在孝經者孝經緯文言褒貶諸侯善惡志在於春秋人倫尊卑之行在於孝經云二經固足以明之者此是
鄭語言春秋孝經足以顯明先祖述憲章之事云孔子祖述堯舜之道而制春秋者則下文所引公羊傳云君子樂道堯舜之道與是也云斷以文王武王之
法度者則下文引公羊云王者孰謂謂文王是也云春秋傳曰至堯舜之知君子也哀十四年公羊傳文引之者證祖述堯舜之事君子曷爲爲春秋曷何也
君子謂孔子傳曰孔子何爲作春秋云撥亂世反諸正莫近諸春秋者此傳之文答孔子爲春秋之意何休云撥猶治也言欲治於亂世使反歸正道莫近莫
過也言餘書莫過於春秋言治亂世者春秋最近之也云其諸君子樂道堯舜之道與者上道論道下道謂道德與語辭言君子孔子也言孔子樂欲論道堯
舜之道與也云末不亦樂乎堯舜之知君子也者末謂終末謂孔子末聖漢之初豈不亦愛樂堯舜之知君子也案何休云得麟之後天下血書魯端門曰趨
作法孔聖沒周姬亡彗東出秦政起胡破術書記散孔不絶子夏明日往視之血書飛爲赤烏化爲白書漢當秦大亂之後故作撥亂之法是其事也云又曰
是子也繼文王之體守文王之法度文王之法無求而求故譏之也者此文九年公羊傳文八年天王崩謂周襄王也九年春毛伯來求金傳云是子繼文王
之體守文王之法度文王之法無求而求故譏之是子謂嗣位之王在喪未合稱王故稱是子嗣位之王守文王之法度文王之法度無所求也謂三分有二

以服事殷謂在喪之内無合求金之法度今遺毛伯來求金是無求而求也故
書以譏之彼傳云是子俗本云子是者誤也云又曰王者孰謂謂文王也此隱
元年公羊傳文案傳云元年春王正月王者孰謂謂文王也武王道同譽文王
可知也云著之春秋以俟後聖者也哀十四年公羊傳云制春秋之義以俟後
聖何休云待聖漢之王以爲法也云述天時謂編年四時具也案合成圖云皇
帝立五始制以天道元命包云諸侯不上奉王之正則不得即位正不由王出
不得爲正王不承於天以制號令則無法天不得正其元則不能成其化也故
五始者元年一也春二也王三也正月四也公即位五也此春秋元年即當堯○
典欽若昊天也春秋四時即當堯典日中星鳥日永星火宵中星虛日短星昴
之類是也春秋獲麟則當益稷百獸率舞鳳凰來儀是也此皆祖述堯舜之事
言春秋四時皆具桓四年及七年不書秋七月冬十月成十年不書冬十月桓
十七年直云五月不云夏昭十年直云十二月不云冬如此不具者賈服之義
若登臺而不視朔則書時不書月若視朔而不登臺則書月不書時若雖無事
視朔登臺則空書時月若杜元凱之意凡時月不具者皆史闕文其公羊穀梁
之義各爲曲說今略而不取也云襲因也因水土謂記諸夏之事山川之異者
諸夏之事謂諸侯征伐會盟所在之地山川之異若僖十四年沙鹿崩成五年
梁山崩之屬是也○譬如至大也○此明孔子之德與天地日月相似與天子
諸侯德化無異○小德川流大德敦化者言孔子所作春秋若以諸侯小德言
之如川水之流浸潤萌芽若以天子大德言之則仁愛敦厚化生萬物也○此
天地之所以爲大也言夫子之德比並天地所以爲大不可測也○唯天至別
也○此又申明夫子之德聰明寬裕足以容養天下傷其有聖德而無位也○
寬裕溫柔足以有容也○言夫子寬弘性善溫克和柔足以包容也○發強剛
毅足以有執也發起也執猶斷也言孔子發起志意堅強剛毅足以斷決事物
也○溥博至配天○此節更申明夫子蘊蓄聖德俟時而出日月所照之處無
不尊仰○溥博淵泉者溥謂無不周徧博謂所及廣遠以其浸潤之澤如似淵
泉溥大也既思慮深重非得其時不出政教必以俟時而出○溥博如天者言

似天無不覆幬○淵泉如淵言潤澤深厚如川水之流○夫焉有所倚至浩浩
其天以前經贊明夫子之德此又云夫子無所偏倚而仁德自然盛大也倚謂
偏有所倚近言夫子之德普被於人何有獨倚近於一人言不特有偏頗也○○
肫肫其仁肫肫懇誠之貌仁謂施惠仁厚言又能肫肫然懇誠行此仁厚爾○○
淵淵其淵淵淵水深之貌也言夫子之德淵淵然若水之深也○浩浩其天言夫
子之德浩浩盛大其若如天也○注肫肫讀如誨爾忳忳之忳○正義曰此大
雅抑之篇刺厲王之詩言詩人誨爾厲王忳忳然懇誠不已厲王聽我藐藐然
而不入也苟不固聰明聖知達天德者其孰能知之者上經論夫子之德。大如
天此經論唯至聖乃知夫子之德苟誠也固堅固也言帝誠不堅固聰明睿聖
通知曉達天德者其誰能識知夫子之德故注引公羊傳云堯舜之知君子者
言有堯舜之德乃知夫子明凡人不知也○詩曰衣錦尚。褧惡其文之著也以
前經論夫子之德難知故此經因明君子小人隱顯不同之事此詩衛風碩人
之篇美莊姜之詩言莊姜初嫁在塗衣著錦衣爲其文之大著尚著襌絅加於
錦衣之上絅襌也以單縠爲衣尚以覆錦衣也案詩本文云衣錦褧衣此云尚
絅者斷截詩文也又俗本云衣錦褧裳又與定本不同者記人欲明君子謙退
惡其文之彰著故引詩以結之○故君子之道闇然而日章者章明也言君子
以其道德深遠謙退初視未見故曰闇然其後明著故曰日章明也○小人之
道的然而日亡者若小人好自矜大故初視時的然以其才藝淺近後無所取
故曰日益亡○君子至德矣○此一經明君子之道察微知著故能入德○淡
而不厭者言不媚悅於人初似淡薄久而愈敬無惡可厭也○簡而文者性無
嗜慾故簡靜才藝明辨故有文也○溫而理氣性和潤故溫也正直不違故修
理也○之遠之近○言欲知遠處必先之適於近乃後及遠知風之自自謂所
從來處言見目前之風則知之適所從來處故鄭注云睹末察本遠是近之末
風是所。原。空。缺。五。字從來之末也知微之顯此初時所微之事久乃適於顯明
微是初端顯是縱緒故鄭注云探端知緒○可與入德矣○言君子或探末以
知本或睹本而知末察微知著終始皆知故可以入聖人之德矣○詩曰潛雖

伏矣亦孔之昭此明君子其身雖隱其德昭著所引者小雅正月之篇刺幽王
之詩詩之本文以幽王無道喻賢人君子雖隱其身德亦甚明著不能免禍害
猶如魚伏於水亦甚著見被人。採捕記者斷章取義言賢人君子身雖藏隱猶
如魚伏於水其道德亦甚彰矣○故君子內省不疚無惡於志者疚病也言君
子雖不遇世內自省身不有愆病則亦不損害於己志言守志彌堅固也○注
孔甚也○正義曰爾雅釋言文○君子至屋漏○此明君子之閒居獨處不敢
為非故云君子所不可及者其唯人之所不見乎○詩云相在爾室尚不愧于
屋漏此大雅抑之篇刺厲王之詩詩人意稱王朝小人不敬鬼神瞻視女在廟
堂之中猶尚不愧畏於屋漏之神記者引之斷章取義言君子之人在室之中
屋漏雖無人之處不敢為非猶愧懼于屋漏之神況有人之處君子愧懼可知
也言君子雖獨居常能恭敬○注言君至人乎○正義曰言君子雖隱居不失
其君子之容德也者隱居謂在室獨居猶不愧畏無人之處又常能恭敬是不
失其君子之容德也云西北隅謂之屋漏者爾雅釋宮文以戶明漏照其處故
稱屋漏屋漏非有人也者言人之所居多近於戶屋漏深邃之處非人所居故云
無有人也云況有人乎者言無人之處尚不愧之況有人之處不愧之可知也
言君子無問有人無人恆能畏懼也○故君子不動而敬不言而信者以君子
敬懼如是故不動而民敬之不言而民信之○詩曰奏假無言時靡有爭此商
頌烈祖之篇美成湯之詩詩之本文云鬷假無言此云奏假者與詩反異也假大
也言祭成湯之時奏此大樂於宗廟之中人皆肅敬無有諠譁之言所以然者
時既太平無有爭訟之事故無言也引證君子不言而民信○注假大也○正
義曰爾雅釋詁文○詩曰不顯惟德百辟其刑之○此周頌烈文之篇美文王
之德不顯乎文王之德言其顯矣以道德顯著故天下百辟諸侯皆刑法之引
之者證君子之德猶若文王其德顯明在外明衆人皆刑法之○注辟君也○
正義曰爾雅釋詁文○詩云予懷明德不大聲以色○此大雅皇矣之篇美文
王之詩予我也懷歸也言天謂文王曰我歸就爾之明德所以歸之者以文王
不大作音聲以為嚴厲之色故歸之記者引之證君子亦不作大音聲以為嚴

厲之色與文王同也子曰聲色之於以化民末也詩曰德輶如毛輶輕也言化民常以德德之易舉而用其輕如毛耳○末下葛反輶音酉一音由注同易以豉反毛猶有倫上天之載無聲無臭至矣倫猶比也載讀曰栽謂生物也言毛雖輕尚有所比有所比則有重上天之造生萬物人無聞其聲音亦無知其臭氣者化民之德清明如神淵淵浩浩然後善○載依注讀曰栽音災生也詩音再比必覆反下同或音毗志反又必利反皆非也重直勇反又直容反

【疏】子曰至至矣○正義曰此一節是夫子之言子思既說君子之德不大聲以色引夫子舊語聲色之事以接之言化民之法當以德爲本不用聲色以化民也若用聲色化民是其末事故云化民末也○詩曰德輶如毛者此大雅烝民之篇美宣王之詩輶輕也言用德化民舉行甚易其輕如毛也○毛猶有倫倫比也既引詩文德輶如毛又言德之至極本自無體何直如毛毛雖細物猶有有形體可比並故云毛猶有倫也○上天之載無聲無臭至矣載生也言天之生物無音聲無臭氣寂然無象而物自生言聖人用德化民亦無音聲亦無臭氣而人自化是聖人之德至極與天地同此二句是大雅文王之詩美文王之德不言詩云者孔子略而不言直取詩之文爾此亦斷章取義○注載讀至後善○正義曰案文以載爲事此讀爲栽者言其生物故讀載爲栽也云毛雖輕尚有所比則有重言毛雖輕物尚有形體以他物來比有可比之形則是有重毛在虛中猶得隊下是有重也云化民之德清明如神淵淵浩浩則上文淵淵其淵浩浩其天是也

附釋音禮記注疏卷第五十三

禮記注疏卷五十三校勘記　阮元撰盧宣旬摘錄

中庸

在下位不獲乎上節

在下至身矣　惠棟校宋本無此五字

不順乎親則不信乎朋友矣者　閩監本同毛本則字脫

誠者天之道也節

誠者至者也　惠棟校宋本無此五字

若天之性有殺信著四時　惠棟校宋本作有生殺此本生字脫作有殺閩監毛本有殺作自然

大至至誠　補案至字誤重

自誠明謂之性節

自誠至誠矣　惠棟校宋本無此五字

此說學而至誠自明　惠棟校宋本作說學此本說學二字闕閩監毛本說學誤

教習使然故云謂之教　惠棟校宋本作使然此本使然二字闕閩監毛本使然誤而致

則能有明德其惠棟校宋本作有明此本有明二字闕閩監毛本有明誤明

由身聰明習學惠棟校宋本作習此本習字闕閩監毛本習誤勉

其次致曲節

其次至能化惠棟校宋本無此五字

能盡其次性補案次字疑衍

由次誠彰露閩監本同毛本次誤此

至誠之道可以前知節

必有妖孽閩本同石經同南宋石經同嘉靖本同衛氏集說同釋文亦作孽惠棟校宋本孽作孼宋監本岳本同監本誤作蘖注疏放此

前亦先知補明監本作前亦先也不誤

至誠至如神惠棟校宋本無此五字

文說禎祥者閩監本同毛本文誤又

案周語云幽王二年閩監毛本同浦鏜校本二改三

誠者自成也節惠棟校云誠者節宋本分誠者物之終始至誠之爲貴爲一節誠者非自成己至外内之道也爲一節故時措

之宜至高明爲一節博厚至生物不測爲一節天地之道合下今夫天
節爲一節

有道藝所以自道達閩本惠棟校宋本宋監本岳本嘉靖本同監毛本上道誤造

可壹言而盡也惠棟校宋本石經同南宋石經宋監本岳本同嘉靖本閩監毛本壹作一衛氏集說同石經考文提要云宋大字本宋本九經南宋巾箱本余仁仲本劉叔剛本並作壹

誠者至久也惠棟校宋本無此五字

則仁義禮知信惠棟校宋本同閩監毛本知作智

皆猶至誠而爲德閩監毛本同浦鏜云猶當由字誤

又須行之長久惠棟校宋本作長衛氏集說同此本長作悠閩監毛本同

可壹言而盡也者惠棟校宋本壹字同閩監毛本壹作一宋本有者字此本者誤〇閩監毛本同

今夫天節

一撮土之多及其廣厚惠棟校宋本宋監本石經南宋石經岳本嘉靖本衛氏集說考文引古本足利本並同閩監毛本厚誤大

振河海而不洩各本同石經同釋文洩作泄

黿鼉鮫龍魚鼈生焉石經南宋石經岳本宋監本同閩監毛本鮫作蛟嘉靖本衛氏集說同惠棟校宋本亦作鮫釋文出鮫龍云本又作

蛟毛本鼈誤鱉

本由撮土惠棟校宋本岳本嘉靖本衞氏集說同閩監毛本由作起

本從一勺皆合少成多自小致大惠棟校宋本宋監本岳本嘉靖本衞氏集說同閩監毛本從誤由皆合少成多自誤言天地山川積孫志祖校云困學紀聞合少成多出中庸注閻若璩云無此語蓋未見宋本也

爲至誠者以如此乎閩監毛本同惠棟校宋本以作亦宋監本岳本嘉靖本衞氏集說同

昭昭猶耿耿小明也振猶收也惠棟校宋本宋監本岳本嘉靖本同閩監本耿耿小明也振猶收也九字闕

惟天之命惠棟校宋本石經南宋石經宋監本岳本同嘉靖本閩監毛本惟作維衞氏集說同按詩考列之詩異守石經考文提要云宋大字本宋本九經南宋巾箱本余仁仲本並作惟天疏並放此

天所以爲天惠棟校宋本宋監本毛本岳本嘉靖本同閩監本五字闕

如天地山川之云也惠棟校宋本宋監本毛本岳本嘉靖本衞氏集說同閩監本地山川之云也六字闕

易曰君子以順德積小以成高大閩監毛本同惠棟校宋本順作慎嘉靖本同考文云宋板無成字岳本亦無成字順字同考文引古本足利本亦作慎釋文出慎德云一本又作順孫志祖校云按易升卦巽下坤上順德坤德也作慎則於卦義不切詩應侯順德鄭箋亦引易曰君子以順德可證康成本作順矣積小以成高大今易本無成字

今夫至不已惠棟校宋本無此五字

明至誠不已則能從微至著從小至大惠棟校宋本同閩監毛本能從微至著誤聖人至誠亦

昭昭狹小之貌惠棟校宋本同閩監毛本狹小之貌四字闕

故云昭昭之多○惠棟校宋本同閩監毛本之多二字作三空闕

言土之初時閩監毛本同惠棟校宋本土作地

言多少唯一撮土惠棟校宋本同閩監毛本多少唯一四字闕

載五嶽而不重惠棟校宋本同閩監毛本作載華嶽而不重

此以下皆言爲之不已惠棟校宋本同閩監毛本爲之誤至誠

清濁二氣爲天地分而成二體闕惠棟校宋本同閩監毛本天地分而四字

水或衆流而成大是從微至著爲深自惠棟校宋本同閩監毛本成大是從誤聚

○注易曰君子愼德毛本同閩監本注字闕

大哉聖人之道節

育生也峻高大也毛本岳本衞氏集說宋監本惠棟校宋本嘉靖本同閩監本也峻高大也五字闕

待其人然後行 石經南宋石經岳本宋監本嘉靖本衞氏集說同閩監毛本然作而石經考文提要云按禮記集說出禮篇引呂大臨說仲尼燕居篇引方慤說此篇引楊時譚維寅晏光說俱作然後行宋大字本宋本九經南宋巾箱本余仁仲本劉叔剛本並作然後

言爲政在人政由禮也凝猶成也 惠棟校宋本毛本岳本嘉靖本同閩監本言爲成也四字存餘九字並闕

此一節明聖人之道高大苟非至德其道不成 惠棟校宋本同閩監本闕人之道高大苟非至德其十字誤衍十二空闕毛本人字有衍十一空闕

天下洋洋然育生也峻高也言聖人之道 惠棟校宋本如此此本然字脫監毛本闕下洋洋然育生也峻高也言聖十二字止空十一闕閩本聖字有空十闕

上極于天○優優大哉優優寬裕之貌 惠棟校宋本同閩監本闕天○優優大哉優優寬裕十字衍十一空闕毛本天字有空十闕

禮儀三百者周禮有三百六十官言三百者 惠棟校宋本同閩監毛本闕三百者周禮有三百六十官十一字此本上者字脫

威儀三千者卽儀禮行事之威儀儀禮 惠棟校宋本同閩監毛本闕千者卽儀禮行事之威儀九字衍十空闕

○待其人然後行者言三百三千之禮惠棟校宋本同閩監毛本闕待其人然後行者言三百十字

然後施行其事○故曰苟不至德至道不凝焉惠棟校宋本同閩監毛本闕事○故曰苟不至德至道十字衍十一空闕

今夫子既言三百三千待其賢人惠棟校宋本同閩監毛本闕夫子既言三百三千待其賢十一字

苟誠也不非也苟誠非至德之人則聖人至極之道不可成也俗本不作非也惠棟校宋本同閩監毛本闕廿一字○又惠棟校宋本此下標禮記正義卷第六十終記云凡三十七頁

故君子尊德性節惠棟校宋本自此節起至表記子言之君子之所謂義者節止為第六十一卷卷首題禮記正義卷第六十一

學誠者也廣大猶博厚也毛本同岳本同嘉靖本同衛氏集說同閩監毛本也廣大猶博厚也七字闕

故君至崇禮惠棟校宋本無此五字

此一經明君子欲行聖人之道惠棟校宋本同閩監毛本經明君子欲行聖人之九字闕

前經明聖人性之至誠此經明賢人學而至誠也惠棟校宋本同閩監毛本前字空闕又闕誠此經明賢人學而至誠十字

賢人尊敬此聖人道德之性自然至誠也惠棟校宋本同閩監毛本尊敬此聖人道德之性自十一字闕

言賢人行道由於問學謂勤學乃致至誠也惠棟校宋本同閩監毛本行道由於問學謂勤學乃十字闕

言無微不盡也惠棟校宋本同閩監毛本無微二字闕

言賢人由學極盡惠棟校宋本同閩監毛本學極二字闕

子曰吾說夏禮節

子曰至者也惠棟校宋本無此五字

雖善不尊不信閩本明監本毛本不信上重不尊二字此本誤脫

雖有善行而不尊不尊不尊敬於君惠棟校宋本同閩監毛本脫下不尊二字

伐原示民以信之類也閩監毛本同惠棟校宋本類下有是字

亦堪俟待後世世世之聖人閩監毛本同考文引宋板世字不重

云聖人則之百世同道閩監毛本同惠棟校宋本下有者字

未常有不行如此惠棟校宋本同閩監毛本常作嘗

仲尼祖述堯舜節

辟如天地之無不持載閩監毛本岳本嘉靖本衞氏集說同惠棟校宋本辟作譬石經同南宋石經下辟如同

爲能聰明睿知閩監毛本嘉靖本衞氏集說同石經睿作叡南宋石經同岳本同釋文出明叡

施及蠻貊各本同石經同釋文出蠻貉云本又作貊○按貉正字貊俗字

爲能經綸天下之大經各本同石經亦作綸釋文出能經論云本又作綸

安有所倚惠棟校宋本如此宋監本岳本嘉靖本衞氏集說同考文引古本足利本同此本誤作安無所以閩監毛本倚字同有誤無

故人人自以被德尤厚閩監毛本同惠棟校宋本無故字宋監本嘉靖本同岳本故作而

讀如誨爾忳忳之忳忳忳懇誠貌也閩監毛本同岳本嘉靖本同衞氏集說同考文引宋板古本忳字不重段玉裁云如當作爲宋監本少一忳字非也

可與入德矣閩監本同石經南宋石經岳本嘉靖本同衞氏集說同毛本與誤以考文引宋板亦作與

言聖人雖隱居閩監毛本同惠棟校宋本居作遁嘉靖本同宋監本岳本作遯考文引足利本同釋文出隱遯云本又作遁

君子所不可及者石經南宋石經岳本嘉靖本同閩監毛本所上有之字衞氏集說同石經考文提要云宋大字本宋本九經南宋巾箱本余仁仲本劉叔剛本並無之字

視女在室獨居者閩監毛本同衛氏集說同岳本嘉靖本者作耳考文引宋板古本足利本同

此頌也閩監毛本同岳本嘉靖本同衛氏集說同考文引宋板頌作顯恐非

謂諸侯法之也惠棟校宋本有謂字宋監本岳本嘉靖本同考文引古本足利本同此本謂字脫閩監毛本同

詩云予懷明德惠棟校宋本作云石經同南宋石經同岳本同衛氏集說同此本云作曰嘉靖本同閩監毛本同

仲尼至以色惠棟校宋本無此五字

言夫子法明文武之德考文引宋板同閩監毛本法作發按此承上憲法也章明也憲章猶法明故此言法明文武之德三本改法為發失其義也

譽文王可知也閩監毛本同惠棟校宋本譽作舉

上經論夫子之德大如天閩監毛本同惠棟校宋本大上有深字

詩曰衣錦尚褧閩監毛本同惠棟校宋本褧作絅

風是所從來之末也此本所下空闕五字閩監毛本同考文引宋板空處補從來之末也五字按五字復衍各本刪去是也

被人採捕閩監毛本同惠棟校宋本採作探

子曰聲色之於以化民節

人無聞其聲音亦無知其臭氣者閩監毛本同惠棟校宋本亦作者岳本嘉靖本同

子曰至至矣惠棟校宋本無此五字

尚有所比則有重惠棟校宋本重有所比三字此本脫閩監毛本同

毛在虛中猶得隊下惠棟校宋本同閩監毛本隊作墜

附釋音禮記注疏卷第五十三宋監本禮記卷第十六經三千五百九十三字注三千七百三十一字嘉靖本同

禮記注疏卷五十三校勘記

表記第三十二○陸曰鄭云以其記君子之德見於儀表者也疏正義曰案鄭目錄云名曰表記者以其記君子之德見於儀表此於別錄屬通論

子言之歸乎君子隱而顯不矜而莊不厲而威不言而信此孔子行應聘諸侯莫能用己心厭倦之辭也矜謂自尊大也厲謂嚴顏色○矜居陵反應應對之應己音紀厭於豔反疏子言至而信○正義曰此一篇總論君子及小人爲行之本并論虞夏殷周質文之異又論爲臣事君之道各依文解之稱子言之凡有八所皇氏云皆是發端起義事之頭首記者詳之故稱子言之若於子言之下更廣開其事或曲說其理則直稱子曰今檢上下體例或如皇氏之言今依用之此一節是孔子應聘諸國莫能用己心有厭倦而爲此辭託之君子所以自明其德○歸乎者於時孔子身在他國不被任用故稱歸乎○君子隱而顯者君子身雖幽隱而道德潛通聲名顯著故云隱而顯也○不矜而莊者矜謂自尊大莊敬也言不自尊大而人尊敬也○不厲而威者常行仁義道德不自嚴厲而人威服也不言而信者不須出言而人體信以其積德咸通故所致如此此皆夫子自道己德而然但假諸君子○注此孔至辭也○正義曰知此是應聘諸侯莫能用己心厭倦之辭者以發首云歸乎是從他國欲歸於魯猶若論語云子在陳稱歸與歸與吾黨之小子云是其不用而辭歸也

子曰君子不失足於人不失色於人不失口於人是故君子貌足畏也色足憚也言足信也失謂失其容止之節也玉藻曰足容重色容莊口容止○憚大旦反甫刑曰敬忌而罔有擇言在躬甫刑尚書篇名忌之言戒也言己外敬而心戒愼則無有可擇之言加於身也疏子曰至在躬○正義曰此

一經廣明君子之德亦夫子竊自言也不失足於人者足容重不失此足之容儀而作夸毗進退於衆人也○不失色於人者色容須矜莊不失此色之容儀而作籧篨戚施於衆人也○不失口於人者口容須安止不失此口之容儀而作諂私曲媚於衆人也○是故至足信也此皆覆結上文○甫刑曰敬忌而罔有擇言在躬者甫刑尚書篇名呂刑也甫侯為穆王說刑故稱甫刑忌戒也罔無也擇言己外貌恭敬心能戒忌而無有可擇去之言在於躬也今君子之德亦能如此故引甫刑以結之證君子無可擇去之言則上云言足信是也然則敬之與忌則是君子貌足畏色足憚也

子曰裼襲之不相因也欲民之毋相瀆也不相因者以其或以裼為敬或以襲為敬禮盛者以襲為敬執玉龜之屬也禮不盛者以裼為敬受享是也○裼襲思歷反下音習毋音無下同瀆大木反

子曰祭極敬不繼之以樂朝極辨不繼之以倦極猶盡也辨分別政事也祭義曰祭之日樂與哀半饗之必樂已至必哀○樂音洛注同又音岳朝直遙反下注朝聘同倦本又作勸其眷反別彼列反已音以

【疏】子曰至以倦○正義曰以前經云君子貌足畏色足憚故此經云毋相瀆卽是可憚之事也裼襲之不相因也者行禮之時禮不盛者則露見裼衣禮盛之時則重襲上服是行禮初盛則襲衣禮不盛則裼衣是裼而後襲不相因也若始末恆裼襲是相因也其行禮之時或初襲而後裼或初裼而後襲所以然者欲使人民無相褻瀆使禮相變革也○注禮盛至是也○正義曰案聘禮賓初行聘時則襲故聘禮云賓襲執圭是也至聘訖受享之時賓裼奉束帛加璧行享聘為禮盛故襲享為禮不盛故裼聘時有玉故云以執玉也玉藻曰執玉龜襲故云之屬也案行享執璧璧亦是玉於聘時裼衣而云云以襲執玉龜者但享時雖執璧以璧致享比聘時執玉為輕故享雖有璧而裼也又賓介自相授玉之時介禮輕裼而執圭以受賓賓禮重則襲而後受圭是賓之與介亦裼襲不相因故聘禮云上介不襲執圭屈繅授賓賓襲執圭是也○子曰祭極敬不繼之以樂朝極辨不繼之以倦○正義曰以前經毋相瀆故此經明行敬之時不可以樂倦也極盡也言

祭祀極盡於敬不可以終末繼之以樂而不敬言朝禮極盡於分別政事不可以終末繼之以解惓而不分別也○注祭義至必哀○正義曰引之者證明此經不可繼之以樂之事也

子曰君子慎以辟禍篤以不揜恭以遠恥篤厚也揜猶困迫也○辟音避揜於檢反遠于萬反

【疏】子曰至遠恥○正義曰慎以辟禍者言君子恆須謹慎以辟禍患也篤以不揜者篤厚也揜謂困迫也言君子篤厚行於善道不使揜逼而被困迫也言恭以遠恥者又能恭敬而遠恥辱也

子曰君子莊敬日強安肆日偷肆猶放恣也偷苟且也肆或為褻○日強上人實反下同下其叚反肆音四偷他侯反注同恣咨嗣反

君子不以一日使其躬儳焉如不終日儳焉可輕賤之貌也如不終日言人而無禮死無時○儳徐在鑑反又仕鑑反

子曰齊戒以事鬼神擇日月以見君恐民之不敬也擇日月以見君謂臣在邑竟者○齊側皆反見賢遍反注同竟音境

子曰狎侮死焉而不畏也怢於無敬心也○狎下甲反習也侮亡甫反怢時世反又時設反

【疏】子曰至畏也○正義曰此經又廣明恭敬之事言君子之人恆能莊敬故德業日強○安肆日偷者肆謂放恣偷謂苟且言小人安樂放恣則其情性日為苟且經不云小人文不具也○君子不以一日使其躬儳焉如不終日者儳可輕賤之貌言君子則常行善道不以一日之間使其身儳焉可輕賤如小人不能終竟一日也言不得長久也若小人恆為無禮使其身可輕賤死期促近不能終竟一日也○注擇日月以見君謂臣在邑竟者○正義曰知者以其經云擇日月以見君若朝廷之臣則每日朝君何得云擇日月據此故知邑竟或擇日出使在外或食邑別都見君之時須擇日月也○子曰狎侮死焉而不畏也○正義曰前經明君子恆能行恭敬此明小人唯好狎侮言小人遞相輕狎侮慢相侵雖有死焉禍害而不知畏懼也以其怢於無敬心故也言數為無恭敬之心好相狎侮故至於死焉而不知畏懼也

子曰無辭不相接也無禮不相見也欲

民之毋相褻也辭所以通情也禮謂摯也春秋傳曰古者諸侯有朝聘之事號辭必稱先君以相接也○褻息列反摯音至本亦作贄易
曰初筮告再三瀆瀆則不告瀆之言褻也○筮市制反三息暫反又如字【疏】子曰至不告○正義曰前明小人狎侮至於死
亡此明君子無相褻瀆○無辭不相接者言朝聘會聚之時必有言辭以通情意若無言辭則不得相交接也○無禮不相見者禮謂贄幣也贄幣所以示己
情若無贄幣之禮不得相見所以然者欲民之無相褻瀆也○易曰初筮告再三瀆瀆則不告者此易蒙卦辭○蒙卦坎下艮上艮為山坎為水山下出泉是
物之蒙昧童蒙之象也筮問也言童蒙初來問師師則告之若再三來問是為褻瀆問既褻瀆師則不復告之引者證無相褻瀆之義也子言之仁
者天下之表也義者天下之制也報者天下之利也報謂禮也禮尚往來子曰以德報德
則民有所勸以怨報怨則民有所懲懲謂創艾○懲直陵反創初亮反又初良反乂或又作艾魚廢反皇魚蓋反詩
曰無言不讎。無德不報讎猶荅也○讎音酬大甲曰民非后無能胥以寧后非民無以辟
四方大甲湯孫也書以名篇胥相也民非君不能以相安○大音泰下注同無能胥以寧尚書作罔克胥匡以生辟音璧君也子曰以德報
怨則寬身之仁也以怨報德則刑戮之民也寬猶愛也愛身以息怨非禮之正也仁亦當言民聲之誤○戮音六
本又或作僇音同子曰無欲而好仁者無畏而惡不仁者天下一人而已矣是故君子
議道自己而置法以民一人而已喻少也自己自盡己所能行○好呼報反惡烏路反子曰仁有三與仁同功
而異情三謂安仁也利仁也強仁也利仁強仁功雖與安仁者同本情則異○強其兩反下文同與仁同功其仁未可知也

與仁同過然後其仁可知也仁者安仁知者利仁畏罪者強仁功者人所貪也過者人所辟也在過之中非其本情者或有悔者焉○知者音智辟音避仁者右也道者左也仁者人也道者義也右也左也言相須而成也人也謂施以人恩也義也謂斷以事宜也春秋傳曰孰未有言舍之者此其言舍之何。人。也○斷丁亂反厚於仁者薄於義親而不尊厚於義者薄於仁尊而不親言仁義並行者也仁多人親之義多則人尊之則道有至。義有考至道以王義道以霸考道以為無失此讀當言道有至有義有。攷字脫一有耳有至謂兼仁義者有義則無仁矣有。攷。攷成也能取仁義之一成之以不失於人非性也○道有至義依注讀為道有至有義王于況反脫音奪

疏子。言。至。無。失○正義曰此一節總明仁義之事各隨文解之以其與上別端故更稱子言之○仁者天下之表也表謂儀表言仁恩是行之盛極故為天下之儀表也○義者天下之制也義宜也制謂裁斷既使物各得其宜是能裁斷於事也○報者天下之利也者報謂禮也禮尚往來相反報物得其利故云天下之利也○詩曰無言不讎無德不報者此詩大雅抑之篇刺厲王之詩引之者證經相報之義○大甲曰民非后無能胥以寧后非民無以辟四方者此尚書大甲之篇大甲湯孫大丁之子湯崩大甲立伊尹作書訓之故云大甲后君也胥相也伊尹言民若無君無能相匡正以自安居也君若無民無以君領四方引之者證君之與民上下各以其事相報是相報荅之義也故引以結之○子曰以德報怨則寬身之仁也言子曰者廣明以禮相報之義寬身之仁者若以直報怨是禮之常也今以德報怨但是寬愛己身之民欲苟息禍患非禮之正也○以怨報德則刑戮之民也者禮當以德報德今以怨報德其人凶惡是合刑戮之民也○子曰無欲而好仁者自此以下廣明仁道凡仁道有三一是安仁二是利仁三是強仁此明安仁之事安仁者無所畏惡而自安仁道凡人好仁皆有所欲今無有所求欲而自好仁道○無

畏而惡不仁者凡人憎惡不仁皆有所畏始惡不仁今無有所畏而能惡不仁者○天下一人而已矣者言無欲好仁無畏惡不仁雖天下之人廣能行此者
但有一人而已喻其少也○是故君子議道自己者好仁之法須恩惠及人當恕己而行故君子謀議道理先自己而始○置法以民者己所能行乃施於人
故云置法以民言從己而始乃可以施置法度於宅人○子曰仁有三與仁同功而異情此明仁道有三其功雖同其情則異以終能汎愛其功同也一則無
所求爲而安靜行仁一則規求其利而行仁一則畏懼於罪而行仁是異情也○與仁同功其仁未可知也者此一經申明同功異情之事三者行之仁其功俱
是汎施博愛其事一種是未可知也○與仁同過然後其仁可知也者過謂利之與害若遭遇利害之事其行仁之情則可知也○仁者安仁者此明三者可
知之事若天性仁者非關利害而安仁也○知者利仁者若有知謀者貪利而行仁之有利則行無利則止非本情也○畏罪者強仁者若畏懼於罪者自強行
仁望免離於罪若無所畏則不能行仁也○仁者右也道者左也此經明仁義相須若手之左右仁恩者若人之右手右手是用之便也仁恩亦行之急也○
道者左也道是履蹈而行比仁恩稍劣故爲左也○仁者人也言仁恩之道以人情相愛偶也○履道者義也義宜也凡可履蹈而行者必斷割得宜然可履蹈
故云道者義也○注人也至人也○正義曰人也謂施以人恩也解經中仁者人也仁謂施以人恩言施人以恩正謂意相愛偶人也云義也謂斷以事宜也
謂裁斷其理使合事宜故可履蹈而行是道者義也引春秋傳者此成十六年公羊傳文案彼稱晉人執季孫行父舍之于招丘傳云執未有言舍之者此其
言舍之何人也傳稱春秋諸侯執大夫經不書舍此執行父言舍之招丘何欲人愛此行父故特言舍之引之者證人是人偶相存愛之義也○道有至義有
攷者如注所云當云道有至有義有攷義上脫一有字言道之所用有至一也至謂兼行仁義行之至極故云有至有義有攷義二也謂仁義之中唯有義無仁故云
有義有攷三也攷成也謂於仁義之中或取仁或取義之一事勉力成之○非本性也○至道以王者既能兼行仁義至極可以王有天下故云至道以王○義

道以霸者直能斷決若齊桓晉文以甲兵斷割可以霸於諸侯故云義道以霸也○放道以爲無失者既於仁義之中隨取其一而成之以道不違於理故云放道以爲無失也○注有至至性也○正義曰知有至謂兼仁義者此經云至道以王故穀梁傳云仁義歸往曰王是王有仁義也又案前經道者義也是唯之義。與道此經云道有至有義有放是一道之內兼有三種與前經不同者但道之爲義取開通履蹈而行兼包大小精麤若大而言之則天道造化自然之理謂之爲道則老子云道可道非常道則自然造化虛無之謂也若小而言之凡人才藝亦謂之爲道是道無定分隨大小異言皆是開通於物其身履蹈而行也云放成也爾雅釋詁文也云能取仁義之一成之以不失於人者以放道劣於至道又劣於義但能於仁義之中隨其一能成就之不失於人謂於人不失也云非性也者言放道勉強而行以成就之非是天性自然所稟者然則至道義道天性有之也子言之仁有數義有長短小大中心憯怛愛人之仁也率法而強之資仁者也資取也數與長短小大互言之耳性仁義者其數長大取仁義者其數短小○數所住反憯七感反怛丹葛反詩云豐水有芑武王豈不仕詒厥孫謀以燕翼子武王烝哉數世之人也芑枸檵也仕之言事也詒遺也燕安也烝君也言武王豈不念天下之事乎如豐水之有芑矣乃遺其後世之子孫以善謀以安翼其子也君哉武王美之也○豐芳弓反芑音起詒以之反烝之承反數色主反枸本亦作苟檵音計遺于季反下同國風曰我今不閱皇恤我後終身之仁也閱猶容也皇暇也恤憂也言我今尚恐不能自容何暇憂我後之人乎○我今毛詩作我躬閱音悅

疏子。言。至。仁。也○正義曰自此以下至不稱其服更廣明仁義之道又顯中心外貌內外相稱故更稱子言之○仁有數者行仁之道有度數多少也○義有長短小大者言義之爲體有長有短有小有大言仁有數則義亦有數義言長短小大則仁亦有長短小大互言之也若天性仁義者則其數長而大若強

取仁義而行者則其數短而小長謂國祚久遠大謂覆養廣多短謂世位淺促小謂所施狹近也○中心憯怛愛人之仁也此明性有仁者以天性自仁故中心悽憯傷怛憐愛於人故云愛人之仁也○率法而強之資仁者也此明取仁者率循也資取也率循善法自強行之非是天性直取仁道行之者也○詩云豐水有芑武王豈不仕者證天性之仁其數長所引詩者大雅文王有聲之篇美武王之德言豐水自然有芑喻武王之身自然有天下之事故云武王豈不仕仕之言事也言武王豈不念天下之事乎猶如豐水豈無此芑乎○詒厥孫謀者詒遺也厥其也孫謂子孫謀謂善謀言武王能遺其子孫以美善之謀謂伐紂定天下以王業遺於子孫○以燕翼子者燕安也翼助也言武王能安助其子孫也○武王烝哉者烝君也言武王有爲君之德哉○數世之仁者以武王行仁遺及子孫是仁之所及其數長也○國風曰我今不閱皇恤我後此引國風者明取仁義者其數短也所引詩者是邶風谷風之篇婦人被夫棄絕初憂子孫困苦還自悔之云我今不閱閱容也言我今尚不能自容被夫放棄○皇恤我後者皇暇也恤憂也言我有何閑暇能憂我後世子孫之人乎引之者證取仁而行者唯在我當身之。主何暇能憂及後世是終身之仁也唯望終竟一身是其數短也前文云仁有數義有長短小大仁義並言此獨說仁者以仁事爲重故舉仁言之則其義可知也○注芑枸至之也○正義曰芑枸檵爾雅釋木文孫炎云則今枸芑也云乃遺其後世之子孫以善謀者孫謂子孫也云以安翼其子也者翼助也謂以王業保安翼助其子孫案詩箋以詒爲傳以孫爲順以翼爲敬言傳其。所。順。天。下之謀以安其敬事之子孫謂使其長行之也與此乖者引詩斷章此經云數世之仁故以爲子孫而翼成之也

子曰仁之爲器重其爲道遠舉者莫能勝也行者莫能致也取數多者仁也夫勉於仁者不亦難乎取數。多言計天下之道仁居其多○勝音升數色住反

是故君子以義度人則難爲人以人望人則賢者可知已矣言以先王成法。擬。度人則

難中也當以時人相比方耳○度待洛反注同擬魚起反中丁仲反子曰中心安仁者天下一人而已矣大雅曰

德輶如毛民鮮克舉之我儀圖之惟仲山甫舉之愛莫助之輶輕也鮮罕也儀匹也圖謀也愛猶惜也言德之輕如毛耳人皆以爲重罕能舉行之者作此詩者周宣王之大臣也言我之匹謀之仲山甫則能舉行之美之也惜乎時人無能助之者言賢者少○輶音酉一音由鮮息淺反注及下並同小雅曰高山仰止景行行止仰高勤行者仁之次也景明也有明行者謂古。賢。聖也○仰止本或作仰之景行下孟反注明行同行止詩作行之子曰詩之好仁如此鄉道而行中道而廢忘身

之老也不知年數之不足也俛焉日有孳孳斃而后已廢喻力極罷頓不能復行則止也俛焉勤勞之貌斃仆也○好呼報反下同鄉許亮反數色住反強其兩反一本作俛音勉本或作僶非也孳音茲斃音弊仆也本又作弊巳音以罷音皮頓如字又徒困反復扶又反仆蒲北反又音赴子曰仁之難成久矣人人失其所好言仁道不成人所由不得其志故仁者之

過易辭也辭猶解說也仁者恭儉雖有過不。爲甚矣唯聖人無過○易以豉反下同解古買反徐又音蟹子曰恭近禮儉近仁

信近情敬讓以行此雖有過其不甚矣夫恭寡過情可信儉易容也以此失之

者不亦鮮乎言罕以此失之○近附近之近下同詩曰。溫溫恭人惟德之基子曰仁之難成久矣

惟君子能之言能成。人道者少也是故君子不以其所能者病人不以人之所不能者愧

人病愧謂罪咎之○咎其九反是故聖人之制行也不制以己使民有所勸勉愧恥以行其

言以中人爲制則賢者勸勉不及者愧恥聖人之言乃行也○甫行下孟反己音紀禮以節之信以結之容貌以文之
衣服以移之朋友以極之欲民之有壹也移讀如。禾氾移之移移猶廣大也極致也壹謂專心於善○移昌氏反注
氾移之移移猶大也同徐又怡著反一音以示反氾芳劍反小雅曰不愧于人不畏于天言人有所行當慚怖於天人也○怖
普故反是故君子服其服則文以君子之容有其容則文以君子之辭遂其辭則
實以君子之德遂猶成也是故君子恥服其服而無其容恥有其容而無其辭恥有
其辭而無其德恥有其德而無其行無其行謂不行其德是故君子衰絰則有哀色端冕
則有敬色甲冑則有不可辱之色言色稱其服也○衰七雷反絰田節反冑直又反詩云。惟鵜在梁不
濡其翼彼記。之子不稱其服鵜鵜。胡汚澤也汚澤善居泥水之中在魚原以不濡汚其翼爲才如君子以稱其服爲有德○鵜音
啼鵜鵜胡音徒兮反一名淘河濡而朱反記徐紀吏反汚澤一音烏下又作洿一音化故反濡汚汚辱之汚疏。子。曰。至。其。服○此一節廣明仁故言子曰
○仁之爲器重者仁是愛養非賢聖不能行故言爲器重○其爲道遠者以廣博覆物是爲道廣遠也○舉者莫能勝也行者莫能致也據凡庸於仁不能勝
致也○取數多者仁也言於萬種善事之中論利益於物取數最多者是仁也言仁恩於善事之中利益最多也○夫勉於仁者不亦難乎言仁爲愛養行之
不易故勉力行仁者不亦難乎言其難也○是故君子以義度人則難爲人者義宜也言在上君子以先王之義擬度於人欲使人必行先王成法則難可爲
人言人難中於古法也○以人望人則賢者可知已矣者望比也言以今世人道比望於古人能合於今世事者則是賢人也若不能合於今世事者則非賢

人也故云則賢者可知已矣已矣語助也此明仁道不可以古義責人當以時事擬人是仁恩之心○子曰中心安仁者天下一人而已矣言中心安靜行仁是天性仁者天下之間唯一人而已矣言少也○大雅曰德輶如毛民鮮克舉之我儀圖之引詩大雅烝民之篇以明行仁者少也德輶如毛民鮮克舉之者此詩美宣王之大臣仲山甫也輶輕也鮮罕也克能也言德之輕易舉如毛然民尚以爲重罕能舉而行之也我儀圖之者儀匹也圖謀也詩人言我與倫匹共圖謀能舉行之也○唯仲山甫舉之愛莫助之者愛惜也言唯有仲山甫能舉行其德可惜乎無人能助行之者記人引此者證中心安仁者少亦無人能行之言賢者少也○注輶輕也圖謀也○正義曰輶輕也爾雅釋言文圖謀也釋詁文○小雅曰高山仰止景行行止者此小雅刺幽王之詩車舝之篇言幽王若能脩德如高山則天下之人瞻仰之若幽王有景明之行則天下之人仰行之引之者證古昔賢聖能行仁道則後世之人瞻仰慕行之也○子曰詩之好仁如此者言高山景行瞻仰慕行是好愛仁德如此之甚也○鄉道而行中道而廢者言好仁之甚鄉仁道而行在於中道力之罷極而始休廢之也○忘身之老也不知年數之不足也言行仁勤急忘己身之衰老不自覺知年數之不足言己雖年老謂爲數淺少不復盈足猶行仁不止○俛焉日有孳孳斃而后已者言形貌俛俛焉勤勞行仁每日恆有孳孳唯力之斃仆而后已止言行仁之道深也熊氏云俛焉謂前僶焉可輕賤以爲字同而注異熊氏之說非也○子曰仁之難成久矣言仁道難成非始今日其來久矣○人人失其所好者人謂天下衆人由仁道不成天下衆人皆失其所愛好之事若有仁道人皆得其所愛好之事所愛好者是吉慶福祥也○注言仁至其志○正義曰言仁道不成解仁之難成久矣云人所由不得其志解經人人失其所好由仁道不成無所依恃民人由此不得其志意之所好多有禍害若仁道成人皆得所願也故仁者之過易辭也者以仁是善行故仁者有過其惡不甚易可以言辭解說也此謂取仁行者故有過耳其聖人天性仁者全無過也子曰恭近禮禮主於敬○恭近於禮○儉近仁者以儉不費用無害於物故近仁也○信近情者信謂

言語信實故近情也〇夫恭寡過者恆能恭敬故寡少於過也〇情可信者以
情示人故可信也〇儉易容也者以儉則寡求故易容也〇詩云溫溫恭人惟
德之基者此大雅抑之篇刺厲王之詩言顏色溫溫和柔恭敬之人惟能爲德
之基也引之者結上文恭近禮其過寡少是爲德之基也〇是故君子不以其
所能者病人者謂不以己之所能使他人必能若他人不能則爲困病是不以
所能之事病困於人也〇不以人之所不能者愧人者謂他人力所不能必欲
使之能行若他人之所不能則以爲愧恥故不以人之所不能恥愧困苦於人
若能如此亦仁者之行也〇是故聖人之制行也不制以己者言聖人之制法
立行不造制以己之所能謂不將己之所能以爲制法恐凡人不能行也〇使
民有所勸勉愧恥以行其言者既不制以己之所能但制以中人之行使得可
行則民有所自勸勉不能者自懷愧恥如此則民得以行其聖人之言也〇衣
服以移之者言聖人用中禮而作法故制以禮信容貌又用衣服移大之使之
尊嚴也〇朋友以極之者謂朋友相勸勵以極致於道也〇欲民之有壹也者
壹謂專壹於善道所以爲此教化者欲使民人專心壹意於善道也〇小雅曰
不愧于人不畏于天者此詩何人斯之篇是蘇公刺責暴公暴公讒譖於己是
不愧慚於人不畏懼於天引之者言人之行當須愧於人畏於天也〇遂其辭
則實以君子之德者遂猶成也實猶充也言君子既成其文辭則當充實之以
君子之德也〇恥有其德而無其行者德在於內行接於外內既有德當須以
德行之於外以接於人民若有德無行是君子所恥故云恥有其德而無其行
也〇詩云惟鵜在梁不濡其翼者此詩曹風候人之篇刺曹共公之詩鵜是汙
澤也言鵜在魚梁之上能不濡濕其翼以其爲善猶如君子在朝能稱其服
亦爲善彼記之子不稱其服者。記是語辭言彼曹朝小人之子內無其德不能
稱可其在外之服引之者以前經言君子內外皆須相稱故引此詩結之〇注
鵜鵜至有德〇正義曰鵜汙澤爾雅釋鳥文郭景純云今之鵜鶘也好羣飛沈
於水食魚故名汙澤俗呼之爲淘河也云以不濡汙其翼爲才者言凡鳥居水
中必濡濕其翼今鵜鶘在水中獨能不濡其翼故爲才案詩注云鵜鳥在梁可

謂不濡其翼乎言必濡其翼也猶如小人在位必辱其職與此乖者注禮在前注詩在後故所注不同也子言之君子之所謂義者貴賤皆有事於天下天子親耕粢盛秬鬯以事上帝故諸侯勤以輔事於天子言無事而居位食祿是不義而富且貴○粢音咨杜預云黍稷曰粢在器曰盛秬音巨黑黍鬯勑亮反香酒也子曰下之事上也雖有庇民之大德不敢有君民之心仁之厚也庇覆也無君民之心是思不出其位○庇必利反徐方至反又音秘是故君子恭儉以求役仁信讓以求役禮不自尚其事不自尊其身儉於位而寡於欲讓於賢卑己而尊人小心而畏義求以事君役之言爲也求以事君得者欲成其忠臣之名也之自是不得自是以聽天命言不易道徼祿利也○易音亦徼古堯反詩云莫莫葛藟施于條枚凱弟君子求福不回凱樂也弟易也言樂易之君子其求福修德以俟之不爲回邪之行。要之如葛藟之延蔓於條枚是其性也○藟音誄力水反施以豉反條枚亡回反毛詩傳云枝曰條幹曰枚凱本亦作愷又作豈同開待反後放此弟如字本又作悌音同注及下皆同樂音洛下同易以豉反下同邪似嗟反曲也行下孟反下至下文行之浮於名也及注皆同要一遙反蔓音萬其舜禹文王周公之謂與有君民之大德有事君之小心言此德當不回也○與音餘詩云惟此文王小心翼翼昭事上帝聿懷多福厥德不回以受方國昭明也上帝天也聿述也懷至也言述行上。帝德以至於多福也方四方也受四方之國謂王天下○聿尹必反謂王于況反子曰先王諡以尊名節以壹惠恥名之浮於行也諡者行之迹也名者謂聲譽也言先王論行以爲謚以尊名者使聲譽可得而尊。言也壹讀爲一惠猶善也言聲譽雖有衆多者。卽以其行一大善者爲謚耳在上曰浮君子勤行成功聲譽踰行是所恥謚音示○是故君子不自大其事不自尚其功以求處情過行弗率以求處厚彰人之善而美人之功以求下賢。率循也。行。過不復循行猶不二過○下戶嫁反復扶又反是故君子雖自卑而民敬尊之言謙者所以成行立德子曰后稷天下之爲烈也豈一手一足哉烈業也言后稷造稼穡天下世以爲業豈一手一足喻用之者多無數也唯欲行之浮於名也故自謂便人亦言其謙也辟仁聖之名云。自便習於此事之人耳○行下孟反便婢面反又婢緜反注同辟音避疏子。言至。便人○正義曰此一節明天子以下各有其事又明舜禹文王周公之德皆能上事天帝下庇四方事異於上故記者詳之又稱子言之也○天子親耕粢盛秬鬯以事上帝者天子事上帝諸侯事天子是貴賤皆有事於天子案小宰注云天地大神至尊不裸此祭上帝有秬鬯者凡鬯有二若和之以鬱謂之鬱鬯鬱人所掌是也祭宗廟而灌也若不和鬱謂之秬鬯鬯人所掌是也鬯謂五齊之酒以秬鬯爲之以芬芳調暢故言秬鬯故得以事上帝大宗伯云涖玉鬯者謂享大鬼也棫樸詩云奉璋峨峨者謂據祭宗廟也故與此不同也○是故君子恭儉以求役仁君子有仁德至誠之君子言君子既有庇民大德又自謙退不敢有君民之心是仁愛深厚以此之故君子恭敬節儉以求施爲仁道也役爲也言以此求施。爲仁道也○信讓以求役禮者謂信實退讓以求施爲於禮也○得之自是不得自是者得之謂得利祿也言雖得利祿自行其爲是之道若不得利祿亦自行其爲是之道言不問得之與失恆行其是而不行非也○以聽天命者言不苟易其道也○詩云莫莫葛藟施于條枚者此詩大雅旱麓之篇美文王之詩言文王之興依約先祖莫莫然如葛藟之蔓草延施于條枚之木猶如子孫之興亦由先祖而德盛也○凱弟君子求福不回者凱樂也弟

易也言大王王季樂易之君子求福不爲回邪之行引之者證君子以聽天命
雖求福祿不爲邪僻之行今以爲葛藟施於條枚是其性也君子求福不爲回
邪亦是其性引斷章取義故與詩文不同也其舜禹文王周公之謂與者此是
凱弟君子求福不回邪之謂與以其雖有庇民之大德恆有事君之小心常能
畏懼是不回也○詩云惟此文王小心翼翼昭事上帝聿懷多福者此詩大雅
大明之篇美文王之詩言文王小心翼翼以昭明道德。尊事上帝聿述也懷至
也言文王述行上帝之德以受衆多之福○厥德不回以受方國者其德不有
回邪故受四方衆國爲天子也引之者證上求福不回也○子曰先王諡以尊
名○以前經論君子求福不回此一節廣明君子名行相副卑己尊人之義○
諡以尊名者諡謂諡號名謂聲譽言一人身死之後累列生時之行跡作諡號者
以尊敬生前之聲名可得傳於後世○節以壹惠者言爲諡之時善行雖多但
限節以一箇善惠以爲諡也○恥名之浮於行也者所以善行既多但取一事
爲諡者恥善名之多浮過於行忠行不副於名所以減衆書之名但取一事之
善爲諡也○是故君子不自大其事不自尚其功以求處情者大謂誇大既不
欲行過於名故不自誇大其所爲之事不自加尚其所爲之功名所以不大尚
者以求處情實不欲虛爲矯飾也○過行弗率以求處厚者率循也若有過失
之行不復循而行之即悛改以求處其仁厚之道過失即改。以求處其厚也○
注壹讀。爲。一。惠。猶。善。也。言。聲。譽。雖、有至。踰。行所恥○正義曰上壹是齊壹下一
是數之一二也今經文爲大壹之字鄭恐是均同之理故讀爲小一取一箇善
名而爲諡耳○云在上曰浮者言物在水上。稱浮如浮雲云君子勤行成功聲
譽踰行是所恥者言君子之人唯寢默勤行成功不自彰伐若使聲譽踰越於
行是君子所恥也○子曰后稷天下之爲烈也豈一手一足哉○以上經君子
取名浮於行故此經。名后稷證名不可過行也言后稷雖有大業不自謂聖人
而稱便人后稷天下之爲烈者言后稷周之始祖有播殖之功烈業也言天下
之人並將爲業豈一手一足哉者言后稷之功豈止一人之手一人之足而用
之哉言用之者多天下皆是也○唯欲行之浮於名也故自謂便人者言后稷

唯欲得實行過於虛名故自謂便於稼穡之人不自謂已之仁聖。也子言之君子之所謂仁者其難乎詩云凱。弟。君子民之父母凱以強教之弟以說安之樂而毋荒有禮而親威莊而安孝慈而敬使民有父之尊有母之親如此而后可以為民父母矣非至德其孰能如此乎有父之尊有母之親謂其尊親已如父母○強其良反徐其兩反說音悅毋荒音無【疏】子。言。至。此。乎。○正義曰此以下至不勝其文更廣明仁道又顯尊親之異弁論虞夏商周質文不等今各隨文解之○仁者其難乎言行仁之道其甚難乎為之不易○詩云凱弟君子民之父母者言仁道為難若有仁行可以為民之父母此詩大雅泂酌之篇戒成王之詩也凱樂也弟易也言使民樂易之君子則得為民之父母言不易也○凱以強教之弟以說安之孔子既引詩又釋凱弟之義凱樂也言君子初以仁政化下使人樂仰自強不息是凱以強教之弟謂遜弟言以遜弟之道下化於民民皆說豫而康安是弟以說安之也○樂而毋荒有禮而親者樂失於荒禮失於疏言明君教下為樂而毋荒有禮而相親也威莊而安孝慈而敬者凡矜莊者失在危懼孝慈者失在慢易今明君臨下威嚴矜莊而民安也孝順慈愛而民敬也○使民有父之尊有母之親者以有威莊故有父之尊言尊之如父以有孝慈故有母之親言親之如母也○非至德其孰能如此乎者言若非至德之君其誰能使民如此言仁道難也今父之親子也親賢而下無能母之親子也賢則親之無能則憐之母親而不尊父尊而不親水之於民也親而不尊火尊而不親土之於民也親而不尊天尊而不親命之於民也親而不尊鬼尊而不親或見尊或見親以其嚴與恩所尚異也命謂四時政令所以教民勤事也鬼謂四時祭祀所以訓民事君也○憐力田反【疏】今父至不親○此明尊親之異父母不同今父之親子也親賢而下無能者言父之於子若見賢者則親愛之若見無能者則下賤之以父立於義分别善惡也○母之親子也賢則親之無能則憐之者言母之於子見賢則親愛之見其子無能則憐愛之母以恩愛不能分别善惡故也○水之於民也親而不尊者水沐浴而人多用故親而不尊○火尊而不親者火須離之近則傷害人不須輕近故尊而不親○土之於民也親而不尊者土能生物載養於人是親也不於人爲近人所居處遂不尊也○天尊而不親者天有雷霆日月震燿殺戮是尊也而體高遠是不親也○命之於民也親而不尊者謂人君教命隨四時以教於人欲人生厚是親也附近於民使民勤事是不尊○鬼尊而不親者鬼謂鬼神神道嚴敬降人禍福是尊也人神道隔無形可見是不親也

子曰夏道尊命事鬼敬神而遠之近人而忠焉先祿而後威先賞而後罰親而不尊遠鬼神近人謂外宗廟內朝廷○遠于萬反注及下同近附近之近注及下同朝直遥反注下同其民之憿憃而愚喬而野朴而不文以本不困於刑罰少詐諼也憿謂政教衰失之時也○憃傷容反徐昌容反范陽江反又丁絳反字林音丑降反丑凶反喬音驕朴普角反諼況袁反詐也忘也

【疏】子。曰。至。不。文。○正義曰此一節明夏道親而不尊之義○夏道尊命言夏之爲政之道尊重四時政教之命使人勸事樂功也○事鬼敬神而遠之近人而忠焉者宗廟在外是遠鬼神也朝廷在內是近人也以忠恕養於民是忠焉也所爲如此是親而不尊也○其民之憿憃而愚者憿謂其後世政教衰敗時夏家後世政教敗時民皆憃愚所以然者昔時恆先祿後罰則民皆承寬裕無澆詭也情既不澆詭至於衰末猶不知避嚴刑峻法如憃愚也○喬而野者亦因昔時寬裕忠恕至末世民猶驕野如淳朴之時也○朴而不文者淳時民皆質朴不競文華至亂時猶承奉之亦然也○注以本不困於刑罰少詐諼也○正義曰以夏尚仁恩其民不困苦於刑罰及其衰末猶有先世遺風少有詐僞諼妄爾雅訓云萲諼忘也則忘字亡下著心今與詐相對則諼是詐之義

當亡下著女也殷人尊神率民以事神先鬼而後禮先罰而後賞尊而不親先鬼後禮謂內宗廟
外朝廷也禮者君臣朝會凡以摯交接相施予〇以摯音至相施始至反下文同其民之敝蕩而不靜勝而無恥以本忕於
鬼神虛無之事令其心放蕩無所定困於刑罰苟勝免而無恥也月令曰無作淫巧以蕩上心〇勝而始證反忕音誓與上忕於同令其力呈反巧苦教反又
如字【疏】殷。人。至。無。恥〇此一節明殷代尊而不親之事尚虛無之事故率民以事神〇先罰而後賞者案襄二十六年左傳云賞以春夏罰以秋冬又月令
云春行夏賞秋冬行刑與此違者彼謂王者大體一歲之中法天道生殺故春夏賞秋冬刑此記所云謂賞罰同時所行夏則先賞後罰殷則先罰後賞其民
之敝蕩而不靜者以其本尚虛無之事尊敬鬼神至其末世敝失其民放蕩不能安靜也〇勝而無恥者由本困於刑罰但得苟勝無以慚恥〇注。云先鬼而
後禮謂內宗廟外朝廷也〇正義曰以夏周人敬鬼神而遠之近人而忠焉外宗廟內朝廷以此反之則殷人先鬼後禮是內宗廟外朝廷也〇注以本忕於
鬼神虛無之事令其心放蕩無所定〇正義曰忕串也習也貴尚習鬼神鬼神無體故云虛無之事以為事不在實故心放蕩無所定也周人尊禮
尚施事鬼敬神而遠之近人而忠焉其賞罰用爵列親而不尊賞罰用爵列其以尊卑為差
民之敝利而巧文而不慚賊而蔽以本數交接以言辭尊卑多獄訟〇蔽畢世反又音弊數色角反【疏】周人至而蔽〇
此明周代親而不尊之事〇尊禮尚施者謂尊重禮之往來之法貴尚施惠之事也〇其賞罰用爵列者既不先賞後罰亦不先罰後賞唯用爵列尊卑或賞
或罰也〇其民之敝利而巧文而不慚者以其尚禮本數交接往來故便利機巧多文辭而無慚愧之心也〇賊而蔽者以本為治之時上下有序至其敝末
尊卑錯失為饒獄訟共相賊害而困蔽以其禮失於煩故致然也夏道尊命至殷人尊神周人尊禮三代所尊不同者案元命包云三王有失故立三教以相

變夏人之立教以忠其失野故救野莫若敬殷人之立教以敬其失鬼救鬼莫若文周人之立教以文其失蕩故救蕩莫若忠如此循環周則復始窮則相承此亦三王之道故三代不同也子曰夏道未瀆辭不求備不大望於民民未厭其親殷人未瀆禮而求備於民周人強民未瀆神而賞爵刑罰窮矣未瀆辭者謂時王不尚辭民不褻為也不求備不大望言其政寬貢稅輕也強民言承殷難變之敝也賞爵刑罰窮矣言其繁文備設○厭於豔反強其兩反注同稅申銳反疏子。曰。至。窮。矣○上明三代親尊有異此經更明三代治民有異之事○未瀆辭者瀆謂褻瀆辭謂言辭夏時為政之道未褻瀆於言辭君既不尚辭民亦不為故言未瀆辭夏言未瀆辭則殷瀆辭也○不求備不大望於民者求備謂每事徵求皆令備足大望謂賦稅既重大所責望於民夏代不然故云不求備不大望於民也○民未厭其親者以上不求備不大望於民民無困苦故未厭其上下相親之心也○殷人未瀆禮而求備於民者以殷承夏後雖已褻瀆言辭仍未褻瀆於禮言君臣上下未於禮事節略不褻瀆也殷言未瀆禮則周瀆禮矣○而求備於民者言殷不如夏寬每事求備於民亦大望於民也○周人強民以周承殷後遭紂衰亂風俗頑凶故周人設教強勸人以禮義亦比夏殷多此一句也○未瀆神者言周治太平之時雖已瀆於禮猶未褻瀆鬼神祭天地宗廟諸神尚有。限未褻瀆也則周衰之後而瀆神也○而賞爵刑罰窮矣者以周人貴禮禮尚往來交接故賞爵刑罰之事窮極煩多子。曰虞夏之道寡怨於民殷周之道不勝其敝勝猶任也言殷周極文民無恥而巧利後世之政難復○勝音升注同敝音弊任如金反復音伏子曰虞夏之質殷周之文至矣言後有王者其作質文不能易之○易音亦虞夏之文不勝其質殷周之質不勝其文言王者相變質文各有所多○勝世證反又音升子言之曰後世雖有作者虞帝弗可及也已矣君天下生無私死不厚其子子民如父母有憯怛之愛有忠利之教親而尊安而敬威而愛富而有禮惠而能散其君子尊仁畏義恥費輕實忠而不犯義而順文而靜寬而有辨死不厚其子言既不傳位又無以豐饒於諸臣也恥費不爲辭費出空言也實謂財貨也辨别也猶寬而栗也靜或爲情○憯七感反怛旦達反費芳貴反注同傳丈專反别彼列反下不别同甫刑曰德威惟威德明惟明非虞帝其孰能如此乎德所威則人皆畏之言服罪也德所明則人皆尊寵之言得人也○曰音越威如字威畏也讀者亦依尚書音畏也【疏】子曰至此乎○此一節總明虞夏商周四代質文之異○虞夏之道寡怨於民以其政寬故寡怨於民言民怨尙少殷周之道不勝其敝者以殷周文煩失在苛碎故其民不堪勝敝敗也不言無怨而言寡怨於民者天地之大猶有所憾如冬寒夏雨民猶怨之如聖人之德無善不包人猶怨之是不備也如舜寡怨於民也○子曰虞夏之質殷周之文至矣者至謂至極也言虞夏爲質殷周爲文並已至極矣縱令後王爲質不能過於虞夏後王爲文亦不能過於殷周是至極矣○虞夏之文不勝其質者言虞夏之時雖有其文但文少而質多故文不勝於質殷周之質不勝其文者言殷周雖有其質亦質少而文多故不勝其文然案三正記云文質再而復始則虞質夏文殷質周文而云虞夏之質殷周之文者夏家雖文比殷家之文猶質殷家雖質比夏家之質猶文於夏故夏雖有文同虞之質殷雖有質同周之文○子言之曰後世雖有作者虞帝不可及也○正義曰以上經論虞夏商周此特明虞帝之美已矣者言後世之君雖有作其善政者而比於虞帝不可齊及之也○君天下生無私者明虞帝之德後世雖作不可及言舜爲天下序爵必以德而不用私也○死不厚其子者厚謂豐厚既不傳位又不以財物豐厚於其子故云不厚其子子謂商均也○子民如父母者子謂子愛於民如父母愛子也○有憯怛之愛者言愛民之志有悽憯惻

恒言舜天性自仁故憐愛於人有忠利之教者言有忠恕利益之教也○親而尊者有母之親有父之尊○安而敬者體安而能敬敬即前威莊而安也○威而愛者有威而又有愛也○富而有禮者富有四海而不驕是有禮也○惠而能散者施惠得所爲能散也○其君子尊仁畏義者其君子謂虞朝之臣也君聖臣賢是由舜而得然也若民有仁者則尊之有義者則畏之○恥費輕實者費辭費費也言而不行謂之辭費也言必履而行之是恥於辭費也輕實者實財貨也貴人而賤祿是輕財也○忠而不犯者盡心於君是其忠也無違政教是不犯也○義而順者至極君臣之義而不悖德是義而順也○文而靜者臣皆有文章而又清淨寬而有辨者辨別也臣之微舜之寬容治政不慢而有分別也○甫刑曰德威惟威德明惟明引之者所以結舜德也下威訓畏下明訓尊言舜之道德欲威懼於人則在下之民惟畏懼之故云德威惟威德明惟明者謂舜以德標明善人惟能得善人惟天下之人皆所以尊重之○非虞帝其孰能如此乎者如上之事不是虞帝其誰人能得如此乎案今尚書之篇以明堯德而云虞帝者言虞帝亦能如是且記者斷章而爲義也○

子言之

事君先資其言拜自獻其身以成其信資謀也獻猶進也言臣事君必先謀定其言乃後親進爲君言也是故君有責於其臣臣有死於其言故其受祿不誣其受罪益寡死其言者竭力於其所言之事死而不負於事不信曰誣○誣音無

疏子言至益寡○正義曰此一節至辭欲巧廣明君子事君之道又明君子爲行須內外相副今各隨文解之○事君先資其言者言臣欲見君必須先謀度其言言定然後見也○拜自獻其身者獻進也爲謀既定乃拜見自進其身也以成其信者謂先謀後見成其言之信實○是故君有責於臣臣有死於其言者以其先謀乃可見君故君有責於其臣臣當竭力守節死於其所言也○故其受祿不誣其受罪益寡者以其言善乃受祿是受祿不誣罔也順死其言以竭臣力是受罪益寡少也

子曰事君大言入則望大利小言入則望小利

大言可以立大事也小言可以立小事也入。爲君受之利祿賞也入或爲人○爲君于僞反

故君子不以小言受大祿不以大言受小祿言臣受祿各用其德能也易曰不家食吉此大畜象辭也象曰不家食吉養賢也言君有大畜積不與家食之而已必以祿賢者賢有大小祿有多少○畜勑六反下同彖吐亂反

疏。子。曰。至食。吉○此一節。廣事君之道依言大小而受祿○大言入則望大利者入猶受也利祿也大言謂立大事之言進入於君君所受納如此乃望大祿○○小言入則望小利者小言謂立小事之言小言進入受於君則唯望小利也○○故君子不以小言受大祿不以大言受小祿言臣祿各以其德能相稱若小言受大祿則臣濫若大言受小祿則君重財而薄德也○易曰不家食吉此大畜卦辭也案易大畜利貞不家食吉利涉大川不家食吉者言君有大畜積不唯與家人食之而已當與賢人食之故得吉此大畜乾下艮上之卦注云自九三至上九有頤象居外是不家食吉而養賢引之者證君有祿而養賢賢有大小故祿亦有多少

子曰事君不下達不尚辭非其人弗自不下達不以私事自通於君也不尚辭不多出浮華之言也弗自不身與相親小雅曰靖共爾位正直是與神之聽之式穀以女靖治也爾女也式用也穀祿也言敬治女位之職事正直之人乃與爲倫友神聽女之所爲用祿與女○治共音恭本亦作恭同女音汝注同

疏。子。曰。至。以。女○此一節廣明臣之事君當以正直之道不下達者不以在下細碎小事通達於君○不尚辭者不貴尚浮華之言辭非其人弗自者非其好人不身自與之相親○小雅曰靖共爾位正直是與○此詩小雅小明之篇刺幽王之詩大夫悔仕亂世戒其未仕者云靖共爾位靖謀也共具也言明君靖謀共具爾之爵位有正直之德者於是與也○神之聽之式穀以女者式用也穀善也以用也言神明聽聆女德君若用其善人則當用女也詩之本文如此今記者斷章取義證明非善人不得與之相親靖治也爾女也言爲女之道治理恭敬女之職位若見正直善人於是與之爲朋友如此則神明

聽聆女之所爲穀祿也用此福祿以與女也子曰事君遠而諫則讇也近而不諫則尸利也尸謂不知人事無辭讓也○讇本亦作諂勑檢反子曰邇臣守和宰正百官大臣慮四方邇近也和謂調和君事者也齊景公曰唯據與我和宰冢宰也冢宰主治百官子曰事君欲諫不欲陳陳謂言其過於外也詩云心乎愛矣瑕不謂矣中心藏之何日忘之瑕之言胡也謂猶告也○藏如字鄭解詩作藏云善也

疏○子曰至忘之○此一節明臣事君諫諍之道遠而諫則讇也者若與君疏遠強欲諫諍則是讇佞之人望欲自達也○近而不諫則尸利也者若親近於君而不諫則似如尸之受利祿也祭祀之尸無言辭而受享祭時猶似近臣不諫不知人事無辭讓之心如尸之受利然也○子曰邇臣守和者邇近也和謂調和言親近之臣獻可替否毗輔贊助於君守其調和之事也○宰正百官者宰謂冢宰正治百官○大臣慮四方者○謂二伯州牧之等謀慮四方此大臣亦兼冢宰但冢宰居於中故言正百官耳○詩云心乎愛矣瑕不謂矣此小雅隰桑之篇刺幽王之詩君子在野詩人念之云心乎愛○此君子矣瑕遠也謂勤也言念此君子遠離此不勤乎言近於勤矣終當念之○此中心藏之何日忘之者藏善也言中心善此君子何日忘此君子矣詩之本文如此今記人所引此云心乎愛此君子矣瑕之言胡胡何也謂猶告也言何不以事告諫於君矣中心藏之與詩文同王肅以爲藏善鄭亦然也皇氏以爲臣中心包藏君惡不欲嚮人陳之非其義也凡諫者若常諫之時天子諍臣七人諸侯五人大夫三人唯大臣得諫若歲初則貴賤皆得諫也故襄十四年左傳師曠對晉侯云自王以下各有父兄子弟以補察其政史爲書瞽爲詩工誦箴諫大夫規誨士傳言庶人謗商旅于市百工獻藝國語又云天子聽政公卿至於列士獻詩瞽獻。曲史獻書師箴瞍賦矇誦百工諫庶人傳語近臣盡規此皆孟春之月上下皆諫故傳引夏書曰每歲孟春遒人以木鐸徇於路是也

子曰事君難進而易退則位有序易進

而難退則亂也亂謂賢否不別○易以豉反下及注易絕同故君子三揖而進一辭而退以遠亂也

進難者爲主人之擇己也退速者爲君子之倦也○遠于萬反爲主人于僞反下同子曰事君三違而不出竟則利祿也

人雖曰不要吾弗信也違猶去也利祿言爲貪祿留也臣以道去君至於三而不遂去是貪祿必以其強與君要也○竟音境要於遙

反注同言爲于僞反強其良反舊其兩反子曰事君慎始而敬終。輕交易絕君子所恥子曰事君可貴可賤可

富可貧可生可殺而不可使爲亂亂謂違廢事君之禮【疏】。子。曰。至。爲。亂○此明臣事君亦當使賢與不賢分別之事○難

進謂君擇己易退謂君厭己○則位有序者謂賢愚別也○則亂者謂賢愚不別也○子曰事君慎始而敬終者慎謂謹慎以盡忠是慎始也終謂終竟擇善

爲朋友○子曰事君可貴可賤者言事君可使之貴可使之賤可使之富可使之貧可使之生可使之死但不可使爲亂也亂謂廢事君之禮也熊氏以爲可

殺者謂臣可殺君引春秋殺君稱君君無道此非辭也子曰事君軍旅不辟難朝廷不辭賤言尚忠且謙也○辟音避

難乃旦反朝直遙反處其位而不履其事則亂也履猶行也故君使其臣得志則慎慮而從之

否則孰慮而從之終事而退臣之厚也使謂使之聘問師役之屬也慎慮而從之。者此己志也欲其必有成也否謂非

己志也孰慮而從之又計於己利害也終事而退非己志者事成則去也事或爲身○慎字本亦作古昚字易曰不事王侯高尚其

事言臣致仕而去不復事君也君猶高尚其所爲之事言尊大其成功也○復扶又反【疏】。子。曰。至。其。事○此廣明爲臣事君之禮○軍旅不辟難者謂使

之在軍旅之中不辟危亡之難也○朝廷不辭賤者謂在朝廷之中不得辭其卑賤之所也○處其位而不履其事則亂也履行也謂臣處其位而不行其事

則近亂也○故君使其臣得志則慎慮而從之者既必無辟故有此以下事也使之謂聘問師役之事得志謂君使臣當己才雖當己才猶宜謹慎思慮從君之命而行之必使成功也○否則孰慮而從之者否謂君所使之事非己本才也雖非己本才而君命無擇則彌孰思慮而從之行之○終事而退者終事謂事畢也既本非己才而幸得終竟○竟卽辭而退也○臣之厚也者得志及不得志並從而無違是臣行之篤厚也○易曰不事王侯高尚其事者此易蠱卦上九爻辭案易蠱卦巽下艮上上九艮爻艮爲山辰在戌得乾氣父老之象是臣之致事也故不事王侯是不得事君君猶高尚其所爲之事引之者證臣之事君終事而退是臣之厚重也○注使謂至去也○正義曰知使謂聘問師役者以經云慎慮而從之又云孰慮而從之謂隨從其事故知出使在外也云慎慮而從之者此己志也欲其必有成也者所以謹慎思慮而從就此事者是己之思慮所及欲其必有成功故須慎慮也云否謂非己志也孰慮而從之又計於己利害也者謂此事非本己志當孰須思慮計謀此事於我己身利之與害若於己爲利當勤力爲之若於己害亦須爲之不得辭也云終事而退非己志者事成則去也者若元是己志其事雖成猶須爲之不可卽退若此事元非己志爲君暫使己事成之後則當退也

子曰唯天子受命于天士受命于君言皆有所受不敢專也唯當爲雖字之誤也○唯天子唯音雖出注故君命順則臣有順命君命逆則臣有逆命言臣受順則行順受逆則行逆如其所受於君則爲君不易矣○易以豉反詩曰鵲之姜姜鶉之賁賁人之無良我以爲君姜姜賁賁爭鬭惡貌也良善也言我以惡人爲君亦使我惡如大鳥姜姜於上小鳥賁賁於下○鵲字林作鵲說文作䧿音七略反姜居良反鶉士倫反賁音奔注同

【疏】子曰至爲君○此節明臣事君不敢專輒又明君之出命不可不慎爲與上更端故言子曰○唯天子受命於天者唯當爲雖雖天子之尊不敢自專猶須受命於天然後行也○詩曰鵲之姜姜者此詩鄘風鶉之奔奔篇刺宣姜之詩其詩之意以宣姜通於

公子頑毋與子淫鶉鵲之不若故刺之云鵲自匹偶姜姜然鶉自匹偶賁賁然人謂各當有匹今宣姜與公子頑私通不如鶉鵲也〇人之無良我以爲君者人謂宣姜無良善之行我君惠公反以此爲小君此經引詩斷章言君有逆命似大鳥姜姜爭鬭於上小鳥賁賁亦爭鬭於下謂君無良善我等萬民以惡人爲君也

子曰君子不以辭盡人不見人之言語則以爲善言其餘行或時惡也〇行下孟反下文幷注同故天下有道則行有枝葉天下無道則辭有枝葉行有枝葉所以益德也言有枝葉是衆虛華也枝葉依幹而生言行亦由禮出是故君子於有喪者之側不能賻焉則不問其所費於有病者之側不能饋焉則不問其所欲有客不能館則不問其所舍皆辟有言而無其實〇賻音附費芳貴反饋其位反辟音避故君子之接如水小人之接如醴君子淡以成小人甘以壞水相得合而已酒醴相得則敗淡無酸酢少味也接或爲交〇醴徐音禮淡大敢反又大暫反徐徒闞反注同酸悉官反酢七故反小雅曰盜言孔甘亂是用餤盜賊也孔甚也餤進也〇餤音談徐本作監以占反【疏正】子曰至用餤〇前明事君之道此明君子之行不可虛用其辭以事殊於上故言子曰〇君子不以辭盡人者皆君子與人之交必須驗行不得以其言辭之善則謂行之盡善或發言善而行惡也〇故天下有道則行有枝葉者言有道之世則依禮所行外餘有美好猶如樹幹之外更有枝葉也〇天下無道則辭有枝葉者無道之世人皆無禮行不誠實但言辭虛美如樹幹之外而更有枝葉也〇是故君子於有喪者之側不能賻焉則不問其所費者此經皆有言無實戒其不得虛言也〇君子之接如水者言君子相接不用虛言如兩水相交尋合而已〇小人之接如醴者小人以虛辭相飾如似兩醴相合必致敗壞〇君子淡以成小人甘以壞者水相合爲江河酒醴相合而久乃敗壞也〇小雅曰盜言孔甘亂是用餤者此巧言之篇刺

幽王之詩孔甚也餤進也言盜賊小人其言甚美幽王信之禍亂用是進益引之者證小人甘以壞子曰君子不以口譽人則民
作忠譽繩也○譽音餘注同繩市升反左傳以繩爲譽○故君子問人之寒則衣之問人之飢則食之稱
人之美。皆爲有言不可以無實○衣於既反食音嗣爲于僞反國風曰心之憂矣於我歸說欲歸其所
說忠信之人也○說音悅又始銳反注同疏。子。曰。至。歸。說。所以前經君子不用虛言故此經明言當以實其事稍殊故言子曰○注譽繩也○正義曰言繩
可以度量於物凡口譽於人先須忖度亦量之於心故以譽爲繩也案莊十四年左傳云蔡侯繩息嬀以語楚子杜注云繩譽也繩既訓爲譽譽亦訓繩鄭注
以爲此解○國風曰心之憂矣於我歸說者此曹風蜉蝣之篇刺曹君之詩言曹君好絜其衣服不修政事國將滅亡故賢臣之心憂矣說舍也國既滅亡於
我之身何所歸舍此則引詩斷章故義不與詩相當言虛華之人心憂矣我今歸此所說忠信之人引之者證疾其虛言也子曰口惠而實
不至怨菑及其身善言而無信人所惡也○菑音災惡烏路反是故君子與其有諾責也寧有已怨
已謂不許也言諾而不與其怨大於不許○已音以國風曰言笑晏晏信誓旦旦不思其反反是不思亦
已焉哉此皆相與爲昬禮而不終也言始合會言笑和說要誓甚信今不思其本。恩之反覆反覆之不思亦已焉哉無如此人何怨之深也○晏於諫
反信誓本亦作矢誓旦如字字林作思亦已音以說音悅覆反覆並芳服反疏。子。曰。至。焉。哉。○正義曰前經明其言當實此明言若不實則怨及身口惠
而實不至者言口施恩惠於人而實行不至人則怨之故言怨菑及其身也○是故君子與其有諾責也者諾謂許人之物責謂許而不與而被責若其有物
許人不與被責也○寧有已怨者已謂休已寧可有發初休已不許而被怨許而不與其責大發初不與其責小○國風曰言笑晏晏信誓旦旦者衞風氓之

篇也婦人被男子所誘在後色衰見棄追恨男子云初時與我言笑晏晏然和悅也信其言誓旦旦然相思懇誠也○不思其反者謂今男子不思念其本恩之反覆是男子不思之事如此則無如之何亦已焉哉言恨之甚也引者證許而不與被人所怨也

子曰君子不以色親人情疏而貌親在小人則穿窬之盜也與巧謂順而說也○穿音川窬范羊朱反徐音豆與音餘說音悅【疏】子曰至欲巧○此明更申以情行相副故稱子曰○君子不以色親人者謂不以虛僞善色詐親於人也○在小人則穿窬之盜也與言情疏貌親而心不慤實恆畏於人譬之於細小人則穿窬之盜也許慎說文云穿窬者外貌爲好而內懷姦盜似此情疏貌親之人外內乖異故云穿窬之盜也與○○子曰情欲信辭欲巧者既稱情疏而貌親故更明情貌信實所以重言之也○○辭欲巧者言君子情貌欲得信實言辭欲得和順美巧不違逆於理與巧言令色者異也

子言之昔三代明王皆事天地之神明無非卜筮之用不敢以其私褻事上帝言動任卜筮也神明謂羣神也是故不犯日月不違卜筮日月謂冬夏至正月及四時也所不違者日與牲尸也○夏戶嫁反卜筮不相襲也襲因也大事則卜小事則筮大事有時日大事有事於大神有常時常日也小事無時日有筮有事於小神無常時常日有筮臨有事筮之外事用剛日內事用柔日順陰陽也陽爲外陰爲內事之外內別乎四郊○別彼列反不違龜筮子曰牲牷禮樂齊盛是以無害乎鬼神無怨乎百姓牷猶純也○牷音全純色也本亦作全注同齊音粢本亦作齍【疏】子言至百姓○正義曰此以下至於篇末總明卜筮之用各隨文解之○昔三代明王者謂夏殷周○皆事天地之神明者謂祭事天地及諸神明也無非卜筮之用者言皆須卜筮唯九月大享帝於明堂不用卜也故曲禮下篇云大饗不問卜鄭云莫

適卜也以其總饗五帝不知主何帝而卜之故不卜矣所以必須卜者不敢以其私褻奉事上帝故皆卜之也○子曰牲牷禮樂齊盛是以無害乎鬼神無怨乎百姓者以其事上帝神明不敢自專皆依卜筮動合於禮故夫子總更結之牲牷之等禮樂之傳粢盛之實皆不違龜筮是以此等所用無虧害於鬼神無見怨於百姓以其無非卜筮之用動順於禮故也○注日月至尸也○正義曰冬至稍祭圜丘夏至謂祭方澤之正月謂祭感生之帝及四時迎氣用四時之吉日也知冬夏及四時皆卜者案大宰云祀五帝帥執事而卜日鄭注云五帝謂四郊及明堂是四郊有卜也大宰又云祀大神祭大示亦如之大神則冬至祭圜丘大示則夏至祭方澤案公羊穀梁魯郊傳云卜三正則知天子郊用夏正亦卜之故知冬夏至正月及四時皆卜日也然明堂不問卜而注大宰祀五帝卜日云四郊及明堂者廣解五帝所在其實祀明堂不卜也案周禮祀宗廟亦卜日注不言宗廟者以經云事上帝故唯解祭天之時云不違者日與牲尸者案僖三十一年左傳云禮不卜常祀而卜其牲日是有其牲日也案特牲少牢云大夫士筮尸則天子諸侯有卜尸也○注大事則卜小事則筮○正義曰此解經卜筮不相襲之事既大事卜小事筮是二者不相因襲也此大事謂征伐出師及巡守也其實是中事對小事爲大耳小事則筮者若周禮簭人有九簭筮更筮咸之屬是也○此與曲禮文同而注異者各隨文勢也○注大事有事於大神有常時常日也○正義曰既有常時常日而用卜者亦不敢專也故曲禮篇云日而行事則必踐之又祭統云雖有明知之心必進斷其志是雖有常日猶用卜日也○注有事於小神無常時常日有筮臨有事筮之○正義曰此經皆論祭祀之事故解小事云有小事於小神其實周禮小事非唯小祀而已○既云小事用筮而大卜云凡小事涖卜者彼謂大事中之小事非此之小事也○注事之外內別乎四郊○正義曰先師以爲祭天而用辛雖外用柔日祭社用甲雖內用剛日殊別於四郊之祭。言用剛柔之日不可與四郊同其餘他事今謂事之外內別乎四郊者謂四郊之外爲外事若甲午祠兵吉日庚午既差我馬之屬是也四郊之內爲內事若郊之外用辛及宗廟少牢用丁亥之屬是也故言別於四郊外內別。用限別以四郊爲限子曰后稷之祀。易富也其辭恭其欲儉其祿及子孫富之言備也以傳世之祿。恭儉者之祭易備也○易以豉反注同傳丈專反下同共音恭詩曰后稷兆祀庶無罪悔以迄于今兆四郊之祭處也迄至也言祀后稷於郊以配天庶幾其無罪悔乎福祿傳世乃至於今○迄許訖反處昌慮反下建國之處同疏子。曰。至。于今○以前經明不違卜筮動合神明故此經明后稷祭祀福流後世以證成其義○后稷之事易富也者富備也后稷乃帝嚳之子世有祿位后稷又祭祀恭儉以世祿之饒供儉薄之祭故易豐備也○其祿及子孫者以后稷祭祀其辭恭敬其欲節儉神之降福故祿及子孫○詩曰后稷兆祀者是大雅生民之篇美成王尊祖配天所以尊后稷配天者以后稷生存之時於四郊之兆域祭祀於天而事皆合禮庶幾無罪過悔恨故迄至於今文武之時而王有天下子曰大人之器威敬言其用之尊嚴天子無筮謂征伐出師若巡守也天子至尊大率皆用卜也春秋傳曰先王卜征五年歲襲其祥○守手又反諸侯有守筮守筮守國之筮國有事則用之天子道以筮始將出卜之道有小事則用筮諸侯非其國不以筮卜宅寢室入他國則不筮不敢問吉凶於人之國也諸侯受封乎天子因國而國唯宮室欲改易者得卜之耳天子不卜處大廟卜可建國之處吉則宮廟吉可知○大音泰子曰君子敬則用祭器謂朝聘待賓客崇敬不敢用燕器也○朝直遙反是以不廢日月不違龜筮以敬事其君長用龜筮問所貢獻也○長丁丈反是以上不瀆於民下不褻於上言上之於下以直則下應之以正不褻慢也○應應對之應慢字又作僈武諫反疏子曰至於上○以上。經。明在國內事上帝神明及國內諸事無非卜筮之用此一節更明天子諸侯用卜筮有出行之義○大人之器威敬者大人謂天子所主之器當須嚴敬重不可私褻於小事雜用也褻時則用燕則不用也○天子無筮天子既尊重於征伐出師若巡守之大事皆用卜無用筮也○諸侯有守筮者諸侯卑於天子有守國之筮謂在國居守有事而用筮○天子道以筮者天子在國既皆用卜若出行於道路之上臨時有小事之時則唯用筮也○諸侯非其國不以筮者諸侯降於天子若出行於外非其國境不用筮也以其不敢問吉凶於人之國筮尚不用卜不用可知也卜宅寢室者謂諸侯既受天子所封不敢卜其所建之國以否但建國已後宅及寢室須欲改易者得卜之故曰卜宅寢室○天子不卜處大廟者以建國之時總卜其吉不待更卜處大廟所在以其吉可知○子曰君子敬則用祭器者猶事稍異於上故更稱子曰敬則用祭器者言慎重其大事心有恭敬則用祭器言慎重其事也○是以不廢日月者總明朝聘之時依其日月○不違龜筮者謂貢獻之物必先卜筮而來○以敬事其君長者所以朝聘之時必須如此者以恭敬事其君長不敢褻瀆故也君謂天子言長者兼諸侯相朝小國之於大國也○是以上不瀆於民其上爲此相敬不褻瀆於民言以直道接民○下不褻於上者謂以上正事上不褻慢也○注謂征至其祥○正義曰知征伐出師及巡守者以前云外事用剛日內事用柔日據在國諸事今此云無筮又云天子道以筮又云諸侯非其國不以筮皆據將欲出行及在道之事故知此節以下不與上同是將出行下云天子道以筮此云無筮是未在道也故知征伐出師若巡守欲發時也云天子至尊大事皆用卜也者謂不徒用筮而已兼用卜也此云無筮無徒筮耳不謂全無筮也簭人云國之大事先簭而後卜出師巡守皆大事。者也所引春秋傳者襄十三年左傳文案襄十一年鄭先屬於楚今楚弱鄭又被晉收屬於晉鄭使良霄石臭告絕於楚楚人執之故謂楚人云先王卜征五年謂將欲巡守預。先五年每歲卜之云歲襲其祥者襲重也謂歲歲恒吉重其吉祥而後始行若不吉則更增脩其德欲令楚脩德引者證巡守須卜也○注守筮守國之筮○正義曰此諸侯守國筮者非寢室改易之屬則唯用筮也若寢室亦用卜故下云卜宅寢室然此節皆明將行及出國之義而云守筮及卜宅寢室及不卜處大廟皆言國史之事者此舉國中以明在外外內相明也〇注諸侯受封乎天子因國而國〇正義曰此諸侯初受封之時不卜者以天子因先王舊國而今封諸侯不須卜也若天子初建國則卜之故下注云卜可建國之處是不因先王舊國也〇注謂朝待若賓客崇敬不敢用燕器也〇正義曰但此章據出行朝聘之事故以朝聘解之則上文非其國不以筮是出外行也其實昏冠亦不用燕器也用祭器也故左傳稱魯襄公冠季武子云君冠必以祼享之禮行之以金石之樂節之是用祭器也〇注用龜筮問所貢獻也〇正義曰鄭以天子無筮以下論出行在外之事故解此不違龜筮謂所問貢獻之物也前章云不違龜筮謂在國所卜。諸。事。也

附釋音禮記注疏卷第五十四

禮記注疏卷五十四校勘記

阮元撰盧宣旬摘錄

表記第三十二

子言之歸乎節

子言至而信　惠棟校宋本無此五字

皇氏云皆是發端起義　閩監本同毛本皆誤若

子曰君子不失足於人節

而無有可擇去之言在於躳也　閩監毛本同考文引宋板也作身

子曰裼襲之不相因也節　惠棟云子曰裼襲節宋本分祭極敬以下另為一節

禮盛者以襲爲敬　閩監本岳本嘉靖本衛氏集說同考文引宋板同毛本禮誤不

子曰至以倦　惠棟校宋本無此五字

引之者證明此經不可繼之以樂之事也　惠棟校宋本如此此本證明此經不五字闕閩監毛本明此經誤祭極敬

子曰君子愼以辟禍節

子曰至遠恥　惠棟校宋本無此五字

篤厚也揜謂困迫也　惠棟校宋本作謂閩監毛本謂作被此本闕

言恭以遠恥者　閩監毛本同惠棟校宋本無言字

子曰君子莊敬日強節　惠棟校云子曰君子節宋本分子曰狎侮以下爲一節

肆猶放恣也　惠棟校宋本如此岳本嘉靖本毛本衞氏集說並同此本肆猶放恣四字誤閩監本四字闕

子曰至畏也　惠棟校宋本無此五字

注擇日月以見君謂臣在邑竟者　惠棟校宋本作注擇日至竟者

或擇日出使在外　惠棟校宋本同閩本同監本在誤有毛本在作於

子曰無辭不相接也節

瀆之言褻也　閩監毛本同衞氏集說同岳本嘉靖本也作之考文引宋板足利本同古本也上有之字

子曰至不告　惠棟校宋本無此五字

此易蒙卦辭○　惠棟校宋本○作也此本也誤○閩監本同毛本也字脫

言童蒙初來問師師則告之　惠棟校宋本如此此本上師字闕閩監毛本上師誤者

子言之仁者天下之表也節

無言不讎 各本同石經同毛本讎作讐

利仁強仁 閩監本岳本嘉靖本衞氏集說同毛本利字闕

此其言舍之何人也 閩監毛本岳本嘉靖本同考文引古本也上有之字足利本人作仁惠棟校云何休公羊作仁之也與康成所引不同盧文弨校云足利古本作仁之也與本書合

道有至義有考 各本並如此陳澔集說義上有有字考文引古本足利本同蓋依注讀增

有義有攷 閩監毛本同岳本攷作考惠棟校宋本宋監本嘉靖本考文引古本足利本同下有攷攷成並同

子曰至無失 惠棟校宋本無此五字

其事一種 惠棟校宋本作其事此本其事二字闕閩監毛本其事作各有衞氏集說亦作各有一種

非關利害而安仁也 惠棟校宋本作也此本也字闕閩監毛本也誤道

望免離於罪 惠棟校宋本作望此本望字闕閩監毛本望作求

右手是用之便也 惠棟校宋本作是此本是字闕閩監毛本是作使

然可履蹈 閩監毛本同浦鏜校云然下當脫後字

仁謂施以人恩閩監毛本同惠棟校宋本人作仁

傳稱諸侯春秋執大夫閩監毛本同齊召南校云當云傳稱春秋諸侯執大夫各本誤倒諸侯二字在春秋上

是唯義與道惠棟校宋本與作爲閩監毛本同

子言之仁有數節

武王烝哉閩監毛本石經岳本嘉靖本衛氏集說同坊本此四字脫石經考文提要云宋大字本宋本九經南宋巾箱本余仁仲本劉叔剛本並有此句

子言至仁也惠棟校宋本無此五字

唯在我當身之主閩監毛本同惠棟校宋本主作上

言傳其所順天下之謀閩監本同毛本所順天下作天下所順

子曰仁之爲器重節

取數多閩監毛本岳本嘉靖本同惠棟校宋本多下有者字衛氏集說同考文引古本同

言以先王成法儗度人惠棟校宋本作度岳本同衛氏集說同考文引古本足利本同此本度誤庶嘉靖本閩監毛本同釋文出儗度宋本儗作擬是也

謂古賢聖也惠棟校宋本岳本嘉靖本衞氏集說同考文引古本足利本同閩監毛本賢聖二字倒

雖有過不爲甚矣嘉靖本閩監毛本同衞氏集說同惠棟校宋本無爲字宋監本岳本同考文引足利本同

詩云溫溫恭人惠棟校宋本作云宋監本石經岳本嘉靖本衞氏集說同此本云誤曰閩監毛本同石經考文提要云宋大字本宋本九經南宋巾箱本余仁仲本並作詩云

言能成人道者少也閩監毛本同岳本同衞氏集說同惠棟校宋本嘉靖本考文引古本足利本人作仁

移讀如禾氾移之移惠棟校宋本作禾岳本宋監本考文引古本足利本同此本禾誤水閩監毛本嘉靖本並同按困學紀聞引亦作禾氾移與麥秀鋌對舉

惟鵜在梁石經岳本嘉靖本衞氏集說同考文引古本足利本同閩監毛本惟作維釋文出惟鵜

彼記之子閩本毛本石經惠棟校宋本宋監本岳本嘉靖本同衞氏集說同監本記作其詩考列之詩異字異義中釋文出彼記云本又作已石經考文提要云宋大字本宋本九經南宋巾箱本余仁仲本劉叔剛本並作彼記

鵜鵜胡閩監毛本岳本嘉靖本衞氏集說同惠棟校宋本胡作鶘

子曰至其服惠棟校宋本無此五字

言幽王若能脩德如高山閩監本同毛本如高誤有仲衞氏集說亦作脩德如高山

恭近於禮 惠棟校宋本上有故字此本脫閩監毛本同衞氏集說作故恭近禮

記是語辭 閩本同衞氏集說監毛本記並作其

子言之君子之所謂義者節

故諸侯勤以輔事於天子 各本同毛本諸誤者

不爲回邪之行要之 閩監毛本同岳本嘉靖本要上有以字衞氏集說同惠棟校宋本宋監本考文引古本足利本同

言述行上帝德之 惠棟校宋本有之字宋監本岳本嘉靖本衞氏集說同此本之字脫閩監毛本同

使聲譽可得而尊言也 惠棟校宋本宋監本岳本嘉靖本衞氏集說同考文引古本足利本同閩監毛本言作信

卽以其行一大善者爲謚耳 閩監毛本岳本嘉靖本同考文引古本足利本卽作節衞氏集說惠棟校宋本宋監本並同

行過不復循行猶不二過 閩監毛本同惠棟校宋本行過作過行二作貳衞氏集說同考文引古本同岳本亦作過行嘉靖本足利本同宋監本二亦作貳

云自便習於此事之人耳 閩監毛本嘉靖本同惠棟校宋本自作吾宋監本岳本衞氏集說同

子言至便人 惠棟校宋本無此五字

言以此求施爲仁道也 閩監毛本同惠棟校宋本爲下有於字

以昭明道德尊事上帝　閩本同惠棟校宋本同監毛二本尊誤厚

過失即改以求處其厚也　閩監毛本同考文云宋板以上有是字

壹讀爲一惠猶善也言聲譽雖有至踰行所恥　惠棟校宋本作壹讀至所恥

言物在水上稱浮如浮雲　閩監本同毛本稱作輕

故此經名后稷　閩監毛本同惠棟校宋本名作明衛氏集說亦作明后稷

不自謂己之仁聖也　惠棟校宋本此下標禮記正義卷第六十一終記云凡三十一頁

子言之君子之所謂仁者節　惠棟校云子言之節今父之親子節宋本合爲一節○惠棟校宋本自此節起至子曰政之不行也節止爲第六十二卷卷首題禮記正義卷第六十二

子言至此乎　惠棟校宋本無此五字

凱弟君子　各本同石經同考文引古本凱弟作愷悌下放此按釋文出凱云本亦作愷出弟云本又作悌

子曰夏道尊命節

憃而愚　監本作惷石經同岳本同衞氏集說同此本惷誤憃嘉靖本閩毛本同釋文出惷而音傷容反疏放此

子曰至不文　惠棟校宋本無此五字

爾雅訓云萲諼忘也閩監毛本同孫志祖校云此爾雅釋訓文訓上當有釋字

殷人尊神節

凡以摯交接相施予閩監毛本岳本嘉靖本同釋文摯作贄考文引古本同

殷人至無恥惠棟校宋本無此五字

罰以秋冬閩監毛本同惠棟校宋本罰作刑與左傳合

注云先鬼而後禮閩監毛本同惠棟校宋本無云字

子曰夏道未瀆辭節

周人強民閩監毛本石經岳本嘉靖本衞氏集說同釋文出強民云注同山井鼎云宋板強作彊注及疏同

子曰至窮矣惠棟校宋本無此五字

尚有限未褻瀆也閩監毛本同惠棟校宋本限上有時字

子曰虞夏之道節惠棟校云子曰虞夏節宋本分子言之曰後世以下另爲一節

恥費輕實閩監本石經岳本嘉靖本衞氏集說同考文引宋板同毛本輕誤強

子曰至此乎惠棟校本宋無此五字

文質再而復始閩監毛本同山井鼎云宋本再作載

比殷家之文猶質閩本同惠棟校宋本同監毛本家誤周

此特明虞帝之美閩本同惠棟校宋本同監毛本特誤時衞氏集說亦作特

臣之傚舜之寬容閩監毛本同惠棟校宋本臣之作臣下

子曰事君大言入節

入爲君受之閩監毛本岳本嘉靖本同惠棟校宋本爲作謂宋監本衞氏集說同考文引古本足利本同釋文出爲君

子曰至食吉惠棟校宋本無此五字

此一節廣明事君之道閩監毛本同惠棟校宋本廣下有明字衞氏集說同

子曰事君不下達節

靖共爾位閩監本石經岳本嘉靖本衞字集說同毛本共作恭釋文出靖共云本亦作恭

子曰至以女惠棟校宋本無此五字

言爲女之道閩監毛本同惠棟校宋本女作臣

子曰事君遠而諫節

子曰至忘之惠棟校宋本無此五字

瞽獻曲惠棟校宋本同閩監毛本曲誤典浦鏜校云典當作曲國語韋昭注云公以下至士各獻諷諫之詩瞽陳樂曲獻之於王見左傳襄十四年疏

子曰事君難進而易退節

事君慎始而敬終閩監本石經岳本嘉靖本衛氏集說同考文引宋板同毛本終誤忠疏放此

子曰至爲亂惠棟校宋本無此五字

子曰事君軍旅不辟難節

慎慮而從之者此己志也閩監毛本岳本嘉靖本衛氏集說同山井鼎云古本者作有宋板同非

子曰至其事惠棟校宋本無此五字

子曰君子不以辭盡人節

則不問其所費閩監毛本岳本嘉靖本衛氏集說同釋文出所費石經問其所三字剜刻無所字

子曰至用餤惠棟校宋本無此五字

如似兩醴相合惠棟校宋本同閩監毛本兩作酒

子曰君子不以口譽人節

稱人之美則爵之 閩監毛本石經岳本嘉靖本衞氏集說同坊本美作善石經考文提要云宋大字本宋本九經南宋巾箱本余仁仲本劉叔剛本並作美

子曰至歸說○所以前經君子不用虛言 惠棟校宋本無子曰至歸說○所七字

子曰口惠而實不至節

今不思其本恩之反覆 閩毛本同岳本嘉靖本同衞氏集說恩誤思監本本恩誤不思疏放此

子曰至焉哉 惠棟校宋本無此五字

子言之昔三代明王節

子言至百姓 惠棟校宋本無此五字

謂祭事天地及諸神明也 閩監本同毛本事誤祀地誤帝

是有其牲日也 閩監毛本同考文引宋板其作卜衞氏集說亦作是卜牲日也

言用剛柔之日 閩監毛本同考文引宋板言上有以字續通解同

外內別用限別以四郊爲限 閩監毛本同考文引宋板用作謂

子曰后稷之祀易富也節

后稷之祀易富也 閩監本石經岳本嘉靖本衞氏集說同毛本祀誤事疏並同

恭儉者之祭易備也 閩監毛本嘉靖本同惠棟校宋本恭作共岳本同衞氏集說同考文引古本足利本同釋文出共儉云音恭

子曰至于今 惠棟校宋本無此五字

子曰大人之器威敬節

以上經明在國內事上帝神明 閩毛本同監本經明二字倒

出師巡守皆大事者也 閩監毛本同惠棟校宋本無者字

預先五年 閩監毛本同惠棟校宋本先作前

謂在國所卜諸事也 閩本同惠棟校宋本同監本也字闕毛本諸事誤之處

禮記注疏卷五十四校勘記

附釋音禮記注疏卷第五十五

禮記　鄭氏注　孔穎達疏

緇衣第三十三○陸曰鄭云善其好賢者之厚故述其所稱之詩以爲其名也緇衣鄭詩美武公也劉瓛云公孫尼子所作也【疏】正義曰案鄭目錄云名曰緇衣者善其好賢者厚也緇衣鄭詩也其詩曰緇衣之宜兮敝予又改爲兮適子之館兮還予授子之粲兮粲餐也設餐以授之愛之欲飲食之言緇衣之賢者居朝廷宜其服也我欲就爲改制其衣反欲與之新衣厚之而無已此於別錄屬通論

子言之曰爲上易事也爲下易知也則刑不煩矣言君不苛虐臣無姦心則刑可以措○子言之曰此篇二十四章唯此一子言之後皆作子曰易以豉反下同苛音何錯七故反本亦作措同【疏】子言至煩矣○正義曰此篇凡二十四章唯此云子言之曰餘二十二三章皆云子曰以篇首宜異故也○爲上易事者爲上謂君君上以正理御物則臣事之易也○爲下易知也者爲下謂臣臣下無姦詐則君知其情易也○則刑不煩矣者君易事臣易知故刑辟息止不煩動矣然此篇題緇衣而入文不先云緇衣者欲見君明臣賢如此後乃可服緇衣也○

子曰好賢如緇衣惡惡如巷伯則爵不瀆而民作愿刑不試而民咸服緇衣巷伯皆詩篇名也緇衣首章曰緇衣之宜兮敝予又改爲兮適子之館兮還予授子之粲兮言此衣緇衣者賢者也宜長爲國君其衣敝我願改制授之以新衣是其好賢欲其貴之甚也巷伯六章曰取彼讒人投畀豺虎豺虎不食投畀有北有北不受投畀有昊此其惡惡欲其死亡之甚也爵不瀆者不輕爵人也試用也咸皆也○好呼報反注同緇側其反惡惡上烏路反下如字注同巷戶降反巷伯小雅篇名愿音願還音旋粲七旦反衣緇衣上於既反下如字讒人本又依詩作譖人投畀必利反

下同豺仕皆反昊胡老反本或作皓同○大雅曰儀刑文王萬國作孚刑法也孚信也儀法文王之德而行之則天下無不爲信者也文王爲政克明德愼罰○疏子曰至作孚○正義曰此一節明好賢惡惡賞罰得中則爲民下所信○好賢如緇衣者緇衣朝服也諸侯視朝之服緇衣素裳鄭武公桓公父子並爲周司徒善於其職鄭人善之願君久留鄭國服此緇衣衣服敗破則又作新衣以授之故以歌此詩是好賢之詩也詩人以緇衣爲鄭風之首故云好賢如緇衣也○惡惡如巷伯者巷伯亦詩篇名也巷伯是奄人爲王后宮巷官之長故爲巷伯也幽王信讒寺人傷讒而懼讒及己故作詩以疾讒也其詩云取彼讒人投畀豺虎豺虎不食投畀有北有北不受投畀有昊是惡讒人之甚故云惡惡如巷伯也○則爵不瀆而民作愿者此解好賢也瀆濫也愿慤也君若好賢如緇衣則爵不濫而民皆謹慤也○刑不試而民咸服者此解惡惡也試用也言君惡惡如巷伯則刑措而不用民皆服從○大雅云儀刑文王萬國作孚者此大雅文王之篇諫成王之辭儀象也刑法也孚信也言成王但象法文王之德而行之則天下萬國無不爲信也言皆信敬也之故云萬國作孚猶文王明德愼罰爲民所敬信引之者證上爵不瀆刑不試也○注緇衣至甚也○正義曰緇衣者詩鄭風美鄭桓公武公詩也巷伯刺幽王之詩也故云皆詩篇名云緇衣之宜兮者言桓公武公並皆有德堪爲國君國人願之言德宜著此緇衣破敝我又欲改更爲新衣云適子之館兮者鄭人云桓公武公既爲卿士適子之館舍兮謂鄉卿士治事館舍云還予授子之粲兮者從館舍迴還來嚮本國我卽授子以粲餐兮也鄭人愛桓公武公之甚矣是好賢也緇衣者諸侯朝服故論語云緇衣羔裘注云諸侯之朝服其服緇布衣而素裳緇帶素韠故士冠禮云主人玄冠朝服緇帶素韠注云朝服者十五升布衣而素裳也衣不言色者衣與冠同也知朝服十五升者雜記文知用布者雜記云朝服十五升去其半而緦故知布也知素裳者以冠禮云素韠韠從裳色故知裳亦素也若士之助祭者則韠用緇不與裳同色熊氏云玄冠用黑繒爲之其義未甚明也○子曰夫民教之以德齊之

以禮則民有格心教之以政齊之以刑則民有遯心格本也遯逃也○格古伯反遯徒遜反亦作遁故君民者子以愛之則民親之信以結之則民不倍恭以涖之則民有孫心涖臨也孫順也○倍音佩下注同涖音利又音類孫音遜注同甫刑曰苗民匪用命制以刑惟作五虐之刑曰法是以民有惡德而遂絕其世也甫刑尚書篇名匪非也命謂政令也高辛氏之末諸侯有三苗者作亂其治民不用政令專制御之以嚴刑乃作五虐蚩尤之刑以是爲法於是民皆爲惡起倍畔也三苗由此見滅無後世由不任德○蚩尺之反畔本或作叛俗字非也任而鴆反

【疏】子曰至世也○正義曰此一節明教民以德不以刑也○則民有格心者格來也君若教民以德整民以禮則民有歸上之心故論語云有恥且格○甫刑曰苗民匪用命者此尚書呂刑之篇也甫侯爲穆王說刑故稱甫刑匪非也言苗民匪用命者命謂政令言苗民爲君非用政令以教於下○制以刑者言制御於下以嚴刑○唯作五虐之刑曰法者言唯作蚩尤五種虐刑自謂爲法○是以民有惡德者以此之故民皆有怨惡之德起倍叛之心○遂絕其世也者言三苗不任德遂被誅而絕其世也○注甫刑至任德○正義曰此甫刑尚書呂刑也而稱甫刑者案孝經序云春秋有呂國而無甫侯但孝經序末知是鄭作以不案春秋實無甫侯國語云申呂雖衰齊許猶在又云齊許申呂皆由大姜然則呂卽甫也案孔注尚書呂侯後爲甫侯故穆王時謂之呂侯周宣王及平王之時爲甫侯故詩崧高云生甫及申謂宣王時也揚之水不與我戍甫謂平王時也則孔氏義爲是鄭或同之云高辛氏之末諸侯有三苗者作亂案鄭注呂刑云苗民謂九黎之君也九黎之君於少昊氏衰而棄善道上效蚩尤重刑必變九黎言苗民者有苗九黎之後顓頊代少昊誅九黎分流其子孫爲居於西裔者三苗至高辛之衰又復九黎之君惡堯興又誅之堯末又在朝舜時又竄之後王深惡此族三生凶惡故著其氏而謂之民民者冥也言未見仁道以此言

之三苗是九黎之後九黎於少昊之末而爲亂三苗於高辛氏之末又爲亂故此注云高辛以呂刑於此苗民之下云皇帝清問下民又云乃命三后三后謂伯夷之等故以皇帝爲帝堯又以苗民爲高辛氏之末也鄭以九黎爲苗民先祖但上學蚩尤之惡非蚩尤子孫孔注尚書以爲九黎卽蚩尤也三苗則非九黎之子孫與鄭異○子曰下之事上也不從其所令從其所行言民化行不拘於言○行下孟反注同又如字拘音俱○上好是物下必有甚者矣甚者甚於君也○好呼報反下皆同○故上之所好惡不可不慎也是民之表也言民之從君如影逐表○惡烏路反景如字一音英領反子曰禹立三年百姓以仁遂焉豈必盡仁言百姓傚禹爲仁非本性能仁遂猶達也○傚胡孝反詩云赫赫師尹民具爾瞻甫刑曰一人有慶兆民賴之大雅曰成王之孚下土之式皆言化君也孚信也式法也○赫許百反王如字徐于況反○疏○子曰至之式○正義曰此一節申明上文以君者民之儀表不可不慎故此兼言上有其善則下賴之○百姓以仁遂焉者遂達也言禹立三年百姓悉行仁道達於外內故云百姓以仁遂焉豈必盡仁者言禹之百姓豈必本性盡行仁道秖由禹之所化故此禹立三年則百姓盡行仁道論語稱如有王者必世而後仁者禹承堯舜禪代之後其民易化論語所稱者謂承離亂之後故必世乃後仁是以注論語云周道至美武王伐紂至成王乃致太平由承殷紂敝化之後故也○詩云赫赫師尹民具爾瞻者此小雅節南山之篇刺幽王之詩言幽王之時尹氏爲大師爲政不平故詩人刺之云赫赫然顯盛之師尹者民具爾瞻視上之所爲引者證民之法則於上○甫刑曰一人有慶兆民賴之者慶善也一人謂天子也天子有善行民皆蒙賴之引者證上有善行賴及于下大雅曰成王之孚下土之式者是大雅下武之篇美武王之詩孚信也言武王成就王道之信者故爲下土法引之者證君有善與爲法式也○子曰上好仁則下

之爲仁爭先人故長民者章志貞教尊仁以子愛百姓民致行己以說其上矣章明也貞正也民致行己者民之行皆盡己心○長丁丈反說音悅詩云有梏德行四國順之梏大也直也○梏音角詩作覺行下孟反

疏子曰至順之○正義曰此一節贊結上經在上行仁之事○則天下之爲仁爭先人者言上若好仁則下皆爲仁爭欲先他人○故長民者章志貞教尊仁以子愛百姓者章明也貞正也言尊長於人爲君者當須章明己志爲貞正之教尊敬仁道以子愛百姓也○民致行己以說其上矣者言上能化下如此則在下之人致盡行己之意以說樂其上矣○詩云有梏德行四國順之此詩大雅抑之篇刺厲王之詩也梏大也言賢者有大德行四國從之引者証上有其德下所從也

子曰王言如絲其出如綸王言如綸其出如綍。言言出彌大也綸今有秩嗇夫所佩也綍引棺索也○綸音倫又古頑反綬也如紼音弗大索嗇音色索悉洛反故大人不倡游言游猶浮也不可用之言也○倡昌尚反可言也不可行君子弗言也可行也不可言君子弗行也則民言不危行而行不危言矣危猶高也言不高於行行不高於言言行相應也○行而行皆下孟反注及下皆同應應對之應詩云淑慎爾止不𠍴于儀淑善也𠍴過也言善慎女之容止不可過於禮之威儀也○𠍴起虔反女音汝

疏子曰至于儀○正義曰此一節明王者出言下所傚之其事漸大不可不慎意與前經同也○王言如絲其出如綸者王言初出微細如絲及其出行於外言更漸大如似綸也言綸麤於絲○王言如綸其出如綍者亦言漸大出如綍也綍又大於綸○故大人不倡游言者游言謂浮游虛漫之言不可依用出言則民皆師法故尊大之人不倡道此游言恐人依象之○可言也不可行君子弗言也謂口可言說力不能行則君子不言也若有客不能館則不問其所舍之類是也可行也不可言君子弗行也熊氏云可行謂君子賢人

可行此事但不可言說爲凡人作法如此之事則君子不當行若曾子有母之
喪水漿不入於口七日不可言說以爲法故子思非之是君子不行也○則民
言不危行○而行不危言矣者危高也如此化民則民言行相應言不高於行行
不高於言○詩云淑慎爾止不諐于儀者此大雅抑之篇刺厲王之詩淑善也
諐過也言爲君之法當善謹慎女之容止不諐過於禮之容儀言當守道以自
居引者証言行不可過也○注綸今有秩嗇夫所佩也○正義曰案漢書百官
公卿大夫表云十里一亭十亭一鄉鄉有三老有秩嗇夫有遊徼三老掌教化
嗇夫掌獄訟遊徼掌禁盜賊故漢書云張敞以鄉有秩補大守卒史又云朱邑
爲桐鄉嗇夫又續漢書百官表云鄉置有秩三老遊徼有秩郡所置秩百戶其
鄉小者縣所置嗇夫案此則有秩嗇夫職同但隨鄉大小故名異耳名雖異其
所佩則同張華云綸如宛轉繩子曰君子道人以言而禁人以行禁猶謹也道音導故言必慮其所終
而行必稽其所敝則民謹於言而慎於行稽猶考也議也○稽古兮反詩云慎爾出話敬爾
威儀話善言也話胡快反○大雅曰穆穆文王於緝熙敬止緝熙皆明也言於明明乎敬其容止○於音烏注同緝七
入反熙許其反毛詩傳云緝熙光明也○【疏】子曰至敬止○正義曰此一節亦贊明前經言行之事○道人以言者在上君子誘道在下以善言使有信也
○而禁人以行者禁猶謹也言禁約謹慎人以行使行顧言也○故言必慮其所終者謂初出言之時必思慮其此言得終末可恆行以否○而行必稽其所
敝者稽考也言欲行之時必須先考校此行至終敝之時無損壞以否○詩云慎爾出話敬爾威儀者此大雅抑之篇刺厲王也話善言也爾汝也謹慎爾之
所出之善言以爲政教故恭敬爾之威儀言必爲人所法則引証言慮其所終大雅云穆穆文王於緝熙敬止者此大雅文王之篇美文王之詩言穆穆然美
者乃是文王於謂嗚呼緝熙皆光明也言文王之德嗚呼光明乎又敬其容止引者証在上當敬其言行也子曰長民者衣服不貳

從容有常以齊其民則民德壹貳不壹也○長丁丈反下君長同貳本或作貸同音二下同從七凶反○詩云彼都人士狐裘黃黃其容不改出言有章行歸于周萬民所望黃衣則狐裘大蜡之服也詩人見而說焉章文章也忠信爲周此詩毛氏有之三家則亡○黃徐本作橫音黃蜡仕嫁反說音悅○

疏子曰至所望○正義曰從容有常者從容謂舉動有其常度○有則民德一者一謂齊一則萬人之德皆齊一不參差詩云彼都人士者詩小雅都人士之篇刺幽王之詩幽王之時君臣衣服無常故詩人引彼明王之時都邑之人有士行者服此狐裘黃黃然行歸于周萬民所望者周謂忠信言都人之士行歸忠信萬民所以瞻望以法則之○注黃衣則狐裘大蜡之服也○正義曰郊特牲云黃衣黃冠而祭息田夫也此云黃衣故云大蜡之服論語云黃衣狐裘故狐裘則黃衣也案詩注云狐裘取溫裕而已不云大蜡此云蜡者以正衣解之詩謂庶人有士行非關蜡祭之事故爲溫裕也

子曰爲上可望而知也爲下可述而志也則君不疑於其臣而臣不惑於其君矣志猶知也尹吉曰惟尹躬及湯咸有壹德吉當爲告告古文誥字之誤也尹告伊尹之誥也書序以爲咸有壹德今亡咸皆也君臣皆有壹德不貳則無疑惑也○吉依注爲告音誥羔報反詩云淑人君子其儀不忒

疏子曰至不忒○正義曰爲上可望而知也者謂貌不藏情可望見其貌則知其情○爲下可述而志也志知也爲臣下率誠奉上其行可述敘而知○尹吉曰惟尹躬及湯咸有一德者吉當爲告是伊尹誥大甲故稱尹誥則咸有一德篇是也言惟尹躬身與成湯皆有純一之德引者證上君臣不相疑惑○詩云淑人君子其儀不忒者此詩曹風鳲鳩之篇刺曹君之詩言善人君子其儀不有差忒引者證一德之義○

子曰有國者章善癉惡以示民厚則民情不貳章明也癉病也○忒他得反本或作貳音二章義如字尚書作善皐云義善也癉丁但反

詩云靖共爾位好是正直疏子曰至正直○正義曰章善癉惡者章明也癉病也言爲國者有善以賞章明之有惡則以刑癉病之也○詩云靖共爾位好是正直者此詩小雅小明之篇刺幽王之詩也言大夫悔仕亂世告語未仕之人言更待明君靖謀共其爾之祿位愛好正直之人然後事之也引之者證上民情不二爲正直之行○子曰上人疑則百姓惑下難知則君長勞難知有姦心也○共音恭本亦作恭好呼報反故君民者章好以示民俗慎惡以御民之淫則民不惑矣淫貪侈也孝經曰示之以好惡而民知禁○好如字又呼報反注同惡如字又烏路反注同侈昌氏反又式氏反○臣儀行不重辭不援其所不及不煩其所不知則君不勞矣儀當爲義聲之誤也言臣義事君則行也重猶尚也援猶引也也引君所不及謂必使其君所行如堯舜也不煩以其所不知謂必使其知慮如聖人也凡告喻人當隨其才以誘之○行如字援音袁注同知慮音智詩云上帝板板下民卒癉上帝喻君也板板辟也卒盡也癉病也此君使民惑之詩版布綰反注同癉丁但反本亦作癉辟匹亦反字亦作僻同○小雅曰匪其止共惟王之邛匪非也邛勞也言臣不止於恭敬其職惟使王之勞此臣使君勞之詩也○共音恭皇本作躬云躬恭也邛其恭反疏子曰至之邛○正義曰此一節申明上經君臣各以情相示則君之與臣各得其所○上人疑者謂在上之君多有疑二則在下百姓有疑惑也○下難知則君長勞者若在下之人心懷欺詐難知其心則在上君長治之勞苦○故君民者章好以示民俗慎惡以御民之淫則民不惑矣覆上百姓惑淫貪也言如此則民不惑矣○臣儀行不重辭不援其所不及不煩其所不知則君不勞矣者覆上君長勞如此則君不勞臣儀行者儀當爲義謂臣有義事則奉行之不重辭者重尚也爲臣之法不尚虛華之辭不援其所不及者謂君才行所不能及臣下不須援引其君行所不能及之事謂必使其君所行如堯舜也不煩其所

不知者謂○君有所不知其臣不得煩亂君所不知之事令必行之臣能如此則君不勞苦○詩云上帝板板下民卒癉者上帝君也板板辟也卒盡也癉病也言君上邪辟下民盡皆困病引之者証君使民感之事此詩大雅板之篇刺厲王之詩○小雅曰匪其止共惟王之邛者小雅巧言之篇刺幽王之詩也言小人在朝不止息於恭敬惟為姦惡使王之邛勞引之者証臣使君勞也○子曰政之不行也教之不成也爵祿不足勸也刑罰不足恥也故上不可以褻刑而輕爵言政教所以明賞罰○褻息列反○康誥曰敬明。乃罰甫刑曰播刑之不迪康康叔也作誥尚書篇名也播猶施也不衍字耳迪道也言施刑之道○播徐補餓反迪音狄衍延善反

疏子。曰。至。不。迪○正義曰此一節明慎賞罰之事○政之不行也教之不成也者皇氏云言在上政令所以不行教化所以不成者秖由君上爵祿加於小人不足勸人為善也由刑罰加於無罪之人不足恥其為惡由賞罰失所故致政之不行教之不成也○故上不可以褻刑而輕爵者刑爵不中則懲勸失所故君上不可輕褻之○康誥曰敬明。乃罰者証刑罰不可褻也周公作康誥誥康叔云女所施刑罰必敬而明之也○甫刑曰播刑之不迪不為衍字迪道也此穆王戒羣臣云今爾何監非是伯夷布刑之道言所為監鏡者皆是伯夷布刑之道引之者証重刑之義。也子。曰大臣不親百姓不寧則忠敬不足而富貴已過也大臣不治而邇臣比矣忠敬不足謂臣不忠於君君不敬其臣邇近也言近以見遠言大以見小互言之比私相親也○治音值比毗志反注同親也見賢遍反下同故大臣不可不敬也是民之表也邇臣不可不慎也是民之道也民之道言民循從也君毋以小謀大毋以遠言近毋以內圖外圖。以謀也言凡謀之當各於其黨於其黨知其過審也大臣柄權於外小臣執命於內或時交爭轉相陷害○毋音無下同柄音秉兵永反爭

爭鬭之爭則大臣不怨邇臣不疾而遠臣不蔽矣疾猶非也蔽必世反○葉公之顧命曰毋以小謀敗大作毋以嬖御人疾莊后毋以嬖御士疾莊士大夫卿士葉公楚縣公葉公子高也臨死遺書曰顧命小謀小臣之謀也大作大臣之所爲也嬖御人愛妾也疾亦非也莊后適夫人齊莊得禮者嬖御士愛臣也莊士亦謂士之齊莊得禮者今爲大夫卿士○葉舒涉反注同葉公楚大夫沈諸梁也字子高爲葉縣尹僭稱公也敗補邁反嬖必惠反徐甫詣反又補弟反字林方豉反賤而得幸曰嬖云便嬖愛妾莊后側良反齊莊也下及注同適丁歷反齊莊側皆反下同○子曰大人不親其所賢而信其所賤民是以親失而教是以煩親失失其所當親也教煩由信賤也賤者無。一德也詩云彼求我則如不我得執我仇仇亦不我力言君始求我如恐不得我既得我持我仇仇然不堅固亦不力用我是不親信我也○仇音求爾雅云讎也○君陳曰未見聖若己。弗克見既見聖亦不克由聖克能也由用也○陳本亦作古陳字若己弗克見音紀尚書無己字

疏子。曰。至。由。聖。○正義曰此一節明在下羣臣無閒大小皆須恭敬謹慎又君無以小臣而謀大事也○大臣不親百姓不寧則忠敬不足富貴已過也者沈氏云謂大臣離二不與上相親政教煩苛故百姓不寧若其如此臣不忠於君君不敬於臣是忠敬不足所以致然也由君與臣富貴已過極也○大臣不治而邇臣比矣者大臣不肯爲君理治職事由邇近之臣與上相親比。故也○邇臣不可不慎也是民之道也者邇近也言親近之臣不可不慎擇其人道謂道路言邇臣是民之道路邇臣好則人從之好邇臣惡則人從之惡也○君毋以小謀大者言君無得與小臣而謀大臣之事也○毋以遠言近者無得以遠臣共言近臣之事也○毋以內圖外者無得以內臣共圖謀外臣之事所以然者小大之臣意殊遠近之臣不同恐各爲朋黨彼此交爭轉相陷害故不圖謀也則

大臣不怨邇臣不疾而遠臣不蔽矣者若能如此則外內情通小大意合大臣不怨恨於君也疾猶非也近臣不爲人所非毀而遠臣不被障蔽故也葉公之顧命曰毋以小謀敗大作者此葉公顧命之書無用小臣之謀敗損大臣之作○毋以嬖御人疾莊后者莊后謂齊莊之后是適夫人也無得以嬖御賤人之爲非毀於適夫人○毋以嬖御士疾莊士者言毋得以嬖御之士非毀齊莊之士○大夫卿士者覆說言莊士卽大夫卿之典事者士事也注言近以見遠言大以見小互言之○正義曰言近以見遠謂言近臣親比則遠臣不親比云言大以見小謂大臣不治小臣治也故云互言之也○注大臣至陷害○正義曰由大臣執權於外小臣執命於內或大臣忌小臣或小臣忌大臣所以內外交爭若共圖謀轉相陷害故所謀之事各於其黨與大臣謀大臣與小臣謀小臣是各於其黨中知其過失審悉也○注葉公楚縣公葉公子高也○正義曰知葉公子高者左傳云世本文云臨死遺書曰顧命者約尚書顧命之篇○子曰至由聖○正義曰此節明君不信用臣也不親其所賢而信其所賤者謂在上不任其所賢有德之人而信用其所賤無德者民是以親失者言以此化民民效於上失其所當親惟親愛羣小也○而教是以煩者言羣小被親既無一德政教所以煩亂也○詩云彼求我則如不我得此詩小雅正月之篇刺幽王之詩言彼幽王初求我賢人如不得於我言禮命煩多也○執我仇仇亦不我力者既得賢人執留我仇仇然不堅固亦不於我上以力而用我引之者證不親其所賢也○君陳曰未見聖若己弗克見既見聖亦不克由聖者此尚書君陳篇成王戒君陳之辭也言凡人未見聖道之時如似己不能見既見聖道亦不能用之也。

子曰小人溺於水君子溺於口大人溺於民皆在其所褻也言人不溺於所敬者溺謂覆沒不能自理出也溺乃歷反覆芳服反○○夫水近於人而溺人德易狎而難親也易以溺人言水人所沐浴。自。潔清者至於深淵洪波所當畏慎也由近人之故或泳之游之褻慢而無戒心以取溺焉有德者亦如水矣初時學其近者小者以從人事自以爲可則侮狎之至於先王大道性與天命則遂。扞格不入迷惑無聞如溺於大水矣難親親之當肅敬如臨深淵○近附近之近注由近人同易以豉反下同狎徐
戶甲反清如字又才性反洪本又作鴻泳音詠潛行爲泳游音由侮亡甫反捍胡旦反格戶白反○口費而煩易出難悔易以溺
人費猶惠也言口多空言且煩數也過言一出駟馬不能及不可得悔也口舌所覆亦如溺矣費或爲哱或爲悖○費芳貴反注同數色角反覆芳服反又
芳又反哱或爲悖並布內反○夫民閉於人而有鄙心可敬不可慢易以溺人言民不通於人道而心鄙詐。難
卒告諭人君敬慎以臨之則可若陵虐而慢之分崩怨畔君無所尊亦如溺矣○慢本又作漫音武諫反卒寸忽反故君子不可以不慎
也慎所可褻乃不溺矣太。甲曰毋越厥命以自覆也若虞機張往省括于厥。度則釋越之言蹶
也厥其也覆敗也言無自顛蹶女之政教以自毀敗虞主田獵之地者也機弩牙也度謂所擬射也虞人之射禽弩已張從機間視括與所射參相得乃後釋
弦發矢爲政亦當以己心參於羣臣及萬民可乃後施也○大音泰覆芳服反注同括古活反于厥度如字又大各反注同尚書無厥字蹶其厥反又紀衞反
一音厥女音汝儗魚起反本亦作擬射食亦反下同○兌命曰惟口起羞惟甲冑起兵惟衣裳在笥惟干
戈省厥躬兌當爲說謂殷高宗之臣傅說也作書以命高宗尚書篇名也羞猶辱也衣裳朝祭之服也惟口起辱當慎言語也惟甲冑起兵當慎軍
旅之事也惟衣裳在笥當服以爲禮也惟干戈省厥躬當恕己不尚害人也○兌依注作說本亦作說兵尚書作戎笥司吏反爲說音悅下傅說同朝直遙反
太。甲曰天作孽。可違也自作孽。不可以逭。違猶辟也逭逃也○孽魚列反下同尚書作天作孽猶可違也不可以踏
本又作逭乎亂反尚書作弗可逭無以字辟音避○尹吉曰惟尹躬天。見于西邑夏自周有終相亦惟終

尹吉亦尹誥也天當爲先字之誤忠信爲周相助也謂臣也伊尹言尹之先祖見夏之先君臣皆忠信以自終今天絶桀者以其自作孽伊尹始仕於夏此時就湯矣夏之邑在亳西見或爲敗邑或爲予○吉音誥出注羔報反天依注作先西田反相息亮反亳步各反

【疏】子曰至惟終○正義曰此一節戒慎言之事○小人溺於水者謂卑賤小人居近川澤者愛翫於水溺覆沒也多爲水所覆故云小人溺於水○君子溺於口者言卿大夫之君子以溺口傷人而致怨恨所遂被覆沒亦如溺於水不能自治也○大人溺於民者大人謂人君也由君在上陵虐下民則人衆離叛君無所尊故溺於民也皆在其所褻也者言小人君子大人等所以被沒溺者皆在於褻慢而不能敬慎故致溺也○夫水近於人而溺人者釋上三事所以致溺也此說水溺所由也水若遠於民則人不沒溺但由水近人則人得用之以沐浴而日日狎習不復畏懼或泳之或游之無有誡忌至於洪波浪起亦猶習以爲常故致覆溺也○德易狎而難親也易之以溺人者德易狎者言有德之人初時學其近者淺者謂言可得是易可親狎至大者遠者莫測其理是難可親也初時易狎是易也終則難親是溺人也故云易以溺人也○口費而煩易出難悔易以溺人者說德既竟此還釋溺口所由費惠也口虛出言而無實從之是口惠也口惠不難失在煩數故云而煩也無以實言是易出也一出言駟馬追之不及是難悔必爲物所憾所以有禍口費易出難悔被害是溺人也○夫民閉於人而有鄙心者此釋溺民所由也言下民之情常自閉塞不通人道故云閉於人也而用心鄙詐故云有鄙心可敬不可慢易以溺人者既閉塞人道而有鄙詐卒難告喻故人君當敬以臨之庶其漸染若又陵慢則必怨畔則國無民君道便喪溺也民處卑下易可褻慢終致怨畔是溺人也○大甲曰毋越厥命以自覆也者伊尹戒大甲辭言無得顛越其教命以自覆敗也○若虞機張者虞謂虞人機謂弩牙言爲政之道如虞人射獸先弩牙以覆張也○往省括于厥度則釋者謂己心往機間省視箭括當於所射之度乃釋弦而發矢故云則釋言爲政之道政教已陳當以己心省此所施政教合於羣下然後乃施之也○兌命曰惟口起羞惟甲冑起兵者此尙書篇名

傳說戒高宗之辭口爲榮辱之主若出言不當則被人所賤故起羞辱也甲胄罰罪之器若所罰不當反被兵戎所害故甲胄起兵也○所惟衣裳在笥惟干戈省厥躬者衣裳在篋笥當服之以行禮不可妄與於人惟所施干戈之事當自省己身不可妄加無罪浪以害人○大甲曰天作孽可違也者若水旱災荒自然而有非由人失所致故云天作孽亦可從移辟災是可違也○自作孽不可以逭者己自作禍物皆怨恨所在而致禍害故不可逃也○尹吉曰惟尹躬天見于西邑夏者吉當爲告天當爲先言伊尹告大甲云伊尹身之先祖見西方夏邑之君謂夏者禹也夏都在亳西故云西邑也自周有終相亦惟終者周謂忠信言夏之先君有能忠信得自有其終其輔相之臣亦如先君亦得終久也引者證人君若脩德行善則能終○注難親至深淵○正義曰言德易狎而難親若其終始易親則全無溺人之事由其初則易狎後則難親當恆肅敬如臨深淵水若不肅敬則致陷害故云溺人也○注兌當爲說○正義曰尚書序云高宗夢得說使百工營求諸野得諸傳巖作說命三篇是高宗之臣傅說也說作書以戒高宗也○注尹吉至亳西○正義曰云尹吉者是上經已解尹吉爲尹告故此云亦誥也云天當爲先者以天字與先字相似故爲先也云尹之忠信爲周者國語文也云伊尹言尹之先祖者鄭君不見古文尚書故云伊尹之先祖據尚書是大甲之篇言尹之往先見夏之先君是身之往先見非謂尹之先祖也云伊尹始仕於夏此時就湯矣者書序云伊尹去亳適夏既醜有夏復歸于亳是始仕於夏也經云先見西邑夏故知爲誥之時就湯矣以鄭不見古文謂言尹誥是伊尹告成湯故云此時就湯矣與尚書同云夏之邑在亳西者案世本及汲冢古文並云禹都咸陽正當亳西也及後乃徙安邑鄭以爲湯都偃師爲亳邑則是安邑亦在亳西也

子曰民以君爲心君以民爲體心莊則體舒心肅則容敬心好之身必安之君好之民必欲之心以體全亦以體傷君以民存亦以民亡莊齊莊也○好呼報反齊側皆反○詩云昔吾有先正其言

明且清，國家以寧，都邑以成，庶民以生。誰能秉國成，不自爲正，卒勞百姓。先正，先君長也。誰能秉國成，今無此人也。成，邦之八成也。誰能秉行之，不自以所爲者正，盡勞來百姓，憂念之者與，疾時大臣專功爭美。〇昔吾有先正，從此至庶民以生，總五句，今詩皆無此語，餘在小雅節南山篇，或皆逸詩也。清，舊才性反，一云此詩協韻，宜如字。上先正當音征。誰能秉國成，毛詩無能字。勞，力報反，注勞來同，詩依字讀。長，丁丈反。來，力再反。與音餘。〇君雅曰：夏日暑雨，小民惟曰怨；資冬祁寒，小民亦惟曰怨。雅，書序作牙，假借字也。君雅，周穆王司徒，作尚書篇名也。資當爲至，齊魯之語，聲之誤也。祁之言是也，齊西偏之語也。夏日暑雨，小民怨天；至冬是寒，小民又怨天。言民恆多怨，爲其君難。〇雅音牙，注同，尚書作牙。夏日，戸嫁反，注同，尚書無日字。資，依注音至，尚書作咨，連上句云怨咨。祁，巨依反，徐巨尸反，字林上尸反。〇【疏】子曰至曰怨。〇正義曰：此論君人相須，言養人之道不可不慎也。〇詩云昔吾有先正，其言明且清者，此逸詩也。正，長也。詩人稱昔吾之有先君正長，其教令之言分明且清絜，國家所以安也，都邑所以成也，庶人所以生也。〇誰能秉國成，不自爲正，卒勞百姓者，卒，盡也。言詩人傷今無復有先正之賢，故云今日誰能執國之八成，又當謙退之，不自爲正者，得其正道，能用仁恩，盡勞來百姓。言今無復有如此之人，疾時大臣惟專功爭美，各自爲是也。君惟曰夏日暑雨，小民惟曰怨者，此穆王命君牙之辭也。言民心難稱，所怨恆多。夏日暑熱及雨，天之常道，細小之人惟曰怨。資，至也。〇資冬祈寒，小民亦惟曰怨者，至於冬日是大寒之時，小人亦惟曰怨。猶言君政雖曰得當，人怨之不已，是治民難也。〇注成邦之八成也。〇正義曰：案周禮小宰職云：掌以官府之八成經邦治：一曰聽政役以比居，二曰聽師田以簡稽，三曰聽閭里以版圖，四曰聽稱責以傅別，五曰聽祿位以禮命，六曰聽取予以書契，七曰聽賣買以質劑，八曰聽出入以要會。皆成事品式，以聽治於人。〇注雅書至字也。〇正義曰：言古牙字假雅字以爲牙，故尚書以爲君牙，此爲君雅。案尚書云小民惟曰怨咨，今此

本作資。字鄭又讀資當爲至以鄭不見古文尚書故也

子曰下之事上也身不正言不信則義不壹行無類也類謂比式○行下孟反下行有格同比式如字比方法式子曰言有物而行有格也是以生則不可奪志死則不可奪名物謂事驗也格舊法也○是故一本作以故君子多聞質而守之多志質而親之精知略而行之質猶少也多志謂博交汎愛人也精知孰慮於衆也精或爲清○知如字一音智注同汎音泛君陳曰出入自爾師虞庶言同自由也師庶皆衆也虞度也言出內政教當由女衆之所謀度衆言同乃行之政教當由。一也○度待洛反下同詩云淑人君子其儀一也

疏○子。曰。至。一。也○正義曰此一節明下之事上當守其一○則義不。一行無類也者若身之不正言之不信則於義事不能齊壹行無有比類言行之無恆不可比類也○言有物而行有格也物謂事之徵驗格謂舊有法式言必須有徵驗行必須有舊法式既言行不妄守死善道故生則不可奪志死則不可奪名言名志俱善欲奪不可也故君子多聞質而守之者雖多聞前事當簡質而守之○多志質而親之者謂多以志意博交汎愛亦質。少而親之○精知略而行之者謂精細而知孰慮於衆要略而行之此皆謂聞見雖多執守簡要也君陳曰出入自爾師虞庶言同者自由也師衆也虞度也庶衆也成王戒君陳云言出入政教當由女衆人共知謀度若衆言皆同乃行之言政教當由。一也○詩云淑人君子其儀。一也者此曹風鳲鳩之篇刺曹公不均平也言善人君子其威儀齊。一也引之者證爲政之道須齊。一也

子曰唯君子能好其正小人毒其正正當爲匹字之誤也匹謂知識朋友○好呼報反下皆同正音匹出注下同故君子之朋友有鄉其惡有方鄉方喻輩類也小人徵利其友無常也○鄉許亮反又音香注同輩布內反徵古堯反下同是故邇者不惑而遠者不疑也言其可望

而知邇近也詩云君子好仇仇匹也○疏子曰至好仇○正義曰此一節明其朋匹之事君子能好其正者匹匹偶言君子能愛好其朋友匹偶以下云君子好仇故知此正爲匹也○故君子之朋友有鄉其惡有方者言鄉方皆猶輩類也言君子所親朋友及所惡之人皆有輩類言君子善者則爲朋友也既好惡不同故君子之交可者與之不以榮枯爲異是朋友不善者則可憎惡之言有常也若小人唯利是求所善所惡無恆定也○是故邇者不惑而遠者不疑也由好惡有定可望貌而知故近者不惑遠者不疑也○詩云君子好仇者此周南關雎之篇詩意云窈窕淑女君子好仇此則斷章云君子之人以好人爲匹也好子曰輕絕貧賤而重絕富貴則好賢不堅而惡惡不著也人雖曰不利吾不信也言此近徼利也○惡惡上烏路反下如字著張慮反近附近之近詩云朋友攸攝攝以威儀攸所也言朋友以禮義相攝正不以貧富貴賤之利也○疏子曰至威儀○正義曰此一節明交友之道唯善是仇以威儀相攝佐也○則好賢不堅而惡惡不著也者以賢而貧賤則輕絕之是好賢不堅惡而富貴則重絕之則惡惡不著也如此者是貪利之人故云雖曰不利吾不信也○詩云朋友攸攝攝以威儀者此大雅既醉之篇美成王之時大平之詩於時朋友羣臣所以禮義相攝佐之時以威儀也言不以富貴貧賤而求利者○子曰私惠不歸德君子不自留焉私惠謂不以公禮相慶賀時以小物相問遺也言其物不可以爲德則君子不以身留此人也相惠以褻瀆邪辟之物是爲不歸於德歸或爲懷○遺于季反邪似嗟反徐以車反辟匹亦反詩云人之好我示我周行行道也言示我以忠信之道○行戶剛反又如字○疏子曰至周行○正義曰此一節明君子唯以德是與○私惠不歸德者言人以私小恩惠相問遺不歸依道德如此者君子之人不用留意於此等之人言不受其惠也○詩云人之好我示我周行者此小雅鹿鳴之篇言文王燕飲羣臣愛好於我示我以忠信之道也周忠信行道也惟以忠信

正道以示我不以褻瀆邪辟之物而相遺也○子曰苟有車必見其軾苟有衣必見其敝人苟或言之必聞其聲苟或行之必見其成言凡人舉事必有後驗也○見其軾謂載也敝敗衣也衣或在內新時不見○軾音式敝鄭婢世反敗也庾必世反隱蔽也人苟或言之一本無人字不見如字又賢遍反葛覃曰服之無射射厭也言己願采葛以為君子之衣令君子服之無厭言不虛也○覃徒南反射音亦注同厭於豔反後皆同令力呈反【疏】子曰至無射○正義曰此明人言行必慎其所終也將欲明之故先以二事為譬喻也○苟有其車必見其軾者言人苟稱家有車必見其車有載於物不可虛也言有車無不載也○苟有其衣必見其敝者言人苟稱家有衣必見其所著之衣有終敝破也不虛稱有衣而無敝也○人苟或言之必聞其聲者既稱有言必聞其聲不可有言而無聲也○苟或行之必見其成者人苟稱有行此事必須見其成驗不可虛稱有行而無成驗也葛覃曰服之無射者此周南葛覃之篇美后妃之德也詩之本意言后妃習絺綌之事而無厭倦之心此則斷章云采葛為君子之衣君子得而服之無厭倦也言君子實得其服而不虛也引之者證人之所行終須有效也○注衣或在內新時不見○正義曰以經云苟有其車必見其軾苟有其衣當言必見其著今乃云必見其敝以求初新著時或在內裏人不見也其敝破棄時乃始見故云必見其敝○子曰言從而行之則言不可飾也行從而言之則行不可飾也從猶隨也○行從下孟反下則行下注以行同故君子寡言而行以成其信則民不得大其美而小其惡以行為驗虛言無益於善也寡當為顧聲之誤也○寡音顧出注○詩云白圭之玷尚可磨也斯言之玷不可為也玷缺也言圭之缺尚可磨而平之言之缺無如之何○玷丁簟反又丁念反下及注同磨莫何反○小雅曰允也君子展也大成允信也展誠也君奭曰昔

在。上帝周田觀文王之德其集大命于厥躬奭召公名也作尚書篇名也古文周田觀文王之德爲割申勸寧王
之德今博士讀爲厥亂勸寧王。之德三者皆異古文似近之割之言蓋也言文王有誠信之德天蓋申勸之集大命於其身謂命之使王天下也○奭音釋周
田觀文依注讀爲割申勸寧召尚照反本亦作卲近附近之近王于況反【疏】子。曰。至。厥。躬。○正義曰此一節明重言行之事○言從而行之則言不可飾也
者從隨也謂言在於先而後隨以行之言當須實不可虛飾也○行從而言之則行不可飾也者謂行在於前言隨於後論說於行則行當須先實不可虛飾
也○故君子寡言而行以成其信者以其言行相副之故君子當顧言而行以成其信也○則民不得大其美而小其惡者必須以行爲驗不用虛辭爲此之
故則人不得虛增大其美事而減小其惡事由美惡大小皆驗於行也○詩云白圭之玷尚可磨也此大雅抑之篇刺厲王之詩也白圭之玉玷缺尚可磨而
平之此此言語玷缺不可爲而改之是無如之何也○小雅曰允也君子展也大成者此詩小雅車攻之篇美宣王之詩也允信也言信實矣君子謂宣王展誠
也誠實矣而大成大平也引之者証言信爲本○君奭曰昔在上帝者此周公告君奭之辭也上帝天也言往昔之時在上天也○周田觀文王之德周當爲
割田當爲申觀當爲勸言文王有誠信之德故上天蓋申重獎勸文王之德○其集大命于厥躬者以文王誠信故天命之引之者証言當誠信也○注奭召
至下也○正義曰案周書序云召公爲保周公爲師召公不說周公作君奭君奭經云公曰君奭是奭爲召公名也謂周公既致政仍留爲大師召公謂其貪
於寵祿故不說也周公以善告之名篇爲君奭故云尚書篇名也云古文周田觀文王之德爲割申勸寧王之德者以伏生所傳歐陽夏侯所注者爲今文尚
書以衞賈馬所注者元從壁中所出之古文即鄭注尚書是也此周字古文爲割此田字古文作申此觀字古文爲勸皆字體相涉今古錯亂此文尚書爲寧
王亦義相涉也云今博士讀爲厥亂勸寧王之德者謂今文尚書讀此周田觀文王之德爲厥亂勸寧王之德也云三者皆異古文似近之者。三。者。謂此禮記

及古文尙書幷今博士讀者三者其文各異而古文周田爲割申其字近於義
理故云古文似近之云割之言蓋也割蓋聲相近故割讀爲蓋謂天蓋申勸之
。禮尙書猶爲割謂割制其義與此不同○子曰南人有言曰人而無恆不可以爲卜筮古之遺言與
龜筮猶不能知也而況於人乎恆常也不可爲卜筮言卦兆不能見其情定其吉凶也○與音餘詩云我龜既
厭不我告猶猶道也言褻而用之龜厭之不告以吉凶之道也兌命曰爵無及惡德民立而正事純而
祭祀是爲不敬事煩則亂事神則難惡德無恆之德純猶皆也言君祭祀賜諸臣爵。毋。與惡德之人也民將立以爲正言
放傚之疾事皆如是而以祭祀是不敬鬼神也惡德之人使事煩事煩則亂易使事鬼神又難以得福也純或爲煩○兌音悅毋音無放方往反傚戶教反
曰不恆其德或承之羞恆其德偵婦人吉夫子凶羞猶辱也偵問也問。正爲偵婦人從人者也以問正爲常
德則吉男子當專行幹事而以問正爲常德是亦無恆之人也○偵音貞周易作貞幹古半反【疏】。子。曰。至。子。凶○正義曰此一節明爲人臣之法當有恆也
○人而無恆不可以爲卜筮者南人殷掌卜之人有遺餘之言稱云人而性行無恆不可爲卜筮古之遺言與龜筮猶不能得知無恆之人而況於凡人乎○
詩云我龜既厭不我告猶者小雅小旻之篇刺幽王之詩言幽王性行無恆數誣卜筮故云我龜既厭倦於卜不於我身告其吉凶之道也引之者證無恆之
人不可以爲卜筮也○兌命曰爵無及惡德者此尙書。傅說告高宗之辭云祭祀之末爵人之時無復及此惡德之人惡德無恆者也○民立而正事純而祭
祀者純皆也言若爵此惡德之人則立之以爲正事在下必學之若每事皆爵此惡德之人而以祭祀是不敬鬼神也言無恆之人不可祭祀也○事煩則亂
者言若使無恆惡德之人主掌祭祀其事則。煩事煩則致亂也○事神則難者若使惡德之人事其鬼神則難得其福○易曰不恆其德或承之羞者恆卦

九三爻辭言人若不恆常其德故承之羞辱引之者証人而無恆其行惡也○恆其德偵婦人吉夫子凶者此恆卦六五爻辭偵正也言恆常其德問正於人婦人吉也以婦人不自專常須問正於人故得吉夫子男子也當須自專權幹於事若問正於人失男子之道故爲凶引之者証男子之無恆德其行惡也○注純猶至福也○正義曰言君祭祀賜諸臣爵無與惡德之人也者此經直云爵無及惡德必知因祭祀賜諸臣爵者以下云事純而祭祀是爲不敬故知因祭祀也云事皆如是而以祭祀是不敬鬼神也者言於祭祀之末不可爵此惡德人也○注羞猶至人也○正義曰此不恆其德或承之羞者是易恆卦巽下震上九三爻辭得正互體爲乾乾有剛健之德體在巽巽爲進退是不恆其德也又互體爲兌兌爲毀折是將有羞辱也云問正爲偵者此恆其德偵恆卦六五爻辭以陰爻而處尊位是天子之女又互體兌兌爲和說至尊主家之女以和悅幹其家事問正於人故爲吉也應在九二又男子之象體在巽巽爲進退是無所定而婦言是從故云夫子凶也

附釋音禮記注疏卷第五十五

禮記注疏卷五十五校勘記　阮元撰盧宣旬摘錄

緇衣第三十三

子言之曰爲上易事也節

則刑可以措　閩監毛本岳本嘉靖本衛氏集說同釋文出以錯云本亦作措○按措正字經傳多假錯爲之

子言至煩矣　惠棟校宋本無此五字

爲上易事者　閩監本同毛本者上衍○惠棟校宋本○作也是也

子曰好賢如緇衣節

子曰至作孚　惠棟校宋本無此五字

爲王后宮巷官之長　閩本作官考文引宋板同此本官誤宮監本同毛本官誤伯

子曰夫民節

子曰至世也　惠棟校宋本無此五字

但孝經序未知是鄭作以不　閩監毛本同惠棟校宋本不作否

子曰下之事上也節

如影逐表閩監毛本岳本嘉靖本同惠棟校宋本影作景衛氏集說同釋文同○按景影古今字

言百姓傚禹爲仁非本性能仁惠棟校宋本下有也字宋監本岳本嘉靖本衛氏集說同考文云古本足利本同此本也字闕閩監毛本脫傚字岳本作傚衛氏集說釋文同宋監本作效嘉靖本作効○按效正字傚乃效字之或體廣韻云効俗效字此又因効而誤作傚

甫刑曰惠棟校宋本作曰石經宋監本衛氏集說同此本曰誤云閩監毛本同岳本嘉靖本同

子曰至之式惠棟校宋本無此五字

豈必本性盡行仁道閩監毛本同考文引宋板行作有衛氏集說同

謂承離之後惠棟校宋本有亂字此本亂字脫閩監毛本同

證民之法則於上惠棟校宋本作之此本之誤具閩監毛本同衛氏集說亦作之

證君有善與爲法式也閩監毛本同惠棟校宋本爲上有下字衛氏集說同

子曰上好仁節

子曰至順之惠棟校宋本無此五字

則天下之爲仁爭先人者閩監毛本同惠棟校宋本無天字是也

子曰王言如絲節

其出如綍閩監毛本石經岳本嘉靖本衞氏集說同釋文綍作紼

子曰至于儀惠棟校宋本無此五字

不僭過於禮之容儀惠棟校宋本同閩監毛本容儀二字倒

百官表惠棟云續漢書有百官志無百官表東觀漢紀有百官表然文係司馬書作表者誤也

子曰君子道人以言節

子曰至敬止惠棟校宋本無此五字

誘道在下以善言使有信也閩監毛本同惠棟校宋本使下有言字

子曰長民者節

子曰至所望惠棟校宋本無此五字

則民德一者一謂齊一閩監毛本同惠棟校宋本上一者一謂二一字作壹山井鼎云宋板一作壹下皆同

子曰爲上可望而知也節

子曰至不忒惠棟校宋本無此五字

咸有一德者閩監毛本同惠棟校宋本一作壹下一德純一一一德並同

子曰有國者節

有國者石經岳本嘉靖本考文引宋板古本足利本同閩監毛本國下衍家字衛氏集說同陳澔集說同石經考文提要云宋大字本宋本九經南宋巾箱本余仁仲本至善堂九經本並無家字

章善癉惡閩監毛本嘉靖本衛氏集說陳澔集說同宋監本岳本善作義石經初刻作善剜刻作義釋文出章義云尚書作善皇云義善也石經考文提要云宋大字本宋本九經南宋巾箱本余仁仲本劉叔剛本並作章義○按義字是也

子曰至正道惠棟校宋本無此五字

靖共爾位好是正直者惠棟校宋本同閩監毛本共作恭○按詩鄭箋共訓具則非恭字可知

靖謀共其爾之祿位閩監毛本同考文引宋板其作具

證上民情不二閩監毛本同惠棟校宋本二作貳

子曰上人疑節

臣儀行閩監本石經岳本嘉靖本衛氏集說同釋文出臣儀行毛本行誤刑

言臣義事君則行也閩監毛本同惠棟校宋本事下無君字宋監本岳本嘉靖本衛氏集說同

上帝板板各本同石經同釋文出版版云注同○按版板古今字

下民卒癉閩監本石經岳本嘉靖本衞氏集說同毛本卒誤作釋文出卒亶云本亦作癉

惟王之邛各本同坊本惟作維

子曰政之不行也節

敬明乃罰各本同毛本明誤民疏敬明乃罰者同

子曰至不迪惠棟校宋本無此五字

証重刑之義也惠棟校宋本此下標禮記正義卷第六六十二終記云凡二十九頁

子曰大臣不親節惠棟云子曰大臣節子曰小人溺於水節宋本合爲一節○惠棟校宋本自此節起至子曰南人有言曰止爲第六十三卷卷首題禮記正義卷第六十三

圖以謀也閩監本同毛本以作亦岳本嘉靖本衞氏集說同惠棟校宋本宋監本同

賤者無一德也閩監毛本同惠棟校宋本一作壹宋監本岳本嘉靖本衞氏集說同考文引足利本同

若己弗克見惠棟校宋本作已石經同釋文同岳本同衞氏集說同此本己誤已閩監毛本嘉靖本同

子曰至由聖惠棟校宋本無此五字

與上相親比故也惠棟校宋本作故此本故誤政閩監毛本同衞氏集說故字無

子曰小人溺於水節

言水人所沐浴自潔清者 嘉靖本閩監毛本同岳本自上有而字釋文潔作絜○按絜潔正俗字

則遂扞格不入 閩監毛本岳本嘉靖本衛氏集說同考文引古本扞作捍釋文出捍格○按說文有扞無捍

難卒告諭 閩監毛本岳本嘉靖本同釋文出難卒衛氏集說難卒作卒難案疏亦作卒難

太甲曰毋越厥命 閩監毛本嘉靖本衛氏集說同石經太作大岳本同釋文同下太甲同

往省括于厥度則釋 閩監毛本岳本嘉靖本衛氏集說同石經闕石經考文提要云坊本無厥字案釋文出于厥度云尚書無厥字則此有厥字可證宋大字本宋九經南宋巾箱本余仁仲本劉叔剛本並有厥字

天作孽 閩本嘉靖本石經釋文衛氏集說同毛本孽作孼岳本同監本誤糵下自作孽同

不可以逭 各本同石經同釋文出不可以⿰𧾷官云本又作逭○按逭正字⿰𧾷官俗字

惟尹躬天見于西邑夏 各本並同坊本天作先依注改

多爲水所覆 閩監毛本同惠棟校宋本覆下有沒字

伊尹戒大甲辭 閩監毛本同惠棟校宋本辭上有之字

亦可從移辟災 閩監毛本同考文引宋板從作徙

若脩德行善則能終　閩監毛本同惠棟校宋本終下有也字
得諸傅岩　閩監毛本同惠棟校宋本岩作巖
以天字與先者　補按六字誤衍
並云禹都咸陽正當亳西也　閩監毛本同齊召南云咸陽當作陽城後漢
書郡國志注引汲冢書曰禹都陽城是也陽
城對偃師言則亦爲西矣
子曰民以君爲心節
身必安之　閩監本石經岳本嘉靖本衞氏集說同毛本必誤心
君雅曰節
資冬祁寒　惠棟校宋本作祁宋監本石經岳本同此本祁誤祈嘉靖本閩監毛
本同釋文出祁寒石經考文提要云宋大字本南宋巾箱本並作祁
注祁寒放此疏同
子曰至曰怨　惠棟校宋本無此五字
此論君人相須　閩監毛本同衞氏集說人作民
今此本作資字　閩監毛本同惠棟校宋本無字字

子曰下之事上也節

政教當由一也閩監毛本嘉靖本衛氏集說同惠棟校宋本一作壹宋監本岳本同疏則義不一行當由一也放此

子曰至一也惠棟校宋本無此五字

亦質少而親之閩監本同惠棟校宋本少作守毛本同

其威儀齊一也閩監毛本同考文引宋板一作壹下齊一同

子曰唯君子能好其正節

子曰至好仇惠棟校宋本無此五字

子曰輕絕貧賤節

子曰至威儀惠棟校宋本無此五字

是好賢不堅惡而富貴也閩本同衛氏集說同惠棟校宋本同監毛本惡誤

子曰苟有車節

葛覃曰各本同石經同釋文覃作蕈

服之無射各本同石經同釋文無作毋

令君子服之無厭 閩監本嘉靖本同毛本令誤今岳本同釋文出令君子云力呈反

子曰至無射 惠棟校宋本無此五字

證人之所行終須有效也 閩本同惠棟校宋本同監毛本行誤以

子曰言從而行之節

尚可磨也 各本同石經同釋文磨作摩○按摩正字磨俗字

昔在上帝 惠棟校宋本宋監本石經岳本嘉靖本同考文引古本足利本同閩監毛本昔在二字倒衛氏集說同石經考文提要云宋大字本宋本九經南宋巾箱本余仁仲本劉叔剛本並作昔在

今博士讀爲厥亂勸寧王之德 閩監毛本岳本嘉靖本同段玉裁校云宋監本無之字

子曰至厥躬 惠棟校宋本無此五字

三者謂此禮記及古文尚書 閩監毛本同惠棟校宋本三者謂三字作元謂二字

禮尚書猶爲割 閩監毛本作禮浦鏜校云禮當孔字之誤案此本禮作礼與孔字形相近

子曰南人有言曰節

毋與惡德之人也 閩監毛本嘉靖本同惠棟校宋本宋監本毋作無岳本同衛氏集說同釋文出毋予云音無

問正爲偵惠棟校宋本作正岳本嘉靖本同考文引古本足利本同此本正誤不閩監毛本同衞氏集說作問正於人爲偵

子曰至子凶惠棟校宋本無此五字

此尚書傳說告高宗之辭閩監本同毛本傳誤傳

其事則○煩事煩則致亂也按閩監本衞氏集說此本事則下○衍毛本事則下空闕亦非也

附釋音禮記注疏卷第五十五宋監本禮記卷第十七經四千一百一十六字注四千六百十一字嘉靖本禮記卷第十七經四千一百一十八字注四千六百四字

禮記注疏卷五十五校勘記

附釋音禮記注疏卷第五十六

奔喪第三十四

○陸曰鄭云奔喪者居於他邦聞喪奔歸之禮實曲禮之正篇也【疏】正義曰案鄭目錄云名曰奔喪者以其居他國聞喪奔歸之禮此於別錄屬喪服之禮矣實逸曲禮之正篇也漢興後得古文而禮家又貪其說因合於禮記耳奔喪禮屬凶禮也鄭云逸禮者漢書藝文志云漢興始於魯淹中得古禮五十七篇其十七篇與今儀禮正同其餘四十篇藏在祕府謂之逸禮其投壺禮亦此類也又六藝論云漢興高堂生得禮十七篇後孔子壁中得古文禮五十七篇其十七篇與前同而字多異以此言之則此奔喪禮十七篇外既謂之逸何以下文鄭注又引逸奔喪禮似此奔喪禮之外更有逸禮者但此奔喪禮對十七篇爲逸禮內錄入於記其不入於記者又比此爲逸也故二逸不同其實祗是一篇也此奔喪一篇兼天子諸侯然以士爲主故鄭下文注云未成服者素委貌是士之所服故知以士爲主也

禮記　鄭氏注　孔穎達疏

奔喪。之禮始聞親喪以哭答使者盡哀問故又哭盡哀親父母也以哭答使者驚怛之哀無辭也問故問親喪所由也雖非父母聞喪而哭其禮亦然也○奔喪此正字也說文云從哭亡亡亦聲也哭空木反使色吏反注同怛都達反【疏】奔。喪。至盡哀○正義曰此一篇總明奔五服之喪也從始聞至於喪所成服之節今各隨文解之此一節論初聞之節五服皆然故鄭注云雖非父母聞喪而哭其禮亦然鄭必知五服皆然者以下文云日行百里不以夜行唯父母之喪見星而行別云唯父母則知以前兼五服也遂行日行百里不以夜行雖有哀戚猶辟害也晝夜之分別於昏明哭則遂行唯父母之喪見星而行見者不爲位○辟音避分扶問反又方云反別彼列反

星而舍侵晨冒昬彌益促也言唯著異也○冒亡北反又亡報反著張慮反若未得行則成服而后行謂以君命有爲者也

成喪服得行則行○爲于僞反一音如字過國至竟哭盡哀而止感此念親○竟音境下同哭辟市朝爲驚衆也○辟音避

軓直遙反爲于僞反望其國竟哭斬衰者也自是哭且遂行○衰七雷反後皆同【疏】遂行至竟哭○正義曰此一節論奔喪在路至其國竟奔

赴之節○若未得行則成服而后行者此奉君命而使使事未了不可以己私喪廢於公事故成服以俟君命則人代己也○注成喪服得行則行○正義曰

鄭云此者恐成服之後即便得行故明之云若成服已後得行則可行若未得行即不可行○注感此念親○正義曰案聘禮云行至他國竟上而誓衆使次

介假道是國竟行禮之處去時親在今返親亡故哭盡哀戚感此念親也凡聞喪若聞父母之喪其哭之不離聞喪之處不得爲位即奔之也若有君命未得

奔喪者雖父母之喪既聞喪而哭又爲位更哭也○注斬衰者也自是哭且遂行○正義曰以下云齊衰望鄉而哭大功望門而哭則知斬衰望其國竟而哭

且遂行雖云斬衰其實母之齊衰亦然也至於家入門左升自西階殯東西面坐哭盡哀括髮袒括髮

袒者去飾也未成服者素委貌深衣已成服者固自喪服矣○括古活反袒徒旱反去羌呂反降堂東即位西鄉哭成踊已殯者位

在下○鄉許亮反下西鄉同襲絰于序東絞帶反位拜賓成踊襲服衣也不於又哭乃絰者發喪已踰日節於是可也其

未小斂而至與在家同耳不散帶者不見尸柩凡拜賓者就其位既拜反位哭踊○絞古卯反下同徐戶交反成踊音勇散悉但反送賓反位有

賓後至者則拜之成踊送賓皆如初衆主人兄弟皆出門出門哭止闔門相者

告就次次倚廬也○闔戶臘反相息亮反下相者皆同倚於綺反於又哭括髮袒成踊於三哭猶括髮袒成

又哭至明日朝也三哭又其明日朝也皆升堂括髮袒如始至必又哭三哭踊者象小斂大斂時也雜記曰士三踊其夕哭從朝夕哭不括髮不袒不踊不以。爲。數〇不以數也色主反本亦作不以爲數數色具反

三日成服拜賓送賓皆如初三日三哭之明日也既哭成其。服喪服杖於序東

疏至。於。至。如。初〇正義曰此一節明父母之喪奔至於家哭及袒踊成服之節明父母之喪奔入中門之左也〇升自西階者曲禮云爲人子者升降不由阼階今父母新死未忍異於生故不忍當阼階也故升自西也括髮袒者喪已經日不笄纚故即括髮袒也若尋常在家親始喪則笄纚至明日小斂畢乃括髮此所奔者謂主人也故下云奔喪者非主人則主人爲之拜賓此既親拜賓故知主人也此謂奔父之喪若母之喪又哭則免此下文云又哭括髮袒故知爲父也此謂未成服也故下云三日成服〇襲經于序東者謂在堂下當序牆之東非謂堂上之序東也〇下云送賓皆如初者謂前送賓畢而反位後送賓亦畢而反位故云皆如初也於又哭括髮袒成踊於三哭猶括髮袒成踊者括髮袒皆在堂上殯東西面成踊則在堂下之東西面位也〇三日成服拜賓送賓皆如初者謂於堂下之東拜賓成踊送賓反位故云皆如初也〇注未成服者素委貌深衣〇正義曰知素委貌深衣者案曾子問篇云壻親迎女在塗遭喪女改服布深衣縞總女人之縞總似男子之素冠故知布深衣素冠又小記云遠葬者比反哭者皆冠及郊而後免明知在路皆冠也此素委貌謂士庶人若大夫已上則素弁也〇注云已殯者位在下〇正義曰案士喪禮小斂訖降自西階即位故知殯畢位在下小斂之後未殯之前雖降在堂下仍更升堂至既殯之後則長在阼階之下故云既殯。位。在。下也〇注襲服至哭踊〇正義曰云不於又哭乃經者案士喪禮小斂訖奉尸俠于堂降成踊乃經於序東在家小斂當奔之禮又哭既小斂著經則合又哭乃經故云不於又哭乃經者發喪已踰日。節於是可也云其未小斂而至與在家同耳者謂威儀節度與在家同其帶經等自用其奔喪日數也云不散帶者不見尸柩者以士喪禮云既小斂帶經散麻三日乃絞垂今奔喪初至則絞帶與在家異故云不散麻者不

見尸柩也知此絞帶非象革帶之絞帶而必以爲絰之散垂而絞之者以雜記云親者終其麻帶絰之日數彼帶絰謂絰之垂者是主人成絰之後明知此絞帶亦謂絰之散垂而絞之故不以爲象革帶之絞帶也且要帶爲重象革帶之絞帶爲輕此絞當舉重者不應舉輕之絞帶故以爲絞絰之垂者注又哭至爲數○正義曰知又哭三哭皆升堂括髮袒者約士喪禮小斂大斂主人皆升堂故知此皆升堂也引雜記云士三踊其夕哭從朝夕哭不括髮不袒不踊者彼云三踊夕無踊唯稱三踊此云三哭而不踊故知夕雖哭而不踊故數夕哭但云三哭不袒者以小記篇云三日五哭三袒既云三袒故知夕不袒也○注既哭成其喪服杖於序東○正義曰知在序東者約士喪禮文

○奔喪者非主人則主人爲之拜賓送賓奔喪者自齊衰以下入門左中庭北面哭盡哀免麻于序東即位袒與主人哭成踊不升堂哭者非父母之喪統於主人也麻亦絰帶也於此言麻者明所奔喪雖有輕者不至喪所無改服也凡袒者於位襲於序東袒襲不相因位此麻乃袒變於爲爲父母也○爲于僞反注變於爲父下注爲母皆同齊音咨下同免音問下及注皆同於又哭三哭皆免袒有賓則主人拜賓送賓又哭三哭亦入門左中庭北面如始至時也丈夫婦人之待之也皆如朝夕哭位無變也待奔喪者無變嫌賓客之也於賓客以哀變爲敬此骨肉哀則自哀矣於此乃言待之明奔喪者至三哭猶不以序入也

疏○奔。喪。至。變。也○正義曰此一節明奔齊衰以下之喪○注不升至母也○正義曰不升堂哭者非父母之喪統於主人者解前文奔喪升自西階此云中庭北面故云不升堂哭者非父母之喪統屬於主人以主人待奔之人但在東階之下不升堂故奔喪者在中庭北面繼統於主人也主人唯饋奠有事之時乃升堂若尋常無事恆在堂下也下文云奔母之喪則前經升自西階者是奔父之喪此云奔母之喪者其實奔父母喪亦升自西階故下經奔母之喪直云西面哭不云升從上文也云於此言麻者明所奔喪雖有輕者不至喪所無改服也者熊氏及沈氏以父母之喪來至喪所乃改服襲經帶若齊衰以下之喪亦至喪所乃免麻而改服也今此齊衰來至喪所若不稱麻恐是輕喪在路之上已改服著麻故於此至家乃稱麻欲明所奔之喪雖有輕喪不來至喪所無道路之上改服著麻故云明所奔喪雖有輕者不至喪所無改服也皇氏以爲謂奔齊衰之喪不至喪所謂不升堂全不解注意其義非也此麻則帶經變文耳云凡袒者於位襲於序東袒襲不相因位者此奔齊衰之喪經云免麻于序東卽位袒是袒在於位也免麻于序東麻卽襲也序東在位北隱映於序是袒襲不相因位也云此麻乃袒變於爲父母也者以此經先云免麻乃云卽位袒案上文父母之喪先云括髮袒乃云襲經于序東是與父母異也故云此麻乃袒變於爲父母也○注又哭至時也○正義曰鄭知又哭三哭如始至時者以上奔父之喪又哭三哭皆括髮袒成踊如初至則知齊衰以下之喪又哭三哭皆如初至時○注待奔至入也○正義曰待奔喪者無變嫌賓客之者釋所云不變義也禮以變爲敬若有客則拜賓與之成踊示敬賓故變也今此奔者是骨肉之恩哀則以哀矣則不須爲變明不如賓客也云於此乃言待之明奔喪者至三哭猶不以序入也者言主人男女待此奔者應就初哭成踊下之而言之今方於三哭以後言之者若平常五屬入哭則與主人爲次重者前輕者後今奔喪者急哀但獨入哭不俟主人爲次序非唯初至如此至主人又哭三哭皆然故於三哭之下明其待之無變明悉如初至三哭猶不以常禮次序以入此謂男子奔喪故待之無變若婦人奔喪則待異於男子與賓客同故下文婦人奔喪東髽卽位與主人拾踊注云拾更也主人與之更踊賓客之是待婦人爲賓客禮以婦人外成適他族故也雖以賓客待之亦爲異於賓客之禮故雜記云婦人奔喪入自闈門升自°側階注入自闈門升自側階異於女賓若女賓則喪大記篇云寄公夫人入自大門今此入闈門是異於女賓以婦人雖是外成以°奔°夫屬不得全同女賓故也

奔母之喪西面哭盡哀括髮袒降堂東卽位西鄉哭成踊襲免經于序東拜賓

送賓皆如奔父之禮於又哭不括髮爲母於又哭而免輕於父也其他則同○而免本或作而不免者非【疏】奔母至括髮○正義曰此一經論奔母之喪節也此謂適子故經云拜賓送賓皆如奔父之禮若庶子則亦主人爲之拜賓送賓○注爲母於又哭而免輕於父也○正義曰此文又哭不括髮與喪服小記篇云又哭而免其理雖同其日則異於喪服小記據在家小斂之後又哭之時不括髮而免也此則從外奔喪至內乃不括髮而免也

○婦人奔喪升自東階殯東西面坐哭盡哀東髽即位與主人拾踊婦人謂姑姊妹女子子也東階東面階也婦人入者由闈門東髽髽於東序不髽於房變於在室者也去纚大紒曰髽拾更也主人與之更踊賓客之○髽側瓜反拾其劫反注同闈音違舊音暉去起呂反纚色買所綺二反紒音計更音庚下同【疏】婦人至拾踊○正義曰此婦人奔喪之禮也注婦人至客之○正義曰婦人入者由闈門知入自闈門者雜記篇云以諸侯夫人奔喪入自闈門明卿大夫以下婦人皆從闈門入也闈門謂東邊之門云髽於東序者以男子之免在東序故知婦人亦髽於東序就掩映之處在堂上也男子則堂下也經云升自東階者謂東面之階故雜記云升自側階云不髽於房變於在室者熊氏云亦未殯之前婦人髽於室故士喪禮云婦人髽於室若既殯之後室中是神之所處婦人在堂當髽於東房今此婦人始來奔喪故髽於東序耳此文據天子諸侯之禮案大記云婦人髽帶麻于房中○注云天子諸侯之禮房中則西房也云去纚大紒曰髽者鄭注士喪禮云髽之異於髻髮者既去纚而以髮爲大紒如今婦人露紒其象也

奔喪者不及殯先之墓北面坐哭盡哀主人之待之也即位於墓左婦人墓右成踊盡哀括髮東即主人位絰絞帶哭成踊拜賓反位成踊相者告事畢主人之待之謂在家者也哭於墓爲父母則袒告事畢者於此後無事也○相息亮反下同爲于僞反遂冠歸入門左

北面哭盡哀括髮袒成踊東即位拜賓成踊賓出主人拜送有賓後至者則拜之成踊送賓如初衆主人兄弟皆出門出門哭止相者告就次於又哭括髮成踊於三哭猶括髮成踊三日成服於五哭相者告事畢又哭三哭不祖者哀戚已久殺之也逸奔喪禮說不及殯。日於又哭猶括髮即位不祖告事畢者五哭而不復哭也成服之朝爲四哭此謂既期乃後歸至者也其未期猶朝夕哭不止於五哭○冠音官袒音但殺色界反下哀殺同復扶又反期音基下同爲母所以異於父者壹括髮其餘免以終事他如奔父之禮壹括髮謂歸入門哭時也於此乃言爲母異於父者明及殯不及殯其異者同○爲于僞反注及下爲父同

疏○奔喪至之禮○正義曰此一節論既葬之後奔父母之喪禮○主人之待之也即位於墓左婦人墓右者主人謂先在家者非謂適子也此奔喪者自是適子故經云拜賓反位成踊若非適子則不得拜賓也○三日成服於五哭相者告事畢者三日成服謂來奔喪日後三日通奔日則爲四日於此日成服則五哭矣相者告事畢謂成服之日爲四哭成服明日之朝爲五哭此謂既葬已後而來歸故唯五哭相者告事畢不復哭也○注主人至事也○正義曰鄭注嫌經云主人是適子故云主人謂在家者必知然者以奔喪者親自拜賓是奔喪者身爲主人不得待者爲主人故云謂在家者也云哭於墓爲父母則祖者以下文云除喪而后歸則之墓哭成踊東括髮祖除喪畢尚括髮袒明葬後歸爲父母祖可知也云告事畢者於此後無事也釋所以墓所初哭成踊則告事畢者以墓所既括髮絰絞帶拜賓之後於此墓所更無事也○注又哭至五哭○正義曰又哭三哭不祖者哀戚已久殺之也今經云又哭三哭但云括髮不云袒者既葬已後哀情稍殺故也云成服之朝爲四哭者以初至象始死爲一哭明日象小斂爲二哭又明日象大斂爲三哭又明日成服之日爲四哭又明日爲五哭皆數朝哭不數夕哭

故爲五也云此謂既期乃後歸至者也若其未期之前在家者猶朝夕哭則知奔喪者亦朝夕哭今云五哭相者告事畢明是既期已後朔望朝哭而已故鄭云其未期猶朝夕哭不止於五哭也○注壹括至者同○正義曰壹括髮謂婦入門哭時者鄭恐壹括髮是墓所括髮入門則不括髮故明之云壹括髮謂入門哭時者謂以筵几在堂不應入門遂不括髮故云謂入門時也云於此乃言爲母異於父者明及殯不及殯其異者同釋爲母異於父應從上文及殯奔母之喪而言之今乃於不及殯後始言爲母異於父之意若及殯則言異於父恐不包不及殯若不及殯處而言之則及殯之處灼然可知是舉後總明前也故云明及殯不及殯其異者同謂及殯壹括髮不及殯亦壹括髮是異於父者其事同也

齊衰以下不及殯先之墓西面哭盡哀不北面者亦統於主人免麻于東方即位與主人哭成踊襲有賓則主人拜賓送賓賓有後至者拜之如初相者告事畢不言祖言襲者容齊衰親者或祖可遂冠歸入門左北面哭盡哀免袒成踊東即位拜賓成踊賓出主人拜送於又哭免袒成踊於三哭猶免袒成踊三日成服於五哭相者告事畢爲父於又哭括髮而不祖此又哭三哭皆言祖祖衍字也

【疏】齊衰至事畢○正義曰此一節明既葬之後奔齊衰以下喪禮但齊衰以下有大功小功緦麻日月多少不同若奔在葬後而三月之外大功以上則有免麻東方三日成服若小功緦麻之喪則不得有三日成服小功以下不税無追服之理若葬後通葬前未滿五月小功則亦三日成服其緦麻之喪止臨喪節而來亦得三日成服也東即位拜賓成踊者東即位謂奔喪者於東方就哭位一拜賓謂主人代之拜賓成踊謂奔喪者於主人拜賓之時而成踊凡言成踊每一節有三踊凡三節九踊乃謂之成也○注不言祖言襲者容齊衰親者或祖可○正義曰今案經文直言免麻于東方即位不稱祖而下云成踊襲下既稱襲則有祖理

經若言袒恐齊衰以下皆袒故不得總言袒也經稱襲者容有齊衰重爲之得襲故言襲○注爲父至字也○正義曰知爲父於又哭括髮而不袒者案上文爲父不及殯婦入門左北面哭盡哀括髮袒下文云相者告就次於又哭括髮成踊不言袒是爲父於又哭括髮而不袒也云又哭三哭皆言袒袒衍字也者今齊衰以下之喪經文於又哭三哭乃更言袒輕喪而袒非其宜故知經之袒衍餘之字也

聞喪不得奔喪哭盡哀問故又哭盡哀乃爲位括髮袒成踊襲絰絞帶卽位聞父母喪而不得奔謂以君命有事不然者不得爲位位有鄭列之處如於家朝夕哭位矣不於又哭乃經者喪至此踰日節於是可也○鄭子短反處昌慮反下之處同拜賓反位成踊賓出主人拜送于門外反位若有賓後至者拜之成踊送賓如初於又哭括髮袒成踊於三哭猶括髮袒成踊三日成服於五哭拜賓送賓如初不言就次者當從其事不可以喪服廢公職也其在官亦告就次言五哭者以追公事五日哀殺亦可以止

【疏】聞喪至如初○正義曰此一節明聞喪不得奔於所聞之處發喪成服之禮○聞喪不得奔者謂以君命有事其事未了故不得奔喪也乃爲位者謂以君命使故得爲位如朝夕哭位矣○襲絰絞帶卽位者於此聞喪之日覆哭踊畢襲所袒之衣著首絰絞帶之垂卽東方之位○三日成服於五哭拜賓送賓如初者三日成服通數聞喪爲四日五哭謂成服之明日哭也於此哭時有賓來卽拜而迎之去卽送之皆如初於五哭訖亦可以止者也不云相者告事畢禮文略也○注聞父至可也○正義曰知聞父母喪而不得奔謂以君命有事者若非君命有事則不得爲位當須速奔今乃爲位故知以君命有事也云不於又哭乃經者喪至此踰日節於是可也者不於又哭謂不於明日之又哭此經云又哭謂當日之中對初聞喪之哭乃爲又哭於此哭後乃經絞帶與明日又哭別也初聞喪象始死明日又哭象小斂時也士喪禮云小斂乃經則此亦當又哭乃經今

於聞喪之日即絰帶者以喪至此赴者至踰其日節故於是聞喪之日可加絰帶也○注其在至以止○正義曰在官謂在官府館舍館舍是賓之所專有由館舍之中而作廬故知禮畢亦告就次云言五哭者以迫公事五日哀殺亦可以止者此經唯云五哭不云哀止知可以止者若成服之後恆常有哭何須特云五哭之文明五哭之後不復朝夕有哭故以五哭斷之

若除喪而后歸則之墓哭成踊東括髮袒絰拜賓成踊送賓反位又哭盡哀遂除於家不哭東東即主人位如不及殯者也遂除除於墓而歸主人之待之也無變於服與之哭不踊無變於服自若時服也亦即位于墓左婦人墓右【疏】若除至不踊○正義曰此一節明除服之後奔父母喪節則之墓哭成踊者亦謂主人適子初在墓南北面哭成踊乃來就主人之位括髮袒也○主人之待之也無變於服者主人亦謂在家者無變於服謂著平常之吉服不踊者以在家者其服已除哀情已殺故不踊也○注東東至而歸○正義曰以東方是主人之位經云東故云即主人之位云如不及殯者也以上文奔父母之喪不及殯先之墓北面哭下文東即主人之位除喪之後奔其位如不及殯之時云遂除於墓而歸者以經云遂除於家不哭鄭恐來至家始除服故明之云遂除謂墓所遂除服至於家不復哭也

自齊衰以下所以異者免麻【疏】自齊至免麻○正義曰此一節明齊衰以下除服之後奔喪之節唯著免麻不括髮墓所哭罷即除此免麻者當謂至緦麻也

凡爲位非親喪齊衰以下皆即位哭盡哀而東免絰即位袒成踊謂無君事又無故可得奔喪而以己私未奔者也父母之喪則不爲位其哭之不離聞喪之處齊衰以下更爲位而哭皆可行乃行○離力智反襲拜賓反位哭成踊送賓反位相者告就次三日五哭卒主人出送賓衆主人兄弟皆出門哭止相者告事畢成服拜賓卒猶止也

三日五哭者始聞喪訖夕爲位乃出就次一哭也與明日又明日之朝夕而五哭不五朝哭而數朝夕備五哭而止亦爲急奔喪己私事當畢亦明日乃成服凡云五哭者其後有賓亦與之哭而拜之○之朝朝旦也下同數色主反爲于僞反

若所爲位家遠則成服而往

謂所當奔者外喪也外喪緩而道遠成服乃行容待齎也○齎子西反資糧也一音咨

疏。凡。爲。至。而。往○正義曰此一節明齊衰以下不得往奔則於所聞之處爲位及免絰成服之禮○三日五哭者謂初聞喪爲一哭明日朝夕二哭又明日朝夕二哭總爲五哭所以三日爲五哭者爲急欲奔喪以己之私事須營早了故三日而五哭止也○注謂無至乃行○正義曰已聞齊衰以下之喪既不銜君事又無私事故可得早奔唯以己之私事未得奔者必知無君事者若銜君命於事爲重唯父母之喪乃敢顯然爲鄭列之位今若銜君使命聞齊衰以下輕喪不敢以私害公不敢顯然爲位此言爲位故知無君命自以私事未得奔者云齊衰以下更爲位而哭皆可行乃行者齊衰以下於聞喪之處已哭哭罷更爲位而哭可行卽行以齊衰以下皆然故云皆也○注數朝至拜之○正義曰前云三日成服於五哭皆數朝哭五日而五哭唯三日數夕哭爲五哭者前文三日五哭成服之後乃云五哭故數成服後日之哭乃爲五此三日五哭是三日之內爲五哭故數夕哭爲五哭經文不同故鄭注亦異云亦明日乃成服者鄭恐三日爲五哭恐數聞喪三日亦成服故云明日乃成服以成服必除初聞喪爲三日也云凡云五哭者其後有賓亦與之哭而拜之者從上以來四處有五哭之文上兩處於五哭之下無拜賓送賓之事下兩處。五。哭。之。文雖有拜賓送賓恐與上有異故鄭總明之云凡云五哭者其後有賓亦與之哭而拜之總結於上也○注外喪緩而道遠成服乃行容待齎也正義曰以外喪恩輕故哀情緩也道路又遠容待齎持賵贈之物故成服乃去也

齊衰望鄉而哭大功望門而哭小功至門而哭緦麻卽位而哭

奔喪哭親疏遠近之差也○差初佳反又初宜反下同

疏齊衰至而哭○正義曰此一節明奔喪所至之處哭泣之禮案雜記云大

功望鄉而哭此云望門而哭者雜記所云者謂本齊衰喪者降服大功

哭父之黨於廟母妻之黨於寢師於廟門外朋友於寢門外所識於野張帷此因五服聞喪而哭列人恩諸所當哭者也黨謂族類無服者也逸奔喪禮曰哭父族與母黨於廟妻之黨於寢朋友於寢門外哭而已不踊言壹哭而已則不爲位矣壹

凡爲位不奠以其精神不。在乎是

哭天子九諸侯七卿大夫五士三此臣聞君喪而未奔爲位而哭尊卑日數之差也士亦有屬吏賤不得君臣之名

大夫哭諸侯不敢拜賓謂哭其舊君不敢拜賓辟爲主○辟音避

諸臣在他國爲位而哭不敢拜賓謂大夫士使於列國○使色吏反

與諸侯爲兄弟亦爲位而哭族親昏姻在異國者

凡爲位者壹袒謂於禮正可爲位而哭也始。聞喪哭而袒其明日則否父母之喪自若三袒也

【疏】哭父至壹袒○正義曰此一節明無服之親聞喪所哭之處案檀弓云師吾哭諸寢與此異兄弟吾哭諸廟與此同朋友哭諸寢門外與此同其不同者熊氏云檀弓所云殷禮也此所云周法也此哭父黨於廟而檀弓云有殯聞遠兄弟之喪哭於側室若無殯則在寢與此不同者異代禮也此母黨在寢逸奔喪禮母黨在廟者皇氏云母存則哭於寢母亡則哭於廟熊氏云哭於廟者是親母黨哭於寢者蓋慈母繼母之黨未知孰是故兩存之沈氏云事由父者哭之廟事由己者則哭之寢此師於廟門外者是父之友與爲師同故哭之廟義亦通也○注壹哭而已則不爲位矣○正義曰此明諸哭者本是無服故但哭不爲位案檀弓云申祥之哭言思與哭嫂同爲位者熊氏云異代禮也此文朋友喪將欲奔故先作。一哭若朋友已久雖聞喪則不復哭故檀弓云朋友之墓有宿草而不哭是也○注謂哭其舊君不敢拜賓辟爲主○正義曰知哭舊君者以下文云諸臣在他國爲位而哭是於他國爲位而哭見事之君則知此是哭諸舊君也○注族親婚姻在異國者○正義曰此謂與諸侯異姓之昏姻又在他國不與諸侯爲臣身又無服故暫爲

位而哭若與諸侯同姓是五服之內皆服斬也故小記云與諸侯爲兄弟者服斬是也若君之姑姊妹之女來嫁於國中者則有服故雜記云諸侯之外宗猶內宗是有服也○注謂於至祖也○正義曰此謂斬衰以下之喪初聞喪應爲位者初哭一袒而已又哭三哭則不袒爲父母之喪則又哭三哭皆袒前文所云者是也

所識者弔先哭于家而後之墓皆爲之成踊從主人北面而踊從主人而踊拾踊也北面自外來便也主人墓左西面○爲于僞反下注各爲同拾其劫反便婢面反

疏所識者至而踊○正義曰此一節論哭所識者也所識謂與死者相識今弔其家後乃往墓統於主人故也皆爲之成踊者雖相識輕亦爲之成踊也皆賓主治之○從主人北面而踊者主人在墓左西鄉賓從外來而北面踊便也主人先踊賓從之故云從主人北面而踊也

凡喪父在父爲主與賓客爲禮宜使尊者父沒兄弟同居各主其喪各爲其妻子之喪爲主也祔則宗子主之○祔音附親同長者主之父母沒如昆弟之喪宗子主之○長丁丈反如若也不同親者主之從父昆弟之後

疏凡喪至主之○正義曰此一節論同居主喪之事○凡喪父在父爲主者言子有妻子喪則其父爲主案服問云君所主夫人妻大子適婦不云主庶婦若此所言則亦主庶婦是與婦問違者服問所言通其命士以上父子異宮則庶子各自主其私喪今此言是同宮者也○父沒兄弟同居各主其喪者謂各爲其妻子爲喪主也此言父沒同居各主之當知父在同居則父主之○親同長者主之者親同謂同三年朞同父母者若同父母喪者則推長子爲主若昆弟喪亦推長者爲主也○不同親者主之者不同謂從父昆弟親近自主之也

聞遠兄弟之喪既除喪而后聞喪免袒成踊拜賓則尚左手小功緦麻不稅者也雖不服猶免袒尚左手吉拜也逸奔喪禮曰凡拜吉喪皆尚左手○稅吐外反

疏聞遠至左手○正義曰此一經論小功以下之喪既除喪之後而始聞喪之節○免袒成踊者小功以下應除之後服雖不稅而初

聞喪亦免祖而成其踊也以本是五服之親爲之變也〇拜賓則尚左手者於時有賓來弔拜賓之時尚其左拜謂左手在尚從吉拜也無服而爲位者唯嫂叔及婦人降而無服者麻雖無服猶弔服加麻祖免爲位哭也正言嫂叔尊嫂也兄公於弟之妻則不能也婦人降而無服族姑姊妹嫁者也逸奔喪禮曰無服祖免爲位者唯嫂與叔〇無凡爲其男子服其婦人降而無服者麻〇嫂悉早反凡爲于僞反下注同

疏無。服。至。者。麻〇正義曰此經論哭無服而爲位及弔服加麻也〇及婦人降而無服者麻哭嫂與叔爲位幷及族姑姊妹女子出嫁於人元是緦麻今降而無服亦當爲位哭之加弔服之麻不爲之祖免故云無服者麻也〇注雖無至者麻〇正義曰以經云無服者麻既無服又云麻故知弔服加麻也麻謂緦之経也云兄公於弟之妻則不能也者兄公謂夫之兄也於弟之妻則不能爲位哭之然則弟婦於夫兄亦不能也兄公於弟妻不服者卑遠之也弟妻於兄公不服者尊絕之也爾雅釋親云婦人謂夫之兄爲兄公郭景純云今俗呼兄鍾語之轉耳今此記俗本皆女旁置公轉誤也皇氏並云婦人稱夫之兄爲公者須公平尊稱也云凡爲其男子服其婦人降而無服者麻者此是逸奔喪禮文言凡爲其男子服其婦人降而無服者麻男子謂族伯叔族兄弟之等爲其族姑及姊妹既降無服。其。族。姑。口。口。口。口。口。口。口其族姑姊爲族伯叔兄弟亦無服加麻是男之於女女之於男皆無服而加麻故云凡爲其男子服其婦人降而無服者麻也

凡奔喪有大夫至祖拜之成踊而后襲於士襲而后拜之主人祖降哭而大夫至因拜之不敢成己禮乃禮尊者或曰大夫後至者祖拜之爲之成踊

疏凡。奔。至。拜。之〇正義曰此經論奔喪大夫士來弔待之節〇大夫至祖拜之成踊而后襲者謂大夫來至弔此奔喪之士其奔喪者先祖拜之成踊之后然後襲衣尊大夫故先拜而後襲於士襲而後拜之者謂士來弔此奔喪之人其奔喪者初亦祖襲衣之後乃始拜之士卑故先襲而後拜也〇注主人至成踊〇正義曰此主人謂奔喪者身是士初來奔喪主人括髮於堂上乃降堂而哭於此時大夫

至因拜之於東階下不敢成已踊及襲經帶之事待拜後始成踊襲經帶也若士來弔則降堂先成己禮踊襲經帶之後乃拜之士謂兩士相敵然則與兩大夫相敵則亦襲後乃拜之云或曰大夫後至者袒拜之爲之成踊者以此經袒云袒拜之成踊其餘經本云大夫後至袒拜之爲之成踊與此經文字多少不同故云或。曰

問。喪第三十五

○陸曰鄭云問喪者善其問以知居喪之禮所由也【疏】正義曰案鄭目錄云名曰問喪者以其記善問居喪之禮所由也此於別錄屬喪服也

鄭氏注　孔穎達疏

親始死雞斯徒跣扱上衽交手哭惻怛之心痛疾之意傷腎乾肝焦肺水漿不入口三日不舉火故鄰里爲之糜粥以飲食之親父母也雞斯當爲笄纚聲之誤也親始死去冠。二日乃去笄纚括髮也今時始喪者邪巾貊頭笄纚之存象也徒猶空也上衽深衣之裳前五藏者腎在下肝在中肺在上舉三者之焦傷而心脾在其中矣五家爲鄰五鄰爲里○雞斯依注爲笄纚笄音古兮反纚色買反徐所綺反跣悉典反扱初洽反衽而鴆反又而甚反注同怛都達反腎市軫反乾肝並音干肺芳廢反漿本亦作漿子羊反饔武皮反本亦作糜同粥之六反字林與六反云淖糜也飲音蔭食音嗣去冠起呂反耶似嗟反亦作邪袹亡瞎反本亦作貊藏才浪反脾婢支反

夫悲哀在中故形變於外也痛疾在心故口不甘味身不安美也言人情之中外相應○夫音扶應應對之應

三日而斂在牀曰尸在棺曰柩動尸舉柩哭踊無數惻怛之心

痛疾之意悲哀志懣氣盛故袒而踊之所以動體安心下氣也婦人不宜袒故發胸擊心爵踊殷殷田田如壞牆然悲哀痛疾之至也故曰辟踊哭泣哀以送之送形而往迎精而反也故袒而踊之言聖人制法故使之然也爵踊足不絕地辟拊心也哀以送之謂葬時也迎其精神而反謂反哭及日中而虞也○斂力豔反下同柩其又反懣亡本反又音滿范音悶下同殷殷並音隱壞音怪字林作數音同辟婢尺反徐扶亦反注及下皆同拊芳甫反其往送也望望然汲汲然如有追而弗及也其反哭也皇皇然若有求而弗得也故其往送也如慕其反也如疑望望瞻望之貌也慕者以其親之在前疑者不知神之來否○汲音急求而無所得之也入門而弗見也上堂又弗見也入室又弗見也亡矣喪矣不可復見已矣故哭泣辟踊盡哀而止矣說反哭之義也○上時掌反復扶又反下復反復生皆同心悵焉愴焉惚焉愾焉心絕志悲而已矣祭之宗廟以鬼饗之徼幸復反也說虞之義○悵勅亮反愴初亮反惚音忽愾徐音慨苦代反徼古堯反成壙而歸不敢入處室居於倚廬哀親之在外也寢苫枕塊哀親之在土也言親在外在土孝子不忍反室自安也入處室或爲入宮○壙古晃反倚於綺反苫始占反草也枕之蔭反塊苦對反又苦怪反土也故哭泣無時服勤三年思慕之心孝子之志也人情之實也勤謂憂勞或問曰死三日而后斂者何也怪其遲也曰孝子親死悲哀志懣故匍匐而哭之若將復生

然安可得奪而斂之也故曰三日而后斂者以俟其生也三日而不生亦不生矣孝子之心亦益衰矣家室之計衣服之具亦可以成矣親戚之遠者亦可以至矣是故聖人爲之斷決以三日爲之禮制也匍匐猶顛蹷或作扶服○匍音蒲又音扶匐蒲北反又音服衰色追反爲于僞反下注相爲爲褻同斷決丁段反下古穴反猶傎丁年反蹷求月反又音九月反或問曰冠者不肉袒何也怪衣冠本之相爲也○冠音官曰冠至尊也不居肉袒之體也故爲之免以代之也言身無飾者不敢冠冠爲褻尊服肉袒則著免免狀如冠而廣一寸○免音問注及下皆同褻息列反著張慮反又張略反廣古曠反然則禿者不免傴者不袒跛者不踊非不悲也身有錮疾不可以備禮也故曰喪禮唯哀爲主矣女子哭泣悲哀擊胸傷心男子哭泣悲哀稽顙觸地無容哀之至也將踊先袒將袒先免此三疾俱不踊不袒不免顧其所以否者各爲一耳擊胸傷心稽顙觸地不踊者若此而可或曰男女哭踊○禿吐祿反無髮也傴於縷反一音紆矩反背曲也跛補禍反又彼我反足廢也錮音故稽音啓注同顙桑朗反下注同或問曰免者以何爲也怪本所爲施也○何爲于僞反盡篇末文注皆同曰不冠者之所服也禮曰童子不緦唯當室緦緦者其免也當室則免而杖矣不冠者猶未冠也當室謂無父兄而主家者也童子不杖不杖者不免當室則杖而免免冠之細別以次成人也緦者其免也言免乃有緦服也○緦音思冠之古亂反或問曰杖者何也怪其義各異曰竹桐一也故爲父苴杖苴杖竹也爲母削

杖削杖桐也言所以杖者義一也顧所用異耳○苴七餘反削悉若反或問曰杖者以何為也怪所為施曰孝子
喪親哭泣無數服勤三年身病體羸以杖扶病也言得杖乃能起也數或為則時○羸力垂反劣也疲也
父在不敢杖矣尊者在故也堂上不杖辟尊者之處也堂上不趨示不遽也此
孝子之志也人情之實也禮義之經也非從天降也非從地出也人情而已矣
父在不杖謂為母喪也尊者在不杖辟尊者之處不杖有事不趨皆為其感動使之憂慼也○辟音避處昌慮反下同遽其慮反【疏】親始至實也○正義
曰此一節明初死三日以來居喪哭踊悲哀疾痛之意也○雜斯者笄謂骨笄纚謂縚髮之繒言親始死孝子先去冠唯留笄纚也徒跣者徒空也無屨而空
跣也○扱上衽者上衽謂深衣前衽扱之於帶以號踊履踐為妨故扱之○交手哭者謂交手拊心而為哭也○傷腎乾肝焦肺者言肺在上性近於燥故云
焦肝近肺故云乾腎近下故云傷言近下性多潤而為傷矣舉此三者五藏俱傷可知也○不舉火者哀痛之甚情不在食故不舉火也言旁親以下食不可
廢故鄰里為之糜粥以飲食之糜厚而粥薄薄者以飲之厚者以食之○注親父至為里○正義曰凡云親者包之五服也以此經悲哀之甚故知父母也云
雜斯當為笄纚者以經雜斯二字不當始死者之義聲與笄纚相涉故云笄纚也云親始死去冠者檀弓云始死羔裘玄冠者易之是去冠也云二日乃去笄
纚者以士喪禮云小斂髻髮是死二日故云乃去笄纚也云上衽深衣之裳前者言既始死朝服易之故知著深衣案深衣篇云續衽鉤邊故知此衽深衣之
衽案深衣衽當旁此云深衣之裳前者既扱之恐履踐為妨故解為裳前也其實衽象小要屬裳處皆狹旁與在前俱得衽名但所扱之處當衽也案公羊傳
云昭公以衽受於齊之唁禮亦謂裳當前者也○注爵踊足不絕地辟拊心也○正義曰爵踊似爵之跳也其足不離於地也殷殷田田如壞牆然者言將欲

崩倒也云辟拊心者爾雅釋訓文○望望然者瞻望之意也○汲汲然者促急之情也○皇皇然者意彷徨也○其往送也如慕者如孺子啼慕於母也○其反也如疑者不知神之來否如人之有疑也○亡矣喪矣者喪亦亡也重言之者丁寧之也若似人之逃不復來也○故哭泣辟踊盡哀而止矣者以其不可復見故反哭之時哭泣辟踊盡哀而休止也心悵焉愴焉者此明反哭之後虞祭之時也○祭之宗廟以鬼享之者謂虞祭於殯宮神之所在故稱宗廟以鬼享之尊而禮之冀其魂神復反也成壙而歸者此明葬之後猶居廬枕塊不敢入於室處也○故哭泣無時者此明終喪思慕之心也服勤者言服處憂勞勤苦也○人情之實也者言非詐僞假爲之是人情悲慕之實也○或問曰死三日而后斂者何也此記者假設問三日而后斂之意也三日斂者以士言之則大斂也明大夫以上言之則小斂也此經凡言亦者亦以俟其生制三日者俟其生也若三日不生於後亦不生矣也非但不生孝子之心亦益衰矣衣服之具亦可以成矣親戚之遠者亦可以至矣○或問曰冠者不肉袒何也此解冠必不袒袒必不冠之意也又明孝子身有病闕其居喪所以禮矣此冠不居肉袒者謂心既悲哀肉袒形褻故不可褻其尊服而冠也若有吉事而內心肅敬則雖袒而著冠也故郊特牲云君袒而割牲是也○或問曰免者以何爲也者此怪成人肉袒之時須著免今非成人肉袒亦有著免故問之云免者以何所爲○曰不冠者之所服也此答問之辭也不冠謂未冠童子之所服以未冠故著免也○禮曰童子不緦者此喪服正經之文記者引之故稱禮曰童子不緦者言不爲族人著緦服也○唯當室緦者謂童子無父兄當室稱主於家事唯此當室之童乃爲族人著緦服○緦者其免也者作記者云所以此童子爲族人得著緦者以其無父兄當室之時卽著免也以其無父兄而可依理故得爲族人著緦服也○當室則免而杖矣者又明童子得免所由以其孤兒當室則得免而杖爲族人得著緦也若童子不當室則不得免及杖也○注云免冠之細別以次成人也○正義曰解當室所著之意也言免是冠之流例也童子當室亞次成人故得著免也云緦者其免也者疊出經文也言免乃有緦服也鄭

出緦其免之意○言內爲父母著免乃有族人緦服言緦服由於著免是所以緦者由有免故也○或問曰杖者何也者此明居喪有杖爲父母乃異何意如此故問之○竹桐一也言爲父竹爲母桐孝子之意其義一也言孝子奉親用心是一但取義有異故竹桐而殊也○故爲父苴杖苴杖竹也者父是尊極故爲之苴杖言苴惡之物以爲杖自然苴惡之色唯有竹也故云苴杖竹也爲母削杖削杖桐也言爲母屈於父不同自然苴惡之色也故用削杖其杖雖削情同於父故云削杖桐也桐爲是同父之義故不用餘木也或解云竹節在外外陽之象故爲父矣桐節在內內陰之類也故爲母也○或問曰杖者以何爲也者此問孝子居喪何以須杖之意也○父在不敢杖矣尊者在故也者爲母親對父之時不敢據杖以尊者在故不敢也○堂上不杖辟尊者之處也者所以爲母堂上不敢杖者堂上是父之所在辟尊者之處所以爲母堂上故不杖也○堂上不趨示不遽也者言孝子爲母所以堂上不爲喪趨者示父以閒暇不促遽也若堂上而趨則感動父情使父憂慼故不杖不趨冀不悲哀於父也此孝子之志意人情之實事

附釋音禮記注疏卷第五十六

禮記注疏卷五十六校勘記　　阮元撰盧宣旬摘錄

奔喪第三十四

奔喪之禮節

奔喪之禮各本同石經同釋文作奔𠸶云此正字也說文云從哭亡亡亦聲也

奔喪至盡哀　惠棟校宋本無此五字

遂行日行百里節

遂行至竟哭　惠棟校宋本無此五字

若未得行則成服而后行者　惠棟校宋本同閩監毛本后作後

至於家入門左節

不以爲數閩監毛本岳本嘉靖本衛氏集說同釋文出不以數也云本亦作不以爲數

既哭成其服喪服杖於序東惠棟校宋本其下無服字宋監本岳本衛氏集說同考文引足利本同此本誤衍閩監毛本嘉靖本同○案疏亦無其下服字

至於至如初　惠棟校宋本無此五字

故云既殯位在下也 閩監本同毛本位在下誤倒作在下位

發喪已踰日節於是可也 閩監本同毛本節誤卽

奔喪者非主人節

奔喪至變也 惠棟校宋本無此五字

故奔喪者在庭中北面 惠棟校宋本同閩監毛本庭中二字倒衞氏集說同

入自闈門升自側階 閩監本同毛本側誤阼下升自側階同

以奔夫屬 閩監毛本同衞氏集說同惠棟校宋本奔夫作本天

奔喪者不及殯節

逸奔喪禮說不及殯日 閩監毛本嘉靖本衞氏集說同岳本日作曰考文引足利本同

以下文云除喪而后歸 惠棟校宋本同閩監毛本后作後

若除喪而后歸節

若除至不踊 惠棟校宋本無此五字

下文東卽主人之位 閩監毛本同惠棟校宋本文作云

自齊衰以下節

自齊至免麻　惠棟校宋本無此五字

當謂至緦麻也　閩監本作緦此本緦字闕毛本誤絲

凡爲位節

父母之喪　惠棟校宋本上有唯字宋監本岳本衞氏集說同此本誤脫閩監毛本嘉靖本同

凡爲至而往　惠棟校宋本無此五字

下兩處五哭之文　閩監本同毛本五哭之文誤倒作之文五哭

哭父之黨節

以其精神不在乎是　閩監毛本同岳本同衞氏集說同考文引宋板在作存宋監本嘉靖本同

始聞喪哭而袒　各本同監本聞字闕

故先作一哭　惠棟校宋本同閩監毛本一作壹

所識者弔節

所識者至而踊　惠棟校宋本無此六字

主人在墓左西鄉　閩監毛本同惠棟校宋本無西字

聞遠兄弟之喪節

既除喪而后聞喪　惠棟校宋本同石經同岳本同衛氏集說同閩監毛本后作後嘉靖本同

聞遠至左手　惠棟校宋本無此五字

無服而爲位者節

無服至者麻　惠棟校宋本無此五字

既降無服其族姑□□□□□□其族姑姊爲族伯叔兄弟亦無服加麻　閩監本同惠棟校宋本同毛本上其族姑三字亦闕共闕十字考文補闕作其族姑姊爲族伯叔兄弟山井鼎云補此十字卻係衍文當刪去也案衛氏集說作既降無服其族姑姊爲族伯叔兄弟亦無服中間並無闕字是也

凡奔喪有大夫至節

凡奔至拜之　惠棟校宋本無此五字

成踊而后襲者　惠棟校宋本同閩監毛本后作後下然后襲衣同

故云或曰　惠棟校宋本此下標禮記正義卷第六十三終記云凡三十頁

問喪第三十五 惠棟校宋本禮記正義卷第六十四

親始死雞斯節

二日乃去笄纚括髮也 閩監毛本岳本嘉靖本衞氏集說同惠棟校宋本二作三

故曰辟踊哭泣 各本同石經同釋文出辟踴○按依說文當作趯从走甬聲

以鬼饗之 惠棟校宋本石經宋監本岳本嘉靖本同閩監毛本饗作享衞氏集說同石經考文提要云宋大字本宋本九經南宋巾箱本余仁仲本劉叔剛本並作饗

稽顙觸地無容 閩監本石經岳本嘉靖本衞氏集說同考文引古本足利本同毛本觸誤拜

親始至實也 惠棟校宋本無此五字

薄者以飲之 閩本同惠棟校宋本同衞氏集說同監毛本飲誤飮

祭之宗廟以鬼饗之者 惠棟校宋本作饗閩監毛本饗作享下以鬼饗之同

猶居倚廬枕塊 惠棟校宋本有倚字閩監毛本倚字脫

不敢據杖以尊者在 考文引宋板同閩監毛本據誤遽

禮記注疏卷五十六校勘記

附釋音禮記注疏卷第五十七

服問第三十六○陸曰鄭云服問者善其問以知有服而遭喪所變易之節也疏正義曰案鄭目錄云名曰服問者以其善問以知有服而遭喪所變易之節此於別錄屬喪服也

禮記　　鄭氏注　　孔穎達疏

傳曰有從輕而重公子之妻爲其皇姑皇君也諸侯妾子之妻爲其君姑齊衰與爲小君同舅不厭婦也○傳此引大傳文也從如字范才用反爲其于僞反注及下皆同齊衰上音咨下七雷反後放此厭於涉反下同有從重而輕爲妻之父母妻齊衰而夫從緦麻不降一等言非服差○差初佳反又初宜反下同有從無服而有服公子之妻爲公子之外兄弟謂爲公子之外祖父母從母緦麻○有從有服而無服公子爲其妻之父母凡公子厭於君降其私親女君之子不降也○傳曰母出則爲繼母之黨服母死則爲其母之黨服則不爲繼母之黨服雖外親亦無二統○三年之喪既練矣有期之喪既葬矣則帶其故葛帶絰期之絰服其功衰帶其故葛帶者三年既練期既葬差相似也絰期之葛絰三年既練首絰除矣爲父既練。首。絰。除。矣。爲。父。既。練。衰七升母既葬衰八升凡齊衰既葬衰或八升或九升服其功衰服麤衰○期音基下及注皆同○有大功之喪亦如之大功之麻變三年之練葛。期既葬之葛帶小於練之葛帶又當有絰亦反服其故葛帶絰期之絰差之宜也此雖變麻服葛大小同耳亦服其功衰凡三年之喪既練始遭齊衰大功之喪經帶皆麻○小功無變也無所變於大功齊衰之服不用輕累重也○累劣彼反又劣僞反○麻之有本者變三年之葛有本謂大功以上也小功以下澡麻斷本○上時掌反澡音早斷下管反下文同○既練遇麻斷本者於免經之既免去經每可以經必經既經則去之雖無變緣練無首經於有事則免經如其倫免無不經經有不免其無事則自若練服也○免音問下及注不免者皆同去起呂反下同小功不易喪之練冠如免則經其緦小功之經因其初葛帶緦之麻不變小功之葛小功之麻不變大功之葛以有本爲稅稅亦變易也小功以下之麻雖與上葛同猶不變也此要其麻有本者乃變之耳雜記曰有三年之練冠則以大功之麻易之唯杖屨不易也○爲稅上如字下吐外反注及下皆同要一遙反殤長中變三年之葛終殤之月筭而反三年之葛是非重麻爲其無卒哭之稅下殤則否謂大功之親爲殤在緦小功者也所以變三年之葛正親親也三年之葛大功變既練麻衰變既虞卒哭凡喪卒哭受麻以葛殤以麻終喪之月數非重之而不變爲殤未成人文不縟耳下殤則否言賤也男子爲大功之殤中從上服小功婦人爲之中從下服緦麻○長丁丈反筭徐音蒜悉亂反重直勇反徐治龍反注同爲于僞反注除爲殤在緦皆同縟音辱繁飾也君爲天子三年夫人如外宗之爲君也外宗君外親之婦也其夫與諸侯爲兄弟服斬妻從服期諸侯爲天子服斬夫人亦從服期喪大記曰外宗房中南面○君爲于僞反後音皆同注諸侯爲天子下注亦爲此三人士爲國君同世子不爲天子服遠嫌也不服與畿外之民同也○遠于萬反畿音祈君所主夫人妻大子適婦言妻見大夫以下亦爲此三人爲喪主也○大子音泰下及注同適丁歷反下同見賢遍反大夫之適

子爲君夫人大子如士服大夫不世子不嫌也士爲國君斬小君期大子君服斬臣從服期君之母非夫人則羣臣無服唯近臣及僕驂乘從服唯君所服服也妾先君所不服也禮庶子爲後爲其母緦言唯君所服伸君也春秋之義有以小君服之者時若小君在則益不可○驂七南反乘音剩爲于僞反下爲其母同伸音申公爲卿大夫錫衰以居出亦如之當事則弁絰大夫相爲亦然爲其妻往則服之出則否弁絰如爵弁而素加絰也不當事則皮弁出謂以他事不至喪所○錫思歷反凡見人無免絰雖朝於君無免絰唯公門有稅齊衰

傳曰君子不奪人之喪亦不可奪喪也見人謂行求見人也無免絰絰重也稅猶免也古者說或作稅有免齊衰謂不杖齊衰也於公門有免齊衰則大功有免絰也○免絰音勉去也下無免絰弁注皆同徐並音問恐非朝直遥反稅吐活反注同說吐活反又始銳反傳曰罪多而刑五喪多而服五上附下附列也列等比也○罪本或作辠正字也秦始皇以其似皇字改爲罪也上時掌反列徐音例注同本亦作例比必利反

疏○傳曰至列也○正義曰此四條明從服輕重之異也○傳曰皇氏云此言傳曰者卽前大傳之篇則服術有六不指其人今各以其人明之或可傳曰者是舊有成傳記者引之則非前大傳篇也故下文罪多而刑五喪多而服五記者皆引此舊傳而記之○有從輕而重公子之妻爲其皇姑者公子謂諸侯之妾子也皇姑卽公子之母也諸侯在尊厭妾子使爲母練冠諸侯沒妾子得爲母大功而妾子妻不辨諸侯存沒爲夫之母期也其夫練冠是輕也而妻爲期是重故云有從輕而重也而謂之皇姑者皇君也此妾旣賤若惟云姑則有嫡女君之嫌今加皇字自明非女君而此婦所尊與女君同故云君姑也○有從無服而有服公子之妻爲公子之外兄弟者謂公子之外祖父母也公子被厭不服己母之外家是無服也妻

猶從公子而服公子外祖父母從母緦麻是從無服而有服也○有從有服而無服公子爲其妻之父母者雖爲公子之妻猶爲父母期是有服也公子被厭不從妻服父母是從有服而無服也○注謂爲公子之外祖父母從母緦麻○正義曰經唯云公子外兄弟知非公子姑之子者以喪服小記云夫之所爲兄弟服妻皆降一等夫爲姑之子緦麻妻則無服今公子之妻爲之有服故知公子之外祖父母從母也此等皆小功之服凡小功者謂爲兄弟若同宗直稱兄弟以外族故稱外兄弟也○傳曰母出則爲繼母之黨服者此明繼母之黨亦是舊傳之辭事異於上故更稱傳曰也○三年之喪既練矣有期之喪既葬矣者謂三年之喪練祭之後又當期喪既葬之節也○則帶其故葛帶者故葛帶謂三年練葛帶也今期喪既葬男子則應著葛帶與三年之葛帶麤細正同以父葛爲重故帶其故葛帶經期之經者謂三年練後首經既除故經期之葛經若婦人練後麻帶除矣則經其故葛經帶期之麻帶以其婦人不葛帶故也○服其功衰者功衰謂服父之練功衰也○注帶其至麤衰○正義曰三年既練期既葬差相似也者三年既練之要帶四寸百二十五分寸之七十六期之既葬其帶亦然故云差相似但父帶爲重故帶其故葛帶也云經期之葛經三年既練首經除矣者以三年既練男子除於首是男子首經除矣其首空故經期之葛經此文主於男子也。若婦人則首經練之故葛經練後麻帶已除則要經期之麻帶也云爲父既練衰七升者以間傳稱斬衰三升既虞卒哭受以成布六升則知既練衰七升也云母既葬衰八升者此言八升者誤當云七升故間傳云爲母疏衰四升受以成布七升是既葬受時爲母衰七升也云凡齊衰既葬衰或八升或九升者以父之既練母之既葬衰皆七升其齊衰仍有八升九升故更言之八升者是正服齊衰或。有九升者是義服齊衰也云服其功衰服麤衰者功即麤也言齊衰既有八升九升服也其麤者謂七升父之衰也經不云服其父衰而云功衰者經稱三年之衰則父爲長子及父卒爲母皆是三年今期喪既葬反服其服若言功衰總道三人故不得特言服父衰也母喪既練雖衰八升與正服既葬齊衰同以母服爲重亦服母之齊衰也皇氏云謂三年既練之後初遭期喪今謂此經亦三年未練之前初有期喪未葬爲前三年之衰爲練祭至期既葬乃帶其故葛帶經期之葛經也必知其期喪未葬已前得爲三年練祭者雜記篇云三年之喪既潁其練祥皆行彼謂後喪亦三年既潁之後得行前三年之喪練祭則知後喪期年未潁之前得爲三年之喪而行練也熊氏云爲母既葬衰八升言父在爲母也今鄭注云爲父既練衰七升爲母既葬衰八升矣又經云三年之喪既練皆爲父卒爲母今熊氏云父在爲母其義非也○有大功之喪亦如之者此明三年之喪練後有大功之喪也大功之喪者爲大功喪既葬以前經云期之喪既葬則此大功之喪亦既葬不云既葬者從上省文也亦如之者言亦帶其故葛帶經期之葛經也故云亦如之○注大功至皆麻○正義曰言大功初死之麻變三年練後之葛首要皆麻矣故間傳謂之重麻也云期既葬之葛帶者謂大功既葬葛帶以次差之三寸有餘三年練之葛帶以次差之則四寸有餘大功既葬葛帶小於練之葛帶故反服練之故葛帶也又大功既葬者首經四寸有餘若要服練之葛帶首服大功既葬之葛經既麤細相似不得爲五分去一爲帶之差故首經與期之經五寸有餘進與期之既葬同也故云經期之經是差次之宜也此注亦主於男子矣其婦人之服於下間傳篇具釋也云此雖變麻服葛大小同耳者大功初喪服麻之時首經五寸餘要帶四寸餘大功既葬之後首經應合四寸餘要帶本合三寸餘既服練之要帶四寸餘則其首經合五分。加一成五寸餘也是大功初死之麻齊衰既葬之葛與初死之麻大小同故云此雖變麻服葛大小同耳云亦服其功衰者亦上文也服其功衰謂服父之練衰也以大功初喪者衰七升八升九升既葬之後則有十升然服父七升也云凡三年之喪既練始遭齊衰大功之喪經帶皆麻者間傳篇云斬衰既練遭大功之喪既重麻則知斬衰既練遭齊衰灼然重麻故云經帶皆麻也此熊氏皇氏之說檢勘鄭意其義然也崔氏云此經大功之喪承前經之下既有三年之練又有期喪既葬合大功既葬之後故帶其練之故葛帶經期之葛經於此經文其義得通然於間傳之文於義不合案間傳斬衰既虞卒哭遭齊衰之喪又云既練遭大功之喪文各别則此經文大功唯據三年練後不合期喪既葬也注云男子絰期之葛絰婦人帶期之葛帶其誤者爲期絰期帶謂其大功之絰大功之帶然於鄭注其義稍乖也
當以熊皇爲正也○小功無變也謂凡常小功無變於大功以上之服言先有大功以上喪服今遭小功之喪無變於前服不以輕服減累於重也○麻之有
本者變三年之葛葛者謂大功以上爲帶者麻之根本幷留之合糾爲帶如此者得變三年之練葛若麻之無本謂小功以下其絰澡麻斷本是麻之無本不得
變三年之葛也言變三年葛舉其重者其實期之葛有本者亦得變之矣○既練遇麻斷本者此明斬衰既練之後遭小功之喪雖不變服得爲之加絰也○既
練之後遭遇麻之斷本小功之喪○○於免絰之者以練無首絰於小功喪有事於免之時則爲之加小功之絰也○○既免去絰之者謂小功以下之喪斂殯事竟
既免之後則脫去其絰也○每可以絰者謂於小功以下之喪當斂殯之節每可以絰之時必爲之加麻也○既絰則去之者謂不應絰之時則去其絰自若
練服也○注雖無至服也○正義曰有事則免絰如其倫者倫謂倫類雖爲之不變服其應免絰之時如平常有服之倫類也云免無不絰者解經於免絰之
於是免之時必著絰則大斂小斂之節衆主人必加絰也云絰有不免者解經每可以絰必絰也云絰謂不免但云絰者謂既葬之後虞及卒哭之節但著絰
不有免以服成故也是絰有不免者也○小功不易喪之練冠者言小功以下之喪不合變易三年喪之練冠其期之練冠亦不得易也○如免則絰其緦小
功之絰者謂如當緦小功著免之節則首絰其緦與小功之絰所以爲後喪緦絰者以前喪練冠首絰已除故也上絰云小功不易明緦不易下絰云緦小功
之絰兼言緦者恐不及緦故也前絰已云於免絰之此經又云如免則絰者前絰但云絰不云免絰練冠恐小功以下不得改前喪練冠故重言之也因其初
葛帶者言小功以下之喪要中所著仍因其初喪練葛帶上文云期喪既葬則帶練之故葛帶此小功以下之喪亦著練之初葛帶不云故而云初者以期初
喪之時變練之葛帶爲麻期既葬之後還反服練之故葛帶故言故也謂其小功以下之喪不變練之葛帶故云初葛帶也○緦之麻不變小功之葛小功之

麻不變大功之葛者謂以輕喪之麻本服既輕雖初喪之麻不變前重喪之葛也○以有本為稅者稅謂變易也所以緦之麻不變小功者以其緦與小功麻
經既無本不合稅變前喪唯大功以上麻經有本者得稅變前喪也○注稅亦至易也○正義曰云稅亦變易者以一經之內有變有稅兩文故言稅亦變易
也云此要其麻有本者乃變上耳者麻有本謂大功以上麻經有本為重下服乃變上服大功得變期期得變三年也云雜記曰有三年之練冠則以大功之
麻易之者所以引此者欲明大功之麻非但得易期喪之葛亦得易三年練冠之葛也○殤長中變三年之葛者此論成人小功緦麻不得易前喪之葛又論
殤在小功緦麻得易三年葛也殤長中者謂本服大功之喪今乃降在長中殤男子則為之小功婦人為長殤小功中殤則緦麻如此者得變三年之葛也○
終殤之月筭者謂著此殤服之麻終竟此殤之月筭數如小功則五月緦麻則三月○而反三年之葛者此著麻月滿還反服三年之葛也○是非重麻為
其無卒哭之稅者言服殤長中之麻不改又變三年之葛是非重此麻也所以服不改又變前喪葛者以殤服質略初死服麻已後無卒哭之時稅麻服葛之
法以其質略其文不縟故也下殤則否者以大功以下殤謂男子婦人俱為之緦麻其情既輕則不得變三年之葛也案上文麻之有本得變三年之葛則齊
衰下殤雖是小功亦是麻之有本故喪服小記云下殤小功帶澡麻不絕本然齊衰下殤乃變三年之葛今大功長殤麻既無本得變三年之葛者以其殤服
質略無虞卒哭之稅故特得變之若成人小功緦麻既無本故不得變也○注謂大至服緦○正義曰知大功之親為殤在緦小功者以前文云緦小功不
得變上服則此得變三年之葛亦是緦麻小功也殤長中在小功者本大功之親耳云正親親也者以大功之親其殤所以得變三年之葛者以大功是正
親親故重其殤也云三年之葛大功變既練者則雜記篇云三年之練冠則以大功之麻易之是也云齊衰變既虞卒哭者齊衰初喪。得變三年既虞卒哭則
下間傳篇云斬衰之喪既虞卒哭遭齊衰之喪輕者包重者特是也云為殤未成人文不縟耳者縟謂數也謂禮文繁數若成人以上則禮繁數故變麻服葛

今殤是未成人唯在質略無文飾之繁數故不變麻服〇葛也云男子爲大功之殤中從上服小功婦人爲之中從下服緦者喪服傳文〇君也爲天子三年者謂列國諸侯之君爲天子三年也〇夫人如外宗之爲君也者言諸侯夫人爲天子如諸侯外宗之婦爲君也諸侯〇外宗之婦爲君期則夫人爲天子亦期也故云如外宗之爲君諸侯爲天子服斬衰喪服正文此記載之者謂以夫人如外宗之爲君起文以君與夫人故知將欲明諸侯夫人爲天子故載君爲文之首也〇注外宗至南面〇正義曰外宗君外親之婦也者其夫既是君之外姓其婦卽是外宗也云其夫與諸侯爲兄弟服斬妻從服期者謂夫與諸侯爲兄弟之親在於他國諸侯既死來爲之服當尊諸侯不繼本服之親故皆服斬其妻從服期也云諸侯爲天子服斬故夫人亦從服期是爲夫之君如外宗也熊氏云凡外宗有三案周禮外宗之女有爵通卿大夫之妻一也雜記云外宗爲君夫人猶內宗是君之姑姊妹之女舅之女從母之女皆爲諸侯服斬爲夫人服期是二也此文外宗是諸侯外宗之婦也若姑之子婦從母子婦其夫是君之外親爲君服斬其婦亦名外宗爲君服期是三也內宗有二案周禮云內女之有爵謂其同姓之女悉是一也雜記云內宗者是君之五屬之內女是二也引喪大記曰外宗房中南面者證外宗之義也〇世子不爲天子服者此明諸侯世子有繼世之道所以遠嫌不爲天子服也〇君所主夫人妻大子適婦者此三人既正雖國君之尊猶主其喪也非此則不主也言妻欲見大夫以下亦爲妻及適子適婦爲主也〇大夫之適子爲君夫人大子如士服者此明大夫適子爲君夫人大子之服是大夫無繼世之道其子無嫌得爲君與夫人及君之大子著服如士服也〇君之母非夫人則羣臣無服者若君母是嫡夫人則羣臣爲服期今君母非夫人君爲之服緦則羣臣爲之無服也〇唯近臣及僕驂乘從服者近臣謂閽寺之屬僕御車者也驂車右也君之母非夫人貴臣乃不服而此諸臣賤者隨君之服也故云從服〇唯君所服服也者君服緦則此等之人亦服緦故云唯君所服服也〇注妾先至不可〇正義曰妾先君所不服也者天子諸侯爲妾無服唯大夫爲貴妾服緦故知妾先君所不服云禮庶

子爲後爲其母緦者案喪服緦麻章云庶子爲父後者爲其母是也云言唯君所服伸君也者若其不爲後則爲母無服故喪服記云公子爲其母練冠麻衣縓緣今以爲君得著緦麻服是伸君之尊也君既服緦是近臣得從君服也此謂禮之正法云春秋之義有以小君服之者鄭既以正禮言之又引春秋之時不依正禮者有以爲小君之服服其妾母者是文公四年夫人風氏薨是僖公之母成風也又昭十一年夫人歸氏薨是昭公之母齊歸也皆亂世之法非正禮也案異義云妾子立爲君得尊其母立以爲夫人否今春秋公羊說妾子立爲君母得稱夫人故上堂稱妾屈於適也下堂稱夫人尊於國也云子不得爵命父妾子爲君得爵命其母者以妾在奉授於尊者有所因緣故也穀梁傳曰魯僖公立妾母成風爲夫人是子爵於母以妾爲妻非禮也故春秋左氏說成風妾得立爲夫人母以子貴禮也許君謹案舜爲天子瞽瞍爲士起於士庶者子不得爵父母也至於魯僖公得尊母成風爲小君經無譏文從公羊左氏之說鄭則從穀梁之說故異義駁云父爲長子三年爲衆子期明無二適也女君卒繼攝其事耳不得復立爲夫人如鄭駁之言則此云春秋小君服之者是灼然非禮也云時若小君在則益不可者其小君無而以夫人服之已爲不可今小君既在而以夫人服妾母彌益不可故云益不可也○公爲卿大夫錫衰以居者此明君爲卿大夫喪成服之後著錫衰以居也○出亦如之者出謂以他事而出不至喪所亦著錫衰其首則服皮弁○當事則弁經者君行往弔卿大夫當大斂及殯幷將葬啟殯當如此之事則首著弁經身衣錫衰若於士雖當事首服皮弁故士喪禮云君視大斂注云皮弁服襲裘是也○大夫相爲亦然者亦如君於卿大夫也不當事則皮弁當事則弁經故雜記云大夫與殯亦弁經是也大夫於卿士士雖當事亦皮弁也○爲其妻往則服之出則否者謂公於卿大夫之妻及卿大夫相爲其妻往臨其喪則服錫衰不恆著之以居若餘事之出則不服也言居亦不服其當殯斂之事亦弁經也○凡見人無免經者謂已有齊衰之喪無免去經重故也○雖朝於君無免經者以經重縱往朝君亦無免稅於經也○唯公門有稅齊衰者謂已有不杖齊衰之喪至公門稅

去其衰經猶不去也○若杖齊衰及斬衰雖入公門衰亦不稅也其大功非但稅衰又免去經也○傳曰君子不奪人之喪亦不可奪喪也解朝君無免經之意引舊記以明之言君所以許臣不免經而入朝以君子之人以己恕物不可奪人喪禮使之免經故許著經也亦不可奪喪也非但不奪人喪亦不可自奪喪所以己有重喪猶經以見君申己喪禮也○注有免至經也○正義曰謂不杖齊衰者案下曲禮篇云苞屨不入公門藨屨杖齊衰之屨既不得入也此云稅齊衰明不杖齊衰也云於公門有免齊衰則大功有免經也者鄭以經重於齊衰不杖齊衰雖脫亦不免經以差次約之則大功非但脫衰又免去其經也○罪多至列也者列等也言罪之與喪其數雖多其限同五其等列相似故云列也

間傳第三十七○陸曰鄭云名間傳者以其記喪服之間輕重所宜也○疏正義曰案鄭目錄云名曰間傳者以其記喪服之間輕重所宜此於別錄屬喪服

禮記　鄭氏注　孔穎達疏

斬衰何以服苴苴惡貌也所以首其內而見諸外也斬衰貌若苴齊衰貌若枲大功貌若止小功緦麻容貌可也此哀之發於容體者也有大憂者面必深黑止謂不動於喜樂之事枲或爲似○苴七余反見賢遍反齊音咨下同枲思里反樂音洛斬衰之哭若往而不反齊衰之哭若往而反大功之哭三曲而偯小功緦麻哀容可也此哀之發於聲音者也三曲一舉聲而三折也偯聲餘從容也○偯於起反說文作㥶云痛聲折之設反從七容反○斬衰唯而不對齊衰對而不言大功言而不

議小功緦麻議而不及樂此哀之發於言語者也（議謂陳說非時事也○唯于癸反徐以水反○）斬衰

三日不食齊衰二日不食大功三不食小功緦麻再不食士與斂焉則壹不食故父母之喪既殯食粥朝一溢米莫。一溢米齊衰之喪疏食水飲不食菜果大功之喪不食醯醬小功緦麻不飲醴酒此哀之發於飲食者也父母之喪既虞卒哭疏食水飲不食菜果期而小祥食菜果又期而大祥有醯醬中月而禫禫而飲醴酒始飲酒者先飲醴酒始食肉者先食乾肉（先飲醴酒食乾肉者不忍發御厚味○與音預斂力驗反粥之六反溢音逸劉音實二十兩也莫音暮疏食音嗣下疏食同醯本亦作醓呼兮反下同醴音禮期音基下及注皆同中如字徐丁仲反禫大感反○）

父母之喪居倚廬。寢苫枕塊不說絰帶齊衰之喪居堊室。苄翦不納大功之喪寢有席小功緦麻牀可也此哀之發於居處者也父母之喪既虞卒哭柱楣翦屏。苄翦不納期而小祥居堊室寢有席又期而大祥居復寢中月而禫禫而牀（苄今之蒲苹也○倚於綺反寢本亦作寑七審反苫始占反枕之鴆反塊苦對反又苦怪反說吐活反苄戶嫁反翦子賤反牀徐仕良反柱知矩反一音張炷反楣音眉復音伏○）斬衰三升齊衰四升五升六升大功七升八升九升小功十升十一升十二升緦麻十五升去其半有事其縷無事其布曰緦此哀之發於衣服者也此齊衰多二等大功小功多一等服主於受是極列衣服之差也〇去起呂反下去麻同縷力主反差初佳反後放此斬衰三升既虞卒哭受以成布六升冠七升爲母疏衰四升受以成布七升冠八升去麻服葛葛帶三重期而小祥練冠縓緣要絰不除男子除乎首婦人除乎帶男子何爲除乎首也婦人何爲除乎帶也男子重首婦人重帶除服者先重者易服者易輕者又期而大祥素縞麻衣中月而禫禫而纖無所不佩葛帶三重謂男子也五分去一而四糾之帶既變變因爲飾也婦人葛絰不葛帶舊說云三糾之練而帶去一股去一股則小於小功之絰似非也易服謂爲後喪所變也婦人重帶帶在下體之上婦人重之辟男子也其爲帶猶五分絰去一耳喪服小記曰除成喪者其祭也朝服縞冠此素縞者玉藻所云縞冠素紕既祥之冠麻衣十五升布亦深衣也謂之麻者純用布無采飾也大祥除衰杖黑經白緯曰纖舊說纖冠者采纓也無所不佩紛帨之屬如平常也纖或作綅〇爲母于僞反下注爲後同重直龍反注三重同縓七戀反緣悅絹反要一遙反縞古老反又古報反注同纖息廉反注同去起呂反下同糾居黝反下同股音古辟音避朝直遙反紕婢反又音綼緯音謂紛芳云反帨始銳反綅徐息廉反又音侵易服者何爲易輕者也因上說而問之斬衰之喪既虞卒哭遭齊衰之喪輕者包重者特說所以易輕者之義也既虞卒哭謂齊衰可易斬服之節也輕者可施於卑服齊衰之麻以包斬衰之葛謂男子帶婦人絰也重者宜主於尊謂男子之絰婦人之帶特其葛不變之也此言包特者明於卑可以兩施而尊者不可貳既練遭大功之喪麻葛重此言大功可易斬服之節也斬衰已練男子除絰而帶獨存婦人除帶而絰獨存謂之單單獨也遭大功之喪男子有麻

經婦人有麻帶又皆易其輕者以麻謂之重麻既虞○卒哭男子帶其故葛帶經期之葛經婦人經其故葛經帶期之葛帶謂之重葛○重直龍反注及下不言重言重者同○

疏○斬○衰○至○者○也○正義曰此一節明居喪外貌輕重之異○苴惡貌也者苴是黎黑色故爲惡貌也○大功貌若止者止平停不動也○大功轉輕心無斬刺故貌不爲之變又不爲之傾故貌若止於二者之間衰因鍛布帶屨亦輕其經色用枲同者自別衰義耳○斬衰之哭若往而不反者若如也言斬衰之哭一舉而至氣絶如似氣往而不却反聲也○哀容可也者言小功緦麻其情既輕哀聲從容於理可也○斬衰唯而不對者但唯於人不以言辭而對也皇氏以爲親始死但唯而已不以言對案雜記云三年之喪對而不問爲在喪稍久故對也○大功言而不議者大功稍輕得言他事而不議論時事之是非雜記云齊衰之喪言而不語彼謂言己事故鄭彼注云言言己事也爲人說爲語與此言異也○斬衰三日不食者言謂三日之內孝經云三日而食者謂三日之外乃食也○齊衰二日不食者皇氏云謂正服齊衰也喪大記云三不食食者當是義服齊衰○小功緦麻再不食者喪大記云壹不食再不食則是壹不食再不食者謂緦麻再不食謂小功也與此不同者熊氏云異人之說故其義別也○父母之喪既虞卒哭者此明父母終喪以來所食之節也○又期而大祥有醯醬者謂至大祥之節食醯醬則小祥食菜果之時但用鹽酪也若不能食者小祥食菜果之時得用醯醬也故喪大記云小祥食菜果以醯醬○中月而禫禫而飲醴酒又云食肉者先食乾肉喪大記云祥而食肉者異人之說故不同也○注先飲至厚味○正義曰以醴酒味薄乾肉又澀所以先食之者以喪服除孝子不忍發初御醇厚之味故飲醴酒食乾肉也○父母之喪居倚廬者此明初遭五服之喪居處之異也○苄翦不納者苄爲蒲苹爲席翦頭爲之不編納其頭而藏於內也○父母之喪既虞卒哭者此明遭父母之喪至終服以來所居改變之節即斬衰居倚廬齊衰居堊室論其正耳亦有斬衰不居倚廬者則雜記云大夫居廬士居堊室是士服斬衰而居堊室也亦有齊衰之喪不居堊室者喪服小記云父不爲衆子次於外注云自若居寢是也○斬衰三升者

此明五服精麤之異○有事其縷無事其布曰緦者以三月之喪治其麻縷其細如緦故云緦麻以朝服十五升抽去其半縷細而疏也有事其縷事謂鍛治
其布纑縷也無事其布謂織布既成不鍛治其布以哀在外故也○注此齊至差也○正義曰此齊衰多二等者案喪服記云齊衰四升此經云齊衰四升五
升六升多於喪服篇之二等故云多二等也云大功小功多一等者案喪服記云大功八升若九升此云六功七升八升九升是多於喪服一等也喪服記又
云小功十升若十一升此云小功十升十一升十二升是多於喪服一等也故云大功小功多一等也云服主於受者以喪服之經理主於受服者而言以大
功之殤無受服不列大功七升以喪服父母爲主欲其文相值故略而不言故云服主於受也云是極列衣服之差也者以喪服既略故記者於是經極列衣
服之差所以齊衰多二等大功小功多一等也○斬衰三升者此明父母之喪初死至練冠衰升數之變弁明練後除脫之差也受以成布六升者以言三升
四升五升之布其縷既麤疏未爲成布也六升以下其縷漸細與吉布相參故稱成布也○葛帶三重者謂男子也既虞卒哭受服之節要中之帶以葛代麻
帶又差小於前以五分去一唯有四分見在三重謂作四股糾之積而相重四股則三重未受服之前麻帶爲兩股相合也此直云葛帶三重則首經雖葛不
三重也猶兩股糾之也○期而小祥練冠縓緣者父沒爲母與父同也至小祥又以卒哭後冠受其衰而用練易其冠也又練爲中衣以縓爲領緣也○又期
而大祥素縞麻衣者謂二十五月大祥祭此日除脫則首服素冠以縞紕之身著朝服而爲大祥之祭祭訖之後而哀情未除更反服微凶之服首著縞冠以
素紕之身著十五升麻深衣未有采緣故云大祥素縞麻衣也○中月而禫者中間也大祥之後更間一月而爲禫祭二十五月大祥二十七月而禫○禫而
纖者禫祭之時玄冠朝服禫祭既訖而首著纖冠身著素端黃裳以至吉祭○無所不佩者吉祭之時身尋常吉服平常所服之物無不佩也○注葛帶至常
也正義曰葛帶三重謂男子也以經文直云葛帶三重不辨男女之異故明之云謂男子也云五分去一而四糾之者以喪服傳云五服經帶相差皆五分去

一故知受服之時以葛代麻亦五分去一既五分去一唯有四分見在分爲四股而糾之故云四糾之云帶輕既變因爲飾也者男子重首而輕帶既變麻用葛四股糾之以爲飾也則知男子首絰婦人要帶不三重爲飾也云婦人葛絰不葛帶者案少儀云婦人葛絰而麻帶又上檀弓云婦人不葛帶謂齊斬之婦人也故士虞禮曰婦人既練說首絰不說帶也注云不脫帶齊斬婦人帶不變也婦人少變而重帶帶下體之上也其大功以下婦人亦葛帶也故喪服大功章男女並陳及其變服三月受以小功衰即葛九月是男女共爲即知大功婦人亦受葛也云舊說云三糾之練而帶去一股者舊說云所至練之時又三分去一此既葬葛帶三重去其一股以爲練之帶也云去一股則小於小功之絰似非也者斬衰既葬與齊衰之麻同斬衰既練與大功之麻同大功之帶即與小功首絰同所云同者皆五分去一今乃三分斬衰既葬三重之葛帶去其一股以爲練帶則是三年練帶小於小功首絰非五服之差次故云似非也云易服謂爲後喪所變也者以身先有前喪更遭後喪輕服欲變易前喪故云爲後喪所變也云其爲帶猶五分絰去一耳者以婦人斬衰不變帶以其重要故也婦人既重其要恐要帶與首絰麤細相似同故云其爲帶猶須五分首絰去一分耳以首尊於要但婦人避男子麤而重要帶耳云喪服小記曰除成喪者其祭也朝服縞冠者證當祥祭之時所著之服非是素縞麻衣也云此素縞者玉藻所云縞冠素紕既祥之冠者引之者證此經大祥素縞麻衣是大祥之後所服之服也云麻衣十五升布深衣也者案雜記篇云朝服十五升此大祥之祭既著朝服則大祥之後麻衣麤細當與朝服同者故知十五升布深衣也云謂之麻者純用布無采飾也者若有采飾則謂之深衣深衣篇所云者是也若緣以素則曰長衣聘禮長衣是也若緣之以布則曰麻衣此云麻衣是也云大祥除衰杖者以下三年問篇云三年之喪二十五月而畢既稱終畢是除衰杖可知也云黑經白緯曰纖者戴德變除禮文矣云舊說纖冠者采纓也者以無正文故以舊說而言之云無所不佩紛帨之屬如平常也者此謂禫祭既畢吉祭以後始得無所不佩若吉祭之前禫祭雖竟未得無所不佩以其禫後尚纖

冠玄端黃裳故知吉祭以後始從吉也若吉祭在禫祭既畢以後始從吉也若吉祭在禫月猶未純吉士虞記云是月也吉祭而猶未配注云是月是禫月也當四時之祭月則祭而猶未以某妃配則禫之後月乃得復平常○易服者何爲易輕者也祭以前文云易服者先易輕者故記者於此經更自釋易輕之意故云何爲易輕者也言有何所爲得易輕者故下文釋云既有前喪今又遭後喪得以後喪易換前喪輕者也○斬衰之喪既虞卒哭者謂士及庶人也故卒哭與虞並言之矣若大夫以上則虞受服故喪服注云天子諸侯卿大夫既虞士卒哭而受服輕者包言斬衰受服之時而遭齊衰初喪男子所輕要者得著齊衰要帶而兼包斬衰之帶也若婦人輕者得著齊衰首經而包斬衰之經故云輕者包也○兼重者特者男子重首特留斬衰之經婦人重要特留斬衰要帶是重者特也○注說所至可貳○正義曰此言包特者謂於此斬衰既虞卒哭遭齊衰之喪或云包或云特者斬衰齊衰既是重服舉此言包特則知齊衰大功亦包特也卑謂男子卑要婦人卑首欲明卑者可以兩施兩施謂施於齊衰又得兼斬衰以其輕卑之故得可以兩施云而尊者不可貳者尊謂男子尊首婦人尊要故事尊正得尊於重服不可差貳兼服輕也○既練遭大功之喪麻葛重者斬衰既練男子除首經婦人除要經男子唯有要帶婦人唯有首經是其單也今遭大功之喪男子首空著大功麻經婦人要空著大功麻帶男子又以大功麻帶易練之葛帶婦人又以大功麻經易練之葛經是重麻也至大功既虞卒哭男子帶以練之故葛帶首著期之葛經婦人經其練之故葛經著期之葛帶是謂之重葛也○注此言至之重葛○正義曰謂大功既虞卒哭之後大功葛帶輕於練之葛帶故男子反帶其練之故葛帶也云經期之葛經者以男子練時首經既除。今經大功又既葬其首則有經大功之葛經今云期之葛經以大功葛經既與練之葛帶麤細相似非上下之差故大功葛經但麤細與期之經同故云經期之葛經但麤細與期同其實大功葛經前於服問篇已釋也云婦人經其故葛經帶期之葛帶者大功既葬之後大功首經輕於練之葛經故反服其練之故葛經帶謂婦人練後要帶已除今大功已葬其要則帶之大功葛帶也謂之期葛帶者麤細與期同其實是大功葛帶也齊衰之喪既虞卒哭遭大功之喪麻葛兼服之此言大功可易齊衰期服之節也兼猶兩也不言包特而兩言者包特著其義兼者明有經有帶耳不言重者三年之喪既練或無經或無帶言重者以明今皆有期以下固皆有矣兩者有麻有葛耳葛者亦特其重麻者亦包其輕○著張慮反○【疏】齊衰至服之○正義曰此明齊衰既虞卒哭遭大功之喪以後服易前服之義也○麻葛兼服之者卽前文輕者包重者特之義今齊衰既虞卒哭遭大功之喪易換輕者男子則大功麻帶易齊衰之葛帶其首猶服齊衰葛經是首有葛要有麻故云麻葛兼服之文據男子也婦人則首服大功之麻經要服齊衰之麻帶上下俱麻不得云麻葛兼服之也○注此言至其輕○正義曰包特著其義兼者明有經有帶耳者以卑者可包尊須特著其尊卑之義故於斬衰重服言之兼者不取其義直云經帶麻葛兼有故於齊衰輕服言之於男子而論其實同也云不言重者三年之喪既練或無經或無帶言重者以明今皆有者鄭以既遭大功之喪麻葛重此文承麻葛重下所以不稱麻葛重者以三年之喪既練之後男子除首經是或無經也婦人除要帶是或無帶也所以稱重以於先既單今首經皆有故須稱重云期以下固皆有矣者言男子首之與要固當皆有經帶矣婦人亦然也既不似既練之單所以不得稱重也○斬衰之葛與齊衰之麻同齊衰之葛與大功之麻同大功之葛與小功之麻同小功之葛與緦之麻同麻同則兼服之此章言有上服既虞卒哭遭下服之差也唯大功有變三年既練之服小功以下則於上皆無易焉此言大功之葛與小功之麻同小功之葛與緦之麻同主爲大功之殤長中言之○爲于僞反長丁丈反兼服之服重者則易輕者也服重者謂特之也則者則男子與婦人也凡下服虞卒哭男子反其故葛帶婦人反其故葛經其上服除則固自受以下服之受矣【疏】斬衰至服之○正義曰此明五服葛之與麻麤細相同同者與後兼

前服也〇麻同則兼服之者以後服之麻與前服之葛麤細同則得服後麻兼前服葛也〇案服問篇小功緦不得變大功以上此小功之麻得變大功之葛緦之麻得變小功之葛謂成人大功之殤在長中服問已釋也〇兼服之服重者則前文重者特是也〇則易輕者也謂男子婦人則易換輕者前文輕者包是也〇注服重至受矣〇正義曰云則者則男子與婦人也者以前文麻葛兼服之但施於男子不包婦人今此易輕者男子則易於要婦人則易於首男子婦人俱得易輕故云則者則男子與婦人也云凡下服虞卒哭男子反其故葛帶婦人反其故葛絰者此明遭後服初喪男子婦人雖易前服之輕至後服既葬之後還須反服其前喪故云男子反服其故葛帶婦人反服其故兼絰但絰文據其後喪初死得易前喪之輕注意明也後既易以滿還反服其前喪輕服故文注稍異也

附釋音禮記注疏卷第五十七

禮記注疏卷五十七校勘記　　阮元撰盧宣旬摘錄

服問第三十六

傳曰有從輕而重節

三年既練首經除矣爲父既練首經除矣爲父既練衰七升嘉靖本閩監毛本同惠棟校宋本宋監本首經除矣爲父既練下無首經除矣爲父既練八字是也岳本同考文引古本足利本同

變三年之練葛期既葬之葛帶閩監毛本岳本嘉靖本衞氏集說同戴震云期既葬之葛帶期字衍宜刪疏內同

傳曰至列也惠棟校宋本無此五字

今各以其人明之或可閩監毛本同山井鼎云宋板明之或作今各以不可解疑有脫誤

故下文罪多而刑五閩監毛本同惠棟校宋本文作云

若婦人則首經練之閩監毛本同惠棟校宋本若下有其字

或有九升者是義服齊衰也閩監毛本同惠棟校宋本無有字

故首經與期之經五寸有餘閩監毛本同戴震云故首經下衍一與字

則其首經合五分加一成五寸餘也惠棟校宋本閩毛本同監本加字空闕

每可以經者謂於小功以下之喪惠棟校宋本以經下有必經二字此本脫閩監本同

得變三年既虞卒哭閩監毛本同惠棟校宋本得作則

若姑之子婦從母子婦閩監毛本同惠棟校宋本從母下有之字衛氏集說同

又引春秋之時不依正禮者閩監毛本同惠棟校宋本引作別衛氏集說同

今春秋公羊既說妾子立爲君閩監毛本同盧文弨云通典家禮載此無既字

云子不得爵命父妾閩監毛本同通典無云字

以妾在奉授於尊者閩監毛本同通典作以妾本接事尊者

故春秋左氏說成風閩監毛本同通典故春秋作古春秋

女君卒繼攝其事耳閩監毛本同盧文弨云繼下當有室字

閒傳第三十七

斬衰何以服苴節惠棟云斬衰節齊衰之喪節斬衰節宋本合爲一節

莫一溢米各本同毛本莫誤算釋文出莫一

居倚廬閩監本石經岳本嘉靖本衛氏集說同毛本廬誤閭

芐翦不納出芐　閩監本石經岳本嘉靖本衞氏集說同毛本芐誤芊下芐翦同釋文

桂楣翦屏　閩本石經岳本嘉靖本衞氏集說同監毛本柱作拄釋文亦作柱

斬衰至者也　惠棟校宋本無此五字

今經大功又既葬　閩本同惠棟校宋本同監毛本今作本

齊衰之喪節

不言包特而兩言者　閩監毛本岳本嘉靖本衞氏集說同惠棟校宋本兩言作言兩考文引古本同

正義曰此明齊衰既虞卒哭　惠棟校宋本無正義曰三字

斬衰之葛節

此竟言有上服既虞卒哭　閩監毛本岳本嘉靖本衞氏集說同續通解竟作章考文引古本同

正義曰此明五服　惠棟校宋本無正義曰三字

附釋音禮記注疏卷第五十七　惠棟校宋本禮記正義卷第六十四終記云凡二十六頁

禮記注疏卷五十七校勘記

附釋音禮記注疏卷第五十八

三年問第三十八○陸曰鄭云名三年問者善其以知喪服年月所由也 疏正義曰案鄭目錄云名曰三年問者善其問以知喪服年月所由此於別錄屬喪服

禮記　鄭氏注　孔穎達疏

三年之喪何也曰稱情而立文因以飾羣別親疏貴賤之節而弗可損益也故曰無易之道也稱情而立文稱人之情輕重而制其禮也羣謂親之黨也無易猶不易也○稱尺證反注及下皆同別彼列反易音亦注同創鉅者其日久痛甚者其愈遲三年者稱情而立文所以爲至痛極也斬衰苴杖居倚廬食粥寢苫枕塊所以爲至痛飾也飾情之章表也○創音瘡初良反鉅音巨大也愈徐音庾差也遲徐直移反倚於綺反枕塊之鴆反三年之喪二十五月而畢哀痛未盡思慕未忘然而服以是斷之者豈不送死有已復生有節也哉復生除喪反生者之事也○思如字一音息吏反斷丁亂反復音伏 疏「三年至也哉」○正義曰此一節問喪三年所由解釋所以三年之意○三年之喪何也者記者欲釋三年之義故假設其問云三年喪者意有何義理○謂稱人之情而立禮之節文○因以飾羣者飾謂章表也羣謂五服之親也因此三年之喪差降各表其親黨○別親疏貴賤之節而弗可損益也者親謂大功以上疏謂小功以下貴謂天子諸侯絕期卿大夫降期以下賤謂士庶人服族其節分明使不可損益也○故曰無易之道也者引舊語成文也無不也並有差品其道不可

改易○創鉅者其日久者以釋重喪所以三年也其事既大故爲譬也鉅大也夫創小則易差創大則難愈故云創鉅其日久也痛甚者其愈遲者愈差也賢者喪親傷腎乾肝斬斫之痛其痛既甚故其差亦遲也○三年者稱情而立文所以爲至痛極也者既痛甚差遲故稱其痛情而立三年之文以表是至痛極者也○哀痛未盡思慕未忘者言賢人君子於此二十五月之時悲哀摧痛猶未能盡憂思哀慕猶未能忘故心之哀慕於時未盡而外貌喪服以是斷割者豈不送死有已復生有節也哉者若不斷以二十五月則孝子送死之情何時得已復吉常之禮何有限節故聖人裁斷止限二十五月豈不是送死須有已止反復生禮須有限節也哉

凡生天地之間者有血氣之屬必有知有知之屬莫不知愛其類今是大鳥獸則失喪其羣匹越月踰時焉則必反巡過其故鄉翔回焉鳴號焉蹢躅焉踟躕焉然後乃能去之小者至於燕雀猶有啁噍之頃焉然後乃能去之故有血氣之屬者莫知於人故人於其親也至死不窮匹偶也言燕雀之恩不如大鳥獸大鳥獸不如人含血氣之類人最有知而恩深也於其五服之親念之至死無止已○屬音蜀喪息浪反又如字巡徐詞均反過徐音戈一音古臥反號音豪戶羔反蹢本又作躑直亦反徐治革反躅直錄反徐治六反蹢躅不行也踶徐音馳字或作踟躕音廚燕於見反雀本又作爵啁張留反噍子流反啁噍聲頃苦穎反知音智

疏「凡生至不窮」○正義曰此一經明天地之間血氣之類皆有所知至於鳥獸大小各能思其種類況在於人何有窮已也

將由夫患邪淫之人與則彼朝死而夕忘之然而從之則是曾鳥獸之不若也夫焉能相與羣居而不亂乎言惡人薄於恩死則忘之其相與聚處必失禮也○由夫音扶下皆同邪似嗟反人與音餘下君子與同曾則能反

焉於虔反【疏】將由至亂乎○正義曰此一經明小人之人會鳥獸之不若若不以禮節之安能羣居而不亂將由夫脩飾之君子與

則三年之喪二十五月而畢若駟之過隙然而遂之則是無窮也駟之過隙喻疾也遂之謂不時除也○駟音四馬也過古臥反徐音戈隙本又作郤去逆反空隙之地也【疏】將由至窮也○正義曰此一經明賢人君子於三年之喪若駟之過隙若不以禮制節之則哀痛何時窮已駟之過隙者駟謂駟馬隙謂空隙駟馬峻疾空隙狹小以峻疾而過狹小言急速之甚故先王焉爲之立

中制節壹使足以成文理則釋之矣○立中制節謂服之年月也釋猶除也去也爲于僞反下注爲母同中如字又丁仲反注同　去起呂反【疏】故先至之矣○正義曰此一經明小人君子其意不同故先王爲之立中人之制節○故先王焉者焉是語辭立中制節者言先王爲之立中人之制以爲年月限節○壹使足以成文理者壹謂齊同言君子小人皆齊同使足以成文章義理○則釋之矣者釋猶除去既成義理則除去其服所以成三年文理者以三年一閏天道小成又子生三年然後免於父母之懷故服以三年成文章義理

然則何以至期也言三年之義如此則何以有降至於期也期者謂爲人後者父在爲母也○期音基注及下同曰至親以期斷言服之正雖。至親皆期而除也○斷丁亂反下注同是何也問服斷於期之義也曰天地則已易矣四時則已變矣其在天地之中者莫不更始焉以是象之也法此變易可以期也【疏】。然。則。至。之。也○正義曰上節既稱爲父母三年何故有父母止有期者此一節釋爲父母期之義然則何以至期也者言爲父母本應三年何故爲人後者爲本生父母及父在爲母而止於期曰至親以期斷者記者釋之爲至親本以期斷故雖爲他後及父在爲母但。以期也○是何也者記者又起問云有何義故以期矣○四時則已變矣者答期斷之義也言期是一年之周匝而天氣換矣前時已畢今時又來是變改矣其在天地之中者莫不更始焉者言天地之中動植之物無不於前事之終更爲今事之始也○以是象之也者聖人以是之故以人事法象天地故期年也○注言三至母也○正義曰鄭意以三年之喪何以有降至於期者故云爲人後者爲本生之父母及父在爲母期事故抑屈應降至九月十月何以必至於期以其本至親不可降一期以下故雖降屈猶至於期今檢尋經意父母本應三年何以至期者但問其一期應除之義故答曰至親以期斷是明一期可除之節故禮期而練男子除絰婦人除帶下文云加隆故至三年是經意不據爲人後及父在爲母期鄭之此釋恐未盡經意但既祖鄭學今因而釋之

然則何以三年也言法此變易可以期何以乃三年爲曰加隆焉爾也焉使倍之故再期也言於父母加隆其恩使倍期也下焉猶然○加隆焉爾一本作加隆爲爾焉徐如字一音於虔反焉猶然也一云發聲也注及下同倍步罪反注同【疏】然則至期也○正義曰此一節釋因期及三年之義故設問云然則何以三年也曰加隆焉爾也本實應期但子加恩隆重故三年焉爾也語助之辭也○然使倍之故再期也者焉猶然也子既加隆於父母故然使倍之然猶如是倍之言倍一期故至再期也

由九月以下何也曰焉使弗及也言使其恩不若父母故三年以爲隆緦小功以爲殺期九月以爲閒上取象於天下取法於地中取則於人人之所以羣居和壹之理盡矣取象於天地謂法其變易也自三年以至緦皆歲時之數也言既象天地又足以盡人聚居純厚之恩也○殺色界反徐所例反故三年之喪人道之至文者也夫是之謂至隆言三年之喪禮之最盛也喪是百王之所同古今之所壹也未有知其所由來者也不知其所由來喻此三年之喪前世行之久矣孔子曰子生三年然後免於父母之懷夫三年之喪

天下之達喪也達謂自天子至於庶人疏。由。九。至。盡。矣○正義曰上節既稱期斷何故有九月以下故此經釋之○由九月以下何也者

由從也記者既稱期斷假設問之何故有從九月以下○曰爲使弗及也者焉亦然也然使恩隆不及於期也則五月不及九月三月不及五月轉相不及也○故三年以爲隆者謂恩愛隆重○緦小功以爲殺者謂情理殺薄○朞九月以爲閒者是隆殺之閒也○上取象於天下取法於地者謂天地之氣三年一閏是三年者取象於一閏天地一期物終是一期者取象於一周九月者以象陽之數又象三時而物成也五月以象五行三月者取象天地一時而氣變言五服之節皆取法於天地○中取則於人者則法也天地之中取一則於人若子生三年然後免於父母之懷故服三年人之一歲情意變改故服一期九月五月三月之屬亦逐人情而減殺是中則於人○所以羣居和壹之理盡矣者既取。法天地與人三才並備故能調和羣衆聚居和諧專壹義理盡備矣○故三年至喪也○正義曰此一節重明三年之義三年之喪人道之至文者也言三年喪禮於人道之中至極文理之盛者則朞以下非其至極也夫是之謂至隆者言三年之喪人恩之至極隆厚也○未有知其所由來者也言三年之喪行之自遠未有能識知所從來也言不知所從何代而來引孔子者論語之文證此三年之喪也○注不知至久矣○正義曰案易繫辭云古之葬者厚衣之以薪葬之中野不封不樹喪期無數尚書云百姓如喪考妣三載此云不知所由來者但上古云喪期無數謂無葬練祥之數其喪父母之哀猶三年也故堯崩云如喪考妣三載則知堯以前喪考妣已三年但不知定在何時其喪服所起則黃帝堯舜之時雖有衣裳仍未有喪服也但唐虞已前喪服與吉服同皆以白布爲之故郊特牲云大古冠布齊則緇之若不齊則皆用白布也鄭注喪服其冠衰之異從三代以下由唐虞以上曰大古吉凶皆用白布則知三代吉凶異也

深衣第三十九○陸曰鄭云以其記深衣之制也名曰深衣者謂連衣裳而純之以采也有表則謂之中衣以素純則曰長衣也疏正義

曰案鄭目錄云名曰深衣者以其記深衣之制也深衣連衣裳而純之以采者素純曰長衣有表則謂之中衣大夫以上祭服之中衣用素詩云素衣朱襮玉藻曰以帛裏布非禮也士祭以朝服中衣以布明矣此於別錄屬制度鄭云大夫以上祭服中衣用素者謂天子大夫以其四命與公之孤同爵弁自祭故中衣用素云士祭以朝服中衣以布者亦謂天子之士與諸侯大夫同案少牢諸侯大夫祭以朝服故天子之士亦祭以朝服朝服用布故中衣以布其諸侯之士自祭以玄端玄端則朝服之衣但其裳異耳中衣亦用布也案詩云素衣朱襮晉人欲薦桓叔桓叔大夫得用素衣者國人以國君之禮待之故欲薦素衣也其長衣中衣及深衣其制度同玉藻云長中繼揜尺若深衣則緣而已下云緣廣寸半凡深衣皆用諸侯大夫士夕時所著之服故玉藻云朝玄端夕深衣庶人吉服亦深衣皆著之在表也其中衣在朝服祭服喪服之下知喪服亦有中衣者檀弓云練衣黃裏注云練中衣以黃爲內是也但喪服中衣不得繼揜尺也故喪服儀禮云帶緣各視其冠注云緣如深衣之緣是喪服中衣用深衣則深衣緣之以采故下云具父母大父母衣純以繢以青之屬也唯孤子深衣純以素但以緣而已不與長衣同其吉服中衣亦以采緣其諸侯得綃黼爲領丹朱爲緣郊特牲云綃黼丹朱中衣大夫之僭禮則知大夫士不用綃黼丹朱但用采純而已矣無文以明之其長衣以素緣知者若以采緣則與吉服中衣同故知以素緣也若以布緣則曰麻衣知用布緣者以其稱麻衣故知也其喪服之中衣其純用布視冠布之麤細至葬可以用素緣也練則用縓也其詩之麻衣則與此別彼謂吉服之衣也所以此稱深衣者以餘服則上衣下裳不相連此深衣衣裳相連被體深邃故謂之深衣

古者深衣蓋有制度以應規矩繩權衡言聖人制事必有法度○應於證反短毋見膚衣取蔽形○毋音無下同見賢遍反長毋被土爲汙辱也○被彼義反爲于僞反汙汙辱之汙一音烏臥反續衽鉤邊續猶屬也衽在裳旁者也屬連之不

殊裳前後也鉤讀如。鳥。喙必鉤之鉤鉤邊若今曲裾也續或爲裕○衽而審反又如鴆反鉤古侯反屬音燭下皆同喙許穢反裕以樹反要縫半下
三分要中減一以益下下宜寬也要或爲優○要一遙反注同縫扶用反下注同袼之高下可以運肘肘不能不出入袼衣袂當掖之
縫也○袼本又作胳音各腋也肘竹九反又張柳反掖本又作腋音亦袂之長短反詘之及肘袂屬幅於衣詘而至肘當臂中爲節
臂骨上下各尺二寸則袂肘以前尺二寸肘或爲腕○袂彌世反袪末曰袂詘丘勿反腕烏亂反帶下毋厭髀上毋厭脅當無
骨者當骨緩急難爲中也○厭於甲反徐於涉反下同髀畢婢反徐匹婢反一音步啓反脅許劫反當丁浪反注同又丁郎反中丁仲反又如字制
十有二幅以應十有二月裳六幅幅分之以爲上下之殺○應應對之應下同殺色界反徐所例反袂圜以應規謂胡
下也○圜音圓胡下下垂曰胡曲袷如矩以應方袷交領也古者方領如今小兒衣領○袷音劫下注同負繩及踝以應
直繩謂裻與後幅相當之縫也踝跟也○踝胡瓦反裻音督跟音根下齊如權衡以應平齊。緝○齊音咨亦作齎下同緝古入反
故規者行舉手以爲容行舉手謂揖讓負繩抱方者以直其政方其義也故易曰坤六
二之動直以方也言深衣之直方應易之文也政或爲正下齊如權衡者以安志而平心也心平志安
行乃正或低。或。仰則心有異志者與○行下孟反又如字卬音仰本又作仰一音五郎反與音餘○五法已施故聖人服之言非法不
服也故規矩取其無私繩取其直權衡取其平故先王貴之貴此衣也故可以爲文可
以爲武可以擯相可以治軍旅完且弗費善衣之次也完且弗費言可苦衣而易有也深衣者用十五

升布鍛濯灰治純之以采善衣朝祭之服也自士以上深衣爲之次庶人吉服深衣而已○相息亮反完音丸費芳貴反又孚沸反注同苦衣於既反易以豉反鍛丁亂反濯音濁純之允反又之閏反後皆同朝直遙反上時掌反○具父母大父母衣純以繢具父母衣純以青如孤子衣純以素尊者存以多飾爲孝繢畫文也三十以下無父稱孤○大父母音泰大父母祖父母也繢胡對反○純袂緣純邊廣各寸半純謂緣之也緣袂謂其口也緣緆也緣邊衣裳之側廣各寸半則表裏共三寸矣唯袷廣二寸○緣悅絹反注同廣古曠反注同緆徐音以豉反皇音錫案鄭注既夕禮云飾衣領袂口曰純裳邊側曰綼下曰緆也

【疏】古者至篇末○正義曰此一篇從此至末皆論深衣之制今各隨文解之○古者深衣蓋有制度者以作記之人爲記之時深衣無復制度故稱古者深衣蓋有制度言蓋者疑辭也○以應規矩繩權衡者此則制度之事所應者備在下文○○短毋見膚者深衣所取覆形體縱令稍短不得見其膚肉若見膚肉則褻也○○長毋被土者其衣縱長無覆被於土爲汙辱也○續衽鉤邊者衽謂深衣之裳以下闊上狹謂之爲衽接續此衽而鉤其旁邊即今之朝服有曲裾而在旁者是也○注續猶至裾也○正義曰衽當旁者凡深衣之裳上二幅皆寬頭在下狹頭在上皆似小要之衽是前後左右皆有衽也今云衽當旁者謂所續之衽當身之一旁非爲餘衽悉當旁也云屬連之不殊裳前後也若其喪服其裳前三幅後四幅各自爲之不相連也今深衣裳一旁則連之相著一旁則有曲裾掩之與相連無異故云屬連之不殊裳前後也云鉤讀如鳥喙必鉤之鉤者案援神契云象鼻必卷長鳥喙必鉤鄭據此讀之也云若今曲裾也鄭以後漢之時裳有曲裾故以續衽鉤邊似漢時曲裾今時朱衣朝服從後漢明帝所爲則鄭云今曲裾者是今朝服之曲裾也其深衣之衽已於玉藻釋之故今不得言也○要縫半下○要縫謂要中之縫尺寸闊狹半下畔之闊下畔一丈四尺四寸則要縫半之七尺二寸○注三分至寬也○正義曰此據裳之一幅分爲二幅凡布廣二尺二寸四寸爲縫一尺八寸在三分之一分

爲六寸減此六寸以益於下是下二幅有二尺四寸上二幅有一尺二寸故云三分要中減一以益下下容舉足而行故宜寬也○袼之高下可以運肘○袼謂當臂之處袂中高下宜稍寬大可以運動其肘袂二尺二寸肘尺二寸是容運肘也。又袂之長短反詘之及肘者袂長二尺二寸弁緣寸半爲二尺三寸半除去其縫之所殺各一寸餘有二尺一寸半在從肩至手二尺四寸今二尺一寸半之袂得反詘及肘者以袂屬於衣幅闊二尺二寸身脊至肩但尺一寸也從肩覆臂又尺一寸是衣幅之畔覆臂將盡今又屬袂於衣又二尺二寸半故反詘其袂得及於肘也○衣當無骨者帶若當骨則緩急難中故當無骨之處此深衣帶下於朝祭服之帶也朝祭之帶則近上故玉藻云三分帶下紳居二焉是自帶以下四尺五寸也○制十有二幅以應十有二月者深衣其幅有六每幅交解爲二是十二幅也○注古者方領○正義曰鄭以漢時領皆嚮下交垂故云古者方領似今擁咽故云若今小兒衣領但方折之也○負繩及踝以應直○正義曰衣之背縫及裳之背縫上下相當如繩之正故云負繩非謂實負繩也○故規者行舉手以爲容者所以袂圜中規者欲使行者舉手揖讓以爲容儀如規也○負繩抱方者以直其政方其義也負繩背之縫也抱方領之方也以直其政解負繩以方其義解抱方也言欲使人直其政教欲使政教直方其義欲使義事方正也○故易曰坤六二之動直以方也記者既明方直之義故引坤卦之六二直方以證之案鄭注坤六二云直也方也地之性此爻得中氣而在地上自然之性廣生萬物故生動直而且方○下齊如權衡者以安志而平心也者言裳下之齊如權之衡低仰平也欲以安其志意而平均其心也○注完且至而已○正義曰可苦衣而易有也以其完牢乃可於苦事衣著故庶人服之以完牢故也而易有者以白布爲之不須黼黻錦繡之屬是易有也云深衣者用十五升布鍛濯灰治者案雜記云朝服十五升此深衣與朝服相類故用十五升布鍛濯謂打洗鍛濯用灰治理使和熟也然則喪服麻衣雖似深衣之制不必鍛濯灰治以其雜凶故也云自士以上深衣爲之次者案玉藻諸侯夕深衣祭牢肉又大夫士朝玄端夕深衣是深衣爲朝祭之次服也云庶人吉服深衣者深衣是諸侯之下自深衣以後更無餘服故知是庶人之吉服喪服有衰裳包貴賤上下無差亦明庶人吉服乃深衣也○具父母大父母衣純以繢者一所尊俱在故衣純以繢言具父母則父母俱在也大父母則亦然也若其不具一在一亡不必純以繢也○具父母衣純以青者唯有父母而無祖父母者以爲吉不具故飾少而深衣領緣用青純降於繢也若父母無唯祖父母在亦當純以青○純袂緣純邊廣各寸半者純袂者純緣也謂純其袂緣則袂口也又云緣讀爲緆謂深衣之下純也純邊者謂深衣之旁側也廣各寸半者言純袂口及裳下之緆幷純旁邊其廣各寸半言表裏合爲三寸○注純謂至二寸○正義曰純謂緣之者解經文二箇純字一是純袂二是純邊皆謂緣之也云緣袂謂其口也經言純袂恐口外更緣故云純袂則是緣其袂口也非是口外更有緣也故分明言之云緣緆也解經緣字讀爲緆謂深衣下畔也故既夕禮云明衣縓綼緆鄭注云在幅曰綼在下曰緆今經云此緆則深衣之下緣也云緣邊衣裳之側解經純邊也深衣外衿之邊有緣也裳雖前後相連然外邊曲裾掩處其側亦有緣也

投壺第四十○陸曰鄭云投壺者主人與客燕飲講論才藝之禮也別錄屬吉禮亦實曲禮之正篇也皇云與射爲類宜屬嘉禮或云宜屬賓禮

也疏正義曰案鄭目錄云名曰投壺者以其記主人與客燕飲講論才藝之禮此於別錄屬吉禮亦實曲禮之正篇是投壺與射爲類此於五禮宜屬嘉禮也或云宜屬賓禮

禮記　　鄭氏注　　孔穎達疏

投壺之禮主人奉矢司射奉中使人執壺矢所以投者也中士則鹿中也射人奉之者投壺射之類也其奉之西階上北面○投壺壺器名以矢投其中射之類奉音捧芳勇反下及注皆同徐音如字下奉中同主人請曰某有枉矢哨壺請以

樂賓賓曰子有旨酒嘉肴某既賜矣又重以樂敢辭燕飲酒既脫屨升堂主人乃請投壺也否則或射所謂燕射也枉哨不正貌爲謙辭○枉紆往反哨七笑反徐又以救反枉哨不正貌王肅云枉不直哨不正也樂賓音洛下同一讀下以樂音岳言投壺以樂肴戶交反重直用反下及注同稅本亦作脫吐活反請七井反下文同主人曰枉矢哨壺不足辭也敢固以請賓曰某既賜矣又重以樂敢固辭固之言如故也言如故辭者重辭也主人曰枉矢哨壺不足辭也敢固以請賓曰某固辭不得命敢不敬從不得命不以命見許

疏投壺至敬從○正義曰此一節論燕禮脫屨升堂之後主人請投壺於賓賓辭及許之事○主人奉矢者謂於阼階之上西面奉持其矢知西面者以賓在西故知西面對賓也○司射奉中者中謂受筭之器投壺亦射之類故司射於西階上奉中北面也○使人執壺者謂主人使人執所投之壺於司射之西而北面也所以皆在西階上者欲就賓處也唯云使人不言官者以賤略之也○某有枉矢哨壺者枉謂曲而不直也哨謂哨峻不正是主人謙遜之辭○某既賜矣又重以樂敢辭者賓稱主人設酒肴以待己是某既受主人之賜矣主人又請投壺樂己是重以樂也○注士則至北面○正義曰士則鹿中案鄉射記云大夫兕中士鹿中此篇投壺是大夫士之禮故云士則鹿中不云兕中者略之也知此投壺是大夫士禮者以經云主人請賓是平敵之辭與鄉飲酒鄉射同故知是大夫士也若諸侯則燕禮大射每事云請於公不得云主人請賓也此既非諸侯之禮而經云奏貍首者別取燕飲之義非謂尊卑之詩其諸侯相燕亦有投壺故左傳云晉侯與齊侯燕投壺然則天子亦有之但古禮亡無以知也其中之形刻木爲之狀如兕鹿而伏背上立圓圈以盛筭云奉之西階上北面者案鄉射禮將射之時司射升自西階階上北面告於賓故知此司射奉中在西階上北面其執壺之人賤於司射故在司射之西以凡行禮統於主人雖俱在西階而當尊東故燕禮大射宰夫代公爲主人

與賓俱升西階而主人在東也○注燕飲至射也○正義曰知既脫屨升。堂主人乃請投壺也者案燕禮取俎以出卿大夫皆降賓反入及卿大夫皆脫屨升。堂主就席羞庶羞之後乃云若射則大射正爲司射則知此亦在脫屨升。堂之後若鄉射之禮則在飲酒未旅之前爲射以其詢衆庶禮重故早射異於燕射也

賓再拜受主人般還曰辟○賓再拜受矢也主人既辟進授矢兩楹之間也般步干反下同還音旋下同辟音避徐扶亦反注及下同

主人阼階上拜送賓盤還曰辟拜送矢也辟亦於其階上○疏賓再至曰辟○正義曰此一經論賓與主人受矢送矢之節○賓再拜受者賓既許主人投壺賓乃於西階上北面再拜遙受矢也主人般還曰辟者主人見賓之拜乃般曲折還謂賓曰今辟而不敢受言此者欲止賓之拜也於是賓及主人各來兩楹之間相就俱南面主人在東授矢與賓○主人阼階上拜送者主人既授矢之後歸還阼階主北面拜送矢也○賓般還曰辟者賓受矢之後歸於西階上見主人之拜賓爲般還而告主人曰今辟而不敢受之言此者亦止主人拜知皆北面者案鄉飲酒鄉射拜受爵送爵皆北面故知亦當北面熊氏云以拜時還辟或可東西面相拜又以曰辟者是贊者來辭告主人及賓言曰辟義亦通也

已拜受矢進即兩楹間退反位揖賓就筵主人既拜送矢又自受矢進即兩楹間者言將有事於此也退乃揖賓即席欲與偕進明爲偶也賓席主人席皆南鄉間相去如射物○鄉許亮反疏已拜至就筵○正義曰此一經明賓主受矢之後就投壺之筵○已拜受矢者謂主人拜送矢之後主人贊者持矢授主人主人於阼階上受矢也○退即兩楹間退反位者主人受矢之後乃獨來就兩楹間者言將有事於此也看投壺處所乃卻退反阼階之位○揖賓就筵者主人於阼階之上西面揖賓令就投壺之筵於是賓主各來就筵○注退乃至射物○正義曰云退乃揖賓者解經退反位揖賓也所以揖之者欲與賓俱即席相對爲偶而共投壺云賓席主人席皆南鄉間相去如射物者以壺在於南故知投壺南鄉也投壺是射之類故知席相去如射物也物謂射者

所立之處物長三尺闊一尺三寸兩物東西相去容一弓故鄉射記云物長如笴其間容弓距隨長武注云笴長三尺距隨者物橫畫也司射進度
壺閒以二矢半反位設中東面執八筭。興度壺度其所設之處也壺去坐二矢半則堂上去賓席主人席邪行各七
尺也反位西階上位也設中東面既設中亦實八筭於中橫委其餘於中西執筭而立以請賓俟投○度徒洛反注同以二矢半一本無此四字依注則有筭
悉亂反下皆同處昌慮反坐才卧反又如字下同邪似嗟反○【疏】司射至筭興正義曰前經賓主既就筵此經明進度壺幷筭之節○司射進度壺者司射
於西階之上於執壺之人處受壺乃東鄉來賓主筵前進所量度其壺置於賓主筵南○閒以二矢半者投壺有三處室中堂中及庭中也日中則於室日晚
則於堂太晚則於庭是各隨光明處也矢有長短亦隨地廣狹室中狹矢長五扶堂上稍廣矢長七扶庭中大廣矢長九扶四指曰扶扶廣四寸五扶者則二
尺也七扶者則二尺八寸也九扶者則三尺六寸也雖矢有長短而度壺皆使去賓主之席各二矢半也室中去席五尺堂上則去席七尺庭中則去席九尺
○反位者司射度壺既畢反還西階上位○設中者司射西階上取中稍進東面而設中也○東面執八筭興者既設中之後於中西東面手執八筭而興起
其中裹亦實八筭○注亦實八筭於中橫委其餘於中西○正義曰此約鄉射文實八筭於中今此投壺射之類故云亦實八筭於中亦者亦鄉射也○請
賓曰順投爲入比投不釋勝飲不勝者正爵既行請爲勝者立馬一馬從二馬
三馬既立請慶多馬請主人亦如之請猶告也順投矢本入也比投不拾也勝飲不勝言以能養不能也正爵所以正禮
之爵也或以罰或以慶馬勝筭也謂之馬者若云技藝如此任爲將帥乘馬也射投壺皆所以習武因爲樂○比毗志反頻也徐扶質反注同勝飲上尺證反
下於鳩反注及下同爲于僞反勝者立馬俗本或此句下有一馬從二馬五字誤拾其刼反下文及注皆同技其綺反任音而林反將子匠反帥色類反樂音

洛○【疏】請。賓。至。如。之○正義曰此一經明司射告賓主以投壺之法○順投爲入者司射執八筭起而告賓黨爲投壺之法也順本也言矢有本末投矢於壺以矢本入者乃名爲入則爲之釋筭也若矢以末入則不名爲入亦不爲之釋筭也○比投不釋者比頻也又賓主投壺法要更遞而投不得以前既入喜悅不待後人投之而已頻投頻投雖入亦不爲之釋筭也○勝飲不勝者又告云若投勝者則酌酒飲於不勝者也正爵既行者又說飲法也正爵謂勝飲不勝之爵也以其正禮故謂爲正爵既行謂行爵竟也○請爲勝者立馬者此謂行正爵畢而爲勝者立馬者則反取筭以爲馬表於勝數也必謂筭爲馬者馬是威武之用爲將帥所乘今投壺及射亦是習武而勝者自表堪爲將帥故云馬也○一馬從二馬者每一勝輒立一馬禮以三馬爲成若專三馬則爲一成但勝偶未必專頻得三若勝偶得二劣偶得一一既劣於二故徹取劣偶之一以足勝偶之二爲三故云一馬從二馬然定本無此一句○三馬既立請慶多馬者若頻得三成或取彼足爲三馬是其勝已成又酌酒慶賀於多馬之偶也○請主人亦如之者司射請賓之黨爲每事並應曰諾竟而司射又請主人事亦如賓而主人皆亦曰諾如賓也案鄉射司射請賓於西階上請主人於阼階上則此請賓請主人皆亦就賓主之前也○注正爵至爲樂○正義曰此經正爵謂罰爵故下別云三馬既備請慶多馬今鄭注或以罰或以慶則慶馬勝筭亦爲正爵者鄭通而解之罰慶俱是正爵故下文云正爵既行請徹馬彼謂慶爵亦稱正爵也案鄉射禮三耦先射賓主乃射以射禮重也此投壺不立三耦以投壺禮輕故也

命弦者曰請奏貍首閒若一

大師曰諾

弦鼓瑟者也貍首詩篇名也今逸射義所云詩曰曾孫侯氏是也間若一者投壺當以爲志取節焉○貍吏持反間間廁之間注同大音泰○【疏】命弦至曰諾○正義曰此一經明司射命工作樂節投壺之儀○命弦者曰請奏貍首者謂司射命遣鼓瑟之弦者請奏貍首之篇○間若一者謂前後樂節中間疏數如似一也○大師曰諾者大師應此司射曰諾諾承領之辭也○注弦鼓至節焉○正義曰知鼓瑟者鄭約鄉射禮用瑟也案下有魯鼓

薛鼓節亦有鼓以弦爲重故特云命弦者云貍首詩篇名也者以與射義騶虞采蘋相類故知詩篇名也既非諸侯投壺而奏貍首者義取燕飲之儀猶如鄉射奏騶虞不計人之尊卑云投壺當以爲志取節焉者解所以間若一投壺者當聽之以爲志取投合於樂節故須中間若一也案鄉射三番初一番耦射不釋筭第二番釋筭未作樂第三番乃用樂此投壺發初則用樂者以投壺禮輕主於歡樂故也左右告矢具請拾投有入者則拾更也告矢具請更投者司射也司射東面立釋筭則坐以南爲右北爲司射坐而釋一筭焉賓黨於右主黨於左左也已投者退各反其位○更古衡反下同○【疏】左右至於左○正義曰此一經論投壺之事中者釋筭之儀○左右告矢具者左謂主人右謂賓客司射告主與賓以矢具也○請拾投者拾更也司射又請賓主更遞而投於是乃投壺也○有入者則司射坐而釋一筭焉者若矢入壺者則司射乃坐釋一筭於地也○賓黨於右者右謂司射之前稍南也○主黨於左者左謂司射之前稍北也○注已投者退各反其位○正義曰約鄉射禮射畢則各反其位則知投壺者畢亦各反其位辟後來也反位謂主黨於東賓黨於西○卒投司射執筭曰左右卒投請數二筭爲純一純以取一筭爲奇遂以奇筭告曰某賢於某若干純奇則曰奇均則曰左右鈞卒已也賓主之黨畢已投司射又請數其所釋左右筭如數射筭一純以取實於左手十純則縮而委之每委異之有餘則橫諸純下一筭爲奇奇則縮諸純下兼斂左筭實於左手一純以委十則異之其他如右獲畢則司射執奇筭以告於賓與主人也若告云某賢於某者末斥主黨勝與賓黨勝與以勝爲賢尙技藝也鈞猶等也等則左右手各執一筭以告○數色主反注同爲純音全下及注同鄭注儀禮如字云純全也奇紀宜反下同遂以奇筭告一本此句上更有勝者司射五字誤鈞居旬反縮色六反直也其宅音他勝與音餘下勝與同技其綺反【疏】卒投至右鈞○正義曰此一經明投壺筭數之儀○卒投者謂

投壺卒也○司射執筭曰左右卒投請數者司射於壺西東面執筭請曰賓主之黨卒竟投請數筭二筭爲純一純以取者純全也二筭合爲一全地上取筭之時一純則別而取之。○一筭爲奇者一筭謂不滿純者奇隻也故云一筭爲奇○遂以奇筭告者奇餘也謂左右數鈞等之餘筭手執而告曰某賢於某若干純者或左或右不定故稱某賢賢謂勝者也勝者若有雙數則云若干純假令十數則云五純也○奇則曰某奇者若有奇數則曰奇假令九筭則曰九奇也○鈞則曰左右鈞者鈞猶等也等則左右各執一筭以告○注卒已至以告○正義曰云如數射筭者以投壺射之類故知此數投壺之筭如數射筭云一純以取至其他如右獲此皆鄉射之禮文也一純以取實於左手謂就地上之筭以右手每一純別而取實於左手云十純則縮而委之每委異之者滿十純則從而委之於地司射東面則東西爲縮每十雙則東西縮爲一委每有十雙更別委之故云每委異之云有餘則橫諸純下者有餘謂不滿十雙或八雙九雙以下則橫於純下謂橫在十純之西南北置之云一筭爲奇奇則縮諸純下者若唯有一筭則縮之零純之下在零純之西東西置之此謂數右筭之法若數左筭則異於右筭謂總。斂地之筭實於左手之中每一純取以委地滿十則異之謂滿十純總爲一委云其他如右獲者謂所縱所橫如右獲也

命酌曰請行觴。酌者曰諾司射又請於賓與主人以行正爵酌者勝黨之弟子○觴失羊反字或作觴同當飲者皆跪奉觴曰賜灌勝者跪曰敬養酌者。亦酌奠於豐上不勝者坐取乃退而跪飲之灌猶飲也言賜灌者服而爲尊敬辭也周禮曰以灌賓客賜灌敬養各與其偶於西階上如飲射爵○跪其委反奉芳勇反下注奉觴同灌古亂反養羊尚反注同飲於鴆反下飲不勝同【疏】。命。酌。至。敬。養。○正義曰此一節明飲不勝之儀命酌曰請行觴者謂司射命此酌酒者曰敬以請賓與主人行觴謂罰爵之事賓主已許汝當酌之○酌者曰諾者謂勝黨之弟子曰諾受領許酌乃於西階上南面設豐洗觶升酌坐奠於豐上也○當飲者皆跪奉觴曰賜灌者謂勝者與不勝者俱升西階勝者在東不勝者跪取豐上之爵手

奉其觴曰賜灌灌猶飲也○勝者跪曰敬養者勝者跪執之曰敬以此觴而養不能○注酌者勝黨之弟子○正義曰此鄉射禮文也案彼文云弟子奉豐升設于西楹之西勝者之弟子洗觶升酌南面坐奠于豐上是也○注周禮至射爵○正義曰此周禮典瑞文引之者證灌爲飲也云賜灌敬養各與其偶於西階上如飲射爵者以投壺射類故約鄉射而知也

正爵既行請立馬馬各直其筭一馬從二馬以慶慶禮曰三馬既備請慶多馬賓主皆曰諾飲不勝者畢司射又請爲勝者立馬當其所釋筭之前三立馬者投壺如射亦三而止也三者一黨不必三勝其一勝者并其馬於再勝者以慶之明一勝不得慶也飲慶爵者偶親酌不使弟子無豐○直如字又持吏反爲于僞反

正爵既行請徹馬投壺禮畢可以去其勝筭也既徹馬馬無筭爵乃行○去其起呂反

疏○正爵至徹馬○正義曰此一經論飲不勝者畢司射請爲勝者立馬以表顯賢能之事○正爵既行者謂正禮罰酒之爵既行飲畢之後司射乃請賓主請爲勝者樹標○立其馬也○馬各直其筭者直當也謂所立之馬各當其初釋筭之前所釋之筭東中之西也○一馬從二馬者投壺與射禮同亦三番而止每番勝者則立一馬假令賓黨三番俱勝則立三馬或賓黨兩勝而立二馬主黨一勝但立一馬即以主黨從就賓黨二馬以少足益於多以助勝者爲榮○以慶一者一馬從二馬之後乃以慶賀多馬故云以慶但此經上云請立馬者是司射請辭馬各直其筭一馬從二馬以慶是禮家陳事之言也慶禮曰三馬既備請慶多馬者以還是司射請辭言爲慶之禮勝者三馬既已備具請酌酒慶賀於多馬者賓主皆曰諾者無問勝與不勝皆稱曰諾○注飲不至無豐○正義曰云投壺如射亦三而止也者以投壺射之類故知亦三番而止案鄉射禮初番三耦射但唱獲而已未釋筭亦未飲不勝者第二番耦射畢賓主之黨皆射畢乃數筭飲不勝者第三番三耦及賓主等皆射中鼓節乃釋筭飲罰爵今投壺初則不立三耦唯賓主三番而止云三者一黨不必三勝者解一馬從二馬之意言或賓或主之黨黨中不必三番得勝故以一勝

之馬弁其馬於再勝者以慶之明一勝者不得慶也云飲慶爵者偶親酌不使弟子無豐者以飲不勝之時賤其無能故偶不得親酌使弟子酌奠於豐上則鄉射禮所云者是也今既尊賢當須親酌手自授之故知不使其弟子無豐也皇氏以爲三番而止者謂三。耦投壺而止案鄉射禮每番皆三。耦而止今云三。耦投壺而止非其義也○正爵既行請徹馬○正義曰此明飲慶爵之後司射請徹去其馬以投壺禮畢行無筭爵之事

筭多少視其坐筭用當視坐投壺者之衆寡爲數也投壺者人四矢亦人四筭○坐坐如字又才臥反注同

籌室中五扶堂上七扶庭中九扶籌矢也鋪四指曰扶一指案寸春秋傳曰膚寸而合投壺者或於室或於堂或於庭其禮褻隨晏早之宜無常處○籌直由反扶方于反下及注同鋪普烏反又芳夫反褻息列反處昌慮反

筭長尺二寸其節三扶可也或曰筭長尺握握素也○長直亮反注同

有壺頸脩七寸腹脩五寸口徑二寸半容斗五升壺中實小豆焉爲其矢之躍而出也壺去席二矢。半脩長也腹容斗五升三分益一則爲二斗得圜囷之象積。三百二十四寸也以腹脩五寸約之所得求其圜周圜周二尺七寸有奇是爲腹徑九寸有餘也實以小豆取其滑且堅○頸吉井反又九領反徐其聲反爲于僞反躍羊略反圜音圓囷去倫反奇紀宜反滑乎八反

矢以柘若棘毋去其皮取其堅且重也舊說云矢大七分或。言。去。其。皮。節。○柘止夜反木名毋音無下皆同去起呂反注同

疏筭。多。至。其。皮。○正義曰此一節明筭及矢長短之。數。又。明壺之大小及矢之所用以儀禮準之此亦正篇之。後。記。者。之言也今錄記者既陳正禮於上又以此諸事繼之。於。下。筭多少視其坐者言筭之多少視其所坐之人每人四矢。人。別四筭也○籌室中五扶堂上七扶庭中九扶者籌矢也室中最狹故五扶堂上差寬故七扶庭中彌寬故九扶○注投壺者人四矢○正義曰案鄉射及大射人皆乘矢故知四矢也○注籌矢至常處○正義曰云春秋傳曰膚寸而合者此僖三十一年公羊傳文彼云觸石而出膚寸

而合不崇朝而徧雨乎天下唯泰山爾引之者證彼膚與此扶同也○注脩長至餘也○正義曰腹容斗五升三分益一則爲二斗者既稱腹容斗五升又云三分益一者以斗五升其數難計故加三分益一爲二斗從整數。計之云得圜圜之象積三百二十四寸也者以筭法方一寸高十六寸二分爲一升則一斗之積方一寸高一百六十二寸也二斗之積爲三百二十四寸也於此壺之圜圜之中凡有三百二十四寸也云以腹脩五寸約之所得者腹之上下高五寸共有三百二十四寸今且以壺底一寸約之卽於三百二十四寸之中五分之一得六十四寸八分也是腹脩五寸約之所得之數也云求其圜周圜周二尺七寸有奇者壺底一重既有六十四寸八分以圜求方須三分加一六十四寸八分分爲三分則一分有二十一寸六分弁前六十六寸八分得八十六寸八分也卽是壺一底一重方積之數也今將八十六寸八分開方九九八十一則爲方九寸強也壺一面有九寸強四面凡有三十六寸強今以方求圜四分去一有二十七寸強是壺圜周二尺七寸有奇也鄭之此計據。一斗之數必知然者壺徑九寸以圜求方以方九寸計之凡九九八十一壺底一重有八十一寸五重則有五箇八十一寸總爲四百五寸今以方求圜四分去一去其一百一寸四分寸之一餘三百三寸四分寸之。三於二斗之積三百二十四寸之內但容三百二寸四分寸之三餘有二十一寸四分寸之一不盡故云圜周二。十七寸有奇乃得盡也若以斗五升計之計一十五升之積有二百四十三寸則壺之所徑唯八寸餘也得容此數必知然者凡方八寸開方計之八八六十四得六十四寸壺高五重則五箇六十四寸總爲三百二十寸以方求圜四分去一去八十寸餘有二百四十寸於一斗五升之積餘有三寸不盡是壺徑八寸有餘乃得盡也今檢鄭之文注之意以二斗整數計之不取經文斗五升之義故云圜周二尺七寸有奇今筭者以其二尺七寸之圜必受斗五升之物數不相會也云壺體腹之上下各漸減殺苟欲望合恐非鄭意

令弟子辭曰毋憮。毋敖毋偝立。毋踰言偝立踰言有常爵薛令弟子辭曰毋憮。

毋敖毋偝立。毋踰言若是者浮弟子賓黨主黨年穉者也爲其立堂下相褻慢司射戒令之。記魯薛者禮衰乖異不知孰是也

憮敖慢也偝者不正鄉前也踰言遠談語也常爵常所以罰人之爵也浮亦謂是也晏子春秋曰酌者奉觴而進曰君令浮晏子時以罰梁丘據浮或作匏或

作符踰或爲遙○憮好吾反下同敖也敖五報反又五羔反下同敖慢也偝音佩徐符代反舊又薛敗反浮音縛謀反罰也穉音直吏反爲音于僞反鄉許亮

反據本又作處同音据匏薄交反

【疏】魯。令。弟。子。辭。曰。至。若。是。者。浮○正義曰此一篇是周公正經而有魯薛之事者錄記之人以周衰之後魯之與薛有

當時投壺號令弟子之異未知孰是故因以記之也○毋憮毋敖者憮亦敖也號令弟子云毋得憮而敖慢也○毋偝立毋踰言有常爵者毋偝立

謂不正面前毋。得踰言謂遠相談話若偝立踰言有常刑之罰爵也若是者浮浮亦罰也薛令弟子辭曰若如是偝立踰言者則有浮罰之爵薛令弟子異於

魯者其魯令弟子則稱偝立踰言有常爵薛令弟子則總稱若是者浮浮亦罰也其言辭詳略雖異其意則同○注晏子至丘據○正義曰引晏子春秋者證

浮是罰爵之義故小爾雅云浮罰也

鼓。○□○○□□○□○○□半。○□○□○○○□□○

□○魯鼓○□○○○□□○□○○□□○□○○□□○半○□○○○。

□□○薛。鼓此魯薛擊鼓之。節也圜者擊鼙方者擊鼓古者舉事鼓各有節聞其節則知其事矣○圜音圜鼙薄迷反鄭呼爲鼙也其聲下其音

榻榻然榻音吐臘反口方鼓鄭呼爲鼓也其聲高其音鏜鏜然鏜音吐郎反

取半以下爲投壺禮盡用之爲射禮投壺之鼓半射節者投壺射之細也射謂燕射

司射庭長及冠士立者皆屬賓黨樂人及使者童子皆屬

主黨庭長司正也使者主人所使薦羞者樂人國子能爲樂者此皆與於投壺○長丁丈反注同冠古亂反與音預

魯鼓○□○○□

□○○半○□○○□○○○○□○□○薛鼓○□○○○○□○□○□

○○○□○□○○□○半○□○□○○○○□○此二者記兩家之異故兼列之

【疏】魯鼓薛鼓○注云此魯薛擊鼓之節也圜者擊鼙方者擊鼓○正義曰以鼓節有圜點有方點故以爲圜者擊鼙方者擊鼓若頻有圜點則頻擊鼙鼙聲每一圜點則一擊鼙聲若頻有方點則頻擊鼓聲也但記者因魯薛擊鼓之異圖而記之但年代久遠無以知其得失○注射謂燕射○正義曰以此射與投壺相對用半鼓節爲投壺用全鼓節爲射禮又投壺在室在堂是燕樂之事故知此射亦謂燕射非大射及鄉射也○注庭長至投壺○正義曰經云司射庭長案鄉飲酒將旅之時使相爲司正在庭中立于觶南北面察飲酒不如儀者故知庭長司正也冠士者謂外人來觀投壺成人加冠之士尊之故令屬賓黨若童子賤則屬主黨也云樂人國子能爲樂者以國子習樂故云國子能爲樂者欲明此樂人非瞽矇視瞭之徒以其能與主人之黨而觀禮故知非作樂瞽人也案國子是王子公卿大夫元士之子今來觀樂士大夫投壺者以國之俊選皆在學習樂共士子來觀投壺非謂一子皆是王子及公卿大夫之子也云此皆與於投壺者鄭恐但來觀其禮不觀投壺經既云屬賓黨主黨則是入賓主之朋故云與於投壺也

附釋音禮記注疏卷第五十八

禮記注疏卷五十八校勘記

阮元撰盧宣旬摘錄

附釋音禮記注疏卷第五十八　惠棟校宋本禮記正義卷第六十五

三年問第三十八

三年之喪何也節

三年至也哉　惠棟校宋本無此五字

故稱其痛情而立三年之文　閩監本同毛本痛作病

則孝子送死之情何時得已　閩監本同毛本送誤道

凡生天地之閒者節

蹢躅焉踟躕焉　各本同石經闕釋文躅作蠋踟作踶云字或作踟嘉靖本誤作蜘蟵

凡生至不窮　惠棟校宋本無此五字

將由夫脩飾之君子與節

將由夫脩飾之君子與　閩監本石經岳本嘉靖本同毛本脩作修衞氏集說同

將由至窮也　惠棟校宋本無此五字

然則何以至期也節

雖至親皆期而除也 閩監毛本岳本嘉靖本衛氏集說同惠棟校宋本至作在段玉裁云荀子注引亦作至

然則至之也 惠棟校宋本無此五字

及父在爲母但以期也 閩監毛本同惠棟校宋本以作一

由九月以下節 惠棟云由九月節宋本分故三年之喪以下另爲一節

前世行之久矣 惠棟校宋本作之岳本嘉靖本衛氏集說同考文引古本足利本同此本之誤㝵閩監毛本同宋監本亦作之矣作也

由九至盡矣 惠棟校宋本無此五字

既法天地與人 惠棟校宋本同閩監毛本法上衍取字

深衣第三十九

故喪服儀云 閩監毛本同衛氏集說同浦鏜儀改傳是也

古者深衣節

鉤讀如烏喙必鉤之鉤 閩監本岳本嘉靖本同毛本烏誤鳥衛氏集說喙誤啄釋文出烏喙

齊緝 閩監毛本岳本嘉靖本同考文引古本緝下有也字衛氏集說同釋文出緝也

或低或仰 閩本岳本嘉靖本衛氏集說同考文引古本監毛本仰作卬惠棟校宋本或仰作若仰宋監本同六經正誤下或亦作若釋文出抑卬云本又作仰○按卬與仰音同義近故古多互用

三十以下無父稱孤 閩監毛本岳本嘉靖本衛氏集說同惠棟校宋本以作已考文引古本同

古者至篇末 惠棟校宋本無此五字

又袂之長短反詘之及肘者 閩監毛本同惠棟校宋本無又字衛氏集說同

經言純袂恐口外更緣 閩監毛本同惠棟校宋本無恐字○案自奔喪第三十四盡此篇宋監本禮記卷第十八經三千六百三十八字注三千四百八十八字嘉靖本禮記卷第十八經三千六百三十四字注三千七百五字

投壺第四十

投壺之禮節

既脫屨升堂主人乃請投壺也 衛氏集說同閩監毛本嘉靖本堂作坐岳本同

敢固以請賓曰某既賜矣 閩監毛本石經岳本嘉靖本衛氏集說同盧文弨云大戴無固字是觀注則此處亦不當有

投壺至敬從 惠棟校宋本無此五字

西面奉持其矢 惠棟校宋本作持衛氏集說同此本持誤柱閩監毛本持誤挂各本面字同山井鼎云宋板面作南案南字非也下

云知西面者以賓在西故知西面對賓也是無南字義也

知旣脫屨升堂主人乃請投壺也者閩監毛本堂作坐下亦在脫屨升堂之後同衞氏集說亦作脫屨升堂

司射進節

執八筭與閩監本石經岳本嘉靖本同毛本筭作算下並同衞氏集說唯此筭作算下並作筭釋文出八筭云下皆同○按筭籌字與算數字有別說文云从竹从弄言常弄乃不誤也

司射至筭與惠棟校宋本無此五字

是各隨光明處也閩監毛本同惠棟校宋本處作故衞氏集說同

反還西階上位惠棟校宋本作反衞氏集說同此本反誤更閩監毛本同

請賓曰順投爲入節

請爲勝者立馬一馬從二馬各本同石經同釋文出勝者立馬云俗本或此句下有一馬從二馬五字誤正義云定本無此一句今大戴記亦無此一馬從二馬五字孫志祖云鄭注一馬從二馬之義在下文疑此處無此五字也

請賓至如之惠棟校宋本無此五字

卒投節

卒投至右鈞惠棟校宋本無此五字

則別而取之〇一筭爲奇者一筭下閩監本同毛本〇誤倒在一筭爲奇者

謂總斂地之筭閩監毛本同衛氏集說同惠棟校宋本斂作敘

命酌曰節

請行觴惠棟校宋本石經岳本嘉靖本同閩監毛本觴作觴衛氏集說同釋文出行觴云字或作觴此本下奉觴又作觴岐出惠棟校宋本石經岳本並作奉觴三本及集說並作奉觴〇按觴觴正俗字

酌者亦酌奠於豐上閩監毛本岳本嘉靖本同衛氏集說亦酌作升酌

命酌至敬養惠棟校宋本無此五字

正爵既行節惠棟云正爵節宋本分正爵既行請徹馬爲一節

當其所釋筭之前三立馬者惠棟校宋本岳本嘉靖本衛氏集說同閩監毛本之前誤時也

一黨不必三勝惠棟校宋本岳本嘉靖本衛氏集說同閩監毛本必誤得

正爵至徹馬惠棟校宋本無此五字

以投壺射之類故知亦三番而止惠棟校宋本同閩監毛本之類故誤禮觀之

乃數筭飲不勝者 惠棟校宋本同閩監毛本數誤釋衞氏集說同

乃釋筭飲罰爵 惠棟校宋本同衞氏集說同閩監毛本罰爵誤卒觶

云三者一黨不必三勝者 惠棟校宋本同閩監毛本必誤得

黨中不必三番得勝 惠棟校宋本同閩監毛本必誤能

謂三耦投壺而止 閩監毛本同惠棟校宋本耦作偶下同○按作偶非也

筭多少視其坐節

壺去席二矢半 閩監本石經岳本嘉靖本衞氏集說同考文引古本足利本同毛本矢誤尺

得圜囷之象積三百二十四寸也 閩監毛本岳本嘉靖本衞氏集說同宋本三作七惠棟云宋本七字誤

或言去其皮節 惠棟校宋本宋監本岳本嘉靖本衞氏集說同考文引古本同閩監毛本言去其皮誤以棘取無

筭多至其皮 惠棟校宋本無此五字

明筭及矢長短之數又明壺之大小 惠棟校宋本同衞氏集說同閩監毛本之數又明誤多少幷言

此亦正篇之後記者之言也 惠棟校宋本同衞氏集說同閩監毛本後記者之誤意彼以正

繼之於下筭多少視其坐者 惠棟校宋本同閩監毛本於下筭誤○筭之

每人四矢人別四筭也 惠棟校宋本同閩監毛本人別誤亦人

從整數計 閩監本同毛本計誤記

鄭之此計據一斗之數 閩監毛本同惠棟校宋本一作二衞氏集說同

四分寸之三於二斗之積 閩監本同衞氏集說同毛本三作二

故云圜周二十七寸有奇 閩監毛本同衞氏集說同惠棟校宋本十作尺

魯令弟子辭曰節

毋幠 閩監毛本石經岳本衞氏集說同釋文幠作憮嘉靖本同案字當從巾作幠從心作憮者誤也下毋幠同

毋偝立 各本同石經同毛本立誤力

記魯薛者 惠棟校宋本作記宋監本岳本嘉靖本同考文引古本同此本記誤謂閩監毛本同衞氏集說誤詞

魯令弟子辭曰至若是者浮 惠棟校宋本無此十一字

毋得踰言謂遠相談話 閩監毛本同惠棟校宋本無得字

鼓節

皷 閩監本作鼓石經岳本嘉靖本衞氏集說同毛本作鼔下皷字並同○按鼓从𡳾凡从支从皮从攴皆俗誤也段玉裁云說文弓部弢下云从弓从𡳾𡳾

垂飾與鼗同意則鼗之从鼗憭然矣毛本注疏凡鼓字並從攴甚是

薛鼓 薛字各本並同毛本作辥下同

此魯薛擊鼓之節也 閩監本岳本嘉靖本衞氏集說亦作節毛本節誤爵

半○□○○□ 閩監毛本同石經無第四○作半○口○口岳本同衞氏集說同通解同考文引足利本同石經考文提要引南宋巾箱本同

魯鼓薛鼓○注云此魯薛擊鼓之節也圜者擊鼙方者擊鼓 閩監毛本同惠棟校宋本無此卅三字

但年代久遠 閩監本同惠棟校宋久作大

又投壺在室在堂是燕樂之事 閩本同惠棟校宋本同衞氏集說同監毛本燕樂誤樂禮

非謂一皆是王子及公卿大夫之子也 閩監本同毛本下子誤士

附釋音禮記注疏卷第五十八 惠棟校宋本禮記正義卷第六十五終記凡二十二頁

禮記注疏卷五十八校勘記

附釋音禮記注疏卷第五十九

儒行第四十一

○陸曰行音下孟反鄭云以其記有道德之所行儒之言優也和也言能安人能服人也此注云儒行之作蓋孔子自衛初反魯之時也【疏】正義曰案鄭目錄云名曰儒行者以其記有道德者所行也儒之言優也柔也能安人能服人又儒者濡也以先王之道能濡其身此於別錄屬通論案下文云儒有過失可微辨而不可面數搏猛引重不程勇力此皆剛猛得為儒者但儒行不同或以遜讓為儒或以剛猛為儒其與人交接常能優柔故以儒表名

禮記　鄭氏注　孔穎達疏

魯哀公問於孔子曰夫子之服其儒服與哀公館孔子見其服與士大夫異又與庶人不同疑為儒服而問之○服與音餘

孔子對曰丘少居魯衣逢掖之衣長居宋冠章甫之冠丘聞之也君子之學也博其服也鄉丘不知儒服逢猶大也大掖之衣大袂禪衣也此君子有道藝者所衣也孔子生魯長而之宋而冠焉宋其祖所出也衣少所居之服冠長所居之冠是之謂鄉言不知儒服非哀公意不在於儒乃今問其服庶人禪衣袂二尺二寸袪尺二寸○少詩照反注同衣於既反注所衣也衣少所居同逢掖上如字下音亦長丁丈反注同冠章古亂反注而冠長所居同章甫殷冠也單衣本亦作禪音丹袪去居反

哀公曰敢問儒行孔子對曰遽數之不能終其物悉數之乃留更僕未可終也遽猶卒也物猶事也留久也僕大僕也君燕朝則正位掌擯相更之者為久將倦使之相代○行下孟反下力行同遽其據反急也數色主反下同更古衡反代也注同一音

加孟反卒七忽反大音泰朝直遙反擯必慎反相息亮反爲于僞反下爲孔子同哀公命席爲孔子布席於堂與之坐也君適其臣升自阼階所在如主孔子侍曰儒有席上之珍以待聘夙夜強學以待問懷忠信以待舉力行以待取其自立有如此者席猶鋪陳也鋪陳往古堯舜之善道以待見問也大問曰聘舉見舉用也取進取位也○強居兩反又如字下同儒有衣冠中動作慎其大讓如慢小讓如僞大則如威小則如愧其難進而易退也粥粥若無能也其容貌有如此者中中間謂不嚴厲也如慢如僞言之不愊怛也如威如愧如有所畏○慢音優易以豉反下險易同粥徐本作鬻章六反卑謙貌一音羊六反愊普力反一音逼謂愊怛也怛丹達反驚怛也本或作恨者非儒有居處齊難其坐起恭敬言必先信行必中正道塗不爭險易之利冬夏不爭陰陽之和愛其死以有待也養其身以有爲也其備豫有如此者齊難齊莊可畏難也行不爭道止不選處所以遠鬬訟○齊側皆反注同難乃旦反注同行皇如字舊下孟反夏戶嫁反爲于僞反處昌慮反遠于萬反儒有不寶金玉而忠信以爲寶不祈土地立義以爲土地不祈多積多文以爲富難得而易祿也易祿而難畜也非時不見不亦難得乎非義不合不亦難畜乎先勞而後祿不亦易祿乎其近人有如此者祈猶求也立義以爲土地以義自居也難畜難以非義久留也勞猶事也積或爲貨○積子賜反又如字易以豉反又如字畜許六反見賢遍反近附近之近下可近同儒有委之以貨財淹之以樂好見利不虧其義劫

之以衆沮。之以兵見死不更其守鷙蟲攫搏不程勇者引重鼎不程其力往者不悔來者不豫過言不再流言不極不斷其威不習其謀其特立有如此者淹謂浸漬之劫劫脅也沮謂恐怖之也鷙蟲猛鳥猛獸也字從鳥。鷙省聲也程猶量也重鼎大鼎也搏猛引重不量勇力堪之與否當之則往也雖有負者後不悔也其所未見亦不豫備平行自若也不再猶不更也不極不問所從出也不斷其威常可畏也不習其謀口及則言不豫其說而順也斷或爲繼○淹於廉反樂一五孝反又音岳好呼報反劫居業反沮在呂反注同鷙與摯同音至攫俱縛反一音九碧反搏音博程音呈斷音短直卯反絶也又丁亂反注同浸子鴆反漬才賜反脅許劫反恐曲勇反怖普路反省所景反量音亮又音良下同更居孟反

疏魯哀公問於孔子者言夫子自衛反魯哀公館於孔子問以儒行之事記者錄之以爲儒行之篇孔子說儒凡十七條其從上以來至下十五條皆明賢人之儒其第十六條明聖人之儒包上十五條賢人儒也其十七條之儒是夫子自謂也今此一節明哀公至孔子之家見孔子衣服之異疑其儒服遂問儒行爲孔子命席方說儒行之事也○君子之學也博者言偏知今古之事也○其服也鄉者其冠服須依所居之鄉也○丘不知儒服者不知猶不識也言我所服但依其鄉之服不知儒服言此者譏哀公意不在儒欲侮笑其服故以此言非之○注逢猶至二寸○正義曰謂逢猶盛大之貌詩云維柞之枝其葉蓬蓬是逢爲盛大之貌也云大掖之衣大袂禪衣也者掖謂肘掖之所寬大故云大袂禪衣也禮大夫以上其服侈袂鄭注司服云侈之者半而益一袂三尺三寸祛尺八寸朝祭之服必表裏不禪也孔子若依尋常侈袂。服則哀公無由怪之以其大袂禪衣異於士大夫常服故問之云非哀公意不在於儒者今若在儒孔子新來則應問以儒行今乃問其服是意欲侮戲夫子故下文云不敢以儒爲戲明此時意以爲戲也云庶人禪衣袂二尺二寸者庶人無朝祭之事故知禪衣袂二尺二寸云祛尺二寸者玉藻文言深衣之制如此今夫子著

禪衣與庶人同其袂大與庶人異故謂衣爲逢掖也則此大袂深衣也長居宋冠章甫之冠言夫子生於魯長於宋魯有大袂禪衣宋有章甫之冠故知大袂之衣是少所居之服也章甫之冠是長所居之冠案曲禮云去國三世唯興之日從新國之法孔子曾祖防叔防叔生木金木金生伯夏伯夏生梁紇梁紇生孔子防叔奔魯至孔子五出應從魯冠而猶著殷章甫冠者以。立爲制法之主故。有。異於人所行之事多用殷禮不與尋常同也且曲禮從新國之法祇謂禮儀法用未必衣服盡從也禮臣朝於君應著朝服而著常服者時孔子自衞新還哀公館之非是常朝故衣冠異也遽數之不能終其物者遽卒也數說也終盡也物事也孔子荅言儒行深遠非可造次若急而說則不能盡事也○悉數之乃留更僕未可終也者留久也若委細悉說之則乃大久也更僕者更代也僕大僕也君燕朝則大僕正位掌擯相也言若委細悉說之則大久僕侍疲倦宜更代之未可終也若不代僕則事未可盡也○委哀公命席者哀公既聞孔子所荅稱儒行不敢造次而盡故命掌筵者爲夫子布席也故注云爲孔子布席於堂與之坐也君適其臣升自阼階所在如主○孔子侍者此一經明孔子侍坐於哀公說儒行修立己身終始之事○儒有席上之珍以待聘者席猶鋪陳也珍謂美善之道言儒能鋪陳上古堯舜美善之道以待君上聘召也盧云儒是侍坐席之珍可重也此經論儒者自學修飾立身之事不應直云席上之珍可重故鄭不從也○重力行以待取者言己修身勵力行之擬待進取榮位也其自立有如此者謂自修立己身有如此行在上之諸事也○儒有衣冠中者此明儒者容貌之事儒有衣冠中者中間言儒者所服衣冠在尋常人之中間不嚴勵自異也動作慎者謂舉動興作恆謹慎也○其大讓如慢謂有人以大物與己己之讓此大物之時辭貌寬緩如傲慢然○○小讓如僞者言讓其小物如似詐僞亦謂寬緩不急切也○言儒不以利動也○大則如威者言有大事之時形貌則如似有所畏懼也○小則如愧者言行小事之時則如似有所慚愧如威如愧皆謂重慎自貶損○粥粥若無能也者粥粥是柔弱專愚之貌言形貌粥粥然如無所能也○注中中至所畏○正義曰中中間者言儒者衣冠在常人中間則孔子逢掖之衣是也云如慢如僞言之不愊怚也者愊怚謂急促之意言語之時不愊怚切急如似慢然如似僞然庾氏云讓大物不受拒於人急如似傲慢讓小物之時初讓後受如似僞然與注意不合非鄭旨也○儒有居處齊難者此明儒者先以善道豫防備患難之事○居處齊難者凡所居處容貌齊莊可畏難也貌既如此人則無由慢之也○道塗不爭險易之利者塗路也君子行道路不與人爭平易之地而避險阻以利己也○冬夏不爭陰陽之和者冬溫夏涼是陰陽之和處冬日暖處則暄夏日陰處則涼此並爲世人所競唯儒者讓而不爭也故注云行不爭道止不選處所以遠鬬訟也○愛其死以有待也者此解不爭也言愛死以待明時養其身以有爲也者言養身爲行道德也○其豫備有如此者言儒者先行善道豫防患害有如此在諸事上也儒有不寶金玉而忠信以爲寶者此解經明儒者懷忠信仁義之事也○儒有不寶金玉而忠信以爲寶者言儒懷忠信仁義以與人交不貪金玉利祿以與人競人則親而近之○不祈土地立義以爲土地者言儒者祈土之福以義自居故云以爲土地○不祈多積多文以爲富者積積聚財物也儒以多學文章技藝爲富不求財積以利其身也○難得而易祿也者非道之世則不仕是難得也先事後食是易祿也○易祿而難畜也者無義則去是難畜也○不非時不見不亦難得乎者非時謂非明時則不見是不亦難得乎○非義不合不亦難畜乎者君有義而與之合無義則去是難畜也○其近人有如此者言儒者親近於人有如此在上之諸事也○儒有委之以貨財者此明儒者之行有異於衆挺特而立不與同羣之事○儒有委之以貨財淹之以樂好者言儒者之行人或委聚之以貨財謂多以貨財委之淹之以樂好謂他人淹漬之以愛樂華好之事言以愛樂玩好浸漬之也○見利不虧其義者謂儒者執持操行雖見貨財樂好之利不虧損己之義事苟且而愛也劫之以衆沮之以兵者謂他人劫脅以軍衆沮恐之以兵刃也○見死不更其守者言儒者雖見劫見沮以致於死終不更改其所守之志而苟從之免死也○鷙蟲攫搏不程勇者言儒者若逢鷙猛之蟲則身自攫搏不程量武勇堪當以否遇卽行也○引重鼎不程其

力者言引重鼎不豫前商量己力堪引以否言見則引之此攫搏引鼎喻艱難者之事言儒者見艱難之事遇則行之不豫度量也此實暴虎之事而得爲儒者孔子此言雖託儒爲事其實自述也若春秋夾谷之會孔子欲斬齊之優儒是也案定十年公與齊侯會於夾谷之地於時孔子爲都禮之事齊人欲劫辱魯君孔子使人拒之而又齊人之樂併優及侏儒者於魯幕下弄魯君孔子命誅之斷其手足異門而出齊侯不敢輕魯還汶陽之田及所侵之地並歸於魯是夫子之功儒者亦有勇不避艱難引之者言儒者有勇○往者不悔者言儒者有往過之事雖有敗負不如其意亦不追悔也○來者不豫者謂將來之事其所未見亦不豫前防備言已往及未來平行自若也○過言不再者再更也言儒者有愆過之言不再爲之○流言不極者極謂窮極若聞流傳之言不窮其根本所從出處也言儒者識慮深遠聞之則解故不窮極其所出也○不斷其威者斷絕也言儒者不斷絕其威嚴容止常可畏也○不習其謀者逢事則謀不豫習也○其特立有如此者言餘人不能唯儒者獨能特立有如此之行也○注淹謂至順也○正義曰淹謂浸漬之也言樂好之事民之所嗜易以溺人云淹之樂好故知淹爲浸漬也云沮謂恐怖之也以沮謂敗壞於人是恐怖之也俗本沮或爲阻字謂阻難之事云鷙蟲猛鳥猛獸也者蟲是鳥獸通名故爲猛鳥猛獸云字從鳥鷙省聲也者言鷙蟲既是猛鳥猛獸但獸摯從執下著手鳥鷙從執下著鳥今鷙包兩義以獸鷙從鳥故云省也執下著鳥執下著手俱是鷙聲故云聲也但以脚取之謂之攫以翼擊之謂之搏云雖有負者亦不悔也者身行往過之事雖有負敗不追悔也云平行自若者若如也言雖有負敗及未見之事不恥愧憂慮但平常而行志意自如也云不習其謀口及則言不豫其說而順也者口及則言謂口及其事則言論謀度之不豫前備其言說而順從所謀之也

儒有可親而不可劫也可近而不可迫也可殺而不可辱也其居處不淫其飲食不溽其過失可微辨而不可面數也其剛毅有如此者淫謂傾邪也恣滋味爲溽

濡之言欲也○濡音辱數所具反殺魚既反邪似嗟反【疏】儒有至此者○此明儒有剛毅之事居處不淫者淫謂傾邪也言儒者性既剛毅故居處不傾邪也○飲食不濡者濡之言欲也卽濃厚也言儒性既剛毅故飲食常質不濃厚也○其剛毅有如此者言儒者其剛強嚴毅有如此諸事

儒有忠信以爲甲冑禮義以爲干櫓戴仁而行抱義而處雖有暴政不更其所其自立有如此者甲鎧冑兜鍪也干櫓小楯大楯也○冑直又反櫓音魯戴音戴本亦作戴鎧開代反兜丁侯反鍪莫侯反小楯時準反又音允徐辭尹反

【疏】儒有忠信至此者○此明儒者自立之事也○忠信以爲甲冑注云甲鎧冑兜鍪也干櫓小楯也大盾也甲冑干櫓所以禦其患難儒者以忠信禮義亦禦其患難謂有忠信禮義則人不敢侵侮也○戴仁而行仁之盛○抱義而處義不離身○雖有暴政不更其所者更改也不改其志操迴然自成立也○雖與前自立文同其意異於上也其自立有如此者初第一儒言自立者謂強學力行而自修立也此經自立者謂獨懷仁義忠信也

儒有一畝之宮環堵之室篳門圭窬蓬戶甕牖易衣而出幷日而食上荅之不敢以疑上不荅不敢以諂其仕有如此者言貧窮屈道仕爲小官也宮爲牆垣也環堵面一堵也五版爲堵五堵爲雉篳門荊竹織門也圭窬門旁窬也穿牆爲之如圭矣幷日而食二日用一日食也上荅之謂君應用其言○堵音覩方丈爲堵篳徐音畢杜預云柴門也圭窬徐音豆說文云穿木戶也郭璞玉蒼解詁云門旁小窬也音臾左傳作竇杜預云圭竇小戶也上銳下方狀如圭形也蓬步紅反蓬戶以蓬爲戶也甕烏貢反牖音酉以甕爲牖幷必政反注同日而一反諂本又作讇勑檢反穿音川應應對之應【疏】儒有一畝之宮至此者○此明一儒者仕宦能自執其操也儒有一畝之宮者一畝謂徑一步長百步爲畝若折而方之則東西南北各十步爲宅也牆方六丈故云一畝之宮宮謂牆垣也環堵之室者環謂周迴也東西南北唯一堵○篳門圭窬篳

門謂以荊竹織門也杜氏云柴門也圭窬門旁窬也穿牆爲之如圭矣故云圭窬說文云穿木爲戶也左傳作竇謂門旁小戶也上銳下方狀如圭也○蓬戶甕牖者蓬戶謂編蓬爲戶又以蓬塞門謂之蓬戶甕牖者謂牖牕圓如甕口也又云以敗甕口爲牖○易衣而出者王云更相衣而後可以出如王之意是合家共一衣故言出更著之也○并日而食者謂不日日得食或三日二日并得一日之食故注云二日用一日食也○上荅之不敢以疑者上君也荅之謂己有言語君應荅而用之不敢以疑謂己決竭心力不敢疑貳於君也亦謂雖被信任用不敢猜疑於君上也言儒者仕官盡忠○上不荅不敢以諂者己有言語而君不用及不見使則己宜靜默不敢諂媚求進也○注貧窮至爲雉○正義曰貧窮屈道仕爲小官也者以經云其仕有如此者是仕官之人今乃蓽門圭窬仕爲小官儒有大德而仕小官故知貧窮屈道也云五版爲堵五堵爲雉者定十二年公羊傳文。引之者證堵之大小高一丈長三丈爲雉

儒有今人與居古人與稽今世行之後世以爲楷適弗逢世上弗援下弗推讒諂之民有比黨而危之者身可危也而志不可奪也雖危起居竟信其志猶將不忘百姓之病也其憂思有如此者

稽猶合也古人與合則不合於今人也援猶引也取也推猶進也舉也危欲毀害之也起居猶舉事動作信讀如屈伸之伸假借字也猶圖也信或爲身○稽古奚反注同楷苦駭反法式也援音袁注下同推昌誰反注同讒仕咸反比毗悲反徐扶至反信依注爲伸音申思息嗣反

【疏】儒。有。今。人。至。此。者。○此明儒者雖身不居明代猶能憂思愛及於人之事也○今人與居古人與稽者言儒與今世小人共居任與古人之君子意合同也今世行之後世以爲楷者楷法式也言儒者行事以爲後世楷模法式○適弗逢世者適之也謂己之生於澆薄之時不逢明世也○上弗援者援引也取也既不逢明時又不爲君上之所引取也○下弗推者下謂民人。也謂進舉也言身在下不遇之時又不爲民下所薦舉也○讒諂

之民有比黨而危之者危謂毀害也既不爲君所引又不爲民所薦唯有讒諂之民其羣黨連比共危亡己者也身可危也而志不可奪也者言身乃可危而心志不可變奪也故論語云守死善道是也○雖危起居竟信其志者起居猶舉動也竟終也信讀爲伸雖比黨之民共危己而行事舉動猶能終伸我己之志。操不變易也○猶將不忘百姓之病也者猶圖也身雖不遇其世所圖謀不忘百姓之所憂病也言常念之也其憂思有如此謂儒者身雖不遇猶能憂思於人有如在上之事也○注信讀如屈伸之伸假借字也○正義曰此是信字義當如舒伸之伸但古之字皆假借此信字以爲屈伸之伸也

儒有博學而不窮篤行而不倦幽居而不淫上通而不困禮之以和爲貴忠信之美優游之法慕賢而容衆毀方而瓦合其寬裕有如此者不窮不止也幽居謂獨處時也上通謂仕道達於君也既仕則不困於道德不足也忠信之美美忠信者也優游之法法和柔者也毀方而瓦合去己之大圭角下與衆人小合也必瓦合者亦君子爲道不遠人○行下孟反上時掌反又如字注同裕羊樹反去起呂反遠于萬反又如字

疏○儒有博學至此者○此明儒有寬裕之事○博學而不窮者謂廣博學問而不窮止○篤行而不倦者篤猶純也又。有純壹之行而行之不疲倦也○幽居而不淫者幽居謂未仕獨處也淫謂傾邪也君子雖復隱處常自脩整不傾邪也○上通而不困者上通謂身得通達於君有道德被用也不困謂既在其位必行其。正使德位相稱不爲困弊不足也以儒德之備也○禮之以和爲貴者禮以體別爲理人用之。當患於貴賤有隔尊卑不親儒者用之則貴賤有禮而無間隔故云以和爲貴也○忠信之美者見人有忠信則己美之○優游之法者優柔者和柔也見人和輭則己法之○慕賢而容衆者以見賢思齊是慕賢也汎愛一切是容衆也○毀方而瓦合者方謂物之方正有圭角鋒鋩也瓦合謂瓦器破而相合也言儒者身雖方正毀屈己之方正下同。瓦。經如破去圭角與瓦器相合也○注不窮至遠人○正義曰不窮不止也者恐爲困窮故云

不止謂不窮己云幽居謂獨處時也者既未仕對己仕者爲獨處也云去己之大圭角下與衆人小合也者圭角謂圭之鋒鋩有楞角言儒者身恆方正若物有圭角不欲異衆過甚去其大圭角言。猶有小圭角也下與衆人小合儒者不與衆人。之。合亦於細碎小事而相合也則大義之事不皆合也云必瓦合者亦君子爲道不遠人者言儒者必須瓦合爲屈己同凡亦是君子爲道不遠離於人與常人小合若破圭角與瓦之相合故云不遠人也皇氏云毀己之圭角與瓦礫而相合義亦通也

儒有內稱不辟親外舉不辟怨程功積事推賢而進達之不望其報君得其志苟利國家不求富貴其舉賢援能有如此者君得其志者君所欲爲賢臣成之○君辟音避下同怨於元反又於願反推賢而進達之舊至此絕句皇以達之連下爲句

疏儒有內稱至此者○此明儒者舉賢能之事○儒有內稱不避親者稱舉也不辟親舉人以理若祁奚舉子祁午是不辟親○外舉不辟怨者若祁奚舉讎人解狐也按襄三年左傳云祁奚請老致仕晉侯問嗣焉稱解狐其讎也將立之而卒又問焉對曰午也可稱其讎不爲諂立其子不爲比但審知其賢故不辟也○程功積事推賢而進達之舊至此絕句皇氏以達之連下爲句言儒者欲舉人之時必程效其功積累其事知其事堪可乃推而進達之不妄舉人也○不望其報者言雖進達賢人於君不求望其報也○君得其志苟利國家不求富貴者君得其志者謂君任此儒者輔助其君使君得其志意所欲皆成此儒者推賢達士無所求爲唯苟在利益國家不於身上自求富貴也○其舉賢援能有如此者言儒者進達引能有如此在上諸事也

儒有聞善以相告也見善以相示也爵位相先也患難相死也久相待也遠相致也其任舉有如此者相先猶相讓也久相待謂其友久在下位不升己則待之乃進也遠相致者謂己得明君而仕友在小國不得志則相致。遠也○難乃旦反舉如字徐音據

疏。儒。有。聞。善。至。此。者○此明儒者舉任同類之屬

前經舉賢援能謂疏遠者此經任舉謂親近者也○爵位相先也者相先謂相讓言儒者見爵位之事必先相推讓於朋友也○患難相死也儒者有患難相爲致死也久相待也者謂朋友久在下位不升己則待之而乃進也○遠相致也者謂己得明君而仕朋友在小國不同得志則遠相招致其仕明君也○其任舉有如此者謂朋友更相委任舉薦有如此在上諸事

儒有澡身而浴德陳言而伏靜而正之上弗知也麤而翹之又不急爲也不臨深而爲高不加少而爲多世治不輕世亂不沮同弗與異弗非也其特立獨行有如此者麤猶疏也微也君不知己有善言正行則觀色緣事而微翹發其意使知之又必舒而脫脫焉己爲之疾則君納之速君納之速怪。妬所由生也不臨深而爲高臨衆不以己位尊自振貴也不加少而爲多謀事不以己小勝自矜大也世治不輕不以賢者並衆不自重愛也世亂不沮不以道衰廢壞己志也○澡音早靜如字徐本作靜音爭麤本又作麄七奴反翹祁饒反治直吏反注同沮徐在呂反注同行下孟反注及下注同又如字脫並吐外反妬丁路反壞乎怪反又音怪

疏。儒有澡身至此者○此明儒者殊異於人特立獨行之事○澡身而浴德者澡身謂能澡絜其身不染濁也浴德謂沐浴於德以德自清也○陳言而伏者謂陳設其言而伏聽君命也○靜而正之者謂靜退自居而尋常守正不傾躁也上弗知也謂己有善言正行君上所不知○麤而翹者麤疏也翹起發也言儒者事君己有善言正行君上既不知當伺候君上顏色因緣有事微疏而起發之令君上得知也○又不急爲也者謂起發之時不急速而爲之也○不臨深而爲高者地既高矣不臨此衆人深下之處更增高大猶言不臨此衆人卑賤處而自尊顯也又臨衆人不以己位高尊而自振貴言儒者卑以自牧不加少而爲多者謂己有謀事少勝不加增少勝自以爲多以矜大也世治不輕者世治之時雖與羣賢並處不自輕也言常自重愛也世亂不沮者沮猶廢壞也言世亂之時道雖不行亦不沮壞己之本志也○同弗與者言儒

之仕彼位雖與齊同者行不是善則不與之相親合也○異弗非也謂彼人與己之疏異所爲是善則不非毀之也○其特立獨行有如此者言獨能特立獨有此行如此所云之事也前第五儒既明特立此又云特立獨行者前云特立但明一身勇武不論行之所爲此經所云非但身所特立又獨有此行爲獨行故更言特立也○注麤猶至志也○正義曰麤猶疏也微也君不知己有善言正行者釋經文上不知也云則觀色緣事而微翹發其意使知之者釋經麤而翹之也云又必舒而脫脫焉己爲之疾則君納之速君納之速怪妬所由生也者釋經又不急爲也若納己言速疾則被衆人所怪妬所由生也云世治不輕不以賢者並衆不自重愛也者言凡人之情見衆人無知己之獨賢則盡心用力若衆人皆賢或自替廢儒者不以如此恆自重愛也

儒有上不臣天子下不事諸侯慎靜而尚寬強毅以與人博學以知服近文章砥厲廉隅雖分國如錙銖不臣不仕其規爲有如此者

強毅以與人彼來辨言行而不正不苟屈以順之也博學以知服不用己之知勝於先世賢知之所言也雖分國如錙銖言君分國以祿之視之輕如錙銖矣八兩曰錙○近附近之近砥音脂又音旨厲力世反分如字錙側其反說文云六銖銖音殊說文云權分十黍之重賢知音智

疏儒有上不臣天子至此者此明儒者志操規爲之事○上不臣天子伯夷叔齊是也下不事諸侯長沮桀溺是也○慎靜而寬者既慎而靜所尚寬緩也強毅以與人者若有人與己辨言行而彼人道不正則己不苟屈從之是用剛毅以與人也○博學以知服者謂廣博學問猶知服畏先代賢人言不以己之博學淩夸前賢也○近文章砥厲廉隅者言儒者習近文章以自磨厲使成己廉隅也○雖分國如錙銖者言君雖分國以祿之視之輕如錙銖不賁重也不臣不仕者謂不與人爲臣不求仕官但自規度所爲之事而行故云其規爲有如此者也○注強毅至曰錙○正義曰強毅以與人彼來辨言行而不正不苟屈以順之也者解經強毅以與人之辜謂彼人來至與己辨爭言行而彼人爲道不正己則不苟且

屈撓以順從之云不用己之知勝於先世賢知之所言也者解經博學以知服謂不用己之所知勝於先世賢知者之所言服從之也云八兩曰錙者案算法十黍爲絫十絫爲銖二十四銖爲兩八兩爲錙

儒有合志同方營道同術並立則樂相下不厭久不相見聞流言不信其行本方立義同而進不同而退其交友有如此者同方同術等志行也

聞流言不信不信其友所行如毀謗也○並如字又步頂反本亦作竝樂音洛又音岳下立嫁反厭於豔反行皇音衡又下孟反本方絕句立義絕句志行下孟反下注儒行同謗補浪反

疏○儒有合志至此者○此明儒者與人交友之事○合志同方者方猶法也言儒者與交友合齊志意而同於法則也○營道同術者謂經營道藝同齊於術同術則同方也但合志同方據所懷志意也營道同術據所習道藝也○並立則樂者謂與知友並齊而立俱同仕官則歡樂也○相下不厭者謂遞相卑下不厭賤也久不相見聞流言不信者雖有朋友久不相見聞流謗之言欲譖毀朋友則己不信其言也○其行本方立義者庾氏言其行所本必方正所立必存義也○同而進不同而退者謂朋友所爲與己同則進而從之若不與己同則退而避之其交友有如此者言其結交爲朋友有如此在上諸事也自此以上凡有十五儒所陳之事亦有前後乖異者此上經云不臣不仕第一儒云席上之珍以待聘夙夜強學以待問懷忠信以待舉力行以待取則有仕官之志也第十儒云寬裕第六儒云剛毅與寬裕亦別也第三儒云愛其死養其身備豫禍患第五儒云劫之以衆沮之以兵見死不更其守亦不同也如此儒之乖違上下不一略舉一二言也所以如此不同者言儒包百行事非一揆量事制宜隨機而發當其剛毅之節則守死不移論其營養之道則寬而容衆逢有道之世則進而事君遇無道之時則退而不仕且賢有優。爲儒有大小大儒則理包百行小儒則或偏守一邊所以尚書皋陶九德不一德多則爲天子諸侯德少則爲大夫卿士苟達於此儒行亦然雖或不同無所怪也

溫良者仁之本也敬慎者仁之

地也寬裕者仁之作也孫接者仁之能也禮節者仁之貌也言談者仁之文也
歌樂者仁之和也分散者仁之施也儒皆。兼此而有之猶且不敢言仁也其尊
讓有如此者此兼上十。有五儒蓋聖人之儒行也孔子嫌若斥己假仁以爲說仁聖之次也○孫音遜接似輒反又如字分方云反徐扶問反施
始鼓反斥音尺【疏】溫。良。者。仁。之。本。至。此。者。○此明聖人之儒兼上十五儒之行亦是孔子嫌其斥己假言仁者之儒以說之○溫良者仁之本也者言溫良
之性是。仁。之。儒行之本言仁者之儒先從溫良而起故云仁之本也○敬慎者仁之地也者亦言仁者之儒以敬慎爲地地所以居止萬物仁者之儒亦居止
敬慎故云仁之地○寬裕者仁之作也者言儒者之動作必以寬裕故云仁之作也○孫接者仁之能也言孫辭接物是仁儒之技能○禮節者仁之貌也言
禮儀撙節是仁儒之外貌○言談者仁之文也言語談說是仁儒之文章也歌樂者仁之和也言歌舞喜樂是仁儒之和悅也○分散者仁之施也言分散蓄
積而振貧窮是仁儒之恩施也○儒皆兼此而有之猶且不敢言仁也言儒者既兼有此行猶尚遜讓不敢自謂己仁也○其尊讓有如此者尊謂恭敬。讓謂
卑。謙謂尊敬於物卑讓於人有此之行也此謂聖人之儒但聖人理極不可爲名言仁亞於聖故假仁以論聖人之儒也儒有不隕穫於貧
賤不充詘於富貴不慁君王不累長上不閔有司故曰儒隕穫困迫失志之貌也充詘。喜失節之貌
慁猶辱也累猶。係也閔病也言不爲天子諸侯卿大夫羣吏所困迫而違道孔子自謂也充或爲統閔或爲文○隕于敏反穫本又作獲同戶郭反注同詘求
勿反注同徐音丘勿反慁胡困反注同累力僞反注同音力追反長丁丈反閔本亦作愍武謹反不爲于僞反今衆人之命儒也妄
常以儒相詬病妄之言無也言今世名儒無有常人遭人名爲儒而以儒靳故相戲此哀公輕儒之所由也詬病猶恥辱也○命儒命名也妄

鄭音亡亡無也王音忘尙反虚妄也詬徐音遘又呼候反斬居覲反杜預云戲而相媿爲斬也孔子至舍哀公館之聞此言也言加信行加義終沒吾世不敢以儒爲戲儒行之作蓋孔子自衞初反魯時也孔子歸至其舍哀公就。而禮館之問儒服而遂問儒行乃始覺焉言沒世不敢以儒爲戲當時服○行加下孟反注同

疏儒有至曰儒○此明孔子自言己之儒所行如此故繫於諸儒之末也○不隕穫於貧賤者隕穫是困迫失志之貌言己雖遇貧賤不隕穫失志也○不充詘於富貴者充詘是歡喜失節之貌言雖得富貴不歡喜失節○不慁君王者慁辱也言不見慁辱於君王而違道也○不累長上者累猶係也長上謂卿大夫言不以累係於長上而失志也○不閔有司者閔病也有司謂羣吏言儒者不以困病於有司而失常謂不以羣吏所困迫○注閔病至自謂○正義曰閔病也釋詁文云不爲天子諸侯卿大夫羣吏所困迫而違道者言天子諸侯解經君王也云卿大夫解經長上也羣吏解經有司也案史記孔子世家云在魯哀公不用在齊犂鉏所毀入楚子西所譖適晉趙鞅欲害伐樹於宋削跡於衞畏匡厄陳則身被辱累多矣鄭以其如此故釋云不以慁累閔病而違道云孔子自謂也鄭知者以此一儒在衆儒之末聖人儒後特更說此一條事與孔子相會故知孔子自謂也今衆人之命儒也妄常者此一節明孔子說儒既畢遂言今世賤儒以譏哀公也命名也妄無也言今世衆人名之爲儒者無復常人遭人則謂之爲儒以儒相詬病者詬病猶恥辱也○言今世以命之爲儒是相恥辱時世如此故哀公輕儒也○注以儒斬故相戲○正義曰在魯莊公十一年宋人戰於乘丘長萬爲魯所獲宋人請之魯人歸之宋公斬之長萬宋大夫也曰始吾敬子今子魯囚也吾不敬子矣長萬病之後弒閔公杜云戲而相媿曰斬○孔子至舍哀公館之聞此言也○○此經明孔子自衞反魯歸至其家哀公就而館之聞孔子之言遂敬於儒也○○言加信行加義者是記所錄也○○終沒吾世不敢以儒爲戲者是哀公之言記者述而錄之○注儒行至時服○正義曰儒行之作蓋孔子自衞初反魯時也案左傳。哀十一年冬衞孔。文之

將攻大叔也訪於仲尼仲尼曰胡簋之事則常學之矣甲兵之事未之聞也退命駕而行文子遽止之將止魯人以幣召之孔子乃歸以傳文無館事故鄭稱蓋以疑之也云不敢以儒爲戲當時服者以哀公終竟不能用孔子故孔子卒哀公誄之傳云生不能用死而誄之非禮也是終竟輕儒此云不敢以儒爲戲是當時蹔服非久也

附釋音禮記注疏卷第五十九

禮記注疏卷五十九校勘記　阮元撰盧宣旬摘錄

附釋音禮記注疏卷第五十九 惠棟校宋本禮記正義卷第六十六

儒行第四十一

魯哀公問於孔子曰節 惠棟云魯哀公節哀公節哀公命席節儒有衣冠節居處節不寶金玉節宋本合爲一節案宋本與此本同閩監毛本乃各節提行而疏仍共爲一節

席猶鋪陳也鋪陳往古堯舜之善道以待見問也大問曰聘舉見舉用也取進取位也 惠棟校宋本如此宋監本岳本嘉靖本衛氏集說同考文引古本同此本多闕閩監毛本意補多誤猶鋪二字脫陳也下衍珍善也三字見問也大問曰聘舉八字誤聘召懷忠信之德以待九字

儒有居處齊難 閩監毛本石經岳本嘉靖本衛氏集說同考文云宋板居處上有其字

沮之以兵 各本同石經同釋文出沮之正義云俗本沮或爲阻字考文云古本沮作阻

字從鳥鷙省聲也 閩監毛本岳本嘉靖本衛氏集說同案鷙字有誤郭忠恕佩觿云鄭注傳行鷙從鳥墊省聲據此鷙當作墊盧文弨云似當作摯省足利古本鷙下有摯字

孔子若依尋常侈袂服 閩監毛本同惠棟校宋本服上有之字衛氏集說同

以立爲制法之主閩監毛本同惠棟校宋本立作丘

故有異於人所行之事惠棟校宋本作有異此本有異二字闕閩監毛本有異誤孔子

此明儒者先以善道閩監毛本同惠棟校宋本者作行

豫防患害惠棟校宋本作害此本害誤中閩監本害作難毛本同豫誤後

此解經明儒者懷忠信仁義之事也閩監毛本同惠棟校宋本解作一山井鼎云宋板無仁字衞氏集說作此

明儒者懷忠信與義之事

○儒有不寶金玉而忠信以爲寶者閩監毛本同惠棟校宋本無此十三字

言儒者祈土之富惠棟校宋本作不祈土地之富此本不地二字脫富誤福閩監毛本同

君有義而與之合閩監毛本同考文引宋板而作則

於時孔子爲都禮之事閩監本同毛本時誤是齊召南云都禮當爲相禮

而又齊人之樂併優及侏儒者惠棟校宋本併作作此本誤併閩監毛本作俳

儒有忠信以爲甲胄節

儒有忠信至此者惠棟校宋本無此七字

干櫓小楯也大楯也閩監毛本同惠棟校宋本無上也字

儒有一畝之宮節

宮爲牆垣也惠棟校宋本爲作謂岳本同衞氏集說同考文引古本同此本誤爲閩監毛本嘉靖本同

定十二年公羊傳文引之者閩本同惠棟校宋本同監本引字殘闕毛本引誤攷

儒有今人與居節

儒有今人至此者惠棟校宋本無此七字

下謂民人也謂進舉也惠棟校宋本人也下有推字此本推字脫閩監毛本同

猶能終伸我已之志操不變易也閩監毛本同惠棟校宋本操作謀衞氏集說同

儒有博學而不窮節

儒有博學至此者惠棟校宋本無此七字

又有純壹之行閩監本同毛本有作以

必行其正使德位相稱閩監本同毛本正作政

人用之當患於貴賤有隔閩本同考文引宋板同監毛本當作嘗

下民瓦經如破去圭角　惠棟校宋本瓦經作瓦細閩本瓦字同經字闕監毛本瓦經作凡衆案經字誤細字是下所謂細碎小事而相合也○案凡衆是也此釋注文下與衆人小合也

言猶有小圭角也　閩監毛本同惠棟校宋本猶作獨

儒者不與衆人之合　閩本同惠棟校宋本同監毛本之作大合誤

儒有聞善以相告也節

則相致遠也　閩監毛本同岳本遠作達宋監本嘉靖本衞氏集說同考文引古本亦作達

儒有聞善至此者　惠棟校宋本無此七字

儒有澡身而浴德節

怪妬所由生也　閩監本岳本嘉靖本同釋文出怪妬毛本妬作妒下疏並同

儒有澡身至此者　惠棟校宋本無此七字

者行不是善　閩監毛本同惠棟校宋本者作若

又獨有此行爲獨行　閩監毛本同惠棟校宋本有作行

儒有上不臣天子節

慎靜而尚寬閩監毛本岳本嘉靖本衛氏集說同石經無而字山井鼎云宋板無尚字疏放此

儒有上不臣天子至此者惠棟校宋本無此十字

淩夸前賢也閩監毛本同考文引宋板夸作跨衛氏集說同

十黍爲參十參爲銖閩監毛本同段玉裁校本參改絫

儒有合志同方節

並立則樂閩監本石經嘉靖本衛氏集說同考文引古本足利本同毛本並作竝岳本同釋文出竝立云本亦作竝

儒有合志至此者惠棟校宋本無此七字

且賢有優爲儒有大小閩本同監本爲誤另毛本爲作劣

溫良者節

儒皆兼此而有之閩本石經惠棟校宋本宋監本岳本嘉靖本同監毛本皆誤者衛氏集說同

此兼上十有五儒閩監毛本岳本嘉靖本衛氏集說同惠棟校宋本無有字宋監本同

溫良至此者惠棟校宋本無此五字

是仁之儒行之本閩監毛本同惠棟校宋本仁下有者字

讓謂卑謙惠棟校宋本讓作謙此本謙誤讓閩監毛本同

儒有不隕穫於貧賤節

充詘喜失節之貌閩本惠棟校宋本岳本嘉靖本同監毛本喜上有歡字衞氏集說宋監本同與正義合

累猶係也岳本嘉靖本衞氏集說同閩監毛本係作繫山井鼎云宋板繫作係疏同

哀公就而禮館之閩監毛本岳本嘉靖本同惠棟校宋本而下有以字宋監本衞氏集說同考文引古本同

儒有至曰儒惠棟校宋本無此五字

儒行至時服惠棟校宋本無時字

案左傳哀十一年冬衞孔文之將攻大叔也閩監毛本同惠棟校宋本哀下有公字文下有子字

禮記注疏卷五十九校勘記

附釋音禮記注疏卷第六十

大學第四十二○陸曰鄭云大學者以其記博學可以爲政也疏正義曰案鄭目錄云名曰大學者以其記博學可以爲政也此於別錄屬通論此大學之篇論學成之事能治其國章明其德於天下却本明德所由先從誠意爲始○

禮記　鄭氏注　孔穎達疏

大學之道在明明德在親民在止於至善知止而后有定定而后能靜靜而后能安安而后能慮慮而后能得物有本末事有終始知所先後則近道矣明明德謂顯明其至德也止猶自處也得謂得事之宜也○大舊音泰劉直帶反近附近之近古之欲明明德於天下者先治其國欲治其國者先齊其家欲齊其家者先脩。其身欲脩。其身者先正其心欲正其心者先誠其意欲誠其意者先致其知○知謂知善惡吉凶之所終始也其知如字徐音智下致知同致知在格物格來也物猶事也其知於善深則來善物其知於惡深則來惡物言事緣人所好來也此致或爲至○格古百反好呼報反○物格而后知至知至而后意誠意誠而后心正心正而后身脩。身脩。而后家齊家齊而后國治國治而后天下平自天子以至於庶人壹是皆以脩。身爲本其本亂而末治者否矣其所厚者薄而其所薄者厚未之有也此謂知本此謂知之至也壹是專行是也○治國治並直吏反下同所謂誠其意者毋自欺也如惡惡臭如好好色此之謂自謙故君子必慎其獨也小人閒居爲不善無所不至見君子而后厭然揜其不善而著其善人之視己如見其肺肝然則何益矣此謂誠於中形於外故君子必慎其獨也謙讀爲慊慊之言厭也厭讀爲黶黶閉藏貌也○毋音無惡惡上烏路反下如字臭昌救反好好上呼報反下如字謙依注讀爲慊徐苦簟反閒音閑厭讀爲黶黶烏斬反又烏簟反揜於檢反著張慮反注同肺芳廢反肝音干言厭於琰反一音於涉反○曾子曰十目所視十手所指其嚴乎富潤屋德潤身心廣體胖故君子必誠其意嚴乎言可畏敬也胖猶大也三者言有實於內顯見於外○胖步丹反注及下同見賢遍反○詩云瞻彼淇澳菉竹猗猗有斐君子如切如磋如琢如磨。瑟兮僩兮赫兮喧兮有斐君子終不可諠兮如切如磋者道學也如琢如磨者自脩也瑟兮僩兮者恂慄也赫兮喧兮者威儀也有斐君子終不可諠。兮者道盛德至善民之不能忘也此心廣體胖之詩也澳隈崖也菉竹猗猗喻美盛斐有文章貌也諠忘也道猶言也恂字或作峻讀如嚴峻之峻言其容貌嚴栗也民不能忘以其意誠而德著也○淇音其澳本亦作奥於六反本又作隩一音烏報反菉音綠猗於宜反斐芳尾反一音匪文章貌瑳七何反琢丁角反摩本亦作磨末何反爾雅云骨曰切象曰瑳玉曰琢石曰磨僩下板反又胡板反赫許百反喧本亦作咺況晚反諠許袁反詩作諼或作喧音同恂依注音峻思俊反一音思旬反慄利悉反澳於六反隈烏回反詩云於戲前王不忘君子賢其賢

而親其親小人樂其樂而利其利此以沒世不忘也聖人既有親賢之德其政又有樂利於民君子小人
各有以思之○於音烏下於緝熙同戲好胡反徐范音義樂其樂並音岳又音洛注同○康誥曰克明德大甲曰顧諟天之
明命帝典曰克明峻德皆自明也皆自明明德也克能也顧念也諟猶正也帝典堯典亦尚書篇名也峻大也諟或爲題○
誥古報反大音泰顧諟上音故本又作顧同下音是峻徐音俊又私俊反題徐徒兮反○湯之盤銘曰苟日新日日新又日
新康誥曰作新民詩曰周雖舊邦其命惟新是故君子無所不用其極盤銘刻戒於盤
也極猶盡也君子日新其德常盡心力不有餘也○盤步干反銘徐音冥亡丁反○詩云邦畿千里惟民所止詩云緡。蠻
黃鳥止于丘隅子曰於止知其所止可以人而不如鳥乎於止。於鳥之所止也就而觀之知其所止
知鳥擇岑蔚安閒而止處之耳言人亦當擇禮義樂土而自止處也論語曰里仁爲美擇不處仁焉得知○畿音祈又作幾音同緡音縣一音亡巾反毛詩
作緜傳云緜蠻小鳥貌○詩云穆穆文王於緝熙敬止爲人君止於仁爲人臣止於敬爲人
子止於孝爲人父止於慈與國人交止於信緝熙光明也此美文王之德光明敬其所以自止處○緝七入反熙
許其反○**疏**。大。學。至。道。矣○正義曰此經大學之道在於明明德在於親民在止於至善積德而行則近於道也○在明明德者言大學之道在於章明己
之光明之德謂身有明德而更章顯之此其一也○在親民者言大學之道在於親愛於民是其二也○在止於至善者言大學之道在止處於至善之行此
其三也言大學之道在於此三事矣○知止而后有定者更覆說止於至善之事既知止於至善而后心能有定不有差貳也○定而后能靜者心定無欲故

能靜不躁求也靜○而后能安者以靜故情性安和也○安而后能慮者情既安和能思慮於事也○慮而后能得者既能思慮然後於事得宜也○物有本末事有終始者若於事得宜而天下萬物有本有末經營百事有終有始也○知所先後者既能如此天下百事萬物皆識知其先後也○則近道矣者若能行此諸事則附近於大道矣○古之欲明明德於天下者前章言大學之道在明德親民止善覆說止善之事既畢故此經明明德之理○先治其國者此以積學能為明德盛極之事以漸到今本其初故言欲章明己之明德使偏於天下者先須能治其國○欲治其國者先齊其家也欲齊其家者先脩其身言若欲齊家先須脩身也○欲脩其身者先正其心言若欲脩身必先正其心也○欲正其心者先誠其意者總包萬慮謂之為心情所意念謂之意若欲正其心使無傾邪必須先至誠在於憶念也若能誠實其意則心不傾邪也○欲誠其意者先致其知者言欲精誠其己意先須招致其所知之事言初始必須學習然後乃能有所知曉其成敗故云先致其知也○致知在格物此經明初以致知積漸而大至明德前經從盛以本初此經從初以至盛上下相結也致知在格物者言若能學習招致所知格來也己有所知則能在於來物若知善深則來善物知惡深則來惡物言善事隨人行善而來應之惡事隨人行惡亦來應之言善惡之來緣人所好也○物格而后知至者物既來則知其善惡所至善事來則知其至於善若惡事來則知其至於惡既能知至則行善不行惡也○知至而后意誠既能知至則意念精誠也○意誠而后心正者意能精誠故能心正也○國治而后天下平者則上明明德於天下是以自天子至庶人皆然也○壹是皆以脩身為本者言上從天子下至庶人貴賤雖異所行此者專一以脩身為本上言誠意正心齊家治國今此獨云脩身為本者細則雖異其大略皆是脩身也○其本亂而末治者否矣本亂謂身不脩也末治謂國家治也言己身既不脩而望家國治者否矣否不也言不有此事也○其所厚者薄而其所薄者厚未之有也者此覆說本亂而末治否矣之事也○譬若與人交接應須敦厚以加於人今所厚之處乃以輕薄謂以輕薄待彼人也其所薄者厚謂

己既與彼輕薄欲望所薄之處以厚重報己未有此事也言己以厚施人人亦厚以報己也若己輕薄施人人亦輕薄報己言事厚之與薄皆以身爲本也○此謂知本此謂知之至也者本謂身也既以身爲本若能自知其身是知本也是知之至極也○所謂誠其意者自此以下至此謂知本廣明誠意之事此一節明誠意之本先須慎其獨也○毋自欺也言欲精誠其意無自欺誑於身言於身必須誠實也○如惡惡臭者謂臭穢之氣謂見此惡事人嫌惡之如人嫌臭穢之氣心實嫌之口不可道矣○如好好色者謂見此善事而愛好之如以人好色心實好之口不可道矣言誠其意者見彼好事惡事當須實好惡之不言而自見不可外貌詐作好惡而內心實不好惡也皆須誠實矣○此之謂自謙者謙讀如慊慊然安靜之貌心雖好惡而口不言應自然安靜也○見君子而后厭然揜其不善而著其善者謂小人獨居無所不爲見君子而後乃厭然閉藏其不善之事宣著所行善事也○人之視己如見其肺肝然則何益矣者言小人爲惡外人視之昭然明察矣如見肺肝然則何益矣者言小人爲惡外人視之昭然明察矣如見肺肝雖暫時揜藏言何益矣○此謂誠於中形於外者言此小人既懷誠實惡事於中心必形見於外不可揜藏○注謙讀爲慊○正義曰以經義之理言作謙退之字既無謙退之事故讀爲慊慊不滿之貌故○又讀爲厭厭自安靜也云厭讀爲黶黶爲黑色如爲閉藏貌也○曾子曰十目所視者此經明君子脩身外人所視不可不誠其意作記之人引曾子之言以證之十目所視十手所指者言所指視者衆也十目謂十人之目十手謂十人之手也○其嚴乎者既視者及指者皆衆其所畏敬可嚴憚乎○富潤屋德潤身者言此二句爲喻也言家若富則能潤其屋有金玉又華飾見於外也○德潤身者謂德能霑潤其身使身有光榮見於外也○心廣體胖者言內心寬廣則外體胖大言爲之於中必形見於外也故君子必誠其意者以有內見於外必須精誠其意在內心不可虛也○詩云瞻彼淇澳者此一經廣明誠意之事故引詩言學問自新顏色威儀之事以證誠意之道也○瞻彼淇澳菉竹猗猗者此詩衛風淇澳之篇衛人美武公之德也澳隈也菉王芻也竹萹竹也視彼淇

水之隈曲之內生此菉之與竹猗猗然而茂盛以淇水浸潤故也言視彼衛朝之內上有武公之身道德茂盛亦蒙康叔之餘烈故也引之者證誠意之道○有斐君子者有斐然文章之君子學問之益矣○如切如磋者如骨之切如象之磋又能自脩也○如琢如磨者如玉之琢如石之磨也○瑟兮僩兮赫兮喧兮有斐君子終不可喧兮者又瑟然顏色矜莊僩然性行寬大赫然顏色盛美喧然威儀宣美斐然文章之君子民皆愛念之終久不可忘也諠忘也自此以上詩之本文也自此以下記者引爾雅而釋之如切如磋者道學也者論道其學矣○如琢如磨者自脩也者謂自脩飾矣言初習謂之學重習謂之脩亦謂詩本文互而相通也○瑟兮僩兮者恂慄也者恂讀爲峻言顏色嚴峻戰慄也○道盛德至善民之不能忘也謂善稱也有斐君子終不可諠兮論道武公盛德至極美善人之愛念不能忘也○注此心至著也○正義曰諠忘也釋訓文也云道猶言也謂經中道盛德至善恐爲道德之道故云道猶言也云恂字或作峻讀如嚴峻之峻者以經之恂字他本或作峻字故讀爲嚴峻之峻詩箋云還爲恂也此記爲赫兮喧兮詩經云赫兮喧兮本不同也云以其意誠而德著也以武公用意精誠德著於人人不忘也以經廣明誠意之事故鄭云意誠而德著也詩云於戲前王不忘者此一經廣明誠意之事此周頌烈文之篇也美武王之詩於戲猶言嗚呼矣以文王武王意誠於天下故詩人歎美之云此前世之王其德不可忘也○君子賢其賢而親其親者言後世貴重之言君子皆美此前王能賢其賢人而親其族親也○小人樂其樂而利其利者言後世卑賤小人美此前王能愛樂其所樂謂民之所樂者前王亦愛樂之利其利者能利益其人之所利民爲利者前王亦利益之言前王施爲政教下順人情不奪人之所樂利之事故云小人樂其樂而利其利也○此以沒世不忘也由前王意能精誠垂於後世故君子小人皆所美念以此之故終沒於世其德不忘也○康誥曰克明德者此一經廣明意誠則能明己之德周公封康叔而作康誥戒康叔能明用有德此記之意言周公戒康叔以自明其德與尚書異也○大甲曰顧諟天之明命者顧念也諟正也伊尹戒大甲云爾爲君當顧念奉正天

之顯明之命不邪僻也○帝典曰克明峻德者帝典謂堯典之篇峻大也尚書之意言堯能明用賢俊之德此記之意言堯能自明大德也皆自明也此經所云康誥大甲帝典等之文皆是人君自明其德也故云皆自明也○注皆自明明德也○正義曰明明德必先誠其意此經誠意之章由初誠意也故人先能明己之明德也○湯之盤銘此一經廣明誠意之事湯之盤銘者湯沐浴之盤而刻銘爲戒必於沐浴之。者戒之甚也○苟日新者此盤銘辭也非唯洗沐自新苟誠也誠使道德日益新也○日日新者言非唯一日之新。當使日日益新○又日新者言非唯日日益新又須恆常日新皆是丁寧之辭也此謂精誠其意脩德無已也○康誥曰作新民者成王既伐管叔蔡叔以殷餘民○封康叔誥言殷人化紂惡俗使之變改爲新人此記之意自念其德爲新民也○詩曰周雖舊邦其命惟新者此大雅文王之篇其詩之本意言周雖舊是諸侯之邦其受天之命唯爲天子而更新也此記之意其所施教命唯能念德而自新也是故君子無所不用其極者極盡也言君子欲日新其德無處不用其心盡力也言自新之道唯在盡其心力更無餘行也○詩云邦畿千里惟民所止此一經廣明誠意之事言誠意在於所止故。上云大學之道在於至善此商頌玄鳥之篇言殷之邦畿方千里爲人所居止此記斷章喻其民人而擇所止言人君賢則來也○詩云緡蠻黃鳥止于丘隅者此詩小雅緡蠻之篇刺幽王之詩言緡蠻然微小之黃鳥止在於岑蔚丘隅之處得其所止以言微小之臣依託大臣亦得其所也○子曰於止知其所止者孔子見其詩文而論之云是觀於鳥之所止則人亦知其所止鳥之知在岑蔚安閑之處則知人亦擇禮義樂土之處而居止也○可以人而不如鳥乎者豈可以人不擇止處不如鳥乎言不可不如鳥也故論語云里仁爲美擇不處仁焉得知是也○詩云穆穆文王於緝熙敬止者此大雅文王之篇美文王之詩緝熙謂光明也止辭也詩之本意云文王見此光明之人則恭敬之此記之意於緝熙言嗚呼文王之德緝熙光明又能敬其所止以自居處也○注鳥擇至止處○正義曰岑謂巖險蔚謂草木薈蔚言鳥之所止必擇静密之處也○

子曰聽。訟。吾。猶人也

必也使無訟乎無情者不得盡其辭大畏民志情猶實也無實者多虛誕之辭聖人之聽訟與人同耳必使民無實者不敢盡其辭大畏其心志使誠其意不敢訟○吾聽訟似用反猶人也論語作聽訟吾猶人也毋訟音無誕音但此謂知本本謂誠其意也

所謂脩身在正其心者身有所忿懥則不得其正有所恐懼則不得其正有所好樂則不得其正有所憂患則不得其正心不在焉視而不見聽而不聞食而不知其味此謂脩身在正其心懥怒貌也或作懫或爲疐○忿弗粉反懥勑值反范音稚徐丁四反又音勤恐丘勇反好呼報反下故好而知同樂徐五孝反一音岳懫音致疐音致又得計反○

所謂齊其家在脩其身者人之其所親愛而辟焉之其所賤惡而辟焉之其所畏敬而辟焉之其所哀矜而辟焉之其所敖惰而辟焉故好而知其惡惡而知其美者天下鮮矣故諺有之曰人莫知其子之惡莫知其苗之碩此謂身不脩不可以齊其家之適也譬猶喻也言適彼而以心度之曰吾何以親愛此人非以其有德美與吾何以敖惰此人非以其志行薄與反以喻己則身脩與否可自知也鮮罕也人莫知其子之惡猶愛而不察碩大也○辟音譬下及注同謂譬喻也賤惡烏路反下惡而知同敖五報反惰徒臥反其惡惡上如字下烏路反鮮仙善反注同諺魚變反俗語也度徒洛反與音余下薄與同行下孟反○

所謂治國必先齊其家者其家不可教而能教人者無之故君子不出家而成教於國孝者所以事君也弟者所以事長也慈者所以使衆也康誥曰如保

赤子心誠求之雖不中不遠矣未有學養子而後嫁者也養子者推心爲之而中於赤子之嗜欲也○弟音悌長丁丈反下長長弁注同中丁仲反注同嗜欲時志反○一家仁一國興仁一家讓一國興讓一人貪戾一國作亂其機如此此謂一言僨事一人定國一家一人謂人君也戾之言利也機發動所由也僨猶覆敗也春秋傳曰登戾之又曰鄭伯之車僨於濟戾或爲吝僨或爲犇○戾力計反賁徐音奮本又作僨注同覆芳福反濟子禮反犇音奔堯舜率天下以仁而民從之桀紂率天下以暴而民從之其所令反其所好而民不從言民化君行也君若好貨而禁民淫於財利不能正也○好呼報反注同行下孟反或如字○是故君子有諸己而后求諸人無諸己而后非諸人所藏乎身不恕而能喻諸人者未之有也故治國在齊其家有於己謂有仁讓也無於己謂無貪戾也詩云桃之夭夭其葉蓁蓁之子于歸宜其家人宜其家人而后可以教國人詩云宜兄宜弟宜兄宜弟而后可以教國人詩云其儀不忒正是四國其爲父子兄弟足法而后民法之也此謂治國在齊其家夭夭蓁蓁美盛貌之子者是子也○夭於驕反蓁音臻忒他得反○所謂平天下在治其國者上老老而民興孝上長長而民興弟上恤孤而民不倍是以君子有絜矩之道也老老長長謂尊老敬長也恤憂也民不倍不相倍棄也絜猶結也挈也矩法也君子有挈法之道謂當執而行之動作不失之倍或作偝矩或作巨○弟音悌倍音佩注同絜音結拒之音矩本亦作矩偝棄音佩

本亦作倍下同挈也苦結反巨音拒本亦作矩其呂反○所惡於上毋以使下所惡於前毋以先後所惡於後毋以從前所惡於右毋以交於左所惡於左毋以交於右此之謂絜矩之道絜矩之道善持其所有以恕於人耳治國之要盡於此○惡烏路反下皆同毋音無下同詩云樂只君子民之父母民之所好好之民之所惡惡之此之謂民之父母言治民之道無他取於己而已○只音紙好好皆呼報反詩云節彼南山維石巖巖赫赫師尹民具爾瞻有國者不可以不慎辟則爲天下僇矣巖巖喻師尹之高嚴也師尹天子之大臣爲政者也言民皆視其所行而則之可不慎其德乎邪辟失道則有大刑○節前切反又音如字巖五銜反辟匹亦反又必益反與僻同僇力竹反與戮同注同詩云殷之未喪師克配上帝儀監于殷峻命不易道得衆則得國失衆則失國是故君子先慎乎德有德此有人有人此有土有土此有財有財此有用德者本也財者末也外本內末爭民施奪是故財聚則民散財散則民聚是故言悖而出者亦悖而入貨悖而入者亦悖而出師衆也克能也峻大也言殷王帝乙以上未失其民之時德亦有能配天者謂天享其祭祀也及紂爲惡而民怨神怒以失天下監視殷時之事天之大命得之誠不易也道猶言也用謂國用也施奪施其劫奪之情也悖猶逆也言君有逆命則民有逆辭也上貪於利則下人侵畔老子曰多藏必厚亡○喪息浪反峻恤俊反易以豉反注同爭爭鬪之爭施如字悖布內反下同上時掌反藏才浪反康誥曰惟命不于常道善則

得之不善則失之矣于於也天命不於常言不專祐一家也○專佑音又楚書曰楚國無以爲寶惟善以爲寶楚書楚昭王時書也言以善人爲寶時謂觀射父昭奚恤也○射父食亦反又食夜反父音甫舅犯曰亡人無以爲寶仁親以爲寶舅犯晉文公之舅狐偃也亡人謂文公也時辟驪姬之讒亡在翟而獻公薨秦穆公使子顯弔因勸之復國舅犯爲之對此辭也仁親猶言親愛仁道也明不因喪規利也○辟音避驪力宜反本又作麗亦作孋同翟音狄顯許遍反爲之于僞反○秦誓曰若有一个臣斷斷兮無他技其心休休焉其如有容焉人之有技若己有之人之彥聖其心好之不啻若自其口出寔能容之以能保我子孫黎民尚亦有利哉人之有技媢嫉以惡之人之彥聖而違之俾不通寔不能容以不能保我子孫黎民亦曰殆哉秦誓尚書篇名也秦穆公伐鄭爲晉所敗於殽還誓其羣臣而作此篇也斷斷誠一之貌也他技異端之技也有技才藝之技也若己有之不啻若自其口出皆樂人有善之甚也美士爲彥黎衆也尚庶幾也媢妒也違猶戾也俾使也○佛戾賢人所爲使功不通於君也殆危也彥或作盤○一个古賀反一讀作介音界臣此所引與尚書文小異斷丁亂反無它音他技其綺反下及注同休休許糾反尚書傳曰樂善也鄭注尚書云寬容貌何休注公羊云美大之貌好呼報反啻音試詩豉反媢莫報反尚書作冒音同謂覆蔽也惡烏路反下能惡人同俾本又作卑必爾反敗必邁反殽戶交反樂音岳又音洛妒丁路反佛戾上扶弗反下力計反唯仁人放流之迸諸四夷不與同中國此謂唯仁人爲能愛人能惡人放去惡人媢嫉之類者獨仁人能之如舜放四罪而天下咸服○迸比孟反又逼諍反諍音爭鬬之爭皇云迸猶屏也去丘呂反○見賢而不

能舉舉而不能先命也見不善而不能退退而不能遠過也命讀為慢聲之誤也舉賢而不能使君以先己是輕慢於舉人也〇命依注音慢武諫反遠于萬反〇好人之所惡惡人之所好是謂拂人之性菑必逮夫身拂猶佹也逮及也〇好呼報反下皆同惡烏路反下同拂扶弗反注同菑音哉下同逮音代一音大計反夫音扶佹九委反是故君子有大道必忠信以得之驕泰以失之道行所由生財有大道生之者眾食之者寡為之者疾用之者舒則財恆足矣是不務祿不肖而勉民以農也〇肖音笑仁者以財發身不仁者以身發財發起也言仁人有財則務於施與以起身成其令名不仁之人有身貪於聚斂以起財務成富〇施始豉反予由汝反未有上好仁而下不好義者也未有好義其事不終者也未有府庫財非其財者也言君行仁道則其臣必義以義舉事無不成者其為誠然如己府庫之時為己有也孟獻子曰畜馬乘不察於雞豚伐冰之家不畜牛羊百乘之家不畜聚斂之臣與其有聚斂之臣寧有盜臣此謂國不以利為利以義為利也孟獻子魯大夫仲孫蔑也畜馬乘謂以士初試為大夫也伐冰之家卿大夫以上喪祭用冰百乘之家有采地者也雞豚牛羊民之所畜養以為財利者也國家利義不利財盜臣損財耳聚斂之臣乃損義論語曰季氏富於周公而求也為之聚斂非吾徒也小子鳴鼓而攻之可也〇畜許六反下同乘徐繩證反下及注同蔑莫結反以上時掌反采七代反本亦作菜為之于偽反〇長國家而務財用者必自小人矣言務聚財為己用者必忘義是小人所為也〇長丁丈反彼為善之小人之使為國家菑害並

至雖有善者亦無如之何矣彼君也君將欲以仁義善其政而使小人治其國家之事患難猥至雖云有善不能救之以其惡之已著也○難乃旦反猥烏罪反捄音救本亦作救著張慮反○此謂國不以利爲利以義爲利也疏子曰至利也○正義
曰此一經廣明誠意之事言聖人不惟自誠己意亦服民使誠意也孔子稱斷
獄猶如常人無以異也言吾與常人同也○必也使無訟乎者必也使無理之
人不敢爭訟也○無情者不得盡其辭者情猶實也言無實情虛誕之人無道
理者不得盡竭其虛僞之辭也○大畏民志者大能畏脅民人之志言人有虛
誕之志者皆畏懼不敢訟言民亦誠實其意也聽訟吾猶人也必也使無訟乎
是夫子之辭無情者不得盡其辭大畏民志是記者釋夫子無訟之事然能使
無訟則是異於人也而云吾猶人者謂聽訟之時備兩造吾聽與人無殊故云
吾猶人也但能用意精誠求其情僞所以使無訟也○此謂知本者此從上所
謂誠意以下言此大畏民志以上皆是誠意之事意爲行本既精誠其意是曉
知其本故云此謂知本也○所謂脩身者此覆說前脩身正心之事○其身有所
忿懥則不得其正者懥謂怒也身若有所怒則不得其正言因怒而違於正也
所以忿懥然者若遇忿怒則違於理則失於正也○有所恐懼則不得其正者言因
恐懼而違於正也○心不在焉視而不見聽而不聞食而不知其味者此言脩
身之本必在正心若心之不正身亦不脩若心之不在視聽與食不覺知也是
心爲身本脩身必在於正心也○所謂齊其家在脩其身者此經重明前經齊
家脩身之事○人之其所親愛而辟焉者之猶適也此言脩身之譬也設我適
彼人見彼有德則爲我所親愛當反自譬喻於我也以彼有德故爲我所親愛
則我若自脩身有德必然亦能使衆人親愛於我也○之其所賤惡而譬焉者
又言我往之彼而賤惡彼人者必是彼人無德故也亦當迴以譬我我若無德
則人亦賤惡我也○之其所畏敬而譬焉者又我往之彼而畏敬彼人必是彼
人莊嚴故也亦迴以譬我我亦當莊敬則人亦必畏敬我○之其所哀矜而辟
焉者又我往之彼而哀矜彼人必是彼人有慈善柔弱之德故也亦迴譬我我

有慈善而或柔弱則亦爲人所哀矜也○之其所敖惰而辟焉者又我往之彼而敖惰彼人必是彼人邪辟故也亦迴譬我我若邪辟則人亦敖惰於我也故好而知其惡惡而知其美者天下鮮矣者知識也鮮少也人心多偏若心愛好之而多不知其惡若嫌惡之而多不知其美今雖愛好知彼有惡事雖憎惡知彼有美善天下之內如此者少矣○故諺有之曰人莫知其子之惡莫知其苗之碩者碩猶大也言人之愛子其意至甚子雖有惡不自覺知猶好而不知其惡也農夫種田恆欲其盛苗苗雖碩大猶嫌其惡以貪心過甚故不知其苗之碩若能以己子而方他子己苗而匹他苗則好惡可知皆以己而待他物也○此謂身不脩不可以齊其家者此不知子惡不知苗碩之人不脩其身身既不脩不能以己譬人故不可以齊整其家○注之適至大也○正義曰之適也釋詁文云反以喻己者謂見他人所親愛被賤惡以人類己他人之事反來自譬己身也云則身脩與否可自知也者謂彼人不脩則被賤惡敖惰己若不以脩身事亦然也若彼脩身則被親愛敬畏己若脩身亦當然也故云脩身與否可自知也云碩大也釋詁文○此謂至其家此一節覆明前經治國齊家之事○康誥曰如保赤子者此成王命康叔之辭赤子謂心所愛之子言治民之時如保愛赤子愛之甚也○心誠求之雖不中不遠矣者言愛此赤子內心精誠求赤子之嗜欲雖不能正中其所欲去其所嗜欲其不甚遠言近其赤子之嗜欲。爲治人之道亦當如此也○未有學養子而后嫁者也言母之養子自然而愛中當赤子之嗜欲○非由學習而來故云未有學養子而后嫁者此皆本心而爲之言皆喻人君也○一家仁一國興仁一家讓一國興讓者言人君行善於家則外人化之故一家一國皆仁讓也○一人貪戾一國作亂者謂人君一人貪戾惡事則一國學之作亂○其機如此者機謂關機也動於近成於遠善惡之事亦發於身而及於一國也○此謂一言僨事一人定國者僨猶覆敗也謂人君一言覆敗其事謂惡言也一人定國謂由人君一人能定其國謂善政也古有此言今記者引所爲之事以結之上云一人貪戾一國作亂是一言僨事也又云一家仁讓則一國仁讓是知一人定國也一家則一國一人也皆謂人君是一人

之身先治一家乃後治一國其所令反其所好而民不從者令謂君所號令之
事若各隨其行之所好則人從之其所好者是惡所令者是善則所令之事反
其所好雖欲以令禁人人不從也是故君子有諸己而后求諸人者諸於也謂
君子有善行於己而后可以求於人使行善行也謂於己有仁讓而后可求於
人之仁讓也無諸己而后非諸人者謂無惡行於己而后可以非責於人爲惡
行也謂無貪利之事於己而後非責於人也○所藏乎身不恕而能喻諸人者
未之有也者謂所藏積於身既不恕實而能曉喻於人使從己者未之有也言
無善行於身欲曉喻於人爲善行不可得也○詩云桃之夭夭其葉蓁蓁者此
周南桃夭之篇論昏姻及時之事言桃之夭夭少壯其葉蓁蓁茂盛喻婦人形
體少壯顏色茂盛之時似桃之夭夭也○之子于歸宜其家人者之子者是子
也歸嫁也宜可以爲夫家之人引之者取宜其家人之事○宜其家人而后可
以教國人者言人既家得宜則可以教國人也○詩云宜兄宜弟者此小雅蓼
蕭之篇美成王之詩詩之本文言成王有德宜爲人兄宜爲人弟此記之意宜
兄宜弟謂自與兄弟相善相宜也既爲兄弟相宜而可兄可弟之意而后可以教
國人也○詩云其儀不忒正是四國者此曹風鳲鳩之篇忒差也正長也言在
位之君子威儀不有差忒可以正長是四方之國言可法則也○其爲父子兄
弟足法而后民法之也者此謂治國在齊其家謂其修身於家在室家之内使
父子兄弟足可方法而後民皆法之也是先齊其家而後能治其國也○注一
家至於濟○正義曰一家一人謂人君也者以經言治家故知是人君也若文
王刑于寡妻至于兄弟以御于家邦是也云春秋傳曰登戾之者此隱五年公
羊傳文案彼傳文公觀魚于棠何以書譏何譏爾遠也公曷爲遠而觀魚登來
之也彼注意謂以思得而來之齊人語謂登來爲得來也聲有緩急得爲登謂
隱公觀魚於棠得此百金之魚而來觀之公羊傳爲登來鄭所引公羊本爲登
戾之以來爲戾與公羊本不同也鄭意以戾爲貪戾故引以證經之貪戾也云
又曰鄭伯之車僨於濟者隱三年左傳文○所謂平天下在治其國者正義曰
自此以下至終篇覆明上文平天下在治其國之事但欲平天下先須治國治

國事多天下理廣非一義可了故廣而明之言欲平天下先須脩身然後及物自近至遠自內至外故初明絜矩之道次明散財於人之事次明用善人遠惡人此皆治國治天下之綱故總而詳說也今各隨文解之○上恤孤而民不倍者孤弱之人人所遺棄在上君長若能憂恤孤弱不遺則下民學之不相棄倍此人是以君子有絜矩之道也者絜猶結也矩法也言君子有執結持矩法之道動而無失以此加物物皆從之也○所惡於上毋以使下者此以下皆是絜矩之道也譬諸侯有天子在於上有不善之事加己己惡之則不可迴持此惡事使己下者爲之也○所惡於下毋以事上者言臣下不善事己己所有惡則己不可持此惡事迴以事己之君上也○所惡於前毋以先後者前謂在己之前不以善事施己己所憎惡則無以持此惡事施於後人也所惡於後毋以從前者後謂在己之後不以善事施己己則無以惡事施於前行之人也○所惡於右毋以交於左者謂與己平敵或在己右或在己左以惡加己己所憎惡則無以此惡事施於左人舉此一隅餘可知也○此之謂絜矩之道者上經云君子有絜矩之道也此其絜矩之義未明故此經申說能持其所有以待於人恕己接物即絜矩之道也○詩云樂只君子民之父母此記者引之又申明絜矩之道若能以己化從民所欲則可謂民之父母此小雅南山有臺之篇美成王之詩也只辭也言能以己化民從民所欲則可爲民父母矣○民之所好好之者謂善政恩惠是民之願好己亦好之以施於民若發倉廩賜貧窮賑乏絕是也○民之所惡惡之者謂苛政重賦是人之所惡己亦惡之而不行也○詩云節此彼南山者上經說恕己待民此經明己須戒慎也詩云節彼南山維石巖巖此小雅節南山之篇刺幽王之詩言幽王所任大臣非其賢人也節然高峻者是彼南山維積累其石巖巖然高大喻幽王大臣師尹之尊嚴○赫赫師尹民具爾瞻者赫赫顯盛貌是太師與人爲則者具俱也爾汝也在下之民俱於汝而瞻視之言皆視師尹而爲法此記之意以喻人君在上民皆則之不可不慎○有國者不可以不慎者有國謂天子諸侯言民皆視上所行而則之不可不慎其德乎宜慎之也○辟則爲天下僇矣者僇謂刑僇也君若邪辟則爲天下之

民共所誅討若桀紂是也○詩云殷之未喪師克配上帝此一經明治國之道在貴德賤財此大雅文王之篇美文王之詩因以戒成王也克能也師衆也言殷自紂父帝乙之前未喪師衆之時所行政教皆能配上天而行也○儀監于殷峻命不易者儀宜也監視也今成王宜監視于殷之存亡峻大也奉此天之大命誠爲不易言其難也○道得衆則得國失衆則失國者道猶言也詩所云者言帝乙以上得衆則得國言殷紂失衆則失國也○有德此有人者有德之人人之所附從故有德此有人也有人此有土者有人則境土寬大故有土也○有土此有財言有土則生植萬物故有財也○有財此有用者爲國用有財豐以此而有供國用也○德者本也財者末也者德能致財財由德有故德爲本財爲末也○外本內末爭民施奪者外疏也內親也施奪謂施其刼奪之情也君若親財而疏德則爭利之人皆施刼奪之情也○是故財聚則民散財散則民聚者事不兩興財由民立君若重財而輕民則民散也若散財而賙恤於民則民咸歸聚也○是故言悖而出者亦悖而入者悖逆也若人君政教之言悖逆人心而出行者則民悖逆君上而入以報答也謂拒違君命也○貨悖而入者亦悖而出者若人君厚斂財貨悖逆民心而入積聚者不能久如財人畔於上財亦悖逆君心而散出也言衆畔親離財散非君有也○注師衆至厚亡○正義曰師衆也。峻大也皆釋詁文爾雅。峻字馬旁爲之與此同也克能也釋言文也云君有逆命則民有逆辭也者君有逆命解經言悖而出也民有逆辭解經亦悖而入謂人有逆命之辭以拒君也云老子曰多藏必厚亡者言積聚藏之既多必厚重而散亡也引之者證貨悖而入亦悖而出○康誥曰惟命不于常者謂天之命不於是常住在一家也道善則得之不善則失之矣書之本意言道爲善則得之不善則失之是不常在一家也○舅犯曰亡人無以爲寶仁親以爲寶者此舅犯勸重耳之辭於時重耳逃亡在翟秦穆公欲納之反國而勸重耳不受秦命對秦使云奔亡之人無以貨財爲寶唯親愛仁道以爲寶也○注楚書至奚恤正義曰鄭知是楚昭王時書者案楚語云楚昭王使王孫圉聘於晉定公饗之趙簡子鳴玉以相問於王孫圉曰楚之白珩猶在乎其爲

寶幾何矣王孫圉對曰未嘗爲寶楚之所寶者曰觀射父能作訓辭以行事於
諸侯使無以寡君爲口實又新序云秦欲伐楚使者觀楚之寶器楚王。召昭奚
恤而問焉對曰寶器在賢臣王遂使昭奚恤應。之昭奚恤發精兵三百人陳於
西門之內爲東面之壇一南面之壇四西面之壇一秦使者至昭奚恤曰君客
也請就上居東面之壇令尹子西南面。太宗子。牧次之葉公子高次之。司。馬。子
發次之昭奚恤自居西面之壇稱曰客欲觀楚之寶器乎楚之所寶者即賢臣
也。唯大國之所觀秦使無以對也使歸告秦王曰楚多賢臣無可以圖之何知
有觀射父昭奚恤者。案戰國義云楚王築壇昭奚恤等立於壇上楚王指之謂
秦使曰此寡人之寶故知有昭奚恤等也謂賢爲寶者案史記云理百姓實府
庫使黎甿得所者有令尹子西而能也執法令奉圭璋使諸侯不怨兵車不起
者有大宗子牧能也守封疆固城郭使鄰國不侵亦不侵鄰國者有葉公子高
能也整師旅治兵戈使蹈白刃赴湯蹈火萬死不顧一生者有司馬子發能也
坐籌帷幄之中決勝千里之外懷霸王之業撥理亂之風有大夫昭奚恤能也
是皆爲寶也引之者證爲君長能保愛善人爲寶也○注舅犯至利也○正義
曰舅犯晉文公之舅狐偃者左傳文也云時避驪姬之讒亡在翟而獻公薨秦
穆公使子顯弔之因勸之復國舅犯爲之對此辭也檀弓篇文○秦誓曰者此
一經明君臣進賢詘惡之事秦誓尚書篇名秦穆公伐鄭爲晉敗於殽還歸誓
羣臣而作此篇是秦穆公悔過自誓之辭記者引之以明好賢去惡也○若有
一介臣斷斷兮者此秦穆公誓辭云羣臣若有一耿介之臣斷斷然誠實專一
謹慤兮是語辭古文尚書兮爲猗言有一介之臣其心斷斷猗猗然專一與此
本異○無他技其心休休焉其如有容焉者言此專一之臣無他奇異之技惟
其心休休然寬容形貌似有包容如此之人我當任用也○人之有技若己有
之者謂見人有技藝欲得親愛之如己自有也○人之彥聖其心好之不啻若
自其口出者謂見人有才彥美通聖其心中愛。樂不啻如自其口出心愛此彥
聖之美多於口說言其愛樂之甚也○寔能容之以能保我子孫黎民尚亦有
利哉者。寶。是也若能好賢如此是能有所包容則我國家得安保我後。世子孫

黎衆也尚庶幾也非直子孫安其下衆人皆庶幾亦。望有利益哉也〇人之有技娼疾以惡之者上明進賢之善此論蔽賢之惡也娼。妬也見人有技藝則掩藏娼。妬疾以憎。惡之也〇人之彥聖而違之俾不通者見他人之彥聖而違。戾抑退之俾使也使其善功不通達於君尚書通爲達字也〇寔不能容以不能保我子孫黎民亦曰殆哉者若此蔽賢之人是不能容納家國將亡不能保我子孫非唯如此衆人亦曰殆危哉〇注秦誓至危也〇正義曰秦穆公伐鄭爲晉所敗於。崤還誓其羣臣而作此篇也者案尚書序秦穆公伐鄭晉襄公帥師敗諸崤還歸作秦誓又左傳僖三十二年秦穆公與師伐鄭蹇叔等諫之公不從爲晉人與姜戎要而擊之敗諸崤是其事也云美士爲彥者爾雅釋訓文黎衆也俾使也皆釋詁文尚庶幾者釋言文爾雅庶幾尚也是尚爲庶幾矣云娼妬也者說文云娼。夫。妬婦是娼爲妬也〇唯仁人放流之迸諸四夷不與同中國者言唯仁人之君能放流此蔽善之人使迸遠在四夷不與同在中國若舜流四凶而天下咸服是也〇此謂唯仁人爲能愛人能惡人者既放此蔽賢之人遠在四夷是仁人能愛善人惡不善之人〇見賢而不能舉舉而不能先命也者此謂凡庸小人見此賢人而不能舉進於君假設舉之又不能使在其己之先是爲慢也謂輕慢於舉人也〇見不善而不能退退而不能遠過也者此謂小人見不善之人而不能抑退之假令抑退之而不能使遠退之過者言是愆過之人也〇好人之所惡者人謂君子君子所惡者凶惡之事今乃愛好凶惡是好人之所惡也〇惡人之所好者君子所好仁義善道今乃惡此仁義善道是惡人之所好也〇是謂拂人之性者〇若如此者是謂拂戾善人之性〇菑必逮夫身者逮及也如此菑必及夫身矣〇是故君子有大道者大道謂所由行孝悌仁義之大道也〇必忠信以得之驕泰以失之者言此孝悌仁義必由行忠信以得之由身驕泰以失之也〇生財有大道者此一經明。人君當先行仁義愛省國用以豐足財物上文大道謂孝悌仁義之道此言人君生殖其財有大道之理則下之所云者是也〇生之者衆者謂爲農桑多也〇食之者寡者謂減省無用之費也〇爲之者疾者謂百姓急營農桑事業也〇用之者舒者謂君上緩於營造費用也○則財恆足矣者言人君能如此則國用恆足○仁者謂以財發身者謂仁德之君以財散施發起身之令名也○不仁者以身發財者言不仁之人唯在吝嗇務於積聚勞役其身發起其財此在治家治國天下之科皆謂人君也○未有上好仁而下不好義者也言在上人君好以仁道接下其下感君仁恩無有不愛好於義使事皆得其宜也○未有好義其事不終者也言臣下悉皆好義百事盡能終成故云未有好義其事不終者言皆能終成也○未有府庫財非其財者也又爲人君作譬也君若行仁民必報義義必終事譬如人君有府庫之財必還爲所用也故云未有府庫財非其財者也○注其爲至有也○正義曰言君行仁道則臣必爲義臣既行義事必終成以至誠相感必有實報如己有府庫之財爲己所有也其爲誠實而然言不虛也○孟獻子曰畜馬乘不察於雞豚者此一經明治國家不可務於積財若務於積財即是小人之行非君上之道言察於雞豚之所利爲畜養馬乘士初試爲大夫不闚察於雞豚之小利○伐冰之家不畜牛羊者謂卿大夫喪祭用冰從固陰之處伐擊其冰以供喪祭故云伐冰之家也謂卿大夫爲伐冰之家不畜牛羊爲財利以食祿不與人爭利也○百乘之家不畜聚斂之臣者百乘之謂卿大夫有采地者也以地方百里故云百乘之家言卿大夫之家不畜聚斂之臣使賦稅什一之外徵求采邑之物也故論語云百乘之家臣是也○與其有聚斂之臣寧有盜臣者覆解不畜聚斂之臣意若其有聚斂之臣寧可有盜竊之臣以盜臣但害財聚斂之臣則害義也○此謂國不以利爲利以義爲利也者言若能如上所謂是國家之利但以義事爲國家利也○長國家而務財用者必自小人矣者言爲人君長於國家而務積聚財以爲己用者必自爲小人之行也○注孟獻至可也○正義曰孟獻子魯大夫仲孫蔑者此據左傳文也畜馬乘謂以士初試爲大夫者案書傳士飾車駢馬詩云四牡騑騑大夫以上乃得乘四馬今下云伐冰之家百乘之家家是卿大夫今別云畜馬乘者不察雞豚故知士初試爲大夫也伐冰之家卿大夫者案昭四年左傳云大夫命婦喪浴用冰喪大記注云士不用冰故知卿大夫也士若恩賜及食而得用亦有冰也

但非其常故士喪禮賜冰則夷槃可也左傳又云食肉之祿冰皆與焉是也云百乘之家有采地者也此謂卿也故論語云百乘之家鄭云采地一同之廣輪是也〇彼爲至利也〇前經明遠財重義是不以利爲利以義爲利此經明爲君治國棄遠小人亦是不以利爲利以義爲利也〇彼爲善之彼謂君也君欲爲仁義之道善其政教之語辭故云彼爲善之小人之使爲國家菑害並至者言君欲爲善反令小人使爲治國家之事毒害於下故菑害患難則並皆來至〇雖有善者亦無如之何矣者既使小人治國其君雖有善政之亦無能奈此患難之何言不能止之以其惡之已著故也

附釋音禮記注疏卷第六十

禮記注疏卷六十校勘記

阮元撰盧宣旬摘錄

大學第四十二

大學之道節

先脩其身　閩監本石經岳本嘉靖本衞氏集說同毛本脩作修下並同

如切如磋如琢如磨　各本同石經同釋文磋作瑳出如摩云本亦作磨

終不可諠兮者　惠棟校宋本石經宋監本岳本嘉靖本衞氏集說同閩本諠字殘闕監毛本諠作諼

緡蠻黃鳥　石經同閩監毛本緡作緍岳本嘉靖本衞氏集說同釋文同○今訂作緍

於止於鳥之所止也　惠棟校宋本作於鳥宋監本岳本嘉靖本同考文引古本同此本於鳥誤公鳥閩監毛本作言鳥亦誤

大學至道矣　惠棟校宋本無此五字

總包萬慮謂之爲心　閩本同惠棟校宋本同監毛本爲心二字倒

情所意念謂之意　閩監毛本同惠棟校宋本上意作億下意念同案此本下在於憶念也作心旁意三本作意念

言初始必須習學　惠棟校宋本作學習

細則雖異　考文引宋板同閩監毛本則作別

見君子而後乃厭然 閩本同惠棟校宋本同監毛本厭誤揜

如見肺肝雖蹔時揜藏 惠棟校宋本同閩監毛本蹔時揜誤銷沮閉

既懷誠實惡事於中心 惠棟校宋本同閩監毛本誠誤詐

黶爲黑色如爲閉藏貌也 閩監毛本同段玉裁校如改知

菉王芻也 惠棟校宋本同閩監毛本王誤玉

竹萹竹也 考文引宋板同是也閩監本萹作篇非毛本萹作扁

亦蒙康叔之餘烈故也 惠棟校宋本同閩監毛本蒙作本

有斐然文章之君子學問之益矣 閩本同考文引宋板同監毛本益作盛

如骨之切如象之磋 考文引宋板同閩監毛本象作角

喧然威儀宣美 閩監毛本喧作諠衞氏集說亦作喧美作著

自此以上詩之本文也 閩本同惠棟校宋本同監毛本上誤下

詩經云赫兮喧兮本不同也 閩毛本同監本喧作諠

言後世貴重之 閩監毛本同惠棟校宋本無言字

必於沐浴之者戒之甚也 惠棟校宋本者上有盤字衞氏集說同此本盤字脫閩監毛本同

當使日日益新 閩監本同衞氏集說同毛本當誤堂

故止云大學之道在於至善 閩監毛本同惠棟校宋本止作上在下有止字是也

靜密之處也 惠棟校宋本此下標禮記正義卷第六十六終記云凡二十五頁

子曰聽訟節 惠棟校宋本自此節起至此篇末爲第六十七卷卷首題禮記正義卷第六十七

聽訟吾猶人也 各本同石經同釋文出吾聽訟猶人也云論語作聽訟吾猶人也

必也使無訟乎 各本同石經同釋文出毋訟云音無

或作憤 閩監毛本作憒岳本嘉靖本衞氏集說同釋文同此本憒誤質

或爲疐 閩本惠棟校宋本宋監本岳本嘉靖本同監毛本爲作作衞氏集說同釋文出作疐

人之其所親愛而辟焉 閩監毛本岳本衞氏集說同惠棟校宋本辟作譬宋監本石經嘉靖本考文引古本同下四而辟焉並同釋文出而辟云音譬下及注同今各本注譬猶喻也並作譬獨衞氏集說作辟○按譬正字辟假借字

一言僨事 各本同石經同釋文出賁事云本又作僨注同○按賁假借字

不能正也 閩監毛本同惠棟校宋本宋監本岳本嘉靖本正作止衞氏集說同考文引古本同

不相倍棄也閩監毛本作棄岳本棄作弃嘉靖本衞氏集說同此本棄誤奪各本倍字同釋文出倩棄云本亦作倍○按倩乃倍之或體

矩或作巨各本同釋文作作爲

爲政者也言民皆視其所行而則之惠棟校宋本如此宋監本岳本嘉靖本衞氏集說同考文引古本同此本者也言民皆視其七字闕閩監毛本誤者在下之民俱

邪辟失道則有大刑惠棟校宋本作有大刑宋監本岳本嘉靖本同衞氏集說同考文引古本同此本有大刑三字闕閩監毛本有大刑三字誤作天下共誅之矣六字

若有一介臣惠棟校宋本宋監本並作介石經岳本同此本介作个嘉靖本閩監毛本同衞氏集說同釋文出若有一个云一讀作介石經考文提要云宋大字本作一介案正義說一介爲一耿介則當以作介者爲是釋文作个與正義本異

寔能容之閩監本石經岳本嘉靖本衞氏集說同毛本寔作寶下寔不能容同疏放此按當作寔

秦誓尚書篇名也惠棟校宋本如此宋監本岳本嘉靖本同衞氏集說同考文引古本同此本秦誓二字空闕閩監毛本補秦誓又衍周書二字

而作此篇也岳本嘉靖本同閩監毛本而誤故惠棟校宋本宋監本亦作而無也字衞氏集說同考文引古本同

才藝之技也惠棟校宋本宋監本岳本嘉靖本衞氏集說同閩監毛本技誤士

美士爲彥惠棟校宋本宋監本岳本嘉靖本衞氏集說同考文引古本同閩監本爲作曰毛本爲誤也

佛戾賢人所爲惠棟校宋本宋監本岳本同考文引古本同閩監毛本佛作拂嘉靖本衞氏集說同釋文出佛戾

言聖人不惟自誠己意惠棟校宋本同閩本聖人二字同不字闕監毛本聖人不誤聽訟者

猶如常人無以異也惠棟校宋本同閩本以字空闕監毛本以字脫

言無實情虛誕之人惠棟校宋本同閩本情字空闕監毛本情字脫

皆畏懼不敢訟惠棟校宋本同閩本訟字空闕監毛本訟字脫

必也使無訟乎是夫子之辭惠棟校宋本同閩本是夫子三字空闕監毛本是夫子誤者聽訟

大畏民志是記者釋夫子無訟之事惠棟校宋本同閩本者釋夫子無訟之七字闕監毛本是記者釋夫子無訟之事誤作者能自誠而使民誠意自

謂聽訟之時備兩造惠棟校宋本同閩監毛本謂聽訟之時誤斷獄者俱

但能用意精誠求其情僞惠棟校宋本同閩本意精誠求其情僞七字闕監毛本作能服民使誠意不敢爭誤也

此謂知本者此從上所謂誠意以下言此大畏民志以上皆是誠意之事意爲行本既精誠其意是曉知其本故云此謂知本也○所謂脩身許二者此

覆說前脩身正心之事○身有所忿懥則不得其正者懥謂怒也身若有所怒則不得其正言因怒而違於正也所以然者若遇忿怒則違於理則失於正也惠棟校宋本皆是誠意之事無是字所謂脩身下有在正其心四字餘並同閩本多闕監毛本補闕多誤脩身必在於正心也○所謂閩監本同毛本○誤之惠棟校宋本亦作○於正作正於人之其所親愛而譬焉者閩監本同惠棟校宋本同毛本譬作辟下而譬焉自譬己並同監本下畏敬而譬哀矜而譬敖情而譬以己譬人四譬字亦作辟亦迴以譬我亦迴譬我亦迴譬我三譬字毛本作譬監本作辟亦迴其譬我閩本同考文引宋板同監毛本其作以雖增惡知彼有美善閩監毛本同考文引宋板增作憎是也爲治人之道亦當如此也閩監毛本同惠棟校宋本爲作謂足可方法而後民皆法之也閩監本同毛本可下衍以字民下脫皆字考文引宋板有皆字此隱五年公羊傳文案彼傳惠棟校宋本同閩監毛本公羊傳文案五字闕齊人語謂登來爲得來也惠棟校宋本同閩監毛本謂登來爲得五字闕得此百金之魚而來觀之惠棟校宋本同閩監毛本百金之魚而五字闕

爲登戾之以來爲戾與公羊本不同也惠棟校宋本同閩監毛本之以來爲戾五字闕

故引以證經之貪戾也云惠棟校宋本同閩監毛本經之貪戾也五字闕

所謂平天下在治其國者惠棟校宋本同閩監毛本所謂平天下五字闕

覆明上文平天下在治其國之事閩監毛本在作先惠棟校宋本文作經在字同

治國事多天下理廣惠棟校宋本同閩監毛本理廣二字脫于下上衍於平二字

先須脩身然後及物自惠棟校宋本同閩本後及物三字闕自作由監毛本然後及物自誤脩身之事由

次明散財於人之事惠棟校宋本同閩監毛本人之事誤民其又

故總而詳說也今各隨文解之考文引宋板同惠棟校宋本說作之閩本詳說也三字闕監毛本總而詳說也誤特

詳悉畢舉

人所遺棄在上君長惠棟校宋本同閩本遺誤易在字闕監毛本遺誤易在誤是

言君子有執結持矩法之道惠棟校宋本同閩本執結二字闕監毛本有執結誤於天下

譬諸侯有天子在於閩監毛本同惠棟校宋本在於作爲上

或在己左以惡加己閩監本同毛本以惡上有若右二字

若能以己化從民所欲閩監本同毛本化下有民字

峻大也皆釋詁文閩本同監毛本峻誤竣下爾雅峻字同

楚王命昭奚恤而問焉惠棟校宋本同閩監毛本命作召

遂使昭奚恤應之惠棟校宋本同閩監毛本之誤焉

太宗子牧次之閩本同監本太作大毛本牧作敎

司馬子發次之惠棟校宋本同閩監毛本司馬子三字闕

唯大國之所觀秦使無以對也使歸告秦王曰楚多賢臣無可以圖之何知有觀射父昭奚恤者案戰國義云楚王築壇昭奚恤等立於壇上楚王指之謂秦使曰此寡人之寶故知有昭奚恤等也謂賢爲寶者案史記云理百姓實府庫使黎甿得所者有令尹子西而能也執法令奉圭璋使諸侯不怨兵車不起者有大宗子牧能也守封疆固城郭使鄰國不侵亦不侵鄰國者有葉公子高能也整師旅治兵戈使蹈白刃赴湯蹈火萬死不顧一生者有司馬子發能也坐籌帷幄之中決勝千里之外懷霸王之業

撥理亂之風有大夫昭奚恤能也是皆爲寶也引之者證爲君長能保愛善人爲寶也○㊟舅犯至利也○正義曰舅犯晉文公之舅狐偃者左傳文也云時避驪姬之讒亡在翟而獻公薨秦穆公使子顯弔之因勸之復國舅犯爲之對此辭也檀弓篇文○秦誓曰者此一經明君臣進賢詘惡之事秦誓尚書篇名秦穆公伐鄭爲晉敗於殽還歸誓羣臣而作此篇是秦穆公悔過自誓之辭記者引之以明好賢去惡也○若有一介臣斷斷兮者此秦穆公誓辭云羣臣若有一耿介之臣斷斷然誠實專一謹慤兮是語辭古文尚書兮爲猗言若有一介之臣其心斷斷猗然專一與此本異○無他技其心休休焉其如有容焉者言此專一之臣無他奇異之技惟其心休休然寬容形貌似有包容如此之人我當任用也○人之有技若己有之者謂見人有技藝欲得親愛之如己自有也 惠棟校宋本同閩監毛本多闕

字考文載宋板惟案戰國策上有乎字與此異餘並同

其中心愛好 惠棟校宋本同閩監毛本好作樂

寔是也惠棟校宋本同衞氏集說同閩監本是字空闕毛本同寔作實

得安保我後世子孫黎衆也之惠棟校宋本同閩監本世字空闕毛本世誤

亦望有利益哉也惠棟校宋本同閩本望字空闕監毛本望字脫

媢妬也閩監本同毛本妬作妒下並同

以憎惡之也毛本同閩監本惡字空闕

而違戾抑退之惠棟校宋本同閩本戾字空闕監毛本戾字脫

爲晉所敗於殽閩本同惠棟校宋本同監毛本殽作崤

媢夫妬婦閩監本同毛本夫妬誤大妒

此一經明人君當先行仁義閩本同監本人字模糊毛本人誤夫

謂仁德之君以財散施閩監毛本作君此本君字闕考文引宋板君作者

此在治家治國天下之科惠棟校宋本同閩監毛本在字空闕

未有上好仁而下不好義者也閩監毛本同惠棟校宋本也下有者字下非其財者也同

無有不愛好於義毛本同閩監本不字空闕

未有好義其事不終者也言臣下悉皆好義考文引宋板同閩本言字空闕監毛本言作者

其事不終也言皆能終成也考文引宋板同閩本也字闕監毛本也作者

又爲人君作譬也惠棟校宋本同閩監毛本也字空闕按宋本又上有者字屬上句

必還爲所用也惠棟校宋本同閩監毛本還字空闕

以至誠相感惠棟校宋本同閩監毛本以字空闕

其爲誠實而然惠棟校宋本同閩監毛本誠字空闕

孟獻子曰畜馬乘不察於雞豚者此一經明治國家不可務於積財若務於積財卽是小人之行非君上之道言察於雞豚之所利爲畜養馬乘士初試爲大夫不闚察於雞豚之小利○伐冰之家不畜牛羊者謂卿大夫喪祭用冰從固陰之處伐擊其冰以供喪祭故云伐冰也謂卿大夫爲伐冰之家不畜牛羊爲財利以食祿不與人爭利也○百乘之家不畜聚斂之臣者百乘謂卿大夫有采地者也以地方百里故云百乘之家言卿大夫之家不畜聚斂之臣使賦稅什一之外徵求采邑之物也故論語云百

乘之家是也○與其有聚斂之臣寧有盜臣者覆解不畜聚斂之臣意若其有聚斂之臣寧可有盜竊之臣以盜臣但害財聚斂之臣則害義也○此謂國不以利爲利以義爲利也者言若能如上所言是國家之利但以義事爲國家利也○長國家而務財用者必自小人矣者言爲人君長於國家而務積聚財以爲己用者必自爲小人之行也○注孟獻至可也 惠棟校宋本同閩監毛本多闕字衍字誤字

百乘之家家是卿大夫 惠棟校宋本家字不重是卿二字同閩監毛本是卿誤至爲

故知士初試爲大夫也 惠棟校宋本同衞氏集說同閩監毛本夫下衍者字

士若恩賜及食而得用亦有冰也 惠棟校宋本同閩監毛本士誤上而得用三字空闕

左傳又云食肉之祿冰皆與焉 惠棟校宋本同閩監毛本左誤全傳又云之祿五字空闕

有采地者也此謂卿也故論語云 惠棟校宋本同閩監毛本此謂論語四字空闕

一同之廣輪是也 惠棟校宋本同衞氏集說同閩監毛本廣誤度

彼爲善之彼謂君也 惠棟校宋本同閩監毛本下彼誤者

善其政教之語辭故云彼爲善之惠棟校宋本同閩監毛本辭故云三字空闕

言君欲爲善反令小人惠棟校宋本同閩監毛本善反二字空闕

故菑害患難則並皆來至惠棟校宋本同閩監毛本則並誤財利皆來二字空闕

既使小人治國其君雖有善政亦無能奈此患難之何言不能止之以其惡之已著故也惠棟校宋本同閩監毛本其君雖有四字空闕善政下衍之字能奈下衍二空闕以其下衍三空闕

附釋音禮記注疏卷第六十惠棟校宋本禮記正義卷第六十七終記云凡十六頁宋監本禮記卷第十九經三千四百三十二字注三千五百一十三字嘉靖本同

禮記注疏卷六十校勘記

冠義第四十三○陸曰冠音古亂反鄭云名冠義者以其記冠禮成人之義　疏正義曰案鄭目錄云名曰冠義者以其記冠禮成人之義此於別錄屬吉事但冠禮起早晚書傳既無正文案略說稱周公對成王云古人冒而句領注云古人謂三皇時以冒覆頭句領繞頸至黃帝時則有冕也故世本云黃帝造火食旒冕是冕起於黃帝也但黃帝以前則以羽皮爲之冠黃帝以後乃用布帛其冠之年卽天子諸侯十二而冠故襄九年左傳云國君十五而生子冠而生子禮也又云一星終也是十二年歲星一終案文王十五而生武王尚有兄伯邑考金縢云王與大夫盡弁時成王十五而著弁則成王已冠矣是天子十二而冠與諸侯同又祭法云王下祭殤五若不早冠何因下祭五等之殤大夫冠之年幾無文案喪服大夫爲昆弟之長殤大夫既爲昆弟長殤則不二十始冠也其士則二十而冠也曲禮云二十曰弱冠是也其天子之子亦早冠所以祭殤有五其諸侯之子皆二十冠也故下檀弓云君之適長殤及大夫之適長殤是也

禮記　鄭氏注　孔穎達疏

凡人之所以爲人者禮義也禮義之始在於正容體齊顏色順辭令言人爲禮以此三者爲始容體正顏色齊辭令順而后禮義備以正君臣親父子和長幼言三始既備乃可求以三行也○長丁丈反下同行下孟反君臣正父子親長幼和而后禮義立立猶成也故冠而后服備服備而后容體正顏色齊辭令順言服未備者未可求以三始也童子之服采衣紒○冠古亂反除下文玄冠及注緇布冠玄冠

以外並同紒音計故曰冠者禮之始也是故古者聖王重冠古者冠禮筮日筮賓所以敬冠事敬冠事所以重禮重禮所以爲國本也國以禮爲本○筮市至反著曰筮重直用反後同故冠於阼以著代也醮於客位三加彌尊加有成也阼謂主人之北也適子冠於阼若不醴則醮用酒於客位敬而成之也戶西爲客位庶子冠於房戶外又因醮焉不代父也冠者初加緇布冠次加皮弁次加爵弁每加益尊所以益成也○阼才故反著張慮反醮子笑反彌音弥適音嫡醴音禮已冠而字之成人之道也字所以相尊也見於母母拜之見於兄弟兄弟拜之成人而與爲禮也玄冠玄端奠摯於君遂以摯見於鄉大夫鄉先生以成人見也鄉先生同鄉老而致仕者服玄冠玄端異於朝也○見賢遍反下成人皆同摯本亦作贄同音至鄉大夫鄉先生並音香注同朝直遙反之者將責成人禮焉也責成人禮焉者將責爲人子爲人弟爲人臣爲人少者之禮行焉將責四者之行於人其禮可不重與言責人以大禮者己接之不可以苟○少詩照反之行下孟反下同與音餘故孝弟忠順之行立而后可以爲人可以爲人而后可以治人也故聖王重禮故曰冠者禮之始也嘉事之重者也是故古者重冠重冠故行之於廟行之於廟者所以尊重事尊重事而不敢擅重事不敢擅重事所以自卑而尊先祖也嘉事嘉禮也宗伯掌五禮有吉禮有凶禮有賓禮有軍禮有嘉禮而冠屬嘉禮周禮曰以昏冠之禮親成男女也○弟音悌治直吏反擅市戰

反【疏】凡人至祖也○正義曰此一節明人之所以相敘加冠之事從始至終各隨文解之○凡人之所以爲人者禮義也者言人之所以得異於禽獸者以其行禮義也禮義之事終身行之○禮義之始在於正容體齊顏色順辭令者言欲一世行禮之始先須正容體齊顏色順辭令爲先也然後可以正君臣親父子和長幼○古者冠禮者此明將冠之時筮日筮賓重冠禮之事又明冠禮三加其冠以漸○成人之禮○故冠於阼以著代也者言適子必加冠於阼阼是主人接賓之處今適子冠於阼階所以著明代父之義也○醮於客位三加彌□加有成也者若依周禮適子醴於客位今云醮者或因先代夏殷之禮醮之用酒於客位室戶外之西必在賓客位者尊以成人若賓客待之三加初加緇布冠次加皮弁冠三加爵弁冠彌漸而尊故云三加彌尊加有成也謂加益有成人之事矣○注阼位至成也○正義曰阼謂主人之北也。知者案士冠禮文也云若不醴則醮用酒者亦士冠禮文以周禮之法適子則以醴禮之庶子則以酒醮之若先代之禮雖適子皆以酒醮之其於周時或有舊俗行。先。代之禮雖適子亦用酒醮則因禮而行不必改也故鄭注士冠禮云若不醴謂國有舊俗可行聖人用焉不改是也醮者醮盡之義故鄭注士冠禮云酌而無酬酢曰醮是也云庶子冠於房戶外又因醮焉者皆士冠禮文也但此記之作是記儀禮士冠禮之事士禮故三加也若大夫亦同士冠禮云無大夫冠禮古者五十而后爵何大夫冠禮之有是大夫雖冠用士禮若諸侯則有冠禮故左傳云公冠用祼享之禮行之金石之樂節之其加則四加而有玄冕也故大戴禮公冠四加也諸侯尙四加則天子亦當五加衮冕也已冠而字之者此明冠畢加字見母及兄弟及見君之節以其成人而見人也未冠之前。以。其名別之既冠之後又改以字且人二十有爲父之道不可復言其名故冠而加字之成人之道也○見於母母拜之故不拜也今唐禮母見子但起立不拜也案儀禮廟中冠子以酒脯奠廟訖子持所奠酒脯以見於母母拜其酒脯重從尊者處來故拜之非拜子也○玄冠玄端奠摯於君者此玄冠玄端則異於朝服之衣但。玄。端上士則玄裳中士則黃裳下士則雜裳以其初成人故著玄端異於朝服也若朝服則素韠奠摯奠之於君也○遂以摯見於鄉大夫鄉先生者以摯謂以雉也故士相見禮冬用雉夏用腒見於。鄉大夫謂在朝之。鄉大夫也鄉先生謂以鄉老而致仕也○成人之者此明加冠成人之義必成人者將責成人禮焉冠責以成人之事若成人事立可以治人也是冠者爲治之本故先王重之行之於廟士行之於禰廟故士冠禮注廟謂禰廟既在禰廟此云尊先祖者尊禰卽尊先祖之義且下士祖禰共廟其諸侯則冠於太祖之廟故左傳云先君之祧以處之聘。禮不腆先君之祧鄭注以爲始祖之廟則天子當冠於始祖之廟也服虔注左傳先君之祧處之以爲曾祖廟者以左傳魯。襄公冠於衞成公之廟衞成公則當今衞君獻公曾祖服虔望時解之故以祧爲曾祖非鄭義也

昏。義。第四十四

○陸曰鄭云昏義者以其記娶妻之義內教之所由成也

【疏】正義曰案鄭目錄云名曰昏義者以其記娶妻之義內教之所由成也此於別錄屬吉事也謂之昏者案鄭昏禮目錄云娶妻之禮以昏爲期因名焉必以昏者取其陰來陽往之義日入後二刻半爲昏以定稱之壻曰昏妻曰姻故經解注云壻曰昏妻曰姻是也謂壻以昏時而來妻則因之而去也若壻之與妻之屬名壻之親屬妻名之曰姻女之親屬名之爲昏故鄭注昏禮云女氏稱昏壻氏稱姻爾雅壻之父爲姻婦之父爲婚又云壻之黨爲姻兄弟婦之黨爲婚兄弟是也其天地初分之後遂皇之時則有夫婦故通卦驗云遂皇始出握機矩是法北斗七星而立七政禮緯斗威儀之篇七政則君臣父子夫婦及政等既稱夫婦是始自遂皇也譙周云太昊制嫁娶儷皮爲禮是儷皮起於太昊也其媒官之義具於月令疏孟子云舜不告而娶是。娶告父母亦起於五帝也其五帝以前爲昏不限同姓異姓三王以來文家異姓爲昏質家同姓爲昏其昏之年幾案異義大戴說男三十女二十有昏娶合爲五十應大衍之數自天子逹於庶人同一也故春秋左氏說國君十五而生子禮也二十而嫁三十而娶庶人禮也禮夫爲婦之長殤長殤十九至十六知夫年十四十五見士昏禮也許君謹案。舜三十不娶謂之鰥文王十五而生武王尚有兄伯邑考

知人君早昬娶不可以年三十非重昬嗣也若鄭意依正禮士及大夫皆三十而後娶及禮云夫爲婦長殤者關異代也或有早娶者非正法矣天子諸侯昬禮則早矣如左氏所釋毛詩所用家語之說以男二十而冠女十五而笄自此以後可以嫁娶至男三十女二十是正昬姻之時與家語異也

昬禮者將合二姓之好上以事宗廟而下以繼後世也故君子重之是以昬禮納采問名納吉納徵請期皆主人筵几於廟而拜迎於門外入揖讓而升聽命於廟所以敬慎重正昬禮也聽命謂主人聽使者所傳壻家之命○昬者一本作昬禮者婚禮用昬故經典多止作昬字合如字徐音閤好呼報反采七在反采擇也期徐音情又如字筵音延使色吏反傳直專反

疏昬。禮。至。禮。也○正義曰此一節總明昬禮之義而拜迎於門外揖讓而升自從始至終也○納采者謂采擇之禮故昬禮云下達納采用鴈也必用鴈者白虎通云鴈取其隨時而南北不失節也又是隨陽之鳥妻從夫之義也問名者問其女之所生母之姓名故昬禮云誰氏言女之母何姓氏也此二禮一使而兼行之○納吉者謂男家既卜得吉與女氏也○納徵者納聘財也徵成也先納聘財而后昬成春秋則謂之納幣其庶人則緇帛五兩卿大夫則玄纁玄三纁二加以儷皮及諸侯加以大璋天子加以穀圭皆具於周禮經注也請期者謂男家使人請女家以昬時之期由男家告於女家何必請者男家不敢自專執謙敬之辭故云請也女氏終聽男家之命乃告之納吉納徵請期每一事則使者一人行惟納徵無鴈以有幣故其餘皆用鴈○主人筵几於廟者謂行此等之禮主人謂女父母設筵几於禰廟此等皆據士昬禮而知之也○聽命於廟者謂女之父母聽受壻之使者之命於廟堂之上兩楹之間也

父親醮子而命之迎男先於女也子承命以迎主人筵几於廟而拜迎于門外壻執鴈入揖讓升堂再拜奠鴈蓋親受

之於父母也降出御婦車而壻授綏御輪三周先俟于門外婦至壻揖婦以入共牢而食合巹而酳所以合體同尊卑以親之也酳而無酬酢曰醮醮之禮如冠醮與其異者於寢耳壻御婦車輪三周御者代之壻自乘其車先道之歸也共牢而食合巹而酳成婦之義〇醮子妙反迎魚敬反下以迎同先悉薦反子承命本或作子承父命誤壻或又作𦨶悉計反女之夫也依字從士從胥俗從知下作耳奠大見反綏音雖合徐音閤又如字巹徐音謹破瓢爲卮也說文作蠢云蠢也字林几敏反以此巹爲警身有所承說文云讀若赤舄几酳徐音胤又仕覲反酢音昨如冠古亂反下又始於冠同與音餘道音導

【疏】父親至之也〇正義曰此一節明親迎之時父之醮子明迎婦之節〇父親醮子而命之迎者謂壻父身親以酒醮子而命之親迎也〇男先於女也者釋命親迎之意所以必命迎者欲使男往迎之女則從男迎來也是男子先迎女從後至是男先於女也若男子不迎女自來至是女自先來不得爲男先於女也〇主人筵几於廟而拜迎于門外者主人女之父以壻來親迎故拜迎於門外以敵禮待之〇壻執鴈入揖讓升堂再拜奠鴈者主人就東階初入門將曲揖當階北面揖當碑揖至階三讓主人升自阼階揖壻升自西階北面奠鴈再拜蓋親受之於父母也於時女房中南面母在房戶外之西南面壻既拜訖旋降出女出房南面立於母左父西面誡之女乃西行母南面誡之是壻親受之於父母但親受之非是分明手有親受示有親受之義故云蓋以疑之〇降出御婦車者謂壻降西階而出親御婦車也〇而壻授綏者謂婦升車之時而壻授之以綏〇御輪三周者謂壻御婦車之輪三匝然後御者代壻御之〇婦至壻揖婦以入者謂婦至壻之寢門壻揖以婦入則稍西避之故魏詩云宛然左辟謂此時也〇共牢而食者在夫之寢壻東面婦西面共一牲牢而同食不異牲〇合巹而酳者酳演也謂食畢飲酒演安其氣巹謂半瓢以一瓠分爲兩瓢謂之巹壻之與婦各執一片以酳故云合巹而酳〇所以合體同尊卑以親之者也同尊卑謂共牢也所以合體同尊

卑者欲使壻之親婦婦亦親壻所以體同爲一不使尊卑有殊也○注酌而至歸也○正義曰以鄉飲酒禮燕禮之屬皆爲賓主相酬酢故不稱其醮則但受爵者飲而盡之又不反相酬酢直醮盡而已故稱醮也然醴亦無酬酢不云醮者以醴尙質不爲飲也故不稱醮但禮敬之而已云醮之禮如冠醮與其異者於寢耳者以父之醮子令其親迎與醮子冠而成人其事相似故云如冠醮與但冠禮醮子在廟此醮子在寢故云其異者在寢耳敬慎重正而后親之禮之大體而所以成男女之別而立夫婦之義也男女有別而后夫婦有義夫婦有義而后父子有親父子有親而后君臣有正故曰昬禮者禮之本也言子受氣性純則孝孝則忠也○別彼列反下同【疏】敬。慎。至。本。也。○正義曰前經明共牢合巹使之相親此經論謹慎重正禮之根本各隨文解之○敬慎重正者言行昬禮之時必須恭敬謹慎尊重正禮而後男女相親若不敬慎重正則夫婦久必離異不相親也○昬禮者禮之本也者夫婦昬姻之禮是諸禮之本所以昬禮爲禮本者昬姻得所則受氣純和生子必孝事君必忠孝則父子親忠則朝廷正故孝經云喪則致其哀祭則致其嚴是昬禮爲諸禮之本也夫禮始於冠本於昬重於喪祭尊於朝聘和於射鄉此禮之大體也始猶根也本猶幹也鄉鄉飲酒○朝聘直遙反下匹正反【疏】夫。禮。至。體。也。○正義曰此經因昬禮爲諸禮之本遂廣明禮之始終始則在於冠昬終則重於喪祭其間有朝聘鄉射是禮之大體之事也夙興婦沐浴以俟見質明贊見婦於舅姑執笄棗栗段脩以見贊醴婦婦祭脯醢祭醴成婦禮也成其爲婦之禮也贊醴婦當作禮聲之誤也○沐音木浴音欲見賢遍反下及注同笄音煩一音皮彥反器名以葦若竹爲之其形如筥衣之以青繒以盛棗栗腶脩之屬棗音早爾雅云棘實謂之棗俗作枣誤段脩丁亂反本又作腶或作鍛

同脩脯也加薑桂曰腶脩何休云婦執腶脩者取其斷斷自脩飾也贊醴依注作禮醢音海

舅姑入室婦以特豚饋明婦順也以饋明婦順者供養之禮主於孝順○婦以特豚饋其位反一本無婦字供俱用反養羊尚反

厥明舅姑共饗婦以一獻之禮奠酬舅姑先降自西階婦降自阼階以著代也言既獻之而授之以室事也降者各還其燕寢婦見及饋饗於適寢昏禮不言厥明此言之者容大夫以上禮多或異日○適丁歷反上時掌反

疏「夙興至代也」○正義曰此論昏禮明日婦見舅姑舅姑醴婦又舅姑入室婦饋特豚又明日舅姑饗婦之節此即士昏禮也故有特豚饋於舅姑若大夫以上非惟特豚而已雖以士爲主亦兼明大夫故有厥明舅姑共饗婦若士婦見舅姑之日即舅姑饗婦故士昏禮舅姑醴婦醴婦既訖則饗之不待厥明也○婦執笲棗栗段脩以見者案士昏禮舅坐於阼階西面姑坐于房外南面婦執笲棗栗進東面拜奠于舅席訖婦又執腶脩升進北面拜奠于姑席是也○贊醴婦婦祭脯醢祭醴者案士昏禮婦席于戶牖閒贊者酌醴置於席前北面婦於席西東面拜受贊者西階上北面拜送又拜薦脯醢婦升席左執觶右祭脯醢訖以柶祭醴三是祭脯醢祭醴也○成婦禮也者言所以見舅姑及醴之者成其爲婦之禮也○舅姑入室婦以特豚饋者案士昏禮舅姑入于室婦盥饋特豚合升側載無魚腊無稷並南上其他如取女禮鄭注云側載者右胖載之舅俎左胖載之姑俎異尊卑並南上者舅姑共席于奧其饌各以南爲上是特豚饋也○明婦順也者言所以特豚饋者顯明其爲婦之孝順也○厥明舅姑共饗婦以一獻之禮奠酬者案士昏禮云既言舅姑薦俎醢以鄉飲酒之禮約之席在室外戶之西舅酌酒於阼階獻婦婦西階上拜受即席祭薦祭酒畢於西階上北面卒爵婦酢舅舅於阼階上受酢飲畢乃酬婦先酌自飲畢更酌酒以酬姑姑受爵奠於薦左不舉爵正禮畢也○以著代也者言所以舅姑降自西階婦降自阼階是舅姑所升之處今婦由阼階而降是著明代舅姑之事也○注降者至異日○正義曰各還其燕寢者舅姑還舅姑之燕寢

婦還婦之燕寢也云婦見及饋饗於適寢者謂舅姑之適寢云昏禮不言成婦厥明此言之者容大夫以上禮多或異日以此云厥明與士昏禮異也

禮明婦順又申之以著代所以重責婦順焉也婦順者順於舅姑和於室人而后當於夫以成絲麻布帛之事以審守委積蓋藏室人謂女妐女叔諸婦也當猶稱也後言稱夫者不順舅姑不和室人雖有善者猶不爲稱夫也○當丁浪反一音于郎反下注同下注和當亦同委於僞反積子賜反藏才浪反猶稱尺證反下同是故婦順備而后內和理內和理而后家可長久也故聖王重之順備者行和當事成審也○行下孟反

疏○成婦至重之○正義曰此經明上經成婦禮明婦順之事若婦順既成則室家長久故聖王所重也○成婦禮者則上經婦祭脯醢祭醴之等是成婦禮也○明婦順者則上經舅姑入室以特豚饋是明婦順也○又申之以著代者則上經婦降自阼階以著代是也申重也既明婦禮順又重加之以著代之義也○所以重責婦順焉也者言成婦禮明婦順則重著代所以厚重責婦人之孝順焉分之則婦禮婦順著代三者別文皆總歸於婦順故自此以下唯申明婦順也○以審守委積蓋藏者言既當夫氏又成婦事以此詳審保守家之所有委積掩蓋藏聚之物也○注室人謂女妐女叔諸婦也○正義曰經既言順於舅姑乃和於室人是在室之人非男子也女妐謂壻之姊也女叔謂壻之妹諸婦謂娣姒之屬○注云順備者行和當事成審也○正義曰行是順於舅姑和謂和於室人當謂當於夫則前經所說是也云事成審者則前經以成絲麻布帛之事以審守委積蓋藏是事成審也是以古者婦人先嫁三月祖廟未毀教于公宮祖廟既毀教于宗室教以婦德婦言婦容婦功教成祭之牲用魚芼之以蘋藻所以成婦順也謂與天子諸侯同姓者也嫁女者必就尊者教成之教成之者女師

也祖廟女所出之祖也公君也宗室宗子之家也婦德貞順也婦言辭令也婦容婉娩也婦功絲麻也祭之祭其所出之祖也魚蘋藻皆水物陰類也魚爲俎實蘋藻爲羹菜祭無牲牢告事耳非正祭也其齊盛用黍云君使有司告之宗子之家若其祖廟已毀則爲壇而告焉○先悉薦反芼莫報反蘋音頻藻音早毛詩于以采蘋于以采藻詩箋云蘋之言賓藻之言早婉紆免反娩音晚詩箋云婉娩貞順貌又音挽齊音咨壇徒丹反

疏是以至順也○正義曰此經更發明前經成婦順之事所以能成婦德者以未嫁之前先教以四德故此經明嫁所教之事○祖廟未毀教于公宮者此謂與君爲骨肉親廟有四高祖之廟未毀除此欲嫁之女教于公宮也祖廟既毀教於宗室者謂與君四從以外同高祖之父以上其廟既遷是祖廟既毀此女則教於大宗子之室○教成祭之者謂三月教之其教已成祭女所出祖廟告以教成也○所以成婦順也者以爲未嫁之前先教四德又祭而告但成其爲婦之順欲使嫁而爲婦舉遵此教而成和順○注謂與至告焉○正義曰此云教於公宮故知是天子諸侯同姓也天子當言○王宮今經云公宮知兼天子者此云公宮謂公之宮也若天子公邑官家之宮。爾非謂諸侯公宮也此昏義雖記士昏禮之事自此以下廣明天子以下教女及夫婦之義故此經教女舉貴者言云嫁女者必就尊者教成之者按內則女子十年不出使姆教成之明已前恆教但嫁前三月特就公宮教欲尊之也云教之之者女師也者鄭詩周南云言告師氏則昏禮注云姆婦人五十無子出者也云祖廟女所出之祖也者謂女父與君所分出之祖或與君共高祖而分出以下皆然與諸侯共高祖廟未毀所出之女皆自公宮教之天子雖七廟親廟上自高祖以下也云公君也者鄭恐唯謂諸侯之公故解公爲君天子諸侯皆稱君云宗室宗子之家也者鄭注不云大宗小宗則大宗小宗之家悉得教之與大宗近者於大宗教之與大宗遠者於小宗教之此記謂君之同姓若君之異姓異姓始祖在者其後亦有大宗小宗其族人嫁女各於其家也云祭之祭其所出之祖也者此女出於君之高祖則祭高祖廟出於君之曾祖則祭曾祖以下皆然女親行祭詩云誰其尸之有齊季女是也云祭無牲牢告事耳非正祭也者以祭君之廟應法牲牢今其俎唯魚故云告事耳非正祭也云其齊盛用黍者以其告祭不用正牲則無稻粱既以蘋藻爲羹則當有齊盛此士祭特牲黍稷故知此亦用黍也云君使有司告之者約雜記釁廟使有司行之故知此告成之祭亦使有司也若有卿大夫以下則女主之宗子掌其禮也云若其祖廟已毀則爲壇而告焉者此謂與宗子或同曾祖假令宗子爲士只有父祖廟曾祖高祖無廟而爲壇於宗子之家而告焉若與宗子同曾祖則爲壇告曾祖焉若與宗子同高祖則爲壇告高祖焉此注或有作墠者誤也所以知者以祭法篇適士二廟一壇則曾祖爲壇也大夫三廟二壇則高祖及高祖之父爲壇或可宗子爲中士下士但有二廟無壇則爲墠而告之也

○古者天子后立六宮三夫人九嬪二十七世婦八十一御妻以聽天下之內治以明章婦順故天下內和而家理天子立六官三公九卿二十七大夫八十一元士以聽天下之外治以明章天下之男教故外和而國治故曰天子聽男教后聽女順天子理陽道后治陰德天子聽外治后聽內職。教順成俗外內和順國家理治此之謂盛德天子六寢而六宮在後六官在前所以承副施外內之政也三夫人以下百二十人周制也三公以下百二十人似夏時也合而言之取其相應有象大數也內治婦學之法也陰德謂主陰事陰令也○嬪毗人反治直吏反下及注除后治陰德皆同應如字音應對之應

[疏]古者至盛德○正義曰此一經因上夫婦昏禮之事故此明天子與后各立其官掌內外之事法陰陽所爲但后之所立六宮周之法也天子所爲立六官夏之制也欲見其數相當故以夏周相對爲內外也○注天子至令也○正義曰按宮人云掌王之六寢之修。注路寢一小寢五是天子六寢也云六宮在後者后之六宮在王之六寢之後亦大寢一小寢五其九嬪以下亦

分居之其三夫人雖不分居六宮亦分主六宮之事或二宮則一人也或猶如
三公分主六卿之類也云六官在前者六卿之官在王六寢之前其三孤亦分
主六官之職總謂之九卿故考工記云外有九室九卿朝焉是也云三公以下
百二十人者周三百此百二十人延於百數故云似夏時以無正文故稱似也
云內治婦學之法也者案九嬪職云掌婦學之法故知內治是婦學也云陰德
謂主陰事陰令也者案內宰掌王之陰事陰令注云陰事謂羣妃御見之事陰
令。爲王所求。爲於。北宮也是故男教不修陽事不得適見於天日爲之食婦順不修陰事不
得適見於天月爲之食是故日食則天子素服而修六官之職蕩天下之陽事
月食則后素服而修六宮之職蕩天下之陰事故天子之與后猶日之與月陰
之與陽相須而后成者也適之言責也食者見道有虧傷也蕩蕩滌去穢惡也○適直革反下注同見賢遍反下及注同日爲于僞
反下文皆同蕩徒浪反滌直歷反又杜亦反去起呂反穢紆廢反天子修男教父道也后修女順母道也故曰
天子之與后猶父之與母也故爲天王服斬衰服父之義也爲后服資衰服母
之義也父母者施教令於婦子者也故其服同資當爲齊聲之誤也○衰七雷反下同資依注作齊音咨注又作齌者同疏是。故。至。義也。○正義
曰此以下說男女之教若其不得日月爲之適食又明天子與后是父之與母
之義○是故日食則天子素服而脩六官之職蕩天下之陽事者謂救日之時
著素服蕩除天下之陽事有穢惡者案左傳昭三十一年十二月辛亥朔日有
食之庚午之日始有讁讁謂日之將食之氣氣見於上所以責人君也故詩云
十月之交朔月辛卯日有食之亦孔之醜又云此日而食于何不臧是君之不
善而日食凡日食若壬午朔日有食之左傳云公問於梓愼禍福何爲對曰二

至二分日有食之不爲災也日月之行也分同道也至相過也其他月則爲災陽不克也故常爲水也然詩之十月則夏之八月秋分日食而爲災者以辛卯之日卯往侵辛。木反克金故爲災昭七年夏四月甲辰朔日有食之而大咎衛君上卿四月夏之二月爲災者以其甲辰之日甲爲木辰爲土卯當克土今日食土反克木故爲災也昭二十一年秋七月壬午朔而日食壬爲水午爲火水應克火而日食火反克水不爲災者以秋七月夏之五月是壬午之時得有克壬之理故不得爲災杜預以爲假日食之異以戒懼人君其言若信若不信不可定以爲驗也

鄉飲酒義第四十五

○陸曰鄭云鄉飲酒義者以其記鄉大夫飲賓於庠序之禮尊賢養老之義也別錄屬吉禮

疏正義曰案鄭目錄云名曰鄉飲酒義者以其記鄉大夫飲賓于庠序之禮尊賢養老之義此於別錄屬吉事儀禮有其事此記釋其義也但此篇前後凡有四事一則三年賓賢能二則。卿大夫飲國中賢者三則州長習射飲酒也四則黨正蜡祭飲酒總而言之皆謂之鄉飲酒知此篇合有四事者以鄭注鄉人鄉大夫又云士州長黨正鄭又云飲國中賢者亦用此禮也鄭必知此篇鄉大夫賓賢能及飲國中賢者并州長黨正者以此經云鄉人即鄉大夫士則州長黨正又云君子謂。卿大夫飲國中賢者下又云六十者坐五十者立侍亦是黨正飲酒之事下又云合諸鄉射是亦州長習射之禮鄭以此參之故知此篇兼有四事鄉則三年一飲一州則一年再飲黨則一年一飲也所以然者天子六鄉諸侯三鄉卿二鄉大夫一鄉各有鄉大夫而鄉一有鄉學取致仕在鄉之中大夫爲父師致仕之士爲少師在於學中名爲鄉先生教於鄉中之人謂鄉學每年入學三年業成必升於君若天子鄉則升學士於天子若諸侯之鄉則升學士於諸侯凡升之必用正月也將用升之先爲飲酒之禮鄉大夫與鄉先生謀事學。生最賢使爲賓次者爲介又次者爲衆賓。此鄉大夫爲主人與之飲酒而後升之故周禮鄉大夫職云三年則大比攷其德行道藝而興賢者能者鄉老及鄉大夫帥其吏與其衆寡以禮禮賓之鄭云賢者有德行者能者有道藝者故鄭云古者年七十而

致仕老於鄉里大夫名曰父師士名少師而教學焉恆知鄉人之賢者是以大夫就而謀之賢者以爲賓其次以爲介又其次爲衆賓而與之飲酒是亦將獻之以禮禮賓之也若州長一年再飲者是春秋習射因而飲之以州長爲主人也若黨一年一飲者是歲十二月國於大蜡祭而黨中於學飲酒子貢觀蜡是也亦黨正爲主人也此鄉飲酒之義說儀禮鄉飲酒也但儀禮所據是諸侯之鄉大夫三年賓賢能之禮故鄭儀禮鄉飲酒目錄云諸侯之鄉大夫三年將獻賢者於君以禮賓與之飲酒是也鄭必知諸侯鄉大夫者以鄉飲酒禮云磬階間縮霤北云大夫而特縣方賓鄉人之賢者從士禮也若天子之大夫特縣則鍾磬並有今唯云磬故知諸侯之鄉大夫也若諸侯之州長則士也故儀禮鄉射是諸侯州長經稱鹿中記云士則鹿中明非諸侯之鄉大夫爲之也

鄉飲酒之義主人拜迎賓于庠門之外入三揖而后至階三讓而后升所以致尊讓也庠鄉學也州黨曰序○庠音詳學記云古之教者家有塾黨有庠術有序國有學盥洗揚觶所以致絜也揚舉也今禮皆作騰○盥音管觶之豉反說文云鄉飲酒角也字林音支絜音結下同一本作致絜敬也拜至拜洗拜受拜送拜既所以致敬也拜至謂始升時拜拜賓至尊讓絜敬也者君子之所以相接也君子尊讓則不爭絜敬則不慢不慢不爭則遠於鬬辨矣不鬬辨則無暴亂之禍矣斯君子。所以免於人禍也故聖人制之以道道謂此禮○爭爭鬬之爭下同遠于萬反辨如字徐甫免反下同

【疏】鄉飲至以道○正義曰此一節發明鄉飲酒之禮拜迎至拜洗相尊敬之事故聖人制之以道也○鄉飲酒之義主人拜迎賓于庠門之外者謂鄉大夫故迎賓于庠門外若州長黨正則於序門外也○盥洗揚觶者謂主人將獻賓以水盥手而洗爵揚觶謂旣獻之後舉觶酬賓之時亦盥洗也必盥洗者所以致其絜敬之意也○拜至者謂

賓與主人升堂之後主人於阼階之上北面再拜是拜至也○拜洗者謂主人拜至訖洗爵而升賓於西階上北面再拜拜主人洗也○拜受者賓於西階上拜受爵也○拜送者主人於阼階上拜送爵也○拜既者既盡也賓飲酒既盡而拜也○所以致敬也者言賓主相拜致其恭敬之心○尊讓絜敬也者言入門而三揖三讓是尊讓盥洗揚觶是絜也拜至拜洗之等是致敬也故總結之云尊讓絜敬也者君子之所以相接也○注庠鄉學也州黨曰序○正義曰案州長職云春秋射于州序黨正云屬民飲酒于序是州黨曰序有室謂之庠無室謂之序鄉學爲庠州黨爲序學記云黨有庠者謂鄉人在州黨但於鄉之庠學不別立也則州黨曰序必是無室今案鄉射云豫則鉤楹內堂則由楹外故鄭注云庠之制有堂有室也豫讀如成周宣謝灾之謝凡屋無室曰謝今文豫爲序序乃夏后氏之學亦非也以此言之則州黨爲序其義非也今云州黨曰序者但州黨之序雖並皆無室今鄉射則鉤楹內是內之深無室事顯正得讀豫爲謝是無室故也不得讀豫爲序以序非無室之名故云非也以有楹內楹外之言故鄭特云序非也謂正鄉射文非非是餘處序字皆非也餘處之序並皆無室也但有虞氏之庠周以爲鄉學夏后氏之序周以爲州黨之學明夏時之序則有室也周時州黨之序則無室也序名雖同其制則別故鄉射注云序乃夏后氏之學非謂州黨之學也以鄉射爲豫已非今文爲序又非故云亦非鄉學雖爲序云亦有東西牆謂之序故鄉飲酒或云序東西州學雖爲序據其序內亦有堂稱故鄉射或云堂東堂西也

鄉人士君子尊於房中之間賓主共之也尊有玄酒貴其質也

鄉人鄉大夫也士州長黨正也君子謂。卿大夫。士也。卿大夫士飲國中賢者亦用此禮也共尊者人臣卑不敢專大惠。○鄉人士君子周禮天子六鄉鄭司農云百里內爲六鄉外爲六遂司徒職云五家爲比五比爲閭四閭爲族五族爲黨五黨爲州五州爲鄉鄉大夫每鄉卿一人州長每州中大夫一人黨正每黨下大夫一人族師每族上士一人閭胥每閭中士一人比長五家下士一人諸侯則三鄉長丁丈反篇內皆同謂卿去京反注同飲於鴆反

出自東房主人共之也羞燕私可以自專也○羞音脩共音恭洗當東榮主人之所以自絜而以
事賓也絜猶清也○縈如字屋翼也劉音縈清如字皇才性反疏○鄉○人○至○賓○也○正義曰此一節明設尊及玄酒貴其質素又羞出東房及東榮
設洗主人事賓之義也鄉人謂鄉大夫也士謂州長黨正也君子者謂卿大夫也○尊於房戶之間賓主共之也者以○卿大夫等唯有東房故設酒尊於東房
之西室戶之東在賓主之間示賓主之共有此酒也酒雖主人之設賓亦以酢主人故云賓主共之也○尊有玄酒貴其質也者北面設尊玄酒在左謂在酒
尊之西也所以設玄酒在西者地道尊○右賁其質素故也○羞出自東房主人共之也者謂供於賓也○洗當東榮榮屋翼也設洗於庭當屋翼也必在東者
示主人所以自絜以事賓從冠義以來皆記者疊出儀禮經文每於一事之下釋明儀禮經義每義皆舉經文於上陳其義於下以釋之也他皆倣此也賓
主象天地也介僎象陰陽也三賓象三光也讓之三也象月之三日而成魄也
四面之坐象四時也陰陽助天地養成萬物之氣也三賓象天三光者繫於天也古文禮僎皆作遵○介音戒下倣此輔賓者僎音遵輔
主人者魄普百反說文作霸云月始生魄然也坐才臥反又如字天地嚴凝之氣始於西南而盛於西北此天
地之尊嚴氣也此天地之義氣也天地溫厚之氣始於東北而盛於東南此天
地之盛德氣也此天地之仁氣也凝猶成也○凝魚矜反主人者尊賓故坐賓於西北而
坐介於西南以輔賓賓者接人以義者也故坐於西北賓者接人以義言賓故以成主人之惠主
人者接人以仁以德厚者也故坐於東南而坐僎於東北以輔主人也以僎輔主人以

其仕在官也仁義接賓主有事俎豆有數曰聖聖立而將之以敬曰禮禮以體長幼曰德聖通也所以通賓主之意也將猶奉也德也者得於身也故曰古之學術道者將以得身也是故聖人務焉術猶藝也得身者謂成己令名免於刑罰也言學術道則此說賓賢能之禮疏賓。主。至。務。焉。○正義曰此一節明賓主介僎坐謂位之義也賓主象天地也介僎象陰陽也者天地則陰陽著成爲天地故賓在西北天地嚴凝之氣著主在東南天地溫厚之氣著介坐在西南象陰之微氣僎在東北象陽之微氣○三賓象三光者謂衆賓也○四面之坐象四時也者主人東南象夏始賓西北象冬始僎東北象春始介西南象秋始其四時不離天地陰陽之內而坐即是賓主介僎之所象也○曰聖者聖通也謂上諸事並是通賓主之意也聖立而將之以敬曰禮者謂通賓主之事其道已立能將行之以恭敬乃謂之禮也○禮以體長幼曰德德者得也既能有禮以體成長幼於事得宜故曰德也○德也者得於身也重釋稱德之義是得善行於其身謂身之所行者得於理也○古之學術道者將以得身也者術者藝也言古之人學此才藝之道也將以得身也謂使身得成也此謂賓賢之人有術道今以賓敬接待之事其尊敬學習術道身得成就而有令名○是故聖人務焉者以上賓主德義之事於禮最重故聖人務行焉祭薦祭酒敬禮也嚌肺嘗禮也啐酒成禮也於席末言是席之正非專爲飲食也爲行禮也此所以貴禮而賤財也卒觶致實於西階上言是席之上非專爲飲食也此先禮而後財之義也先禮而後財則民作敬讓而不爭矣非專爲飲食言主於相敬以禮也致實謂盡酒也酒爲觴實祭薦祭酒嚌肺於席中唯啐酒於席末也○祭薦本亦作藨同嚌才細反肺芳廢反啐七內反專爲于僞反下及注專爲同疏祭薦至爭矣○

正義曰此一節明飲酒之禮祭薦祭酒相尊敬之心貴禮賤財之義○○祭薦者主人獻賓賓卽席祭所薦時脯醢也○祭酒者賓既祭薦又祭酒也○○敬禮也者言賓既祭薦又祭酒是賓敬重主人之禮也○嚌肺者禮也賓既祭酒之後興取俎上之肺嚌齒之所以嘗主人之禮也○啐酒成禮也於席末者啐謂飲主人酒而入口成主人之禮於席末謂席西頭也案鄉飲酒禮祭薦祭酒嚌肺皆在席之中唯啐酒在席之末又鄉飲酒禮云祭脯醢奠爵右取肺卻左手右絕末以祭尚左手嚌之興加于俎坐捝手遂祭酒嚌肺在前祭酒在後此先云祭酒者嚌是嘗嚌之名祭酒是未飲之稱故祭酒與祭薦相連表其敬禮之事○言是席之正非專爲飲食也者若此席專爲飲食應於席中啐酒今乃席末啐酒此席之設本不爲飲食是主人敬重於賓故設席耳祭薦祭酒嚌肺在席中者敬主人之物故在席中啐酒入於己故在席末也○此所以貴禮而賤財也者於席上祭薦祭酒是貴禮席末啐酒是賤財也○卒觶致實於西階上言是席之上非專爲飲食也者卒觶。主人酬賓賓。卒立以。兵觶也致實謂致盡其所實之酒於西階上不就席卒觶者言。此席之上非專爲飲食也故不於席所而卒觶啐爵始入口猶在席末也卒觶則盡爵故遠在西階上前文方論設席之禮故言是席之正此覆說前席故變文言是席之上上亦正也此先禮而後財之義也者先禮則貴後財則賤則亦上下互而相通也○注致實至末也○正義曰以經卒觶致實既云卒觶論其將欲卒觶之時舉其事者致實論其盡酒之體故更言致實也云酒爲觴實者以盡酒稱致實之意酒爲觴中之實今致盡此實也云祭薦祭酒嚌肺於席中唯啐酒於席末也者皆鄉飲酒禮文

鄉飲酒之禮六十者坐五十者立侍以聽政役所以明尊長也六十者三豆七十者四豆八十者五豆九十者六豆所以明養老也民知尊長養老而后乃能入孝弟民入孝弟出尊長養老而后成教成教而後國可安也君子之所謂孝

者非家至而日見之也合諸鄉射教之鄉飲酒之禮而孝弟之行立矣此說鄉飲酒謂黨正國索鬼神而祭祀則以禮屬民而飲酒于序以正齒位之禮也其鄉射則州長春秋以禮會民而射于州序之禮也謂之鄉者州黨鄉之屬也或則鄉之所居州黨鄉大夫親爲主人焉如今郡國下令長於鄉射飲酒從太守相臨之禮也○弟音悌下同行下孟反索色百反屬音燭大守音泰下手又反相悉亮反漢制郡有大守國有相或息羊反則以連下句

【疏】鄉。飲。至。立。矣○正義曰此明黨正飲酒正齒位之事六十者坐五十者立侍者按鄉飲酒禮賓賢能則用處士爲賓其次爲介其次爲衆賓皆以年少者爲之此正齒位之禮其賓介等皆用年老者爲之其餘爲衆賓賓内年六十以上於堂上於賓席之西南面坐若不盡則於介席之北東面北上其五十者則立於西階下東面北上示有陪侍之義非卽在六十者傍同南面立也○以聽政役者所以立於階下示其聽受六十以上政事役使也所以明尊長也者言欲明尊敬六十之長老故立而聽政役○六十者三豆至九十者六豆者以其每十年加一豆非正禮故不得爲籩豆偶也其五十者亦有豆也但二豆而已則鄉飲酒禮衆賓立於堂下者皆二豆其賓介之豆無正文當依衆賓之年而加之也○所以明養老也豆是供養之物故云明養老立侍是陪侍之儀故云明尊長也○而后乃能入孝弟者人若知尊長養老則能入孝弟之行也民入孝弟謂入門而能行孝弟○出尊長養老者謂出門而能尊長養老也○合諸鄉射教之鄉飲酒之禮而孝弟之行立矣者諸於也謂春秋二時聚合其民於州長鄉射之禮以教之鄉飲酒之禮謂十月黨正飲酒是教之鄉飲酒之禮既州長教射黨正教飲酒則民知尊長養老故孝弟之行以此而成立也○注此說至禮也○正義曰鄭知此經所說是黨正正齒位者以儀禮鄉飲酒之篇無正齒位之禮今此云六十者坐五十者立侍故知是黨正正齒位之禮此謂初飲酒之時正齒位及其禮末皆以醉爲度雜記云一國之人皆若狂是也云其鄉射則州長春秋以禮會民而射于州序之禮也者此則州長職文引之者證經中之鄉射也云謂之鄉者州黨鄉之屬也者既是州長黨正射飲而並謂之鄉者以州黨屬鄉故云鄉之屬也云或則鄉之所居州黨者鄭更云別解此州黨謂之鄉鄉之所居此州黨行飲酒射之禮鄉大夫則代此州長黨正為主人故得稱鄉射鄉飲酒也若鄉之州黨鄉所不居則鄉大夫不得為主人亦不得稱鄉射鄉飲酒但謂之州射黨正飲酒可也云如今郡國下令長於鄉射飲酒者謂郡治之下及王侯有國治之下滿萬戶以上之令不滿萬戶之長於己縣或射或飲酒則從郡之大守及○王國之相來自行禮○相監臨之儀不用令長禮也令長射而飲酒似州長黨正也大守與相來監臨似鄉大夫監臨也故引以相證也

孔子曰吾觀於鄉而知王道之易易也

鄉鄉飲酒也易易謂教化之本尊賢尚齒而已○易易皆以豉反注及下易易同

疏孔子至易也○正義曰謂孔子先觀鄉飲酒之禮而稱知王道之易易故記者引之結成鄉飲酒之義○吾觀於鄉者鄉謂鄉飲酒言我觀看鄉飲酒之禮有尊賢尚齒之法則知王者教化之道其事甚易以尊賢尚齒為教化之本故也不直云易而云易易者取其簡易之義故重言易易猶若尚書王道蕩蕩王道平平皆重言取其語順故也

主人親速賓及介而衆賓自從之至于門外主人拜賓及介而衆賓自入貴賤之義別矣

速謂即家召之別猶明也○別彼列反注及下注同

疏主人至別矣○正義曰此一經明鄉飲酒之禮主人待賓之異明貴賤之別也○衆賓自從之者主人親自速賓并往速介而衆賓不須往速自從賓介而來也○而衆賓自入者謂賓介至門主人拜賓及介而衆賓不須拜自入門是賓介貴於衆賓貴賤之義別矣

三揖至于階三讓以賓升拜至獻酬辭讓之節繁及介省矣至于衆賓升受坐祭立飲不酢而降隆殺之義別矣

繁猶盛也小減曰省辨猶別也尊者禮隆卑者禮殺尊卑別也○省所領反徐疏幸反注同酢音昨殺色戒反注及下同

疏三揖至辨也○正義曰此明主人於賓介禮隆殺分別也○拜

至獻酬辭讓之節繁者主人於賓三揖三讓拜其來至又酌酒獻賓賓酢主人主人又酌而自飲以酬賓是辭讓之節其數繁多也○及介省矣者案鄉飲酒
介酢主人則止主人不酢介也是及介省矣○至于衆賓升受坐祭立飲不酢而降者案鄉飲酒之禮主人獻衆賓于西階上受爵坐祭立飲不酢主人而降
西階東面也○隆殺之義辨矣者於賓禮隆衆賓禮殺是隆殺之義別也

工入升歌三終主人獻之笙入三終主人獻之閒歌三終合樂三終工告樂備遂出一人揚觶乃立司正焉知其能和樂而不流也

工謂樂正也樂正既告備而降言遂出者自此至去不復升也流猶失禮也立司正以正禮則禮不失可知一人或爲二人○笙音生閒
閒廁之閒合如字徐音閤復扶又反

疏 ○工入至流也○正義曰此一節論鄉飲酒設樂樂賓罷則以禮正之不至流邪之事也○工入升歌三終者謂升堂
歌鹿鳴四牡皇皇者華每一篇而一終也○主人獻之笙入三終者謂吹笙之人入於堂下奏南陔白華華黍每一篇一終也○主人獻之者謂獻笙入也○
閒歌三終者閒代也謂一笙歌已竟而堂上與堂下更代而作也堂上人先歌魚麗則堂下笙由庚此爲一終又堂上歌南有嘉魚則堂下笙崇丘此爲二終也
又堂上歌南山有臺則堂下笙由儀此爲三終也此皆鄉飲酒之文故鄭注鄉飲酒云閒代也謂一歌則一吹也魚麗言太平年豐物多也此采其物多酒旨
所以優賓也○南有嘉魚言大平君子有酒樂與賢者共之也此采其能以禮下賢者賢者纍蔓而歸之與之燕樂也南山有臺言太平之治以賢者爲本此
采其愛友賢者爲邦家之基民之父母既欲其身之壽考又欲其名德之長也由庚崇丘由儀今亡其義未聞也○合樂三終者謂堂上下歌瑟及笙並作也
若工歌關雎則笙吹鵲巢合之若工歌葛覃則笙吹采蘩合之若工歌卷耳則笙吹采蘋合之所以知然者則鄉飲酒云乃合樂周南。召。南關雎葛覃卷耳召
南鵲巢采蘩采蘋鄭云合樂謂。歌與衆聲俱作周南召南國風篇也王后國君夫人房中之樂歌也關雎言后妃之德葛覃言后妃之職卷耳言后妃之志鵲

巢言國君夫人之德采蘩言國君夫人不失職采蘋言卿大夫之妻能脩其法度也○工告樂備遂出者工謂樂正工先告樂正樂正告賓以樂備而遂下堂也言遂出者樂正自此至去不復升堂也鄉飲酒云工告于樂正樂正告于賓乃降注云樂正降者以正歌備無事也降立西階東北面○一人揚觶乃立司正焉者一人謂主人之吏也一人舉觶之後乃立司正樂既備將留賓旅酬爲有懈惰故主人使相禮者一人爲司正以監之也舉觶示將行旅酬也鄉飲酒云作相爲司正又云司正洗觶升自西階阼階上北面受命于主人主人曰請安于賓司正告于賓賓禮辭許注云爲賓欲去留之告賓於西階又云司正既舉觶而薦諸其位注云司正主人之屬也無獻因其舉觶而薦之○知其能和樂而不流也者結之也流失禮也工升歌後立司正以正之故知鄉飲酒能和樂不流邪失禮也

賓酬主人主人酬介介酬衆賓少長以齒終於沃洗者焉知其能弟長而無遺矣遺猶脫也忘也○少詩召反沃於木反弟音悌下弟長同脫徒活反又音奪

【疏】賓酬至遺矣○正義曰此經明旅酬之時賓主少長皆得酬酒長幼無被遺棄之事○少長以齒終於沃洗者言旅酬之時賓主人之黨各以少長爲齒以次相旅至於執掌罍洗之人以水沃盥洗爵者皆預酬酒之限此經主人酬介介酬衆賓雖據旅酬之時其少長以齒終於沃洗是無筭爵之節也但因其旅酬遂連言無筭爵欲見無不徧弟長而無遺而知終沃洗是其無筭爵案鄉飲酒記主人之贊者西面北上不與無筭爵然後與是也○知其能弟長而無遺矣者弟少也言少之與長皆被恩澤而無遺棄也故云知其能弟長而無遺也

降說屨升坐修爵無數飲酒之節朝不廢朝莫不廢夕賓出主人拜送節文終遂焉知其能安燕而不亂也朝夕朝莫聽事也不廢之者既朝乃飲先夕則罷其正也終遂猶充備也○廢朝直遙反注朝夕既朝同莫音暮下同先悉薦反

【疏】降。說。至。亂。也。○正義曰此一經明飲酒之禮雖爵行無數猶能節。文。自終不至於亂也○

降說屨升坐者此謂無筭爵之初也以前皆立而行禮未徹俎故未說屨至此徹俎之後乃說屨升堂坐也○脩爵無數者謂無筭爵也熊氏云謂行爵無數矣○朝不廢朝者朝後乃行飲酒之禮是朝不廢朝也○莫不廢夕者謂飲酒禮畢乃治私家之事是莫不廢夕也謂鄉飲酒之禮若黨正飲酒一國若狂無不醉也○節文終遂焉也者終謂終竟也遂謂申也言雖至飲畢主人備禮拜而送賓節制文章終竟申遂不有闕少故鄭云終遂猶充備也知其能安燕而不亂。也謂安在於燕樂而不至亂也

貴賤明隆殺辨和樂而不流弟長而無遺安燕而不亂此五行者足以正身安國矣彼國安而天下安故曰吾觀於鄉而知王道之易易也

【疏】貴。賤。至。易。也○正義曰此一節總結上經明上五種之事又覆說前文孔子所以知王道之易易也。如此五行者足以正身安國矣者五行謂上第一云貴賤之義別第二云隆殺之義辨第三云和樂而不流第四云弟長而無遺第五云安燕而不亂是五種之行也○彼國安而天下安者以鄉飲酒於此將天下諸侯爲彼國故云彼國安而天下安也

鄉飲酒之義立賓以象天立主以象地設介僎以象日月立三賓以象三光古之制禮也經之以天地紀之以日月參之以三光政教之本也

日出於東僎所在也月生於西介所在也三光三大辰也天之政教出於大辰焉○行下孟反

【疏】此鄉飲至本也○正義曰此記者更覆說鄉飲酒之義有所法象之事前文雖備故此更詳也○立賓以象天立主以象地者前文天地共言故云賓主象天地此則析言之賓以象天主以象地賓者主之所尊敬故以賓象天主供物以養賓故以主象地也○設介僎以象日月者則前經陰陽也但陰陽據其氣日月言其體僎在東北象日出也介在西南象月出也○注三光三大辰也○正義曰案昭十七年有星孛于大辰公羊云大辰者何大火也伐爲大辰北辰亦爲大辰故爾雅云大辰房心尾也大火謂之大辰

北極謂之北辰是三大辰也何休云大火與伐天所以示民時早晚天下取以爲正故謂之大辰辰時也是天之政教出於大辰亨狗於東方祖陽氣之發於東方也祖猶法也狗所以養賓陽氣主養萬物〇亨普萌反洗之在阼其水在洗東祖天地之左海也海水之委也〇阼才路反委於僞反尊有玄酒教民不忘本也大古無酒用水而已〇大音泰**疏**亨狗至本也〇正義曰此一節覆明上立主象地以下諸文之意也〇亨狗於東方祖陽氣之發於東方也者此覆說前文羞出自東方也〇洗之在阼其水在洗東祖天地之左海也者此覆說前經洗當東榮因說水在洗東法天地海也〇尊有玄酒教民不忘本也者此覆說上文尊有玄酒貴其質也左賓必南鄉東方者春春之爲言蠢也產萬物者聖也南方者夏夏之爲言假也養之長之假之仁也西方者秋秋之爲言愁也愁之以時察守義者也北方者冬冬之爲言中也中者藏也是以天子之立也左聖鄉仁右義偝藏也春猶蠢也蠢動生之貌也聖之言生也假大也愁讀爲揫揫斂也察猶察察。嚴之貌也南鄉鄉仁賓長大萬物也察或爲殺〇鄉許亮反下及注鄉仁南鄉東鄉皆同蠢尺允反蠢動生之貌夏戶嫁反下同假古雅反下同愁依注讀爲揫子留反下同爾雅云揫察也藏如字下同徐才浪反偝音佩殺如字又色戒反介必東鄉介賓主也獻酬之禮主人將西賓將南介覭其間也〇覭音間廁之間主人必居東方東方者春春之爲言蠢也產萬物者也主人者造之產萬物者也言禮之所。共由主人出也〇共音恭月者三日則成魄三月則成時是以禮有三讓建國必立三卿三賓者政教之本禮之大參也言禮者陰也大數取法於月也○成魄普伯反參七南反【疏】賓必至參也○正義曰此一節更總明鄉飲酒禮坐位所在亦明三揖三讓每事皆三之義○產萬物者聖也者聖之言生也東方產育萬物故爲聖也○養之長之假之仁也者假大也謂養育萬物長之使大仁恩也五行春爲仁夏爲禮今春爲聖夏爲仁者春夏皆生養萬物俱有仁恩之義故此夏亦仁也聖既生物以生物言之則謂之聖故東方爲聖也各以義言之理亦通也○中者藏也者言北方主智亦爲信也若以五行言之則爲信若以萬物歸藏言之則爲藏也○介必東鄉介賓主也者主獻賓賓將西行就賓賓又南行將就主人介在西階之上以介閒隔賓主之間也○主人者造之產萬物也者釋所以主人居東方之意東方產育萬物主人共客所須故主人造爲產萬物之象也○月者三日則成魄者謂月盡之後三日乃成魄魄謂明生傍有微光也此謂月明盡之後而生魄非必月三日也若以前月大則月二日生魄前月小則三日乃生魄○三賓者政教之本者凡建國既立三卿助君治國今鄉飲酒立三賓象國之立三卿故云政教之本也○注言禮者陰也大數取法於月也○正義曰樂既爲陽故禮爲陰月是陰精故禮之數取法於月也

附釋音禮記注疏卷第六十一

禮記注疏卷六十一校勘記　阮元撰盧宣旬摘錄

附釋音禮記注疏卷第六十一　惠棟校宋本禮記正義卷第六十八

冠義第四十三

凡人之所以爲人者節

言三始既備乃可求以三行也　毛本作備岳本嘉靖本衛氏集說同考文引古本同此本備字闕閩監本同

同鄉老而致仕者　惠棟校宋本岳本嘉靖本考文引古本同閩監毛本同誤謂衛氏集說同

阼謂主人之北也知者　閩本同惠棟校宋本同監毛本知字脫

或有舊俗行先代之禮　閩監本同毛本先代二字倒

未冠之前以其名別之　閩監毛本同惠棟校宋本以其作則以

但元端上士則元裳　閩本同惠棟校宋本同監毛本元端誤衣冠

見於鄉大夫謂在朝之鄉大夫也　閩監毛本同劉台拱校二鄉字並改卿衛氏集說作鄉大夫在朝之卿大夫

聘禮不腆先君之祧　閩監毛本同惠棟校宋本禮下有云字衛氏集說同

以左傳魯襄公冠於衛成公之廟　惠棟校宋本作襄此本襄字闕閩監毛本襄誤成

昬義第四十四案昬字毛本及衞氏集說與此本同各本並作昏與石經同後放此釋文亦作昬各本義字同毛本義誤禮○按作昏是也說文云从日氏省

是娶告父母閩監毛本同惠棟校宋本娶下有妻字

舜三十不娶謂之鰥閩監毛本同考文引宋板舜下有年字衞氏集說同

昬禮者節惠棟云昬禮節父親醮子節宋本合爲一節

昬禮者各本同石經同釋文出昬者云一本作昬禮者

昬禮至禮也惠棟校宋本無此五字

故昬禮云謂誰氏閩監毛本同考文引宋板云謂作去爲案作爲是作去非衞氏集說亦作云爲

父親醮子節

合巹而酳石經岳本嘉靖本同閩監毛本巹作卺衞氏集說同○按依說文當作𧯷从豆蒸省聲巹假借字巹卺皆𧯷字之譌

敬慎重正節

敬慎至本也惠棟校宋本無此五字

夫禮始於冠節

和於射鄉閩本石經岳本嘉靖本同考文引宋板古本足利本同監毛本射鄉二字倒衞氏集說同石經考文提要云宋大字本宋本九經南宋巾箱本余仁仲本劉叔剛本並作射鄉

夫禮至體也惠棟校宋本無此五字

夙興節

段脩石經作段岳本同釋文同此本段誤段嘉靖本閩監毛本段誤段衞氏集說同

夙興至代也惠棟校宋本無此五字

成婦禮節

室人謂女姒女叔諸婦也閩監本同岳本同考文引古本足利本同毛本姒誤姑衞氏集說嘉靖本同

成婦至重之惠棟校宋本無此五字

女姒謂壻之姊也閩監本同毛本姒誤姑衞氏集說同

是以古者節

教成之者女師也嘉靖本閩監毛本同惠棟校宋本無成字宋監本衞氏集說同岳本教成之作其教之

若天子公邑官家之宮爾閩監毛本同惠棟校宋本爾作耳衞氏集說同

古者天子節

后聽內職 惠棟校宋本作職石經宋監本岳本嘉靖本同此本職誤治閩監毛本同衞氏集說同石經考文提要云案禮記集說引呂大臨禮記解云凡天子所聽皆外治后所聽皆內職馬晞孟禮記解云治者職之總職者治之別故曰天子聽外治后聽內職宋大字本宋本九經南宋巾箱本余仁仲本至善堂九經本並作職

所以承副施外內之政也 閩本同惠棟校宋本宋監本嘉靖本岳本同衞氏集說同監毛本副誤嗣

取其相應有象大數也 閩監毛本作象大此本象大二字闕岳本大作天嘉靖本衞氏集說同

古者至盛德 惠棟校宋本無此五字

此一經因上夫婦昏禮之事 閩監本同毛本因上二字倒

注路寢一小寢五 惠棟校宋本注下有云字衞氏集說同此本云字脫閩監毛本同

爲王所求爲於北宮也 惠棟校宋本同閩監毛本北誤此衞氏集說亦作北上爲作謂

是故男教不脩節

爲后服資衰 閩監毛本石經岳本嘉靖本衞氏集說同坊本資作齊依注改釋文出資衰云依注作齊○按依說文當作齌从衣齊聲經傳多假齊爲之資亦假借字古音次聲齊聲同部也

是故至義也惠棟校宋本無此五字

卯往侵辛由反克金考文引宋板同閩監毛本由作木

鄉飲酒義第四十五

二則卿大夫飲國中賢者此本卿字不誤閩監毛本卿誤鄉衞氏集說同

又云君子謂卿大夫飲國中賢者此本卿字不誤閩本同監毛本卿誤鄉

學生最賢使爲賓閩本同考文引宋板同監本生字殘闕毛本生作士

此鄉大夫爲主人與之飲酒衞氏集說同閩監毛本此誤比

鄉飲酒之義節

斯君子之所以免於人禍也惠棟校宋本有之字石經宋監本岳本嘉靖本同衞氏集說之字空闕此本之字脫閩監毛本同通典七十三亦有之字

鄉人士君子節

君子謂卿大夫士也閩監本作卿嘉靖本卿誤鄉有士字此本同毛本同岳本亦作卿無士字衞氏集說同考文引宋板古本亦無士字段玉裁校云案下文卿大夫士飲國中賢者即承此君子謂卿大夫士而釋之也宋監本無士字非

卿大夫士飲國中賢者 閩監本同岳本同衛氏集說同考文引宋板同嘉靖本毛本卿誤鄉段玉裁云鄉飲酒禮疏引此卿大夫士飲國中賢者

不敢專大惠 此本注止此句閩監毛本岳本嘉靖本衛氏集說同山井鼎云釋文鄉人士君子至諸侯則三鄉百八字宋板與注不敢專大惠連接為注古本無但後人依宋板誤補入之案山井鼎所據宋板即惠棟所校宋本惠棟於此處無明言但於釋文周禮下添注一云字似亦從宋本校者此宋本在末附釋音之前何由羼入釋文疑百八字為鄭氏注文所本有釋文云鄭云鄉人鄉大夫士州長黨正也君子謂卿大夫士也周禮天子六鄉鄭司農云百里內為六鄉外為六遂司徒職云五家為比五比為閭四閭為族五族為黨五黨為州五州為鄉鄉大夫每鄉卿一人州長每州中大夫一人黨正每黨下大夫一人族師每族上士一人閭胥每閭中士一人比長五家下士一人諸侯則三鄉自周禮天子六鄉至諸侯則三鄉百三字統承上鄭云之下未見謂卿大夫士也以上為鄭云周禮天子以下必不為鄭云也

鄉人至賓也 惠棟校宋本無此五字

以卿大夫等唯有東房 閩監毛本卿作鄉衛氏集說同

地道尊右 閩監毛本同衛氏集說同考文引宋板右作左

賓主象天地也節

賓主至務焉 惠棟校宋本無此五字

德也者得於身也閩監毛本同考文引宋板也下有者字

祭薦祭酒節

主人酬賓賓卒立以兵觶也惠棟校宋本兵作立閩本兵字闕監毛本兵作據案皆誤盧文弨鍾山禮記云本當云左人酬賓賓立以卒觶也

不就席卒觶者言此席之上閩監本同毛本此作是

鄉飲酒之禮六十者坐節

鄉飲至立矣惠棟校宋本無此五字

及王國之相來自行禮相監臨之儀閩監毛本王作主衞氏集說同齊召南云主國當作王國段玉裁校云下相字衍文

工入升歌節

工入至流也惠棟校宋本無此五字

則鄉飲酒云乃合樂周南召南關雎閩監毛本同惠棟校宋本無召南二字衞氏集說同

合樂謂歌與衆聲俱作閩監毛本同惠棟校宋本歌下有樂字按有樂字與鄉飲酒禮注合

賓禮辭許注云閩監毛本同惠棟校宋本無許字○按宋本非也

降說屨節

降說至亂也惠棟校宋本無此五字

猶能節文自終不至於亂也惠棟校宋本同閩監毛本文自誤立目

知其能安燕而不亂也閩監毛本同惠棟校宋本也下有者

貴賤明節

貴賤至易也惠棟校宋本無此五字

如此五行者閩監毛本同考文引宋板無如字

賓必南鄉節

察猶察察嚴之貌也閩監毛本嚴下有殺字岳本嘉靖本同此本殺字脫衞氏集說殺誤毅釋文出嚴殺

言禮之所共由主人出也閩監毛本岳本嘉靖本衞氏集說同惠棟校宋本共作在按在字非也釋文出所共音恭正義亦云

主人共客所須

大數取法於月也惠棟校宋本如此宋監本岳本嘉靖本衞氏集說同閩監毛本法上衍象字此本空闕

賓必至參也　惠棟校宋本無此五字

更總明鄉飲酒禮坐位　惠棟校宋本無禮字閩監毛本明作言酒下亦衍禮字衛氏集說亦作明

每事皆三之義　惠棟校宋本作之義衛氏集說同閩監毛本之義二字誤以成禮三字此本空闕

聖之言生也　閩監本作生此本生誤主毛本誤升

東方產育萬物故爲聖也　惠棟校宋本如此衛氏集說同閩監毛本爲聖上衍爲春二字也字脫

長之使大仁恩也　惠棟校宋本如此衛氏集說同閩監毛本仁恩也誤亦爲仁此本空闕

於五行春爲仁　閩監毛本有於字惠棟校宋本無此本空闕

春夏皆生養萬物俱有仁恩之義　考文引宋板如此閩監毛本生養萬物四字誤是生育長養五字此本空闕

以生物言之則謂之聖　考文引宋板如此閩監毛本言之則謂四字誤於春如通明五字此本空闕

藏也者此言北方主智　閩監毛本有此字惠棟校宋本此字無此本空闕

主人獻賓將西行就賓　惠棟校宋本如此衛氏集說同閩監毛本賓將西三字誤酬之禮既四字此本空闕

賓又南行將就主人　閩監毛本如此衛氏集說同考文引宋板無賓字

以介覵隔賓主之間也　惠棟校宋本如此衛氏集說同閩監毛本隔字誤在於二字此本空闕

釋所以主人居東方之意惠棟校宋本如此衛氏集說同監毛本意上衍義字此本空闕閩本同

主人共客所須閩監毛本同考文引宋板共作供衛氏集說同

故主人造爲產萬物之象者也閩監毛本如此衛氏集說象下無者字考文引宋板象者二字作事字此本空闕

魄謂明生惠棟校宋本如此衛氏集說同閩監毛本明字誤月輪二字此本空闕

若初以前月大閩監毛本如此衛氏集說初上無若字考文引宋板若初二字作所字此本空闕

三賓者政教之本者惠棟校宋本如此閩監毛本政上衍爲字此本空闕

象國之立三卿考文引宋板同閩監毛本象上衍亦字

大數取法於月也閩監毛本法上衍象字

故禮之數取法於月也考文引宋板同衛氏集說同閩監毛本數上衍大字

附釋音禮記注疏卷第六十一惠棟校宋本禮記正義卷第六十八終記云凡二十九頁

禮記注疏卷六十一校勘記

附釋音禮記注疏卷第六十二

射義第四十六

○陸曰鄭云射義者以其記燕射大射之禮觀德行取其士之義也別錄屬吉禮○疏正義曰案鄭目錄云名曰射義者以其記燕射大射之禮觀德行取於士之義此於別錄屬吉事案此篇中有鄉射又云不失正鵠正則賓射然則鄉射賓射俱有之矣今目錄唯云燕射大射者但此篇廣說天子諸侯大射燕射之義不專於鄉射賓射故鄭目錄特舉大射燕射其射之所起起自黃帝故易繫辭黃帝以下九事章云古者弦木爲弧剡木爲矢弧矢之利以威天下又世本云揮作弓夷牟作矢注云揮夷牟黃帝臣是弓矢起於黃帝矣虞書云侯以明之是射侯見於堯舜夏殷無文周則具矣

禮記　鄭氏注　孔穎達疏

古者諸侯之射也必先行燕禮卿大夫士之射也必先行鄉飲酒之禮故燕禮者所以明君臣之義也鄉飲酒之禮者所以明長幼之序也言別尊卑老稺○然後射以觀德行也○長丁丈反別彼列反稺音值行下孟反下文注德行皆同○疏古者至序也○正義曰此一篇之義廣說射禮明天子以下射之樂章上下之差又明天子諸侯選士與祭之法因明孔子矍相之圃簡賢選士誓衆之事又明君臣父子正鵠之義是男子有事於射故男子初生設桑弧蓬矢之義又明志正射中之義飲酒養病之事今各隨文解之此經明將射之時天子諸侯先行燕禮所以明君臣之義卿大夫將射先行鄉飲酒之禮所以明長幼之序也○古者諸侯之射也必先行燕禮者案儀禮大射在未旅之前燕初似饗卽是先行饗禮而云先行燕禮者燕初似饗正謂其行禮似饗其餘則燕故禮其牲狗及設折俎行一獻此等皆燕之法也故云先行燕禮也○燕禮者所以明君臣之義也者謂臣於堂下再拜稽首升成拜君答拜似若臣盡竭其力致敬於君君施惠

以報之也○鄉飲酒之禮者所以明長幼之序。者此鄉飲酒謂黨正飲酒以鄉統名則前篇云六十者坐五十者立侍是也○故射者進退周
還必中禮內志正外體直然後持弓矢審固持弓矢審固然後可以言中此可
以觀德行矣內正外直習於禮樂有德行者也正鵠之名出自此也○中丁仲反下同正音征鵠古毒反徐又如字疏故射至行矣○正義
曰此一經明射者之禮言內志審正則射能中故見其外射則可以觀其內德故云可以觀德行矣○注正鵠之名出自此也○正義曰以賓射之的謂之正
正者正也欲明射者內志須正也鄭注大射云正者正也亦鳥名齊魯之閒名題肩爲正是也以大射之質謂之鵠鵠者直也欲使射者外體之直是正鵠之
名出。自射者而來故云正鵠之名出自此也其節天子以騶虞爲節諸侯以貍首爲節卿大夫以采
蘋爲節士以采繁。爲節騶虞者樂官備也貍首者樂會時也采蘋者樂循法也
采繁。者樂不失職也是故天子以備官爲節諸侯以時會天子爲節卿大夫以
循法爲節士以不失職爲節故明乎其節之志以不失其事則功成而德行立
德行立則無暴亂之禍矣功成則國安故曰射者所以觀盛德也騶虞采蘋采繁毛詩篇名
貍首逸下云曾孫侯氏是也樂官備者謂騶虞曰壹發五。豝喻得賢者多也于嗟乎騶虞歎仁人也樂會時者謂貍首曰小大莫處御于君所樂循法者謂采
蘋曰于以采蘋南澗之濱循澗以采蘋喻循法度以成君事也樂不失職者謂采繁曰被之僮。僮夙夜在公○騶側尤反徐側侯反貍力之反貍之言不來也
首先也此逸詩也鄭以下所引曾孫侯氏爲貍首之詩也蘋音頻蘩音煩循徐辭均反豝百麻反獸一歲曰豝詩傳云豕牝曰豝澗音諫山夾水曰澗濱音賓

涯也被皮義反徐扶義反僮音童本亦作童毛詩傳云竦敬也【疏】其。節。至。德。也。○正義曰此節明天子以下射禮樂章之異○天子以騶虞爲節者歌騶虞之詩射人云騶虞九節○諸侯以貍首爲節者謂歌貍首也射人云貍首七節○卿大夫以采蘋爲節士以采蘩爲節者射人云皆五節案鄉射注云五節歌五終四節四拾其一節先以聽也若然則九節者五節先以聽七節者三節先以聽皆以四節應乘矢拾發也○騶虞者樂官備也者謂射一發而得五豝喻得賢人多賢人多則官備也○貍首者樂會時也者諸侯不來朝射其首是樂會及盟也○采蘋者樂循法也○于以采蘋南澗之濱循澗以采蘋喻循法度以成君事○采蘩者樂不失職也謂采蘩曰被之僮僮夙夜在公是其不失職也○是故天子以備官爲節謂騶虞也○諸侯以時會天子爲節謂歌貍首也○卿大夫以循法爲節謂歌采蘋也○士以不失職爲節謂歌采蘩也○明乎其節之志以不失其事者其節之志謂天子以備官爲志諸侯以時會爲志卿大夫以循法度爲志士以不失職爲志是各明達其樂節之志故能不失其所爲之事也○德行立則無暴亂之禍矣功成則國安者是覆說上文功成德行立先覆說德行然後却覆說功成也以先由德行乃功成也○故曰射者可以觀盛德也盛德無暴亂之禍國安射者各明其志能致盛德故云所以觀盛德也○注騶虞至仁人○正義曰案詩義云君射一發則驅五豝以軍戰之禮待禽獸之命不忍特驅其一此云喻得賢者多則以豝喻賢也謂一發而得五豝猶若君一求而得五賢與詩文異者斷章爲義云于嗟乎騶虞歎仁人也與詩義同也以騶虞不食生物故云于嗟乎其仁人騶虞既爲天子樂章而儀禮鄉射用之者鄭注鄉射云此天子之射節也而用之者方有樂賢之志取其宜也曾孫之詩謂之貍首者貍首篇名曾孫者其章頭也儀禮大射奏貍首間若一也鄭注云貍之言不來也其詩有射諸侯首不朝者之言因以名篇故謂之貍首也

是故古者天子以射選諸侯卿大夫士射者男子之事也因而飾之以禮樂也故事之盡禮樂而可數爲以立德行

者莫若射故聖王務焉選士者先考德行乃後決之於射男子生而有射事長學禮樂以飾之○數色角反下同長丁丈反【疏】是故至務焉○正義曰此一節明天子以射禮簡選諸侯以下德行能否故聖王所以務以射選諸侯卿大夫者諸侯雖繼世而立卿大夫有功乃升非專以射而選但既爲諸侯卿大夫又考其德行更以射辨其才藝高下非謂直以射選補始用之也○射者男子之事也因而飾之以禮樂也者男子生有。縣弧之義故云射者男子之事因此射事更華飾以禮樂則容體比於禮其節比於樂是也○故事之盡禮樂而可數爲以立德行者莫若射者謂諸事之中能窮盡。禮而可數數爲之以與立人之德行諸事之中無如於射唯射能如此故聖王務重焉也○注男子至飾之○正義曰男子生而有射事者案內則篇云男子生設弧於門左是也云長學禮樂以飾之者案內則篇云十有三年學樂誦詩舞勺成童舞象二十舞大夏是長學禮樂以華飾射事也是故古者天子之制諸侯歲獻貢士於天子天子試之於射宮其容體比於禮其節比於樂而中多者得與於祭其容體不比於禮其節不比於樂而中少者不得與於祭數與於祭而君有慶數不與於祭而君有讓數有慶而益地數有讓。而削地故曰射者射爲諸侯也歲獻獻國事之書及計偕物也三歲而貢士舊說云大國三人次國二人小國一人○比毗志反下同親合也中丁仲反下同得與音預下皆同削胥略反偕音皆俱也是以諸侯君臣盡志於射以習禮樂夫君臣習禮樂而以流亡者未之有也流猶放也書曰流共工于幽州○共音恭【疏】是故至有也○正義曰此一節明射爲諸侯之事又明諸侯君臣盡志於射以習禮樂無流亡之患○諸侯歲獻者謂諸侯每歲獻國事之書及獻計偕之物於天子也○貢士於天子者諸侯三年一貢士於天子也○天

子試之於射宮詩言天子試此所貢之士於射宮之中○而中多者得與於祭
者此謂大射也○注歲獻至一人○正義曰以經云歲獻貢士於天子恐歲獻
之文只是貢獻於士故云歲獻獻國事之書云及計偕物也者漢時謂郡國送
文書之使謂之爲計吏其貢獻之。功與計吏俱來故謂之計偕物也偕俱也非
但獻國事之書又俱獻貢物故云及計偕物知歲獻國事之書者小行人云令
諸侯春入貢秋獻功注云貢六服所貢也功考績之功也秋獻之若今計文書
斷於九月其舊法也云三歲而貢士者以經貢士之文繫歲獻之下恐每歲一貢
士故云三歲而貢士也又知三歲者案書傳云古者諸侯之於天子也三年一貢
貢士一適謂之好德再適謂之賢賢三適謂之有功有功者天子賜以衣服弓
矢再賜以秬鬯三賜以虎賁百人號曰命諸侯不云益地者文不具矣書傳又
云貢士一不適謂之過注云謂三年時也再不適謂之敖注云謂六年時也三
不適謂之誣注云謂九年時也一絀以爵再絀以地三絀而地畢注云凡十五
年鄭以此故知三歲而貢士也故詩曰曾孫侯氏四正具舉大夫君子凡以庶士小大莫處御
于君所以燕以射則燕則譽言君臣相與盡志於射以習禮樂則安則譽也是
以天子制之而諸侯務焉此天子之所以養諸侯而兵不用諸侯自爲正之具
也此曾孫之詩諸侯之射節也四正正爵四行也四行者獻賓獻公獻卿獻大夫乃後樂作而射也莫處無安居其官次者也御猶侍也以燕以射先行燕
禮乃射也則燕則譽言國安則有名譽譽或爲與○疏故詩曰曾孫侯氏四正具舉大夫君子凡以庶士小大莫處御于君所具也○正義曰上經說諸侯
君臣之射此明諸侯之射所歌樂章節者此貍首之詩也所以論燕射則燕則
譽故君臣相與盡志於射也此詩名貍首而發首云曾孫侯氏者但此篇之中
有貍首之字在於篇中撮取貍首之字以爲篇首之目謂若騶虞之詩其字雖
在篇內而名騶虞矣曾孫侯氏者謂諸侯也此諸侯出於王是王之曾孫也故

云曾孫侯氏矣若左傳云曾孫蒯聵之類是也○四正具舉者將射之時先行
燕禮其燕之時四度正爵悉皆舉徧謂獻賓獻君獻卿獻大夫四獻既畢乃後
射故云具舉○大夫君子凡以庶士者言爲燕之時大夫君子及庶衆士等○
小大莫處御于君所者言大夫士等小之與大無有處於職司而不來者皆御
侍于君之處所也○以燕以射者謂先行燕禮而後射也○則燕則譽者燕安
也既君臣歡樂用是燕安而有聲譽也○諸侯自爲正之具。也正謂脩正言射
者是諸侯自爲脩正之具言脩正得安由於射也故前文云內志正謂此也○
注此曾至名譽○正義曰以諸侯射以貍首之篇謂今詩文無貍首之篇今射
義有載曾孫之詩故知是貍首也云正爵四行獻賓獻公獻卿獻大夫者大射
禮文云乃後樂作而射也者案大射禮獻大夫之後乃後工入樂作而後射此
謂大射也若燕射則說屨升堂坐之後乃射矣故燕禮說
屨升堂獻士畢若射則大射正爲司射如鄉射之禮是也
孔子射於矍相之圃
蓋觀者如堵牆
矍相地名也樹菜蔬曰圃○矍俱縛反注同相息亮反矍相地
名圃音補徐音布觀如字又古亂反堵丁古反蔬一本作疏所
魚反
射至於司馬使子路執弓矢出延射曰賁軍之將亡國之大夫與爲人後者
不入其餘皆入蓋去者半入者半
先行飲酒禮將射乃以司正爲司馬子路執
弓矢出延射則爲司射也延進也出進觀者
欲射者也賁讀爲僨僨猶覆敗也亡國亡君之國者也與猶奇也後人者一人
而已既有爲者而往奇之是貪財也子路陳此三者而觀者畏其義則或去也
延或爲誓○賁依注讀爲僨音奮覆敗也將子匠反與音預注同不入一
本作不得入者非也賁讀音奔覆方卜反奇居宜反下同後如字又音候
又使
公罔之裘序點揚觶而語公罔之。裘揚觶而語曰幼壯孝弟耆耋好禮不從流
俗脩身以俟死者不在此位也蓋去者半處者半序點又揚觶而語曰好學不

倦好禮不變旄期稱道不亂者不在此位也蓋勵有存者之發聲也射畢又使此二人舉觶者古者
於旅也語語謂說義理也三十曰壯者耋皆老也流俗失俗也處猶留也八十九十曰旄百年曰期頤稱猶言也。行也者不言有此行不可以在此賓位也序
點或爲徐點壯或爲將旄期或爲旄勤今禮揚皆作騰○公罔人姓也又作罔之裘裘名也之語助序點多簟反序姓點名也觶之豉反弟音悌者音祁巨支
反六十曰耆耋大結反七十曰耋一云八十曰耋好呼報反下同脩身以俟死絕句者不此二字一句下及注皆同旄本又作耄莫報反八十九十曰耄期本
又作旗音其如字百年曰期頤頤養也稱如字不亂絕句本或作而不亂勵音勤又音僅少也期頤以支反鄭注曲禮云期要也頤養也言有此行不絕句行
音下孟反

【疏】孔子至存者○正義曰從篇首以來釋天子以下射樂之節又說大射之禮幷顯諸侯狸首之義故此一節載孔子射於矍相之圃選賢誓衆
之禮也○射至於司馬者欲射之前先行鄉飲酒之禮獻賓及介獻衆賓之後未旅之前作相爲司正至於將射轉司正爲司馬故云射至於司馬也○使子
路執弓矢出延射者謂立司馬之時孔子使子路爲司射之官出門而延進觀者及欲射之人曰賁軍之將者賁謂覆敗也敗軍之將言無勇也○亡國之大
夫者謂亡君之國言不忠且無智也○與爲人後者與猶奇也謂有人無後既立後訖此人復往奇之不是其貪財也○不入其餘皆入者言有此以前三惡則
不得入若其餘無此三惡者皆得入也○又使公罔之裘序點揚觶而語者公罔爲氏也裘名也序氏也點名也揚舉也至將旅之時使。一人俱舉觶。誓衆而
說所誓之事此舉其目故總舉二人於是公罔之裘先言序點後言矣○幼壯孝弟者謂二十之幼三十之壯能於幼壯以來能行孝弟也○耆耋好禮者謂
六十之耆七十之耋老而不倦愛好於禮○不從流俗者身行獨行不從流移之俗也○修身以俟死者謂脩潔其身以俟於死者不在此位也者。者不問此
衆人之中有此上諸行不若有則可在此賓位矣○好學不倦好禮不變者此之所誓彌精於前前則雖云孝弟好禮未能不倦不變○旄期稱道不亂者○

旄謂八十九十曰旄期謂百年曰期頤年雖甚老行道不亂亦喻前文者耋好禮是後者彌精也但此記所陳唯約鄉射禮也○子路出延射者是將射之前按鄉射司射比衆耦於堂西此出延者但觀者既多庭中不容故出延之入乃比耦以初門外未入觀者既多未有賓主之禮故誓惡者令其不入以鄉飲酒禮差之射禮畢旅酬之時乃使二人舉觶故鄉射禮畢司馬反爲司正樂正升堂復位賓取俎西之觶酬主人主人酬大夫自相旅畢君使二人舉觶於賓與大夫則當此公罔之裘序點二人舉觶之節也但衆賓射事既了衆賓皆在賓位主人以禮接之不復斥言其惡於此但觶其善公罔觶而尙疏序點觶而轉詳旄期之老不復能射得云在位者此極老之人本來觀禮雖不能射與在賓中故知旅酬之時其人猶在也○注先行至去也○正義曰知先行飲酒禮者按儀禮鄉射先行飲酒之禮此射矍相之圃謂賓射故鄭注鄉侯二正是用賓射之正又鄉大夫職云以鄉射之禮五物詢衆庶鄭引此孔子射於矍相之事故知與此鄉射同也云賁讀爲僨者若春秋鄭伯之車僨於濟說文云僨僵也是僨爲覆敗也云與猶奇也者謂他人無後既有人後之相爲合配今已更往後之是配合之外更有奇隻故云後人者一人而已既有爲者而往奇之○注之發至位也○正義曰按經下云公罔裘上云之裘故知之是發聲也即裘爲名矣云射畢使此二人舉觶者古者於旅也語者鄭釋其公罔之裘序點揚觶而語之事古者於旅也語者鄉射記文鄭注云禮成樂備乃可以言語先王禮樂之道也云耆耋皆老也者按曲禮云六十曰耆服虔注僖九年傳云七十曰耋大略言之七十八十謂年餘七十也又毛詩傳云八十曰耋大略言之七十八十皆謂之耋也云者不言有行不可以在此賓位者謂射畢旅酬之時衆賓之位矣

射之爲言者繹也或曰舍也繹者各繹己之志也故心平體正持弓矢審固持弓矢審固則射中矣故曰爲人父者以爲父鵠爲人子者以爲子鵠爲人君者以爲君鵠爲人臣者以爲臣鵠故

射者各射己之鵠故天子之大射謂之射侯射侯者射爲諸侯也射中則得爲諸侯射不中則不得爲諸侯大射將祭擇士之射也以爲某鵠者將射還視侯中之時意曰此鵠乃爲某之鵠吾中之則成人不中之則不成人也得爲諸侯謂有慶也不得爲諸侯謂有讓也○繹音亦徐音釋舍如字舊音捨中丁仲反下及注皆同鵠古毒反徐如字注同射食亦反下射天地四方同

疏射之至諸侯○正義曰此一經釋稱射之名及鵠之與侯之文○射之爲言繹也者此記者訓釋射之名射者是繹也繹陳也言陳己之志○或曰舍也者是記者又解射名故云射者舍也舍中也謂心平體正持弓矢審固則能中也繹者各繹己之志也者言君臣父子各舒陳己之志意則下云爲人父者以爲父鵠是也○持弓矢審固則射中矣者此覆說釋上或曰舍也舍中也○爲人父者以爲父鵠者凡射者大射則皮侯賓射則正侯燕射則獸侯唯大射有鵠此據大射而知然鵠則上下俱同無復君臣父子之別而言以爲父鵠者謂升射之時既身爲人父則念之云所射之鵠是爲人父之鵠中則任爲人父不中則不任爲人父故爲人之父者以爲父鵠以下放此○故射者各射己之鵠者謂衆射之人雖共射一鵠各射己之所主之鵠也○故天子之大射謂之射侯者言天子所射之物謂之射侯言射之中能服諸侯也舉大射言之其實賓射燕射皆謂之射侯也○射中則得爲諸侯者謂數有慶賜堪得久爲諸侯也○射不中則不得爲諸侯者莫被責讓不堪久爲諸侯也非爲射中封爲諸侯不中不得爲諸侯也○注大射至讓也○正義曰大射將祭擇士之射者鄭下文云天子將祭必先習射於澤所以擇士是也云將射還視侯中之時意曰此鵠乃爲某之鵠者案大射禮云耦升自西階並而東皆當其物北面揖及物揖皆左足履物還視侯中謂於此之時南面迴還視侯中也中謂身謂視侯中身也射者意云此鵠乃爲某之鵠謂父之鵠子之鵠不定一故稱某也云吾中之則成人不中之則不成人也者中之則能成其父子君臣若不中則不能成其父子君臣故知父鵠子鵠也云得爲諸侯謂有慶也不得爲諸

侯謂有讓也者鄭恐得爲諸侯始封以土不得爲諸侯則奪其國故明之也凡天子諸侯及卿大夫禮射有三一爲大射是將祭擇士之射二爲賓射諸侯來朝天子入而與之射也或諸侯相朝而與之射也三爲燕射謂息燕而與之射其天子諸侯大夫三射皆具其士無大射故司裘職云爲大射唯明王及諸侯卿大夫不及於士故鄭注云士不大射士無臣祭無所擇是也其賓射燕射士皆有之故射人云士射豻侯二正是士有賓射也又鄉射記云士布侯畫以鹿豕是士有燕射矣其侯天子大射則射皮侯故考工記云張皮侯而棲鵠則春以功是又司裘職云王大射則共虎侯熊侯豹侯設其鵠鄭注考工記皮侯謂此侯也畿內諸侯大射則張熊侯豹侯故司裘職云諸侯則共熊侯豹侯設其鵠是也唯畿外諸侯大射亦張三侯鄭注云遠尊得伸故亦張三侯一曰大侯鄭注云則天子熊侯謂以熊皮飾之二曰糝侯鄭注云糝雜也豹鵠而麋飾三曰豻侯鄭注云豻胡犬皮飾侯若畿內卿大夫射麋侯故司裘云卿大夫則共麋侯是也其畿內卿大夫射侯無文於諸侯既得三侯其卿大夫蓋降君一等則糝侯豻侯其大射之侯皆有鵠也其鵠則三分侯中而居其一故考工記云梓人爲侯廣與崇方參分其廣而鵠居一焉凡皮侯者各以其飾侯之側又方制其皮以爲鵠故鄭注司裘云以虎熊豹麋之皮飾其側又方制之以爲䡐謂之鵠謂之鵠者取名於鳱鵠鳱鵠小鳥而難中是以中之爲雋亦取鵠之言較較者直也射所以直己志則是但取其名非是實鳥也此侯道鄭注司裘云虎九十弓熊七十弓豹麋五十弓列國之諸侯大射大侯亦九十參七十干五十遠尊得伸可同耳其天子以下賓射則射人云王射三侯五正諸侯射二侯三正卿大夫射一侯三正士射豻侯二正鄭云謂五正三正二正之侯五正者中朱次白次蒼次黃玄居外三正損玄黃二正畫以朱綠鄭又云二侯者三正二正之侯也一侯者一正而已此皆與賓射於朝之禮也考工記梓人職云張五采之侯則遠國屬凡賓射之侯謂之正鄭注大射云正者正也亦鳥名齊魯之間名題肩爲正然則天子賓射用五正三正二正之侯畿內諸侯賓射用三正之侯卿大夫用二正之侯士亦用二正之侯又飾以豻畿外諸侯以下賓射其侯無

文約大射。諸。侯。既。同天子張三侯則賓射亦同天子用五正。三。正二正。之。侯。其卿大夫射亦三正二正之侯士射二正之侯若五正者同虎侯九十弓三正者同熊侯七十弓二正者同豹侯五十弓。凡中央之赤皆方二尺以外之色皆分布之其外又。畫。以。雲。氣天子以下燕射則尊卑皆用一侯故鄉射記云天子熊侯白質諸侯麋侯赤質大夫布侯畫以虎豹士布侯畫以鹿豕鄭注云白質赤質皆謂采其地其地不采者白布也熊麋虎豹鹿豕皆畫正而畫其頭象於正鵠之處耳君畫一臣畫二陽奇陰偶之數也燕射射熊虎豹不忘上下相犯射麋鹿豕志在君臣相養也梓人云張獸侯則王以息燕謂此也鄉射記既不列畿內畿外之異則諸侯以下外內同也鄉射記列天子以下各一侯下文云侯道五十弓弓二寸以爲侯中則天子以下皆五十弓侯中同方一丈也降尊以就卑言燕主歡心故也而皇氏沈氏乃云天子熊侯或云九十弓或云七十弓乃同三侯上下之差文無準據其義非也其侯用布之數案鄉射記鄉侯五十弓則侯道五十步也以弓之下制長六尺以射用弓故稱弓一弓取二寸以爲中則侯中方一丈也鄉射記又云倍中以爲躬注云躬身也謂中之上下幅也用布各二丈鄉射記又云倍躬以爲左右舌舌謂躬之上下横一幅布張於躬外左右而出謂之舌考工記謂舌爲个躬既二丈上舌倍躬則用一布四丈也鄉射記又云下舌半上舌注云半者半其出於躬者也上舌出躬各一丈則下舌出躬各五尺然則下舌用布三丈總而計之侯中方一丈凡五幅用布五丈上下二躬用布四丈上舌復用布四丈下舌用布三丈故鄭注鄉射記云鄉射侯用布二十六丈也以此計之侯道七十弓則侯中方丈四凡七幅幅別丈四是用布九丈八尺上下二射各倍中用布五丈六尺上舌倍躬亦用布五丈六尺上舌出躬各丈四尺下舌半上舌則左右各減七尺則下舌用布四丈二尺故鄭注鄉射記云七十步之侯用布二十五丈二尺其九十弓之侯則侯中方丈八尺凡九幅幅別一丈八尺侯中用布十六丈二尺上下二躬各倍中用布七丈二尺尺上舌倍躬長七丈二尺其舌出躬各丈八尺下舌半上舌出。躬者則左右各減九尺下舌長五丈四尺故鄭注鄉射記云九十步之侯用布三十六丈其張三侯之體同道位之近者最下遠者漸高故大射云大侯之崇見鵠於參參見鵠於干干下及地武以此計之豻侯下畔去地尺二寸豻侯之體上下躬及舌總有四幅凡廣八尺侯中方一丈是豻侯總高一丈九尺二寸此豻侯上畔去地一丈九尺二寸以此豻侯上畔則是糝侯之鵠去地之數也其糝侯下舌及躬凡有四尺糝侯之中鵠下有三分之一糝侯中方丈四其三分之一得四尺六寸三分寸之二是糝侯自鵠以下凡有八尺六寸三分寸之二皆爲豻侯所掩豻侯上畔去地一丈九尺二寸去其八尺六寸三分寸之二是糝侯下畔去地一丈五寸三分寸之一故鄭注大射云糝侯去地一丈五寸少寸半也云少半寸則三分寸之一也豻侯既去地一丈九尺二寸更加糝侯之中三分之二九尺三寸三分寸之一又加糝侯上躬與个四尺則糝侯上畔去地三丈二尺五寸三分寸之一則是大侯鵠下之數也其大侯下舌及躬幷侯中三分之一總一丈爲糝侯所掩於三丈二尺五寸三分寸之一減其一丈則是大侯下畔去地之數故鄭注大射云大侯去地二丈二尺五寸少半寸也其耦射人云王以六耦諸侯以四耦卿大夫士以三耦又射人云諸侯以下謂畿內也若畿外諸侯以下則皆三耦故大射及鄉射幷左傳襄二十九年晉士鞅來聘射皆三耦是也其射宮所在天子大射必先習於澤宮而後射於射宮則此射義文也其射宮天子則在廟也故司服云享先公饗射則鷩冕司几筵云大朝覲大饗射依前南鄉是也其服鷩冕天子賓射則在朝故射人云諸侯在朝則皆北面是也其服皮弁服矣天子燕射則在寢以諸侯燕於小寢天子路寢之朝謂之燕朝者故知天子諸侯燕射在寢故鄉射記云君國中射則皮樹中鄭注云謂燕射也其服則玄冕緇衣素裳也諸侯以爲朝服燕禮云燕朝服於寢是其諸侯大射也不顯畿內畿外之異案儀禮大射云公入鷩射畢而云朝入謂從郊入國也謂射在郊學也故鄉射記云於郊則閭中鄭注云大射於大學儀禮所陳多據畿外諸侯卽畿內諸侯或亦然也其服無文故用皮弁以射在學宮學記云皮弁祭菜故也其諸侯賓射若在國則亦在朝與天子同若在國外相會則在竟故鄉射記云於竟則虎中鄭注云謂與鄰國君射也其服亦皮弁服也以聘

禮君受聘皮弁故也其卿大夫以下射之所在及所服之衣無明文也此三射之外又有鄉射謂鄉大夫貢賢能之後行鄉射之禮而詢衆庶故鄉大夫職云獻賢能之書于王退而以鄉射之禮五物詢衆庶是也又有州長射於州序之禮其侯並同賓射之法故鄭注云鄉侯二正又有主皮之射凡主皮之射有二一是卿大夫從君田獵班餘獲而射書傳云凡祭取餘獲陳於澤然後卿大夫相與射也鄭注鄉射云主皮者無侯張獸皮而射之主於獲也二是庶人亦主皮之射故鄭注周禮云庶人無侯張皮而射之是也又有習武之射故司弓矢云弧弓以授射甲革椹質者是也○天子將祭必先習射

於澤澤者所以擇士也已射於澤而后。射於射宮射中者得與於祭不中者不得與於祭不得與於祭者有讓削以地得與於祭者有慶益以地進爵絀地是也澤宮名也士謂諸侯朝者諸臣及所貢士也皆先令習射於澤已乃射於射宮課中否也諸侯有慶者先進爵有讓者先削地○與音預下皆同絀勑律反朝直遙反令力呈反已音以課口臥反

疏天子將祭必先習射至是也○正義曰前經已言數與於祭而君有慶數不與於祭而君有讓此經又重言者前經明諸侯貢士之制故賞罰所貢之君此經論人君將祭擇士賞罰其士之身故於此又重言也又前經貢士云容體合禮其節比樂此經直云射中與不中不云容體及射節者文不具也○天子將祭必先習射於澤澤者所以擇士也者澤是宮名於此宮中射而擇士故謂此宮爲澤澤所在無文蓋於寬閑之處近水澤而爲之也非唯祭而擇士餘射亦在其中故書傳論主皮射云嚮之取也於囿中勇力之取也今之取也於澤宮揖讓之取也是主皮之射亦近於澤也選士於澤不射侯也但試武而已故司弓矢云澤共射椹質之弓矢鄭司農引此射義之文以釋之。是。知於澤中射椹質而已又鄭注司弓矢云樹椹以爲射正射甲與椹試弓習武也其主皮之射則張皮亦揖讓也有讓削以地有慶益以地者謂諸侯也○注澤宮至削地○正義曰士謂諸侯朝者諸臣及所

貢士也者以其助祭故知是此等之人前經論貢士與祭故知此經之士含貢士也云諸侯有慶者先進爵有讓者先削地者此解經進爵絀地之文以經之上文有讓削以地有慶益以地更總云進爵絀地據有慶者先進爵有讓者先絀地進則爵輕於地故先進爵而後益以地也退則地輕於爵故先削地而後絀爵也○

故男子生桑弧蓬矢六以射天地四方天地四方者男子之所有事也故必先有志於其所有事然後敢用穀也飯食之謂也男子生則設弧於門左三日負之人爲之射乃卜食子也○桑弧音胡以桑木爲弓蓬步工反飯扶晩反食音嗣注同爲于僞反疏故。男。至。謂也○正義曰此一經明男子重射之義以男子生三日射人以桑弧蓬矢者則有爲射之志故長大重之桑弧蓬矢者取其質也所以用六者射天地四方也所以禮射唯四矢者示事有不用也四矢者象禦四方之亂○故必先有志於其所有事者言子始生三日用桑弧蓬矢六者欲使此子先有志意於其所有事之處謂於天地四方也○然後敢用穀也者三日射罷之後然後敢用穀以食其子也○飯食之謂也者至射畢用穀猶若事畢設飯。食。故云飯食之謂也

射者仁之道也射。求正諸己己正而後發發而不中則不怨勝己者反。求諸己而已矣諸猶於也孔子曰君子無所爭必也射乎揖讓而升下而飲其爭也君子必也射乎言君子至於射則有爭也下降也飲射爵者亦揖讓而升降勝者袒決遂執張弓不勝者襲說決拾卻左手右加弛弓於其上而升飲君子恥之是以射則爭中○爭爭鬭之爭下及注有爭皆同揖讓而升下絕句而飲一句袒音但決古穴反說吐活反拾音十卻丘逆反又羌略反弛式氏反又始氏反中丁仲反下文注同疏射者至君子○正義曰此一經明射是仁恩之道唯內求諸己不病害於物既求諸己恥其不勝乃有爭心矣○揖讓而升下而飲者下猶降也言將飲射爵之時揖讓而升堂又揖讓而降下而飲此

罰爵既以禮升降其事可慙故也○其爭也君子者言雖君子因射亦有爭也○注必也至爭中○正義曰此飲射爵者亦揖讓而升降者此解經揖讓而升下經稱揖讓謂飲射爵時揖讓非射時揖讓也故云飲射爵者亦揖讓而升降亦者亦如射時揖讓飲今亦揖讓故儀禮大射云耦進上射在左並行當階北面揖及階揖升堂揖皆當其物北面揖及物揖射畢北面揖揖而升射是射時升降揖讓也大射又云飲射爵之時勝者皆袒決遂執張弓不勝者皆襲說決拾卻左手右加弛弓于其上遂以執弣揖如始升射及階勝者先升升堂少右不勝者進北面坐取豐上之觶立卒觶坐奠於豐下興揖不勝者先降是飲射爵之時揖讓升降也

孔子曰射者何以射何以聽循聲而發發而不失正鵠者其唯賢者乎若夫不肖之人則彼將安能以中何以言其難也聲謂樂節也。畫曰正棲皮曰鵠正之言正也鵠之言梏也梏直也言人正直乃能中也發或為射○正音征注同夫音扶肖音笑棲音西梏音角下同

詩云發彼有的以祈爾爵祈求也求中以辭爵也酒者所以養老也所以養病也求中以辭爵者辭養也發猶射也的謂所射之識也言射的必欲中之者以求不飲女爵也辭養讓見養也爾或為有○的丁歷反養如字徐羊尙反識音式一音志女音汝

【疏】孔子至養也○正義曰前經論射求諸己乃有爭心故此明射中之難以中為貴○射者何以射者言為射之人何以能使射中與樂節相應也○何以聽者言何以能聽此樂節使以射中相合言射中樂節兩相應會至極難矣○循聲而發發而不失正鵠者其唯賢者乎者此論射中與樂節相會為難之事循聲。若謂射者依循樂聲而發矢不失正鵠言其中矣如此者其由賢者乃能然是難也若夫不肖之人則彼將安能以中者不肖謂小人也言小人則不能循聲而發又不能持弓矢審固彼既如此則何能以中也詩云發彼有的以祈爾爵者此小雅賓之初筵之篇刺幽王之詩陳古之明王。大射之禮發矢之時射彼所祈之的祈求也以

求祈中辭爾所罰之酒爵也○求中以辭爵者辭養也者酒既養老又以養病今射者非病非老故求射中以辭讓此爵者辭讓見養老也不敢當其養禮也○注何以至中也○正義曰何以言其難者言此事難作何法以為之者言不可為也故云言其難也云聲謂樂節也者騶虞九節之屬也云畫曰正則賓射也棲皮曰鵠則大射也○注發猶至養也○正義曰云發猶射者解上發彼有的也云的謂所射之識也識猶記識之處即正鵠之中也云辭養讓見養也若已有老病而可受養今已為射不中而受爵是無功受養不敢當之故讓矣。

燕義第四十七

陸曰鄭云名燕義者以記君與臣燕飲之禮上下相報之義也疏正義曰案鄭目錄云名曰燕義者以其記君臣燕飲之禮上下相尊之義此於別錄屬吉事案儀禮目錄云諸侯無事若卿大夫有勤勞之功與羣臣燕飲以樂之勤勞謂征伐聘問詩曰吉甫燕喜是也臣有王事之勞亦燕之故燕禮記云若有王事是也

古者周天子之官有庶子官庶子官職諸侯卿大夫士之庶子之卒掌其戒令與其教治別其等正其位職主也庶子猶諸子也周禮諸子之官司馬之屬也卒讀皆為倅諸子副代父者也戒令致於大子之事教治脩德學道位朝位也○卒依注音倅七對反又蒼忽反副也治直吏反注及下同別彼列反大子音泰後大子學同朝音直遙反國有大事則率國子而致於大子唯所用之若有甲兵之事則授之以車甲合其卒伍置其有司以軍法治之司馬弗正國子諸子也軍法百人為卒五人為伍弗不也國子屬大子司馬雖有軍事不賦也○合如字徐音閤卒伍子忽反注同伍音五正音征凡國之政事國子存游卒使之脩德學道春合諸學秋合

諸射以考其藝而進退之游卒未仕者也學大學也射射宮也燕禮有庶子官是以義載此以為說○卒七內反注同○

【疏】古者至。退。之○正義曰此一節明諸侯與庶子燕飲之禮從篇首至末皆明燕飲之義但燕飲之禮有庶子官故方說燕禮之初先陳庶子之事各隨文解之周天子之官有庶子官者○此明庶子之義也謂作記之人在於周末追述周初之事故云古者言周之天子其下立官有庶子之官天子謂之諸子諸侯謂之庶子其所職掌諸子庶子同也故此記雖明諸侯庶子職掌其所載之事皆諸子職文也○庶子官職諸侯卿大夫士之庶子之卒者言此官職主諸侯及卿大夫士衆庶子之副倅於父之事所以官名庶子○掌其戒令者此等衆子須有戒法政令而庶子官掌之○與其教治者與猶及也教謂教學治謂治身言非但掌戒令而已及其教治亦皆掌之○別其等者謂分別其貴賤之等○正其位者正其朝廷所立之位也此記云諸侯卿大夫士之庶子之卒周禮諸子職則云掌國子之倅唯此為別但諸子職總謂之國子此云諸侯卿大夫士之庶子者是其適子也謂之庶者庶衆也以其適子衆多故總謂之庶子非適子庶弟而稱庶子也必知適子者以其云倅是副貳於父之言故鄭注諸子職云國子者是公卿大夫士之副貳又引王制云王大子王子羣后之大子卿大夫元士之適子是也○注職主至位也○正義曰云周禮諸子之官司馬之屬也者案周禮諸子下大夫屬司馬云卒讀皆為倅者以經云庶子之卒下文云國子存游卒以卒字非一故云卒皆為倅若旁置人者是副倅之倅若不置人者則百人為卒之卒故讀卒從倅也云諸子副代父者也此諸適子皆副代於父與父為倅故稱倅也云戒令致於大子之事者則下文云國有大事則率國子而致於大子其事非一故云戒令致於大子之事云位朝位也者此等諸子雖未為官皆繼父尊卑以為等級故有別其等正其位也唯所用之者若國有大事之時而進致諸子於大子唯任大子隨時所用也○合其卒伍置其有司者言若國有甲兵之事則庶子之官傳授以車甲合會之以卒伍置立之以有司謂立其主將使統領之用軍旅之法治理之○司馬弗正者弗不也正役也以此等諸子既統屬大子隨大子徵發王家之事司馬不得征役之也○凡國之政事國子存游卒者前經云國有大事謂祭祀或宿衞又云甲兵之事此經別云國之政事則非大事與甲兵也是國之尋常小小之政事謂力役土功胥徒之屬不與。于國子唯民庶所爲國子存游卒未仕者之中不干其事也○使之脩德學道者既不與國子之尋常政事但使之脩行其德學習道藝也○春合諸學者謂仲春之時合此諸子在於大學○秋合諸射者謂仲秋之時合其諸子在於射宮使之脩德學道或容習射也○以考其藝而進退之者是庶子之官考校其藝之高下而進退其能否能者進之否者退之○注游卒至爲說○正義曰游卒未仕者也案師氏職云凡國之貴游子弟學焉鄭注云貴游子弟王公之子弟游無官司者則此游卒是游逸以爲副倅故云未仕者云學大學也者以大胥云春釋菜合舞文王世子云春夏學干戈秋冬學羽籥皆於東序初教在東序至合時則在周之大學故云學大學也云射射宮也擇士習射之宮也又周禮大胥云秋頒學合聲其合聲之時則亦在大學文王世子云凡大合樂必遂養老鄭云春合舞秋合聲是養老在東序也故知大合樂在東序云燕禮有庶子官是以義載此以爲說者案燕禮云主人升自西階獻庶子于阼階上又云庶子執燭是燕禮有庶子官也以庶子於燕有事是以燕義於此說庶子職掌故云載此以爲說也

諸侯燕禮之義君立阼階之東南南鄉爾卿大夫皆少進定位也君席阼階之上居主位也君獨升立席上西面特立莫敢適之義也定位者爲其始入踧踖揖而安定也○鄉許亮反適音敵大歷反本亦作敵爲于僞反下文爲疑同踧本亦作蹴于六反踖子昔反又積亦反

【疏】諸侯至義也○正義曰此經說燕禮之初君獨升立於阼階之上明君尊莫敢敵之義也皆引燕禮正經記者以義說之○卿大夫皆少進定位也者案燕禮卿大夫皆入門右北面君南鄉爾卿卿西面北上爾大夫大夫皆少進皆北面所以然者定羣臣之位也定位之語是記者之辭也○君席阼階之上居主位也者居主位之語亦記者

辭也君獨升立席上西面特立莫敢適之義也者莫敢適言臣下莫敢與君匹敵而爲禮亦是記者之言也設賓主飲酒之禮也使宰夫爲獻主臣莫敢與君亢禮也不以公卿爲賓而以大夫爲賓爲疑也明嫌之義也賓入中庭君降一等而揖之禮之也設賓主者飲酒致歡也宰夫主膳食之官也天子使膳宰爲主人公孤也疑自下上至之辭也公卿尊矣復以爲賓則尊與君大相近○亢苦浪反使宰夫本亦作使膳夫上時掌反復扶又反大音泰舊他佐反近附近之近○

【疏】設賓至之也○正義曰此經明燕禮臣莫敢亢君君又屈而禮之也○而以大夫爲賓爲疑也者公卿朝臣之尊賓又敵主之義若以公卿爲賓疑其敵君之義爲其嫌疑故所以使大夫爲賓明其遠嫌之義也○君降一等而揖之禮之也賓既至庭君降階一等而揖之是以禮待於賓也故云禮之禮之亦記者辭也○注設賓至相近○正義曰云天子使膳宰爲主人者文王世子文云公孤也者此諸侯燕臣子之禮而稱公故知是上公得置孤孤止一人而燕禮云諸公者○鄭注彼云諸公者容牧有三監也云疑自下上至之辭也疑擬也是在下比擬於上故云自下上至之辭也云尊與君大相近言公卿在朝位與君相近今若使爲賓被君所敬則其尊與君大相逼近故經云以大夫爲賓爲其疑故也

君舉旅於賓及君所賜爵皆降再拜稽首升成拜明臣禮也君答拜之禮無不答明君上之禮也臣下竭力盡能以立功於國君必報之以爵祿故臣下皆務竭力盡能以立功是以國安而君寧禮無不答言上之不虛取於下也上必明正道以道民民道之而有功然後取其什一故上用足而下不匱也是以上下和親而不相怨也和寧禮之用也

此君臣上下之大義也故曰燕禮者所以明君臣之義也言聖人制禮因事以託政臣再拜稽首是其竭力也君答拜之是其報以祿惠也○稽徐本作䭫音啟以道音導下同什音十匱求位反【疏】正君舉至義也○正義曰此一經明燕禮臣盡禮於下君答之於上上下交歡而不相怨明君臣之義也○君舉旅於賓者謂舉旅酬之酒以酬賓○及君所賜爵者特賜臣下之爵○皆降再拜稽首升成拜者謂賓受君之酬及臣受君賜爵皆降自西階再拜稽首以受君恩又升堂更再拜稽首以成拜也故燕禮云公酬賓賓降西階下再拜稽首公命小臣辭賓升成拜鄭云升成拜復再拜稽首也至禮殺之後賓下堂是欲拜君則辭之賓未拜也賓乃升堂再拜稽首鄭注云不言成拜者以其下堂未拜故也燕禮云公卒觶賓下拜小臣辭賓升再拜稽首鄭注云不言成拜者為拜故下賓未拜也下不敢輒拜禮殺也○臣下竭力盡能以立功於國者案燕禮君賜爵之時再拜稽首示竭力盡能立功於國也○君必報之以爵祿者以燕禮臣拜君君皆答之者示君報之以爵祿也○禮無不答言上之不虛取於下也者以燕禮凡臣之拜君無不答拜之示為上之道不虛取於下也上必須報之也○上必明正道以道民民道之而有功者上下必須相報故在上明正教以教道於民民亦依君訓道有功報上也○然後取其什一者○前明君臣相報此明君民上下相報君既薄斂於上民亦什一而稅於下故國家用足而下不匱乏是上下和平親睦而不相怨恨也○和寧禮之用也者上下和親是和也而不相怨是安寧也和之與寧禮之所用以結成上文也○

席小卿次上卿大夫次小卿士庶子以次就位於下獻君君舉旅行酬而后獻卿卿舉旅行酬而后獻大夫大夫舉旅行酬而后獻士士舉旅行酬而后獻庶子俎豆牲體薦羞皆有等差所以明貴賤也牲體俎實也薦謂脯醢也羞庶羞也○差初佳反又初宜反醢音海【疏】正席小至賤也○正義曰此明尊卑上

下席位之所受獻旅酬之差貴賤先後之義〇席小卿次上卿者案燕禮上卿在賓席之東小卿在賓席之西隔越於賓席而云次上卿者以俱南面東上遙相次耳〇大夫次小卿者案燕禮大夫在小卿之西故燕禮云辯獻大夫遂薦之繼賓以西東上〇士庶子以次就位於下者燕禮於西階上獻士既受獻者立於阼階下西面北上獻庶子於阼階上既獻立於阼階下故云士庶子以次就位於下也〇獻君君舉旅行酬者案燕禮宰夫為主人酌以獻賓賓飲畢酌以酢主人主人飲畢酌以獻君君飲畢酌以酢主人更爵以受酢于阼階下飲卒爵主人又洗觚酬主人先飲卒爵酌以酬賓賓受觚坐奠于薦東訖小臣請媵爵者二人媵爵阼階下皆北面媵爵于公媵爵者先自飲畢媵爵者洗象觶酌奠于公席之前公坐取所媵之觶以酬賓賓於時下再拜稽首公命小臣辭賓升成拜公立卒觶賓乃受公虛爵酌之酬大夫于西階上衆大夫相酬畢奠虛觶于篚此是獻君君舉旅行酬也〇而后獻卿卿舉旅行酬者案燕禮主人洗升賓散獻卿于西階上獻卿畢小臣又請媵爵者公使二人媵爵奠于公前公又行一爵若賓若長唯公所酬以旅于西階上大夫辯而止此是為卿旅酬也燕禮直云卿不云小卿大卿之異則小卿大卿俱同獻也〇而后獻大夫大夫舉旅行酬者案燕禮主人洗獻大夫于西階上大夫辯受獻乃納工獻衆工畢公又舉奠觶唯公所賜以旅于西階上此是獻大夫為大夫而旅酬也〇而后獻士士舉旅行酬者案燕禮說屨升堂坐之後主人獻士于西階上獻士辯又獻旅食賓媵觚于公公坐取賓所媵觶興唯公所賜乃就席坐行之終於大夫終受者興以酬士士舉旅于西階上此是獻士為旅酬也〇而后獻庶子者庶子卑不為之舉旅但無算爵之節執爵者酌而旅之〇俎豆牲體薦羞皆有等差者公及卿大夫士等牲體薦羞之節皆有等差但燕禮不載無以言也

附釋音禮記注疏卷第六十二

禮記注疏卷六十二校勘記　阮元撰盧宣旬摘錄

附釋音禮記注疏卷第六十二惠棟校宋本禮記正義卷第六十九

射義第四十六

古者諸侯之射也節

然後射以觀德行也閩監毛本嘉靖本衞氏集說同惠棟校宋本然作乃岳本同考文引古本同

正謂立行禮似饗閩本同惠棟校宋本同監毛本立作其

所以明長幼之序者閩監毛本同考文引宋板者上有也字

故射者進退周還必中禮節

言內志審正則射能中閩監毛本同衞氏集說同考文引宋板無射字

出自射者而來閩監毛本同惠棟校宋本自下有此字

其節天子以騶虞爲節節

士以采蘩爲節石經嘉靖本同閩監毛本蘩作蘩岳本同衞氏集說同下同釋文亦作蘩

壹發五豝閩本岳本嘉靖本衞氏集說同監毛本豝誤豝釋文出五豝通典七十一作一發五豝亦誤

被之僮僮衛氏集說同閩監毛本作童童岳本嘉靖本同釋文出僮僮云本亦作童童通典作僮僮

其節至德也惠棟校宋本無此五字

是故古者天子以射節

男子生有縣弧之義閩本同監毛本縣作懸衛氏集說同○按縣正字懸俗字

能窮盡禮〔補〕案禮下當有樂字此本誤脫

是故古者天子之制節

數有讓而削地閩監毛本石經岳本嘉靖本衛氏集說同釋文出而削坊本而誤則石經考文提要云宋大字本宋本九經南宋巾箱本余仁仲本劉叔剛本並作而削

是故至有也惠棟校宋本無此五字

其貢獻之功與計吏俱來閩本同惠棟校宋本同監毛本功作物衛氏集說同

故詩曰節

故詩曰曾孫侯氏四正具舉大夫君子凡以庶士小大莫處御于君所具也閩監毛本同惠棟校宋本無此二十九字

諸侯自爲正之具也閩監毛本同惠棟校宋本也下有者字

孔子射於矍相之圃節

公罔之裘揚觶而語曰閩監毛本岳本嘉靖本衞氏集說同石經亦有之字正義云案經下云公罔裘上云之裘故知之是發聲也是

正義本此句無之字

稱猶言也行也嘉靖本閩監毛本衞氏集說同惠棟校宋本作稱猶言也道猶行也言行也多五字岳本同盧文弨校云岳云越建本有此五字監與余本皆無案道猶二字當有言行也三字衍文段玉裁云依宋監本則言行也三字賸

使一人俱舉觶誓衆閩監毛本同考文引宋板一作二衞氏集說亦作使二人俱舉觶以誓衆按二字是

者不問此衆人之中毛本者不二字作謂字

樂正升堂復位閩監毛本同衞氏集說同考文引宋板正作工

君使二人舉觶於賓與大夫惠棟校宋本作於衞氏集說同閩監本於作于此本於字闕毛本同

但衆賓射事既了惠棟校宋本作賓衞氏集說同閩監毛本賓作耦此本空闕

不復斥言其惡於此惠棟校宋本作於此本於字闕閩監毛本於作故

旄期之老不復能射惠棟校宋本作復衞氏集說同此本復字空闕閩監毛本復誤是

雖不能射與在賓中惠棟校宋本作賓衞氏集說同此本賓字闕閩監毛本賓作射

又鄉大夫職云以鄉射之禮惠棟校宋本作云此本云字闕閩監毛本云作退涉本文而誤衍也

是配合之外更有奇隻惠棟校宋本作隻此本隻字闕閩監毛本隻作也

故知之是發聲也卽裘爲名矣惠棟校宋本作也閩監毛本也作而此本空闕毛本矣字不誤此本矣誤失閩監本同

舉觶者古者於旅也語者閩本如此惠棟校宋本同此本惟語下者字空闕監毛本古者於旅也語者七字並空闕

先王禮樂之道也云耆耋皆老也惠棟校宋本如此閩監毛本道也云誤義理也此本空闕

僖九年傳云七十曰耋大略言之七十八十謂年餘七十也補閩監毛本大略言之七十八十作又鄭注易大耋之嗟

又毛詩傳云八十曰耋惠棟校宋本作傳是也閩監毛本傳作箋此本空闕

云者不言有閩監本同惠棟校宋本云下有言行也三字毛本云下有行也二字

射之爲言者繹也節

射之至諸侯惠棟校宋本無此五字

耦升自西階並而東皆當其物 惠棟校宋本同閩監毛本而作行衞氏集說同各本皆字同山井鼎云宋板皆作階非也

又方制之以爲𦎧 閩監毛本同衞氏集說同惠棟校宋本𦎧作𩫏山井鼎云周禮司裘注作𩫏字書作𩫏宋板近是

卿大夫射一侯三正 閩監毛本同惠棟校宋本三作二

凡賓射之侯謂之正 惠棟校宋本作凡衞氏集說同閩監毛本凡賓誤賓賓此本空闕

畿內諸侯賓射 惠棟校宋本作畿內衞氏集說同閩監毛本畿內誤設鵠此本空闕

約大射諸侯既同天子 惠棟校宋本如此衞氏集說同閩監毛本諸侯既同誤禮文之意此本空闕

亦同天子用五正三正二正之侯其卿大夫射 惠棟校宋本如此衞氏集說同閩監本之侯其卿誤若諸侯用毛本同又三正字並誤作子此本空闕

凡中央之赤 惠棟校宋本作凡閩監毛本凡作其

其外又畫以雲氣 惠棟校宋本如此閩監毛本畫以雲氣誤作有白布若此本空闕

下舌半上舌出躬者 閩本同惠棟校宋本同監毛本躬誤倍

其糝侯下舌及躬凡有四尺 閩監本同毛本躬誤射

是繆侯下畔去地一丈五寸三分寸之一考文引宋板同閩監毛本五寸誤作五尺

天子將祭節

而后射於射宮閩監本同惠棟校宋本同石經同岳本同衛氏集說同毛本后誤侯

是知於澤中射椹質而已惠棟校宋本作知此本知誤故閩監毛本同衛氏集說作以是知於澤中射椹質而已今正

故男子生節

故男至謂也惠棟校宋本無此五字

猶若事畢設飯食閩監毛本同考文引宋板食下有者字

射求正諸己閩監毛本石經岳本嘉靖本衛氏集說同坊本無射字石經考文提要云宋大字本宋本九經南宋巾箱本余仁仲本劉叔剛本並有射字

反求諸己而已矣惠棟校宋本作求反石經同此本求反二字倒閩監毛本同岳本同衛氏集說同嘉靖本同

孔子曰射者何以射節

畫曰正閩本嘉靖本同考文引宋板同岳本同監毛本畫下衍布字衛氏集說同

循聲若謂射者依循樂聲閩監毛本同考文引宋板若作者

陳古之明王大射之禮閩毛本同監本大誤夫○惠棟校宋本此節疏後標禮記正義卷六十九終記云凡十八頁

燕義第四十七惠棟校宋本禮記正義卷第七十

古者周天子之官節

古者至退之惠棟校宋本無此五字

不與于國子閩本同考文引宋板同監毛本于誤于衞氏集說同下不于其事也同

設賓主節

鄭注彼云諸公者容牧有三監也閩監毛本同考文引宋板無公字衞氏集說同○按依燕禮注當作言諸者

云疑自下上至之辭也閩監毛本同惠棟校宋本也下有者字

云尊與君大相近閩監毛本同惠棟挍宋本近下有也字

君舉旅於賓節

言聖人制禮閩監本岳本嘉靖本衞氏集說同毛本制誤之

禮記注疏卷六十二校勘記

附釋音禮記注疏卷第六十三

聘義第四十八

○陸曰鄭云名聘義者以其記諸侯之國交相聘問重禮輕財之義【疏】正義曰案鄭目錄云名曰聘義者以其記諸侯之國交相聘問之禮重禮輕財之義也此於別錄屬吉事此聘義釋儀禮聘禮之義但儀禮聘禮者謂大聘使卿故經云及竟張旝旝是孤卿所建也聘禮謂侯伯之卿故經云上介奉束錦士介四人皆奉玉錦介凡五人故知侯伯之卿此聘義所釋包五等之卿故此經云上公七介侯伯五介子男三介皆謂其卿也

禮記　　鄭氏注　　孔穎達疏

聘禮上公七介侯伯五介子男三介所以明貴賤也此皆使卿出聘之介數也大行人職曰凡諸侯之卿其禮各下其君二等○介音界下及注同下戶嫁反【疏】聘禮至賤也○正義曰此篇總明聘義各顯聘禮之經於上以義釋之於下從首至末又明聘所執玉又因明有諸德之義今各依文解之今此一經以介數不同明貴賤有異皆謂使卿出聘之介數也○上公七介者若上公親行則九介其卿降二等故七介侯伯子男以次差之義可知也

介紹而傳命君子於其所尊弗敢質敬之至也質謂正自相當○傳丈專反下同【疏】介紹至至也○正義曰此一節明聘禮之有介傳達賓主之命敬之至極也

三讓而后傳命三讓而后入廟門三揖而后至階三讓而后升所以致尊讓也此揖讓主謂賓也三讓而後傳命賓至廟門主人請事時也賓見主人陳擯以大客禮當己則三讓之不得命乃傳其君之聘命也三讓而後入廟門讓主人廟受也小行人職曰凡四方之使者大客則擯小客則受其幣聽其辭○擯必刃反本又作儐下文及注皆同說文云擯或儐字使所吏反【疏】三讓至讓也○正義曰上經明設介傳命致敬之義此經明欲傳命之時

先須三讓又傳命之後入廟門。及升階揖讓之節明賓所以尊讓主人○三讓而后傳命者謂賓在大門外見主人陳擯以大客之禮待己己不敢當三度辭讓主人不許乃後傳聘君之命○三讓而后入廟門者謂賓既傳命之後主君延賓而入至廟將欲廟受賓不敢當之故三讓而后入廟門主君在東賓差退在西相。嚮三讓乃入廟門也○三揖而后至階者初入廟門一揖也當階。北面又揖二揖也當碑又揖三揖也○三讓而后升者謂主君揖賓一至階主君讓賓升賓讓主君如此者三主君乃先升也○○所以致尊讓也言如此者是賓致其尊敬讓主人之心也○注此揖至其辭○○正義曰知此揖讓主謂賓者以三讓而后傳命及三讓而后入廟門皆賓先讓也三揖至階三讓而后升雖主人爲首皆賓讓而後至於主人若賓不讓則不至於。三是揖讓之事皆賓爲主故云此揖讓主謂賓也云三讓而後傳命賓至廟門主人請事時也者鄭解三讓而後傳命之節正當賓至主人大門主人請事之時案聘禮賓至大門士人陳。介而請事此云廟門者有廟字者誤也按鄭注鄉飲酒云事同曰讓事異曰辭此主人以大客禮賓賓不敢當大客之禮乃是事異應云三辭而云三讓者但鄭於儀禮自上下爲例此云三讓記者之言辭之與讓其義亦通也云乃傳其君之聘命也解經傳命之言案聘禮注云賓至末介上擯至末擯亦相去三丈六尺賓乃傳聘君之命於上擯也故云傳其君之聘命也案司儀。職兩君相見則交擯若臣聘於君則旅擯交擯傳命者聘禮注云其傳云云各鄉本受命反面傳而下及末則鄉受之反。面傳而上又受命傳而下其旅擯之時不上下相傳直賓及上。擯相對而語交擯與旅擯雖別總而言之皆是傳命故注聘禮引此介紹而傳命謂時交擯而傳命也今此聘義介紹傳命論相聘也及三讓而后傳命皆聘之旅擯亦是傳命也熊氏皇氏皆以此介紹傳命爲朝之交擯今此聘義不釋朝乃於聘義之中而記朝之傳命理爲不可又鄭此注傳其聘君之命其義分明熊氏皇氏之說未盡善也云三讓而後入廟門者案聘禮入廟門之時無三讓之文不備也云讓主人朝受也者解入廟門三讓之意主人於廟受賓之禮言賓不敢當其廟受故云讓主人之廟受也引小行人職者證大客來主人有擯迎之法君使士迎于竟大夫郊勞君親拜迎于大門之內而廟受北面拜貺拜君命之辱所以致敬也貺賜也賓致命公當楣再拜聘君之恩惠辱命來聘者也○竟音境勞力報反拜況本亦作貺音同楣音眉疏君使至敬也○正義曰前經明賓致尊讓於主君故此經明主君尊敬聘客所以致敬於彼君之命也○君使士迎於竟謂主君使士迎客於竟故聘禮賓及竟張旜君使士請事遂以入是也○大夫郊勞○聘禮云賓至於近郊君使下大夫請行君又使卿朝服用束帛勞此大夫郊勞者卽卿也○至君親拜迎于大門之內而廟受案聘禮賓入門左公再拜是君拜迎於大門之內聘禮又云及廟門公揖入納賓賓入門左賓升西楹西東面是廟受也北面拜貺者君於阼階之上北面再拜拜聘君之貺貺謂惠賜也聘禮云公當楣再拜是也○拜君命之辱者釋此北面拜貺之義也言主君所以北面拜貺者拜聘君之命來屈辱也○所以致敬也言主君致敬於聘君敬讓也者君子之所以相接也故諸侯相接以敬讓則不相侵陵君子之相接賓讓而主人敬也疏敬讓至侵陵○正義曰此一經總結上賓致尊讓於主君主君又致敬於聘君故賓主交相敬讓者是君子所以相接待也敬讓則不相侵陵者以主人致敬賓致讓同心以禮相接故不相侵陵卿爲上擯大夫爲承擯士爲紹擯君親禮賓賓私面私覿致饔餼還圭璋賄贈饗食燕所以明賓客君臣之義也設大禮則賓客之也或不親而使臣則爲君臣也○覿大歷反見也雍字又作饔音同餼許既反還音旋下及注同璋音章賄呼罪反字林音悔享許兩反本又作饗食音嗣下同疏卿爲至義也○正義曰主國之卿爲上擯接迎於賓○大夫爲承擯者承副上擯也○士爲紹擯者紹繼也謂繼續承擯案聘禮注其位相承繼又聘禮注云主君公也則擯者五人侯伯也則擯者四人子男也則擯者三人其待聘客及朝賓其擯數皆然故大行人云上公

擯者五人侯伯四人子男三人謂迎朝賓也若擯者五人則士爲紹擯者三人若擯者四人則士爲紹擯者二人若擯者三人則士爲紹擯者一人○君親禮賓者謂行聘已訖君親執醴以禮賓故聘禮賓行聘訖宰夫徹几改筵公出迎賓以入公側。受醴賓受醴公拜送醴是也○賓私面私覿者私面謂私以己禮面見主國之卿大夫也私覿者私以己禮覿主國之君以其非公聘正禮故謂之私案聘禮私面在後此先云私面者記者便文無義例也面亦見也以其於臣禮質故以面言之故聘禮注云面亦見也其謂之面威儀質也此於臣謂之面而司儀云諸公之臣相爲國客私面私獻注云私面私覿也又以私面爲私覿者以司儀之文但云私面私獻不云私覿故以私面爲私覿也昭六年左傳楚公子棄疾見鄭伯以其乘馬八匹私面於君而稱面者因行過鄭而面鄭伯非正禮故雖君亦稱面也○致饔餼者謂行聘之日主君使卿致饔餼之禮於賓館案聘禮君使卿韋弁歸饔餼五牢注云牲殺曰饔生曰餼又曰餼一牢鼎九設於西階前腥二牢鼎二七設于阼階前餼二牢陳于門西北面東上是也案聘禮餼既爲生而左傳僖三十三年云餼牽竭矣服虔云死曰餼者以餼與牽相對牽既爲生餼則爲死故詩匏葉篇云牲牢饔餼鄭注云腥曰餼以牲牢饔餼相對以牲牢既爲生饔又爲熟故以餼爲腥也○還圭璋者謂賓將去時君使卿就賓館還其所聘之圭璋故聘禮云君使卿皮弁還玉于館是也賄贈者因其還玉之時主人之卿弁以賄而往還玉既畢以賄贈之故聘禮還圭璋畢大夫賄用束紡是也○饗食燕者謂主君設大禮以饗賓設食禮以食賓皆在朝也又設燕以燕之燕在寢也故聘禮云公於賓壹食再饗燕與羞。淑獻無常數是也所以明賓客君臣之義也謂君親禮賓賓用私覿及致饔餼饗食之屬或主人敬賓或賓荅主人或君親接賓或使臣致之是顯明賓客君臣之義也○注設大至臣也○正義曰鄭解賓客君臣之義也設大禮謂饗食之屬則以賓客禮待之使人延賓於館則主君親待之是賓客其使人也云或不親而使臣則爲君臣也者謂主君或不親饗則使人致禮於賓若致饗餼致饗致食及還圭贈賄之屬皆主君不親使臣致禮於客客是臣故使臣獻之是君臣

之義也

故天子制諸侯比年小聘三年大聘相厲以禮使者聘而誤主君弗親饗食也所以愧。厲之也諸侯相厲以禮則外不相侵內不相陵此天子之所以養諸侯兵不用而諸侯自爲正之具也比年小聘所謂歲相問也三年大聘所謂殷相聘也○比必履反使色吏反媿本又作愧音同

疏 故天至具也○正義曰此經明諸侯交相聘問相厲以禮則內崇敬讓外不相侵陵是自爲正之具○天子制諸侯比年小聘三年大聘者謂天子立制使諸侯相於比年使大夫小聘三歲使卿大聘○使者聘而誤主君弗親饗食也謂來聘使者行聘之時禮有錯誤則主國之君不親自饗食以接賓所以使賓恥愧自勉勸厲○此天子之所以養諸侯兵不用者謂天子制此禮使諸侯自相親是存養諸侯無兵革之患○而諸侯自爲正之具。也正謂國無患難國家得正由其外親諸侯所以如此是自爲正之具也○注比年至聘也○正義曰案大行人云諸侯之邦交歲相問也案聘禮記云小聘曰問故知此比年小聘是歲相問也大行人又云殷相聘也殷中也謂三年之時中而無事故稱殷也案昭。元年左氏傳云孟僖子如齊殷聘禮也服虔注云自襄二十年叔老聘於齊至今積二十年故脩盛聘之禮鄭引之以解大行人殷相聘也鄭以殷爲中惟取殷聘之文以解殷相聘之義正取殷文是同其年數則異故以此三年之聘爲殷聘也此經所云謂諸侯自相聘也而王制云諸侯之於天子比年一小聘三年一大聘五年一朝與此不同者此經諸侯相聘是周公制禮之正法王制所云謂文襄之法故不同也

以圭璋聘重禮也已聘而還圭璋此輕財而重禮之義也諸侯相厲以輕財重禮則民作讓矣圭瑞也尊圭璋之類也用之還之皆爲重禮禮必親之不可以己之有遙復之也財謂璧琮享幣也受之爲輕財者財可遙復重賄反幣是也○皆爲于僞反琮才工反

疏 以圭至讓矣○正義曰此一經明既聘還圭璋輕財重禮教民

廉讓之意○以圭璋聘重禮也者玉以比德故以圭璋而聘貴重其禮也言此禮可貴與玉相似○已聘而還圭璋此輕財而重禮之義也謂既聘之後賓將歸時致此圭璋付與聘使而還其聘君也凡行聘禮之後享君用璧享夫人用琮圭璋玉之質惟玉而已璧琮則重其華美加於束帛聘使既了還以圭璋之玉重其禮故還之留其璧琮之財是輕其財故留之重者難可報覆故用本物還之輕者易可酬償故更以他物贈之此是輕財重禮之義也○則民作讓矣者言諸侯既能相厲以輕財重禮之義君既行之於上人則效之於下故民皆作其廉讓矣○注圭瑞至是也○正義曰云圭瑞者以器言之謂之圭執以行禮謂之瑞瑞信也謂與人為尊卑之信驗也云尊圭璋之類也用之還之皆為重禮者言尊敬此璋同於圭則璋是圭之等類用之以聘訖又還皆為尊重此禮以圭璋所以行禮故重之也云禮必親之不可以己之有遙復之也者言行禮之義必親自為之若己親往彼國則可以己國之有執往行禮今主國之君既不親往彼國則不以己國所有寶玉遙復償他國所來圭璋故還歸之也故云不可以己之有遙復之也復償也云財謂璧琮享幣也受之為輕財者案聘禮享君以璧享夫人以琮享獻也謂享獻之幣主人受而不還是謂輕財也云財可遙復者解受璧琮之意璧琮是財輕可得以己物遙而復償於彼國賓來者已得受之但聘禮圭璋與璧琮相對故圭璋為聘璧琮為享若諸侯之朝天子圭璋與璧琮皆為享也皆為財故小行人合六幣圭以馬璋以皮二王之後享天子用圭享后用璋則雖圭璋亦受之不歸也云重賄反幣是也者案聘禮云無行則重賄反幣注云無行謂獨來復無所之也

主國待客出入三積餼客於舍五牢之具陳於內米三十車禾三十車芻薪倍禾皆陳於外乘禽日五雙羣介皆有餼牢壹食再饗燕與時賜無數所以厚重禮也厚重禮厚此聘禮也○積子賜反芻初俱反倍步罪反乘繩證反一食一又作壹食音嗣

疏

主國至禮也○正義曰此一經明待賓之厚所以尊重聘禮之義主國待

客出入三積者此謂上公之臣故出入三積若侯伯以下之臣則不致積也故司儀云諸公之臣相爲國客則三積注云侯伯之臣不致積。知者謂聘禮是侯伯之臣故文無致積也此出入三積者謂入三積出亦三積故司儀云遂行如入之積是去之積如來時積也○飱客於舍五牢之具陳於內者案聘禮致客有饔有飱今直云飱客者略言之於舍謂於賓館也五牢之具謂飪一牢在賓館西階也腥二牢在賓館東階也飱二牢在賓館門外之西是皆陳於內也米三十車禾三十車芻薪倍禾皆陳於外者案聘禮米三十車設于門東東陳禾三十車設於門西西陳薪芻倍禾也鄭注薪從米芻從禾○乘禽日五雙者謂乘行羣匹之禽鴈鶩之屬聘卿則每日致五雙也羣介皆有餼牢者鄭注掌客云爵卿也則飱二牢饔餼五牢爵大夫也則飱大牢饔餼三牢爵士也則飱少牢饔餼大牢也○壹食再饗燕與時賜無數者此謂聘卿也一爲之設食再爲之設饗其歡燕與當時之賜無常數也○所以厚重禮。也言備設待賓之物所以豐厚尊重行聘之禮其天子待諸侯之禮及諸侯相待之法賓主玉帛之節饗餼飱積之差米禾薪芻多少饗食牲牢隆殺皆文具掌客義見聘禮可以尋文取實故於此略而不言也

此古之用財者不能均如此然而用財如此其厚者言盡之於禮也盡之於禮則內君臣不相陵而外不相侵故天子制之而諸侯務焉爾不能均如此言無則從其實也言盡之於禮欲令富者不得過也

疏古之至焉爾○正義曰此一經明聘禮用財之厚務行禮讓則君臣內外不相侵陵所以諸侯務焉○古之用財不能均如此者言古之費用其財不能悉皆均平常能如此之厚言厚則從其豐無則從其實○然而用財如此其厚者言盡之於禮也者言古之用財既有隆有殺而相聘之事費用其財如此豐厚者言用財盡極於禮言以禮則止雖有富者不得過也○盡之於禮則內君臣不相陵而外不相侵者言若能豐厚用財在於禮謂以禮自制不得過則於國內上下和睦君臣不相陵也謂四鄰歸懷外不相侵也○故天子制之諸侯務焉爾者言行禮使

君臣內外不相侵陵故天子制此聘禮而諸侯務而行焉○注不能至過也○正義曰言無則從其實也者言國若豐厚則盡其財以行禮國若乏無則從其當時之實猶如國新殺禮凶荒殺禮計財而行禮故云從其實云欲令富者不得過也者謂豐財以行禮盡禮而用財雖有其財唯盡極於禮不可禮外更多用其財使貧而及禮富者不得奢此上下得宜內外無怨也

聘射之禮至大禮也質明而始行事日幾中而后禮成非強有力者弗能行也故強有力者將以行禮也禮成○成禮畢也或曰行成○幾徐音畿又音基行成下孟反酒清人渴而不敢飲也肉乾人飢而不敢食也日莫人倦齊莊正齊而不敢解惰以成禮節以正君臣以親父子以和長幼此衆人之所難而君子行之故謂之有行有行之謂有義有義之謂勇敢故所貴於勇敢者貴其能以立義也所貴於立義者貴其有行也所貴於有行者貴其行禮也故所貴於勇敢者貴其敢行禮義也故勇敢強有力者天下無事則用之於禮義天下有事則用之於戰勝用之於戰勝則無敵用之於禮義則順治外無敵內順治此之謂盛德故聖王之貴勇敢強有力如此也勇敢強有力而不用之於禮義戰勝而用之於爭鬭則謂之亂人刑罰行於國所誅者亂人也如此則民順治而國安也勝克敵也或爲陳○渴苦葛反乾音干莫音暮齊側皆反解佳買反惰徒臥反長丁丈反有行有行並下孟反下有行同治直吏反陳直靳反

疏聘射

至安也○正義曰以前經說聘禮既畢此一節又申明行聘之時禮儀既大日晚始罷故記者引唯勇敢之人能成禮事故於此明之此是聘義兼云射者以強有餘力之士非但聘而行禮又能射爲武事故此總明之也○聘射之禮至大禮也者言此聘之與射至極繁大之禮非如冠昏之屬暫時即畢○射日幾中而后禮成者幾近也日近在於中而後禮成畢○非強有力者弗能成也故強有力者將以行禮。也言非強有德力而行禮則禮事不成也○酒清人渴不敢飲也者此謂射禮也言欲射之時先行燕禮唯以禮獻酬不敢恣意醉飽但行禮而已非謂全不得飲之聘禮行聘之時但酌醴禮賓無酒肴之事故知此唯據射也○肉乾人飢而不敢食也者亦言不敢全食而令飽也○日莫人倦齊莊正齊者謂日暮晚人斯懈倦猶齊莊而自整齊也○而不敢懈惰以成禮節者所以日莫猶自整齊者以不敢懈倦成就禮之節制此亦謂射禮也故此以下即云以正君臣以親父子以和長幼皆謂射也前文云日幾中而後禮成聘射總陳特謂聘也故日幾中而禮成此云日莫者謂射禮也酒清肴乾特據於射故日莫而成禮節也○以正君臣者謂射前行燕禮謂君在阼賓升成拜稽首之屬及受君賜再拜稽首之等是以正君臣也○以親父子以和長幼者此謂鄉射之前行鄉飲酒之禮有齒於父族之事故云以親父子以和長幼但此節總結聘射則前篇射義在其中也故射義云諸侯之射必先行燕禮卿大夫士之射必先行鄉飲之禮故燕禮所以明君臣之義也鄉飲酒之禮所以明長幼之序也故此經總結之也故酒清肴乾之屬燕禮與鄉飲酒禮初行之時事同於饗皆有此也至說屨升坐之後乃盡歡飲食也此衆人之所難而君子行之者言以上之事凡衆人所難行君子之人特能行之○故謂之有行者以君子有能行故謂此君子爲有行之士身既有行則事得宜故云有行之謂有義有義則臨敵果斷故云有義之謂勇敢此總覆說聘之與射也○故勇敢強有力者勇敢明射之所須強有力明聘之所須故前文論聘止稱強有力者此經論射則云勇敢故知然也天下無事則用之於禮義者無事謂兵革休息故用之於聘射之禮義○天下有事則用之於戰勝者有事謂軍旅數起故用之於戰鬬必得勝也○勇敢強有力而不用之於禮義戰勝而用之於爭鬬則謂之亂人者戰勝謂公義而戰勝則前經戰勝是謂以戰而勝也此云用之於爭鬬者謂私爭忿鬬與前經不同也故云不用之禮義戰勝而用之於爭鬬

子貢問於孔子曰敢問君子貴玉而賤碈者何也爲玉之寡而碈之多與碈石似玉或作玟也○碈武巾反字亦作瑉似玉之石爲于僞反下同與音餘玟武巾反又音救

孔子曰非爲碈之多故賤之也玉之寡故貴之也夫昔者君子比德於玉焉溫潤而澤仁也色柔溫潤似仁也潤或爲濡○濡音儒縝密以栗知也縝。緻也栗堅貌○縝音軫一音真知音智致直置反本亦作緻廉而不劌義也劌傷也義者不苟傷人也○劌音九衞反字林云利傷也又音己芮反垂之如隊。禮也禮尚謙卑○隊直位反又音遂叩之其聲清越以長其終詘然樂也樂作則有聲止則無也越猶揚也詘絕止貌也樂記曰止如稾木○叩音口詘其勿反稾木苦老反亦作槁瑕不揜瑜瑜不揜瑕忠也瑕玉之病也瑜其中間美者玉之性善惡不相揜似忠也○瑕音遐揜音掩瑜羊朱反玉中美孚尹旁達信也孚讀爲浮尹讀如竹箭之筠浮筠謂玉采色也采色旁達不。有隱翳似信也孚或作姇或爲扶○孚依注音浮尹依注音筍又作筠于貧反翳於計反姇音孚徐方附反氣如白虹天也精神見于山川地也精神亦謂精氣也虹天氣也山川地所以通氣也○虹音紅見賢遍反圭璋特達德也特達謂以朝聘也璧琮則有幣惟有德者無所不達不有須而成也○朝直遙反天下莫不貴者道也道者人無不由之詩云言念君子溫其如玉故君子貴之也言我也貴玉者以其似君子也

【疏】子貢至之也○正義曰以聘用玉因論玉有諸德而結成聘義之篇也○爲玉之寡而碈之多與者子貢

之意所以貴玉者豈不爲玉之寡少故貴之碈之饒多故賤之與疑辭也○孔子曰至玉焉○言貴玉由其有德非爲少故貴之謂昔者君子之人於玉以比道德所以貴玉者爲其有德君子之人比德堪敬重如玉故貴之有德卽下云温潤而澤仁等是也○温潤而澤仁也者言玉色温和柔潤而光澤仁者亦温和潤澤故云仁也○縝密以栗知也者縝緻也栗謂堅剛言玉體密緻而堅剛人有智者性亦密緻堅剛故云知也○廉而不劌義也廉稜也劌傷也言玉體雖有廉稜而不傷劌於物人有義者亦能斷割而不傷物故云義也○垂之如隊禮也言玉體垂之而下墜人有禮者亦謙恭而卑下故言禮也○叩之其聲清越以長其終詘然樂也者越揚也詘謂止絶也言玉體以物叩擊其聲清泠發越以長遠而聞其擊之終音聲則詘然而止不如鐘聲擊罷猶有餘音也其爲樂之法初作聲而發揚樂罷則止如槁木言玉體亦然故云樂也○瑕不揜瑜瑜不揜瑕忠也瑕謂玉之病處瑜謂玉中美處言玉之病處不揜映美處玉之美處不揜映病處皆以忠實見外如人之忠者亦以忠心見外故云忠也○孚尹旁達信也孚浮也浮者在外之名尹讀如筠筠者若竹箭之筠筠亦潤色○在外者旁者四面之謂也達者通顯之名也信者内不欺隱者也玉采色彰達著見於外外無隱揜如人有信者亦著見於外故云信也○氣如白虹天也白虹謂天之白氣言玉之白氣似天白氣故云天也○精神見於山川地也精神謂玉之精氣徹見於山川謂玉在山川之中精氣徹見於外地氣含藏於内亦徹見於外與地同故云地也○圭璋特達德也行聘之時唯執圭璋特得通達不加餘幣言人之有德亦無事不通不須假他物而成言圭璋之特同人之有德故云德也○天下莫不貴者道也道者通也言萬物無不由道而通故天下無不貴之玉者亦天下貴之與道相似故云道也○詩云言念君子温其如玉此詩秦風小戎之篇美秦襄公之詩也言襄公出兵征伐西戎婦人思念其夫言我念此君子顏色温然如玉引之者證玉以比德之事言貴玉者以其似君子故云君子貴之也○注碈石似玉○正義曰案呂諶字林云碈美石以其石之美者故云似玉也○注栗堅貌○正義曰案詩大雅云實穎實栗栗是禾之堅

熟故云栗堅貌也○注樂記曰止如槀木○正義曰引之者證樂聲之止似擊枯槀之木無餘聲也○言玉擊止之時其聲卽絕與樂相似也○注瑕玉至忠也云○正義曰瑕玉之病也呂諶字林云瑕玉小赤而云病者以瑕與疵同故云玉之病也云瑜其中間美者案字林云瑜美玉是瑕之中間美善者○注孚讀至信也○正義曰案字林云琈玉別名玉旁孚也此讀爲浮者取浮見於外非字林琈玉之名也○注有德者無所不達不有須而成也○正義曰德者得也萬物皆得故無所不通達不更須待外物而自成也以聘享之禮有圭璋璧琮璧琮則有束帛加之乃得達圭璋則不用束帛故云特達然璧琮亦玉所以。琮則加於他物圭璋得特達者但玉既比德於禮重處則特達於禮輕處則加物以玉可重可輕美其重處言之故云特達

喪服四制第四十九

○陸曰鄭云以其記喪服之制取其仁義禮智四者也別錄屬喪禮 疏 正義曰案鄭目錄云名曰喪服四制者以其記喪服之制取於仁義禮知也此於別錄舊說屬喪服鄭云舊說案別錄無喪服四制之文唯舊說稱此喪服之篇屬喪服然以上諸篇每篇言義此不云喪義而云喪服四制者但以上諸篇皆記儀禮當篇之義故每篇言義也此則記者別記喪服之四制非記儀禮喪服之篇故不云喪服之義也○

禮記　鄭氏注　孔穎達疏

凡禮之大體體天地法四時則陰陽順人情故謂之禮訾之者是不知禮之所由生也禮之言體也故謂之禮言本有法則而生也○口毀曰訾○訾徐音紫毀也一音才斯反○ 疏 凡禮至生也○正義曰此一篇總論喪之大體有此四種之制初明恩制次明理制次明節制次明權制既明四制事畢又明三年喪自古而行之故引高宗之事又明斬衰以下節制之差結成仁義之事各隨文解之○體天地者言禮之大綱之體體於天地之間所生之物言所生之物皆禮以體定之○法四時者則下文云喪有四制變而從宜取之四時是也○

則陰陽者下文云吉凶異道不得相干取之陰陽是也○順人情者下文云有恩有理有節有權取之人情是也○故謂之禮者以其無物不體故謂之爲禮故注云禮之言體也○訾之者是不知禮之所由生也者言若訾毀不信禮之體天地法四時則陰陽順人情如此之人是不識知禮之所由生也言不知禮之有法則也夫禮吉凶異道不得相干取之陰陽也吉禮凶禮異道謂衣服容貌及器物也喪有四制變而從宜取之四時也有恩有理有節有權取之人情也恩者仁也理者義也節者禮也權者知也仁義禮知人道具矣取之四時謂其數也取之人情謂其制也○知音智下同疏夫禮至具矣○正義曰此一節覆說前文禮法四時則陰陽順人情之事不覆說體天地者天地包此四時陰陽人情無物不總故不覆說體天地之事○吉凶異道者言吉凶各異其道及衣服容貌器物不同也喪有四制變而從宜者言門內主恩若於門外則變而行義尊卑有定禮制有恆以節爲限或有事故不能備禮則變而行權是皆變而從宜取人情也○恩者仁也理者義也節者禮也恩屬於仁理屬於義節屬於禮故云節者禮也○權者知也量事權宜非知不可故云權者知也○仁義禮知人道具矣者此總結四制之義仁屬東方義屬西方禮屬南方知屬北方四時並備是人道具矣五常五行四時無信者知中兼之故北方水爲知又爲信是取法四時故不并數信也其恩厚者其服重故爲父斬衰三年以恩制者也服莫重斬衰也○爲于僞反下及注同衰七回反注及下同疏其恩至者也○正義曰此一經明四制之中恩制也以父最恩深故特舉父而言之其實門內諸親爲之著服皆是恩制也門內之治恩揜義門外之治義斷恩資於事父以事君而敬同貴貴尊尊義之大者也故爲君亦斬衰三年以義制者也資猶操也貴貴謂爲大夫君也尊尊謂爲

天子諸侯也〇治直吏反下同揜於檢反斷丁亂反操七刀反皇云特也疏門內至者也〇正義曰此一經明門外之治四制之中義制也門內之治恩揜
義者以門內之親恩情既多揜藏公義言得行私恩不行公義若公羊傳云有三年之喪君不呼其門是也〇門外之治義斷恩者門外謂朝廷之間既仕公
朝當以公義斷絕私恩若曾子問父母之喪既卒哭金革之事無辟是也〇資於事父以事君而敬同者言操持事父之道以事於君則敬君之禮與父同〇
貴貴者貴謂大夫之臣事大夫為君者也大夫始入尊境則是貴也此臣盡敬此君故云貴貴也〇尊尊者尊尊謂天子諸侯之臣事天子諸侯為君者也天
子諸侯同為南面則是尊也此臣極敬此君故曰尊尊也〇義之大者也以義斷恩內外如一雖復大夫與王侯有異而其臣敬不殊故並云義之大者也〇
故為君亦斬衰三年以義制者也言亦謂亦同於父也三日而食三月而沐期而練毀不滅性不以死傷
生也喪不過三年苴衰不補墳墓不培祥之日鼓素琴告民有終也以節制者
也資於事父以事母而愛同天無二日土無二王國無二君家無二尊以一治
之也故父在為母齊衰期者見無二尊也食食粥也沐謂將虞祭時也補猶治也鼓素琴始存樂也三年不為樂
樂必崩〇期音基下同苴七餘反墳扶云反培步回反徐扶來反為于偽反下注為君同齊音咨見賢遍反粥之六反〇疏三日至尊也〇正義曰此一節
明四制之中節制也〇苴衰不補者言苴麻之衰雖破不補〇墳墓不培者培益也一成丘陵之後不培益其土〇祥之日鼓素琴者大祥之日得鼓素琴〇
告民有終也者言所以為此上事告教其民使衰有終極也〇以節制者也以情實未已仍以禮節為限制抑其情也自此以上皆節制之事從此以下更申
明節制欲尊歸其一故更明無二尊之理〇資於事父以事母而愛同者言操持事父之道以事於母而恩愛同恩愛雖同而服乃有異以不敢二尊故也故

以天無二日及家無二尊之等明皆歸於尊一以治理之也天無二日至二尊也此總結無二尊之理也○注食食粥至必崩○正義曰沐謂將虞祭時也士虞記曰沐而不櫛故知沐謂將虞祭時虞後有事得沐浴也故雜記云非虞附練祥無沐浴云鼓素琴始存樂也於此祥日而鼓素琴始存省此樂縣而作樂在既禫之後○杖者何也爵也三日授子杖五日授大夫杖七日授士杖或曰擔主或曰輔病婦人童子不杖不能病也百官備百物具不言而事行者扶而起言而后事行者杖而起身自執事而后行者面垢而已秃者不髽傴者不袒跛者不踊老病不止酒肉凡此八者以權制者也五日七日授杖謂為君喪也扶而起謂天子諸侯也杖而起謂大夫士也面垢而已謂庶民也髽婦人也男子免而婦人髽或為免○擔是豔反又食豔反又餘暫反不言而事行者扶而起一本作扶而後起扶或作杖非垢音苟秃吐木反髽側瓜反傴紆主反袒節旱反跛彼我反免音問下同○疏杖者至者也○正義曰此一經明四制之中權制也○杖者何也爵也者權制之中所以先明杖者以下有不應杖而杖又有應杖而不杖皆是權宜故先舉正杖於上言爵也者杖之所設本為扶病而以爵者有德其恩必深其病必重故杖為爵者而設故云爵也○三日授子杖五日授大夫杖七日授士杖者上云杖者爵也遂歷敘其有爵之人故云三日授子杖五日授大夫杖七日授士杖○或曰擔主者解無爵而亦杖故記者稱或曰擔主喪服傳云杖者何爵也無爵而杖者何擔主也鄭注云擔假也尊其為主假之以杖○或曰輔病何者喪服傳云非主而杖者何輔病也謂庶子以下雖非適子皆杖為其輔病故也○婦人童子不杖不能病也者杖既扶病何婦人童子所以不杖為其不能病也婦人謂未成人之婦人童子謂幼少之男子○百官備百物具不言而事行者杖而起者此謂王侯也喪具觸事委任百官不假自言而事得行故許子病深雖有

扶病之杖亦不能起故又須人扶乃起也○言而后事行者杖而起者此謂大
夫士既無百官百物須己言而後喪事乃行故不許極病所以杖而起不用扶
也身自執事而後行者面垢而已者此謂庶人也卑無人可使但身自執事不
可許病故有杖不得用但使面有塵垢之容而已也子於父母貴賤情同而病
不得一故爲權制○禿者不髽髽者是婦人之大紒重喪辮麻繞髮禿者無髮
故不髽也女禿不髽故男子禿亦不髽也○傴者不袒袒者露膊傴者可憎故
不露也○跛者不踊踊是跳躍跛人腳蹇故不跳躍也○老病不止酒肉者孝
子悲哀非病不食滋味若老及病身已羸瘠又使備禮必致滅性非制所許故
酒肉養之○凡此八者以權制者也此記者結前權數也夫喪禮宜備今有此
八條不可以強逼故聖人權宜制也所謂八者謂應杖不杖不應杖而杖一也
扶而起二也杖而起三也面垢四也禿者五也傴者六也跛者七也老病者八
也庾蔚云父存爲母一也不數杖與不杖之利皇氏熊氏並取以爲說今案經
文爲母期乃屬前經於期下總注三日而食三月而沐之事是爲母期之文
乃在節制之中不得下屬此經權制之例又此經權制之科乃載杖與不杖之
條此經末又總云八者是總此經之八事今乃不數此經杖條便是杖文虛設
庾氏之說恐未爲善聽賢者擇焉○注五日至人髽○正義曰云五日七日授
杖謂爲君喪也者案喪大記大夫與士之喪皆云三日
授子杖同主爲其親也今云五日七日故知爲君也

始死三日不怠三月不解期悲哀三年憂恩之殺也聖人因殺以制節不怠哭不絕聲也不解不解衣而居不倦息也○解佳買反期音基之殺色戒反解衣古買反此喪之所以三年賢者不得過不肖者不得不及此喪之中庸也王者之所常行也書曰高宗諒闇三年不言善之也諒古作梁楣謂之梁闇讀如鶉鶴之鶴闇謂廬也廬有梁者所謂柱楣也○肖音笑諒闇依注諒讀爲梁鶴烏南反下同徐又並如字案徐後音是依杜預義鄭謂卒哭之後翦屏柱楣故曰諒闇闇卽廬也

孔安國諒爲諒陰諒信也陰默也楣音眉鶉音淳柱知主反○王者莫不行此禮何以獨善之也曰高宗者武丁武丁者殷之賢王也繼世即位而慈良於喪當此之時殷衰而復興禮廢而復起故善之善之故載之書中而高之故謂之高宗三年之喪君不言書云高宗諒闇三年不言此之謂也然而曰言不文者謂臣下也言不文者謂喪事辨不所當共也孝經說曰言不文者指士民也○衰色追反復扶又反下文同文如字徐音問辨本又作辯同皮莧反共音恭

禮斬衰之喪唯而不對齊衰之喪對而不言大功之喪言而不議緦小功之喪議而不及樂此謂與賓客也唯而不對侑者爲之應耳言謂先發口也○唯余癸反徐以水反注同齊音咨本又作齋侑音又爲于僞反應應對之應

父母之喪衰冠繩纓菅屨三日而食粥三月而沐期十三月而練冠三年而祥

疏始死至而祥○正義曰此一節覆明前經四制之中節制之事以禮之大體喪之三年爲限節之事故重明之○三日不怠者謂哭不休怠○三月不解者謂不解衣而居○期悲哀者謂期之閒朝夕恆哭○三年憂者謂不復朝夕哭但憂戚而已○恩之殺也者自初以降是恩漸減殺也○聖人因殺以制節者言聖人因其孝子情有減殺制爲限節此喪之中庸也者庸常也言三年之喪賢者不得過不肖者不得不及是喪之中平常行之節也○故王者之所常行也書曰高宗諒闇三年不言善之也引書者明古來王者皆三年喪諒讀曰梁闇讀曰鶴謂廬也謂既虞之後施梁而柱楣故云諒闇之中三年不言政事善之者言是古人載之於書美善之故也○王者莫不行此禮何以獨善之也記者自設問古人獨善之意曰高宗者武丁者記者還自釋獨善高宗之意○武丁者殷之賢王也者中興殷世故曰賢王也

〇故載之書中者言以古人善此高宗載於書中又尊高其行故謂之高宗〇三年之喪君不言者是記者引古禮三年之喪君則不言國事〇書云高宗諒闇三年不言此之謂也者此記者引書高宗所行中節是君不言之事故云此之謂也〇然而曰言不文者謂臣下也者是記者既稱古禮君不言故又云言不文故記者復解云言不文者謂臣下也〇禮斬衰之喪唯而不對者謂與賓客言也但稱唯而已不對其所問之事侑者爲之對不旁及也〇齊衰之喪對而不言者但對其所問之事不餘言也〇大功之喪言而不議者但言說他事不與人論議相問荅也〇總小功之喪議而不及樂者得議他事但不能聽及於樂也〇三年而祥者此章從上以來至此皆明三年之喪制節之事〇

比終茲三節者仁者可以觀其愛焉知者可以觀其理焉強者可以觀其志焉禮以治之義以正之孝子弟弟貞婦皆可得而察焉

仁有恩者也理義也察猶知也〇衰七回反管音姦屨徐紀具反粥之六反期音基比必利反知音智本或作智弟弟上音悌下如字〇

【疏】比終至察焉〇正義曰此一節更覆結居父母之喪能終此三節可以知其德行三節者自初喪至沐一也十三月練二也三年祥三也能終此三節者仁者可以觀其愛知者可以觀其理強者可以觀其志也言此自初遭喪至於喪畢有三者之節〇仁者可以觀其愛焉者孝子居喪性有仁恩則居喪思慕可以觀其知愛親也若不愛親則非仁恩也〇知者可以觀其理焉者若孝子有知則居喪合於道理若不合於道理則非知也〇強者可以觀其志焉若孝子堅強其居喪則能守其志節若無志節則非堅強〇禮以治之者言用禮以治居喪之事義以正之者謂用義以正居喪之禮孝子者謂孝順之子〇弟弟者謂遜弟之弟〇貞婦者謂貞節之婦皆可得而察焉者若能依禮合義有仁可觀其愛有理可觀其知有志可見其強則是孝子弟弟貞婦也若無此事則非孝子弟弟貞婦也故云可得而察焉也

附釋音禮記注疏卷第六十三

禮記注疏卷六十三校勘記　　阮元撰盧宣旬摘錄

聘義第四十八

三讓而后傳命節

上經明設介傳命致敬之義　閩監本同毛本設誤說

入廟門及升階揖讓之節　閩監本同毛本及誤皆

賓差退在西相鄉三讓　閩監本同衞氏集說同毛本鄉誤下

當階北面又揖二揖也　閩毛本同衞氏集說同監本北誤比

若賓不讓則不至於三　惠棟校宋本同衞氏集說同閩監毛本三誤主

案聘禮賓至大門主人陳介而請事　閩監毛本同盧文弨校云介當作擯

案司儀職兩君相見則交擯　閩監毛本同惠棟校宋本職下有注字

及末則鄉受之反面傳而上　閩監本同毛本面作而

直賓及上擯相對而語　閩監本同毛本擯誤賓

君使士迎于竟節

北面拜貺各本同石經同釋文出拜況云本亦作貺○按說文有況無貺

公當楣再拜聘君之恩惠閩監毛本同岳本嘉靖本再拜下又有拜字考文引古本同案正義拜字當重

大夫郊勞○聘禮云閩本同監本○闕毛本○作者

北面再拜拜聘君之貺閩監本同衞氏集說同毛本拜拜誤升拜

卿爲上擯節

致饔餼各本同石經同釋文出雍云字又作饔

賄贈饗食燕閩監毛本岳本嘉靖本衞氏集說同石經饗字空闕釋文出享云本又作饗

主國之卿爲上擯閩本同考文引宋板同監毛本國之二字倒

公側受醴閩監毛本同衞氏集說同考文引宋板受作授○按聘禮作受鄭注云將以飲賓考文非也

燕與羞淑獻無常數是也閩監毛本同考文引宋板淑作俶衞氏集說同○按聘禮正作俶郎記云禽羞俶獻是也鄭彼注云古文俶作淑

故天子制諸侯節

所以愧厲之也各本同石經同釋文出以媿云本又作愧

而諸侯自爲正之具也 閩監毛本同惠棟校宋本也下有者字

案昭元年左氏傳云孟僖子 閩監毛本同惠棟校宋本元作九此本誤

以圭璋聘節

重者難可報覆 閩監毛本同衞氏集說作重者難以報復

主國待客節

注云侯伯之臣不致積知者 閩本同惠棟校宋本同監毛本知誤也○按知是衍文鄭注周禮但作不致積

所以厚重禮也 閩監毛本同惠棟校宋本也下有者字

聘射之禮節

曰莫人倦 各本同石經同毛本莫誤萛

將以行禮也 閩監毛本同惠棟校宋本也下有者字

子貢問於孔子曰節

縝緻也 各本同釋文出致云本亦作緻○按致緻古今字

垂之如隊 閩監毛本岳本嘉靖本衞氏集說同釋文出如隊石經隊作墜○按說文有隊無墜

不有隱翳閩監本岳本嘉靖本衛氏集說同毛本有誤相

廉而不劌義也閩監毛本同考文引宋板也下有者字下如隊禮也瑜不揜瑕忠也孚尹旁達信也氣如白虹天也精神見於山川地也圭璋特達德也並同

其擊之終音聲則詘然而止閩監毛本同考文引宋板音作竟衛氏集說同

所以琮則加於他物閩監毛本同惠棟校宋本琮上有璧字此本誤脫

喪服四制第四十九

三日而食節

故更明無二尊之理閩本同惠棟校宋本同監毛本尊誤事

云鼓素琴始存樂也閩本同惠棟校宋本同監毛本始誤好

杖者何也節

或曰擔主閩監毛本作擔石經岳本嘉靖本衛氏集說同釋文同此本擔誤檐○按依說文當作儋从人詹聲檐假借字擔俗字

又使備禮必致滅性閩監本同衛氏集說同毛本必誤不考文引宋板不作以

不數杖與不杖之利惠棟校宋本利作科此本科誤利閩本科字闕監毛本科作𠛬下又此經權制之科同

始死三日不怠節

故王者之所常行也 閩監毛本同惠棟校宋本無故字

比終兹三節者節

皆可得而察焉 閩監本石經岳本嘉靖本衞氏集說同考文引宋板同毛本皆可誤可以

若孝子有知 閩監毛本同惠棟校宋本無若字

強者可以觀其志焉若 閩監毛本同惠棟校宋本若作者是也

有志可見其強 閩本同監毛本志誤知惠棟校宋本亦作志見作觀是也

附釋音禮記注疏卷第六十三 惠棟校宋本禮記正義卷第七十終宋監本禮記卷第二十終經五千三百三十二字注二千九百八十一字凡二十萬一千九百九十二字經九萬七千七百五十九字注一十萬四千二百三十三字

禮記注疏卷六十三校勘記